Hasan Albakkour
Deutsche Grammatik für Arabischsprachige

AF672967

Deutsche Grammatik für Arabischsprachige

قواعدُ اللغةِ الألمانيةِ للناطقينَ بالعربية

Unentbehrliches Nachschlagewerk für richtiges und gutes Deutsch

مَرجِعٌ لا يُستَغنَ عَنهُ لألمَانِيّةٍ صَحِيحَةٍ وَسَلِيمَة

"Durch Zielstrebigkeit, Beharrlichkeit und Ausdauer erreicht man das Unmögliche." "Von **Hasan Albakkour**"

بِالدَّأبِ وَالـمُثَابَرَةِ وَالعَزمِ الـمَتِينِ نَصِلُ الـمُحَال. "حسن البكور"

Bibliografische Information der Deutschen Nationalbibliothek:
Die Deutsche Nationalbibliothek verzeichnet diese Publikation in der Deutschen Nationalbibliografie; detaillierte bibliografische Daten sind im Internet über http://dnb.ddb.de abrufbar.

ISBN 978-3-96103-418-5

Copyright (2018) Rediroma-Verlag

Alle Rechte beim Autor

www.rediroma-verlag.de
20,00 Euro (D)

Vorwort

Unentbehrliches umfassendes Nachschlagewerk für Erlernen richtiger Grammatik des Deutschen.

Das Ziel dieser Auflage ist es, die richtige Struktur und den korrekten Aufbau des deutschen Satzes zu beschreiben und zu erklären und damit das Erlernen der richtigen deutschen Grammatik zu ermöglichen.

Das Anwendungsgebiet dieses Grammatikwerks richtet sich sowohl an Schulen, Institute oder Universitäten als auch an Nutzer im Alltag, sodass sich dieses Werk in bewährter Weise sowohl im Selbststudium als auch im Unterricht einsetzen lässt.

المقدمة

يُعَدُّ هَذَا المَرجعُ شَامِلاً وَلَا يُسْتَغْنَ عَنهُ فِي تَعَلُّمِ قَوَاعِدِ اللُّغَةِ الأَلمانِيَّةِ بِشَكلِهَا الصَّحِيح.

الـهَدَفُ الـمَرجُوُّ مِن هَذَا الـمُؤَلَّفِ هُوَ شَرحُ كَيفِيَّةِ البِنَاءِ وَالتَّشكِيلِ الصَّحِيحَينِ لِلجُملَةِ فِي اللُّغَةِ الأَلمانِيَّة، وَبِذَلِكَ تمكِينُ التَّعَلُّمِ الصَّحِيحِ لِقَوَاعِدِهَا.

يُستَخدَمُ هَذَا الـمَرجِعُ فِي الـمَدَارِسِ وَالـمَعَاهِدِ وَالجَّامِعَات، وَكَذَلِكَ يُمكِنُ اِستِخدَامُهُ فِي الحَيَاةِ اليَومِيَّةِ، حَيثُ يُمكِنُ أَن يُستَخدَمَ كَمَرجِعٍ جَدِيرٍ بِالثِّقَةِ، سَوَاءٌ عِندَ الاِعتِمَادِ عَلَى الذَّاتِ فِي التَّعَلُّمِ أَو فِي الحِصَّةِ المَدرَسِيَّة.

Ich wünsche Ihnen viel Erfolg.	مُتَمَنِّياً لِـحَضرَتِكُمْ نَجَاحاً وَارِفاً.

- المؤلف: حسن يوسف البكور

فيزيائي؛ درس الهندسة المعمارية في جامعة حلب، وطالب في كلية الهندسة المعلوماتية في جامعة Kaiserslautern التقنية

- مدقق النصوص الألمانية: Heinz Gasteyer

مهندس معلوماتية، عمل كمبرمج لدى البنوك ومؤسسات التأمين

- مع الشكر الخاص للأستاذ عفيف البكور لمساعيه المبذولة في هذا العمل

- Der Autor: Hasan Yousef Albakkour

Er ist Physiker, studierte Architektur an der Universität von Aleppo und ist Student der Informatik an der technischen Universität von Kaiserslautern

- Der Lektor: Heinz Gasteyer

Er ist Informatiker, und arbeitete als Programmierer bei Banken und Versicherungen

- Mit herzlichem Dank für Herrn Afif Albakkour für seine Mitwirkung

Bitte teilen Sie uns doch Ihre Meinung mit!

Eine "E-Mail" mit Lob oder Tadel senden Sie bitte an mir:
hasanaboyousuf95@gmail.com

Sollten Sie dennoch inhaltliche Fehler finden, dann nehmen Sie bitte mit mir unter derselben E-Mail-Adresse Kontakt auf.

شاركنا رأيك!

شاركنا من فضلك الثناء أو الانتقاد برسالة عبر البريد الالكتروني:
hasanaboyousuf95@gmail.com

إن كان ووجدت حضرتكم أخطاءً في المحتوى فأرجوا المراسلة عبر البريد الالكتروني نفسه.

Inhaltsverzeichnis الفَهرَس

1.0.0 Das deutsche Alphabet الأبجَدِيَّة الألمَانِيَّة

تَحتَوِي الأَبجَدِيَّةُ الألَمَانِيَّةُ عَلى **26** حَرفاً، مِنهُنَّ **5** أَحرُفٍ صَوتِيَّةٍ أَسَاسِيَّة [a, e, i, o, u] و**3** أَحرُفٍ صَوتِيَّةٍ مُكمِّلَة [ä, ö, ü] وَجَمِيعُهَا تُسَمَّى Vokale ، وَتُعَدُّ أَشبَهَ بِحُرُوفِ العِلَّةِ (ا، و، ي) فِي لُغَةِ العَرَب. وَبَاقِي الحُرُوفِ سَاكِنَةٌ وَتُسَمَّى Konsonanten. وَجَمِيعُهَا تُكتَبُ بِحُرُوفٍ كَبِيرَةٍ وَحُرُوفٍ صَغِيرَة. كَمَا فِي الجَدوَلِ التَّالِي:

الحَرف					
كَبِير	صَغِير	اللَّفظُ بالعَربِيّة	اللَّفظُ اللّاتِينِيّ	مِثَال Beispiel	المَعنَى Bedeutung
A	a	آآ	[aː]	Arbeit	عَمَل
B	b	بِيْ	[beː]	Berg	جَبَل
C	c	تْسِيْ	[t͡seː]	Couch	أَرِيكَة
D	d	دِيْ	[deː]	Dach	سَقف
E	e	إِيْ	[eː]	elegant	أَنِيق
F	f	إِفّْ	[ɛf]	Fehler	خَطَأ
G	g	جِي	[geː]	ganz	كَامِل
H	h	هَا	[haː]	Herz	قَلب
I	i	إِيْ	[iː]	ideal	مِثَالِيّ
J	j	يُتّْ	[jɔt]	Jura	قَضَاء
K	k	كَاْ	[kaː]	Kraft	قُوَّة
L	l	إِلّ	[ɛl]	Leute	أُنَاس
M	m	إِمّْ	[ɛm]	Mutter	أُمّ
N	n	إِنّْ	[ɛn]	Nummer	رَقَم
O	o	أُوْ	[oː]	Orange	بُرتُقَالَة
P	p	بي	[peː]	Programm	بَرنَامَج

Q	q	كُوْ	[ku:]	Quote	نِسبَة
R	r	إغّ	[ɛʁ]	Rabatt	خَصْم
S	s	إسّ	[ɛs]	Seil	حَبْل
T	t	تِيْ	[te:]	Thema	مَوضُوع
U	u	أُوْ	[u:]	und	وَ (حَرفُ عَطف)
V	v	فَاْوْ	[faʊ]	Vater	أَبّ
W	w	فِي	[ve:]	Wetter	طَقْس
X	x	إِكْسْ	[ɪks]	Xenophobie	كُرهُ الأَجَانِب
Y	y	أَبْسِلُن	[ʏpsilɔn']	Yacht	يَخْت
Z	z	تْسِتّ	[t͡sɛt]	Zentrum	مَرْكَز

- الأَحرُفُ المُضَافَةُ إلى الأبجَدِيّةِ الألمَانِيّة:

الحَرف	اللّفظُ اللّاتِيني	مِثال	المعنَى
Ä – ä	[ɛ:]	Ärger	غَضَب
Ö - ö	[ø:]	Öl	زَيت
Ü – ü	[y:]	Übel	سُوء
ß	[ɛs't͡sɛt]	groß	كبير

- الأحرُفُ الثّلاثَةُ الأُولَى ä, ö, ü تُعدُّ أحرُفاً صَوتِيّةً "Vokale"، وَالحَرفُ الأَخِيرُ ß حَرفاً سَاكِناً "Konsonant".

- يُمكِنُ اِستِبدَالُ الأحرُفِ الأَربَعَةِ السَّابقَةِ كِتَابِيّاً عَلَى النَّحوِ التَّالي:

الحَرفُ وَبَدِيلُه	مِثَال	الشَّكلُ البَدِيل	المَعنَى
ä = ae	ähneln →	aehneln	شَابَهَ
ö = oe	stören →	steoren	أَزعَجَ
ü = ue	Übung→	Uebung	تَمرِين، تَدرِيب
ß = ss	groß →	gross	كَبِير

- إِلَّا أَنَّ الشَّكلَ البَدِيلَ لَا يُستَخدَمُ إِلَّا فِي حَالَاتٍ خَاصَّة.

- ✓ مُلاحَظَة 1 : اللُّغَةُ الأَلمَانِيَّةُ مُشتَقَّةٌ مِنَ اللُّغَةِ اللَّاتِينِيَّة، وَلا يُوجَدُ أَيُّ تَشَابُهٍ قَرِيبٍ بَينَهَا وَبَينَ اللُّغَةِ العَرَبِيَّة. وَمَا قَصَدتُ بِكِتَابَةِ لَفظِ الحُرُوفِ الألمانِيَّةِ في الجَدوَلِ السَّابِقِ بِمُسَاعَدَةِ الحُرُوفِ العَرَبِيَّةِ إِلَّا تَقرِيبَ الصُّورةِ اللَّفظِيَّةِ الَّتِي تُنطَقُ بِهَا قدرَ الإمكَان. لِذَا يُنصَحُ بِعدَمِ تَعَلُّمِ لَفظِ الحُرُوفِ الألمانِيَّةِ بِنَاءً عَلى لَفظِ الحُرُوفِ العَرَبِيَّة، فَكُلُّ لُغةٍ لها لِسَانٌ يَختَلِفُ عَن أَلسِنَةِ اللُّغَاتِ الأخرَى. فَمَثَلاً تَتَمَيَّزُ العَرَبِيَّةُ بِحَرفِ الـ "ض" عَن بَاقِي اللُّغَات، وَالَّذِي لا يُمكِنُ لِأَيِّ لِسَانٍ غَيرَ اللِّسَانِ العَرَبِيِّ أَنَّ يَلفِظَهُ بِنَفسِ لَكنَةِ اللِّسَانِ العَرَبِيِّ بِسُهُولَة.
- ✓ مُلاحَظَة 2 : لَا يُنصَحُ بِالتَّرجَمَةِ الحَرفِيَّةِ لِلكَلام، سَوَاءٌ مِنَ العَربِيَّة إلى الألمَانِيَّة أو بِالعَكس، فَمَثلاً المَثَلُ الأَلمَانِيُّ: "Ohne Fleiß kein Preis"

حَيثُ أَنَّ: جُهْدُ Fleiß، جَائِزَة Preis. وَيُتَرجَمُ: "مَن جَدَّ وَجَدَ، وَمن سَارَ عَلى الدَّربِ وَصَل". أمّا التّرجَمَةُ الحَرفِيَّةُ فَهِي غيرُ مَرغُوبَةٍ فِي مُعظَمِ الأحيَان، والمَطلُوبُ مِنَ المُترجِمِ تَوصِيلُ فِكرَةٍ وَلَيسَ النَّقلَ الحَرفِيّ. وَخَاصَّةً أَنَّ اللُّغَةَ العَربِيَّةَ تَتميَّزُ بِفَصَاحَةِ مَنطِقِهَا وَوَفرَةِ مُفرَدَاتِهَا، وَهَذَا مَا يُمَيِّزُهَا عَن بَاقِي اللُّغَات.

- ✓ مُلاحَظَة 3 : لا يُنصَحُ بالمُقَارنَةِ بَينَ العَربيّةَ والأَلمَانِيَّة فِي حَالَاتِ تَحدِيدِ الجِّنسِ القَوَاعِدِيِّ لِلإسم. فمَثلاً يعد البَابُ مُذكّراً بِالعَربيّة، أَمّا بالألمَانيَّةِ فهوَ مُؤنَّث.
- ✓ مُلاحَظَة 4: لا يُنصَحُ بالمُقَارنَةِ بَينَ العَربِيَّةِ وَالأَلمَانِيَّة فِي كَثِيرٍ مِنَ الحَالَاتِ القَوَاعِدِيَّة، فمَثلاً لَا يَأتِي بَعدَ حُرُوفِ الجَرّ فِي العَربِيَّةِ إِلَّا مَجرُوراً أَمّا بِالأَلمانِيَّةِ فَيُمكِنُ أَن يَأتِيَ اِسمٌ مَرفُوعٌ أَو مَنصُوبٌ أَو مَجرُورٌ أَو مُضَافٌ إِلَيه.
- ✓ مُلاحَظَة 5 : تَحمِلُ الكَثِيرُ مِنَ الكَلِمَاتِ فِي اللُّغَةِ الأَلمَانِيَّةِ أَكثَرَ مِن مَعنَى، وَلَا يُمكِنُ مَعرِفَةُ المَعنَى المَقصُودِ إِلَّا مِن سِيَاقِ الحَدِيث.

2.0.0 Phonem und Graphem التّبَايُنُ اللفظِيُّ وَالدَّلالِي

يَدلُّ الرّمزُ "IPA" على اتفاقِيّةٍ وحّدَت بينَ رمزِ الحرفِ كِتَابيّاً وصَوتهِ لَفظِيّاً، فَمَثلاً الرّمزُ **æ** يَرمزُ إلى الحَرفِ الصَّوتيِّ **ä** كمَا في كلِمَةِ **N<u>ä</u>he**، والرّمزُ **ç** يَرمزُ إلى التّركيبِ **ch** كمَا في كلمَةِ **i<u>ch</u>**، والرّمزُ **j** يَرمزُ إلى الحَرفِ السَّاكِنِ **j** كمَا في كلمَةِ **<u>J</u>acke**، والرّمزُ **d͡ʒ** يَرمزُ إلى التَّركِيبِ **dsch** كمَا في كلمَةِ **<u>Dsch</u>ungel** وَهكذا..

والجَّدوَلانِ التَّاليَانِ يُوَضِّحَانِ الصُّورةَ اللّفظِيّةَ لِلأحرُفِ الصَّوتِيّةِ والسَّاكِنَةِ حَسَبَ IPA

2.1.0 أوّلاً: أصواتُ الأحرُفِ السَّاكِنَة

العَلامَةُ الصَّوتِيَّة حَسَبَ IPA	Beispiel مِثَال	Bedeutung المَعنَى	الحِدَّة
[b]	<u>B</u>lume	زَهْرَة	حَادّ
[ç]	i<u>ch</u>	أنَا (ضَمِيْر)	غيرُ حَادّ
[d]	<u>D</u>arm	أمْعَاء	حَادّ
[d͡ʒ]	<u>Dsch</u>ungel	أدغَال	حَادّ
[f]	<u>f</u>roh	سَعِيْد	غيرُ حَادّ
[g]	<u>G</u>las	زُجَاج، كَأس	حَادّ
[ʒ]	<u>G</u>ewitter	عَاصِفَة	حَادّ
[h]	<u>H</u>als	رَقَبَة	غيرُ حَادّ
[j]	<u>J</u>unge	شَابّ	حَادّ
[k]	<u>K</u>ammer	حُجْرَة	غيرُ حَادّ
[l]	<u>L</u>amm	خَرُوف	حَادّ
[m]	<u>M</u>utter	أُمّ	حَادّ
[n]	<u>N</u>adel	إبرَة، شَوكَة	حَادّ
[p]	<u>P</u>latz	مَكَان، مَوضِع	غيرُ حَادّ
[r]	<u>R</u>abatt	عَرض (خَصم)	حَادّ

حادّ	مُتصلّب	sta**rr**	[ʀ]
غيرُ حَادّ	قُبْلَة (بَوسَة)	Ku**ss**	[s]
غيرُ حَادّ	ضَرَر	**Sch**aden	[ʃ]
غيرُ حَادّ	حَيَوان	**T**ier	[t]
حَادّ	صُوف	**W**olle	[v]
غيرُ حَادّ	سَقف	Da**ch**	[x]
حَادّ	صَيْف	**S**ommer	[z]

1- لَيسَ لِزَاماً حِفظُ إشَاراتِ اللّفظِ الصَّوتِيَّةِ المُدرَجَةِ تحتَ القَائمَةِ **IPA**.

2- يجتَمِعُ أحيَانَاً أكثَرُ مِن حَرفٍ سَاكِنٍ لِيُكَوِّنُوا تَركِيبَةً صَوتِيَّةً وَاحِدَةً، كَالتَّركِيب **sp** والتَّركِيب **ch**، وَالتَّركِيب **st** ... الخ.

3- لَيسَ مِنَ الضَّرورِيّ أن يَدُلَّ الرَّمزُ على حَرفٍ وَاحِد، فَمَثلاً الرّمزُ **ç** يَدلُّ عَلى الصَّوتِ **ch** والمُكونُ مِن حَرفَين، كَما فِي كَلمَةِ i**ch**.

4- فِي حَالةِ اجتِماعِ حَرفَينِ أو أكثَرَ لِتكوِينِ تَركِيبَةٍ لَفظِيّةٍ مُعيَّنَة، مِثلُ التَّركِيب **"sch"**، لا يَجُوزُ لفظُ كلِّ حَرفٍ عَلى حِدة، أيّ لا يَجُوزُ لفظُ الحَرف **s** ثمّ الحَرف **c** ثمّ الحَرف **h**. فَالحُرُوفُ الثّلاثَةُ مُجتَمِعَةً تُلفَظُ "شْ". وَلا يَجُوزُ فصلُ أَحدِهَا عنِ الآخَرِ تحتَ أيِّ ظَرفٍ أو سَبَب.

5- قَد يُلفَظُ الحَرفُ أوِ التَّركِيبُ لَفظَاً فِي كَلِمَةٍ، ثُمَّ يُلفَظُ لَفظَاً آخَرَ فِي كَلِمَةٍ أُخرَى، مِثل:

- "**S**erie, Kur**s**" حَيثُ لُفِظَ الحَرفُ "s" لَفظَينِ مُختَلِفَين. إذ لُفِظَ "ز" فِي كَلِمَةِ "Serie"، وَلُفِظَ "س" فِي كَلمَة "Kurs".
- "Bau**ch**, Seu**ch**e" حَيثُ لُفِظَ التركيب "ch" لَفظَينِ مُختَلِفَين. إذ لُفِظَ "خ" فِي كَلِمَةِ "Bauch" وَلُفِظَ "ش" مُخفَّفَة فِي كَلمَة "Seuche".

<u>مُلاحَظَة: هُنَاكَ حَالَاتُ لَفظٍ شَاذَّةٍ بِأَن يَحمِلَ الحَرفُ لَفظَ حَرفٍ آخَر، وَسَنَتَنَاوَلُهَا لَاحِقاً.</u>

2.2.0 ثانِيَاً: أصوَاتُ الأَحرُفِ الصَّوتِيَّة

IPA Zeichen	Beispiel مِثَال	Bedeutung المَعنَى	مَخرَجُ الحرفِ مِنَ:
[a]	s**a**tt	شَبعَان	الأمَام
[ɑ]	H**a**hn, G**a**be	دِيْك، عَطِيَّة	الخَلف
[ã]	Restaur**ant**	مَطعَم	الأمَام
[ɐ]	Les**er**	قَارِئ	الوَسَط
[æ]	H**ä**hne	دُيُوك	الأمَام
[e]	W**e**h	أَلَم	الأمَام
[ɛ]	F**e**tt	دَسَم، دِهْن	الأمَام
[ɛ̃]	G**ei**st	رُوح، شَبَح	الأمَام
[ə]	Gnad**e**	رَحمَة	الوَسَط
[i]	t**ie**f	عَمِيْق	الأمَام
[ɪ]	K**i**nn	ذَقن	الأمَام
[o]	D**o**m	كَاتِدرَائِيّة	الخَلف
[ɔ]	K**o**pf	رَأس	الخَلف
[ø]	S**ö**hne	أولَاد	الأمَام
[œ]	D**ö**rner	أشوَاك	الأمَام
[œ̃]	Parf**u**m	عِطْر	الأمَام
[u]	g**u**t	جَيِّد	الخَلف
[ʊ]	M**u**nd	فَمّ	الخَلف
[y]	Tsch**ü**ss!	إلى اللِّقاء!	الأمَام
[ʏ]	Gr**ü**nde	أَسبَاب	الأمَام

- لَا تَحتَوِي اللُّغَةُ الألمَانيّةِ أَيّ كَلِمَةٍ دُونَ حَرفٍ صَوتِيٍّ وَاحِدٍ عَلَى الأَقَلّ، سَوَاءٌ كَانَتِ الكَلِمَةُ صِفةً أو اسمَاً أو فِعلاً أو...الخ. إِلَّا أَنَّ هُنَاكَ بَعضُ الكَلمَاتِ، الَّتِي لَا تَحتَوي عَلى أَيِّ حَرفٍ مِنَ الأَحرُفِ الصَّوتِيَّةِ الأَسَاسِيَّة (a, e, i, o, u) ولا عَلى أيّ حَرفٍ مِن الأحرُفِ الصّوتيّةِ المُكمّلة (ä, ö, ü) وعِندئِذٍ يُحسَبُ الحَرف y حَرفاً صَوتِيّاً، مثل: **"Typ"**.

- بَعضُ الكَلمَاتِ معَ أحرُفِهَا الصّوتيةُ:

Freiheit	kalt	Revolution	Demonstration
حُرّيّة	بَارِد	ثَورَة	مُظَاهَرَة
Sitten	Trost	Sicherheit	Revision
تَقَالِيد	عَزاء	أمَان	مُراجَعة
Kampagne	Fahrt	Geld	Bulle
حَملَة	رِحلة	مَال	ثَور
Aktivität	beredt	gewandt	Gefühl
نَشَاط	فَصِيح	لَبِق	شُعور
Boden	Erde	Himmel	Stift
أَرض	الكرَةُ الأرضِيّة	سَمَاء	قَلم
Telefon	Lokomotive	Telegramm	Parlament
هَاتِف	عرَبةُ قِطار	بَرقِيّة	بَرلمَان
Flug	Maschine	Handy	Glas
رِحلةٌ جَوّيَّة	آلَة	جَوَّال	كُوب، زُجَاج
Orange	Tasse	Nummer	Tüte
بُرتُقَالة	فُنجَان	نُمرَة، رَقَم	كِيس
Flasche	Luft	Thema	Apfel
زُجَاجَة	هَوَاء	مَوضُوع	تُفَّاحَة

3.0.0 Kombinierte Buchstaben حُروفٌ مُركبَة

تُضَافُ بَعضُ الحُرُوفِ إِلَى حُرُوفٍ أُخرَى لِتُعطِينَا تَرَاكِيباً جَدِيدَةً تُلفَظُ لَفظَاً خَاصّاً كَما ذَكَرنَا مُسبقَاً. سَوَاءٌ كَانَتِ الحُرُوفُ صَوتِيَّةً أَمّ سَاكِنَة.

- لَيسَ لِزَامَاً أَنّ يَكُونَ لِلتَركِيبِ لَفظٌ وَاحِد، فَبَعضُ التَّرَاكِيبِ لها أَكثَرُ مِن لَفظ، مِثلُ التَّركِيب **ch**.

- نُميّزُ أكثَرَ التَّرَاكِيبِ استِخداماً في الجَّدولِ التَّالي:

المَعنَى	مِثَال	اللَّفظ	المَوضِع	التَّركِيب
شِيْكّ	**Ch**eck	مِثلُ **tsch** في الكَلِمَاتِ الإنكليزيّةِ الأصل	فِي بِدَايَةِ الكَلِمَة	ch
شَرِيحَة	**Ch**ip			
فُرصَة	**Ch**ance	مِثلُ **sch** في الكلماتِ الفرنسيّةِ الأصل		
رُتبَة	**Ch**arge			
مَسِيحِيّ	**Ch**rist	مِثلُ **k** في كثِيرٍ مِنَ الكلمَات		
نَجَادَةٌ	**Ch**uzpe	مِثلُ خ العَربيّةِ في بعضِ الكلمَات		
ثَمَانِيَة	a**ch**t	يُلفَظُ مِثلَ الـ خ بالعُربيّة إذا جاءَ قبلَهُ أحدُ الحُروفِ التَّالِيَة: **(a, o, u, au)**	فِي وَسَطِ الكَلِمَة وَآخِرِهَا	
عَالِي	ho**ch**			
مِندِيْل	Tu**ch**			
بَطن	Bau**ch**			
أنَا	i**ch**	يُلفَظُ شْ مُخفّفة إذا جاءَ قبلَهُ كلُّ الحُروفِ ما عَدا الحُروفِ التَّالِيَة: **(a, o, u, au)**		
حَلِيب	Mil**ch**			
عَبْرَ	dur**ch**			

مُلاحَظَة: إِذَا وَرَدَ التَّرِكِيبُ "äu" قَبلَ "ch" فَيُعَامَلُ مُعَامَلَةَ التَّركِيبِ "eu" تَمَاماً، وَيُلفَظُ التَّركِيبُ"ch" عِندَئِذٍ "شْ مُـخَفَّفَة" مِثلَ "S**eu**che, B**äu**che".

ck	يُلفظُ مِثل k	Bä**ck**erei	مَخبَز
chs	يُلفظُ مثل x؛ إلا إذا جاءَ بَعدَه st، فيُلفظُ عندئذٍ st كتَركيب، و ch كتركيبٍ آخَر	Fu**chs**	ثَعلَب
		nä**chst**	قَادِم
dt	يُلفظُ مثل t وكأننا حَذفنا حرفُ الـ d	Sta**dt**	مَدِينَة
ng	يُلفظُ n وكأننا حَذفنا الـ g	e**ng**	ضَيّق
ou	يُلفظُ مثل u وكأننا حَذفنا الـ o	Fil**ou**	نَصّاب
ph	يلفظُ f	As**ph**alt	إسفَلت
qu	يُلفظُ q كمَا هو، و u بعدهُ تلفظُ v بالإنكليزية	**Qu**atsch	هُرَاء
sch	يُلفظُ **شْ**	**Sch**al	وِشَاح
		Schule	مَدرَسَة
ss	يُلفظُ **سْ**	Stre**ss**	ضَغَطَ
sp st	- إذا جاءَ **s** في بدايةِ الكلمةِ قبلَ **p** أو **t** فيلفظ **شْ** ويلفظ بعدهُ **t** أو **p** كما همَا، مثل: **st**arr ،**Sp**alte - وإذا جاءَ وسَطَ أو آخرَ كلمةٍ مجرّدة (غيرُ مُضافةٍ إلى كلمَةٍ أخرى) فيلفظ **سْ** وبعدهُ الحَرفَان **p** أو **t** يلفَظانِ أيضاً كما هُما، مثل: A**sp**ekt ،Pfla**st**er	**st**opp!	تَوقّفْ!
		spontan	تِلقَائِيّ
		Fe**st**	احتِفَال
		Te**st**	فَحْصْ
		E**sp**resso	إسبريسو
	إذا أضيفت كلمة تبدأ بـ **sp** أو **st** إلى كلمةٍ أخرَى فعندئذٍ تلفظ كل كلمة لفظاً مستقلاً، ولا تُلَفظانِ كأنهما كلمة واحدة.	Eis**st**adion	مَلعَبُ جَلِيد
		Wasser**sp**ort	رِيَاضَةُ المَاء
	يُلفظُ في بعضِ الكلمات بالشّكلين السّابقين	**st**rikt	صَارِم
sz	يُلفظُ الـ **s** "سْ" والـ **z** "تْسِتّ"	**Sz**ene	مَشهَد
		Szenario	سِينَاريُو
tiell	يُلفظُ "تْسْيِلّ"	poten**tiell**	مُحتَمَل
tion	يُلفظُ "تْسيُونْ"	Op**tion**	خَيَار
tz	يُلفظُ **ts**	Sa**tz**	جُملَة
zt	يُلفظُ كلُّ حرفٍ على حِدة، أي **z** ثم **t**	Ar**zt**	طَبِيب

3.1.0 أحرُفٌ صَوتيّةٌ مُضَاعَفة "Doppellaut"

- يُوجَدُ بالألمَانيّة أَحرُفٌ صَوتيّةٌ مُضَاعَفَةٌ كَما في الجَّدوَلِ التَّالي:

المَعنَى	مِثَال	اللّفظ اللاتيني	اللفظ العربي	الحرف المضاعف
جِلدْ	H**au**t	**aʊ̯**	آوّ	**au**
سَهل	**ei**nfach	**aɪ̯**	آيّ	**ei**
قَيْصَر	K**ai**ser			**ai**
رُكبَة	Kn**ie**	**iː**	إي	**ie**
اليَوم	h**eu**te	**ɔʏ̯**	أُوْيّ	**eu**
أَشجَار	B**äu**me			**äu**

- تلفظُ الحُروفُ المُضَاعفة [au, ei, ai, eu, äu, ie] دوماً ممدُودَة.

- إِذَا وَرَدَ أَحَدُ المَقاطِعِ الصّوتيّةِ السّابقةِ معَ حَرفٍ أَو مَقطَعٍ صَوتيٍّ آخَرَ فَيُلفَظُ كُلُّ مَقطَعٍ عَلى حِدة، مِثل: بَيضٌ **Eier**. يُلفَظُ التَّركِيبُ **Ei** كَمَقطَع، وَالتَّركِيبُ **er** كَمَقطَعٍ آخَر.

3.2.0 حَالَاتٌ خاصَّةٌ في لَفظِ بَعضِ الحُرُوف:

المَعنَى	مِثَال	اللّفظ	الحَرف
هُدُوء	R**u**he	يُلفظُ الحَرفُ **r** مثلَ "غ" بالعربيّة إذا تَبِعَهُ حَرفٌ صوتي حتّى ولو كانَ مضَاعفاً	**r**
سَبِيكَة	Ba**rr**en		
جَيش	A**r**mee	إذا تَبِعَهُ حرفٌ ساكِنٌ يُخفف بنسبَة **90%**.	
جدّاً	seh**r**	إذا جَاءَ **r** آخرَ الكلمَة فيُلفظ أشبهَ بـ **a**، حتى ولو كانَ مضَاعفاً مع تصعِيدِ الصّوتِ بلكنَةٍ مُميّزَة	
أُذن	Oh**r**		
مُتَصَلّب	sta**rr**		
قَارِئ	Les**er**	إذا جَاءَ **r** آخرَ الكلِمَة وسبَقَهُ **e** يُلفظ أيضاً أشبهَ بـ **a** وإذا أضيفَ **er** لكلمَة منتهيَةٍ بـ **er** فيلفظ المقطع **er** الأول كمَا هو والمقطع **er** الثاني مثل **a**	
مُتحَمّس	Eifer**er**		
نَاسِخَة	Kopier**er**		

c	يُلفَظُ "تْسِيْ"	circa	حَوالِي
	يُلفَظُ في بعضِ الكلِمَاتِ الدَّخيلَةِ "سْ"، أيّ كما دَخلت إلى الألمانيَّة	Center	مَركَز
		Balance	تَوَازن
	يُلفَظُ "كْ" إذا كانَ أصلُ الكلمة يلفظ كْ	Crew	طَاقَم
e	في آخرِ الكلمةِ له طريقة لفظٍ خاصّة؛ أشبه بحرف الهاء بالعربية	Bote	سَفِير
		Tasse	فُنجَان
	إذا جاءَ آخرَ الكلمةِ قبلَ الحُروف "L, M, N" يُلفظ مخففاً، باستِثناءِ بعضِ الكلِمات، مثل: Phonem. ويُشدّدُ إذا جاءَ بعدهُ عدَا هذهِ الحُروف	Möbel	فَرْش
		Atem	نَفَس
		nehmen	أَخَذَ
		Paket	طَرْد
h	يُلفَظُ في أولِ الكلمَةِ **h** كما في الإنكليزية	Hobby	هِوَايَة
	لا يُلفَظُ بعدَ الحَرفِ الصّوتيّ، بلْ يُشدِّدُه	Ruhe	هُدُوء
	لا يُلفَظُ بعدَ الحرفِ السّاكن ولا يُشدِدُه	Rhythmus	إِيقَاع
g	يُلفَظُ كـ **g** الإنكليزية في بعض الكلمات	genau	تَمَاماً
	يُلفَظُ كمَا هو في الكلمَاتِ الدَّخِيلة	Orange	بُرتُقَالة
	يُلفَظُ مثلَ المَقطع **ch** في كلمَة ich إذا جاءَ فِي آخِرِ الكلمَةِ وقبلَهُ الحرفُ **i**	Honig	عَسَل
s	يُلفظُ في أوّلِ الكلمة ووَسطهَا "زْ"، ويُلفَظ "سْ" في آخِرهَا	böse	سَيِّئ
		sauber	نَظِيف
		Vers	آيَة
	يُلفَظُ س إذا جَاءَ بعدَه **k**	Sklave	عَبْد
ß	يُلفَظُ **ss**، أيّ "سْ" بالعربية	groß	كَبِير
y	يُلفَظُ كَـ **ü** في الكَلمَاتِ الألمانية	Rhythmus	إِيقَاع
	يُلفظُ كَـ **y** الانكليزية في الكلمات الدّخيلةِ	Baby	طِفْل
v	يُلفظُ "فْ" بالعربية فِي أوّلِ الكلمَة، ويُلفظُ كَـ **v** الإنكلِيزِيَّةِ بآخرِ الكلمَةِ وَوسَطِها	Vater	أَب
		attraktiv	جَذّاب
	يُلفظُ في الكَلمَاتِ الدَّخيلَةِ كَمَا وَرَد	Aversion	نُفُور

- يُلفَظُ الحَرفُ "**ä**" كَالحَرفِ "**e**" تمَامَاً، كما في الكلمتين: F**ä**hre، n**e**hmen.

- يَجبُ التّفرِيقُ بينَ er كَمَقطَعٍ وَاحِد، كَما فِي: قَائِد Führ**er**، وَبينَ الحَرفِ r عِندَما يَأتِي قبلَهُ e كَحَرفٍ تَابعٍ لِمَقطَعٍ آخَر، مِثل: هُنا hie**r**. نَجِدُ أنّ الحَرفَ "e" متّصِلاً مَع الحَرفِ "i" لِيُشَكِّلَا المَقطَعَ "ie". أمّا "r" فَيُلفَظُ لِوَحدِه.

- فِي حَالِ الأفعَالِ المُنتَهيَةِ بِـ ern- تُحسَبُ er مقطَعاً وَاحِداً وَتُلفَظُ أشبَه بِـ a، وَيُلفَظُ الحَرفُ n كَحَرفٍ مُستَقِلّ، مِثل: غيّرَ änd**er**n، أغضب ärg**er**n. أمَّا فِي حَالِ الكَلِمَاتِ المُجرَّدةِ المنتَهيَةِ بنفسِ الحُرُوفِ فَلا يُعَدُّ الحَرفَان **er** مَقطَعاً وَاحِداً، مِثل: لُبّ K**ern**، بِسُرور g**ern**، نَجم St**ern**. حيث يُلفَظُ e مُستَقِلّاً عنِ الحَرفِ r.

- لِلحَرفِ "**a**" لفظٌ يَختِلفُ عن لفظِ الحرف "**ä**"، مِثل:

Ärmel	Z**ä**hne	**ä**hneln	Antr**a**g	**A**mt	**a**hnen
كُمّ	أَسنَان	شَابَه	طَلَب	مَنصِب	شَعَرَ

- هُناكَ حُروفٌ تُكتَبُ بِشَكلٍ وَتُلفَظُ بِشَكلٍ آخر إِذَا جَاءَت فِي آخِرِ الكَلِمَة، وَهِيَ الحُرُوفُ التَّالِيَة:

الحَرف	لَفظُ الحَرف	مِثَال	لَفظُ الكَلِمَة	المَعنَى
b	يَتحوَّلُ إلى **p**	Hie**b**	Hie**p** تُلفَظُ	لَكمَة
d	يَتحوَّلُ إلى **t**	Aben**d**	Aben**t** تُلفَظُ	مَسَاء
g	يَتحوَّلُ إلى **k**	Gan**g**	Gan**k** تُلفَظُ	مَمَرّ
s	يَتحوَّلُ إلى **ss**	Kur**s**	Kur**ss** تُلفَظُ	دَورَة
v	يَتحوَّلُ إلى **f**	Ner**v**	Ner**f** تُلفَظُ	عَصَب

- إذا اجتمعَ حَرفَانِ سَاكِنَان، يُلفَظَان كَحَرفٍ وَاحِد، مَثلاً:

ne**nn**en	ko**mm**en	tre**ff**en	Be**tt**	Pu**ll**i
يُسَمّي	يأتِي	يُقابِل	سَرِير	بُلُوزَة

- يَجِبُ الانتِباهُ إلى أنَّ التَّشَابُهَ اللَّفظِيَّ التَّامَّ بينَ الكَلِماتِ التِي تَحتَوي حَرفاً صَوتِيّاً مَمْدُودَ اللَّفظ، وَالكَلِماتِ التِي تَحتَوي h قَبلَهَا حَرفٌ صَوتِيٌّ لَا يُمكِنُ تَمييزُهُ إِلَّا كِتَابِيّاً، مِثل:

l**ee**ren أَفرَغ، l**eh**ren عَلَّمَ	W**a**l حُوتٌ، W**ah**l خَيَار

لَاحِظ!: التَّطَابُقَ اللَّفظِيَّ التَّامَّ بَينَ كُلِّ زَوجٍ مِنَ الكَلِماتِ السَّابِقَة، وَلَو سَمِعنَا الكَلِمَتَينِ لَمَا استَطعنَا التّفريقَ بينَهُما، إلَّا كِتَابِيّاً.

وَلَكِن يُمكِنُ أَن يَكُونَ التَّشَابُهُ اللَّفظِيُّ هَذَا بِغَيرِ وُجُودِ حَرفِ الـ **"h"**، ونُمَيِّزُ بَعضَ الكَلِماتِ المُتَشَابِهَةِ مِن هَذَا النَّمَطِ فِي الجَدوَلِ التَّالي:

S**ai**te وَتَر، S**ei**te صَفحَة	w**e**nn عِندَمَا، w**e**n (ضَمير)
W**ai**se يَتِيم، W**ei**se أُسلُوب	w**i**der ضِد، w**ie**der ثَانِيَةً

- يُوجَدُ كَلِماتٌ شَاذَّةُ اللَّفظِ كُلِّيّاً وَهِي كَلِماتٌ دَخِيلَةٌ إِلَى الأَلمَانِيَّة، مِثل:

Engagement	Parfum	Restaurant
مُسَاهمَة	عِطر	مَطعَم
Center	Arrangement	Porträt
مَركَز	تَرتِيب	صُورَة
Rendezvous	Management	Charme
لِقَاءٌ غَرَامِيّ	إِدَارَة	جَاذِبيّة
Croissant	Hotline	Portemonnaie
خُبزُ كُروَاسَّان	خَطٌّ سَاخِن	مِحفَظَةُ نُقُود

Fleiß und Geduld sind zwei Kamele, mit denen du die Wüste durchquerst. [Arabische Weisheit]

الصَّبرُ وَالمُثَابَرَةُ هُمَا الرَّكُوبَانِ اللَّتَانِ تُقِلَّاكَ عَبرَ الصَّحَارِي. [مثل عربي]

3.3.0 Der lange und kurze Vokal الصّوتُ المَقصُورُ والصّوتُ المَمدُود

تُنطقُ الحُروفُ الصّوتيّة نَطقاً مَمدُوداً بِأن تُعطَى لَفظاً قوِيّاً، ونَطقاً مَقصُوراً بِأنّ يُلفَظَ الحَرفُ دُونَ مَدّ.

3.3.1 الحَالَاتُ التِي تُلفظُ بِهَا الحُروفُ الصّوتِيّةُ بِشَكلٍ مَمدُود:

⇦ **1**- إِذَا جَاءَ بَعدَهَا حَرفٌ سَاكِنٌ وَاحِد، مِثل: "صَوت T**o**n، مَدرسَة Sch**u**le".

وَيُستَثنَى من ذلكَ بعضُ الكلِماتِ الَتِي يُلفَظُ فِيهَا الحَرفُ الصّوتيُّ مَمدُوداً رُغمَ أنَّ بَعدَهُ حَرفَانِ سَاكِنَان، مثل: "حَجَرْ B**u**chen، كَعكَة K**u**chen"

⇦ **2**- إِذَا جَاءَ بعدَها حَرفُ الـ **h**، مثل: "هُدوء R**u**he، حِذَاء Sch**uh**".

⇦ **3**- إِذَا جَاءَ الحَرفُ الصّوتيُّ مُضَاعَفَاً، مِثل: "رُوح S**ee**le، صَالة S**aa**l".

⇦ **4**- جميعُ الحروفِ الصّوتيةِ المُرَكَّبَة **"au, ai, ei, äu, eu, ie"** تُلفَظُ مَمدُودَة:

Auge	M**ai**	**Ei**nfluss	S**äu**gling	Absch**eu**	t**ie**f
عَين	أيّار	تَأثِير	رَضِيع	قَرَف	عَمِيق

⇦ **5**- فِي بَعضِ الكَلِمَاتِ الَّتِي لَا تَخضَعُ لِأَيِّ قَاعِدَة، مِثل: "صَحرَاء W**üste**".

3.3.2 الحَالَاتُ التِي تُلفظُ بِهَا الحُروفُ الصّوتيّةُ بِشَكلٍ مَقصُور:

⇦ **1**- إِذَا جَاءَ بَعدَها حَرفَانِ سَاكِنَان، مثل: "مُتَصَلِّب st**arr**، سَرير B**ett**".

⇦ **2**- إِذَا جَاءَ الحَرفُ **i** في آخِرِ الكلمَةِ قبلَ الحَرفِ **n** في حَالةِ تأنِيثِ الكلمَةِ المُذكَّرة، مِثل: "مُعَلِّمَة Lehrer**i**n". وَإِذَا جَاءَ قبلَ الحَرفِ **g** في آخِرِ الكَلِمَة، مِثل: "عَسَل Hon**i**g، عشرُون zwanz**i**g". وَإِذَا جَاءَ قَبلَ الحَرفِ **s** في بَعضِ الكَلِمَات، مِثل: "شَهَادَة Zeugn**i**s" فَيُلفَظُ عِندَئِذٍ مَقصُوراً.

مُلَاحَظَة: عندَ وُجُودِ مَقطَعَينِ صَوتِيَّينِ مُتَتالِيَين، مِثل: "جِدَار M**auer**"، فَيُلفَظُ كُلُّ مَقطَعٍ عَلَى حِدَة. إِذّ يُعَدُّ **"au"** مَقطَعاً، وَيُعَدُّ **"er"** مَقطَعاً آخَر.

4.0.0 Das Wort الكَلِمَة

الكَلِمَة: هِيَ وَحدَةٌ لُغويّةٌ تدلُّ عَلى مَعنَى مُعيّن، وَتتكوّنُ الكَلِمَةُ فِي الألمانِيَّةِ مِن حَرفَينِ أو أكثَر؛ وَلَها أنواعٌ عَدِيدَةٌ، وهِيَ:

نَوعُ الكلمَة	الخَصَائصُ المُميّزَة
Person **الشّخص**	**3. Person / 2. Person / 1. Person** **الشّخصُ الثّالِث، الشّخصُ الثّانِي، الشّخصُ الأوّل**
Genus **الجّنسُ القَواعدِي**	**Femininum, Neutrum, Maskulinum** **مُؤنَّث، مُحَايِد، مُذكَّر**
Numerus **الحَالة العَدَدِيّة**	**Plural, Singular** **جَمع، مُفرد**
Tempus **الحَالة الزّمَنيّة**	**Präteritum, Präsens, Futur** **زَمنُ المَاضِي، زَمنُ الحَاضِر، زَمنُ المُستَقبَل**
Modus **الحَالَة**	**Konjunktiv I oder II, Imperativ, Indikativ** **حَالةُ المَنصُوب، حَالةُ الأمر، حَالةُ الرّفع**
Kasus **الحَالةُ الإعرَابيّة**	**Genitiv, Dativ, Akkusativ, Nominativ** **مُضافٌ إليه، مُجرُور، مَفعولٌ بِه، فَاعِل**
Komparation **التّفضِيلُ وَالمُقارَنَة**	**Superlativ, Komparativ, Positiv** **حَالة التّفضِيل، حَالة المُقارَنة، الحَالة العاديّة**

- (1.Person) يَدُلُّ عَلى الشَّخصِ المُتكَم (مُفرَدَاً أو جَمعَاً):

<u>**Wir**</u> les<u>**en**</u>	**الجَّمع:** نَحنُ نَقرَأ	<u>**Ich**</u> les<u>**e**</u>	**المُفرَد:** أنَا أقرَأ

- (2.Person) يَدُلُّ عَلى الشَّخصِ المُخاطَب (مُفرَدَاً أو جَمعَاً):

<u>**Du**</u> schreib<u>**st**</u>	**المُفردُ المَرفُوعُ الكِلفة:** أنتَ تَكتُب
<u>**Sie**</u> schreib<u>**en**</u>	**المُفردُ بِصِيغَةِ الاحتِرَام:** حَضرَتُكَ تَكتُب
<u>**Ihr**</u> schreib<u>**t**</u>	**الجَمعُ المَرفُوعُ الكِلفَة:** أنتُم تَكتُبُون
<u>**Sie**</u> schreib<u>**en**</u>	**الجَمعُ بِصِيغَةِ الاحتِرَام:** حَضرَتُكُم تَكتُبُون

➢ (3.Person) يَدُلُّ عَلى الشَّخصِ الغَائِب (مُفرَدَاً أَو جَمعَاً):

Er, **sie**, **es** schreib**t.** **المُفرَد:** هُوَ يَكتُب، هِيَ تَكتُب، هي / هُوَ (لِلمُحَايِد) يَكتُب.
Sie schreib**en.** **الجَمع:** هُمّ يَكتُبُون.

4.1.0 قَواعِدُ كِتابَةِ الكلمَةِ في اللّغَةِ الألَمانيّة:

✓ - تُكتبُ الألَمَانيّةُ دَائِماً منَ اليَسارِ إلى اليَمِين، بِعَكسِ العَرَبيَّة:

Ahmad ist ein fleißiger Student.	أحمد طَالبٌ نَشِيط

✓ - تُعتَبرُ الأسمَاءُ الصّنفَ الوَحيدَ مِنَ الكَلِمَاتِ الّذِي يُكتبُ بِحُرُوفٍ كَبِيرة دائماً، سَواءٌ في أوّلِ الجُملةِ أو فِي وَسطِها أو في آخِرهَا:

Ich habe heute meinen **Freund** besucht. زُرتُ **صَدِيقِي** اليَوم.
Yakin schreibt einen **Brief**, und **Naser** hilft ihr. تَكتُبُ **يَقِينٌ خِطَاباً، وَنَاصِرٌ** يُسَاعِدُهَا.
Osman ist mein **Freund**. **عُثمَانُ صَدِيقِي.**

✓ - تَبدَأُ الكَلِمَاتُ في أوّلِ الجُملةِ بحُروفٍ كَبيرَة. سَواءً حَرفاً (كَحَرفِ الجَرّ) أو اسماً (كَاسِمِ العَلَم) أَو فِعَلاً (بِجَمِيعِ أَزمِنَتِه) أَو أَدَاتاً (كَأَدَاةِ النَّفي):

Von nun an sollst du deine Aufgaben erledigen. يَجِبُ عليكَ **مِنَ** الآنَ فَصَاعِداً أن تُنهِيَ واجباتِك.
Ali ist dieses Jahr der beste Schüler in Mathematik. يُعَدُّ **عَليٌّ** أفضَلَ تِلمِيذٍ في الرّياضِيّاتِ لِهَذَا العَام.
Hast du ihm den Brief noch nicht geschrieben? أَلَم تَكتُبْ لَهُ الخِطَابَ بَعد؟
Keiner erwartete solche atomare Katastrophe. لَم يَتَوَقّع أَحَدٌ كَارِثَةً نَوَوِيَّةً كَهَذِه.

4.2.0 Die Wortarten im Deutschen أَنوَاعُ الكَلِمَةِ فِي الأَلمَانِيَّة

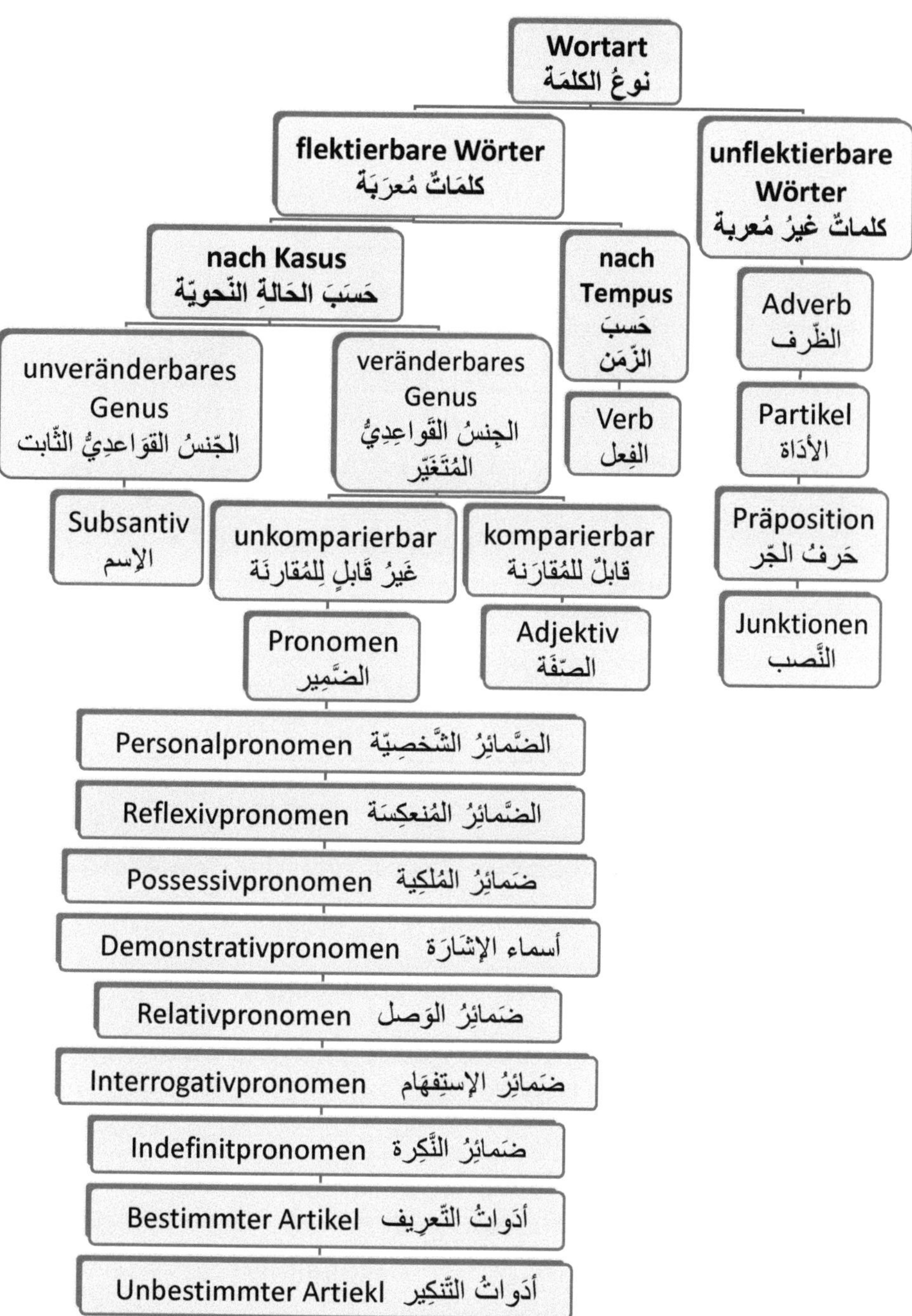

5.0.0 Der Substantiv (Nomen) الإسم

تَتَمَيّزُ الأَسماءُ بِتَعدُّدِ أَجناسِهَا وطُرقِ إعرَابِهَا، وتُقسمُ قَواعِديّاً إِلَى:

⇦ 1- الأَسماءُ المَلمُوسَة (Konkreta): وَهِي الأَسماءُ الَّتِي تُدرَكُ بِالحَواسِ الخَمس، مِثل:

Stift قَلم	Stuhl كُرسِي	Tuch مِندِيل	Maschine آلة

⇦ 2- الأَسماءُ المُجَرَّدَة (Abstrakta): وَهِيَ الأَسماءُ التِي لا تُدرك بالحَواسِ الخَمس، مِثل:

Seele رُوح	Scharfsinn بَصِيرَة	Ruhm مَجد	Ruf سُمعَة

⇦ 3- الأَسماءُ الدَّالَّةُ عَلى الأحياءِ أو الـجَّمادَات (Un- oder Belebtheit):

- 1- الكائِنَاتُ الحَيَّة (belebt):

Mensch إنسَان	Algen طَحَالِب	Adler نِسر	Esel حِمَار

- 2 - الكائِنَاتُ الغيرُ حيّة (unbelebt):

Buch كِتَاب	Glas كَأس	Weg طَريق	Boden أَرض

⇦ 4- أَسماءُ العَلَمِ، وتَضُمُّ:

أَسماءَ الأَشخَاصِ وانتِماءَاتِهم وَمِهَنهِم، والجُغرَافيَا، والمُنظّمات، والمَجَلّات، والمَعدُود وغَيرَ المَعدُود، والمُناسَبات والأعيَاد:

Muhammad مُحمّد	Hadil هَدِيل	Schahd شَهد
Syrer سُوريّ	Lehrer أُستَاذ	Kairo القَاهِرَة
OPEC الأوبك	Alufoq الأفق " مَجلّةُ"	Axt فَأس
Sand رمل	Wasser مَاء	Opferfest عِيدُ الأضحَى

5.1.0 Das Genus des Substantivs جِنسُ الاِسم

يُوجَدُ فِي الأَلمَانِيَّة ثَلَاثَةُ أَصنَافٍ لِلاِسمِ مِنّ نَاحِيَةِ الجِّنسِ القَواعديّ، وَهِيَ المُذكر (Maskulinum) كَالرّجُل، والمُؤنّث (Femininum) كالمَرأة، وكذلِكَ العَربيّة تَماماً، إِلَّا أنَّ الألمَانيّة تحتَوي على جِنسٍ قَواعِديٍّ آخَر، وهو الجّنسُ المُحَايد (Neutrum). سُمِّيَ مُحايداً لأنّهُ لَيسَ مُذكّراً وَلا مؤنّثاً، وَلَيسَ منَ الضَّرُورِيِّ أَن يَكُونَ الاِسمُ جَماداً أو غيرَ عاقِل حتّى يَكُونَ مُحايِدَاً، مثل:

سَيَّارَة	Auto	أُسطُورَة	Märchen	فَتَاة	Mädchen

- لا تُقارِن بَينَ العرَبيّةِ والألمَانِيّةِ منّ نَاحيَةِ التّذكِيرِ والتّأنِيث، فالطّفلُ (Baby) مُذكرٌ بالعربيّة، بينَما يعدُّ اسماً مُحايِداً بالألمانية. وَالفَتاة (Mädchen) مُؤَنَّثةٌ بالعَربيّة، بينما تُعدُّ اسماً مُحايدَاً بالألمانية، وَالبابُ (Tür) مُذكّرٌ بالعربِيّة، بَينَما هُو مؤنّثٌ بِالألَمَانِيّة.

- لا يوجدُ قاعدةٌ مُعيّنةٌ تُحدّدُ، فيمَا إِذَا كَانَ الاسمُ مُذكراً أمّ مُؤنثاً أم مُحايداً، بَل يوجَدُ طُرقٌ تُساعِدُ عَلى ذلك. (سَنتَعرّفُ عليهَا لاحِقَاً)

- أدَاةُ تعريفِ الِاسمِ في اللّغةِ العَربيّةِ واحدةٌ لكلّ الأسماء، وهِي (الـ)، بينَما يُوجدُ في اللُّغةِ الأَلمانيَّةِ أداةُ تَعريفٍ خاصّةٍ لِكُلِّ جِنسٍ، فَللمُذكَّرِ أَدَاةُ تَعريفٍ خَاصّة، وَللمُؤنَّث أَدَاةٌ خاصّة، وللمُحايدِ كذلكَ أَدَاةٌ خَاصّة، وَلِكَيّ لَا يَختَلِطَ الأَمرُ عَلى الطَّالِب، يُنصَحُ بِحِفظِ كُلِّ اِسمٍ مَعَ أداةِ التَّعريفِ الخَاصَّةِ بِه، وَالجَّدوَلُ يُوَضِّح الِاختِلَافَ بَينَ العَرَبِيَّةِ وَالأَلمانِيَّةِ مِن نَاحِيَةِ الجِّنسِ القَوَاعِدِي:

أَدَاةُ التَّعرِيف	الجِّنسُ بِالأَلمَانِيَّة	الجِّنسُ بِالعَرَبِيَّة	الاِسم
Der	⇨ مُذكّر	⇨ مُؤنَّث	**Tisch طَاوِلَة**
Die	⇨ مُؤنث	⇨ مُذكّر	**Tür بَاب**
Das	⇨ مُحايِد	⇨ مُذكّر	**Kind طِفل**

مُلَاحظة: قَد يَكُونُ لِلاِسمِ أَكثَرُ مِن جِنسٍ قَوَاعِدِيٍّ وَاحِد، كَالِاسمِ "Silvester".

5.1.1 Das Maskulinum المُذكّر

الأسماءُ المذكّرة هِيَ:

⇦ 1- كل ما دلَّ عَلى مُذكَّرِ الإنسَانِ والحَيوَان، بِاستِثنَاءِ مَثَلاً "حِصَان das Pferd":

der Manager مُدِير	der Araber عَربيّ	der Lehrer مُعلّم	der Fahrer سَائِق
der Student طَالِب	der Schüler تِلمِيذ	der Soldat جُندِيّ	der Bauer فَلّاح
der Hund كَلب	der Adler نسر	der Elefant فِيل	der Löwe أسَد
der Fuchs ثَعلَب	der Affe قِرد	der Hahn دِيك	der Tiger نَمِر

⇦ 2- أيّامُ الأسبُوع، وأوقَاتُ النّهار، والأَشهُر، وفُصُولُ السَّنة:

der Freitag الجُّمعة	der Abend المَساء	der Januar كانُونُ الثاني	der Herbst الخَريف

⇦ 3- العَوامِلُ الطَّبيعِيَّةِ المُختَلِفَة:

der Hagel بَرَد	der Regen مَطر	der Schnee ثَلج	der Wind رّياح

⇦ 4- الاتِّجاهَاتُ الأربَعة:

der Norden الشَّمَال	der Osten الشَّرق	der Süden الجَّنُوب	der Westen الغَرب

⇦ 5- مَاركاتُ السَّيارَات:

der Mercedes مرسيدس	der BMW (Bayerische Motorenwerke) BMW (محركات بافارية)

⇦ 6-المَشرُوباتُ الكُحوليّة، ما عَدا البِيرا:

der Wein خَمر	der Sekt خَمر	der Likör خَمرٌ مُعطّر	das Bier بِيرَا

⇦ 7- الأسماءُ المُنتهيةُ بالنِّهايَاتِ التَّالية:

-all, -ant, -är, -ent, -eur, -ich, -ig, - ismus, - ist, -iker, -or.

der Zuf**all**	صُدفَة	der Fris**eur**	حَلَّاق
der Musik**ant**	مُوسِيقِيّ	der Bere**ich**	مِنطَقَة
der Gar**ant**	كَفِيل	der Tepp**ich**	سُجَّادَة
der Revolution**är**	ثَائِر	der Hon**ig**	عَسَل
der Veterin**är**	طَبِيبٌ بَيطَرِيّ	der Ego**ismus**	حُبُّ الذّات
der Milit**är**	عَسكَري	der Poliz**ist**	شُرطِي
der Ag**ent**	عَمِيلٌ سِرّي	der Krit**iker**	مُنتَقِد
der Stud**ent**	طَالِب	der Ch**or**	مِحرَاب

⇦ 8- الأسماءُ المُنتهيةُ بـ el, er بشِرطِ أنّ تكونَ مُشتقّةً مِن كلِماتٍ أخرَى:

der Tadel تَوبِيخ	der Fussel وَبَر	der Geber مَانِح	der Werber مُعلِن

- أمَّا إذا كانَتِ الكَلِمةُ المُنتهِيَةُ بـ er, el غيرَ مُشتقّةٍ مِن كَلِماتٍ أخرَى، فليسَ مِنَ الضَّرُورِيِّ أنّ تكونَ مُذكّرة، مثل:

die Kugel كُرَة	das Dunkel ظَلَام	die Nummer رَقم، نُمرَة	das Zimmer غُرفَة

⇦ 9- صِفَاتُ الأشخَاصِ المَنسُوبَةُ إلى أمَاكِنِ نَشأتِهِم:

der Berliner برليني	der Türke تركي	der Syrer سوري	der Ägypter مصري

مُلاحظَة: ما سَبَقَ يُساعدُ على معرفَةِ جنسِ الإسمِ المُذكّرِ وَلَا يُغنِي عَن حِفظِ الأداةِ الخَاصَّةِ لِكلِّ اسم.

5.1.2 Das Femininum المؤنّث

الأسمَاءُ المُؤنّثةِ هِي:

⇦ 1- كُلُّ مَا دَلَّ على إناثِ الكائِناتِ الحيَّة (إنسان وَحيوان):

die Frau سَيّدة	die Dame سَيّدة	die Tochter ابنَة	die Schwester أخت

⇦ 2- أَسمَاءُ الزُّهُور وَالنَّباتَات بِأنوَاعِها:

die Ranke نَبتَةُ العَسَلَة	die Linde زَيزَفُون	die Ulme الدَّردَار	die Buche الزَّان

⇦ 3- الأَعداد (الزَّوجُ وَالمفرد):

die Neun تسعة	die Tauend ألف	die Million مليون	die Null صفر

⇦ 4- نِسبَة 90% مِن الكَلمات الَّتي تَنتَهي بـ "e":

die Frage سُؤَال	die Tante عَمَّة، خَالة	die Hölle جَحِيم، جَهنّم	die Kanne إبرِيق

- وَلَكِن:

das Gewebe نَسِيج	das Gemälde لَوحَة فَنّيّة	der Zeuge شَاهِد	das Auge عَين

⇦ 5- كُلُّ الأَسماءِ المنتَهية بِالنهايَاتِ التَّالية:

-anz, -ei, -enz, -heit, -ik, -in, -is, -ion, -keit, -schaft, -ung, -ur, -tät:

die Akzept**anz** تَقَبُّل	die Eleg**anz** لَباقَة	die Fleischer**ei** مَلحَمَة (محلُّ جزارة)
die Liz**enz** رُخصَة	die Dem**enz** جُنُون، خَبَل	die Frei**heit** حُرِّيَّة
die Opt**ik** عِلمُ البَصريَّات	die Lehrer**in** آنِسَة (أُستَاذَة)	die Bas**is** قَاعدَة، أَسَاس

die Union اتّحَاد	die Gerechtig**keit** عَدل، إنصَاف	die Bot**schaft** رِسَالة، سَفَارة
die Üb**ung** تَمرِين	die Prüf**ung** امتِحَان، فَحص	die Kult**ur** ثَّقَافة
die Reali**tät** حَقِيقَة	die Universi**tät** جَامِعَة	die Fakul**tät** كُلّيَّة

✓ وَلَكِن إِذَا كَانَتِ النِّهَايَةُ الأَسَاسِيَّةُ لِلاسمِ مُتشَابِهَةً مَع هَذِهِ اللَّاحِقَاتِ فَلَا تَنطَبِقُ هَذِهِ القَاعِدَةُ وَرُبَّمَا أَخَذَ الِاسمُ جِنساً آخَرَ. مِثل: قَفزَة **der Sprung**.

⇦ 6- نِسبَةٌ كَبِيرَةٌ مِن الأَسمَاءِ المُنتَهِيَةِ بِـ -d, -t.

die Gegend مِنطَقَة	die Zukunft مُستَقبَل	die Art نَوع، صُنف	die Fahrt رِحلَة

قوس النصر[1] (سوريا - تدمر)

[1] بُني قوسُ النصرِ في العهد الروماني بين 193 و211 ميلادي.

5.1.3 Das Neutrum — المُحَايِد

كَمَا ذَكرنَا سَابِقاً أنَّ اللُّغَةَ الألمَانِيّة تحتَوِي على هَذَا الجِنّسِ القَوَاعِدِيّ، وَلَيسَ من الضَّرورِيّ أن يَكُونَ الإِسمُ غَيرَ عَاقِلٍ حَتّى يَكون مُحَايِدَاً.

الإِسمُ المُحَايِد هُو:

⇦ 1- مَا تَمَّ تَصغِيرُهُ من الكَائنَاتِ الحَيَّةِ بِشَكلٍ عَام (حيَوان، إنسَان):

das Kätzchen قِطةٌ صَغِيرَة	das Baby رَضِيع	das Mädchen فَتَاة	das Kind طِفل

⇦ 2- المُستَحضَرَاتُ، وَالمَوادِ الكِيميَائِيَّة، وَالمَعَادِن:

das Gold ذَهَب	das Eisen حَدِيد	das Deuterium دُوتِيرِيُوم[2]	das Ethanol ايثَّانُول[1]

⇦ 3- أَسمَاءُ الحَيَوانَاتِ الَّتي تُطلَقُ عَلَى المذَكَّرِ وَالمؤَنَّث مَعَاً:

das Zebra الحِمَارُ الَوحشِيّ	das Nilpferd فَرَسُ النَّهر	das Schaf خَرُوف	das Tier حَيَوَان

⇦ 4- كُلُّ الأَفعالِ إِذَا استُخدِمَت كَأَسمَاءٍ تَكونُ مُحَايِدَة:

das Arbeiten العَمَل	das Laufen الجَرِي	das Lesen القِرَاءَة	das Reden التَّحَدُّث

---

[1] الإِيثَّانُول: هُوَ مُرَكَّبٌ عُضويٌّ كِيميَائِيٌّ، قَابِلٌ لِلإِشتِعَال، عَدِيمُ اللَّون، ذُو تَركِيبٍ كُحُولِيّ، يُعطِي بَعدَ مُعَالجَتِهِ رَائِحَةً زَكِيَّةً جِدَّاً، وَيُستَخدَمُ بَعدَ سِلسِلَةٍ مُعَالجَاتٍ مُتَتَالِيَةٍ فِي صِنَاعَةِ العُطُورِ الغَالِيَةِ الثَّمَن، وَيُستَخدَمُ الميثَّانُول أَحيَانَاً بَدَلاً مِنَ الإِيثَّانُول إِلَّا أَنَّ المِيثَّانُول يُؤَدِّي فِي كَثِيرٍ مِنَ الحَالَاتِ إِلَى التَّسَمُّم.

[2] الدُوتيريُوم: هي الذَّرَّةُ المُستَخدَمَةُ في انتَاجِ المَاءِ المُثقَّل، وَهُوَ المَاءُ المُستَخدَمُ في التّفاعُلاتِ النَّوَوِيَّةِ الشّديدَةِ، والقَادِرة على مسحِ مَسَاحَاتٍ شَاسِعَةٍ خِلال زَمَنٍ قَصِيرٍ جِدَّاً، مُنتِجَةً أشعة "Gamma" الكَهرُومغنَاطِيسِيَّة والقَادِرَةُ على النَّفاذِ بسُرعةِ الضَّوءِ تمَاماً، مخترِقَةً كُلَّ الأَجسَامِ، مُنتِجَةً طَاقَةً هَائِلَةً جِدَّاً وَمُؤَذِّيَةً، وَتُعَدُّ وَاحِدَةً مِن أَخطَرِ أَنوَاعِ الإِشعَاعَاتِ الَّتِي عَرفتهَا البَشرِيَّة، ولا تَتِمُّ التَّجارِبُ الضَّخمَةُ لها إلا خَارِجَ الغِلَافِ الجَوِّيِّ لِلْكُرةِ الأرضِيَّة. فَالكَمِّيَّاتُ الكبِيرَةُ منهَا قادرَةٌ على أن تَقلِبَ عَالَمنَا إلى عَالمٍ آخر. أَمَّا الكَمِّيَّاتُ القَلِيلَةُ جِدَّاً مِنهَا فَتُستَخدَمُ فِي عِلَاجِ بَعضِ الأَمرَاضِ الخَطِيرَةِ والمُستَعصِيَة.

-مُلاحَظَة: يُقصدُ بتحوِيلِ الفعلِ إلى اسمٍ بأن يَحمِلَ الاسمُ المعنَى الإجماليَّ لعمليَّةِ الفِعل.

⇦ 5- جَميعُ الأَسماءِ المنتَهِيَة بِاللَّاحِقتَين -chen, -lein

das Bäumchen شُجَيرَة	das Vöglein طَيرٌ صَغِير	das Büchlein كُتيِّب

- الكَلِماتُ الأساسيَّةُ مِن الكَلِماتِ السَّابقةِ هي على التَّرتيب:

"كِتَاب das Buch، طَير der Vogel، شَجَرَة der Baum".

وَصُغِّرَت بِإِضافَةِ اللَّاحِقتَين -chen, -lein، مَع Umlaut.

⇦ 6- نِسبَةٌ كَبِيرَةٌ جِدَّاً منَ الأَسماءِ المبدُوءَة بِالبَادِئَة -Ge:

das Gelände مِنطَقَة	das Gebirge سِلسِلَةٌ جَبَلِيَّة	das Gemälde لَوحَة فنّيّة	das Gefühl شُعُور

وَلَكِن: النَّجَاح **der** Gewinn.

⇦ 7- جَمِيعُ الكَلِماتِ الَّتِي تَنتَهِي بِالنِّهَايَات:

-at, -ing (englische Wörter), -ma, .ment, -o, -um, -zeug

das Kli**ma** الطَّقس	das Shopp**ing** التَّسَوُّق	das Result**at** نَتِيجَة
das Stipendi**um** مِنحَةٌ دِرَاسِيَّة	das Risik**o** مُخاطَرَة، خَطَر	das Seg**ment** جُزء، مَقطَع
das Flug**zeug** طَائِرَة	das Spiel**zeug** لُعبَة	das Studi**um** دِرَاسَة

⇦ 8- جَمِيعُ الأَعدَادِ الكَسرِيَّة (ثُلُث، رُبع، خُمس... الخ) وَتُشتَقُّ منَ الأَعدَادِ التَّرتِيبِيَّة، كَمَا فِي الجَدوَلِ التَّالِي:

das Zehntel عُشر	das Sechstel سُدس	das Viertel رُبع	das Drittel ثُلث

⇦ 9- الأَلوَانُ، إِذَا استُخدِمَت كَأَسمَاء، إِلَّا أَنَّها غَالِباً مَا تُستَخدَمُ كَصِفَات:

das Rot أحمَر	das Blau أزرَق	das Grün أخضَر	das Grau رَمَادِيّ

⇦ 10- أَسماءُ المُدُن وَالبُلدَان:

das Hamburg هَامبورغ	das Korea كُوريا	das Kairo القَاهِرة	das Ägypten مَصر

- إِلَّا أنَّ بَعضَها شَاذّاً (إِمَّا مُذَكَّراً أَو مُؤَنَّثاً):

مُذَكَّر	der Irak العِرَاق، der Sudan السُّودَان
مُؤَنَّث	die Schweiz سويسرا، die Türkei تُركِيَّا

➢ يُوجَدُ ثَلَاثُ نِهَايَاتٍ مُشتَرَكَةٍ بَينَ الأَجنَاسِ القَوَاعِدِيَّةِ الثَّلَاثَة:

اللاحقة Suffix	الجنس Genus	مثال Beispiel	
-tum	(غالباً) das	das Eigen**tum** مُلكيّة	das Fak**tum** حَقِيقَة
		das Juden**tum** اليَهوديّة	das Wachs**tum** نُمُوّ
	(نادراً) der	der Irr**tum** خَطَأ	der Reich**tum** ثَروَة
-nis	(غالباً) das	das Ergeb**nis** نَتِيجَة	das Geheim**nis** سرّ
		das Zeug**nis** شَهَادَة	das Wag**nis** مُجازَفَة، مُخَاطَرَة
	(نادراً) die	die Bitter**nis** غمّ، كَرب	die Finster**nis** عَتمَة، ظَلَام
-sal	(أحياناً) das	das Schick**sal** حَظّ، قَدَرْ	das Scheu**sal** وَحش
	(أحياناً) die	die Müh**sal** مَشَقَة، عَنَاء	die Trüb**sal** غَمّ

➢ عِندَ التّحدُّثُ عَن شَيءٍ غَيرِ مُعيّنٍ أَو عَلى العُمُومِ نَستَخدِمُ المُحايد:

Das ist schlimm. هَذا سَيّءٌ	Lass **das**! دَعكَ مِن هَذا!
Das ist alles. هَذا كُلُّ شَيء	**Das** ist es. هَذا هُوَ تماماً
Das ist selten. هَذا نَادِر	**Das** ist Unsinn. هَذا هُرَاء
Das mache ich nie. أنا لَا أَفعَلُ هَذا.	**Das** ist Fakt. هَذِهِ حَقِيقَة.

5.2.0 Der Plural الجَّمع

- يَختلِفُ اشتِقَاقُ جَمعِ الأَسماءِ المُفردَةِ في الألمانيّةِ من حَالةٍ لِأخرَى.

- يَتِمُّ اشتِقَاقُ جمعِ الأسماءِ غَالِباً بِإضَافَةِ حَرفٍ أَو أَكثَرَ لِلاِسمِ المُفرَد.

- نهاياتُ الجَّمعِ المُضَافة هِيَ "-e, -er, -n, -en, -nen -s, -se"، وَهُناكَ أَسماءٌ تُجمَعُ بِعَدَمِ إِضَافَةِ أَيِّ شَيءٍ لَهَا. وَيُوجَدُ أَحيَاناً أَسماءٌ شَاذَّةٌ كُلِّيّاً وَلَا يَتِمُّ الجَمعُ إِلَّا بِتَغيِيرِ بَعضِ الحُرُوفِ فِيهَا.

وتُبيِّنُ الجَداوِلُ التَّالِيَة تَفَاصِيلَ اشتِقَاقِ الجَّمعِ مِنَ الاِسمِ المُفرَد:

5.2.1 الجَّمعُ بِإِضَافَة -n				
النهاية	**المَعنَى**	**الجَمع**	**مِثَال**	**الاسمُ وَصِنفُهُ وَوَصفُه**
-n	شَاهِد	die Zeuge**n**	der Zeug**e**	**مُذكَّر منتهي بـ e مُؤنَّث منتهي بـ e مُحايِد منتهي بـ e أمّا إذَا كَانَ e مُشدّدُ اللفظِ في الكَلمَاتِ الدَّخِيلةِ فيكُونُ الجّمعُ s " انظر الفقرة 5.2.4 "**
	زَمِيل	die Kollege**n**	der Kolleg**e**	
	نِهَايَة	die Ende**n**	das End**e**	
	كَمَان	die Geige**n**	die Geig**e**	
	صَفّ	die Klasse**n**	die Klass**e**	
	قِنِّيَّة	die Flasche**n**	die Flasch**e**	
	بُحَيرَة	die See**n**	der S**ee**	**الأسماءُ الألمانية الأصلِ** والمنتهيةِ بـ "e-" سواءٌ أكان مُشدَّداً أو غير مُشدَّد
	بَحر	die See**n**	die S**ee**	
	عَين	die Auge**n**	das Aug**e**	
	ضَرِيبَة	die Steuer**n**	die Steu**er**	مُؤنَّث **-er**
	جَزِيرَة	die Insel**n**	die Ins**el**	مُؤنَّث **-el**

وَيُضَافُ الحَرفُ "n" فِي حَالَةِ جَمعِ الاِسمِ المجرُورِ "Dativ" لِكُلِّ الأَجنَاسِ القَوَاعِدِيَّة:

المَعنَى	**جَمعُ الاِسمِ المَجرُور**	**الاسم (مُفرَد)**	**الوَصف**
قَلَم	den Stifte**n**	der Stift	جَمعُ Dativ غير مُنتَهِي بِـ **-n**
وَردَة	den Rose**n**	die Rose	
كِتَاب	den Bücher**n**	das Buch	

5.2.2 الجَّمعُ بِإضَافَةِ -en

الاسمُ وَوَصفُه	مِثَال	جَمع	المَعنَى	النهاية
-tion اسم	die Op**tion**	die Option**en**	خَيَار	-en
-ion اسم	die Pens**ion**	die Pension**en**	فندق	
-(er)ei اسم	die Dat**ei**	die Datei**en**	مَلَف	
	die Bäck**erei**	die Bäckerei**en**	مَخبَز	
-heit اسم	die Frei**heit**	die Freiheit**en**	حُرّيّة	
-(ig)keit اسم	die Wirksam**keit**	die Wirksamkeit**en**	فَاعِلِيَّة	
	die Wicht**igkeit**	die Wichtigkeit**en**	أهمّيّة	
-schaft اسم	die Wirt**schaft**	die Wirtschaft**en**	اقتِصَاد	
-tät اسم	die Universi**tät**	die Universität**en**	جَامِعَة	
-ung اسم	die Begab**ung**	die Begabung**en**	مَوهِبَة	
-ant مذكر	der Gig**ant**	die Gigant**en**	عِملَاق	
-ast مذكر	der Gymnasi**ast**	die Gymnasiast**en**	الثَّانَوِيّ	
-at مذكر	der Kandid**at**	die Kandidat**en**	مُرَشَّح	
-ent مذكر	der Ag**ent**	die Agent**en**	عَمِيل	
-ist مذكر	der Chron**ist**	die Chronist**en**	مُؤرّخ	
-or مذكر	der Mot**or**	die Motor**en**	مُحرّك	
بعض الأسماء المذكرة والمحايدة	der Infant	die Infant**en**	رَضِيع	
	das Ohr	die Ohr**en**	أُذُن	
بعض الأسماء المذكرة والمحايدة المنتهية بـ: um, us, on	der Rhythm**us**	die Rhythm**en**	إيقَاع	مع -en حذف الحرفين الأخيرين
	das Lexik**on**	die Lexik**en**	قَامُوس	
	das Studi**um**	die Studi**en**	دِرَاسَة	
	das Stadi**um**	die Stadi**en**	مَرحَلَة	
بعض الأسماء المنتهية بالحروف الصوتية: -a, -o	das Risik**o**	die Risik**en**	مُخاطَرَة	مع -en حذف الحرف الأخير
	das Them**a**	die Them**en**	مَوضُوع	

- يَتِمُّ جَمعُ المِهَنِ المؤَنَّثَةِ المنتَهِيَة بِـ in- وَالمشتَقَّةِ مِنَ المِهَنِ المُذَكَّرَة بِإِضَافَة nen-:

المَعنَى	جَمعُ المُؤنَّث	المُفردُ المُؤنَّث
عَامِلَة	die Arbeiterin**<u>nen</u>**	die Arbeiter**<u>in</u>**
مُعَلِّمَة	die Lehrerin**<u>nen</u>**	die Lehrer**<u>in</u>**

مُلَاحَظَة: النِّهَايَة ment- تَدُلّ عَلَى المُحَايد، وَيُجمَعُ الاسمُ المُنتَهي بِهَا بِإِضَافَةِ **"e"**. أَمَّا النِّهَايَة **ent-** فتَدُلّ عَلى المذَكَّر، وَيُجمَعُ الاسمُ المُنتَهي بِهَا بِإِضَافَة **"en"**.

المَعنَى	الجَّمع	المُفرَد
أَسَاس	die Fundament**<u>e</u>**	das Funda**<u>ment</u>**
عَميل	die Agent**<u>en</u>**	der Ag**<u>ent</u>**

مُلَاحَظَة: مُعظَمُ الكَلِمَاتِ المنتَهِيَة بِالنِّهَايَة **ma-** يَتِمُّ جَمعُهَا بِطَرِيقَتَين؛ إِمَّا بِإِضَافَةِ **en-**, إِلَى نِهَايَتِهَا بعد حذف الـ **"a"**، أَو إِضَافَة **ta-** لها:

das Thema ⟹ die Them**<u>en</u>** *oder* die Thema**<u>ta</u>**

- مُلَاحَظَة: الكَثِيرُ مِنَ الكَلِمَاتِ المنتَهِيَة بـ **o-** يَتِمُّ جَمعُهَا بِطَرِيقَتَين؛ إِمَّا بِحَذفِ الـ **o-** وَإِضَافَة **en-** أَو بِإِضَافَة **s-** بَعدَ الـ **o-** "كَمَا في الإِنكِليزِيَّة":

das Konto ⟹ die Kont**<u>en</u>** *oder* die Konto**<u>s</u>**

- وَجبَ فِي هَذِهِ الحَالَةِ مَعرفةُ الجَمعِ المُستخدَمِ عَمليّاً وَحفظُهُ، وَتجنُّبُ حِفظِ الجَمعِ الثَّانِي، إِلَّا أَنَّهُ يجب أحيَانَاً حِفظِ صِيغَتَي الجَمعِ فِي حَالِ كَانتَا كِلتَاهُمَا مُستَخدَمَتَان.

- مُلَاحَظَة: بِشَكلٍ عَام يُجمَعُ المذَكَّرُ بِـ e- وَالمؤَنَّثُ بِـ n-أو en- وَالمُحَايدُ بِـ er-:

المَعنَى	الجَّمع	نِهَايَة الجَّمع	المُفرَد
أَقلَام	**die** Stift**<u>e</u>**	**-e** أحياناً مع **Umlaut**	**der** Stift
بُطُون	**die** Bäuch**<u>e</u>**		**der** Bauch
مَنَازِل	**die** Häus**<u>er</u>**	**-er** غالباً مع **Umlaut**	**das** Haus
أَورَاق	**die** Blätt**<u>er</u>**		**das** Blatt
مَدَارِس	**die** Schule**<u>n</u>**	**-n oder** **-en**	**die** Schule
أَخطَار	**die** Gefahr**<u>en</u>**		**die** Gefahr

5.2.3 الجَمعُ بِإِضَافَةِ ‎-e أو ‎-se

الاسم	مِثَال	الجَمع	المَعنَى	النِّهايَة
"مُذَكَّر، مُؤَنث، مُحَايِد" وَحِيدَات المَقطَع	die Hand	die H**ä**nd**e**	يَد	‎-e وَأحيَانَاً يضاف للاسم **Umlaut**
	die Lust	die L**ü**st**e**	رَغبَة	
	das Reh	die Reh**e**	ظَبي	
	das Rohr	die Rohr**e**	أُنبُوب	
	der Bock	die B**ö**ck**e**	كَبش	
	der Satz	die S**ä**tz**e**	جُملَة	
‎**-sal**اسم	die Müh**sal**	die Mühsal**e**	عَنَاء	
‎**-är**اسم	der Revolution**är**	die Revolutionär**e**	ثَائِر	
اسم **-ling**	der Säug**ling**	die Säugling**e**	رَضِيع	
‎**-zeug**اسم	das Werk**zeug**	die Werkzeug**e**	أَدَاة	
‎**-ment**اسم	das Funda**ment**	die Fundament**e**	أَسَاس	
‎**-ör**اسم	das Zubeh**ör**	die Zubehör**e**	لَوَازِم	
‎**-eur**اسم	der Fris**eur**	die Friseur**e**	حَلَّاق	
‎**-ig**اسم	der Kön**ig**	die König**e**	مَلك	
المُحَايِد المبدوء بـ **Ge-** ولا ينتهِ بِـ **-e**	das **Ge**bäck	die Gebäck**e**	مُعجَّنَات	
	der **Ge**ruch	die Gerüch**e**	رَائِحَة	
	das **Ge**räusch	die Geräusch**e**	ضَجَّة	
	das **Ge**biet	die Gebiet**e**	مِنطَقَة	
اسم **-nis**	die Erlaub**nis**	die Erlaubnis**se**	تَصرِيح	**-se**
	die Erkennt**nis**	die Erkenntnis**se**	مَعرِفَة	
	das Wag**nis**	die Wagnis**se**	مُجَازَفَة	
	das Zeug**nis**	die Zeugnis**se**	شَهَادَة	
	das Bünd**nis**	die Bündnis**se**	تَحَالُف	

5.2.4 الجَّمعُ بِإضَافَة s-				
صُنفُ الاِسمِ وَوَصفُه	المُفرَد	الجَّمع	المَعنَى	
الأَسمَاءُ الدخيلة إلى الألمانية والَّتِي تَنتَهِي بِحَرفٍ صَوتِيٍّ "مُشَدَّد" أو حرفين صوتيين أو أكثر.	die Kamera	die Kameras	كاميرا	-s
	das Komitee	die Komitees	لَجنَة	
	das Tabu	die Tabus	المَحظُور	
	das Büro	die Büros	مَكتَب	
	das Sofa	die Sofas	مِتْكَأَة	
	das Auto	die Autos	سَيَّارَة	
	das Niveau	die Niveaus	مُستَوَى	
	das Hobby	die Hobbys	هِوَايَة	
بَعضُ الأَسمَاءِ الأَلمَانِيَّةُ الأَصل	die Bar	die Bars	خَمَّارَة	
	der Schal	die Schals	وِشَاح	
	die Lok	die Loks	قَاطِرَة	
	der Treff	die Treffs	مُقَابَلَة	
اختِصَارَاتُ الأَسمَاءِ سَوَاء مِهن أو شَرِكات أو غَيرِها	die BMW	die BMWs	(شَرِكَة)	
	die AG	die AGs	(شَرِكَة)	
	die GmbH	die GmbHs	(شَرِكَة)	
	das Kfz	die Kfzs	سَيَّارَة	
	der Profi	die Profis	خَبِير	
جميعُ أسمَاءِ الألوَان	das Grün	die Grüns	أَخضَر	

-مُلَاحَظَة: تُجمَعُ أَسمَاءُ العَلَمِ بِإِضَافَةِ s- لَهَا، مِثل:

Die zwei Muhammeds مُحَمَّدَان	Die zwei Ahmeds أَحمَدَان
Die zwei Tripolis مَدِينَتَي طَرَابلُس	Die zwei Koreas الكُورِيَّتَان

5.2.5 الجَمعُ بِعَدَمِ إِضَافَةِ أَيِّ شَيء				
الاِسم	**مِثَال**	**الجَمع**	**المَعنَى**	**النِهَايَة**
اسم **-chen**	das Mäd**chen**	die Mädchen	فَتَاة	المُفرد يبقى كالجمع تماماً ويبقَى بدون **Umlaut**
	das Bäum**chen**	die Bäumchen	شُجَيرَة	
اسم **-lein**	das Büch**lein**	die Büchlein	كُتَيِّبْ	
	das Ent**lein**	die Entlein	فِرخُ البَطّ	
بعض الاسماء المحايدة المبدوءة بـ **Ge-** ومنتهية بـ -e	das **Ge**mäld**e**	die Gemälde	لَوحَة	
	das **Ge**länd**e**	die Gelände	مِنطَقَة	
	das **Ge**birg**e**	die Gebirge	جِبَال	
	das **Ge**bild**e**	die Gebilde	شَكل	
بعض الأسماء	der Kasus	die Kasus	حَالَة	
	der Käse	die Käse	جُبنَة	
	das Knie	die Knie	رُكبَة	
مذكر -el	der Wirb**el**	die Wirbel	فَقَرَة	المُفردُ يبقَى كالجّمع تماماً، وأحيَاناً مع **Umlaut**
مذكر -er	der Lehr**er**	die Lehrer	مُعَلّم	
مذكر -en	der Bod**en**	die Böden	أَرض	
محايد -el	das Seg**el**	die Segel	شِرَاع	
محايد -er	das Must**er**	die Muster	عَيِّنَة	
محايد -en	das Pronom**en**	die Pronomen	ضَمِير	

✓ عِندَ إِضَافَةِ كَلِمَةٍ إِلَى أُخرَى يَكُونُ جَمعُ الكَلِمَةِ الأَخِيرَة هُو جَمعُ الكَلِمَةِ الجَدِيدَة:

الكَلِمَة 1	**الكَلِمَة 2**	**الكَلِمَةُ النَّاتِجَة**	**الجَّمع**
Liege	Stuhl	Liegestuhl	Liegest**ü**hl**e**
Irr**e**	Fahrt	Irrfahrt	Irrfahrt**en**

✓ بَعضُ الكَلِمَاتِ الدَّخِيلَةِ تَخضَعُ لِقوَاعِدِ الأَلمَانِيَّةِ فِي جَمعِ الاِسم، وَبَعضُ الكَلِمَاتِ الدَّخِيلَةِ الأُخرَى يَبقَى جَمعُهَا كَمَا جَاءَتْ مِن مَصدَرِهَا.

✓ يُمكِنُ الدَّلَالَةُ عَلَى بَعضِ الأَسمَاءِ فِي اللُّغَةِ الأَلمَانِيَّةِ بِالجَمعِ أَو الإِفرَاد:

Ich habe noch keinen **Geldschein** / keine **Geldscheine**. لَم يَبقَ لَدَيَّ نُقُوداً (أوراقاً مَالِيَّة).

➢ مُلاحَظَة 1: هُناكَ أسماءٌ تَبقَى جَمعاً وَلَيسَ لها مُفرَد، وَهِيَ الكَلِماتُ الَّتِي تدُلُّ عَلَى شَيءٍ غَيرِ مَعدُود أَو غَيرِ مُعَيَّن:

مِثَال	النَّوع:
die Gebrüder أُخوَة ،die Leute أُناس	كِنَايَاتُ الأَشخَاص
die Anden الأَندِيز ،die Alpen جِبَالُ الأَلب	أَمَاكِنُ جُغرَافِيَّة، وَجِبَال
die Ferien أَيَّامُ العُطلَة ،die Kosten تَكَالِيف	أَسمَاءٌ أُخرَى

➢ مُلَاحَظَة 2: هُناكَ أَسماءٌ تدُلُّ فَقَط عَلَى المُفرَدِ وَلَيسَ لَهَا جَمعاً أَبَداً:

مثال	النوع:
das Gepäck أَمتِعَة ،das Obst فَواكِه	اسمٌ يُمثِّلُ مَجمُوعَة
die Gesundheit صِحَّة ،der Stolz فَخر	أَسماءٌ غَيرُ مَلمُوسَة
der Schnee ثَلج ،das Fleisch لَحم	أَسمَاءُ بَعضِ المَوَاد
2 Kilo Äpfel 2 كِيلُو تُفَّاح 3 Glas Saft 3 أَكوَابُ عَصِير	بَعضُ وَحدَاتُ قِيَاسِ المُذكَّرة وَالمُحايِدَة

➢ مُلَاحَظَة 3: بَعضُ الكَلِماتِ لها أَكثَرُ مِن جِنسٍ قَواعِدِيٍّ، ولِكُلِّ جِنسٍ قواعِدِيٍّ جَمعٌ مُختَلِفٌ عَن جَمعِ الجِنسِ الآخَر، مِثل:

المُفرَد	المَعنَى	الجَّمع
<u>das</u> Band	شَرِيط، رَبطَة	die B<u>ä</u>nd<u>er</u>
<u>der</u> Band	مُجَلَّد	die B<u>ä</u>nd<u>e</u>
<u>die</u> Band	فِرقَةٌ مُوسِيقِيَّة	die Band<u>s</u>

➢ مُلَاحَظَة 4: يُمكِنُ تَحوِيلُ الفِعلِ نَفسِهِ إِلَى اسمٍ وَيكُونُ مُحايداً، وَلَيسَ لَه جَمع:

essen أَكَل	arbeiten عَمِل	laden شَحَن
das Essen الأَكل	das Arbeiten العَمَل	das Laden الشَّحن

6.0.0 Der Artikel أدوَاتُ التَّعرِيف

يَتمُّ تَعريفُ الأسمَاءِ بِالألمَانِيَّةِ بِأدَواتِ تَعرِيفٍ خَاصَّة:

لِلمُذكَّر der، لِلمُؤنَّث die، لِلمُحايِد das. وَبهذِهِ الأدَواتِ يَتمُّ اعرَابُ الاسمِ أيضَاً، وَيكونُ الإعرابُ مُوافقاً:

1- لِجنسِ الإسم (مُذكَّر، مُؤنَّث، مُحايِد).

2- لِلحَالَةِ العَددِيَّةِ للإسم (جَمع، مُفرد).

3- لِلحَالَةِ الإعرَابِيَّةِ لِلإسم (مَرفُوع، مَنصُوب، مَجرُور، مُضافٌ إلَيه).

الحَالَةُ الإعرَابِيَّة	M. مذكر	N. محايد	F. مؤنث	Pl. جمع
Nominativ مَرفوع	**der**	**das**	**die**	**die**
Akkusativ مَنصُوب	**den**	**das**	**die**	**die**
Dativ مَجرُور	**dem**	**dem**	**der**	**den (-n)**
Genitiv مُضافٌ إلَيه	**des**	**des**	**der**	**der**

- أَمثِلَة عَلى أَسمَاءِ المُفرَدِ المُعرَّف:

الحَالَةُ الإعرَابِيَّة	M. مُذكَّر	N. مُحَايِد	F. مُؤنَّث
Nominativ مَرفوع	**der** Mann الرَجُل	**das** Kind الوَلَد	**die** Frau السَّيِّدَة
Akkusativ مَنصُوب	**den** Mann الرَجُل	**das** Kind الوَلَد	**die** Frau السَّيِّدَة
Dativ مَجرُور	**dem** Mann الرَجُل	**dem** Kind الوَلَد	**der** Frau السَّيِّدَة
Genitiv مُضَافٌ إليه	**des** Mannes الرَجُل	**des** Kindes الوَلَد	**der** Frau السَّيِّدَة

مُلَاحَظَة: يَتِمُّ مِن خِلالِ أَدوَاتِ التَّعرِيفِ "der, die, das" تَعرِيفُ الإِسمِ وَكَأَنَّنَا أَدخَلنَا عَليهِ أَداةَ التَّعرِيفِ فِي العَرَبِيَّة. أمَّا التَّنكِير فَيُوجَدُ بِالأَلمَانِيَّةِ أَدوَاتٌ خَاصَّةٌ لِلتَنكِيرِ وَهَذا غَيرُ مَوجُودٍ بِالعَربية. [وَستَتعَرَّفُ عَلى هَذِهِ الأَدوَاتِ لَاحِقاً].

- أمثِلَةٌ عَلى أسمَاءِ الجَمعِ المُعَرَّفَة:

الحَالَةُ الإعرابِيَّة	M. مُذكَّر	N. مُحَايِد	F. مُؤنَّث
Nominativ مَرفوع	**die** Männer الرِّجَال	**die** Kinder الأَولَاد	**die** Frauen السَّيدَات
Akkusativ مَنصُوب	**die** Männer الرِّجَال	**die** Kinder الأَولَاد	**die** Frauen السَّيدَات
Dativ مَجرُور	**den** Männer**n** الرِّجَال	**den** Kinder**n** الأَولَاد	**den** Frauen السَّيدَات
Genitiv مُضافٌ إليه	**der** Männer الرِّجَال	**der** Kinder الأَولَاد	**der** Frauen السَّيدَات

6.1.0 أَوَّلاً: حَالَاتُ استِخدَامِ أَداةِ التَّعرِيف:

هُنَاكَ حَالاتٌ يَجِبُ فِيهَا استِخدَامُ أَداةِ التَّعرِيف، وَمِن هَذِهِ الحَالات:

⇦ 1- عِندَ التَّحدُّث عَن شيءٍ مَرئِيّ (مُعيَّن وَمَعرُوف):

Ich sehe **den** Bus, er kommt.	أَرَى البَاصَ، إِنَّه آتٍ
Deses Haus ist groß.	هَذا المَنزِلُ كَبِير

⇦ 2- عِندَ تَمثِيلِ نَمُوذَجٍ لِمَجمُوعةٍ مُعيَّنةٍ مِن نفسِ الفَصيلَةِ أَو الجَمَاعَة:

Der Löwe gehört zu **den** Raubtieren. يَنتَمِي الأَسدُ لِلمُفتَرِسَات (آكِلَاتُ اللُّحُوم).
Der Mensch gehört zu **den** Lebewesen. يَنتَمِي الإِنسَانُ لِفَصِيلَةِ الحَيَوان.

⇦ 3- عِندَ الدَّلَالَةِ عَلَى المَشَاعِرِ الرُّوحِيَّة:

der Ernst الرَّزَانَة	**der** Mut الشَّجَاعَة	**der** Ruhm المَجد

⇦ 4- مَعَ المُسَمَّيَاتِ الطَّبِيعِيَّةِ وَالمُنشَآت :

die Brücke الجِسر	**der** See البُحَيرَة	**die** See البَحر
das Tal الوَادِي	**die** Grube الحُفرَة	**die** Wiese المَرج

⇦ 5- مَع أَوقَاتِ النَّهَارِ وَفُصولِ السَّنَة:

der Morgen الصَّبَاح	**der** Winter الشّتَاء	**das** Abendbrot العَشَاء
der Mittag الظَّهِيرَة	**der** Frühling الرَّبِيع	**das** Frühstück الإِفطَار

⇦ 6- مَع أَسمَاءِ الدُّولِ إِذَا كَان لها جِنسَاً قَواعِدِيَّاً:

die Türkei تُركيّا	**die** Vereinigten Staaten الوِلايَاتُ المُتَّحِدَة الأمرِيكيَّة.
der Irak العِرَاق	**die** Vereinigten Arabischen Emirate الإِمَارَاتُ العَرَبِيَّةُ المُتَّحِدَة

⇦ 7- مَع بَعضِ الأَسمَاءِ المَسبُوقَةِ بِصِفَاتٍ، سَواءٌ كَانت:

- الصِّفَة تَابِعَة لِلإِسمِ فِي الحَالَة العَادِيَّة:

die schöne Blume الوَردَةُ الجَمِيلة	**der** fleißige Student الطَّالِبُ النَّشِيط
das leckere Essen الطَّعَامُ اللّذِيذ	**die** große Stadt المَدِينَةُ الكَبِيرة

- أو صِفَاتِ مُقَارَنَة وَتَفضِيل:

die schönste Blume الوَردةُ الأَجمَل	**der** fleißigste Student الطَّالِبُ الأَنشط
das leckerste Essen الطَّعَامُ الأَلَذ	**die** größte Stadt المَدِينَةُ الأَكبر

6.2.0 ثانياً: حَالَاتٌ لَا تُستَخدَمُ فِيهَا أَدَاةُ التَّعرِيف:

هُنَاكَ حَالاتٌ لا تُستَخدَمُ فِيهَا أَدَاةُ التَّعرِيف، وَمِن هَذِهِ الحَالَات:

⇦ 1- مَعَ التَّرَاكِيبِ الثَّابِتَة:

Erfolg und Misserfolg befinden sich in derselben Kiste. مَن لم يُصَانِع في أمُورٍ كَثِيرَةٍ فَسَوفَ يُضَرَّسُ بِأنيَابِ الفَشَل.
Hinz und Kunz weiß das. يَعلَمُ القَاصِي وَالدَّانِي هَذَا.

⇦ 2- مَعَ رَسَائِلِ التَّنبِيهِ وَالإِرشَادِ السَّرِيعَة:

Bitte! **Computer** neu starten!	الرَّجَاءُ إعادَةُ تشغيلِ الحَاسُوب!
Bitte! **Zimmer** nicht eintreten!	الرَّجَاءُ عَدَمُ دُخُولِ الغُرفَة!

⇦ 3- مع أَسمَاءِ الجُغرَافيَا (مُدن وَدُول و.. الخ):

Kennst du **Kairo?** هَل تَعرِفُ القَاهِرَة؟
Warst du einmal in **Doha?** هَل كُنتَ ذَاتَ يَومٍ فِي مَدِينَةِ الدوحة؟

⇦ 4- مَعَ بَعضِ الأَسمَاءِ المُرتَبطَةِ مَعَ حُرُوفِ الجَرّ. (سَنتَنَاوَلُهَا لَاحِقَا).

⇦ 5- مع الكَثِيرِ مِن أَسمَاءِ الشَّرِكَاتِ وَالمُؤَسَّسَات:

Aramko beschäftigt sich mit Öl. تَعمَلُ أرامكو في مَجَالِ النّفط.
Asus produziert Computer. تُصَنّعُ شَرِكَةُ Asus الحَوَاسِيب.

⇦ 6- مَعَ الأسمَاءِ الغيرِ مَعدُودة:

Wir streben nach **Ruhm.** نَسعَى إِلى المَجد.
Um das Ziel zu erreichen, braucht man **Ausdauer.** يَحتَاجُ المَرءُ المُثَابَرَةَ حَتَّى يَنَالَ المُرَاد.

6.3.0 تَشدِيدُ لَفظِ أَداةِ التَّعرِيف:

لَا يُشَدَّدُ لَفظُ أَدَوَاتِ التَّعرِيفِ عَادَةً، إِلَّا أَنَّ هُنَاكَ حَالَاتٌ خَاصَّةٌ يُشَدَّدُ فِيهَا اللَّفظُ، وَيَكُونُ هَذَا التَّشدِيدُ عِندَ:

⇦ 1- التّعبِيرِ عَن الدّهشَةِ المُفَاجِئَة:

Sie haben ihm **die** größte Überraschung bereitet. فَاجَأُوهُ المُفَاجَأَةَ الكُبرَى.

⇦ 2- التَّعبِيرِ عَن الغَضَبِ إِزاءَ أَمرٍ مَا، وَالطَّلَبِ بِقَسوَة:

Halte **das** Maul / **die** Klappe! أغلِق فمَك!
Gib mir **den** Schlüssel! اعطِنِي المِفتَاح!
Geh in **das** Bett! اِذهَب إِلَى السَّرِير!

⇦ 3- التَّعبِيرِ عَن رَغبةٍ شَدِيدَةٍ، أَو حَالَةٍ عَصِيبَة:

Du drückst mir **den** Finger, an **dem** ich mich verletzt habe. أَنتَ تَضغَطُ عَلَى إِصبَعِي الَّتِي كُنتُ قَدّ جَرَحتُهَا.

Wer sich selbst lobt, wird sich schämen müssen.

[Arabische Weisheit]

الأَجدَرُ بِمَن يَمدَحَ نَفسَهُ أَن يَخجَلَ مِن نَفسِه.

Geduld ist der Schlüssel zur Freude. **[Arabische Weisheit]**

الصَّبرُ مِفتَاحُ الفَرَج.

7.0.0 Der unbestimmte Artikel أدَاةُ التّنكِير

يَتِمُّ تَنكِيرُ الِاسمِ بِاستِخدَامِ أَدوَاتٍ خَاصَّةٍ بالتَّنكير وِفقَ الجَدولِ الآتِي:

الحَالَةُ الإعرَابِيَّة	M. مُذَكَّر	N. مُحَايِد	F. مُؤنَّث	Pl. جَمع
Nominativ مَرفوع	**ein**	**ein**	**eine**	-
Akkusativ مَنصُوب	**einen**	**ein**	**eine**	-
Dativ مَجرُور	**einem**	**einem**	**einer**	- (-n)
Genitiv مُضافٌ إلَيه	**eines**	**eines**	**einer**	-

مُلَاحَظَة: لَا يُوجَد أداةُ تَنكِيرٍ فِي حالةِ الجَمع، وَيردُ الاسمُ دونَ أَداة.

- أمثِلة على أَسماءِ المفردِ النَّكِرة:

الحَالَةُ الإعرَابِيَّة	M. مُذَكَّر	N. مُحَايِد	F. مُؤنَّث
Nominativ مَرفوع	**ein** Mann رَجُلٌ	**ein** Kind وَلَدٌ	**eine** Frau سَيِّدَةٌ
Akkusativ مَنصُوب	**einen** Mann رَجُلٌ	**ein** Kind وَلَدٌ	**eine** Frau سَيِّدَةٌ
Dativ مَجرُور	**einem** Mann رَجُلٌ	**einem** Kind وَلَدٌ	**einer** Frau سَيِّدَةٌ
Genitiv مُضافٌ إليه	**eines** Mannes رَجُلٌ	**eines** Kindes وَلَدٌ	**einer** Frau سَيِّدَةٌ

- أمثِلَة على أَسمَاءِ الجَمعِ النَّكِرَة:

Ein Freund von mir sagte mir dies. قَالَ هَذَا لِي أَحدُ أَصدِقَائِي
Ich habe **ein Geschenk** von meinem Freund erhalten. تَلَقَّيتُ هَدِيَّةً مِن صَدِيقِي.
Er ist **ein Mann** mit **einem** richtig starken **Charakter**. هُوَ رَجُلٌ ذُو شَخصِيَّةٍ صَارِمَة.
Eines schonen **Freitagsabends** reisten wir nach Arabien. سَافَرنَا إِلَى بِلَادِ العَرَب فِي لَيلَةِ جُمعَةٍ جَمِيلَة.

- أَمثِلَة عَلى أَسماءِ الجَمعِ النَّكِرة:

الحَالَة الإعرَابيَّة	M. مُذكَّر	N. مُحَايِد	F. مُؤنَّث
Nominativ مَرفُوع	-- Männer رِجَالٌ	-- Kinder أولَادٌ	-- Frauen سَيِّدَاتٌ
Akkusativ مَنصُوب	-- Männer رِجَالٌ	-- Kinder أولَادٌ	-- Frauen سَيِّدَاتٌ
Dativ مَجرُور	-- Männer<u>n</u> رِجَالٌ	-- Kinder<u>n</u> أولَادٌ	-- Frauen سَيِّدَاتٌ
Genitiv مُضَافٌ إليه	-- Männer رِجَالٌ	-- Kinder أولَادٌ	-- Frauen سَيِّدَاتٌ

- أمثلة:

Babys können eine echte große Aufgabe sein. يُمكِنُ أن يَكُونَ الأَطفَالُ وَاجِبَاً كَبِيرَاً بِحَدِّ ذَاتِه.
Männer haben keinen Zutritt. لَا يُسمَحُ لِلرِجَالِ بِالدُّخُول.
Männer heiraten aus <u>Überdruss</u>, **Frauen** aus <u>Neugier</u>. **Beide** werden völlig enttäuscht. يَتَزَوَّجُ الرِّجَالُ بِسبَبِ الضَّجَر، وَالنِّسَاءُ بِدَافِعِ الفُضُول، وَستَخِيبُ آمَالُهُمَا كِلَيهِمَا.
Frauen sind nicht älter als **Männer**, aber sie sehen so aus. لَا تَشِيخُ النِّسَاءُ قَبلَ الرِّجَالِ وَلَكِن هُنَّ يَبدُونَ كَذَلِك.
Bücher sind oft **Werkzeuge** der Strebsamen. تُعدُّ الكُتُبُ أَدَاةَ كُلِّ طَمُوح.

7.1.0 أوَّلاً: حَالَاتُ استِخدَامِ أَدَواتِ التَّنكِير:

⇦ 1- لِلتَعبِيرِ عَن شَيءٍ غَيرِ مُعيّنٍ مِن مَجمُوعَةٍ أو أَكثَر:

Er ist doch <u>**ein**</u> guter **Arbeiter**.	هُوَ عَامِلٌ جَيّد
Ahmads Familie besitzt <u>**ein**</u> **Kamel**.	لَدى عَائِلَةِ أحمَدٍ جَمَل
Sie planen <u>**einen**</u> **Aufstand**.	يُخطِّطُونَ (يَنوُونَ) تَمرُّداً
Ich bekam <u>**ein**</u> **Baby**.	رُزِقتُ طِفلاً

Er folgt **<u>einem</u>** neuen **Ansatz.**	يَتَّبِعُ نَهجاً جَدِيداً
Er hat **<u>einem</u>** **Freund** von ihm geholfen.	سَاعَدَ صَدِيقاً لَه
Er bezichtigte ihn **<u>eines</u>** **Verbrechens.**	اتَّهمهُ بِجِنَايَة

⇦ 2- لِلدَّلَالَةِ عَلى بَعضِ الاختِصَارَات:

Ich bestellte **<u>einen</u>** Tee (eine Tasse Tee).

طَلَبتُ كُوباً مِن الشَّاي.

7.2.0 ثَانِياً: حَالاتُ عَدمِ استِخدَامِ أَدواتِ التَّنكِير:

⇦ 1- عِندَ الدَّلالَةِ على شَيءٍ غَيرِ مَعدُود:

Wir müssen **Wasser** sparen.	يَجِبُ عَلَينَا التَّقنِينُ فِي المَاء
Er ist zu **Ruhm** gekommen.	وَصَلَ إِلَى المَجد
Ohne **Kaffee** werde ich nicht wach. لَن أكُونَ صَاحِياً بِدُونِ قَهوَة.	

⇦ 2- فِي بَعضِ الجُملِ الثَّابِتَةِ وَبَعضِ الظُّرُوف:

ohne Gefahr دُونَ خَطر	ohne Zweifel دُونَ شَكّ
nach Wunsch حَسَبَ الرَّغبَة	nach Laune حَسَبَ المَزَاج
bei Anbruch… مَع بِدَايَةِ...	Wort für Wort الكَلِمَةُ حَذوَ الكَلِمَة
gegen Abend عِندَ المَساء	Himmel und Hölle الجَنَّةُ وَالنَّار
Gut und Böse الخَيرُ وَالشَّرّ	zu Fuß مَشياً عَلى الأَقدَام
mit Leib und Seele جَسَدِيّاً وَرُوحِيّاً	Auge um Auge, Zahn um Zahn العَينُ بِالعَينِ والسِّنُّ بِالسِّن
an Bord عَلى مَتن (طَائِرَة أو..)	Menschen machen Fehler الإنسَانُ خَطّاء

8.0.0 Zusammensetzung von Nomen تَركِيبُ الأسمَاء

يُمكِنُ تَشكِيلُ أَسمَاءٍ جَدِيدَةٍ بِإِضَافَةِ كَلِمَاتٍ إِلَى كَلِمَاتٍ أُخرَى، لِيَحمِلَ الإِسمُ الجَدِيدُ مَعنَى الكَلِمَتَينِ المُضَافَتَينِ إِلَى بَعضِهِمَا، وَيَتِمُّ هَذَا التَّشكِيلُ بِطُرُقٍ عَدِيدَةٍ، مِنهَا:

8.1.0 أَوَّلاً: إِضَافَةُ اِسمٍ إِلَى اِسمٍ آخَر:

1- إِضَافَةُ اِسمٍ إِلَى اسمٍ آخَرَ بِدُونِ أَيِّ إِضَافَاتٍ أُخرَى، كَالتَّالِي:

der Baum + شَجَرَة	die Spitze قِمَّة	die Baumspitze قِمَّةُ الشَّجَرَة
	der Stamm جِذْع	der Baumstamm جِذعُ الشَّجَرَة
das Haus + مَنزل	die Aufgabe وَاجِب	die Hausaufgabe وَاجِبٌ مَنزِلِيٌّ
	das Dach سَقف	das Hausdach سَقفُ المَنزِل

- يُمكِنُ أَنْ يَأتِيَ الِاسمُ الأَوَّلُ فِي حَالَةِ الجَمعِ، والثاني مُفرَدَاً:

die Pflanze + نَبتَة	der Abfall قُمَامَة	der Pflanzenabfall نِفَايَاتُ النَّبَاتَات
	das Beet بَيتٌ من النَايلون	das Pflanzenbeet بِيتٌ لِلنَبَاتَات

- يُمكِنُ أَن يَأتِيَ الاسمُ الثَّانِي فِي حالةِ الجَمعِ، وَالأَوَّلُ مُفرَداً:

der Text + نَصّ	das Element عُنصُر	die Textelemente عَنَاصِرُ النَّصّ
	die Zeile سَطر	die Textzeilen أَسطُرُ النَّصّ

- يُمكِنُ أَن يَأتِيَ الِاسمَانُ الأَوَّلُ وَالثَّانِي مَعاً فِي حَالَةِ الجَمع:

das Haus + منزل	der Block كُتلَةٌ سَكَنِيّة	die Häuserblöcke كُتَلٌ سَكَنِيَّة
	der Preis سعر	die Häuserpreise أَسعَارُ المَنَازِل

2- إِضافةُ اسمٍ ينتهِي جَمعُهُ بِـ e- إِلى اسمٍ آخَر كَالتَّالِي:

der Tag + نهار	das Blatt صحيفة	das Tag**e**blatt صحيفة يومية
	das Buch كتاب	das Tag**e**buch مذكرة يومية
der Gast + ضيف	das Bett سرير	das Gäst**e**bett سرير الضيوف
	die Liste قائمة	die Gäst**e**liste قائمة الضيوف

3- إِضافةُ اسمٍ ينتهِي جَمعهُ بِـ en- إِلى اسمٍ آخَر:

der Autor + كاتب	das Honorar أجر	das Autor**en**honorar أجر الكاتب
	der Name اسم	der Autor**en**name اسم الكاتب
der Motor + محرك	der Lärm ضوضاء	der Motor**en**lärm ضجيج المحرك
	das Öl زيت	das Motor**en**öl زيت المحرك

✓ إِذَا كَانَ الِاسمُ مُنتَهِياً بِـ e- فَنُضِيفُ لَهُ n- :

der Zeuge + شَاهِد	der Eid يَمِين (قَسَمْ)	der Zeuge**n**eid يمين الشاهد
	die Aussage إدلاء	die Zeuge**n**aussage إدلاء الشاهد
die Katze + قطة	die Steuer ضريبة	die Katze**n**steuer ضَرِيبَةُ القِطَط
	das Auge عين	das Katze**n**auge عَينُ القِطّ

✓ يُضَافُ الحَرفُ s- بَعدَ نِهَايَةِ الجَمعِ en- لِبَعضِ الأَسمَاءِ:

das Herz + قلب	der Brecher محطم	der Herz**ens**brecher محطمُ القلوب
	das Gebet دعاء	das Herz**ens**gebet دعاءُ القُلُوب

✓ جَمِيعُ الصِّفَاتِ المُحَوَّلَةِ إِلَى أَسمَاءٍ وَمُضَافَةٍ إِلَى أَسمَاءٍ أُخرَى يُضَافُ لَهَا فِي نِهَايَتِهَا النِّهَايَةَ n- كَالتَّالِي:

der Kranke + مريض	das Bett سرير	das Kranke**n**bett سَرِيرُ المَرضَى
	der Besuch زيارة	der Kranke**n**besuch زِيَارَةُ المَرضَى
der Angestellte + مُعيَّن، مُوظَّف	die Zahl عدد	die Angestellte**n**zahl عددُ الموظفين
	das Gesetz قانون	das Angestellte**n**gesetz قانونُ الموظفين

4- إِضَافَةُ اسمٍ ينتَهِي جَمعُهُ بِـ er- إِلَى اسمٍ آخَر:

das Kind + طِفل	der Wagen عَرَبَة	der Kind**er**wagen عَرَبَةُ أطفال
	der Garten حَدِيقَة	der Kind**er**garten رَوضَةُ أطفَال
das Buch + كِتَاب	der Freund صَدِيق	der Büch**er**freund أَلِيفُ الكُتُب
	die Kiste صُندُوق	die Büch**er**kiste صُندُوقُ الكُتُب

5- إِضَافَةُ اسمٍ ينتَهِي بالمقطَعِ es- فِي المُضَافِ إِلَيه إِلى اسمٍ آخر، حيثُ يُحَافِظُ أَحيَاناً على المقطَعِ es- عندَ إِضَافتِهِ إِلَى الِاسم الآخَر:

das Gesetz + قانُون	der Bruch خَرْق	der Gesetz**es**bruch خَرْقُ القَانُون
	der Staat دولة	der Gesetz**es**staat دولةُ القَانُون
das Jahr + عام	der Beitrag مُساهَمَة	der Jahr**es**beitrag مُساهَمَةٌ سَنويَّة
	der Bericht تَقرِيرٌ	der Jahr**es**bericht تَقرِيرٌ سَنويّ

✓ يَتِمُّ إِضَافَةُ الحَرفِ s- بَينَ اسمَينِ مُضَافَينِ إِلَى بَعضِهِمَا فِي الحَالَاتِ التَّالِيَة:

➢ 1-مَعَ جَمِيعِ الأَفعَالِ إِذَا استُعمِلَت كَأَسمَاء:

Glauben**s**krieg حَربٌ دِينِيَّة	Leben**s**art نَمَطُ المَعِيشَة	Essen**s**coupon قَسِيمَةُ الطَّعَام

➢ 2- مَعَ مُعظَمِ الأَسمَاءِ المُؤَنَّثَةِ المُنتَهِيَةِ بِالحَرفِ t-

Abfahrt**s**zeit وقت الانطلاق	Weihnacht**s**geschenk هَدِيَّةُ عِيدِ رَأسِ السَّنَة	Arbeit**s**tag يوم عمل

- بِالإِضَافَةِ إِلَى بَعضِ الأَسمَاءِ الأُخرَى المُذَكَّرَة وَالمُحَايِدَة:

das Staat**s**amt وَظِيفَةٌ حُكُومِيَّة	der Alter**s**bereich الفئة العمرية	die Adel**s**familie عَائِلَةٌ كَرِيمَة

➢ 3- مَعَ الأَسمَاءِ المُنتَهِيَةِ بِالنِّهَايَاتِ التَّالِيَة:

-heit, -(ig)keit, -ling, -sal, -schaft, -tum, -ung, -ion, -ität

النِّهَايَة	مِثَال	المَعنَى
-heit	der Gewohnheit**s**verbrecher	مُعتَادُ الجَرَائِم
-(ig)keit	das Fähigkeit**s**zeugnis	شَهَادَةُ التَّأهِيل
	die Öffentlichkeit**s**arbeit	عَمَلٌ عَامّ
- ling	die Säugling**s**ausstattung	تَأمِينُ حَاجِيَّاتِ الرَّضِيع

- sal	die Schicksal**s**ergebenheit	الرُّضُوخُ لِلقَدَر
-schaft	die Wirtschaft**s**lehre	عِلمُ الاِقتِصَاد
- tum	die Eigentum**s**bildung	بِنَاءُ الثَّروَة
- ung	der Versicherung**s**schein	وَثِيقَةُ التَّأمِين
- ion	die Definition**s**kriterien	مَعَايِيرُ التَّعرِيف
- ität	der Qualität**s**mangel	عَيبٌ فِي الجَودَة

8.2.0 ثانياً: إِضَافَةُ صِفَةٍ إِلَى اِسمٍ:

بِإِضَافَةِ بَعضِ الصّفاتِ إلى بعضِ الأسماءِ يتمُّ تشكيلُ أسماءٍ جديدة:

⇦ 1- إِضَافةُ صِفَةٍ في الحَالةِ العَادِيَّة إِلى اِسم (Positiv + Nomen):

hoch عَالِي	+	das Wasser مَاء	das Hochwasser فَيَضَان
normal عَادِي	+	der Betrieb تَشغِيل	der Normalbetrieb تَشغِيلٌ عَادِيّ
schnell سريع	+	der Start بِدَايَة	der Schnellstart بِدَايَةٌ سَرِيعَة

⇦ 2- إِضَافةُ صِفَةٍ في حَالَةِ المقارنة إِلى اِسم (Komparativ + Nomen):

mehr أَكثَر	+	die Zahl عَدَد	die Mehrzahl الأَكثَرِيَّة
minder أَقَلّ	+	der betrag مَبلَغ	der Minderbetrag مَبلَغٌ أَقَلّ
höher أَعلَى	+	die Stufe دَرَجَة	die Höherstufe دَرجَةٌ أَعلى

⇦ 3- إِضَافةُ صِفَةٍ في حَالَةِ التَّفضِيلِ إِلى اِسم (Superlativ + Nomen):

höchst الأَعلَى	+	das Alter عُمْر	das Höchstalter أَقصَى سِنّ مُمكِن
tiefst الأَعمَق	+	der Punkt نقطة	der Tiefstpunkt أَعمَقُ نُقطَة
mindest الأَقَلّ، الأَدنَى	+	die Zahl عَدَد	die Mindestzahl العَدَدُ الأَدنَى

8.3.0 ثَالِثاً: إِضَافَةُ جَذرِ الفِعلِ إِلَى اِسم:

تُضَافُ بعضُ جُذورِ الأَفعالِ إِلى بَعضِ الأَسماءِ لِتُعطِي أَسماءً جَديدَة:

denken فَكَّرَ	+	die Störung خَلَل	die Denkstörung خَلَلٌ بِالتَّفكِير
fahren سَافَر		die Schule مدرسة	die Fahrschule مَدرَسَةُ قِيَادَةِ السَّيَّارَات
wohnen سَكَن		das Recht حَقّ	das Wohnrecht حَقُّ السَّكَن
einbauen رَكَّبَ		das Regal رَفّ	das Einbauregal رَفُّ تَركِيب
aufholen عَوَّضَ		das Prozess عَملِيَّة	das Aufholprozess عَملِيَّةُ التَّعَافي

✓ وَيُضَافُ الحَرفُ e- إلى نِهايَةِ جُذُورِ الأَفعالِ المنتَهِيَةِ بـ (-d, -b, -g, -s, -t):

baden تَحَمَّمَ	+	der Anzug بَدلَة	der Bad**e**anzug بَدلَةُ سِبَاحَة
laden شَحَنَ		die Dauer مُدَّة	die Lad**e**dauer مُدَّةُ الشَّحن
reiben دَلَّكَ، حَكَّ		das Geräusch ضَجَّة	das Reib**e**geräusch ضَجَّةُ الاحتِكَاك
liegen استَلقَى		der Wagen عَرَبَة	der Lieg**e**wagen عَربةٌ لِلنَوم
beugen ثَنَى		der Muskel عَضَلَة	der Beug**e**muskel عَضَلَةٌ قَابِلَةٌ لِلطَيّ
lesen قَرَأَ		die Brille نَظَّارَة	die Les**e**brille نَظارةُ القِرَاءَة
raten خَمَّنَ		das Spiel لُعبَة	das Rat**e**spiel لُعبَةُ التَّخمِين

✓ يُؤخَذُ جَذرُ الفعلِ من الكَثيرِ مِنَ الأفعَالِ كَاسم، وجِنسُ الِاسمِ غَالِباً مُذكَّر:

abbauen	هَدَمَ، اِستَخرَجَ	der Abbau	هَدْمٌ، اِستِخرَاج
verstecken	خَبَّأَ	das Versteck	مَخبَأ
betragen	بَلَغَ	der Betrag	مَبلَغ
nachweisen	أَثبَتَ	der Nachweis	إِثبَات

✓ أَحيَانَاً يُأخَذُ الِاسمُ بَعدَ تَصرِيفِ الفِعلِ لِلمَاضِي:

zwingen	أَجبَرَ	der Zwang	إِجْبَارٌ
schneiden	قَطَعَ	der Schnitt	قَطْعٌ

✓ أحيَانَاً يَحدُثُ تَغيُّرٌ جَذرِيٌّ فِي الفِعل، وَربَّما يَتغيَّرُ جِنسُ الِاسم:

sehen	رَأَى	die Sicht	رُؤيَة
schreiben	كَتَبَ	die Schrift	كِتَابَة
abfahren	انطَلَقَ	die Abfahrt	اِنطِلَاق
einbrechen	اقتَحَمَ	der Einbruch	اقتِحَام
springen	قَفَزَ	der Sprung	قَفزَة

8.4.0 رَابعاً: إِضَافَةُ ظَرفٍ إِلَى اِسمٍ:

تُضَافُ بَعضُ الظُّرُوفِ إِلَى بَعضِ الأَسمَاءِ لِتُعطِي أَسمَاءً جَدِيدَة:

brutto اِجمَالِيّ	+ der Betrag مَبلَغ	der Bruttobetrag اجمَالِيُّ المَبلَغ
links يَسَاراً	+ die Partei حِزب	die Linkspartei حِزبٌ يَسَارِيّ
sofort فَورَاً	+ der Rabatt خَصم	der Sofortrabatt خَصمٌ فَورِيّ
abseits بَعِيداً، عَلَى حِدَة	+ die Falle فَخ	die Abseitsfalle حَالَةُ تسلّل

8.5.0 خامِساً: إضَافَةُ ضَمير إلَى اِسم:

تُضافُ بَعضُ الضَّمائِرِ إلَى بَعضِ الأَسماءِ لِتُعطِي أَسماءً جَدِيدَة:

selbst نَفس	+	die Hilfe مُساعَدَة	die Selbsthilfe مُساعَدَةُ الذَّاتِ
alle كُلّ		die Gemeinheit نَذالَة، دَناءَة	die Allgemeinheit العَامَّة، الصَّالِحُ العَامّ
ich أنَا		die Sucht إدمَان	die Ichsucht أنَانِيَّة
nichts لَا شَيء		der Nutz مَنفَعَة، نَفع	der Nichtsnutz خَوَّارُ العَزم (لَا يَنفَع)

يَتِمُّ نَفي الِاسمِ بِإضَافَةِ البَادِئة nicht لَه:

der **Nicht**raucher غَيرُ مُدَخِّن	das **Nicht**erscheinen عَدَم الظّهور

Manchmal tun wir das, was wir tun wollen, nicht, damit die anderen nicht bemerken, was wir tun wollen.

أَحيانَاً لَا نَفعَلُ أَمراً نُريدُ أَن نَفعَلَه، وَذَلِكَ لِكَيّ لَا يَعرِفَ الآخَرُونَ مَاذَا نُريدُ أَن نَفعَل.

Eine Reise von tausend Meilen fängt mit dem ersten Schritt an.

يُبتَدَأُ مِشوَارُ الأَلفِ مِيل بِأَوَّلِ خُطوَة.

Ich mag es nicht, dumme Fragen zu stellen, aber ...

أَكرَهُ أَن أَطرَحَ أَسئِلَةً سَاذَجَةً، وَلَكِن...

9.0.0 Kasus des Substantives الحَالة الإعرَابِيَّة لِلاِسم

لِلاِسمِ فِي اللُّغَةِ الأَلْمَانِيَّة أَربَعُ حَالَاتٍ إِعرَابِيَّة مُختَلِفَة -مِنهَا إِعرَاباً قَوِيّاً وَمِنهَا إِعرَاباً ضَعِيفاً-، سَنَتَنَاوَلُ الآنَ الإِعرَابَ القَوِيّ، الَّذِي نُمَيِّزُ بِهِ أَربَعَ حَالَات، وَهِيَ:

(الحَالَةُ الإِعرَابِيَّة)	يُسأَلُ عَنهُ بـ :
1- Nominativ مرفوع	was? (ماذا؟) لِغَيرِ العَاقل
	wer? (مَن؟) لِلعَاقِل
2- Akkusativ منصوب	was? (ماذا؟) لِغَيرِ العَاقل
	wen? (مَن؟) لِلعَاقِل
	wohin? (إِلى أَين ؟) لِلعَاقِل وغيرِ العَاقِل
3- Dativ مجرور	was? (مَاذَا؟) لِغَيرِ العَاقل
	wem? (لِمَن، مَن؟) لِلعَاقِل
	wo? (أَينَ؟) لِلعَاقِل وَغيرِ العَاقِل
4- Genitiv مضاف إليه	wessen? (لِأَيّ؟) لِغَيرِ العَاقِل
	wessen? (لِمن؟) لِلعَاقِل

9.1.0 Der Nominativ المَرفوع

المَرفُوعُ هُوَ مَن يَقُومُ بِالفِعلِ فِي الجُملَة، وَيُسأَلُ عَنهُ بِـ (مَاذَا؟) was?، (مَن؟) wer?.

وَيَأتِي المَرفُوعُ فِي الجُملَة بِالصُّوَرِ التَّالِيَة:

⇦ 1- فَاعِل (عَاقِلٌ أَو غيرُ عَاقِل):

wer?	عَاقِل	**Der Mann** kam.	جَاءَ الرَّجُل
was?	غَيرُ عَاقِل	**Das Gemälde** ist schön.	اللَّوحَةُ جَمِيلَة

⇦ 2- نَائِب فَاعِل:

wer?	عَاقِل	**Ich** wurde gefragt.	سُئِلت
was?	غَيرُ عَاقِل	**Eine Frage** wurde gestellt.	طُرِحَ سُؤَال

⇦ 3- ظَرفاً(1) أو جُملَة(2):

was?	**Hin und Her**[1] verursacht Müdigkeit. الذَّهابُ وَالإيَابُ يُتعِب.
	Die Berührung der Substanz[2] löst Allergie aus. لَمْسُ هَذِهِ المَادَّةِ يُسبّبُ الحَسَاسِيَّة.

- أَمثِلَةٌ عَلى الاِسم المَرفُوع:

Er verbringt seine Zeit tatenlos.	يُمضِي وَقتَهُ مَكتُوفَ الأَيدِي
Ali hat einen großen Schock erlitten.	عَانَى عَلِيٌّ مِن صَدمَةٍ قَوِيَّة
Hast **du** deine Aufgabe erledigt?	هَل أَنجزتَ وَاجِبَك؟
Ob **er** promoviert oder nicht, weiß **ich** nicht. لا أعلم فِيمَا إِذَا كَانَ سَيَكتُبُ رسالَةَ الدكتوراه أم لَا.	
Bassam hat eine Auszeichnung bekommen. حَصَلَ بَسَّام عَلى جَائِزة.	
Wenn **der Chef** die Sache nochmals aus einer anderen Perspektive betrachtet, sieht **er** sicher auch viele Vorteile. لَو يَنظُرُ المُدِيرُ لِلأَمرِ مُجدَّداً مِن وِجهَةٍ أُخرَى سَيَرَى العَدِيدَ مِن الإيجَابِيَّات.	
Mit tiefem Bedauern muss **ich** Ihnen leider mitteilen, dass… وَجَبَ علي بِبَالِغِ الأَسى أَن أُخبِركُم بِأَنَّ...	
Hala Schreibt nicht in der Prüfung ab. لَا تَغِشّ هالة في الامتحان.	
Afif bereitet sich auf die Prüfung vor. يُحضّرُ عَفيفٌ نَفسَهُ لِلامتِحَان.	

9.2.0 Der Akkusativ المَنصُوب

يُقَابِلُ المَنصُوبَ بِالعَرَبِيَّة "المَفْعُولَ بِهِ"، أَي مَن يَقَعُ عَلَيهِ الفِعل.

- وَيُسأَلُ عَنهُ بِأَسمَاءِ الاِستِفهَام:

wen?	عَاقِل	**Wen** hast du getroffen?	مَن قَابَلت؟
was?	غَيرُ عَاقِل	**Was** hast du gesehen?	مَاذَا رَأَيت؟

- وَيُسأَلُ عَنِ الاِتّجَاهِ بِاسمِ الاِستِفهَام (إِلى أَين؟ ?wohin) كالتالي:

مِثَال	لِلسُّؤَالِ عَن	اِسمُ الاِستِفهَام
Wohin ging Ali? إِلَى أينَ ذَهَبَ عَلِيّ؟	العَاقِل	**wohin?**
Wohin lief die Katze? إِلَى أَينَ ذَهَبَتِ القِطّة؟	الغَيرُ عَاقِل	

9.2.1 يَرِدُ المَنصُوبُ فِي الجُملَةِ فِي الحَالاتِ التَّالِيَة:

⇦ 1- إِذَا وَرَدَ فِعلٌ يَتَطَلَّبُ مَنصُوباً فِي الجُملَة:

مُعظَمُ أَفعَالِ اللُّغَةِ الأَلمَانِيَّة تَتَطَلَّبُ مَنصُوباً، مِثَال:

Die Mutter betreut **ihre Kinder**.	تَعتَنِي الأُمُّ بِأبنَائِهَا
Ich sah **einen Spatz** und **eine Katze**.	رَأَيتُ قِطَّةً وَعُصفُوراً
Ich trage **meinen Koffer**.	أَحمِلُ حَقِيبَتِي
Der Politiker kritisierte **das Regime**.	انتَقَدَ رَجُلُ السِّيَاسَةِ الحُكُومَة
Die Schüler machen **eine Pause** nach dem Unterricht. سَيقُومُ التَّلَامِيذُ بِاستِرَاحَةٍ بَعدَ الحصَّة.	

⇦ 2- بَعدَ حُرُوفِ الجَرِّ الَّتِي تَتَطَلَّبُ مَنصُوباً (سنتناولها لَاحِقاً):

Der Zug fährt **durch die Stadt**.	يَسِيرُ القِطَارُ عَبرَ المَدِينَة
Er ging **ohne bestimmtes Ziel** aus. خَرَجَ دُونَ هَدَفٍ مُعَيَّن.	
Ich mache **für eine Woche** Urlaub. سَأَقُومُ بِإجَازَةٍ لِأُسبُوعٍ وَاحِد.	

⇦ 3- كَظُرُوفٍ تَدُلُّ عَلَى الزَّمَان:

وَلَا تُعَدُّ مَفعُولاً بَل تُعرَبُ اعرَابَ المَفعُولِ وَتُعَدُّ ظُرُوفاً:

Ich besuchte ihn **letzte Woche**.	زُرتُهُ الأسبُوعَ المَاضِي
Der Unfall **letzten Montag** führte zu leichten Verletzungen. أَدَّى الحَادِثُ الإثنَينَ المَاضِي إِلَى جُرُوحٍ طَفِيفَة.	

✓ بَقِيَ الظَّرفَ "letzten Montag" بِجَانِبِ الإِسمِ لِأَنَّهُ يَعُودُ عَلَيه.

- أَمثِلَة عَنِ المفعُولِ بِه:

Ich mache heute für **sie ein Fest**.	سَأُنَظّمُ حَفلَةً لَها اليَوم
Ich habe **meinen Lehrer** begrüßt.	سَلَّمتُ عَلى أُستَاذِي
Ich habe **ein Zelt** aufgestellt.	نَصَبتُ خَيمَة
So können wir **das Projekt** weitermachen. لَنَا أن نُكمِلَ المَشرُوعَ هَكَذَا.	
Ich habe heute **Abdelkarim** kennengelernt. تَعَرَّفتُ اليومَ عَلى عَبدِ الكَرِيم.	
Sie haben **den Weltkrieg** nicht erlebt. لَم يَشهَدُوا الحَربَ العَالَمِيَّة.	

9.3.0 Der Dativ المَجرُور

يُسأَلُ عَنهُ بِـ: (لِمن؟) **wem?**، (أينَ؟) **wo?**، (مِن أينَ؟) **woher?**.

- يَتِمُّ السُّؤَالُ عَنِ المَجرُورِ كَمَا يَلِي:

woher?	عَاقِل	**Woher** kommen Sie? مِن أينَ حَضرَتُك؟
	غير عاقل	**Woher** stammt Mercedes? مَا مَنشَأُ سَيَّارَاتِ Mercedes؟
wo?	غير عاقل	**Wo** tut es dir weh? أينَ تُعَانِي مِنَ الألم؟
wem?	عاقل	**Wem** hilft Hanin? مَن تُسَاعِدُ حَنِين؟

9.3.1 يَرِدُ المَجرُورُ في الجُملَةِ فِي الحَالَاتِ التَّالِيَة:

⇦ 1- إِذَا وَرَدَ فِعلاً يَتَطَلَّبُ مَجرُوراً فِي الجُملَة:

Das Mädchen **ähnelt** seiner Mutter sehr. تُشبِهُ الفَتَاةُ أُمَّهَا كَثِيراً.
Der Lehrer hat dem Schüler unverzüglich **geantwortet**. أَجَابَهُ المعلم التِّلمِيذَ دُونَ إبطَاء.
Gehört der Stift dir? هَلِ القَلَمُ لَك؟

- تَتَضَمَّنُ هَذِهِ القَائِمَةُ الأَفعَالَ الَّتِي تَتَطَلَّبُ مَجْرُوراً:

ab | sagen رَفَضَ	entgegen | kommen وَاجَهَ	gut | tun عَمِلَ صَالِحَاً	schaden ضَرَّرَ
ähneln شَابَهَ	fehlen نَقُصَ	helfen سَاعَدَ	sich schaden آذَى نَفسَه
antworten أَجَابَ	folgen تَبِعَ	missfallen سَاءَ	schmecken تَذَوَّقَ
begegnen وَاجَهَ	gefallen أَعجَبَ	sich nähern اقتَرَبَ	vertrauen أَمِنَ لِـ
bei | stehen أَعَانَ، سَاعَدَ	gehorchen أَطَاعَ	nach | laufen لَحِقَ، سَارَ وَرَاءَ	verzeihen سَامَحَ
beitreten انضَمَّ	gehören انتَمَى (إلى)	nützen استَفَادَ	Weh tun آلَمَ
danken شكرَ	gelingen نَجَحَ	passen نَاسَبَ	widersprechen عَارَضَ
dienen خَدَمَ	genügen كَفَى، أَغنَى	passieren حَدَثَ	zu | hören أَنصَتَ
drohen هَدَّدَ، تَوَعَّدَ	glauben آمَنَ، اعتَقَدَ	platzen انفَجَرَ	zu | stimmen وَافَقَ
ein | fallen خَطَرَ بِالبَال	gratulieren هَنَّأَ	raten نَصَحَ	

⇦ 2- إِذَا وَرَدَت صِفَةٌ تَتَطَلَّبُ مَجْرُوراً فِي الجُملَة:

Ihr Buch war **mir** sehr behilflich.	سَاعَدَنِي كِتَابُهَا كَثِيراً
Es war **mir** nicht möglich, den Termin zu verschieben. لَم يَكُن بِوسعِي أَن أُأَجِّلَ المَوعِد.	

⇦ 3- بَعدَ حُرُوفِ الجرِّ الخَاصَّةِ بِالمَجرُور (سَنَتَنَاوَلُهَا لَاحِقاً):

هُنَاكَ حُرُوفُ جَرّ تَتَطَلَّبُ مَجْرُوراً دَائِماً وَأُخرَى تَتَطَلَّبُهُ أَحيَاناً:

Wir gehen **nach** dem Unterricht ins Kino. سَنَذهَبُ بَعدَ الدَّرسِ لِلسِينَمَا.

Ich gehe **zu** <u>der Schule</u>.	سَأذهَبُ إلَى المَدرَسَة
Mein Freund war gestern **bei** <u>mir</u>.	كَانَ صَدِيقِي البَارِحَةَ عِندِي

⇦ 4- إِذَا اجتَمَعَ مَفعُولَانِ بِهِ فِي الجُملَة:

وَهَذِهِ الأَفعَالُ كَثِيرَة، مِنهَا أَفعَالُ الأَخذِ وَالعَطَاء، إذ يَتَحَوَّلُ أَحَدُ المَفعُولَينِ إلى مَجرُور. حَيثُ لَا يُمكِنُ أَن يَجتَمِعَ مَفعُولانِ فِي الألمانية في جُملةٍ وَاحدَة **-بِاستِثنَاءِ سَبعَةِ أَفعَالٍ تَتَطَلَّبُ مَفعُولَينِ بِهِ-**، فَيَتَحَوَّلُ أَحَدُهُما إلى مَجرُور، وَيُوضَعُ المَجرُورُ قَبلَ المَنصُوب، وَالِاسمُ الَّذِي يَتَحَوَّلُ إِلَى المَجرُور هُوَ الِاسمُ المَأخُوذُ مِنهُ أَو المُعطَى:

Ich gab **dem Kind** <u>eine Orange</u>.	أَعطَيتُ الطّفلَ بُرتُقَالَة
Er nahm **ihm** <u>sein Recht</u>.	سَلَبَهُ حَقَّه
Dieser Moment raubte **mir** <u>meinen Atem</u>. سَلَبَتْ هَذِهِ اللَّحظَةُ أَنفَاسِي مني.	
Der Arzt hat **dem Kranken** <u>eine Tablette</u> gegeben. أَعطَى الطَّبِيبُ المَرِيضَ قُرصَ دَوَاء.	

- يَجِبُ التَّمييزُ بَينَ المَفعُولِ بِهِ المُتَعَلّقِ بِالفِعلِ وَالمَفعُولِ بِهِ المُتَعَلّقِ بِحرفِ الجَرّ، فَإِذَا وَرَدَ مَفعُولَينِ بِهِ مُتَعَلّقَينِ بِالفِعلِ فِي نَفسِ الجُملَة فَيُحَوَّلُ أَحدُهُمَا إِلَى مَجرُور، أَمَّا إِذَا اجتَمَعَ مَفعُولَانِ به فِي نَفسِ الجُملَةِ وَأَحَدُهُمَا تَابِعٌ لِحَرفِ جَرٍّ وَلَيسَ لِلفِعلِ فَلَا يُحَوَّلُ أَيٌّ مِنهمَا لِلمَجرُور، وَيُمكِنُ أَن يَجتَمِعَ العَدِيدُ مِنَ الأَسمَاءِ -فِي حَالَةِ المَفعُولِ أو المجرور- فِي الجُملَةِ إِذَا كَانَ كُلٌّ مِنهَا يَتَعَلَّقُ بِحَرفِ جَرٍّ وَلَيسَ بِالفِعل:

Ich <u>mache</u> **[einen Plan] [<u>für</u> den Urlaub]**.	أَضَعُ خِطةً لِلرِحلَة
Ich <u>kaufte</u> **[einen Regenschirm] [<u>zum</u> Schutz] [<u>vor</u> Regen]**. اشتَرَيتُ مِظَلَّةً لِلوِقَايةِ مِنَ المَطَر.	

- الأَفعَالُ السَّبعَةُ الَّتِي تَتَطَلَّبُ مَفعولَين اثنَين هِيَ كَالتَّالِي:

Er <u>nannte</u> [ihn] [einen Idioten].	كَنَّاهُ بِالمُغَفّل
Ich <u>finde</u> [die Pause] [eine Wohltat].	أَجِدُ الاستِراحَةَ شَيئَاً جَيّداً
Er hat [ihn] [einen Dussel] <u>geschimpft</u>.	شَتَمَهُ بِأَنَّهُ غَبِيّ

- أَمَّا بَاقِي الأَفعَال الّتِي تَتطَلّبُ مَفعُولَين:

schmähen شَتَمَ، هَجَا	schelten وَبَّخَ، لَامَ	taufen عَمَّدَ (فِي الكَنِسِيَة)	heißen سَمَّى، سُمِّيَ بِـ

⇦ 5- وَيَرِدُ أَيضاً عَلى الشَّكلِ التَّالِي:

Ihm ist der Knopf abgerissen…(1)(زِرُّ البِنطَالِ مَثَلاً) زِرُّهُ مَقطُوع ↓ Sein Knopf ist abgerissen…(2) زِرُّهُ مَقطُوع	
Meine Mutter pflanzt [**uns**] Rosen [**vor dem Haus**]..(1) تَزرَعُ أُمّي أَزهَاراً لَنا أَمَامَ المَنزِل. ↓ Meine Mutter pflanzt Rosen [**vor unserem Haus**] …(2) تَزرَعُ أُمّي أَزهَاراً أَمَامَ مَنزِلِنَا.	

- الجُملَة 1 تَحمِلُ نَفس مَعنَى الجُملَة 2، إِلَّا أَنَّ صِيغَةَ التَّعبِيرِ مُختَلِفَة.

⇦ 6- وَيَرِدُ أَيضاً عَلى الشَّكلِ:

Komm [**mir**] möglichst früh.	تَعَالَ إِلَيَّ بَاكِراً قَدرَ الإمكَان
Es ist [**mir**] peinlich.	إِنَّهُ مُخزٍ بِالنّسبَةِ لِي
[**Mir**] war die Kritik zu scharf.	كَانَ الإِنتِقَادُ بِالنّسبَةِ لِي لَاذِعَاً
[**Dem Kind**] ist der Koffer zu schwer.	الحَقِيبَةُ ثَقِيلَةٌ عَلى الطّفل
Ahmad fährt [**mir**] zu schnell.	يُسَافِرُ أَحمد بِسُرعَةٍ أَكبَر مِن سُرعَتِي.

- أَمثِلَة عَلى المَجرُور:

Sie gleiten auf **dem Eis**.	يَتَزَلقُونَ عَلى الجَّلِيد
Er antwortete **mir** mit **einem einfachen Ja**.	أَجَابَنِي بِنَعَم
Susan geht zu **ihrem Hausarzt**.	تَذهَبُ سُوزَانٌ إِلى طَبِيبِهَا
Ich bin auf **dem Heimweg**.	أَنَا عَلى طَرِيقِ العَودَةِ إِلى البَيت

9.4.0 Der Genitiv المُضَافُ إِلَيه

المُضَافُ إِلَيهِ (Genitiv): هُوَ اسمٌ يُضَافُ إِلَى اسمٍ آخَر، وَيُفِيدُ تَعرِيفاً أَو تَخصِيصاً لِلإِسمِ الأَسَاسِيّ. وَيُسأَلُ عَنهُ بِـ (ما، لمن؟) ?wessen.

Wessen?	عَاقِل	**Wessen Hefte** sind die? لِمَن هَذِهِ الكُتُب؟
	غَيرُ عَاقِل	**Wessen** Rat benötigt er besonders? مَا النَّصِيحَةُ الَّتِي يَحتَاجُهَا بِشَكلٍ خَاص؟

- مُلَاحَظَة: إِذَا كَانَ الإِسمُ مُعَرَّفاً بِالأَلمَانِيَّة، فَلَيسَ مِنَ الضَّرُورِيِّ أَحيَاناً تَرجَمَتُهُ إِلَى العَرَبِيَّةِ مَع تَعرِيفِه، مِثل الحَالَةِ الإِعرَابِيَّة فِي الـ Genitiv:

Das ist **die Schule** der Stadt.	هَذِهِ مَدرَسَةُ المَدِينَة

نَجِدُ أَنَّ الإِسمَ المُضَافَ (المدرَسَة) فِي الجُملَةِ الأَلمَانِيَّةِ مُعَرَّفاً، أَمَّا بِالعَرَبِيَّة فَهُوَ غَيرُ مُعَرَّف.

9.4.1 يَرِدُ المُضَافُ إِلَيهِ فِي الجُملَة فِي الحَالَاتِ التَّالِيَة:

- 1- إِذَا أَضَفنَا اسماً إِلَى اسمٍ آخَر:

Das Buch **des Schülers.**	كِتَابُ الطَّالِب
Das Auto **meines Vaters.**	سَيَّارَةُ وَالِدِي
Die größte Geschichte **aller Zeiten.** التَّارِيخُ الأَعظَمُ عَلَى مَرِّ الأَزمَان.	

- 2- بَعدَ حُرُوفِ الجَرِّ الَّتِي تَتَطَلَّبُ مُضَافاً إِلَيه:

Ich kam nicht **wegen des Wetters.**	لَم آتِ بِسَبَبِ الطَّقس
Er schlief **während der Arbeitszeit.**	نَامَ خِلَالَ أَوقَاتِ العَمَل
Das Geschäft liegt **außerhalb der Stadt.** يَقَعُ المَتجَرُ خَارِجَ المَدِينَة.	

▪ 3- مَعَ الأَفعَالِ الَّتِي تَتَطَلَّبُ مُضَافاً إِلَيه:

تُستَعمَلُ هَذِهِ الأَفعَالُ غَالِبَاً فِي اللُّغَةِ الرَّسمِيَّة وَالدَّوَائِرِ الحُكُومِيَّة:

Er hat ihn **des Diebstahls** <u>angeklagt</u>.	اِتَّهَمَهُ بِالسَّرِقَة
Das Studium an der Uni <u>bedarf</u> **einer Aufnahme**. تَتَطَلَّبُ الدِّرَاسَةُ لَدى الجَّامِعَة تَصرِيحَ المُوَافَقَة.	

- بِالإِضَافَةِ إِلَى الأَفعَالِ التَّالِيَة:

verdächtigen اتَّهَمَ	gedenken ذَكَرَ (أَحيَى ذِكرَى)
beschuldigen اتَّهَمَ	bezichtigen اتَّهَمَ

▪ 4- إِذَا وَرَدَت صِفَةٌ تَتَطَلَّبُ مُضَافاً إِلَيه:

تُستَعمَلُ هَذِهِ الصفات غَالِبَاً فِي اللُّغَةِ الرَّسمِيَّة وَالدَّوَائِرِ الحُكُومِيَّة:

Er ist **des Verbrechens** <u>schuldig</u>.	هُوَ مُتَّهَمٌ بِالجِّنَايَة
Er ist **des Diebstahls** nicht <u>geständig</u>.	لَم يَعتَرِف بِالسَّرِقَة

أَمثِلَة عَلَى المُضَافِ إِلَيه:

Bedürfnisse <u>**des Körpers**</u>	احتِيَاجَاتُ الجِّسم
Beeinträchtigung <u>**des Eigentums**</u>.	اضعَافُ الثَّروَةِ المُمتَلَكَة
Bedingungen <u>**der Arbeitsverhältnisse**</u>.	شُرُوطُ العَمَل
Befehlsstelle <u>**des Kommandanten**</u>.	حُجرَةُ أَوَامِرِ الجِّنِرَال
Der Beginn <u>**des Verfahrens**</u>.	بِدَايَةُ العَمَلِيَّة (الإجرَاء)
Die Ankunft <u>**des Winters**</u>.	حُلولُ الشّتاء
Die <u>**Annehmlichkeiten des Lebens**</u>.	ترفُ الحياة
Die Unterschrift <u>**des Absenders**</u> / <u>**des Empfängers**</u> / <u>**des Bezogenen**</u> / <u>**des Karteninhabers**</u> / <u>**des Arbeitgebers.**</u> توقيع المُرسِل/ المُرسَلُ إِليه/ صاحبُ العَلاقَة/ حاملُ البِطاقَة/ صَاحبُ العمل.	

9.5.0 Die Apposition البَدَل

البَدَل: هُوَ تَابعٌ مَقصُودٌ لِذَاتِهِ فِي الحُكم، مُمَهَّدٌ لَهُ بِذِكرِ اسمٍ قَبلَهُ يُسَمَّى بِالعَرَبِيَّةِ مُبدَلاً مِنه. يُفِيدُ البَدَلُ فِي وَصفِ الاسمِ الوَارِدِ قَبلَهُ وَإِعطَاءِ تَفصِيلٍ أَكثَر، وَلَو أَزَلنَا البَدَلَ مِنَ الجُملَة لَبَقِيَتِ الجُملَةُ مُفِيدَة (ذَاتُ مَعنَى).

وَيَرِدُ البَدَلُ بِالشَّكلَينِ التَّالِيَينِ فِي الجُملَة:

⇦ 1- كَاسِمٍ صَرِيحٍ يَقَعُ بَعدَ اسمٍ آخرَ مُبَاشَرَة:

Alexander **der Große** kommt aus Mazedonien. يَنحَدِرُ أَلِكسَندَرُ الأَكبَرُ مِن مَقدُونيَا.
Das ist mein Bruder **Afif**. هَذَا أَخِي عَفِيف.
Eine Dame **wie diese** sollte gefühlvoll sein. سَيِّدَةٌ كَهذِهِ يَجِبُ أَن تَكُونَ مُرهَفَةَ الحِسّ.
Die Stadt **Sankt Goar** hat sehr schöne Natur. مَدِينَةُ Sankt Goar فِيهَا طَبِيعَةٌ جَمِيلَةٌ جِدّاً.
Das Krankenhaus **Ibn Sina** ist in Ägypten bekannt. يُعَدُّ مَشفَى ابنُ سِينَا مَعرُوفَاً فِي مِصر.
Der Name **Muhammad** ist in Arabien typisch. يُعَدُّ اسمُ مُحَمَّد مُعتَاداً فِي بِلَادِ العَرَب.
Der islamisch bekannte Gelehrte **Ibn Kathier** schrieb das Buch **"Der Anfang und das Ende"** in 21 Bänden. كَتَبَ العَلَّامَةُ الإِسلَامِيُّ الكَبِيرُ ابنُ كَثِيرٍ كِتَابَ البِدَايَةِ وَالنِّهَايَةِ فِي 21 مُجَلَّد.

⇦ 2- كَجُملَةٍ دَاخِلِيَّةٍ تُوضَعُ بَينَ جُملَتَينِ كَجُملَةٍ اعتِرَاضِيَّة:

Bonn **-meine Brüder wohnen da-** ist eine touristische Stadt. تُعَدُّ مَدِينَةُ Bonn **-حَيثُ يَسكُنُ اخوَتِي-** مَدِينَةً جَمِيلَة.
Frankfurt **-Finanzmetropole Deutschlands-** hat ein schönes Klima. مَدِينَةُ Frankfurt **-المَدِينَةُ الصِّنَاعِيَّةُ فِي المَانيَا-** مَنَاخُهَا جَمِيل.

10.0.0 Die schwache Deklination des Nomens الإعرَابُ الضَّعِيف للاسم

تُعرَبُ الأَسمَاءُ إعرَاباً ضَعِيفاً، وَذَلِكَ بِتَغيِيرِ نِهَايَتِهَا حَسَبَ قَوَاعِدٍ مُعَيَّنَة.

أَوَّلاً: المَجمُوعَةُ الأُولَى (خَاصَّةٌ بِالأَسمَاءِ المُفرَدَة)

وَتَضُمُّ هَذِهِ المَجمُوعَةُ جُزءاً مِنَ الأَسمَاءِ المُذَكَّرَة فَقَط. وَيَأخُذُ الاِسمُ المُذَكَّرُ فِي نِهَايَتِهِ -en (أَوِ النِّهَايَة -n إِذَا كَانَ مُنتَهِياً بِـ -e). وَتُعرَبُ أَسمَاءُ هَذِهِ المَجمُوعَةِ فِي الحَالَاتِ الإِعرَابِيَّة (Akk. ; Dat. ; Gen.) وَلَا تَتَغَيَّرُ النِّهَايَةُ فِي حَالِ المَرفُوع (Nom.). وَتَضُمُّ:

⇦ 1- مُعظَمُ الأَسمَاءِ المُذَكَّرَة الَّتِي تَدُلُّ عَلَى كَائِنٍ حَيٍّ (إِنسَان، حَيَوَان)، بِشَرط أَن يُجمَعَ هَذَا الاِسمُ بِإِضَافَةِ (-en أو -n) إِلَى نِهَايَتِه، أمثلة:

أَمِير Der Prinz، إِنسَان Der Mensch، فِيل Der Elcfant

	der Elefant	der Mensch	der Prinz
Nom. مرفوع	der Elefant	der Mensch	der Prinz
Akk. منصوب	den Elefant**en**	den Mensch**en**	den Prinz**en**
Dat. مجرور	dem Elefant**en**	dem Mensch**en**	dem Prinz**en**
Gen. مضاف	des Elefant**en**	des Mensch**en**	des Prinz**en**

-هُنَاكَ أَسمَاءٌ لَا تَنتَهِي بِـ -e وَتُجمَعُ بِإِضَافَةِ -en إِلَى آخِرِهَا، يَجُوزُ أَن تُعرَبَ إِعرَاباً ضَعِيفاً بِإِضَافَةِ -n إِلَى آخِرِهَا، مِثل: "سَيِّد der Herr" تُصبِحُ بِالجَمع "die Herren".

وَالإِعرَابُ الضَّعِيفُ يَكُونُ فَقَط بِإِضَافَةِ (-n):

Nom. مَرفوع	Akk. مَنصُوب	Dat. مَجرُور	Gen. مُضَاف
der Herr	den Herr**n**	dem Herr**n**	des Herr**n**

- يَجِبُ الاِنتِبَاهُ إِلَى بَعضِ الأَسمَاء الَّتِي تُجمَعُ بِـ(-en) وَلَا تُعرَبُ إِعرَاباً ضَعِيفاً، مِثل: كَاتِب der Autor (-en)، مُدِير der Direktor (-en).

Nom. مَرفوع	Akk. مَنصُوب	Dat. مَجرُور	Gen. مُضَاف
der Direktor	den Direktor	dem Direktor	des Direktors
der Autor	den Autor	dem Autor	des Autors

⇦ 2- الأَسماءُ المذَكَّرَةِ المنتَهِيَة بِـ e- وَالَّتِي تَدُلُّ عَلَى كَائِنٍ حَي وتجمع بـ (-n):

زَبُون Der Kunde، زَمِيل Der Kollege، الصَّقر Der Falke

الحَالَة الاِعرَابِيَّة	der Kunde	der Kollege	der Falke
Nom. مَرفُوع	der Kunde	der Kollege	der Falke
Akk. مَنصُوب	den Kunde**n**	den Kollege**n**	den Falke**n**
Dat. مَجرُور	dem Kunde**n**	dem Kollege**n**	dem Falke**n**
Gen. مُضَاف	des Kunde**n**	des Kollege**n**	des Falke**n**

⇦ 3- الأَسماءُ المذَكَّرَة المنتَهِيَةِ بِالنِّهَايَاتِ التَّالِيَة:

-agoge, -ant, -ist, -ent, -ist, -loge, -nom, -ot.

Nom. مرفوع	Akk. منصوب	Dat. مجرور	Gen. مضاف
der Pädagoge	den Pädagoge**n**	dem Pädagoge**n**	des Pädagoge**n**
der Mandant	den Mandant**en**	dem Mandant**en**	des Mandant**en**
der Elefant	den Elefant**en**	dem Elefant**en**	des Elefant**en**
der Polizist	den Polizist**en**	dem Polizist**en**	des Polizist**en**
der Agent	den Agent**en**	dem Agent**en**	des Agent**en**
der Soldat	den Soldat**en**	dem Soldat**en**	des Soldat**en**
der Ökologe	den Ökologe**n**	dem Ökologe**n**	des Ökologe**n**
der Agronom	den Agronom**en**	dem Agronom**en**	des Agronom**en**
der Idiot	den Idiot**en**	dem Idiot**en**	des Idiot**en**

⇦ 4- الأَسماءُ المذَكَّرَة وَالَّتِي تَنتَهِي بِـ e- أو بـ en- وَيَكُونُ لَهَا نَفسُ المَعنَى تَمَاماً:

der Namen اسم	وَيُكتَبُ أيضاً	der Name اسم
der Gedanken فِكرَة	وَيُكتَبُ أيضاً	der Gedanke فِكرَة
der Glauben عَقِيدَة	وَيُكتَبُ أيضاً	der Glaube عَقِيدَة
der Willen رَغبَة	وَيُكتَبُ أيضاً	der Wille رَغبَة

وَتُعرَبُ هَذِهِ الأَسماءُ الأَربَعَة كَبَاقِي أَسمَاءِ هَذِه المجمُوعَة إِلَّا أَنَّهَا تَأخُذُ النِّهَايَةَ s- في حال المضاف إليه بَعدَ إِضَافَة n-. وَنُضِيفُ لَهَا أَيضاً اسماً مُحَايِداً وَحِيداً هو Das Herz.

حَسَبَ الجَّدوَلِ التَّالِي:

الحَالَةُ الإعرَابِيَّة	der Glaube	der Glauben	das Herz
Nom. مَرفُوع	der Glaube	der Glauben	das Herz
Akk. مَنصُوب	den Glaub**en**	den Glaub**en**	den Herz**en**
Dat. مَجرُور	dem Glaub**en**	dem Glaub**en**	dem Herz**en**
Gen. مُضَاف	des Glaub**ens**	des Glaub**ens**	des Herz**ens**

ثَانِياً: المَجمُوعَةُ الثَّانِيَة (خَاصَّةٌ بِالأَسماءِ المُفرَدَة)

وَهَذَا النَّمَطُ خَاصٌّ بِالمضَاف Genitiv. حَيثُ تَنتَهِي الأَسمَاءُ بـ (s- أو es-)، وَتَشمَل:

1- الأَسماءُ المحَايِدَة بِاستِثنَاء كَلِمَة Herz.

2- الأَسماء المُذَكَّرَة (بِاستِثنَاءِ أَسماءِ المَجمُوعَةِ الأُولَى).

Pl. الجمع	Mas. مُذَكَّر	Neu. مُحَايِد	
Nom. مَرفُوع	der Dschungel	das Buch	das Glas
Akk. مَنصُوب	den Dschungel	das Buch	das Glas
Dat. مَجرُور	dem Dschungel	dem Buch	dem Glas
Gen. مُضَاف	des Dschungel**s**	des Buch**es**	des Glas**es**

مَتَى يُضَافُ الحَرفُ s- وَمَتَى يُضَافُ es- لِلإسمِ فِي حَالِ المُضَافِ إِلَيه؟

غَالِباً مَا يَحكُمُ هَذَا السُّؤَالَ تَنَاغُمُ الكَلَام. وَيُمكِنُ إِجمَالُ رَاحَةِ اللِّسَانِ أَثنَاءَ اللَّفظ كَالتَّالِي:

10.2.1 تُضَافُ النِّهَايَة "s-" إِلَى المُضَافِ إِلَيه:

⇦ 1- إِذَا تَأَلَّفَ الِاسمُ مِن أَكثَرِ مِن مَقطَعٍ وَاحِد:

Die Axt **des** Forstarbeiter**s**	فَأسُ الحَطَّاب
Tag **des** Unfall**s**	يَومُ الحَادِثَة
Zur Zeit **des** Unfall**s**	فِي وَقتُ الحَادِثَة

فِي بَعضِ الكَلِمَاتِ ذَوَاتِ المَقطَعِ الوَاحِدِ يَجُوزُ وَضعُ s- فَقَط مثل: des Schiffs

⇦ 2- إِذَا انتهَى الِاسمُ بَحَرفٍ صَوتِيّ أو بحرف الـ "h-" وَسَبَقَهُ حَرفٌ صَوتِـيّ:

des Zoos حَدِيقَةُ الحَيَوَانَات	des Autos السَّيَّارَة	des Wehs الألَم
des Aromas الرَائِحَةُ جَمِيلَة	des Kommas الفَاصِلَة	des Zehs اصبعُ القَدَم

⇦ 3- إِذَا انتَهَى الِاسمُ بِأَحَدِ النِّهَايَاتِ التَّالِيَة:

-el, -em, -en, -er, -chen, -lein

des Dschungels	الأَدغَال	des Problems	المُشكِلَة
des Rahmens	الإطار	des Lesers	القارئ
des Mädchens	الفَتَاة	des Entleins	البَطَّةُ الصَّغِيرَة

10.2.2 تُضَافُ النِّهَايَة es- إِلَى الِاسمِ فِي حَالَةِ المضَافِ إِلَيه:

⇦ 1- إِذَا تَأَلَّفَ الِاسمُ مِن مَقطَعٍ وَاحِد:

des Tages	اليَوم	des Lammes	الخَرُوف
des Stiftes	القَلَم	des Heftes	الدَّفتَر

⇦ 2- إِذَا انتَهى الِاسمُ المُضَافُ بِأَحَدِ حُرُوفِ الصَّفِير (Zischlaute)، حَتَّى لَو كَانَ الِاسمُ مُكَوَّناً مِن أَكثَرِ مِن مَقطَعٍ وَاحِد:

"-ch, -chs, -s, -sch, -ß, -ss, -st, -x, -z, -zt"

des Buches	الكِتَاب	des Grußes	التَّحِيَّة، السَّلَام
des Fuchses	الثَّعلَب	des Astes	الغُصن
des Kusses	القُبلَة	des Faxes	البَرقِيَّة البِرِيدِيَّة
des Busches	الدُّغل	des Arztes	الطَّبِيب

⇦ 3- إِذَا انتَهى الِاسمُ بِـ nis- فَعِندَئِذٍ يُضَافُ s- إِلَى الِاسم (وَذَلِكَ مِن أَجلِ أَلَّا يُلفَظَ حَرفُ الـ s- كَحَرفِ الزَّاي بِالعَرَبِيَّة) وَمِن ثُمَّ تُضَافُ النِّهَايَةُ es- كَالتَّالِي:

des Gedächtnisses	ذَاكِرة	des Gefängnisses	سِجن
des Wagnisses	مُجازفة	des Bündnisses	تَحالُف
des Verhältnisses	عَلاقة، نِسبَة	des Zeugnisses	شَهادَة

✓ مُلَاحَظَة: هُنَاكَ أَسمَاءٌ لَا تَقبَلُ أَيَّ نِهَايَةٍ فِي أَيِّ حَالَةٍ إِعرَابِيَّة وَحَتَّى حَالَة المضاف إليه "Genitiv"، مِثل: التَّرَف Der Luxus.

Nom. مرفوع	Akk. منصوب	Dat. مجرور	Gen. مضاف
der Luxus	den Luxus	dem Luxus	des Luxus

10.3.0 ثَالِثَاً: المَجمُوعَةُ الثَّالِثَة (خَاصَّةٌ بِالأَسمَاءِ المُفرَدَة)

وَهَذَا النَّمَطُ خَاصٌّ بِالمجرور "Dativ". إِذ هُنَاكَ نِسبَةٌ قَلِيلَةٌ مِنَ الأَسمَاءِ الَّتِي تَأخُذُ النِّهَايَة e- فِي حَالَةِ الـ Dativ. وَهَذِهِ المَجمُوعَة خَاصَّة بِالأَسمَاءِ **المُذَكَّرَة وَالمُحَايِدَة** فَقَط:

dem Bilde الصُّورَة	dem Munde الفَم	dem Falle الحَالَة

10.4.0 رَابِعاً: المَجمُوعَةُ الرَّابِعَة (خَاصَّةٌ بِالأَسمَاءِ المُفرَدَة)

هَذِهِ المَجمُوعَة خَاصَّةٌ بِالأَسمَاءِ المُؤَنَّثَة، حَيثُ لَا تُعرَبُ الأَسمَاءُ المُؤَنَّثَة فِي أَيِّ حَالَةٍ إِعرَابِيَّة.

Nom. مَرفُوع	Akk. مَنصُوب	Dat. مَجرُور	Gen. مُضَاف
die Frau	die Frau	der Frau	der Frau

10.5.0 خَامِساً: المَجمُوعَةُ الخَامِسَة (خَاصَّةٌ بِالجَمع)

يَبقَى الجَمعُ فِي هَذِهِ المَجمُوعَة فِي كُلِّ الحَالَاتِ الإِعرَابِيَّة ثَابِتَاً دُونَ أَيِّ إِعرَاب، بِاستِثنَاءِ حَالَةِ المجرور "Dativ". إِذ يَتِمُّ إِضَافَةُ الحَرفِ n- إِلَى نِهَايَةِ الجَمع (أَمَّا إِذَا كَانَ مُنتَهِيَاً بِـ n- فَلَيسَ هُنَاكَ حَاجَةٌ لِإِضَافَة n- أُخرَى.

وَيُستَثنَى مِن ذَلِكَ الجَمعِ بِإِضَافَةِ s- حَيثُ لَا تَنطَبِقُ عَلَيهِ القَاعِدَة.

Kasus	Mas. مذكر	Neu. محايد	Fem. مؤنث
Nom. مَرفُوع	der Stift	das Auto	die Dame
Akk. مَنصُوب	den Stift	das Auto	die Dame
Dat. مَجرُور	dem Stift	dem Auto	der Dame
Gen. مُضَاف	des Stiftes	des Autos	der Dame
Dat. الـ جَمعُ ⇨	den Stifte**n**	den Autos(-)	den Damen

10.6.0 الأَشكَالُ الَّتِي يَرِدُ بِهَا المُضَافُ إِلَيه „Genitiv“

⇦ 1- يُضَافُ الحَرفُ "s-" إِلَى الِاسمِ لِلإِضَافَة، وَيَجُوزُ إِضَافَتُهُ أَيضاً لِأَسمَاءِ العَلَم:

Hasan**s** Haus besteht aus Schlamm und Steinen. يتَكَوّنُ بَيتُ حَسَن مِنَ الطّينِ وَالحِجَارَة.

- وَإِذَا وَرَدَ اسمُ الشَّخصِ مَعَ نَسَبِهِ لِأَكثَرِ مِن اسمٍ يُوضَعُ الحَرفُ s مَعَ الِاسمِ الأَخِير:

Die Zeichnung Hanin Omar Damlakhy**s** ist bezaubernd. رَسمُ حَنِين عُمر دَملَخِي رَائِع.

⇦ 2- يُستَخدَمُ حَرفُ الجَرّ "von" الخَاصُّ بِالـ Dativ عِوَضاً عَنِ الـ Genitiv:

Auf dem Haus **von** der bösen Hexe liegt ein Fluch. اللّعنَةُ مَوجُودَةٌ فَوقَ بَيتِ السَّاحِرَةِ الشّرّيرَة.

⇦ 3- يُستَعَاضُ عَنِ المُضَافِ إِلَيهِ بِالبَدَل "Apposition":

Das Rätsel **[der Physik]**.[Genitiv]	مُعجِزَةُ الفِيزيَاء
Das Rätsel **[Physik]**.[Apposition]	مُعجِزَةُ الفِيزيَاء

⇦ 4- يَجُوزُ أَن يَرِدَ المضَافُ إِلَيهِ بِدُونِ أَدَاة، وَيُمكِنُ استِبدَالُهُ بِحُرُوفِ جَرٍّ مُنَاسِبَة:

Ein Student **[guter Intelligenz]** **[Genitiv]** löst das Rätsel. يَحُلُّ اللُّغزَ طَالِبٌ بِذَكَاءٍ جَيِّد.
Ein Student **[<u>mit</u> guter Intelligenz]** **[Dativ]** löst das Rätsel. يَحُلُّ اللُّغزَ طَالِبٌ بِذَكَاءٍ جَيِّد.

⇦ 5- يُمكِنُ أَن يَكُونَ الـ Genitiv ظَرفاً فِي الجُملَة:

Ali und Ahmad trafen sich **[des Morgens]**. تَقَابَلَ عَلِيٌّ وَأحمَد صَبَاحاً.

Gegen Dummheit ist kein Kraut gewachsen.

لَيسَ لِلحَمَاقَةِ دَوَاءٌ يُستَطَبُّ بِه.

11.0.0 Ableitung von Nomen اشتِقَاقُ الاِسم

يُشَكِّلُ مَوضُوعُ اشتِقَاقِ الأَسمَاءِ لِتعَدُّدِ تَشَعُّبَاتِهِ نُقطَةَ تَحَدٍّ كَبِيرَةٍ، فَبالإِشتِقَاقِ يُمكِنُنَا أَن نُشَكِّلَ أَسمَاءً جَدِيدَةً مِن أَنوَاعٍ مُختَلِفَةٍ مِنَ الكَلِمَات.

يَتِمُّ الاِشتِقَاقُ بِطُرُقٍ مُختَلِفَةٍ، وَأَهَمُّهَا:

11.1.0 أَوَّلاً: إِضَافَةُ اللَّوَاحِقِ إِلَى الأَسماء (Suffixe):

تُعطِينَا إِضَافَةُ اللَّوَاحِقِ لِبَعضِ الأَسمَاءِ أَسمَاءً جَدِيدَة، وَهَذِهِ اللَّاحِقَاتُ كَثِيرَة، مِنهَا:

⇦ 1- اللَّاحِقَة "chen-" حَيثُ تَتَّصِلُ بِأَنوَاعٍ مُختَلِفَةٍ مِنَ الأَسمَاءِ لِتَصغِيرِهَا، وَجِنسُ الاِسمِ مُحَايِدٌ دَائِماً، وَلَا يَأخُذُ الاِسمُ أَيَّةَ نِهَايَةٍ فِي حَالِ المُضَافِ إِلَيه:

das Kind	طِفل	-chen	das Kindchen	طِفلٌ صَغِير
das Tier	حَيَوَان		das Tierchen	حَيَوَانٌ صَغِير
das Problem	مُشكِلَة		das Problemchen	مُشكِلَةٌ صَغِيرة
das Pferd	حِصَان		das Pferdchen	حِصَانٌ صَغِير

- وَأَحيَاناً مَع Umlaut

das Haus	مَنزِل	-chen	das Häuschen	مَنزِلٌ صَغِير
der baum	شَجَرَة		das Bäumchen	شُجَيرَة
der Turm	بُرج		das Türmchen	بُرجٌ صَغِير
der Hund	كَلب		das Hündchen	جَرُو

- وَإِذَا احتَوَى الاِسمُ عَلَى حَرفَينِ صَوتِيَّينِ مُتَشَابِهَينِ يُحذَفُ أَحَدُهُمَا وَتُضَافُ لَهُ Umlaut:

das Haar	شَعرَة	-chen	das Härchen	شُعَيرَة
der Saal	صَالَة		das Sälchen	صَالَةٌ صَغِيرة

- وَإِذَا انتَهَى الاِسمُ بِالنِّهَايَتَينِ الغَيرِ مُشَدَّدَتَينِ لَفظِيّاً (e- أو en-) تُحذَفَان:

die Summe	مَبلَغ	-chen	das Sümmchen	مَبلَغٌ صَغِير
der Haufen	كَومَة		das Häufchen	كَومَةٌ صَغِيرَة

- وَإِذَا انتَهَتْ بَعضُ الأَسَمَاءِ بِـ (g- أو ch-) فَتُضَافُ النِّهَايَةَ elchen-:

das Ding شَيء	-elchen	das Dingelchen	شَيءٌ صَغِير
der Bach جَدوَلُ مَاء		das Bächelchen	جَدوَلٌ صَغِير

⇦ (2) اللَّاحِقَة "e-" تَتَّصِلُ بِأَنوَاعٍ مُختَلِفَةٍ مِنَ الكَلِمَاتِ لِتُعطِي أَسمَاءً أَغلَبُهَا مُؤَنَّثَة، وَتَتَّصِلُ بِـ:

- 1- الصِّفَات: وَغَالِباً مَا تَأخُذُ Umlaut:

hoch عَالِي	-e	die Höhe	ارتِفَاع
groß كَبِير		die Größe	كُبْر (حَجم)
breit عَرِيض، وَاسِع		die Breite	عَرض، وِسْع
weit وَاسِع، بَعِيد		die Weite	اتِّسَاع، بُعْد
eben مُستَوِي		die Ebene	مُستَوِي

- 2- الأَفعَال: حَيثُ يحذف الحرف "n-" مِن نِهَايَةِ الفِعل:

wetten رَاهَنَ	-n	die Wette	مُرَاهَنَة، رِهَان
lügen كَذَبَ		die Lüge	كَذِب، كِذبَة

- أَمَّا فِي بَعضِ الأَفعَالِ الشَّاذَّة؛ فَتُضَافُ النِّهَايَةُ e- بَعدَ التَّصرِيفِ الثَّانِي (Partizip I):

geben أَعطَى، وَهَبَ	Partizip1 + -e	die Gabe	عِطيَة، هِبَة
anlegen أَنشَأَ		die Anlage	مُنشَأَة، مُرفَق
annehmen قَبِلَ		die Annahme	قُبُول

- وَتُضَافُ اللَّاحِقَة e- [إِذَا لَم يَنتَهِ الِاسمُ بِـ e] مَع البَادِئَة Ge- لِبَعضِ الأَسمَاء، لِتُعَبِّرَ عَن مُجمَلِ مَعنَى الِاسم، وَيَكُونُ جِنسُ الِاسمُ مُحَايِداً وَيُضَافُ لَهُ Umlaut:

die Binde ضِمَادَة	Ge...-e	das Gebinde	حُزمَة
das Land أَرض		das Gelände	مَنطِقَة

- وَأَمَّا الأَسمَاءُ المنتَهِيَةُ بِـ el أو er- فَلَا يُضَافُ لَهَا "e-"؛ وَيُضَافُ لَهَا Umlaut:

der Vogel طَائِر	Ge...-e	das Gevögel	طَيْر
das Wasser مَاء		das Gewässer	مَاء

⇦ (3) اللَّاحِقَة "ei-"، حَيثُ تَتَّصِلُ غَالِبَاً بِالأَسماءِ المذَكَّرَة المنتَهِيَة بِـ er- وَالدَّالَّةِ عَلَى مِهنَةٍ أَو عَمَلٍ لِتَدُلَّ عَلَى مَركَزِ المِهنَة أَو اسمِهَا، وَجِنسُ الِاسمِ مُؤَنَّثٌ دَائِمَاً:

der Maler	رَسَّام	-ei	die Malerei	مِهنَةُ الرَّسم
der Bäcker	خَبَّاز		die Bäckerei	مَخبَز
der Drucker	طَابِعَة		die Druckerei	دَارُ الطِّبَاعَة
der Tischler	نَجَّار		die Tischlerei	نِجَارَة

⇦ (4) اللَّاحِقَة "er-"، حَيثُ تَتَّصِلُ بِالأَسماءِ وَتَدُلُّ عَلَى مِهنَةٍ مُذَكَّرَةٍ أَو أَصلِ المَنشَأ، وَيُضَافُ أَحيَانَاً لِلِاسمِ Umlaut وَإِذَا انتَهَى بِـ e- تُحذَف:

die Schule	مَدرَسَة	-er	der Schüler	طَالِب
die Politik	سِيَاسَة		der Politiker	رَجُلُ السِّيَاسَة
das Berlin	بَرلِين		der Berliner	بَرلِينِيّ

- وَتَتَّصِلُ أَيضَاً بِجَذرِ الفِعلِ بَعدَ حَذفِ نِهَايَتِهِ "en-" لِتَدُلَّ عَلَى مِهنَةٍ وَيُضَافُ لِلِاسمِ Umlaut أَحيَانَاً، وَجِنسُ الِاسمِ مُذَكَّرٌ دَائِمَاً:

kochen	طَبَخَ	-er	der Kocher	جِهَازُ الطَّبخ
lehren	عَلَّمَ، دَرَّسَ		der Lehrer	مُعَلِّم، مُدَرِّس
finden	وَجَدَ		der Finder	مُكتَشِف
erfinden	ابتَكَرَ		der Erfinder	مُبتَكِر
kaufen	اشتَرَى		der Käufer	مُشتَرِي
verkaufen	بَاعَ		der Verkäufer	بَائِع

⇦ (5) اللَّاحِقَة "erei-"، حَيثُ تَتَّصِلُ بِالأَسماءِ لِتَدُلَّ عَلَى المَعنَى العَامِّ لِلِاسم، وَغَالِبَاً مَا تَحمِلُ مَعنَاً سَلبِيَّاً، وَأَحيَانَاً مَع Umlaut، وَجِنسُ الِاسمِ دَائِمَاً مُؤَنَّث:

der Dieb	لِصّ	-(e)rei	die Dieberei	سَرِقَة
der Sklave	عَبد		die Sklaverei	عُبُودِيَّة
das Kind	وَلَد		die Kinderei	وَلدَنَة
der Abgott	صَنَم		die Abgötterei	عِبَادَةُ الأَصنَام

▪ وَتَتَّصِلُ أَيضاً بِجَذرِ الفِعلِ بَعدَ حَذفِ نِهَايَتِه، وَيُحذَفُ المَقطَعُ er- مِنهَا إِذَا اتَّصَلَت بِالأَفعَالِ المنتَهِيَةِ بِـ el- لِتَدُلَّ عَلى مِهنَةٍ، وَيُضَافُ لِلإِسمِ Umlaut أَحيَانَاً:

betteln تَسَوَّلَ	-(er)ei	die Bettelei تَسَوُّل
schmuggeln هَرَّبَ		die Schmuggelei تَهرِيب
schießen أَطلَقَ النَّار		die Schießerei إِطلَاقُ النَّار

⇦ (6) اللَّاحِقَة "heit-" نَادِراً مَا تَتَّصِلُ بِالأَسمَاءِ، سَوَاءٌ فِي حَالَةِ الجَمعِ أَوِ الإِفرَاد، وَتَدُلُّ عَلَى المَعنَى العَامِّ لِلإِسم، وَجِنسُ الإِسمِ مُؤَنَّثٌ دَائِماً:

der Mensch إِنسَان	-heit	die Menschheit بَشَرِّية، إنسَانيّة
der Christ مَسِيحِيّ		die Christenheit الدِّيَانَةُ المَسِيحِيَّة

▪ وَتَتَّصِلُ غَالِبَاً بِالصِّفَات:

frei حُرّ	-heit	die Freiheit حُرِّيَّة
klar وَاضِح		die Klarheit وُضُوح
schön جَمِيل		die Schönheit جَمَال

⇦ (7) اللَّاحِقَة "in-" وَتُضَافُ إِلَى المِهَنِ المُذَكَّرَةِ لِتَدُلَّ عَلَى المِهنَةِ نَفسِهَا، وَلَكِن لِلجِنسِ المؤَنَّث، وَجِنسُهَا القَوَاعِدِيّ دَائِماً مُؤَنَّث، وَأَحيَانَاً مَع Umlaut:

der Lehrer مُعَلِّم	-in	die Lehrerin مُعَلِّمَة
der Koch طَبَّاخ		die Köchin طَبَّاخَة
der Anwalt مُحَامِيّ		die Anwältin مُحَامِيَّة

▪ وَإِذَا انتَهَى الإِسمُ المذَكَّرُ بِـ e- تُحذَف:

der Kunde زَبُون	-in	die Kundin زَبُونَة
der Bote رَسُول		die Botin رَسُولَة

⇦ (8) اللَّاحِقَة "(ig)keit-" حَيثُ تُضَافُ غَالِبَاً إِلَى الصِّفَات، وَجِنسُ الإِسمِ دَائِماً مُؤَنَّث، وَإِذَا انتَهتِ الصِّفَةُ بِـ e- تُحذَف:

freundlich وَدُود	-(ig)keit	die Freundlichkeit لَطَافَة، وُدّ
notwendig ضَرُورِيّ		die Notwendigkeit ضَرُورَة
möglich مُمكِن		die Möglichkeit إِمكَانِيَّة
müde مُتعَب		die Müdigkeit تَعَب

⇦ (9) اللَّاحِقَة "-lein„ حَيثُ تُضَافُ إِلَى الأَسمَاءِ فَقَط لِتَصغِيرِهَا (كَاللَّاحِقَة ‎-chen) وَجِنسُ الِاسمِ دَائِماً مُحَايِد، وَدَائِماً مَع Umlaut:

das Buch كِتَاب	-lein	das Büchlein كُتَيِّب
der Bach جَدوَلُ مَاء		das Bächlein جَدوَلُ مَاءٍ صَغِير

- وَإِذَا انتَهَى الِاسمُ بِـ(-e, -en, -el) تُحذَف:

die Ente بَطَّة	-lein	das Entlein بَطَّةٌ صَغِيرَة
der Haufen كَومَة		das Häuflein كَومَةٌ صَغِيرة
der Spiegel مِرآة		das Spieglein مِرآةٌ صَغِيرَة

⇦ (10) اللَّاحِقَة "-ler„ حَيثُ تَتَّصِلُ بِبَعضِ الأَسمَاءِ لِتَدُلَّ عَلَى المنشَأ أَوِ المِهَنِ المذَكَّرَةِ، وَغَالِباً مَع Umlaut، وَإِذَا انتَهَى الِاسمُ بِـ "-e, -el" تُحذَف:

die Wissenschaft عِلم	-ler	der Wissenschaftler عَالِم
der Kegel مُخرُوط		der Kegler لَاعِبُ البُولِينغ
der Sport رِيَاضَة		der Sportler رِيَاضِيّ
der Strahl شُعَاع		der Strahler جِهَازُ الإِشعَاع
die Zahl عَدَد		der Zähler عَدَّاد

⇦ (11) اللَّاحِقَة "-ling„ تُعطِي الِاسمَ انطِبَاعاً وظِيفِيّاً، وغَالِباً مَا يَحمِلُ مَعنىً سَلبِيّاً، وَجِنسُهَا مُذكَّرٌ دَائِماً، وَتَتَّصِلُ بِـ:

- الأَسمَاء: وَيُضَافُ لِلِاسمِ Umlaut أَحيَاناً:

der Schreiber كَاتِب	-ling	der Schreiberling كَاتِبٌ سَيِّئ
die Haft سِجن		der Häftling سَجِين

▪ **الأَفعَال**: حَيثُ تُحذَفُ نِهَايَةُ الفِعلِ "en-" وَيُضَافُ لِلاِسمِ Umlaut:

lehren عَلَّمَ	-ling	der Lehrling المُتَعَلِّمُ
schaden ضَرَّرَ		der Schädling حَشَرَةٌ ضَارَّة
impfen لَقَّحَ		der Impfling الشَّخصُ المُلَقَّح

⇦ (12) اللَّاحِقَة "nis-„ تُعطِي المَعنَى العَامَ لِلاِسم، وَجِنسُهَا مُحَايِدٌ أَو مُؤَنَّث، تَتَّصِلُ بِـ:

▪ **الأَفعَال**: حَيثُ تُحذَفُ نِهَايَةُ الفِعلِ "en, -n-" وَيُضَافُ لِلاِسمِ Umlaut:

bekümmern أَحزَنَ	-nis	die Bekümmernis غَمّ، حُزن
verderben أَفسَدَ		die Verderbnis فَسَاد، إِفسَاد
begraben دَفَنَ		das Begräbnis جِنَازَة، دَفْن

▪ **الصِّفَات**: إِذَا انتَهَتِ الصِّفَةُ بِـ "en-" تُحذَف، وَتُضَافُ Umlaut لِلاِسم:

gefangen مَسجُون	-nis	das Gefängnis سِجن
finster مُظْلِم		die Finsternis ظَلَام، ظُلمَة، عَتمَة
faul مُتَعفِّن		die Fäulnis تَعَفُّن

⇦ (13) اللَّاحِقَة "schaft-„ تُعطِي المَعنَى العَام لِلاِسم، وَجِنسُ الاِسمِ دَائِماً مُؤَنَّث، وَتَتَّصِلُ بِـ:

▪ **الأَسمَاء**: بِدُون Umlaut:

das Land بَلَد، رِيفْ	-schaft	die Landschaft طَبِيعَة
der Freund صَدِيق		die Freundschaft صَدَاقَة
das Mitglied عُضو		die Mitgliedschaft عُضوِيَّة

▪ **الصِّفَات**: بِدُون Umlaut:

schwanger حُبلَى	-schaft	die Schwangerschaft حَمْل
gefangen مُعتَقَل		die Gefangenschaft اعتِقَال

▪ **الأَفعَال:** حَيثُ تُحذَفُ نِهَايَةُ الفِعلِ "en-"، وَيَبقَى الِاسمُ بِدُون Umlaut:

erben	وَرَثَ	-schaft	die Erbschaft	إرث، مِيرَاث
pflegen	اعتَنَى		die Pflegschaft	عِنَايَة، رِعَايَة

⇦ (14) اللَّاحِقَة "tum-" حيث تُعطِي المعنَى العَام لِلِاسم، وَجِنسُ الِاسمِ مُحَايِدٌ أَو مُذَكَّر، وَتَتَّصِلُ بِـ:

▪ **الأَسمَاء:** غَالِباً بِدُون Umlaut، وَتَتَّصِلُ مُعظَمَ الأَحيَانِ بِالجَمع:

der Sklave	عَبْد	-tum	das Sklaventum	عُبودِيَّة
der Christ	مَسِيحِيّ		das Christentum	الدِّيانةُ المَسِيحِيَّة

▪ **الصِّفَات:** بِدُون Umlaut:

eigen	خَاصّ	-tum	das Eigentum	المُلكِيَّةُ الخَاصَّة
reich	غَنِيّ		der Reichtum	ثَروَة، غِنَى

⇦ (15) اللَّاحِقَة "ung-" تُعطِي الِاسمَ المعنَى العَام، وَجِنسُهُ مُؤَنَّثٌ دَائِماً، وَتَتَّصِلُ بِالأَفعَال بَعدَ حَذفِ النِّهَايَة "en-":

atmen	تَنَفَّسَ	-ung	die Atmung	تَنَفُّس
ausbilden	دَرَّبَ		die Ausbildung	تَدرِيب

- أَمَّا الأَفعَالُ المنتَهِيَة بِـ eln- فَيُحذَفُ الحرفان (**n** und **e**) كَالتَّالِي:

sammeln	جَمَّعَ	-ung	die Sammlung	مَجمُوعَة، تَشكِيلَة
siedeln	استَوطَنَ		die Siedlung	مُستَوطَنَة

- وَنَادِراً مَا يبقى الحَرفُ e- كَمَا فِي: تَنظِيم regeln → Reg**e**lung.

11.1.1 بِالإِضَافَةِ إِلَى العَدِيدِ مِنَ اللَّوَاحِقِ الدَّخِيلَةِ إِلَى الأَلمَانِيَّة، وَأَكثَرُهَا استِخدَاماً:

⇦ 1- اللَّاحِقَة "age-"، تَدخُلُ عَلَى الأَفعَالِ المنتَهِيَة بِـ ieren- لِتُعطِي المعنَي العَام لِلفِعل، وَجِنسُ الِاسمِ النَّاتِجِ يَكُونُ مُؤَنَّثاً:

blamieren	فَضَحَ	-age	die Blamage	فَضِيحَة
montieren	رَكَّبَ		die Montage	تَركِيب

⇦ 2- اللَّاحِقَة (-ament)، تَدخُلُ عَلَى الأَفعَالِ المنتَهِيَة بِـ -ieren لِتُعطِي المعنَى العَام لِلفِعل، وَجِنسُ الاِسمِ يَكُونُ مُحَايِداً دَائِماً:

fundieren أَسَّسَ	-ment	das Fundament أَسَاس
parlieren تَحَادَثَ		das Parlament بَرلَمَان

⇦ 3- اللَّاحِقَة (-and)، تَدخُلُ غَالِباً عَلَى الأَفعَالِ المنتَهِيَة بِـ -ieren لِتُعطِي الاِسمَ مَعنَى مُرتَبِطاً بِالفِعل، وَجِنسُ الاِسمِ مُذَكَّر:

summieren جَمَعَ	-and	der Summand المَجمُوع
multiplizieren ضَرَبَ		der Multiplikand عَدَدُ الضَّرب

⇦ 4- اللَّاحِقَة (-ant)، تَدخُلُ عَلَى الأَفعَالِ المنتَهِيَة بِـ -ieren لِتُعطِي الاِسمَ مَعنَى المِهنَة، وَجِنسُ الاِسمِ مُذَكَّر:

informieren أَخبَرَ	-ant	der Informant مُخبِر (عَمِيل)
demonstrieren تَظَاهَرَ		der Demonstrant مُتَظَاهِر

⇦ 5- اللَّاحِقَتَان (-ar, är)، تَدخُلَان عَلَى الاِسمِ أَوِ الفِعل لِتُعطِيَا مَعنَاً مُرتَبِطاً بِمَعنَى الفِعل، وَجِنسُ الاِسمِ مُذَكَّر:

kommentieren عَلَّقَ	-ar	der Kommentar تَعلِيق
die Bibliothek مَكتَبَة		der Bibliothekar أَمِيْن المَكتَبَة
die Aktie سَهم	-är	der Aktionär مُسَاهِم
die Million مِليُون		der Millionär ذُو ثَروَةِ المِليُون

⇦ 6- اللَّاحِقَة (-at)، تَدُلُّ غَالِباً عَلَى مَعنَى المِهنَةِ أَوِ المَنشَأ، وَتَدخُلُ عَلَى:

- الاِسم: مَعَ بَعضِ التَّغيِيرَاتِ عَلَى نِهَايَةِ بَعضِ الأَسمَاء:

das Diplom دِبلُوم	-at	der Diplomat طَالِبُ الدِّبلُوم
das Stipendium مِنحَة		der Stipendiat طَالِبُ المِنحَة
das Ostasien شرق آسيَا		der Ostasiat يَنحدِرُ من وَسطِ آسيَا
der Sold أَجر		der Soldat مُجنَّد، عَسكرِيّ

▪ الفِعل:

kandidieren	تَرَشَّحَ	-at	der Kandidat	مُرَشَّح
adressieren	عَنوَنَ		der Adressat	المُرسَلُ إلَيه

⇦ 7- اللَّاحِقَة (-ation) تُعطِي المعنَى العَام، وَجِنسُ الإِسمِ مُؤَنَّث، وَتَتَّصِلُ بِالأَفعَالِ المنتَهِيَةِ بِـ -ieren بَعدَ حَذفِهَا:

rotieren	دَارَ	-ation	die Rotation	تَدوِير
notieren	دَوَّنَ		die Notation	تَدوِين
dekorieren	زَيَّنَ		die Dekoration	تَزيِين

⇦ 8- اللَّاحِقَة (-ement): تُعطِي المعنَى العَام، وَجِنسُ الإِسمِ مُحَايِد، وَتَتَّصِلُ بِالأَفعَالِ المنتَهِيَةِ بِـ -ieren، وَتُلفَظُ لَفظًا فَرَنسِيًّا يُمَيِّزُهَا عَن غَيرِهَا:

engagieren	شَارَكَ	-ement	das Engagement	مُشَارَكَة
amüsieren	سَلَّى		das Amüsement	تَسلِيَة، لَهو

⇦ 9- اللَّاحِقَة (-ent) تَدخُلُ عَلَى الأَفعَالِ المنتَهِيَة بِـ -ieren لِتُعطِي الإِسم مَعنَى المِهنَة، وَجِنسُ الإِسمِ مُذَكَّر:

assistieren	سَاعَدَ	-ent	der Assistent	مُسَاعِد
absolvieren	أَتَمَّ الدِّرَاسَة		der Absolvent	مُتِمُّ الدِّرَاسَة

⇦ 10- اللَّاحِقَة (-enz) تَدخُلُ عَلَى الأَفعَالِ المنتَهِيَة بِـ -ieren لِتُعطِي الإِسم المَعنَى العَام لِلفِعل، وَجِنسُ الإِسمِ مُؤَنَّث:

existieren	تَوَاجَدَ	-enz	die Existenz	تَوَاجُد
tendieren zu..	مَالَ لِـ		die Tendenz zu	مُيُولٌ إِلَى..
assistieren	سَاعَدَ		die Assistenz	تَظَافُر

⇦ 11- اللَّاحِقَة (-eur) تَدخُلُ عَلَى:

▪ الأَفعَالِ المنتَهِيَة بِـ -ieren وَتَدُلُّ عَلَى المِهنَة، وَجِنسُ الإِسمِ مُذَكَّر:

frisieren	سَرَّحَ الشَّعر	-eur	der Friseur	حَلَّاق
massieren	دَلَّكَ		der Masseur	مُدَلِّك

▪ الأَسمَاء، وَجِنسُ الِاسمِ مُذَكَّر:

der Ingenieur مُهَندِس	der Parfümeur بَائِعُ المِسك	der Amateur هَاوٍ (غَاوٍ)

⇦ 12- اللَّاحِقَة (-ik) تَدخُلُ عَلَى الصِّفَاتِ المنتَهِية بِـ -isch حَيثُ تُحذَفُ هَذِهِ النِّهَايَة، لِتُعطِي أَسمَاءً تَدُلُّ عَلَى المعنَى العَام، وَجِنسُ الِاسمِ مُؤَنَّث:

analytisch تَحلِيلِيّ	-ik	die Analytik التَّحلِيل
problematisch اشكَالِيّ		die Problematik إِشكَالِيَّة

⇦ 13- اللَّاحِقَة (-iker) تُعطِي الِاسمَ مَعنَى المِهنَة، وَجِنسُهُ مُذَكَّر، وَتَدخُلُ عَلَى:

▪ الصِّفَاتِ المنتَهِيَة بِـ -isch حَيثُ تُحذَفُ هَذِهِ النِّهَايَة:

theoretisch نَظَرِيّ	-iker	der Theoretiker مُنَظِّر
historisch تَارِيخِيّ		der Historiker عَالِمُ تَارِيخ

▪ الأَسمَاء: حَيثُ تُحذَفُ الـ -e مِن الِاسمِ إِذَا انتَهَى بِهَا:

die Chemie كِيمِيَاء	-iker	der Chemiker كِيمِيَائِي
der Alkohol كُحُول		der Alkoholiker شَارِبُ الكُحُول

⇦ 14- اللَّاحِقَة (-ion) تُعطِي الِاسمَ المعنَى العَام، وَجِنسُ الِاسمِ مُؤَنَّث، وَتَتَّصِلُ بِالأَفعالِ المُنتَهِيَة بِـ -ieren

adoptieren تَبَنَّى	-ion	die Adoption التَّبَنِّي
expandieren تَوَسَّعَ		die Expansion تَوَسُّع

⇦ 15- اللَّاحِقَة (-ismus) تُعطِي الِاسمَ المعنَى العَام، وَجِنسُهُ مُذَكَّر، وَتَتَّصِلُ بِـ:

▪ الأَسمَاء:

der Tourist سَائِح	-ismus	der Tourismus السِّيَاحَة
das Kapital رَأسُ المَال		der Kapitalismus الرَّأسُ مَالِيَّة
der Alkohol الكُحُول		der Alkoholismus ادمَانُ الكُحُول

▪ الصِّفَات:

aktiv فَعَّال	-ismus	der Aktivismus	فَاعِلِيَّة
absolut مُطلَق		der Absolutismus	استِبدَاد

⇦ 16- اللَّاحِقَة (-ist) تَدُلُّ عَلَى اسمِ المِهنَة، وَجِنسُ الاِسمِ مُذَكَّر، وَمُعظَمُ كَلِمَاتِ هَذِهِ اللَّاحِقَة تُشتَقُّ أَيضاً بِإِضَافَةِ اللَّاحِقَة (-ismus) وَتَتَّصِلُ بِـ:

▪ الأَسمَاء: حَيثُ تُحذَفُ النهايةِ e- إِذَا انتَهَى الاِسمُ بِهَا:

die Kolonie مُستَوطَنَة	-ist	der Kolonist	مُستَوطِن
das Kapital رَأسُ المَال		der Kapitalist	رَأسُمَالِيّ
die Moral أَخلَاق		der Moralist	أخلَاقِيّ

▪ الصِّفَات:

ideal مِثَالِي	-ist	der Idealist	الشَّخصُ المِثَالِي
sozial اجتِمَاعِي		der Sozialist	اجتِمَاعِيّ، اشتِرَاكِي

– أَمَّا الصِّفَاتُ المنتَهِيَةُ بِالمقطَعِ ell- فَيَتِمُّ استِبدَالُهُ بِـ al- ثُمَّ تُضَافُ "-ist"

speziell خَاص	-ist	der Spezialist	أَخِصَّائِيّ
individuell مُنكَفِئٌ بذَاتِه		der Individualist	المُنكَفِئُ بِذَاتِه
materiell مَادِّيّ		der Materialist	مَادِّيّ

▪ الأَفعَال: تَتَّصِلُ بِالأَفعَالِ المنتَهِيَةِ بِـ ieren- لِيَأخُذَ الاِسمُ المعنَى العَامَّ لِلفِعل:

publizieren نَشَرَ	-ist	der Publizist	نَاشِر
komponieren لَحَّنَ		der Komponist	مُلَحِّن

⇦ 17- اللَّاحِقَة (-ität) تُعطِي الاِسمَ المعنَى العَام دَائِماً، وَجِنسُهُ مُؤَنَّث، وَتَتَّصِلُ بِـ الصِّفَات:

real حَقِيقِيّ	-ität	die Realität	حَقِيقَة، وَاقِعِيَّة
naiv سَاذَج		die Naivität	سَذَاجَة

– إِلَّا أَنَّه عِندَمَا تَنتَهِي الصِّفَاتُ بِالمقطَع ell- يُحذَفُ وَيُستَبدَلُ بِالمقطَع al-

funktionell وَظِيفِي	-ität	die Funktionalität تَأدِيَةُ الوَظِيفَة
professionell احتِرَافِي		die Professionalität احتِرَاف

- أَمَّا الصِّفَاتُ المنتَهيَةُ بِالمقطَعَين -abel, ibel فَيُستَبدَلَانِ بِـ -abil, -ibil

variabel مُتَغَيِّر، مُتَنَوِّع	-ität	die Variabilität تَغَيُّر، تَنَوُّع
plausibel مَنطِقِي		die Plausibilität مَنطِقِيَّة

⇦ 18- اللَّاحِقَة (-ition) لَا تَأتِي كَثِيرَاً كَاللَّاحِقَتِين -aion, -ion مَع أَنَّ لَهُنَّ نَفس المعنَى، وَجِنسُ الإِسمِ مُؤَنَّث دَائِماً، وَتَتَّصِلُ بِجَذرِ الفِعلِ المنتَهِي بِـ -ieren

koalieren اتَّحَدَ	-ität	die Koalition تَحَالُف، اتِّحَاد
definieren عَرَّفَ		die Definition تَعرِيف
investieren استَثمَرَ		die Investition استِثمَار

⇦ 19- اللَّاحِقَة (-or) تَتَّصِلُ بِالأَفعَالِ المنتَهِيَةِ بِـ -ieren وَتَدُلُّ عَلَى اسمِ المِهنَة، وَجِنسُ الإِسمِ دَائِماً مُذَكَّر:

detektieren كَشَفَ	-itor	der Detektor كَاشِف
investieren استَثمَرَ		der Investor مُستَثمِر

⇦ 20- اللَّاحِقَة (-ur) تَتَّصِلُ بِالأَفعَالِ المنتَهِيَةِ بِـ -ieren وَتُعطِي الإِسمَ المعنَى العَامَّ لِلفِعل، وَجِنسُ الإِسمِ غَالِباً مُؤَنَّث:

zensieren رَاقَبَ	-ur	die Zensur رَقَابَة
frisieren صَفَّفَ الشَّعر		die Frisur حَلَاقَة، تَصفِيف الشَّعر

11.2.0 ثانِياً: إِضَافَةُ السَّوَابِقِ إِلَى الأَسماء (Präfixe):

نَادِراً مَا تَأْتِي السَّابِقَاتُ مَعَ الأَسماء، وَأَكثَرُ الأَسماءِ ذُوَاتُ السَّابِقَاتِ مُشتَقَّةٌ مِنَ الأَفعَالِ ذَوَاتِ نَفسِ السَّابِقَة كَالتَّالِي:

وَظِيفَةُ البَادِئَة	المَعنَى	مِثَال	البَادِئَة
تقوية المعنى أو عكسه	الغَازُ العَادم	das Abgas	ab-
	هَدْم، اِستِخرَاج	der Abbau	
تقوية المعنى أو الإضافة	هُجُوم	der Angriff	an-
	مُرفَق	die Anlage	
	سُؤال	die Anfrage	
المضاددة	مُضادّات حَيويّة	die Antibiotika	anti
	مُغايرٌ للشُيوعِيّة	der Antikommunist	
الإضافة أو التعدي	سِعرٌ إضافِي	der Aufpreis	auf-
	مُهاجَمَة	der Aufmarsch	
الدلالة على المجال الخارجي	خَارِجُ الوَطن	das Ausland	aus-
	مَخرَج	der Ausweg	
	تِجارةٌ خارجيّة	der Außenhandel	außen
	الهواءُ الخَارجي	die Außenluft	
الإِضَافَةِ وَالاِلتِحَاق	انضِمَام	der Beitritt	bei-
	مُرفق، مُلحَق	das Beiblatt	
تقوية الاسم أو إعطائه صفة الأول	المَلَاكُ الأوَّل	der Erzengel	erz-
	حَماقَةٌ مُدقِعَة	die Erztorheit	
الإضافة أو التخصيص	وَرقَةٌ إضَافِيَّة	das Extrablatt	extra
	سَاعَاتٌ اِضَافِيَّة	die Extrastunde	
الدلالة على السوء أو النقص	قِيمَةُ العَجزِ المَالِيَّة	der Fehlbetrag	fehl-
	سُوءٌ فِي النُّمُوّ	die Fehlbildung	
بمعنى مقابل أو عكس	دَليلٌ مُضَادّ	der Gegenbeweis	gegen-
	عرضٌ مُضادّ	das Gegenangebot	

grund-	das Grundgesetz	قانونٌ أسَاسِي	بمعنى الأساسي
	die Grundform	الشكلُ الأسَاسِي	
haupt-	der Hauptjob	عَمَلٌ رَئِيسِيّ	بمعنى الرئيسي
	der Hauptabnehmer	مُشترٍ رَئيسي	
innen-	die Innenausstattung	التّجهيزُ الدّاخليّ	الدلالة على الداخل
	der Innendienst	خِدمةٌ داَخلّية	
mikro- mini-	der Minibus	باصٌ صَغير	التصغير والتقليل
	die Mikrowellen	مَوجاتٌ قصِيرة	
miss-	der Missstand	سوء الحال	الدلالة على الخطأ أو عدم الاكتمال
	der Misserfolg	فَشل	
mit-	der Mitautor	مُؤلفٌ مُشارك	الاشتراك أو المساهمة
	der Mitarbeiter	عَاملٌ مشارك	
multi-	das Multimedia	ذُو وسائطٍ مُتعددة	الدلالة على التعدد
	das Multitalent	متعددُ المَواهِب	
nach-	der Nachfolger	وَلي، خَلِيف	التتالي الزماني أو المكاني، الاقتفاء
	die Nachbildung	تقليد	
neben-	der Nebenraum	غرفةٌ مجاورة	الإضافة أو المجاورة
	die Nebenausgaben	مَصاريفٌ إضَافيّة	
ober-	der Oberbefehl	الأمرُ الأَعلى	الدلالة على العلو
	die Oberaufsicht	الرقابةُ العُليا	
rück-	die Rückmeldung	رَدٌّ رَجعيّ	بمعنى الرجوع أو التراجع
	die Rückantwort	رَد	
sonder-	die Sonderaktion	إجراءٌ خاصّ	تدل على التمييز والاختصاص
	das Sonderangebot	عَرضٌ خَاصّ	
super-	die Supermacht	قوةٌ عُظمَى	البلاغة في الوصف
	die Superfrau	سيدةٌ فاضِلة	
über-	die Überbevölkerung	اِكتِظَاظٌ سُكَّانِيّ	الاكثار والمبالغة
	der Übermensch	إنسَانٌ خارِق	
um-	die Umwelt	البيئَة (ما حولنا)	بمعنى حول
	das Umfeld	بيئةٌ مُحيطَة	

un-	die Unehre	عَار	النفي أو إعطاء صفة سلبية
	das Unglück	مُصيبَة، كَارِثَة	
unter-	die Untertasse	قَاعدةُ الفُنجان	التموضع التحتي أو التقليل
	die Unterspannung	توترٌ منخفِض	
ur-	der Urmensch	الإنسانُ الأَول	الدلالة على الأصل
	der Urheber	المَالِكُ الأَصلِيّ	
vor-	die Vorarbeiten	تَحضِيراتٌ أولية	التقدم الزماني أو المكاني
	das Vorjahr	العالمُ المَاضي	
wider-	die Widerklage	دَعوَى مُضادّة	الدلالة على العكس أو المضاددة
	der Widerdruck	ضَغطٌ مضاد	
zu-	der Zuerwerb	دَخلُ إضَافي	الدلالة على الإضافة أو الزيادة
	die Zunahme	تَزَايد	

تُشتَقُّ الأَسمَاءُ مِنَ الصِّفَاتِ بِطُرُقٍ عَدِيدَةٍ وَهِيَ:

Basis الأساس	اللاصقات Affixe	مِثَال Beispiele
Adjektiv, Partizip 1 und 2	- "الإعراب فقط"	beste الأفضَل → das Beste الأَفضَل
		kommend قَادِم → das Kommende القَادم
	- "دون اضافات"	grün أخضر → das Grün الأخضَر
		deutsch ألمَانيّ → das Deutsch اللّغةُ الألمانية
	-heit	schön جَمِيل → die Schönheit الجَمَال
		berühmt مَشهُور →die Berühmtheit شُهرَة
	-keit	ewig أَبدي → die Ewigkeit الأَبَديّة
		artig لَبِق، مُؤدّب → die Artigkeit اللّباقَة، الأَدَب
	-igkeit	lebhaft قَويم → die Lebhaftigkeit القَوامَة
		genau دَقِيق → die Genauigkeit الدّقة
	-nis	wild مُوحِش → die Wildnis بَرّية
		bitter مُرّ → die Bitternis مَرارَة، غَمّ
	-schaft	eigen خَاصّ → die Eigenschaft ملكية
		bereit جَاهِز → die Bereitschaft جَاهِزِيّة

11.3.0 الصِّفَاتُ وَمَا يُنَاسِبُهَا مِن لَاحِقَات لِتَتَحَوَّلَ إِلَى أَسمَاء:

تَشتَرِكُ الكَثِيرُ مِنَ الصِّفَاتِ بِنَفسِ النِّهَايَة، وَيُشتَقُّ الِاسمُ مِنهَا بِإِضَافَةِ لَاحِقَةٍ تَتَنَاسَبُ مَعَ نِهَايَتِهَا:

تَفصِيلُ الصِّفَة	-keit	-igkeit	-heit
الصّفاتُ ذَواتُ المقطَعين			Anwesenheit
			Dunkelheit
صِفَة -bar صِفَة -lich صِفَة -ig صِفَة -isch صِفَة -mäßig صِفَة -sam	Dankbarkeit Ähnlichkeit Fähigkeit Störrischkeit Regelmäßigkeit Wirksamkeit		
صِفَة -haft صِفَة -los		Wahrhaftigkeit Achtlosigkeit	
Partizip 2			Verlorenheit
			Trunkenheit
			Gegebenheit
			Gepflogenheit

Lebe nie, ohne zu lachen. Denn es gibt Menschen, die von deinem Lachen leben.

لَا تَعِشْ قَطًّا دُونَ أَن تَضحَك، فَهُنَاكَ مَن يَعِيشُ مِن ضِحكَتِك.

Für die Welt bist du jemand. Aber für jemanden bist du die Welt.

أَنتَ شَخص فِي هَذَا العَالَم، لَكِنَّكَ أَنتَ العَالَمَ كُلُّه بِالنِّسبَةِ لِأَحَدِهِم.

12.0.0 Das Pronomen الضَّمِير

بَعضُ الضَّمَائِرِ تُرَافِقُ الأَسمَاءَ، وَبَعضُهَا الآخَرُ يَنُوبُ عَنهَا (لِغَرَضِ عَدَمِ تِكرارِ الإِسمِ أَكثَر مِن مَرَّة).

الضمير	مثال	المعنى
Personalpronomen الضّمائرُ الشّخصِيَّة (تنوبُ عنِ الإسم)	**Ich** denke an **sie**.	أُفَكِّرُ بِهِم.
Reflexivpronomen الضّمائرُ المُنعكِسَة (تنوبُ عنِ الإسم)	Sie kümmert **sich** um ihre Kinder.	تَهتَمُّ بِأَبنَائِهَا.
Possessivpronomen ضَمائرُ المُلكِية (تنوبُ عنِ الإسم وَتُرافِقُه)	**Mein** Sohn isst. ↓ **Deiner** isst.	ابني يأكل. ↓ ابنُكِ يأكل.
Demonstrativpronomen أَسماءُ الإشَارَة (تنوبُ عنِ الإسم وَتُرافِقُه)	**Dieses** Auto ist teuer, ich kaufe **jenes**.	هَذِهِ السَّيَّارَةُ غَالِيَة، سَأَشتَرِي تِلك.
Relativpronomen الأسمَاءُ المَوصُولة (تنوبُ عنِ الإسم)	Das ist der Arzt, **der** mich geheilt hat.	هَذا الطّبيبُ الذِي عَالَجَنِي.
Interrogativpronomen أسمَاءُ الاستِفهَام (تنوبُ عنِ الإسم أو تُرافِقُه)	Die Jacken sind bezaubernd. **Welche** gefällt dir?	السِّتَرُ جَمِيلَة، **أيُّ** وَاحدةٍ نَالَت اِعجَابَكِ؟
	Was siehst du?	**مَاذَا** تَرَى؟
Indefinitpronomen ضَمائِرُ النَّكِرَة (تنوبُ عنِ الإسم)	**Jemand** antwortete mir.	أَجَابَنِي أَحدٌ مَا.
	Das bringt **nichts**.	هَذَا لَا يُفِيد .

- مُلَاحَظَة: رَاجِعِ الفَقَرَة "**4.2.0**" لِمَعرِفَةٍ أَكثَرَ عَنِ الضَّمَائِر!

12.1.0 Personalpronomen الضَّمَائرُ الشَّخصِيَّة

يُمكِنُ من خِلَالِ الضَّمَائِرِ الشَّخصِيَّةِ تَوجِيهُ كَلَامٍ إِلَى شَخصٍ أَو تَلقِّي كَلامٍ مِن شَخصٍ أو التَّكَلُّمُ عَن الغَائِب؛ نُبيِّنُ الضَّمَائِرَ الشَّخصِيَّةِ كَالتَّالِي:

- أَوَّلَاً: جَدوَلُ ضَمَائِرِ المُفرَد:

الوَصف	Nom. رَفع	Akk. نَصب	Dat. مَجرُور	Gen. مُضَاف
لِلمُتكلِّمِ المُفرَد (مُذكَّر وَمُؤنَّث)	ich أنا	mich	mir	meiner
لِلمُخَاطَبِ المُفرَد (مُذكَّر وَمُؤَنَّث)	du أنت	dich	dir	deiner
الغَائِبُ المُفرَد المُذكَّر	er هو	ihn	ihm	seiner
الغَائِبُ المُفرَدُ المُؤنّث	sie هي	sie	ihr	ihrer
الغَائِبُ المُحَايِدِ المُفرَد	es هو، هي	es	ihm	seiner

- ثَانِيَاً: جَدوَلُ ضَمَائِرِ الجَّمع:

الوَصف	Nom. رَفع	Akk. نَصب	Dat. مَجرُور	Gen. مُضَاف
لِلمُتَكَلِّمِ الجَّمع (مُذكَّر وَمُؤَنَّث)	wir نَحنُ	uns	uns	unser
لِلمُخَاطَبِ الجَّمع المَرفوع الكِلفَة (مُذَكَّرٌ وَمُؤَنَّث)	ihr أنتم	euch	euch	eurer
لِلمُخاطبةِ بِاحترام (لِلمُفرَدِ وَالجَّمع المُذكَّر وَالمُؤنَّث)	Sie حَضرَتُك حَضرَتُكُم	Sie	Ihnen	Ihrer
الغَائِبُ الجَّمْعُ المُذَكَّر وَالمُؤَنَّثُ	sie هُم	sie	ihnen	ihrer

مُلاحَظَات:

✓ **1**- تَستَخدَمُ صِيغَةُ المُخَاطَبَةِ المفرَدَة (أَنت du) وَصِيغَةُ مُخَاطَبَةِ الجَمع (أَنتُم ihr) مَعَ الأَصدِقَاء، وهُمَا مَرفُوعَتَيّ الكِلفَة:

Ich danke **dir** für **deine** Hilfe.	أشكُرك على مُساعدَتِك
Ich habe eine Bitte an **dich**.	لديَّ رَجَاءٌ أوجِّهُهُ إلَيك
Seht **ihr**!	انظروا!

✓ **2**- أمَّا صِيغَةُ المخَاطَبَةِ الرَّسمِيَّة (أُسلُوبُ المُخَاطبَة الغَيرِ مَرفُوعِ الكِلفَة) فَهِيَ لِلضَمِيرِ (حَضرَتُك، حَضَرَاتُكُم Sie)، وَهَذَا أُسلُوبُ المُخَاطَبَة بِالخِطَابَاتِ الرَّسمِيَّة وَالمُستَعمَلَة فِي الدَّوائِرِ الحُكُومِيَّة. وَتُكتَبُ دَائِماً بِحُرُوفٍ كَبِيرَة، وَتُستخدَمُ إِذَا كَانَ المُخَاطَبُ مُفرَدَاً أَو جَمعاً:

Ich danke **Ihnen** für **Ihre** Hilfe.	أَشكُرُ حَضرَتَك عَلى المُساعَدَة
Ahmad! Kommen **Sie** bitte mit!	تَعالَ مَعِي مِن فَضلِكَ يَا سَيِّد أَحمَد!

✓ **3**- يَنُوبُ الضَّمِيرُ الشَّخصِيّ عَن **إِسم:**

Ihre Tochter geht täglich zur Schule, **<u>sie</u>** ist fleißig.
تذهبُ ابنتُهُم كُلَّ يومٍ إلى المَدرسة، إِنَّهَا نَشِيطَة.

✓ **4**- يَنُوبُ الضَّمِيرُ الشَّخصِيُّ عَن **صِفَة:**

Ist das Auto **<u>neu</u>**? Ja, das ist **<u>es</u>**.	هَل هَذِهِ السَّيَّارةُ جديدَة؟ نَعم هِي كَذلِك.

✓ **5**- يَجُوزُ التَّبدِيلُ بَينَ الفَاعِلِ وَالضَّمِيرِ الشَّخصِي، بِشَرط أَن يَبقَ الفَاعِلُ فِي المرتَبَةِ الثَّانِيَة وَإِلَّا لَأَخَذَتِ الجُملَةُ مَنحاً آخَر، وَيَتِمُّ هَذَا التَّبدِيلُ كِالتَّالِي:

<u>Ich</u> **<u>habe</u>** **<u>das</u>** nicht gesagt. — لَم أَقُل هَذَا.
1 2 3
↓
<u>Das</u> **<u>habe</u>** **<u>ich</u>** nicht gesagt. — لَم أَقُل هَذَا.
3 2 1

يُمكِنُ رَبطُ الضَّميرِ الشَّخصِيّ مَعَ الضَّميرين selbst, selber لِتَقوِيَةِ المعنى:

Er ist nicht mehr **er selbst**.	لَم يَعُد كَمَا هُو نَفسُه (تَغَيَّر)
Sehen **Sie selbst**!	انظُر بِنَفسِك!
Das müssen **Sie selbst** entscheiden. يَجِبُ عَلى حَضرَتِكَ / حَضرَتِكُم اِتّخاذُ القَرار.	

12.1.1 أمثِلَة عَلى الضَّمائِرِ الشَّخصِيَّةِ فِي حَالَةِ (الرَّفع .Nom):

Sie hat eine Stimme gehört.	سَمِعَتْ صَوتاً
Sie lieh mir ein Buch.	أَعَارَتنِي كِتَاباً
Er sucht seinesgleichen.	يَبحَثُ عنّ مُنَافِسٍ جَدِير
Du solltest abreisen.	وَجَبَ عَلَيكَ الانطِلَاقُ في رِحلَتِك
Das sehe **ich** als entscheidend an.	أَرَى هَذَا حَاسِماً
Ihr solltet in Ruhe überlegen.	وَجَبَ عليكُمُ التَّفكِير مَليّاً
Das sollte **er** allein machen.	وَجبَ عَلَيهِ فِعلُهُ لِوَحدِه
Sie haben mich angerufen.	اتَّصلتَ حَضرَتُكَ/ حَضرَتُكُم بِي
Das musste **er** gar nicht.	تَوَجَّبَ عليهِ ألا يَفعلَ هَذا أبداً
Ich hoffe das, **er** ist nämlich mein Bruder.	آمُلُ ذَلِك، إِنَّهُ أَخِي
Die Gäste (**sie**) sind angekommen.	وَصَلَ الضُّيُوف
Man soll sein Baby nie schütteln.	لَا تُضَعضِع طِفلَكَ أَبَداً!
Sprechen **Sie** Arabisch?	هَل تَتَكَلَّمُ حَضرَتُكَ العَرَبِيَّة؟
Er schlug zwei Fliegen mit einer Klappe. ضَرَبَ عُصفُورَين بِحَجَرٍ وَاحِدَة.	
Verkaufen **Sie** auch Briefmarken? هَل تَبِيعُونَ طَوَابِعاً بَرِيدِيَّةٍ أيضاً؟	
Sie haben Muskeln, aber kein Gehirn. هُم أقوِيَاءٌ وَلَكِنَّهُم بِدُونِ دِمَاغ.	
Wir sind mit hoher Geschwindigkeit gefahren. سَافَرنَا بِسُرعَةٍ كَبِيرَة.	

12.1.2 أَمثِلَة عَلى الضَّمَائِرِ الشَّخصِيَّةِ فِي حَالَةِ (المنصُوب .Akk):

Sie brachte **ihn** zum Sprechen.	دَفَعَتهُ إِلى أَن يَتَكَلَّم
Wie viel setzt du auf **mich**?	كَم سَتَضَعُ بِالحُسبَانِ عَلَيّ؟
Sie nannte **ihren Mann** den König.	كَنَّتْ زَوجَهَا بِالمَلِك
Ihn muss der Teufel geritten haben.	يَبدُو أَنَّ الشَّيطَانَ قد تَلَبَّسَه

12.1.3 أَمثِلَة عَلى الضَّمَائِرِ الشَّخصِيَّةِ فِي حَالَةِ (المجرُور .Dat):

Er schenkte **mir** eine Taschenuhr.	أَهدَانِي سَاعَةَ جَيب
Ich habe **ihr** ein Buch gegeben.	أَعطَيتُهَا كِتَاباً
Mit **ihr** ist nicht gut Kirschen essen.	لَا حَيَاةَ مَعَهَا بِهَنَاء
Mit **ihm** ist nicht zu spaßen.	لَا مَزاحَ مَعَه
Ihnen wurde schweres Unrecht zugefügt.	أَصَابَتهُم مُصِيبَة
Ich will **dir** mal einen kleinen Tipp geben. سَأُعطِيكَ نَصِيحَة.	

- أَمَّا ضَمَائِرُ المضَافِ إِلَيه .Gen فَلَا تُستَخدَم. وَيُستَبدَلُ ضَمِيرُ المضَافِ إِلَيه (.Gen):

1- بَضَمِيرِ المجرُور .Dat:

- Mein Sohn war krank, und wegen **[seiner]** kam ich nicht.
- كَانَ اِبنِي مَرِيضاً ولَم آتِ بِسَبَبِهِ.

↓

- Mein Sohn war krank, und wegen **[ihm]** kam ich nicht.
- كَانَ اِبنِي مَرِيضاً وَلَم آتِ بِسَبَبِهِ.

2- بِحَرفِ جَرٍّ وَبَعدَهُ ضَمِير:

- Erinnerst du dich **des berühmten Dichters**?
- Ja, ich erinnere mich **[seiner]**.
- هَل تَتَذَكَّرُ الشَّاعِرَ المَشهُور؟ نَعَم أَتَذَكَّرُهُ.

↓

- Erinnerst du dich **des berühmten Dichters**?
- Ja, ich erinnere mich **[an ihn]**.
- هَل تَتَذَكَّرُ الشَّاعِرَ المَشهُور؟ نَعَم أَتَذَكَّرُهُ.

12.2.0 Das unbestimmte Pronomen (es) الضَّمير (es)

يَختَلِفُ هَذَا الضَّمِيرُ عن بَاقِي الضَّمَائِرِ السَّابِقَةِ مِن نَاحِيَةِ الاستِعمَال.

فَلِجَانِبِ استِعمَالِهِ كَضَمِيرٍ شَخصِيٍّ، فَهُوَ يَنُوبُ عنّ اسمٍ مُحَايِد، وَلَهُ استِخدَامَاتٌ كَثِيرَة:

مِثَال	الاِستِخدَام
- **Es (das Kind)** ist anständig. إنَّهُ مُؤَدَّب (الوَلَد).	ضَمِيرٌ فِي حَالَةِ الرَّفع
- **Es** ist unvermeidbar. لا يُمكِنُ تَجَنُّبُهَا (مشكلة مثلاً) - **Es** ärgert mich, dass… إنَّهُ لَيُغضِبُنِي أَنَّ... - **Es** ist mir egal. سِيَّانَ عِندِي (لَا فَرقَ عِندِي) - **Es** bewölkt sich. الغُيُومُ تَتَكَاثَفُ فِي السَّمَاء	ضَمِيرٌ لِاسمٍ غَير مُحَدَّدٍ في حَالَةِ الرَّفع
- Ich kenne **es (das Mädchen)**. أَعرِفُهَا (الفَتَاة) - Ich sah **es (das Auto)**. رَأَيتُهَا (السَّيَّارَة)	ضَمِيرٌ في حَالَةِ النَّصب
- Ich hasse **es**, dass… أَكرَهُ أَنّ... - Ich mag **es**, dass… أُحِبُّ أَنّ...	ضَمِيرٌ لاسمٍ غَير مُحَدَّدٍ في حَالَةِ النَّصب
- **Es** <u>sind</u> vier Studenten. انَّهُم أربَعَةُ طُلَّاب.	فَاعِل يَدُلُّ على الجَّمع مَعَ الفِعلِ **sein**
- **Es** <u>wurden</u> keine Schritte unternommen. لَمْ يُتَّخَذْ أيُّ إجرَاءٍ (خُطُوَات). - **Es (das Bankkonto)** <u>ist</u> doch aufgelöst. إنَّهُ مُلغَى (الحِسَابُ البَنكِيّ).	نَائِبُ فَاعِل عَنِ الجَّمع أو المفرد مع الفِعلَين: **sein, weden** في حالة **المجهول**
- Ist ihr Kind hübsch? Ja, **es** ist **es**. هَلِ طِفلَهَا جَمِيلٌ؟ نَعَم هُوَ كَذَلِك.	ضَمِيرٌ يَنُوبُ عن صِفَة

- مُلَاحَظَة: يَختَلِطُ الأَمرُ أَحيَانَاً فِيمَا إِذَا كَانَ الضَمِيرُ "es" عَائِدَاً عَلَى الجَّمعِ أَوِ الاِفرَاد، وَيُمكِنُ مَعرِفَةُ المقصُودِ مِن تَصرِيفِ الفِعل، فَإِذَا كَانَ مُصَرَّفَاً فِي حَالَةِ الجَّمعِ نَابَ الضَّمِيرُ "es"عَن اِسمٍ جَمع، وَإِذَا صُرِّفَ الفِعلُ فِي حَالَةِ الاِفرَادِ نَابَ الضَّمِيرُ "es" عَن اِسمٍ مُفرَد.

12.3.0 Das Reflexivpronomen الضَّمَائِرُ المُنعَكِسَة

وَظِيفَةُ الضَّميرِ المنعكِسِ هِيَ عَكسُ الفِعلِ على الفَاعِل، أَي أَنَّ الفَاعِلَ قَامَ بِالفِعلِ بِنَفسِهِ لِيَتِمَّ الفِعلُ عَلَيه، وَهُنَاكَ حَالَاتٌ أُخرَى سَتَتَعَرَّفُ عَلَيهَا.

- لِكُلِّ ضَمِيرٍ شَخصِيٍّ ضَمِيرٌ مُنعَكِسٌ خَاصٌّ بِه، نُمَيِّزُ هَذِهِ الضَّمَائِرَ فِي الجَدوَلِ التَّالِي:

Nom. مَرفُوع	Akk. مَنصُوب	Dat. مَجرُور	Gen. مُضَاف
ich أَنَا	mich	mir	-
du أنت	dich	dir	-
er, es, sie هُو، هُو، هِيَ	sich	sich	-
ihr أَنتُم	euch	euch	-
wir نَحن	uns	uns	-
sie هُمّ	sich	sich	-
Sie حَضرَتُك، حَضرَتُكُم	sich	sich	-

➢ مُلَاحظَة 1: يَأتِي الضَّمِيرُ المُنعَكِسُ فِي حَالَةِ الـ .Akk لِيُعَبِّرَ عَنِ الشَّيءِ كُلِّهِ، وَإِذَا جَاءَ فِي حَالَةِ الـ .Dat يُعَبِّرُ عَن جُزءٍ مِن كُلّ، وَنُمَيِّزُ فِي الجَدوَلِ التَّالِي:

Akkusativ مَنصُوب	Dativ مَجرُور
ich wasche **mich** أَغتَسِلُ (أَنَا)	ich wasche **mir das Gesicht** أَغسِلُ وَجهِي
du wäschst **dich** تَغتَسِلُ (أَنتَ)	du wäschst **dir das Gesicht** تَغسِلُ وَجهَكَ
er wäscht **sich** يَغتَسِلُ (هُوَ)	er wäscht **sich das Gesicht** يَغسِلُ وَجهَهُ
sie wäscht **sich** تَغتَسِلُ (هِيَ)	sie wäscht **sich das Gesicht** تَغسِلُ وَجْهَهَا
es wäscht **sich** يَغتَسِلُ (هُوَ، هِيَ لِلمُحَايِد)	es wäscht **sich das Gesicht** يَغْسِلُ وَجهَهُ (هُوَ، هِيَ لِلمُحَايِد)

ihr wascht **euch** تَغتَسِلُونَ (أَنتُم)	ihr wascht **euch das Gesicht** تَغسِلُونَ وُجُوهَكُم
wir waschen **uns** نَغتَسِلُ (نَحنُ)	wir waschen **uns das Gesicht** نَغسِلُ وُجُوهَنَا
sie waschen **sich** يَغتَسِلُونْ (هُمّ)	sie waschen **sich das Gesicht** يَغسِلُونَ وُجُوهَهُمْ
Sie waschen **sich** تَغتَسِلُ حَضرَتُك/ حَضرَاتُكُم	Sie waschen **sich das Gesicht** تَغسِلُ وَجهَ حَضرَتِك/ وُجُوهَ حَضرَاتِكُم

➢ مُلَاحَظَة 2: هُنَاكَ أَفعَالٌ يُمكِنُ أَنّ تَأتِي مُنعَكِسَةً وَغَيرَ مُنعَكِسَة، فَإِذَا تَمَّ استِبدَالُ الضَّمِيرِ المُنعَكِسِ فِي حَالَةِ الـ .Akk أو الـ .Dat بِضَمِيرٍ آخَرَ لَا يَعُودُ عَلَى الفَاعِلِ فَإِنَّ الاِنعِكَاسَ يَسقُطُ مِنَ الجُملَة، وَتَبقَى الجُملَةُ ذَاتُ مَعنَى، وَيَكُونُ الضَّمِيرُ الجَدِيدُ ضَمِيرَاً شَخصِيَّاً وَلَيسَ مُنعَكِساً:

- **Ich** wasche **mich**.	أُغَسِّلُ نَفسِي (أَغتَسِل) **(مُنعَكِس)**
- **Ich** wasche **meinen Sohn**.	أُغَسِّلُ اِبنِي (**غَيرُ مُنعَكِس**)
- **Ich** wasche **ihn**.	أُغَسِّلُه (**غَيرُ مُنعَكِس**)

➢ مُلَاحَظَة 3: هُنَاكَ أَفعَالٌ لا تَأتِي إِلَّا مُنعَكِسَةً وَلَا يُمكِنُ تَبدِيلُ الضَّمِيرِ المُنعَكِسِ بِأَيِّ ضَمِيرٍ آخَر. وَإِذَا تَمَّ استِبدَالُ الضَّمِيرِ المُنعَكِسِ بِضَمِيرٍ آخَرَ سَقَطَ مَعنَى الفِعل، وَأَصبَحَتِ الجُملَةُ غَيرَ صَحِيحَةٍ دَلَالِيَّاً وَقَوَاعِدِيَّاً:

- **Ich** bedanke **mich bei Ihnen**.	أَنَا مُمتَنّ لِحَضرَتِك
- **Ich** habe **mich** erkältet.	لَقَد أُصِبتُ بِالزُّكَام

- وَلَو استَبدَلنَا فِي الجُمَلِ السَّابِقَةِ الضَّمِيرَين المنعَكِسَين بِأَيِّ ضَمِيرِين آخَرَين لَسَقَطَ مَعنَى الفِعلِ، وَأَصبَحَتِ الجُملَةُ غَيرَ مُفِيدَة.

➢ مُلَاحَظَة 4: يُمكِنُ أَن يَتبَعَ الفِعلَ المنعَكِسَ اسمٌ وَحَرفُ جَرّ:

- **Die Mutter** machte **sich <u>Gedanken</u> <u>über</u>** ihren Sohn. قَلِقَتِ الأُمُّ عَلَى اِبنِهَا.

نَجِدُ أَنَّ التَّرْكِيب **"sich Gedanken über jemanden machen"** بِمَثَابَةِ قِطعَةٍ وَاحِدَة، وَأَيُّ جُزءٍ يُحذَفُ مِنهَا سَيَسقُطُ مَعنى الجُملَة.

- مُلَاحَظَة 5: تُعَرَّفُ الصِّيغَةُ القِيَاسِيَّةُ لِلأَفعَالِ المُنعَكِسَةِ مَعَ الضَّمِيرِ المُنعَكِسِ **sich**.
  مَثَلَاً: فَرِحَ sich freuen، قَلِقَ sich sorgen.

- مُلَاحَظَة 6: لَا يُترجَمُ الفِعلُ المُنعَكِسُ إِلَى العَرَبِيَّةِ حَرفِيَّاً ، فَمَثلاً:

Ich freue **mich** auf seinen Erfolg.	افرَحُ لِنَجَاحِه

وَلَو تَرجَمنَا الجُملَةَ حَرفِيَّاً لَكَانَتِ التَّرجَمَة: " أفرِحُ نَفسِي لِنَجَاحِه ". وَهَذَا خَطَأ.
وَالتَّرجَمَةُ الصَّحِيحَةُ تَكُون: " أَفرَحُ لِنَجَاحِه "

- مُلَاحَظَة 7: يَبدَأُ الضَّمِيرُ المنعَكِسُ **sich** الخَاصُّ بِالضَّمِيرِ الشَّخصِيِّ **Sie** بِحَرفٍ صَغِيرٍ، عَلَى الرُّغمِ مِن أَنَّ الضَّمِيرَ الشَّخصِي **Sie** يَبدَأُ دَائِماً بِحَرفٍ كَبِير.

- مُلَاحَظَة 8: يُمكِنُ أَن يَأتِي الضَّمِيرُ المنعَكِسُ بَعدَ حَرفِ الجَرِّ:

Er hat die Bettdecke **an sich** gezogen.	شَدَّ اللّحَافَ إِلَى نَفسِه
Er nahm den Anzug **an sich**.	حَازَ عَلى تِلكَ البَدلَة
Er redet **mit sich**.	يَتَكَلَّمُ مَع نَفسِه

- مُلَاحَظَة 9: يُوضَعُ أَحيَانَاً الضَّمِيرَان selbst, selber بَعدَ الضَّمِيرِ المنعَكِسِ لِتَقوِيَةِ المعنَى:

Er verlässt sich auf **sich selbst**.	يَعتَمِدُ عَلى نَفسِه
Er kaufte den Anzug für **sich selbst**.	اِشتَرَى البَدلَةَ لِنَفسِه
Er redet mit **sich selbst**.	يَتَكَلَّمُ مَعَ نَفسِه
Er ist mit **sich selbst** beschäftigt.	مَشغُولٌ بِنَفسِه
Er hat die Bettdecke zu **sich selbst** gezogen. شَدَّ اللّحَافَ إِلَى نَفسِه.	

➢ مُلَاحَظَة 10: يُمكِنُ استِبدَالُ الضَّمِيرِ المنعَكِسِ "sich" وَالدَّالِّ عَلَى الجمع بِالتَّركِيبِ "einander" عَلى النَّحوِ التَّالِي:

Akk.	- Die Freunde begrüßten **sich**. حيّا الأصدقاءُ **بعضَهم**. ↓ - Die Freunde begrüßten **einander**. حيّا الأصدقاءُ **بعضَهم**.
	- Wir begrüßten **uns**. حَيَّينا **بَعضَنَا**. ↓ - Wir begrüßten **einander**. حَيَّينا **بَعضَنَا**.
Dat.	- Die Freunde vertrauen **sich**. يَثِقُ الأصدِقَاءُ **بِبَعضِهِم**. ↓ - Die Freunde vertrauen **einander**. يَثِقُ الأَصدِقَاءُ **بِبَعضِهِم**.
	- Wir vertrauen **uns**. نَثِقُ **بِبَعضِنَا**. ↓ - Wir vertrauen **einander**. نَثِقُ **بِبَعضِنَا**.

➢ مُلَاحَظَة 11: يُمكِنُ ربَطُ الضَّمِيرِ المنعَكِسِ sich بِالتَّركِيب gegenseitig لِلتَعبِيرِ عَن عَلَاقَةٍ مُتَبَادَلَة، وَلَا يُستَغنَ فِي الجُملَةِ عَنِ الضَّمِيرِ المنعَكِس "sich":

- Die Schüler beeinflussten **sich gegenseitig**. تَفاعلَ الطّلابُ مَعَ بَعضِهِمُ البَعض.
- Die Kinder zogen **sich gegenseitig** an den Haaren. شَادَدَ الأَطفَالُ شَعرَ بَعضِهِمُ البَعضْ (تَعارَكُوا).

- وَلَكِن، مَيِّزْ بَينَ الجُمَلِ الثَّلَاثِ التَّالِيَة!:

sich	- Die Schüler zogen **sich** an den Haaren. شَادَدَ الأَطفَالُ شَعرَ بَعضِهِم (تَعارَكُوا).
sich gegenseitig	- Die Schüler zogen **sich gegenseitig** an den Haaren. شَادَدَ الأَطفَالُ شَعرَ بَعضِهِمُ البَعض (تَعارَكُوا).
einander	- Die Schüler zogen **einander** an den Haaren. شَادَدَ الأَطفَالُ شَعرَ بَعضِهِم (تَعارَكُوا).

- لَا يُوجَدُ فَرقٌ بِالمعنَى بَينَ الجُمَلِ الثَّلَاثَةِ السَّابِقَة إِلَّا أَنَّ صِيغَةَ التَّعبِيرِ مُختَلِفَة.

➢ مُلَاحَظَة 12: يُمكِنُ أَن يَأتِي التَّعبِيرُ **einander** مُرتَبِطَاً مَع حُرُوفِ جَرّ:

الحَرف	مِثَال
neben-	- Die Gäste sitzen **nebeneinander**. يَجلسُ الضُّيوفُ بجانِبِ بعضِهِمُ البَعض.
an-	- Er klebt die Papiere **aneinander**. يَلصِقُ الأوراقَ بِبعضِها.
durch-	- Er ist **durch**einander. إِنهُ مخبوطٌ بِبعضِه (مُنزَعِج، غاضِب).

Wer Menschheit sagt, will betrügen. [Carl Schmitt]

[Der Begriff des Politischen]

مَن يُنَادِي بِالإِنسَانِيَّةَ، فَإِنَّهُ سَوفَ يَحتَال. [خِطَابُ رِجَالِ السِّيَاسَة]

Die größte Ehre, die einem die Geschichte verleihen kann, ist der Titel des Friedensstifters. [Richard Nixon]

المَجدُ العَظِيمُ الَّذِي يُمكِنُ لِلتَارِيخِ أَن يَمنَحَه، هُوَ لَقَبُ صَانِعِ السَّلَام.

12.4.0 Das Possessivpronomen ضَمائِرُ المُلكِيَّة

تَدُلُّ هَذِهِ الضَّمَائِرُ عَلى تَبَعِيَّةٍ مُلكِيَّة، وَقَد تَأتِي مُعرَبَةً مَعَ الاِسمِ وَقَد تَنُوبُ عَنه.

الضَّمِيرُ الشَّخصِي	ضَمِيرُ المُلكِيَّة	Beispiel مِثَال
ich **أنا**	**mein** **لي**	- **Meine** Abschlussarbeit war erfolgreich. - كَانَ مَشرُوعُ تَخَرُّجِي نَاجِحَاً.
du **أنت**	**dein** **لك**	- **Deine** Abschlussarbeit war erfolgreich. - كَانَ مَشرُوعُ تَخَرُّجِكَ نَاجِحَاً.
er **هو**	**sein** **له**	- **Seine** Abschlussarbeit war erfolgreich. - كَانَ مَشرُوعُ **تَخَرُّجِه** نَاجِحَاً.
es **هي، هو**	**sein** **لها، له**	- **Seine** Abschlussarbeit war erfolgreich. - كَانَ مَشرُوعُ **تَخَرُّجِهِ / تَخَرُّجِهَا** نَاجِحَاً.
sie **هي**	**ihr** **لها**	- **Ihre** Abschlussarbeit war erfolgreich. - كَانَ مَشرُوعُ **تَخَرُّجِهَا** نَاجِحَاً.
ihr **أنتم**	**euer** **لكم**	- **Eure** Abschlussarbeit war erfolgreich. - كَانَ مَشرُوعُ **تَخَرُّجِكُم** نَاجِحَاً.
wir **نحن**	**unser** **لنا**	- **Unsere** Abschlussarbeit war erfolgreich. - كَانَ مَشرُوعُ **تَخَرُّجِنَا** نَاجِحَاً.
sie **هم**	**ihr** **لهم**	- **Ihre** Abschlussarbeit war erfolgreich. - كَانَ مَشرُوعُ **تَخَرُّجِهِم** نَاجِحَاً.
Sie **حضرتك**	**Ihr** **لحضرتك**	- **Ihre** Abschlussarbeit war erfolgreich. - كَانَ مَشرُوعُ تَخَرُّجِ **حَضرَتِكَ / حَضرَتِكُم** نَاجِحَاً.

➢ مُلَاحَظَة **1**: يَشتَرِكُ الضَّمِيرانِ الشَّخصِيَّان "er ،es" بِضَمِيرِ الملكِيَّة "sein".

- Der Mann →	Das ist **sein** Buch. هَذَا **كِتابُه**
- Das Mädchen →	Das ist **sein** Buch. هَذَا **كِتابُهَا**

➢ مُلَاحَظَة 2: وَجَبَ التَّفرِيقُ بَينَ ضَمِيرِ المُلكِيَّةِ الخَاصِّ بِالجَمعِ (لَهُمْ ihr)، وَضَمِيرِ المُلكِيَّةِ الخَاصِّ بِالمُفرَدِ المُؤَنَّثِ الغَائِب (لَهَا ihr)، وَالضَّمِيرِ الشَّخصِيّ (أَنتُمْ ihr):

تَأكُلُون Ihr esst.	⇨ ihr (ضَمِيرٌ شَخصِيّ) -
يَأكُلُ أَخُوهَا Ihr Bruder isst.	⇨ ihr (ضَمِيرُ مُلكِيَّة لِلمُفرَدِ المُؤَنَّثِ الغَائِب) -
يَأكُلُ أَخُوهُم Ihr Bruder isst.	⇨ ihr (ضَمِيرُ مُلكِيَّة خَاصٌّ بِالجَمع) -

- وَلَا يُمكِنُ التَّمييزُ بَينَ هَذِهِ التَّشَابُهَاتِ إِلَّا مِن سِيَاقِ المعنَى:

- **Ihr** sollt in die Schule gehen.	يَنبَغِي **عليكُمْ** الذَّهَابُ إِلَى المَدرسَة
- Das ist **ihr** Federmäppchen.	هَذِهِ **مقلَمَتُهُم** / **مقلَمَتُهَا**

- لَاحِظ: الضَّمير "ihr" فِي مَحَلِّ فَاعِلٍ، وَلَكِن تُرجِمَ لِلعَرَبِيَّةِ كَجَارٍّ وَمَجرُور (**عَلَيْكُمْ**).

- أَمَّا ضَمِيرُ الملكِيَّةِ "Ihr" الخَاصّ بَضَمِيرِ المخَاطَبَةِ "حَضرَتُك Sie" فَيُمكِنُ تَمِييزُهُ كَونَهُ لَا يَبدَأُ إِلَّا بِحَرفٍ كَبِيرٍ فِي الجُملَة.

- رُبَّمَا يَرِدُ الِاسمُ دُونَ ضَمِيرِ مُلكِيَّةٍ بِالأَلمَانِيَّة، وَيُتَرجَمُ لِلعَرَبِيَّةِ كَأَنَّهُ مُرتَبِطٌ بِضَمِيرِ مُلكِيَّة:

- Ich habe mich **am Finger** verletzt. جَرَحتُ **إِصبَعِي**.

- تُعرَبُ ضَمَائِرُ الملكِيَّةِ إِذَا رَافَقَتِ الِاسمَ حَسَبَ أَدَاةِ التَّنكِير:

يَتِمُّ اعرَابُ ضَمَائِرِ الملكِيَّةِ إِذَا رَافَقَتِ الِاسمَ حَسَبَ أَدَاةِ التَّنكِيرِ (ein, eine...) الخَاصَّةِ بِالِاسم، أَي تَأخُذُ نِهَايَةَ أَدَاةِ التَّنكِير، أَمَّا إِذَا كَانَ الِاسمُ جَمعاً فَيَأخُذُ ضَمِيرُ الملكِيَّةِ نِهَايَةَ أَدَاةِ التَّعرِيفِ حَسَبَ الجَّدوَلِ التَّالِي، وَسَنَرمُزُ لِضَمِيرِ الملكِيَّةِ بِالإِشَارَة (–)، كالتالي:

	M. مُذَكَّر	N. مُحَايِد	F. مُؤَنَّث	Pl. جَمع
Nom. رَفع	-	-	-e	-e
Akk. نَصب	-en	-	-e	-e
Dat. جَرّ	-em	-em	-er	-en (-n)
Gen. إِضَافَة	-es	-es	-er	-er

- أَمثِلَة عَلى ضَمِيرِ الملكيَّة كَمُرافِقٍ لِلإسم فِي حَالِ الرَّفع (مَعَ الضَّمِيرِ mein مَثَلاً):

مُذَكَّر مُفرَد	- **Mein Freund** ist Mathematiker. - صَدِيقِي رِيَاضِيّ (مُعلّمُ رِياضِيَّات).
مُحَايِد مُفرَد	- **Mein Buch** ist recht gut. - كِتابِي جَيدٌ جِدّاً.
مُؤَنَّث مُفرَد	- **Meine Freundin** ist anständig. - صَدِيقَتِي مُهَذَّبَة.
الجَمع Pl.	- **Meine Freunde** sind Journalisten. - أَصدِقَائِي صُحُفِيُّون.

- أَمثِلَةٌ عَلى ضَمِيرِ الملكيَّة كَمُرافِقٍ لِلإسم فِي حَالِ النَّصب (مَعَ الضَّمِيرِ mein مَثَلاً):

مُذَكَّر مُفرَد	- Ich traf **meinen Freund**. - قَابلتُ صَدِيقِي.
مُحَايِد مُفرَد	- Ich lese **mein Buch**. - اقرَأُ كِتابِي.
مُؤَنَّث مُفرَد	- Ich rief **meine Mutter** an. - اِتَّصَلتُ بِوَالِدَتِي هَاتِفِيّاً.
الجَمع Pl.	- Ich traf **meine Freunde**. - قَابَلتُ أَصدِقَائِي.

- أَمثِلَة عَلى ضَمِيرِ الملكيَّة كَمُرافِقٍ لِلإسم فِي حَالِ المجرُور (مَعَ الضَّمِيرِ mein مَثَلاً):

مُذَكَّر مُفرَد	- Er verlieh **meinem Freund** eine Medaille. - مَنَحَ صَدِيقِي مِيدَالِيَّة.
مُحَايِد مُفرَد	- Ich kaufte **meinem Kind** ein Spielzeug. - اشتَرَيتُ لِوَلَدِي لُعبَة.
مُؤَنَّث مُفرَد	- Ich verpacke **meiner Tochter** ein Geschenk. - أُغَلِّفُ هَدِيَّةً لِابنَتِي.
الجَمع Pl.	- Ich kaufte **meinen Freunden** Geschenke. - اشتَرَيتُ لِأَصدِقَائِي هَدَايَا.

- أمثِلَة عَلى ضَمِيرِ الملكِيَّة كَمُرَافِقٍ لِلإسم فِي حَالِ المُضَاف (مَعَ الضَّمِيرِ mein مَثَلاً):

مُذَكَّر مُفرَد	- Das ist das Auto **meines Bruders**. - هَذِهِ سَيَّارَةُ أَخِي.
مُحَايِد مُفرَد	- Die sind die Spielzeuge **meines Kindes**. - هَذِهِ أَلعابُ طِفلِي.
مُؤَنَّث مُفرَد	- Das ist die Brille **meiner Kollegin**. - هَذِهِ نَظَّارَةُ زَمِيلَتِي.
الجَمع Pl.	- Die sind die Computer **meiner Freunde**. - هَذِهِ حَوَاسِيبُ أَصدِقَائِي.

- تُعرَبُ ضَمَائِرُ الملكِيَّةِ إِذَا نَابَت عَنِ الاِسمِ حَسَبَ أَدَاةِ التَّعرِيف:

أَي يَأخُذُ ضَمِيرُ الملكِيَّةِ نِهَايَةَ أَدَاةِ التَّعرِيف (der, die, das, dem….)، وَذَلِكَ حَسَبَ الجَدوَلِ التَّالِي: وَسَنَرمُزُ لِضَمِيرِ الملكِيَّةِ بِالإِشَارَة (–)

	M. مُذَكَّر	N. مُحايِد	F. مُؤَنَّث	Pl. جَمع
Nom. رَفع	-er	-es	-e	-e
Akk. نَصب	-en	-es	-e	-e
Dat. مَجرُور	-em	-em	-er	-en
Gen. مُضَاف	-es	-es	-er	-er

- أَمثِلَةٌ عَلَى ضَمِيرِ الملكِيَّةِ كَنَائِبٍ عَنِ الاِسمِ فِي حَالِ الرَّفعِ (مَعَ الضَّمِيرِ mein مَثَلاً):

مُذَكَّرٌ مُفرد	- Ist der dein Computer? Ja, der ist **meiner**. - هَل هَذا حَاسُوبك؟ نَعم إنَّه لِي.
مُحايدٌ مُفرد	- Ist das dein Buch? Ja, das ist **meines**. - هَل هَذا كِتَابُكَ؟ نَعَم إِنَّه لِي.
مُؤنثٌ مُفرد	- Ist die deine Tasche? Ja, die ist **meine**. - هَل هَذِهِ حَقِيبَتُك؟ نَعم إِنَّهَا لِي.
جَمع Pl.	- Sind die deine Stifte? Ja, die sind **meine**. - هَل هَذِهِ أقلَامُك؟ نَعم إنها لِي.

- أَمثِلَةٌ عَلَى ضَمِيرِ الملكيَّةِ كَنَائِبٍ عَنِ الِاسمِ فِي حَالِ النَّصبِ وَالجَـرِّ وَالإِضَافَة:

مُذكرٌ مُفرد	Rasierst du deinen Bart? Ja, ich rasiere **meinen.** - هَل تَحلِقُ لِحيَتَك؟ نَعم أَحلِقُهَا.
مُحايد مُفرد	Kauftest du deinem Kind ein Geschenk? Ja, ich kaufte **meinem** eins (ein Geschenk). - هَل اشتَرَيتَ لِولِدكَ هَدِيَّة؟ نَعم لَقَد اشتَرَيتُ لَهُ وَاحِدَةً.
مُؤنث مُفرد	Wäschst du das Auto deines Bruders? Ja, ich wasche ***sein Auto***. - هَلّ تُنَظّفُ سَيَّارَةَ أَخِيك؟ نَعم أُنَظّفُهَا.

- يُستَخدَمُ المُضَافِ إِلَيهِ لِلتَعبِيرِ عَنِ التَّمَلُّك:

Das ist **Osmans** Auto.	هَذِهِ سَيَّارَةُ عُثمَان

- وَكَذَلِكَ المجرُورُ مَعَ حَرفِ الجرّ "von":

Das ist das Auto **von Osman**.	هَذِهِ سَيَّارَةُ عُثمَان

- يُمكِنُ اشتِقَاقُ ضَمائِرٍ أُخرَى بِإِضَافَةِ gleichen- مَع المَقطَع es- لِضَمائِرِ الملكِيَّة:

mein	لِي	+es	-gleichen	mein**esgleichen**	أَمثَالِي
dein	لَك			dein**esgleichen**	أَمثَالُك
sein	لَهُ			sein**esgleichen**	أَمثَالُه

- أَمَّا بَقِيَّةُ الضَّمائِر:

ihresgleichen أَمثَالُها، أَمثَالُهُم	euresgleichen أَمثَالُكُم	unseresgleichen أَمثَالُنا	Ihresgleichen أَمثَالُ حَضرَتِكُم

مُلَاحَظَة: يُحذَفُ الحَرفُ "e" مِن ضَمِيرِ الملكِيَّةِ "euer" عِندَ إِعرَابِه:

Eure Noten sind peinlich.	عَلَامَاتُكُم مُخزِيَة
Ich lernte **euren** Freund Ahmad kennen.	تَعَرَّفتُ عَلَى صَدِيقِكُم أَحمَد
Herzlichen Glückwunsch zu **eurer** Hochzeit! تَهَانِينَا القَلبِيَّة بِمُنَاسَبَةِ زَوَاجِكُم!	

12.5.0 Das Demonstrativpronomen أسماءُ الإشَارَة

يَدُلُّ اِسمُ الإشَارَةِ عَلَى شَيءٍ مَلمُوسٍ أَو غَيرِ مَلمُوس، وَتَأتِي أَسماءُ الإشَارَةِ جَمِيعُهَا مُرَافِقَةً لِلاِسمِ أَو نَائِبَةً عَنه، وَتُعتَبَرُ أَدَوَاتاً مُعرَبَةً:

der	dies-	derselbe-	derjenige-	jene-	solch-
هَذَا	**هَذَا**	**هَذَا نَفسُه**	**هَذَا الَّذِي**	**ذَلِك**	**كَهَذَا**

- استِخدَامُ أَسمَاءِ الإشَارَة: تُستَخدَمُ أَسمَاءُ الإشَارَةِ كَالتَّالِي:

⇦ 1- الإشَارَةُ إِلَى أَشخَاصٍ حَاضِرِينَ أَو غَائِبِين:

Ich sah **den** Mann einmal, aber ich erkannte ihn nicht.	رَأيتُ **هَذا** الرّجلَ ذَاتَ يوم، وَلَكِن لَم أتعرَّف عَليه.
Derselbe, der das Fenster zumachte, machte auch die Tür zu.	**نَفسُ** الشَّخصِ الَّذِي أَغلَقَ النَّافِذَة أَغلَقَ البَاب.
Der Mann kommt aus Syrien.	يَنحَدِرُ **هَذَا** الشَّخصُ مِن سُورِيا

⇦ 2- لِلدَلَالَةِ عَلَى قَولٍ أَو شَيءٍ غَيرِ مَحسُوسٍ وَغَيرِ مَلمُوس:

Dasselbe habe ich doch gesagt.	كُنتُ قَد قُلتُ **نَفسَ** هَذا الكَلَام
Er hängt **solchen** Gedanken nach.	يَتعلّقُ **بِهكَذَا** أفكَار
Die Sache ist keine Träne wert.	لا يَستَحِقُّ **هَذا** الأَمرُ هَذِهِ الأَهَمِّيَّة.
Dieses Verhalten geht mir auf die Nerven.	يُزعِجُنِي **هَذَا** السُّلُوك.

⇦ 3- لِلدَلَالَةِ عَلَى شَيءٍ مَحسُوس أَو مَلمُوس:

Dieses Buch gefällt mir, aber **jenes** nicht.	يُعجِبُنِي **هَذا** الكِتَاب، أَمَّا **ذَلِك** (الكتاب الآخر) فَلَا.
Das / **dieses** Handy ist modern, aber teuer.	**هَذَا** الجَوَّالُ حَدِيثٌ وَلَكِنَّهُ غَالِي الثَّمَن.
Dieses Gerät wird zum Abschälen der Baumrinde benutzt.	يُستَخدَمُ **هذا** الجّهازُ لِإزالَةِ قُشُورِ الشَّجَر.

* إِعرَابُ أَسماءِ الإِشَارَةِ في حَالَةِ الرَّفع .Nom:

M. مُذكَّر	N. مُحايِد	F. مُؤنَّث	Pl. جَمع
dieser	dieses	diese	diese
der	das	die	die
solcher	solches	solche	solche
jener	jenes	jene	jene
derselbe	dasselbe	dieselbe	dieselben
derjenige	dasjenige	diejenige	diejenigen

* إِعرَابُ أَسماءِ الإِشَارَةِ في حَالَةِ المنصُوب .Akk:

M. مُذكَّر	N. مُحايِد	F. مُؤنَّث	Pl. جَمع
diesen	dieses	diese	diese
den	das	die	die
solchen	solches	solche	solche
jenen	jenes	jene	jene
denselben	dasselbe	dieselbe	dieselben
denjenigen	dasjenige	diejenige	diejenigen

* إِعرَابُ أَسماءِ الإِشَارَةِ في حَالَةِ المَجرُور .Dat:

M. مُذكَّر	N. مُحايِد	F. مُؤنَّث	Pl. جَمع
diesem	diesem	dieser	diesen (-n)
dem	dem	der	denen (-n)
solchem	solchem	solcher	solchen (-n)
jenem	jenem	jener	jenen (-n)
demselben	demselben	derselben	denselben (-n)
demjenigen	demjenigen	derjenigen	denjenigen (-n)

* إِعرَابُ أَسمَاءِ الإِشَارَةِ فِي حَالَةِ المُضَاف .Gen:

M. مُذكَّر	N. مُحايِد	F. مُؤنَّث	Pl. جَمع
dieses -es	dieses -es	dieser	dieser
dessen -es	dessen -es	deren	deren / derer
solches -es	solches -es	solcher	solcher
jenes -es	jenes -es	jener	jener
desselben-es	desselben-es	derselben	derselben
desjenigen-es	desjenigen-es	derjenigen	derjenigen

12.5.1 أَوَّلاً: أَسمَاءُ الإِشَارَة (der, die, das..)

تُستَخدَمُ أَدَوَاتُ التَّعرِيفِ كَأَسمَاءِ إِشَارَةٍ نَائِبَةٍ عَنِ الاِسمِ أو مُرَافِقِهِ لَه، كَالتَّالِي:

Kasus الحالة	M. مُذكَّر	N. مُحايِد	F. مُؤنَّث	Pl. جَمع
Nom. رَفع	der	das	die	die
Akk. نَصب	den	das	die	die
Dat. جَرّ	dem	dem	der	denen (-n)
Gen. إِضَافَة	dessen	dessen	deren	deren

لَاحِظِ الاِختِلَافَ بَينَ جَدوَلِ أَسمَاءِ الإِشَارَةِ وَجَدوَلِ أَدَوَاتِ التَّعرِيف!

* أَوَّلاً: أَسمَاءُ الإِشَارَة (der, die, das…) كَمُرَافِقٍ لِلاِسم:

مَرفُوع Nom.	مذكر M.	**Der** Computer ist modern. **هَذَا** الحَاسُوبُ حَدِيث.
	مؤنث F.	**Die** Tasche ist schön. **هَذِهِ** الحَقِيبَةُ جَمِيلَة.
	محايد N.	**Das** Auto ist schneller als das Alte. **هَذِهِ** السَّيَّارَةُ أَسرَعُ مِنَ السَّيَّارَةِ القَدِيمَةِ.
	جمع Pl.	**Die** Kinder sind sehr fleißig. **هَؤُلَاءِ** الأَطفَالُ نَشِيطُونَ جِدّاً.

مَنصُوب Akk.	مذكر M.	Ich traf **den** Mann im Fitnessstudio. قَابَلتُ **هَذَا** الرَّجُلَ فِي النَّادِي الرِّيَاضِيّ.
	مؤنث F.	Ich sah **die** Frau auf dem Markt. رأيتُ **هَذِهِ** السَّيدَةَ فِي السُّوق.
	محايد N.	Ich kaufte **das** Auto im vergangenen Jahr. اِشتَرَيتُ **هَذِهِ** السَّيَّارَةَ فِي العَامِ المَاضِي.
	جمع Pl.	Ich traf einmal **die** Leute. قابلتُ **هؤلاءِ** النَّاسِ ذاتَ مرَّة.
مَجرُور Dat.	مذكر M.	Ich schenkte **dem** Studenten ein Buch. أهديتُ **هَذا** الطّالبَ كتَاباً.
	مؤنث F.	Ich schenkte **der** Studentin ein Buch. أهديتُ **هَذه** الطّالبةَ كتَاباً.
	محايد N.	Ich schenkte **dem** Mädchen ein Buch. أهديتُ **هَذه** الفَتَاةَ كتَاباً.
	جمع Pl.	Ich schenkte **denen** Studenten Bücher. أهديتُ **هؤلاءَ** الطّلابِ كُتُباً.
مُضَاف Gen.	مذكر M.	Ich besuchte Ali und **dessen** Familie. زرتُ علياً **وعائلتَه (تلكَ العائلة)**.
	مؤنث F.	Ich besuche Fatima und **deren** Mann. أزورُ فاطمةَ **وزوجَها (ذلكَ الزوج)**.
	محايد N.	Ich kenne das Auto und **dessen** Besitzer. أعرفُ السيارةَ **ومالِكَهَا (ذلكَ المالك)**.
	جمع Pl.	Ich sehe die Stadt und **deren** Häuser. أَرَى المدينةَ **ومنازِلَهَا (تلكَ المنازل)**.

* ثَانِيَاً: أَسمَاءُ الإِشَارَة (der, die, das..) كَنَائِبٍ عَنِ الِاسم:

Ich mag diesen Geschmack, aber **den** nicht. أحبُّ هذا الطَّعْمَ، أما **ذلك** (الطعم الآخر) فَلَا.
Das Gemälde gefällt mir, aber **das** nicht. تُعجبُنِي هَذهِ اللَّوحةُ الفنّية، أما **تلكَ** (اللَّوحةُ الأُخرَى) فَلَا.
Die Mikrowelle ist groß, aber **die** nicht. المعدّلُ الحرَارِيّ (المايكروويف) هذا كبير، بينما **ذلك** (الآخر) فَلَا.

12.5.2 ثَانِيَاً: أَسماءُ الإِشَارَة (dieser, diese, diesen...)

تَأتِي أَسماءُ الإِشَارَةِ هَذِهِ مُرَافِقَةً لِلإِسمِ أَو نَائِبَةً عَنه، وَتُشِيرُ إِلَى شَيءٍ قَرِيبٍ، وَتُعرَبُ حَسَبَ أَدَاةِ التَّعرِيف.

* أَوَّلَاً: أَسماءُ الاِشَارَة (diese, dieser, diesen ...) كَمُرَافِقٍ لِلإِسم:

Diese Aufgabe hat mich viel Mühe und Zeit gekostet. كَلَّفَنِي **هَذا** الوَاجِبُ الكَثِيرَ مِن الوَقتِ وَالتَّعَب.
Ich habe vorher **diese** Szene **dieses** Filmes gesehen. رَأيتُ **هَذا** المَقطَعَ مِن **هَذا** الفِيلم مُسبَقاً.
Diesen Anspruch haben Sie erhoben. تَقَدَّمَتْ حَضرَتُكُم **بِهَذَا** الطَّلَب.
Diesem Grund entsprechend trägt die Versicherung die Kosten. بِنَاءً عَلى **هَذَا** السَّبَب سيَتَحَمَّلُ التَّأمِينُ التَّكَالِيف.

* ثَانِياً: أَسماءُ الاِشَارَة (diese, dieser, diesen ...) كَنَائِبٍ عَنِ الاِسم:

Diese Stadt habe ich besucht, aber **diese** nicht. زُرتُ هَذهِ المَدِينَة، أَمَّا **هَذِهِ** (المَدِينَةَ الأُخرَى) فَلَا.
Dieses Buch erheitert mich, aber **dieses** dagegen nicht. يَبعَثُ هَذَا الكِتَابُ فِي نَفسِي السُّرُور، أَمَّا **ذَاكَ** (الكِتَابُ الآخَرُ) فَلَا.
Diese Regeln sind verbindlich, aber **diese** nicht. هَذِهِ التعليمات الزَامِيَّة، أَمَّا **تِلكَ** (التَّعلِيمَاتُ الأُخرى) فَلَا.
Kaufst du diesen Stift? Nein, ich kaufe **diesen**. هَل سَتَشتَرِي هذَا القَلَم؟ لَا سَأَشتَرِي **هَذَا** (القَلَمُ الآخَر).

✓ لَا فَرقَ بَينَ dies، dieses فِي حَالَةِ النِّيَابَةِ عَنِ الاِسمِ المُحَايِد.

Es sind zwei Bücher, ich nehme **dies / dieses.** اِنَّهُمَا كِتَابَان. سَآخُذُ **هَذَا**.
Dies / Dieses ist mir wichtig und bedeutsam. **هَذَا** (الأَمرُ) مُهِمٌّ جِدَّاً بِالنِّسبَةِ لِي وَذُو أَهَمِّيَّة.

✓ يُمكِنُ أَن تَأتِي أَسمَاءُ الإِشَارَةِ هَذِهِ كَنَائِبٍ مُحَايِدٍ عَن جُملَةٍ أَو كِنَايَة:

Er ist ein Ingenieur, und ich werde **dies** auch werden. هُوَ مُهَندِسٌ، وَأَنَا سَأكُونُ **كَذَلكَ** أَيضاً.	
Dies habe ich schon lange erwartet.	لَقَد انتَظَرتُ **هَذَا** طَوِيلاً

✓ يُمكِنُ أَن تَأتِي أَسمَاءُ الإِشَارَةِ هَذِهِ بَعدَ (all) لِتُعَبِّرَ عَنِ الشَّيءِ كُلِّه:

All diese Vorbereitungen sind fürs Projekt erforderlich. **كُلُّ هَذِهِ** التَّحضِيرَاتِ مُهِمَّةٌ لِلمَشرُوعِ.

12.5.3 ثَالِثاً: أَسمَاءُ الإِشَارَة (jene, jenes, jener..)

تَأتِي أَسمَاءُ الإِشَارَةِ هَذِهِ مُرَافِقَةً لِلاِسمِ أَو نَائِبَةً عَنه، وَتُشِيرُ لِشَيءٍ بَعِيدٍ عَنِ المتَكَلِّم، وَتُعرَبُ حَسَبَ أَدَاةِ التَّعرِيف:

* أَوَّلاً: أَسمَاءُ الإِشَارَة (jene, jenes, jener..) كَمُرَافِقٍ لِلاِسم:

Jene Stadt ist schön und groß.	**تِلكَ** المَدِينَةُ جَمِيلَةٌ وَكَبِيرَة
Jener Student lernt Deutsch.	يَتَعَلَّمُ **ذَلِكَ** الطَّالِبُ الأَلمَانِيّة
Jenes Buch gehört mir.	**ذَلِكَ** الكِتَابُ لِي
Was **jenen** Plan betrifft, habe ich eine andere Meinung. لَدَيَّ رَأيٌ آخَرٌ فِيمَا يَخُصُّ **تِلكَ** الخِطَّة.	
Den Termin verschiebe ich an **jenem** Tag. سَأُأَجِّلُ المَوعِدَ إِلى **ذَلِكَ** اليَوم.	

* ثَانِياً: أَسمَاءُ الإِشَارَة (jene, jener, jenes…) كَنَائِبٍ عَنِ الإِسم:

Kaufst du diesen Stift? Nein, ich kaufe **jenen**. هَل سَتَشتَرِي هَذَا القَلَم؟ لَا سَأَشتَرِي **ذَلِك** (القَلَمُ الآخَر).
Dieses Auto ist groß, aber **jenes** ist kein. هَذِهِ السَّيَّارَةُ كَبِيرَةٌ، إِلَّا أَنَّ **تِلكَ** صَغِيرَة (السَّيَّارَةُ الأُخرَى).
Dieser Computer ist teuer und **jener** ist billig. هَذَا الحَاسُوبُ غالِي **وذَلكَ** (الحاسُوبَ الآخر) رَخِيصُ الثَّمَن.

12.5.4 رَابِعَاً: أَسمَاءُ الإِشَارَة (dieselbe, derselbe, dasselbe..)

بِمَعنَى (هَذَا نَفسُه) وَتَتأَلَّفُ أَسمَاءُ الإِشَارَةِ هَذِهِ مِن اسمِ الإِشَارَة (die, der, das..) وَالجُزء (selbe-)، وَيُعَامَلُ الجُزءُ الأَوَّلُ مِنهَا مُعَامَلَةَ أَدَاةِ التَّعرِيف، وَيُضَافُ المَقطَعُ selbe- لِيُعرَبَ إِعرَابَ الصِّفَة (سَنَتَنَاوَلُ إِعرَابَ الصِّفَاتِ لَاحِقاً).

الحالة Kasus	M. مُذكر	N. مُحايد	F. مُؤنث	Pl. جَمع
Nom.	derselbe	dasselbe	dieselbe	dieselben
Akk.	denselben	dasselbe	dieselbe	dieselben
Dat.	demselben	demselben	derselben	denselben -n
Gen.	desselben	desselben	derselben	derselben

* أَوَّلَاً: أَسمَاءُ الإِشَارَة (dieselbe, derselbe, dasselbe..) كَمُرَافِقٍ لِلاِسم:

Dieselbe Fahrkarte gilt auch für mehrere Fahrten. تَصلُحُ تَذكَرَةُ السَّفرِ **نَفسُهَا** لِرِحلَاتٍ عَدِيدَةٍ.
Wir schauen uns **denselben** Film. نُشَاهِدُ **نَفسَ** الفِيلم.
Er erlitt **dasselbe** Schicksal. لَاقَى **نَفسَ** المَصِير.
Alle diplomatischen Vertreter sprachen in **demselben** Sinne. كَانَ كَلَامُ جَمِيعِ المُمَثِّلِينَ الدُّبلُومَاسِيِّينَ يَصُبُّ فِي **نَفسِ** المَصَبّ.
Wir kommen aus **demselben** Land. نَنحَدِرُ مِن **نَفسِ** البَلَد.
Diese zwei Figuren sind aus **demselben** Holz geschnitzt. هَاتَانِ الشَّخصِيَّتَانِ مُتَمَاثِلَتَا القَالِب (مِن **نَفسِ** الطِّينَة).
Alle Schüler unserer Klasse liegen auf **derselben** Ebene. يَتَوَاجَدُ جَمِيعُ طُلَّابِ صَفِّنَا هَذَا فِي **نَفسِ** المُستَوَى (الدَّرَجَة).

✓ يُمكِنُ أَن تُكتَبَ (in demselben) عَلَى الشَّكل (im selben).

✓ * ثانياً: أسماءُ الإشَارَة (..dieselbe, derselbe, dasselbe) كَنَائِبٍ عَنِ الِاسم:

Er erlebte eine Enttäuschung, und ich erlebte **dasselbe**. عَاشَ خَيبَةَ أَمَلٍ، وَأنَا عِشتُ **نَفسَ** الخَيبَة.
Er erlitt sein Schicksal, und ich erlitt **dasselbe.** لَاقَى مَصِيرَهُ، وَأنا لَاقَيتُ **نَفسَ** المَصِير.
Mir geht es um **dasselbe** wie dir. تَسِيرُ الأُمُورُ مَعِي كَمَا تَسِيرُ مَعَكَ تَمَاماً.
Ich strebe nach dem Ruhm, er strebt nach **demselben**. أُنَاضِلُ مِن أَجلِ المَجد، وهو يُناضلُ لِلشَّيءِ **نَفسِه.**

12.5.5 خَامِساً: أَسمَاءُ الإِشَارَة (..derjenige, diejenige, dasjenige)

بِمَعنَى (ذَلِكَ الَّذِي) وَتَتَأَلَّفُ أَسمَاءُ الإِشَارَةِ هَذِهِ مِن اسمِ الإِشَارَة (..die, der, das) وَالجُزء (-jenige)، وَيُعَامَلُ الجُزءُ الأَوَّلُ مِنهَا مُعَامَلَةَ أَدَاةِ التَّعرِيف، وَيُضَافُ المقطع -jenige لِيُعرَبَ إِعرَابَ الصِّفَة.

الحَالَة Kasus	M. مُذَكَّر	N. مُحَايِد	F. مُؤَنَّث	Pl. جَمع
Nom.	derjenige	dasjenige	diejenige	diejenigen
Akk.	denjenigen	dasjenige	diejenige	diejenigen
Dat.	demjenigen	demjenigen	derjenigen	denjenigen
Gen.	desjenigen	desjenigen	derjenigen	derjenigen

* أَسماءُ الإِشَارَة (..derjenige, diejenige, dasjenige) كَمُرافِقٍ لِلاِسم:

Er ist **derjenige**, der ein Computer gekauft hat. إِنَّهُ **ذَلِكَ الَّذِي** اشتَرَى حَاسُوباً.
Du bist **derjenige**, auf den ich gewartet habe. أَنتَ **ذَلِكَ الذي** انتَظَرتُه.
Ich gab das Buch **demjenigen**, den ich liebe. أَعطَيتُ الكِتَابَ **لِذَلِكَ الَّذِي** أُحِبُّه.
Du bist **derjenige**, auf den ich mich verlassen kann. أَنتَ **هُوَ** الشَّخصُ **الذِي** يُمكِنُنِي أَن أَعتَمِدَ عَلَيه.

12.5.6 سَادِسَاً: أَسمَاءُ الإِشَارَة (solcher, solche, solches..)

بِمَعنَى (كَهَذَا) وَتَأتِي أَسمَاءُ الإِشَارَةِ هَذِهِ مُرَافِقَةً لِلاِسم أَو نَائِبَةً عَنه، وَتُعرَبُ حَسَبَ أَدَاةِ التَّعرِيف:

* أَسمَاءُ الإِشَارَة (solcher, solche, solches..) كَمُرَافِقٍ لِلاِسم:

Solche Unterlassung muss verhindert werden. يَجِبُ أَنّ يُمنَعَ إِهمَالٌ **كَهَذَا** الإِهمَال.
Im Notfall muss man **solche** Maßnahmen treffen. تَوَجَّبَ عَلَى الإِنسَانِ فِي حَالَةِ الخَطَرِ أَن يَتَّخِذَ إِجرَاءَاتاً **مِثلَ هَذِهِ** الإِجرَاءَات.
Solche Autoren und Schriftsteller müssen sich um die kleinsten Einzelheiten kümmern. يَجِبُ عَلَى مِثلِ هَؤُلَاءِ المُؤَلِّفِينَ وَالكُتَّابِ أَن يَهتَمُّوا بِأَصغَرِ التَّفَاصِيل.

✓ يُمكِنُ أَن تَرِدَ -solch بَعْدَ أَدَاةِ النَّكِرَةِ (ein, eine..) وَتُعرَبُ إِعرَابَهَا الطَّبِيعِيّ، وَتَأخُذُ أَدَاةُ التَّنكِيرِ نِهَايَتَهَا الإِعرَابِيَّةَ المُنَاسِبَة:

Ein solcher Pionier soll solche Schwierigkeiten überwinden. يَنبَغِي عَلَى مِغوَارٍ **كَهَذَا** أَن يَتَغَلَّبَ عَلَى مَشَاكِلٍ كَهَذِهِ المَشَاكِل.
Eine solche Versicherung sollte alle Kosten übernehmen. يَجِبُ عَلَى تَأمِينٍ **كَهَذَا** التَّأمِينِ أَن يَتَحَمَّلَ جَمِيعَ التَّكَالِيف.
Bisher gab es **einen solchen** Mann nicht. لَم يُوجَدُ حَتَّى الآنَ رَجُلٌ **كَهَذَا** الرَّجُل (لَم تَلِدِ النِّسَاءُ رَجُلاً مِثلَهُ بَعْدُ).

✓ يُمكِنُ أَن تَرِدَ -solch قَبلَ أَدَاةِ التَّنكِير (ein, eine...) وَتَبقَى دُونَ أَيِّ نِهَايَة، وَتَأخُذُ أَدَاةَ التَّنكِيرِ نِهَايَتِهَا الطَّبِيعِيَّة:

Zu **solch einer** Stunde bin ich bereit. أَنَا جَاهِزٌ لِسَاعَةٍ **كَهَذِهِ** السَّاعَةِ.
In **solch einem** Moment war ich ratlos, wie ich handeln sollte. فِي سَاعَةٍ **كَهَذِهِ** السَّاعَةِ كُنتُ مُحتَارَاً، كَيفَ كَانَ يَنبَغِي عَلَيَّ أَن أَتَصَرَّف.

12.6.0 Das Relativpronomen الأسمَاءُ المَوصُولَة

يُستَخدَمُ الاِسمُ المَوصُولُ فِي الجُملَةِ لِغَرَضِ عَدَمِ تِكرَارِ نَفسِ الاِسمِ فِي جُملَتَينِ مُتَتَالِيَتَين، وَيَكُونُ الفِعلُ فِي جُملَةِ الوَصلِ مُصَرَّفاً مَعَ الفَاعِلِ وَيَكُونُ مَوضِعُهُ فِي آخِرِ الجُملَة، وَالَّتِي تُسَمَّى بِالجُملَةِ الثَّانَوِيَّة. أَمَّا الجُملَةُ الأُولَى فَتُسَمَّى الجُملَةُ الأَسَاسِيَّة. وَتُوضَعُ فَاصِلَةٌ بَينَ الجُملَتَين. وَنُمَيِّزُ مَا يَلِي:

- Der ist ein ehrgeiziger Mann. **Der Mann** **ist** ein Informatiker.

- هَذَا رَجُلٌ طَمُوح. **هَذَا الرَّجُلُ** مَعلومَاتِيّ (مُهَندِسُ مَعلومَاتِيَّة).

وتصبحُ الجملةُ فِي حَالَةِ الوَصلِ كَالتَّالِي:

↓

- Der ist ein ehrgeiziger Mann**, der** ein Informatiker **ist**.

- هَذا رَجُلٌ طَمُوح، **وَالذِي** يَعملُ كَمعلُومَاتِيّ. "وَهَذِهِ تَرجَمَةُ الجُملةِ حَرفِيًّا".

- هَذا الرَّجلُ **الذِي** يَعملُ كَمعلُومَاتِي طَمُوح. "وَهَذِهِ التَّرجَمَةُ المُفَضَّلَةُ إِلَى العَرَبِيَّة".

* الأَسمَاءُ المَوصُولَةُ فِي اللُّغَةِ الأَلمَانِيَّة هِيَ أَدَوَاتٌ مُعرَبَةٌ وَتَتَغَيَّرُ حَالَتُهَا الإِعرَابِيَّة حَسَبَ:

- الحَالَةُ الإِعرَابِيَّة لِلاِسمِ في الجملَةِ الثَّانوِيَّة (رَفعٌ، نَصبٌ، جَرٌّ، إِضَافَة).
- جِنسُ الاِسمِ (مُذكَّر، مُؤنَّث، مُحَايِد).
- الحَالَةُ العَدَدِيَّةُ لِلاِسمِ (مُفرَد، جَمع).

وَالجَدوَلُ يُوَضِّحُ الحَالَاتِ الإِعرَابِيَّةِ لِلأَسمَاءِ المَوصُولَة:

الحالة الاعرابية	M. مذكر	N. محايد	F. مؤنث	Pl. جمع
Nom.	der	das	die	die
Akk.	den	das	die	die
Dat.	dem	dem	der	denen
Gen.	dessen	dessen	deren	deren

مُلَاحَظَة: جَمِيعُ الأَسمَاءِ المَوصُولَةِ هَذِهِ تُستَخدَمُ كَأَسمَاءِ إِشَارَةٍ أَيضاً، إِلَّا أَنَّ اِستِخدَامَ كُلٍّ مِنهَا يَختَلِفُ عَنِ الآخَرِ بِمَعَايِيرَ مُختَلِفَة.

▪ الأَسماءُ المَوصُولَة فِي حَالَةِ الرَّفع "„Nom.:

- Der ist der Mann, **der** ehrgeizig ist. ذَاكَ هو الرّجلُ **الذِي** يُعَدُّ طَمُوحاً.
- Die ist die Frau, **die** ehrgeizig ist. تلكَ هيَ السَّيدَةُ **التِي** تُعَدُّ طَمُوحَةً.
- Das ist das Mädchen, **das** ehrgeizig ist. تلكَ هِيَ الفتَاةُ **التِي** تُعَدُّ طَمُوحَةً.
- Die sind die Pioniere, **die** ehrgeizig sind. أولئكَ هُمُ الرُّوَّادُ **الذينَ** يعدون طَمُوحِين.

▪ الأَسماءُ المَوصُولَةُ فِي حَالَةِ النَّصب "„Akk.:

- Der ist der Computer, **den** ich letzte Woche gekauft habe. هَذا هُوَ الحَاسوبُ **الذِي** اشتريتُهُ الأسبوعَ الفائِت.
- Die ist die Tasche, **die** ich letzte Woche gekauft habe. هَذِهِ هِيَ الحَقِيبَةُ **التِي** اشتَرَيتُهَا الأسبوعَ الفائِت.
- Das ist das Auto, **das** ich letzte Woche gekauft habe. هَذِهِ هِيَ السَّيَّارَةُ **التِي** اشتَرَيتُهَا الأسبوعَ الفائِت.
- Dic sind die Bücher, **die** ich letzte Woche gekauft habe. هَذِهِ هِيَ الكُتُبُ **الّتِي** اشتَرَيتُهَا الأسبوعَ الفائِت.

▪ الأَسماءُ المَوصُولَة فِي حَالَةِ الجرّ "„Dat.:

- Der ist der Student, **dem** ich ein Buch geschenkt habe. هَذا هوَ الطالِبُ **الذِي** أهديتُهُ كِتَاباً.
- Die ist die Studentin, **der** ich ein Buch geschenkt habe. هَذِهِ هِيَ الطَّالبَةُ **التِي** أهدَيتُهَا كِتَاباً.
- Das ist das Mädchen, **dem** ich ein Buch geschenkt habe. هَذِهِ هِيَ الفَتَاةُ **التي** أهدَيتُهَا كِتَاباً.
- Die sind die Schüler, **denen** ich Bücher geschenkt habe. هَؤُلَاءِ هُمُ التَّلامِيذُ **اللّذِينَ** أهدَيتُهُم كُتُباً.

▪ الأَسماءُ المَوصُولَةُ فِي حَالَةِ الإِضافَة "Gen.":

- Der ist der Student, **dessen** Vater Arzt ist. هَذا هُو الطالِبُ **الذِي** أباهُ طَبِيباً.
- Die ist die Studentin, **deren** Vater Arzt ist. هَذِهِ هِيَ الطّالبةُ **التِي** أَباهَا طَبِيباً.
- Das ist das Mädchen, **dessen** Vater Arzt ist. هَذِهِ هِيَ الفَتاةُ **التِي** أبَاهَا طَبِيباً.
- Die sind die Studenten, **deren** Väter Ärzte sind. هَؤلاءِ همُ الطلابُ **اللّذينَ** آباءُهُم أَطبَّاء.

○ يُمكِنُ أَن يَنُوبَ عَنِ الاِسمِ ضَمِير:

- Ich traf **jemanden**, **der** sehr ehrgeizig ist. قَابَلتُ **شخصاً** طَمُوحاً جِدّاً.
- **Jemand**, **dessen** Vater ein Arzt ist. **الشّخصُ الذِي** أبَاهُ طبِيباً.
- Dieser Mann ist **der**, **dem** ich Bücher geschenkt habe. هَذا **هُوَ** الرَّجلُ **الذِي** أهدَيتُهُ كُتُباً.

مُلاحَظَة: يُوجَدُ أَسماءٌ مَوصُولَةٌ أُخرَى، وَهِيَ:

(wer, welch-, was)، وَجَمِيعُهَا قَابِلَة لِلإِعرَاب. تُستَخدَمُ الأَدَاة (was) لِغَيرِ العَاقِلِ وَالغَيرِ مَعرُوفٍ بِشَكلٍ عَام، وَالأَدَاة (wer) لِلعَاقِل، وَالأَدَاة (-welch) تَصلُحُ لِلعَاقِلِ وَغَيرِ العَاقِل.

الحالة الإعرابية	M. مذكر	N. محايد	F. مؤنث	Pl. جمع
Nominativ	welcher	welches	welche	welche
Akkusativ	welchen	welches	welche	welche
Dativ	welchem	welchem	welcher	welchen -n
Genitiv	-	-	-	-

- الاِسمَانِ المَوصُولَان was و wer لَا يَتبَعَانِ جِنسَ الاِسم، بَل حَالَتَهُ الإِعرَابِيَّة:

الحالة العددية	Nom. رفع	Akk. نصب	Dat. جر	Gen. إضافة
S. مُفرَد	wer	wen	wem	wessen
	was	was	wem	wessen

- أَمثِلَة عَلى الِاسمِ المَوصُول (-welch):

- Dieser Vorstand, **welchen** ich heute berufen habe. هَذا مَجلِسُ الإدَارَةِ **الذِي** دعوتُهُ اليومَ لِلحُضُور.
- Die ist die Bibliothek, **welche** verschiedene Bücher anbietet. هَذِهِ هِيَ المَكتَبَةُ **الَّتِي** تُقَدّمُ كُتُباً مُتَعدّدَة.
- Das Unternehmen, **welchem** dieser Parkplatz gehört. هَذِهِ الشَّرِكَةُ **التِي** يَخُصُّهَا موقِفُ السَّيَّارَاتِ هَذا.

- أَمثِلَة عَلى الِاسمِ المَوصُول (was):

- Das ist es, **was** ich gesagt habe. هَذا **مَا** قُلتُه.
- Dieser schreckliche Unfall ist, **was** ich erlebte. هَذا هُوَ الحَادِثُ الشَّنِيعُ **الَّذِي** شَهِدتُه.
- Die ist die Gemeinschaft, **wem** ich eingetreten bin. هَذَا هُوَ الاِتّحَادُ **الَّذِي** اِنضَمَمتُ لَه.

- أَمثِلَة عَلى الِاسمِ المَوصُول (wer):

- Der Junge, **wer** dort steht, ist meiner Freund. ذَلِكَ الشَّابُّ **الَّذِي** يَقِفُ هُنَاكَ هُوَ صَدِيقِي.
- Ich besuchte meinen Freund, **wen** ich kennenlernte. زُرتُ صَدِيقِي **الَّذِي** تَعَرَّفتُ عَلَيه.
- Dieser Mann ist der, **wem** ich geholfen habe. هَذا هُو الرَّجلُ **الَّذِي** ساعَدتُه.
- Der Lehrer, **wessen** Bruder ein Mathematiker ist, ist mein Lehrer. الأُستَاذُ **الَّذِي** أَخُوهُ رِيَاضِيّاً (أُستاذُ رِياضِيَّات) أُستَاذِي.

مُلَاحظَة: يمكن أن تأتي الجُمَلُ الثَّانَوِيَّة فِي البِدَايَة، وَمِن ثُمَّ تَأتِي الجُملَةُ الرَّئِيسِيَّة. وَلَكِن بِشَرطِ أَن يَبقَى الفِعلُ فِي الجُملَةِ الثَّانَوِيَّةِ فِي آخِرِ الجُّملَة. وَأَن يَكُونَ الفِعلُ فِي الجُّملَةِ الرَّئِيسيَّة فِي بِدَايَةِ الجُّملَة. أَي لَا يَفصِلُ بَينَ الفِعلَينِ إِلَّا الفَاصِلَة. كَمَا التَّالِي:

Wer für den Frieden eintritt, verdient die Anerkennung. **مَن** يتدخَّل مِن أجلِ السلامِ يستحِقّ التقدِير.
Wer lange Zeit arbeitet, wird müde sein. **مَن** يعملُ لِأوقاتٍ طَويلَةٍ سَوفَ يَتعَب.
Wem ich ein Buch leihe, dem vertraue ich. **مَن** أُعِيرُهُ كِتَاباً هُوَ الَّذِي أَثِقُ بِهِ.
Wessen in der Rede gedacht wurde, wusste ich nicht. لَم أَعلَمْ مَن كَانَ المَقصُودَ بِالحَدِيث.

- غَالِباً مَا يَأتِ الإِسمَانِ المَوصُولَانِ (wer, der) مُرتَبِطَانِ عَلَى الشَّكلِ التَّالِي:

Wer andern / anderen eine Grube gräbt, **der** fällt selbst hinein. **مَن** حَفَرَ حُفرَةً لِأَخِيهِ وَقَعَ فِيهَا.
Wer sich zum Schaf macht, **den** fressen die Wölfe. **مَن** لَبِسَ ثَوبَ الحَملِ الوَدِيعِ سَتَلتَهِمَهُ الذِّئَاب.
Wer nicht zu raten ist, **dem** ist auch nicht zu helfen. **مَن** لَا يَقبَلِ النَّصِيحَةَ لَا يَستَحِقُّ المُسَاعَدَة.
Wer mir hilft, **dem** bin ich dankbar. الشَّخصُ **الذِي** سَيُسَاعِدُنِي سَأَكُونُ مَمنُونَاً لَهُ.
Wer einmal lügt, **dem** glaubt man nicht und wenn er die Wahrheit sagt. **مَن** يَكذِبُ وَلَو لِمَرَّةٍ وَاحِدَةٍ فَلَن يُصَدَّقَ بَعدَهَا أَبَداً حَتَّى وَلَو قَالَ الحَقِيقَة.

- الإِسمُ المَوصُولُ مَع حُرُفِ الجَرّ:

يُمكِنُ أَن يَأتِي قَبلَ الإِسمِ المَوصُولِ حَرفُ جَرٍّ، وَيَكُونُ الإِسمُ المَوصُولُ فِي هَذِهِ الحَالَةِ مُعرَبَاً حَسَبَ الحَالَةِ الإِعرَابِيَّةِ الَّتِي يَتَطَلَّبُهَا حَرفِ الجرّ:

1- بِدُونِ حَرفِ جَرّ:

Das ist ihr Kind, **das** sie liebt.	هَذَا وَلَدُهَا الَّذِي تُحِبُّه

2- مَعَ حَرفِ الجَرّ:

Er ist ihr Sohn, **über den** sie sich Gedanken gemacht hat. هُو اِبنُهَا **الذِي** قَلِقَتْ عَليه.
Das ist ihr Kind, **um das** sie sich kümmert. إِنهُ وَلَدُهَا **الذِي** تَعتَنِي بِه.
Er ist der zuständige Angestellte, **an wen** ich mich wenden soll. هُوَ الموظّفُ المُختَصُّ **الذِي** يجبُ أَن أتوَجهَ إِلَيه.

- الإِسمُ المَوصُولُ (wo): يُستَخدَمُ هَذَا الإِسمُ المَوصُولُ لِلدَلَالَةِ عَلى المَكَان، وَيُمكِنُ استِخدَامُهُ لِلاِستِعَاضَةِ عَن اسمٍ مَوصُولٍ مَعَ حَرفِ جَرّ:

- Das ist die Schule, **in der** ich vor wenigen Jahren war. - هَذهِ المدرسَةُ **التِي** كنتُ بِها مُنذُ بِضعِ سِنِين.  - Das ist die Schule, **wo** ich vor wenigen Jahren war. هَذهِ المَدرَسَةُ **حيثُ** كنتُ منذُ بضعِ سِنِين.
- Das ist die Akademie, **in der** ich viel erlebt habe. هَذهِ هِيَ الأكادِيمِيَّةُ (المَدرَسَة) **التِي** عَاصَرتُ فِيهَا الكَثِير.  - Das ist die Akademie, **wo** ich viel erlebt habe. هَذهِ هي الأكَادِيمِيَّةُ **التِي** عَاصَرتُ فِيهَا الكَثِير.

- يُمكِنُ إِضَافَةُ حرفِ جَرٍّ إِلى الإِسمِ المَوصُول "**wo**" لِيُصبِحَ عَلَى الشَّكلِ التَّالي:

- Das ist der Platz, **auf dem** ich war. هَذا هُو المَكَانُ **الذِي** كنتُ فِيه. ⇩ - Das ist der Platz, **wo** ich war. هَذا هُو المَكَانُ **حَيثُ** كُنتُ. ⇩ - Das ist der Platz, **worauf** ich war. هَذَا هُو المَكَانُ **الذِي** كُنتُ فِيه.

- Das ist die Wohnung, **in der** ich vor einem Jahr wohnte. هَذِهِ هِيَ الشقَّةُ **التِي** سَكنتُ فِيهَا قَبلَ عَامٍ وَاحِد. ⇩ - Das ist die Wohnung, **wo** ich vor einem Jahr wohnte. هَذِهِ هِيَ الشقَّةُ **حَيثُ** سَكنتُ قَبلَ عَامٍ وَاحِد. ⇩ - Das ist die Wohnung, **worin** ich vor einem Jahr wohnte. هَذِهِ هِيَ الشقَّةُ **التِي** سَكنتُ فِيهَا قَبلَ عَامٍ وَاحِد.

- يُمكِنُ أَن يَدُلَّ الِاسمُ المَوصُول "**wo**" عَلَى شَيءٍ مَلمُوسٍ أو غَيرِ مَلمُوس:

Das ist alles, **woran** ich mich erinnere. هَذا كُلُّ **مَا** أستطِيعُ أَن أتذَكَّرَه.
Wir wussten nicht, **wodurch** unterscheidet sie sich von den anderen. لَم نُحِطْ عِلمَاً، بِمَ تَتَمَيَّزُ عَنِ الآخَرِين.
Das ist etwas, **woran** wir arbeiten sollen. هَذَا **مَا** يَنبَغِي علينَا العمَلُ بِه.
Ich hab keine Ahnung, **wovon** du redest. لَا أَعلَمُ عَن مَاذَا تَتَحَدَّث.
Er drückte mir den Nagel, **woran** ich mich verletzte. ضغطَ على ظُفرِي **حَيثُ** الجُرح.

- يُمكِنُ أَن يَأتِي الِاسمُ الموصُولُ "**wo**" مُستَقِلّاً:

Wo Rauch ist, da ist auch Feuer. لَا يُوجَدُ دُخَانٌ مِن دُونِ نَار.
Da fortsetzen, **wo** man aufgehört hat. فَليكمِلِ المَرءُ مِن حيثُ توقَّف.
Zeige uns bitte auf dem Stadtplan, **wo** wir sind! أَرِنَا من فضلك أَينَ نَحنُ عَلَى خَرِيطَةِ المَدِينَة!

12.7.0 Das indefinite Pronomen — الضَّمَائِرُ النَّكِرَة

تَدُلُّ الضَّمَائِرُ النَّكِرَةُ عَلى شَخصٍ أَو شَيءٍ غَيرِ مُعَيَّنٍ مِن صُنفٍ أَو جَمَاعَةٍ. وَهِيَ:

1. man

بِمَعنَى (أَحَدٌ مَا). وَيُستَخدَمُ مَعَ العَاقِلِ، وَيَدُلُّ عَلَى شَخصٍ مِن دُونِ تَحدِيدِ هَوِيَّتِه، وَتُعَدُّ الجُملَةُ مَبنِيَّةً لِلمَجهُول:

Wie schreibt **man** das?	كَيفَ يُكتَبُ هَذَا؟
Aber **man** darf doch noch Träumen!	يُمكِنُ **لِلإنسَانِ** أَنّ يَحلُم!

- مُلَاحَظَة: يُمكِنُ تَرجَمَةُ هَذَا الضَّمِيرِ إِلَى العَرَبِيَّةِ بِصِيغَةِ الجَمعِ، كَالتَّالِي:

Wie schreibt **man** das?	كَيفَ لَنَا أَنّ **نَكتُبَ** هَذَا؟

مُلَاحَظَة: يَتَحَوَّلُ الضَّمِيرِ **man** إِلَى **einen** فِي حَالَةِ (النَّصب .Akk) وَإِلَى **einem** فِي حَالَةِ (الجَرّ .Dat) وَلَا يُستَخدَمُ فِي حَالَةِ (المضَاف .Gen):

Man(Nom.) empört sich **über** das.	يَغضَبُ **المَرءُ** مِنّ هَذَا
Das empört **einen**(Akk.).	يُغضِبُ هَذَا **أَحَدٌ مَا**
Das gehört **einem**(Dat.).	يَخُصُّ هَذَا **أَحَدٌ مَا**

2. jedermann, jed-

يَدُلُّ هَذَانِ الضَّمِيرَانِ عَلَى شَيءٍ أَو شَخصٍ مِن مَجمُوعَة. وَتَتَغَيَّرُ نِهَايَةُ الضَّمِيرِ "-jed" حَسَبَ الحَالَةِ الإِعرَابِيَّةِ لِلإِسمِ. أَمَّا نِهَايَةُ الضَمِيرِ "Jedermann" فَتَبقَى ثَابِتَةً دَائِماً.

Ich erwarte, dass **jedermann** Nominativ seine Pflicht tut. أَنتَظِرُ (آمُلُ) أَن يفعلَ **كلُّ شخص** وَاجِبَه.
Jedermann Nominativ hat sein Bündel / Päckchen zu tragen. كُلٌّ يَخلَعُ أَشوَاكَهُ بِيَدِه.
Ich erwarte, dass **jeder** Nominativ seine Pflicht tut. أَنتَظِرُ (آمُلُ) أَن يفعلَ **كلُّ شخص** وَاجِبَه.
Jeder Nominativ hat sein Bündel / Päckchen zu tragen. كُلٌّ يَخلَعُ أَشوَاكَهُ بِيَدِه.

وَتَأْتِي كَلِمَةُ Menge مَعَ الضَّمِيرِ jede لِتُشَكِّلَ تَرْكِيباً خَاصّاً بِمَعنَى "الكَثِيرِ مِن".

Ich habe dir **jede Menge** zu erzählen.	لَدَيَّ **الكثيرُ** لِأُقُصَّهُ عليك

مُلَاحَظَة: يُستَخدَمُ أَيضاً بَدَلَ هَذِهِ الضَّمائِرِ التَّعبِير "Hinz und Kunz" :

Hinz und Kunz haben die Wahrheit erfahren. عَلِمَ **القَاصِي والدَّانِي** بِالحَقِيقَة.

3. jemand-

يُستَخدَمُ هَذا الضَّمِيرُ كما يُستَخدَمُ الضَّمِيرُ "man" بِمَعنَى "أَحَدٌ مَا". وَعَكسُهُ niemand- أي "لَا أَحَد". يُستَخدَمُ لِلدَلَالَةِ عَلى شَخصٍ مَجهُولِ الهَوِيَّةِ فِي حَالَةِ المُفرَد. وَتَتَغَيَّرُ نِهَايَتُهُ حَسَبَ الحَالَةِ الإِعرَابِيَّةِ لِلاسمِ. وَيُستَخدَمُ لِلمُفرَدِ وَالمذَكَّرِ وَالمحَايِدِ سَوِيّاً:

الضَّمِير	Nom. مَرفُوع	Akk. مَنصُوب	Dat. مَجرُور	Gen. مُضَاف
jemand- أَحَدٌ مَا	**je**mand	**je**manden	**je**mandem	**je**mandes
niemand- لَا أَحَد	**nie**mand	**nie**manden	**nie**mandem	**nie**mandes

- أَمثِلَة:

Jemand ist mir heute hinten aufgefahren. اصطَدَمَ اليَومَ **أَحَدٌ ما** بِسَيَّارَتِهِ سَيَّارَتِي مِنَ الخَلف.
Er ist **jemand** mit recht gutem Gedächtnis. إنهُ **شخصٌ** ذُو ذاكِرَةٍ قَوِيَّةٍ جدّاً.
Mache das, ohne dass **jemand** es merkt! اِفعَلهَا مِن دُونِ أن يُلاحِظَ **أيُّ أَحَدٍ!**
Spricht hier **jemand** Arabisch? هَل يَتكلَّمُ **أحدٌ ما** هنَا العَربِيَّة؟
Sie wünscht, ihr Sohn wäre **jemand** Besonderes. تَأمُلُ أَن يَكُونَ ابنُهَا فَرِيداً (لَيسَ بِمِثلِهِ أَحَد).
Wir haben das Gefühl, dass uns **jemand** beobachtet. لَدينَا شُعُورٌ بِأَنَّ أَحَداً مَا يُراقِبُنَا.

Ich habe **jemanden** als Partner in der Prüfung gewählt. اختَرتُ **أحداً** شَريكاً لِي في الإمتِحَان.
Es gibt **jemanden** wie ihn nur einmal. ليسَ بمثلِهِ **أَحد**.
Unterschätze niemals **jemanden**. لا تُقَلل مِن قِيمَةِ **أَحَد**.
Die Firma braucht **jemanden**, der mehr Erfahrung hat. تَحتَاجُ الشَّرِكَةُ **شَخصاً** لَدَيهِ خِبرَةٌ أكبَر.
Hast du **jemanden**, der auf das Baby aufpasst. هَل لَدَيكَ **مَن** يَهتَمُّ بِأمرِ الطّفل.
Ich habe heute **jemandem** aus der Klemme geholfen. سَاعَدتُ اليومَ **إنساناً** كَانَ فِي وَرطَة.
Hast du **jemanden** im Sinn? هَل فِي بَالِكَ **أَحدٌ** مَا؟

4. ein-

بِمَعنَى "أَحَدٌ مَا". وَعَكسُهَا **kein-** أَي "لَا أَحَد". وَتَدُلُّ عَلَى العَاقِلِ وَغَيرِ العَاقِل. وَتَأخُذُ نِهَايَةَ أَدَاةِ التَّعرِيف، وَتُعرَبُ حَسَبَ حَالَةِ الاِسمِ وَجِنسِهِ وَعَدَدِه:

Einer sagte mir, dass...	قَالَ لِي **أَحَدٌ** أنَّ...
Keiner sagte mir, dass…	**لَم** يَقلّ لِي **أحَدٌ** أنَّ...
Ich sah **einen** auf der Straße.	رَأيتُ **شَخصاً** فِي الشَّارِع
Ich sah **keinen** auf der Straße.	**لَم** أرَ **أحداً** فِي الشَّارِع
Ich gab **einem** ein Buch.	أعطَيتُ **شَخصاً** كِتَاباً
Ich gab **keinem** ein Buch.	**لَم** أُعطِ **أحداً** كِتَاباً

- نُضِيفُ أَحيَاناً البَادِئَة "irgend" لِهَذَا الضَّمِيرِ لِتَقوِيَةِ المعنَى:

Irgendeiner muss mir das erst mal vormachen! يَجِبُ أَوَّلاً أن يَقُومَ **أَحَدٌ مَا** بِفِعلِ هَذَا (أَمَامِي)!
Irgendeiner muss mal mitkommen! يَجِبُ عَلَى **أَحَدٍ مَا** أن يَأتِيَ مَعِي!

5. all-

بِمَعنَى (كُلّ). وَهِيَ مُعرَبَة حَسَبَ أَدَاةِ التَّعرِيف. وَتُستَخدَم:

1- لِلدَلَالَةِ عَلى الجَمع:

<u>Alle Hecken</u> sind gestutzt.	**جَمِيعُ الأسوَار** النَّباتِيّةِ مُشَذَّبَةٌ
<u>Alle Autos</u> sind Mercedes.	**جَمِيعُ السَّيَّارَاتِ** مِن نوعِ مَرسِيدِس

2- لِلدَلَالَةِ عَلَى الِاسمِ بِشَكلٍ عَام:

<u>Alle</u> (die gesamte) **<u>Bemühungen</u>** waren umsonst. **كُلُّ المَسَاعِي** كَانَت سُدَى.
Er verlor **<u>alles</u>** (das ganze) **<u>Vermögen / Bargeld</u>**. فَقدَ **كُلَّ مُمتَلكَاتِه / كُلَّ أَموَالِهِ النَّقدِيَّة**.

- غَالِبَاً مَا تُستَخدَمُ الصِّفَتَانِ "ganz, gesamt" فِي العَامِّيَّةِ بَدَلَ الضَّمِيرِ -all:

Die **gesamten** Bäume.	جَمِيعُ الأَشجار
Die **ganzen** Holzarbeiten sind in Eiche. جَمِيعُ أَعمَالِ الخَشَبِ مِن أَشجَارِ البَلُّوط.	

6. welch-

يَدُلُّ عَلى جُزءٍ مِن كُلّ. بِمَعنَى (بَعضٌ مِن..). وَيَأخُذُ نِهَايَةَ أَدَاةِ التَّعرِيف.

Da gibt es Tomaten. Nimm dir **<u>welche</u>**! هُنَاكَ طَمَاطِم. خُذ **بَعضاً مِنهَا!**

7. etwas

بِمَعنَى "شَيء"، يَدُلُّ عَلَى شيءٍ غَيرِ مُعَيَّن، وَيَتَّصِلُ أَحيَانَاً بِالضَّمِيرِ "irgend":

<u>Etwas</u> Wichtiges kam dazwischen.	حَدَثَ **شَيءٌ** مُهِمٌّ خِلَالَ ذَلِك
Hast du **<u>irgendetwas</u>** zerbrochen?	هَل حَطَّمتَ **شَيئَاً**

مُلَاحَظَة: تُستَخدَمُ عَادَةً كَلِمَةُ was بَدَلَ etwas فِي اللُّغَةِ العَامِّيَّة:

Ist **<u>was</u>** Wichtiges dazwischengekommen? هَل حَدَثَ **شَيءٌ** مُهِمٌّ أَثنَاءَ ذَلِك؟

- الضَّمَائِرُ الدَّالَّةُ عَلَى النَّكِرَة كَثِيرَةٌ جِدّاً. وَسَنَتَنَاوَلُ أَكثَرَهَا استِخدَاماً:

sämtliche جَمِيعُ، كُلّ	**Sämtliche** Taten sind strafbar. تُعرّضُ هَذِهِ الأفعَالُ **كُلُّهَا** صَاحِبَهَا لِلعُقُوبَةِ.
nichts لَا شَيء	**Nichts** ist beständiger als der Wandel. **لَا شَيءَ** ثَابِتَ غَيرَ التَّغَيُّرِ نَفسُه.
etliche الكَثِير	Ich habe **etliches** zu erledigen. لَديَّ **الكَثِيرُ** لِأَقُومَ بِه.
manche البَعض	**Manche** arbeiten um des Friedens Willen. **البَعضُ** يَعمَلُونَ لِأجلِ السَّلام.
mehrere الكَثِير	**Mehrere** nutzen ihre Zeit gut aus. **الكَثِيرُون** يَستَغلّونَ وَقتَهُم جَيّداً.
ein bisschen قَلِيلاً	Die Wunde tut mir **ein bisschen** weh. يُؤلِمُنِي الجُرحُ **قَلِيلاً**.
ein paar قَلِيلاً، بَعضاً مِن	Ich sah im Hof **ein paar** Schüler. رَأَيتُ **بَعضَاً** مِنَ التَّلَامِيذِ فِي البَاحَة.
ein wenig قَلِيلاً	Ich bin heute **ein wenig** später angekommen. وَصلتُ اليومَ مُتأخّراً **قَلِيَلاً**.
genügend, genug كَافٍ	Er hat nicht **genügend / genug** Durchsetzungskraft für die Arbeit. لَيسَ لَديهِ قُدرَةٌ **كَافِيةٌ** لِهَذَا العَمَل.
deinesgleichen أَمثَالُك، مِثلُك	Suche **deinesgleichen!** ابحَثْ عن **أمثَالِك!**
meinesgleichen أَمثَالِي، مِثلِي	**Meinesgleichen** benimmt sich nicht so. **أَمثَالِي** لَا يَتصَرَّفُونَ هَكذَا.
unsereins أَمثَالُنَا	**Unsereins** strebt nach dem Ruhm. **أَمثَالُنَا** يَسعَونَ لِلمَجد.
viel الكَثِير	Ich habe heute **viel** zu tun. لَدَيَّ اليَومَ **الكَثِيرَ** لِأَقُومَ بِه.
wenig القَلِيل	Ich habe nur **wenig** Zeit. لَدَيَّ **القَلِيلُ** مِنَ الوَقتِ فَقَط.

12.8.0 Interrogativpronomen ضَمَائِرُ الإستِفهَام

تُستَخدَمُ ضَمَائِرُ (أَسماءِ) الإستِفهَامِ لِلسُّؤَالِ عَنِ العَاقِلِ وَغَيرِ العَاقِلِ، وَالمفرَدِ وَالجَمعِ، وَالحَالَةِ وَالزَّمنِ وَالكَيفِيَّة. وَنُمَيِّزُ فِيهَا:

- أَوَّلاً: الضَّمِير "wer?" بِمَعنَى "مَن؟".

يُستَخدَمُ ضَمِيرُ الإستِفهَامِ هَذَا لِلسُّؤَالِ عَنِ **العَاقِلِ**، سَوَاءً جَمعاً أَو مُفرَداً ، دُونَ النَّظَرِ إِلَى جِنسِ الإِسم. وَتَتَغَيَّرُ حَالَتُهُ الإِعرَابِيَّةِ كَالتَّالِي:

Nom. مَرفُوع	Akk. مَنصُوب	Dat. مَجرُور	Gen. مُضَاف
wer	wen	wem	wessen

- أَمثِلَة عَلى ضَمِيرِ الإِستِفهَام "wer?":

- **Wer** ist diese Person?	**مَنْ** هَذا الشّخص؟
- **Wer** sind diese Leute?	**مَنْ** هؤُلاءِ النَّاس؟
- **Wen** hast du besucht?	**مَنْ** زُرت؟
- **Wem** hast du geholfen?	**مَنْ** سَاعَدت؟
- **Wessen** Auto ist das?	**لِمَنْ** هَذهِ السّيارة؟

- ثَانِياً: الضَّمِيرُ "was?" بِمَعنَى "مَاذَا؟".

يُستَخدَمُ ضَمِيرُ الإستِفهَامِ هَذَا لِلسُّؤَالِ عَن **غَيرِ العَاقِلِ**، سَوَاءً جَمعاً أَو مُفرَداً، دُونَ النَّظَرِ إِلى جِنسِ الإِسم. وَتَتَغَيَّرُ حَالَتُهُ الإِعرَابِيَّة كَالتَّالِي:

Nom. مَرفُوع	**Akk. مَنصُوب**	**Dat. مَجرُور**	**Gen. مُضَاف**
was	**was**	**was**	**wessen**

- أَمثِلَة عَلى ضَمِيرِ الإِستِفهَام "was?":

- **Was** ist das?	**مَا** هَذا؟
- **Was** sind Sie von Beruf?	**مَا** تَعملُ حَضرتُك؟
- **Was** hast du geschrieben?	**مَاذَا** كَتَبت؟
- **Was** gehört dieses Kleid?	**لِمَ** يَنتَمِي هَذا الثّوب (لأي شركة)؟
- **Wessen** Landkarte ist das?	**لِماذَا** هَذهِ الخَريطَة (لأي منطقة)؟

- ثَالِثاً: الضَّمير "welch-?" بِمَعنَى "أيّ؟".

يُستَخدَمُ ضَمِيرُ الاستفهام هَذَا لِلسُّؤالِ عَن شَيءٍ مُعَيَّن، سَوَاءً مَلمُوساً أو غيرَ مَلمُوس. وَيُستَخدَمُ مَعَ العَاقِلِ وَغَيرِ العَاقِل، سَوَاءً جَمعاً أو مُفرَداً، وَتتغيَّرُ نِهَايَتُهُ حَسَبَ الحَالَةِ الإِعرَابِيَّة. وَيُعرَبُ كَالتَّالِي:

Kasus	M. مُذَكر	N. مُحَايد	F. مُؤنث	Pl. جَمع
Nom. مرفوع	welch**er**	welch**es**	welch**e**	welch**e**
Akk. منصوب	welch**en**	welch**es**	welch**e**	welch**e**
Dat. مجرور	welch**em**	welch**em**	welch**er**	welch**en** -n
Gen. مضاف	welch**es**	welch**es**	welch**er**	welch**er**

- أَمثِلَة عَلَى ضَمِيرِ الاِستِفهَام "welch-?":

- **Welches** Handy möchten Sie kaufen?	**أيَّ** جوَّالٍ ستَشتَرِي؟
- **Welcher** Arzt behandelte dich?	**أيُّ** طَبِيبٍ كَانَ قَد طَبَّبَكَ؟
- **Mit welchem** Zug fährst du?	**بأيِّ** قِطارٍ سَتُسَافِر ؟
- **Welches** Datum haben wir heute**?**	**مَا** تَارِيخُ اليَوم؟

- يُمكِنُ أَن يَأتِي اسمُ الاِستِفهَام "welch-" نَائِبَاً عَنِ الاِسم:

- **Welches** kaufst du davon?	**أيّاً** ستَشتَرِي مِنهَا؟
- **Welcher** hat die Tasse zerbrochen?	**مَن** كَسرَ الكُوب؟
- **Welchem** schenkst du Vertrauen?	**بِمَن** تَثِق؟
- **Welches** ist das größte Zimmer?	**أيُّها** الأكبَر (أيُّ غُرفَة)؟

- يُمكِنُ أَن تَأتِي "welch-" دُونَ أَيِّ نِهَايَة، لِلتَعبِيرِ عَن الدَّهشَة:

- **Welch** ein Zufall ist das!	**يَا لَـهَا** مِن صُدفَة!
- **Welch** eine Plage!	**أيُّ** شَقَاءٍ هَذَا!
- **Welch** kluge Idee das ist!	**يَا لَهَا** مِن فِكرَةٍ جَهنَّمِيَّة (شَيطَانِيَّة)!
- **Welch** eine Erleichterung!	**يَا لَهُ** من تَيسِير !
- **Welch** eine Großzügigkeit!	**أَيُّمَا** كَرَمٍ!

- رَابِعاً: الضَّمِير "was für ein-?"

يُستَخدَمُ هَذَا التَّركِيب لِلسُّؤَالِ عَن مُوَاصَفَاتِ أَو تَفَاصِيلِ شَيء. وَلَا يُؤَثِّرُ حَرفُ الجَرّ "für" عَلَى الحَالَةِ الإِعرَابِيَّةِ لِلإِسمِ الوَاقِعِ بَعدَه، إِذْ لَا يُحسَبُ حَرفُ جَرّ:

- **Was für ein** Auto ist das?	**مَا نَوعُ** هَذِهِ السَّيارَة؟
- **Was für eine** Maschine ist das?	**مَا نَوعُ** هَذهِ الآلَة؟

- إِذَا دَلَّ الإِسمُ الوَاقِعُ بَعدَ ein عَلى جَمع، نَحذِفُهَا:

- **Was für Computer** sind die?	**مَا نَوعُ** هَذِهِ الحَوَاسِيب؟
- **Was für Panzer** sind diese?	**مَا نَوعُ** هَذهِ الدَّبَابَات ؟

- وَيُستَخدَمُ هَذَا التَّركِيبُ أَيضاً لِلتَعبِيرِ عَنِ التَّعَجُّبِ والدَّهشَةِ:

- **Was für ein** Chaos! يَا لَهَا مِن فَوضَى!
- **Was für einer** ist er! يا لهُ من إنسَانٍ (لَرُبَّمَا كَانَ التَّعَجُّبُ مِن بَابِ الذُّهُولِ أَوِ الإِزدِرَاءِ أو...)!

أَحيَانَاً يُقصَدُ بِنَفسِ الجُملَةِ القَصدَينِ السَّابِقَين:

- **Was für ein** Kleid ist das? **مَا نَوعُ** هَذَا الفُستَان؟ (سؤال).
- **Was für ein** Kleid ist das! **يا لهُ** مِن فُستَان! (تعجب).

تُستَخدَمُ بَعضُ الظُّرُوفِ كَأَسمَاءِ استِفهَام، مِثلُ (كَيفَ؟ ?wie)، (أَينَ؟ ?wo)، (مَتَى؟ ?wann)، (لماذَا؟ ?warum)، (كَمّ؟ ?wie viel(e)):

Wo finde ich bitte eine Bibliothek?	مِن فَضلِك! **أَينَ** أَجِدُ مَكتَبَة؟
Wo sind bitte die Toiletten?	مِن فَضلِك، **أَينَ يَقَعُ** بَيْتُ الخَلَاءِ ؟
Wann bist du angekommen?	**مَتَى** وَصَلت؟
Wann findet bitte die Veranstaltung statt?	**مَتى** تُفتَتَحُ الفَعالِيَّة؟

Warum hast du deine Meinung geändert?	**لِمَاذا** غَيَّرتَ رَأيَك؟
Warum verhältst du dich aggressiv?	**لِماذا** تَتَصرَّفُ بِشَكلٍ عِدَائِيّ؟
Wie bist du darauf gekommen?	**كَيفَ** استَنتَجتَ ذَلِك؟
Wie viel hast du ausgegeben?	**كَم** صَرَفت (مِن المَالِ)؟
Wie viel verdienst du monatlich?	**كَم** تَكسَبُ مِن المَالِ شَهريّاً؟

- يُمكِنُ أَن يَرِدَ حَرفُ الجَرِّ قَبلَ أَسماءِ الِاستِفهَام:

__Bis__ __zu__ welchem Datum bist du da?	**لِأيّ** تَارِيخ تَتَوَاجَدُ هُنَاك؟
__Auf__ welcher Seite steht es?	**فِي أيّ** صَفحةٍ يُوجَدُ هَذا؟
__Von__ wem sprecht ihr?	**عَمَّن** تَتَكلَّمُون؟
__Über__ wen machst du dir Gedanken?	**عَمَّن** تَقلَق؟
__An__ wen soll ich mich wenden?	**لِأَيّ شَخصٍ** يَجبُ عَليَّ أَن أَتوَجَّه؟

- يُمكِنُ أَن يَتَّصِلَ اسمُ الِاستِفهَام **"wo"** مَع:

- 1- ظُرُوف:

wo**__hin__**? إلى أين	**Wohin** gehst du?	**إلى أينَ** أنت ذَاهِب؟
	Wohin führt dieser Weg?	**إلى أينَ** يقودُ هذا الطَّرِيق؟
wo**__her?__** من أين	**Woher** kommen Sie?	**مِن أينَ** تَنحدِرُ حَضرتُك؟
	Woher wusstest du davon?	**مِن أينَ** سَمعتَ عَن ذَلِك؟

- 2- حُرُوفِ جَرّ:

wovon?	**Wovon** muss man nicht reden? **عَن مَاذا** يجبُ ألّا يتكَلَّمُ المَرء؟
wodurch?	**Wodurch** unterscheidet sich Ihre Firma von den anderen? **بِمَ** تَتَمَيَّزُ شَرِكَتُكُم عَن بَاقِي الشَّرِكَان؟

13.0.0 Die Negation النَّفي وَالنّهي

النَّفي هُو نَقض فِكرَةٍ أو اسمٍ أو جُملَةٍ تَمَّ الإدلَاءُ بِهَا. وَلِلنَفي أشكَالٌ عَدِيدَةٌ وَمُختَلفَة.

13.1.0 Negativ durch Negativartikel النَّفي بِاستِخدَامِ الأَدَوات

هُنَاكَ أَدَوَاتٌ كَثِيرَةٌ لِلنَفي أَهَمُّهَا:

13.1.1 أوَّلاً: الأَدَاة "nein" بِمَعنَى "لَا" وَتُستَخدَمُ كَجَوابٍ لِسُؤال:

- Ist Herr Ahmad da? **Nein**, er ist nicht da. هَل السّيدُ أحمد هُنا؟ لا، هُو ليسَ هُنا.
- Sind Sie der Lehrer? **Nein**, ich bin der Schuldirektor. هَل حضرتُكَ المُعلّم؟ لا، أنا مُديرُ المَدرَسَة.

13.1.2 ثَانِياً: الأَدَاة "nicht" لَيسَ لِهَذِهِ الأَدَاةِ تَرجَمَةٌ مُعَيَّنَة إلى العَرَبِيَّة، وَاستِخدَامُهَا:

⇦ 1- تَنفِي الأَدَاة "nicht" فِعلاً وَتَأتِي بَعدَهُ أو فِي آخِرِ الجُملَة:

- Er lügt **nicht** .	هُو **لَا** يَكذِب
- Es regnet **nicht**.	**لَا** تُمطِر
- Er kommt wahrscheinlich **nicht**.	**لَن** يأتيَ على الأغلَب.

* أمَّا إِذَا احتَوَتِ الجُملَةُ حَرفَ جَرٍّ فَتَأتِي الأَدَاة "nicht" دَائِماً قَبلَ حَرفِ الجَرّ:

- Er geht **nicht** <u>in die Schule</u>. — **لَن** يَذهَبَ إلى المَدرَسَة
- Das Buch liegt **nicht** <u>auf dem Tisch</u>. الكِتَابُ **لَيسَ** عَلى الطّاوِلة.
- Säge **nicht** <u>an dem Ast</u>, auf dem du sitzt. **لَا** تَقطَعِ الغُصنَ الّذِي تَجلِسُ عَلَيه.
- Er geht **nicht** <u>an den Strand</u> (sondern in die Bäckerei). **لَن** يَذهبْ إلى الشَّاطِئِ، (وَإنَّمَا إلَى المَخبَز).
- Ich stehe **nicht** vor der Tür (sondern vor dem Tisch). أنا **لَا** أقِفُ أمَامَ البَاب، (وَإنَّمَا أمَامَ الطَّاوِلَة).

* وَإِذَا احتَوَتِ الجُملَةُ عَلى فِعلٍ مُسَاعِد فَتَأتِي قَبلَ الفِعلِ الأَسَاسِيّ:

- Hast du **nicht** verstanden?	**أَلَم** تَفهَم؟
- Ich kann es **nicht** vorbeurteilen.	**لَا** أَستَطِيعُ الإِستِبَاقَ فِي الحُكم
- Der Zug ist noch **nicht** angekommen.	**لَم** يَصِلِ القِطَارُ بَعد
- Ich habe die Weisheit **nicht** gepachtet.	**لَم** أَنهَلِ الحِكمَةَ عَن طَرِيقِ الأُجرَة (بِمَعنَى: أَنَا حَكِيمٌ أَبّاً عَن جَدّ).
- Ihr schlechtes Verhalten hat mir **nicht** gefallen.	**لَم** يُعجِبنِ سُلُوكُهَا السَّيّئ.

* أَمَّا إِذَا اجتَمَعَ حَرفُ الجَرّ مَعَ الفِعلِ المُسَاعِدِ فِي نَفسِ الجُملَة فَتَأتِي قَبلَ حَرفِ الجَرّ:

Er ist **nicht** <u>in die Schule</u> gegangen.	**لم** يذهب إلى المدرسة
Ich habe das Buch **nicht** <u>auf den Tisch</u> gelegt, (sondern auf den Stuhl).	**لَم** أضعِ الكِتابَ على الطّاولَة (وإنما على الكرسي).
Wer den Schaden hat, braucht für den Spott **nicht** zu sorgen.	دَائِماً مَا يَكُونُ الخَاسِرُ مَوضِعَ السُّخرِيَة.

⇦ 2 - تَنفِي الأَدَاة "nicht" جُزءاً مِنَ جُملَة:

- <u>**Nicht**</u> **ich** besuchte ihn, sondern...	**لَيسَ أنا** مَن زَارَه، وَإِنَّما...

⇦ 3- تَنفِي الأَدَاة "nicht" اسماً مُعَرَّفاً، وَتَأتِي قَبلَه:

- Ich schaue mir <u>**nicht**</u> **diese Serie** an (sondern jene).	أَنا **لَا** أُشَاهِدُ **هذا المُسَلسَل** (<u>وَإِنَّمَا ذَاكَ</u>).

13.1.3 ثَالِثَا: الأَدَاة (kein(e, er,en…) بِمَعنَى لَا وَتَنفِي الأَسماءَ النَّكِرَة.

تَنفِي الأَدَاة "kein" الأَسماءُ النَّكِرَة فَقَط، وَتَتَغَيَّرُ نِهَايَتُهَا إِذَا كَانَت مُرَافِقَةً لِلإِسمِ حَسَبَ أَدَاةِ التَّنكِير، إِلَّا أَنَّهَا تَأخُذُ نِهَايَةَ أَدَاةِ التَّعرِيفِ فِي حَالَةِ الجَمع:

Kasus	M. مُذَكّر	N. مُحَايد	F. مُؤنَّث	Pl. جَمع
Nom. رفع	kein	kein	keine	keine
Akk. نصب	keinen	kein	keine	keine
Dat. جر	keinem	keinem	keiner	keinen -n
Gen. إضافة	keines	keines	keiner	keiner

- أَمثِلَة:

- Ich bin **kein Arzt.**	أنا **لستُ طبيباً**
- Ich habe **keinen Stift**.	**ليسَ** لديَّ **أيُّ قلَم**
- Er würdigt mich **keines Blickes**.	**لا** يرَاعِ **نَظرَتِي** أَبدَاً
- Es ist **kein Wunder**, dass ihr zu spät kommt. **ليسَ منَ العجبِ** أَن تَأتُوا مُتَأَخِّرِينَ.	
- Es unterliegt **keinem Zweifel**, dass die Fehler machen. **لا** يوجَدُ **أدنى شَكّ** أَنّ الأخطَاءَ تَصنَعُ الإنسَان (تعلمه).	
- Ich habe **keinem Studenten** ein Buch geschenkt. لَم أُهدِ **أي طَالبٍ** أَي كِتاب.	
- **Kein Schüler** hat die Aufgabe gelöst. **لَم** يحُلّ الوظِيفَة **أيّ تِلميذ.**	

* وَيُمكِنُ أَن تَأتِي قَبلَ حَرفِ الجَرّ أَو بَعدَهُ:

- Ich bin **an keinem** anderen Ort gewesen. لَم أَكُنْ **بأيّ** مَكَانٍ آخرٍ.
- **Keiner von** uns kann seinem Schicksal entgehen. لَا يَستَطِعُ أيُّ أَحَدٍ مِنّا أَن يَهرُبَ مِن قَدَرِه.
- Er kaufte es **aus keinem** besonderen Grund. **لَم** يشتَرِيهِ لِسبَبٍ مُعيَّن.
- Diese zwei Sachen stehen **in keinem** Zusammenhang. **لَا يُوجَدُ أيُّ** علاقَةٍ مُشتَرَكةٍ بينَ هذَينِ الأمرَين أبداً.

* وَتَتَغيّرُ نِهَايَتُهَا إِذَا نَابَت عَنِ الإسمِ حَسَبَ أَدَاةِ التَّعرِيفِ وَلَيسَ التَّنكِير:

Kasus	M. مُذَكّر	N. مُحَايِد	F. مُؤنّث	Pl. جَمع
Nom. رفع	keiner	keines	keine	keine
Akk. نصب	keinen	keines	keine	keine
Dat. جر	keinem	keinem	keiner	keinen
Gen. إضافة	keines	keines	keiner	keiner

- أَمثِلَة:

- **Keiner** hat die Aufgabe gelöst.	**لَم** يَحُلَّ الوظيفة أحد
- Ich habe heute **keinen** getroffen.	**لَم** اقابل أحداً اليَوم
- Er konnte **keinem** helfen.	**لَم** يَستَطِع أَن يُساعِدُ أحَداً
- Er würdigt **keines**.	**لَا** يُبَجِّل أحَداً

* وَيُمكِنُ التَّمييزُ بَينَ الأَدَاتَينِ السَّابِقَتَينِ كَالتَّالِي:

- Er ist **kein Arzt**.	هُوَ **لَيسَ طَبيباً**
- Er ist **nicht der Arzt**, der mich behandelt hat. إِنَّهُ **لَيسَ الطَّبيبُ** الذِي عَالَجَنِي.	

13.1.4 رَابِعاً: الأَدَاتَان "weder…, noch…" بِمَعنَى لَا وَلَا

يُستَخدَمُ هَذَا التَّعبِيرُ لِنَفِي كَلِمَتَين، سَواءً فِعلَينِ أو ظَرفَينِ أو اسمَينِ أو صِفَتَينِ أو.. :

- Er konnte **weder** **<u>bestätigen</u>** **noch** **<u>verneinen</u>**. **لَم** يَستَطِع **أَن يُؤَكِّد وَلَا أَن يَنفِي**.
- Er kann **weder** **<u>ohne sie</u>** **noch** **<u>mit ihr</u>** leben. **لَا** يَستَطِيعُ أَن يَعِيشَ **مِن دونِهَا وَلا** يَستَطِيعُ أَن يَعِيشَ **مَعَهَا**.
- Ich habe **weder** **<u>Stift</u>** **noch** **<u>Buch</u>**. **لَيسَ** عِندِي **لا قلمٌ وَلا كِتَاب**
- Es ist **weder** **<u>kalt</u>** **noch** **<u>warm</u>**. الجَوُّ **لَيس بَارِدَاً وَلا حَارّاً**

13.1.5 خَامِسَاً: الأَدَاتَان nicht…, sondern…: بِمَعنَى "لَيسَ.. وَإِنَّما..":

- Ich ging **<u>nicht</u>** <u>in die Schule</u>, **<u>sondern</u>** <u>ins Krankenhaus</u>. **لَم** أَذهَب إِلى المَدرَسَةِ **وَإِنَّما** ذَهبتُ إِلى المَشفَى.
- Ich bin **<u>nicht</u>** <u>der Professor</u>, **<u>sondern</u>** <u>der Dozent</u>. أنا **لَستُ** الأُستَاذَ الجَامِعِيّ **وَإِنَّما** المُحَاضِر.

13.1.6 سَادِسَاً- „nicht nur…, sondern auch…“: بِمَعنَى "لَيسَ فَقَط.. وَإِنَّمَا أَيضَاً..":

- Es ist hier **<u>nicht nur</u>** <u>warm</u>, **<u>sondern auch</u>** <u>trocken</u>. الجَوُّ هُنا **لَيسَ** حَارّاً **فقط وإِنَّمَا** جَافّاً **أَيضاً**.

- Ich kann **nicht nur** antworten, **sondern auch** beweisen. أستَطِيعُ **لَيسَ فقط** الإجَابَةَ **وَإنَّمَا أيضَاً** أستَطِيعُ أن أُثبِت.
- Er hat **nicht nur** ein Haus, **sondern auch** ein Auto. **لَيسَ** لَدَيهِ بَيتٌ **فَقط بَلّ** سَيَّارَةٌ **أَيضَاً**.
- Ich kann **nicht nur** ohne Internet leben, **sondern auch** ohne Computer. أستَطِيعُ أَن أَعِيشَ **لَيسَ فقط** دُونَ انترنت **وَإنَّما أيضَاً** دُونَ حَاسُوب.

13.1.7 سَابِعَاً: الأَدَاة "ohne" بِمَعنَى "بِدُون". وَهُوَ حَرفُ جَرٍّ مَعَ المَنصُوب Akk.:

غَالِبَاً مَا يُستَخدَمُ لِنَفيِ الأَسمَاءِ، وَغَالِبَاً مَا يَأتِي الِاسمُ بَعدَهُ دُونَ أَدَاة:

Ahmad ging **ohne** Regenschirm hinaus.	خَرَجَ أَحمَدُ **دونَ** مِظَلَّة

وَتَأتِي ohne مَع dass بِمَعنَى "مِن دُونِ أَنّ":

Mache es, **ohne dass** einer es merkt!	افعَلهَا **دُونَ أَن** يَنتَبِهَ أحد!

-يُمكِنُ النَّفيِ بِاستِخدَامِ بَعضِ الظُّرُوفِ وَالضَّمَائِر، وَلنَأخُذ مِثَالاً لِكُلٍّ مِنهَا:

nichts لَا شَيء	- Er ist doch mit **nichts** zufrieden. **هُوَ لَيسَ** سَعِيد بِأَيِّ شَيء.
nie أبَدَاً	- Man soll das Buch **nie** nach seinem Einband beurteilen. **لَا** تَحكُم عَلَى الكِتَابِ مِن غِلَافِه
niemals وَلَا مَرَّة	- Ich trank **niemals** Wein. مَا شَرِبتُ الخَمرَ **وَلا مَرَّة**.
nirgends, nirgendwo وَلا فِي أي مَكَان	- Das ist **nirgends** / **nirgendwo** zu finden. **لَا** يُوجَدُ **بِأَيِّ مَكَان**.
nirgendwohin وَلَا إِلَى أي مَكَان	- Er ging **nirgendwohin**. **لَم** يَذهَب **إلى أي مَكَان**.
nirgendwoher وَلَا مِن أي مَكَان	- Es ist **nirgendwoher** zu holen. **لَا** يُجلَبُ **مِن أي مكان**.
keinesfalls وَلَا بِأَي حَال	- Das geht dich **keinesfalls** etwas an. **لَا** يَخُصُّكَ هذا **أبداً**.
keineswegs أبَدَاً	- Das Wetter ist **keineswegs** warm. الجَوُّ **لَيسَ** حَارَّاً **أبداً**.

13.2.0 Negation durch Präfixe — النّفي باستِخدَامِ البَادِئَات

يَتِمُّ النَّفي بِاستِخدَامِ بَادِئَاتٍ مُعَيَّنَةٍ وَكُلُّهَا تَأتِي بِمَعنَى "nicht":

البَادِئَة	أَمثِلَة		
a-	apolitisch غَيرُ سِيَاسِي	atypisch غَيرُ نَمُوذَجِي	asozial غَيرُ اجتِمَاعِي
de-	deaktiviert غَيرُ مُفَعَّل	demütig خَانِع	dechiffrierbar قَابِلٌ لِفَكّ الشّيفرَة
des-	desorganisiert غَيرُ مُنَظّم	desinteressiert غَيرُ مُمتِع	desinfiziert غَيرُ مُصَاب
in-	indirekt غَيرُ مُبَاشر	instabil غَيرُ مُستَقِر	intolerant غَيرُ مُتَسَامِح
ir-	irreal غَيرُ حَقِيقِي	irregulär غَيرُ مُنتَظَم	irrelevant لَيس ذُو صِلة
un-	unbeliebt غَيرُ مَحبُوب	unfähig غَيرُ قَادر	unendlich لَيس له نِهايَة

13.3.0 Negation durch Suffixe — النّفي باستِخدَامِ اللّاحِقَات

اِستُخدِمَتْ قَدِيمَاً أَكثَرُ مِن لَاحِقَةٍ لِلنَفِي، أَمَّا اليَومَ فَهُنَاكَ لَاحِقَةٌ وَاحِدَةٌ مُستَخدَمَةٌ، وَهِيَ اللَّاحِقَة "los".

اللَّاحِقَة	مِثَال		
-los	arbeitslos عَاطِلٌ عَنِ العَمَل	sprachlos مُلجَم	endlos لَيس لَهُ نِهايَة
	machtlos لَيس بِيَدِهِ حِيلَة	freudlos كَئِيب	lückenlos لَيس فيه ثَغَرَات

وَإِذَا كَانَــتِ النُّفُــوْسُ كِــبَارَاً

تَعِبَــتْ مِنْ مُـــرَادِهَا الأَجْــسَامُ

14.0.0 Das Adjektiv الصّفَة

تُستَخدَمُ الصِّفَةُ بِشَكلٍ عَام لِلوَصف، تَصِفُ سَوَاءٌ الاِسمَ فَتكُونُ وَصفِيَّةً أَوِ الفِعلَ فَتكُونُ حَالاً. وَتُكتَبُ بِحُرُوفٍ صَغِيرَةٍ إِلَّا إِذَا جَاءَت أَوَّلَ الجُملَة أَو استُخدِمَت كَاِسم، وَسَنَتَعَرَّفُ عَلَى تَحوِيلِ الصِّفَةِ إِلَى اِسمٍ لَاحِقاً.

وَتُستَخدَمُ كَالتَّالِي(سَنَأخُذُ حَالَةَ الرَّفعِ كَمِثَال):

⇦ 1- وَصفِيَّةٌ، حَيثُ تَصِفُ الاِسمَ وَتَأتِي قَبلَهُ وَتَكُونُ مُعرَبَة:

- Ein **heiß<u>er</u>** Tee. شَايٌ **سَاخِن**.	- Der **heiß<u>e</u>** Tee. الشَّايُ **السَّاخِن**.
- Eine **heiß<u>e</u>** Diskussion. نِقَاشٌ **حَادّ**.	- Die **heiß<u>e</u>** Diskussion. النِّقَاشُ **الحَادّ**.
- Ein **heiß<u>es</u>** Ringen. صِرَاعٌ **جَسُور**.	- Das **heiß<u>e</u>** Ringen. الصِّرَاعُ **الجَّسُور**.
- **<u>Der</u> stark<u>e</u>** Wille	الإِرَادَةُ **القَوِيَّة (مَعَ أَدَاةِ التَّعرِيف)**
- **<u>Ein</u> groß<u>er</u>** Verlust.	خَسَارَةٌ **كَبِيرَة (مَعَ أَدَاةِ التَّنكِير)**
- **Streng<u>e</u>** Maßnahmen.	إِجرَاءَاتٌ **صَارِمَة (بِدُونِ أَدَاة)**

⇦ 2- خَبَرِيَّةٌ، وَذَلِكَ بِأَن تَأتِيَ مُستَقِلَّةً فِي الجُملَة، وَتَكُونُ غَيرَ مُعرَبَةٍ وَلَا تَتَغَيَّرُ نِهَايَتُهَا، وَلَهَا نَوعَان:

- النَّوعُ الأَوَّل: الصِّفَةُ الخَبَرِيَّةُ الوَاصِفَةُ لِلفَاعِل، سَوَاءً مُذَكَّراً أَو مُؤَنَّثاً أَو مُحَايِداً فِي حَالَةِ الاِفرَادِ أَوِ الجَمع، وَهَذِهِ الحَالَةُ خَاصَّةٌ بِالفِعلِ **"sein"**:

- <u>Er</u> ist **stark**.	إنه قوي
- <u>Sie</u> ist **zielstrebig**.	هِيَ مُصَمِّمَةٌ عَلَى هَدَفِهَا
- <u>Der Unterschied</u> ist **auffallend**.	الاِختِلَافُ مُلفِتٌ لِلنَظَر
- <u>Das Wetter</u> ist **heiter**.	الجَّوُّ صَحوٌ
- <u>Der Schüler</u> ist **fleißig**.	الطَّالِبُ نَشِيط
- <u>Die Schüler</u> sind **fleißig**.	الطُّلَّابُ نَشِيطُون

▪ النَّوعُ الثَّانِي: الصِّفَةُ الخَبَرِيَّة الوَاصِفَة لِلفِعل:

- Das Kind schreit **laut**. يَصرُخُ الطِّفلُ **بِقوّة**.
- Ich gehe **barmherzig** mit den Kindern um. أُعاملُ الأَطفالَ **بِحَنَان**.

وَيُمكِنُنَا التَّمِييزُ بَينَ الأَمثِلَةِ التَّالِيَة:

- Er kam **sicher** zurück.	عَادَ **آمِناً** (تَمَّ وَصفُ **الفِعل**)
- **Die sichere** Rückkehr.	الرُّجُوعُ **الآمِن** (تَمَّ وَصفُ **الاِسم**)
- **Eine sichere** Methode.	طَرِيقَةٌ **آمِنَة** (تَمَّ وَصفُ **الاِسم**)
- **Sicherer** Abstand.	مَسَافَةٌ آمِنَة (تَمَّ وَصفُ **الاِسم**)

14.1.0 Die flektierten Formen des Adjektivs
الحَالَاتُ المُعرَبَةُ لِلصِفَة

ذَكَرنَا أَنَّ الصِّفَةَ الخَبَرِيَّةَ لَا تُعرَبُ أَبَداً. وَإِن وَرَدَتِ الصِّفَةُ قَبلَ الاِسمِ تَتَغَيَّرُ نِهَايَتُهَا حَسَبَ حَالَتِهِ الإِعرَابِيَّة (Kasus)، وَحَالَتِهِ العَدَدِيَّة (Numerus)، وَجِنسِهِ القَوَاعِدِيّ (Genus).

14.1.1 Starke Deklination des Adjektivs أولاً: الإِعرَابُ القَوِيُّ لِلصِفَة

وَذَلِكَ بِأَن يَأتِيَ الاِسمُ دُونَ أَيِّ أَدَاة، وَقَبلَهُ الصِّفَة:

Kasus	M. مُذكَّر	N. مُحَايد	F. مُؤنَّث	Pl. جَمع
Nom. رفع	fein**er** Mann رَجُلٌ لَطِيف	fein**es** Mehl طَحِينٌ دَقِيق	fein**e** Dame سَيِّدةٌ لَطِيفَة	fein**e** Jungen شُبَّانٌ لُطَفَاء
Akk. نصب	fein**en** Mann رَجُلٌ لَطِيف	fein**es** Mehl طَحِينٌ دَقِيق	fein**e** Dame سَيِّدةٌ لَطِيفَة	fein**e** Jungen شُبَّانٌ لُطَفَاء
Dat. جر	fein**em** Mann الرَّجُلُ اللَّطِيف	fein**em** Mehl الطَّحِينُ الدَّقِيق	fein**er** Dame السَّيِّدَةُ اللَّطِيفَة	fein**en** Jungen الشُّبَّانُ اللُّطَفَاء
Gen. مضاف	fein**en** Mann**es** الرَّجُلُ اللَّطِيف	fein**en** Mehl**es** الطَّحِينُ الدَّقِيق	fein**er** Dame السَّيِّدَةُ اللَّطِيفَة	fein**er** Jungen الشُّبَّانُ اللُّطَفَاء

- أَمثِلَة:

Kalter Wind ließ die Rose frieren.
جَمّدَت رِياحٌ **بَارِدَةٌ** الزَّهرَة.

Dies ist ein **guter** Stoff für unser Nachrichtenmagazin.
هَذِهِ مَادَّةٌ **جَيِّدَةٌ** لِمَجلّتِنَا الإِخبَارِيَّة.

Ich Pflege **gute** Beziehungen zu meinen Freunden.
أعتَنِي بعَلَاقتِي **الجَّيدَة** مَع أَصدقَائي.

Er verdient sich oft **bessere** Noten.
غَالباً مَا يُحَصِّلُ عَلامَاتٍ **أَفضَل**.

* وَقَد يَأتِي قَبلَهَا حَرفُ جَرّ:

Ich gab das Gerät **in gutem** Zustand zurück.
أعدتُ (أَرجَعتُ) الجّهَازَ فِي حَالَةٍ **جَيّدَة**.

Nachfrage **nach billigem** Wohneigentum.
طَلَبُ شِرَاءِ بَيتٍ **رَخِيصٍ**.

Die Leute kommen **von vielen verschiedenen** Orten.
يَأتِي النَّاسُ مِن أَماكِنَ **عَدِيدَةٍ وَمُختَلِفَةٍ**.

* وَقَد يَأتِي قَبلَ الصِّفَةِ كَلِمَاتٌ عَدَدِيَّةٌ أَو ضَمَائِرٌ غَيرُ مُعرَبَة، وَعِندَئِذٍ تُعرَبُ إِعرَاباً قَوِيّاً أَيضاً:

Unter **solch technologisches** System sieht es besser aus.
يَبدُو الوَضعُ أَفضَلَ فِي ظِلّ نِظَامٍ **تكنولُوجِيّ كَهَذا النِّظَام**.

Manch wahre Worte werden im Scherz gesprochen.
يُقَالُ **بَعضُ الكَلَامِ الحَقِيقِيّ** عَلَى أَنَّهُ مُزَاح.

Dieses Geschäft bietet **Tausend verschiedene** Angebote an.
يَقدُمُ هَذا المَتجَر **الآلَاف (العَدِيد)** مِنَ العُروضِ **المُختَلِفَة**.

Dieses Gerät hat **viel zahlreiche neue** Vorteile.
لِهذَا الجّهازِ **الكَثِيرُ** مِن المَحَاسِنِ **المتعدّدةِ الجَّدِيدَة**.

قَارِنْ بَينَ الإِعرَابِ القَوِيّ لِلصِفَةِ وَإِعرَبِهَا مَعَ الضَّمَائِرِ المُعرَبَةِ حَسَبَ أَدَاةِ التَّنكِير!

الإِعرَابُ	Nominativ	Akkusativ	Dativ	Genitiv
مَعَ الضَّمِيرِ **kein**	**keine guten** Leute	**keine guten** Leute	**keinen guten** Leuten	**keiner guten** Leute
مَعَ أَدَاةِ التَّعرِيف	**gute** Leute	**gute** Leute	**guten** Leuten	**guter** Leute

14.1.2 Schwache Deklination des Adjektivs ثانياً: الإِعرَابُ الضَّعِيفِ لِلصِفَة

وَذَلِكَ بِأَن يَأتِي قَبلَ الاِسمِ أَدَاةُ تَعرِيف، وَالصِّفَة تَأتِي بَينَ الاِسمِ وَأَدَاةِ التَّعرِيف:

Kasus	M. مذكر	N. محايد	F. مؤنث	Pl. جمع
Nom. رفع	der feine Mann الرَّجُلُ اللَّطِيفُ	das feine Mehl الطَّحِينُ الدَّقِيقُ	die feine Dame السَّيِدَةُ اللَّطِيفَة	die feinen Jungen الشُّبَّانُ اللُّطَفَاء
Akk. نصب	den feinen Mann الرَّجُلُ اللَّطِيفُ	das feine Mehl الطَّحِينُ الدَّقِيقُ	die feine Dame السَّيِدَةُ اللَّطِيفَة	die feinen Jungen الشُّبَّانُ اللُّطَفَاء
Dat. جر	dem feinen Mann الرَّجُلُ اللَّطِيفُ	dem feinen Mehl الطَّحِينُ الدَّقِيقُ	der feinen Dame السَّيِدَةُ اللَّطِيفَة	den feinen Jungen الشُّبَّانُ اللُّطَفَاء
Gen. مضاف	des feinen Mannes الرَّجُلُ اللَّطِيفُ	des feinen Mehles الطَّحِينُ الدَّقِيقُ	der feinen Dame السَّيِدَةُ اللَّطِيفَة	der feinen Jungen الشُّبَّانُ اللُّطَفَاء

- أَمثِلَةٌ:

- Erfolg und Fortschritt sind für ihn **die beste** Rache.
النَّجَاحُ وَالتَّقَدُّمُ **أَفضَلُ** ثَأرٍ بِالنِّسبَةِ لَه.

- Es ist für mich bedeutend, **den guten** Ruf zu bewahren.
إِنَّهُ لَمِنَ المُهِمّ بِالنّسبَةِ لِي أَن أُحَافِظَ عَلَى سُمعَتِي **الطَّيِّبَة**.

- **Das intelligente** Kind löste **das schwierige** Rätsel.
حَلَّ الوَلَدُ **الذَّكِيُّ** اللُّغزَ **الصَّعب**.

- Er verlieh **dem fleißigen** Schüler einen edlen Preis.
مَنَحَ الطَّالِبَ **النَّشِيطَ** جَائِزَةً **مُشَرِّفَة**.

- Das ist **das erste** Anzeichen **des finanziellen** Verfalls.
هَذِهِ هِيَ عَلَامَةُ التَّدهُورِ **المَالِي الأُولَى**.

* وَقَد يَأتِي قَبلُهَا حَرفُ جَرّ:

Er ist ein Student **vor dem ersten akademischen** Grad.
طَالِبٌ جَامعِيٌّ فِي مَرحَلَةِ مَا قَبلَ الدَّرجةِ **الأَكَادِيمِيَةِ الأولى** (لَم يتخَرَج بعد).

Dieses Stück ist **von erster** Qualität.
هَذِهِ القِطعَةُ مِن الدَّرجَةِ **الأُولى**.

Er hat **nach gründlicher** Beobachtung das Problem gelöst.
حَلَّ المُشكِلَةَ بَعدَ المُرَاقَبَةِ **الدَّقِيقَة**.

* إذا جاءَ قبلَ الإسمِ ضَمِيرٌ يُعربُ حَسَبَ أَدَاةِ التَّعرِيف، (كَالضَّمِيرِ -dies مَثَلاً) فَيُحسَبُ الضَّمِيرُ وَكَأَنَّهُ أَدَاةُ تَعرِيفٍ وَتُعربُ الصِّفَةُ إِعرَاباً ضَعِيفاً:

- **Dieser große** Verlust ist bitter. الخَسَارَةُ **الكبيرَةُ** هَذِه شَنِيعَة.
- Ich konnte **dieses schwierige** Problem nicht beheben. لَم أستَطِع أن أتَجَاوَزَ هذهِ المُشكِلَةَ **المُستَعصِيَةَ (الصَّعبَة)**.
- In **diesen finsteren** Zeiten herrschte die Unwissenheit. كَانَ الجَّهلُ سَائِدَاً فِي تِلكَ الفَترَةِ الزمنية **المُظلِمَة**.
- Die Literatur **jener vergangenen** Epoche war recht interessant. كَانَ الأدَبُ فِي تِلكَ الفَترَةِ **المَاضِيَةِ** مُمتِعاً جِدّاً.

14.1.3 Gemischte Deklination des Adjektivs ثَالِثاً: الإعرَابُ المُختَلَط لِلصِفَة

سُمِّيَ اعرَاباً مُختَلَطَاً كَونَهُ خَلِيطٌ مِنَ النَّوعَينِ السَّابِقَين (الإعرَابُ الضَّعِيفُ وَالإعرَابُ القَوِيّ):

Kasus	M. مذكر	N. محايد	F. مؤنث	Pl. جمع
Nom. رَفع	ein feiner Kerl رَجُلٌ لَطِيفٌ	ein feines Mehl طَحِينٌ دَقِيقٌ	eine feine Dame سَيِّدَةٌ لَطِيفَةٌ	eure feinen Kinder أطفَالُكُم اللُّطَفَاء
Akk. نَصب	einen feinen Kerl رَجُلٌ لَطِيفٌ	ein feines Mehl طَحِينٌ دَقِيقٌ	eine feine Dame سَيِّدَةٌ لَطِيفَةٌ	eure feinen Kinder أطفَالُكُم اللُّطَفَاء
Dat. جَرّ	einem feinen Kerl رَجُلٌ لَطِيفٌ	einem feinen Mehl طَحِينٌ دَقِيقٌ	einer feinen Dame سَيِّدَةٌ لَطِيفَةٌ	euren feinen Kindern أطفَالُكُم اللُّطَفَاء
Gen. مُضَاف	eines feinen Kerles رَجُلٌ لَطِيفٌ	eines feinen Mehles طَحِينٌ دَقِيقٌ	einer feinen Dame سَيِّدَةٌ لَطِيفَةٌ	eurer feinen Kinder أطفَالُكُم اللُّطَفَاء

- أَمثِلَة:

Ein erfahrener Manager kann die Strategie gut entwerfen. مُدِيرٌ **مُحَنَّكٌ** يمكِنُهُ أن يُخطِّطَ الإستِرَاتِيجِيَّةِ بِشَكلٍ جَيِّد.
Der Lehrer gab dem Studenten **eine präzise** Antwort. أَجَابَ المُعلِّمُ الطَّالِبَ جَوَاباً **دَقِيقَاً**.

Ich bin **<u>kein</u> klug<u>er</u>** Mann, aber er weiß was Liebe ist. لَستُ رَجُلاً ذَكِيّاً، وَلَكِنَّنِي أَعلَمُ مَا هِيَ المَحَبَّة.

- وَقَد يَأتِي مَعَهَا حَرفُ جَرّ:

Er hat sein Haus ***mit*** **<u>einem</u> holzigen** Fußboden versehen. جَهَّزَ مَنزِلَهُ بِأَرضِيَّةٍ **خَشَبِيَّة**.
Ich bin im Moment ***an*** **<u>einem</u> ander<u>en</u>** Ort. أَنا الآنَ فِي مَكَانٍ **آخَر**.
Ein Kind ***mit*** **<u>einem</u> fett<u>en</u>, rund<u>en</u>** und **schön<u>en</u>** Gesicht. طِفلٌ بِوَجهٍ **مُمتَلِئٍ وَمُدَوَّرٍ وَجَمِيل**.
Der Prozess lief ***wegen*** **<u>eines</u> dumm<u>en</u>** Irrtums schief. فَشِلَتِ العَمَلِيَّةُ بِسببِ خَطَأٍ **أَحمَق**.
Er hält ihn ***für*** **<u>einen</u> verdammt<u>en</u>** Idioten. يَعُدُّهُ أَحمَقاً **مَلعُوناً**.

* إِذَا جَاءَ قَبلَ الإِسمِ ضَمَائِرُ تُعربُ حَسَبَ أَدَاةِ التَّنكِيرِ مِثل **"kein"** مَثَلاً، فَتُعرَبُ الصِّفَةُ حَسَبَ أَدَاةِ التَّنكِير، وَيُحسَبُ الضَّمِيرُ وَكَأَنَّهُ أَدَاةُ تَنكِير:

Ich habe ***keine*** **ander<u>e</u>** Wahl. لَيسَ لَدَيَّ أي خَيَارٍ آخر.
Er kam auf ***keinen*** **grün<u>en</u>** Zweig. = [Er hat keinen Erfolg]. لَم يُكَلَّل أَمرُهُ بِالنَّجَاح.

- <u>مُلَاحَظَة 1</u>: إِذَا وَرَدَ أَكثَرُ مِن صِفَةٍ وَرَاءَ بَعضِهِنَّ البَعض وَكُلُّهُنَّ يَخُصُّنَ نَفسَ الإِسمِ فَيُوضَعُ خَلفَ كُلٍّ مِنْهُنَّ فَاصِلَةٌ بِاستِثنَاءِ الصِّفَةِ الأَخِيرَةِ، إِذْ يُوضَعُ قَبلَهَا **"und"**:

Ein **fett<u>es</u>, rund<u>es</u>, nett<u>es</u>, heiter<u>es</u> und schön<u>es</u>** Gesicht. وَجهٌ مُمتَلِئٌ وَمُدَوَّرٌ وَرَقِيقٌ وَصَافٍ وَجَمِيل.

- <u>مُلَاحَظَة 2</u>: يُحذَفُ الحَرفُ e- مِن نِهَايَةِ بَعضِ الصِّفَاتِ عِندَ إِعرَابِهِنّ، مِنهُنّ:

➢ 1- بَعضُ الصِّفَاتِ المُنتَهِيَةِ بِـ el-

الصِفَة	اعرَابٌ قَوِيّ	اعرَابٌ مُختَلط	اعرَابٌ ضَعِيف
dunk**el**	dunk**ler** Anzug	ein dunk**ler** Anzug	der dunk**le** Anzug
غَامِق	بَدلةٌ غَامِقَةٌ	بَدلةٌ غَامِقَةٌ	البَدلَةُ الغَامِقَة

➢ 2- بَعضُ الصِّفَاتِ المنتَهِيَةِ بِـ -er

اعرَابٌ ضَعِيف	اعرَابٌ مُختَلط	اعرَابٌ قَوِيّ	الصِفَة
das teu**re** Handy	ein teu**res** Handy	teu**res** Handy	teu**er**
الجَّوَالُ الغَالِي	جَوَّالٌ غَالِي	جَوَّالٌ غَالِي	غَالِي

- إِلَّا أَنَّهَا لَا تُحذَف أَحيَاناً:

اعرَابٌ ضَعِيف	اعرَابٌ مُختَلط	اعرَابٌ قَوِيّ	الصِفَة
die finst**ere** Nacht	eine finst**ere** Nacht	finst**ere** Nacht	finster
اللَّيلَةُ الحَالِكَة	لَيلَةٌ حَالِكَة	لَيلَةٌ حَالِكَة	حَالِك

➢ 3- بَعضُ الصِّفَاتِ المنتَهِيَةِ بِـ -en

إِعرَابٌ ضَعِيف	اعرَابٌ مُختَلط	اعرَابٌ قَوِيّ	الصِفَة
das gold**ne** Glas	ein gold**nes** Glas	gold**nes** Glas	golden
الكَأسُ الذَّهَبِيّ	كَأسٌ ذَهَبِيّ	كَأسٌ ذَهَبِيّ	ذَهَبِيّ

- إِلَّا أَنَّهَا لَا تُحذَف أَحيَاناً:

اعرَابٌ ضَعِيف	اعرَابٌ مُختَلط	اعرَابٌ قَوِيّ	الصِفَة
das gold**ene** Glas	ein gold**enes** Glas	gold**enes** Glas	golden
الكَأسُ الذَّهَبِيّ	كَأسٌ ذَهَبِيّ	كَأسٌ ذَهَبِيّ	ذَهَبِيّ

✓ يُكتَبُ الضَّمِيرُ -ander بِصِيغَتَينِ مُختَلِفَتَين، وَهُمَا بِنَفسِ المعنَى:

المَعنَى	مِثَال	الضَّمِير
تَحتَ ظُرُوفٍ مُعَيَّنَة	Unter ander**en** Umständen	ander-
	Unter ander**n** Umständen	

مُلَاحَظَة 3: لَا يُوجَدُ قَاعِدَةٌ مُعَيَّنَةٌ تُحَدِّدُ مَا إِذَا كَانَ لِزَاماً حَذفُ الحَرفِ **"e-"** مِن الصِّفَةِ عِندَ اعرَابِهَا أَو إِبقَائِهِ، إِلَّا أَنَّ الذَّوقَ العَامَّ لَا يَتَقَبَّلُهَا إِن لَم يُحذَفْ مِن بَعضِهَا.

- بِشَكلٍ عَام: وَجَبَ العِلمُ أَنَّ لِكُلِّ مَجمُوعَةِ صِفَاتٍ حَالَةٌ خَاصَّةٌ مُـمَـيِّـزَة.

- إِعرَابُ الصِّفَة **"hoch"**:

وَهِيَ الصِّفَةُ الوَحِيدَةُ الشَّاذَّةُ بِشَكلٍ كَامِلٍ، فَإِن كَانَت خَبرِيَّةٌ تَرِدُ بِالجُملَةِ كَما هِيَ، وَإِن كَانَت مُعرَبَةٌ وَجبَ عِندَئِذٍ حَذفُ الحَرفِ **"c"** مِنهَا وَتُضَافُ لَهَا النِّهَايَةُ الإِعرَابِيَّة المُنَاسِبَة:

Das Gebäude ist ***hoch***.	المَبنَى عَالي
Die ***hohen*** Gebäude.	المَبَانِي العَالِيَة
Hohe Gebäude.	مَبَانٍ عَالِيَة
Ein ***hohes*** Gebäude.	مَبنَى عَالِي

تَجْرِي الرِّيَاحُ كَمَا تَشْتَهِي سَفِينَتُنَا
نَحْنُ الرِّيَاحُ وَنَحْنُ البَحْرُ وَالسُّفُنُ

إِنَّ الَّذِي يَرْتَجِي شَيْئاً بِهِمَّتِهِ
يَلْقَاهُ وَلَوْ حَارَبَتْهُ الإِنْسُ وَالجِنُّ

فَاقْصِدْ إِلَى قِمَمِ الأَشْيَاءِ تُدْرِكُهَا
تَجْرِي الرِّيَاحُ كَمَا دَارَتْ لَهَا السُّفُنُ

14.2.0 أَنواعُ الصِّفَةِ (die Arten des Adjektivs):

⇦ 1- الصِّفَاتُ الدَّالَّةِ عَلى أُصُولٍ جُغرَافِيَّة:

türkisch	deutsch	arabisch	syrisch
تُركِيّ	ألمَانِيّ	عَرَبِيّ	سُورِيّ

⇦ 2- الصِّفَاتُ الدَّالَّةِ عَلَى النَّشَاطِ الاِجتِمَاعِيّ:

akademisch	geschäftlich	familiär	schulisch
أكاديميّ	عَمَليّ	عائِليّ	مَدرسِيّ

⇦ 3- الصِّفَاتُ الخَاصَّةِ بِمَجَالِ التَّخَصُّص:

ärztlich	technologisch	didaktisch	wissenschaftlich
طِبيّ	تِقَنيّ	تَعلِيميّ	عِلمِيّ

⇦ 4- الصِّفَاتُ الخَاصَّةِ بالمَجَالِ الدِّينِيّ:

protestantisch	christlich	jüdisch	islamisch
بروتستانتيّ	مَسِيحيّ	يَهُوديّ	إسلَامِيّ

⇦ 5- الصِّفَاتُ الدَّالَّةِ عَلى الأَوقَات:

nächstjährig	vergangen	jetzig	abendlich	gestrig
العَامُ القَادِم	فَائِت	حَالِيّ	مَسَائِيّ	أمسِيّ

⇦ 6- الصِّفَاتُ الدَّالَّةِ عَلَى الحَالَة:

krank	rasch	müde	regnerisch	sonnig
مَرِيض	سَرِيع	مُتعَب	مَاطِر	مُشمِس

⇦ 7- الصِّفَاتُ الدَّالَّةِ عَلَى أَسمَاءِ المَوَاد:

glasig	eisern	plastisch	steinig	golden
زُجَاجِيّ	حَدِيدِيّ	بلَاستِيكِيّ	حَجَرِيّ	ذَهَبِيّ

⇦ 8- الصِّفَاتُ الدَّالَّةِ عَلَى الشَّكلِ وَاللَّون:

blau	grün	rechteckig	rund	dreieckig
أزرَق	أخضَر	مُستطِيل	مُدوَّر	مُثلثيّ

14.3.0 الصِّفَاتُ الغَيرِ مُعرَبَة (undeklinierte Adjektive):

يُوجَدُ أَصنَافٌ مِنَ الصِّفَاتِ الَّتِي لَا تَقبَلُ الإِعرَابَ أَبَداً، وَهِيَ:

⇦ 1- الصِّفَةُ الخَبَرِيَّة:

Das Wetter ist heute **sonnig**.	الجَّوُّ **مُشمِسٌ** اليَوم
Sein Ruf ist **gut**.	سُمعَتُهُ **حَسَنَة**

⇦ 2- الصِّفَاتُ المُضَافَةُ إِلى كَلِمَاتٍ أُخرَى كَتَرَاكِيبَ ثَابِتَة، وَغَيرُ قَابِلَةٍ لِأَيِّ تَغيِير:

Auf **gut** Glück. تَوَكُّلٌ عَلى الحَظ.	**Gut** Situation. حَالَةٌ **جَيِّدَة**.	Ein **gut** Teil [Glück]. نصيبٌ **جيدٌ** [مِنَ الحَظ].

⇦ 3- صِفَاتُ الأَلوَانِ المنتَهِيَةِ بِحَرفٍ صَوتِيٍّ كَامِل (Vollvokal):

- Ich habe einen **lila** Anzug.	لَدَيَّ بَدلَةٌ **بَنَفسَجِيَّة**
- Ich habe einen **mauve** Anzug.	لَدَيَّ بَدلَةٌ **خَمرِيَّة**

⇦ 4- الصِّفَاتُ المنتَهِيَةُ بِـ -er وَالدَّالَّةُ عَلى النَّسَبِ إِلى أَمَاكِنٍ جُغرَافِيَّة، وَتُكتَبُ بِحُرُوفٍ كَبِيرَةٍ دَائِماً عَلَى الرُّغمِ مِن أَنَّهَا صِفَات:

- Die neue **Frankfurter** Schule.	مَدرَسَةُ **فَرانكفُورت** الجَدِيدَة

⇦ 5- الأَعدَادُ الأَسَاسِيَّة:

- Ich sah **drei** Männer. رَأيتُ **ثَلاثَةَ** رِجَال
- Dürfen wir bitte mit Ihnen unter **vier** Augen sprechen? هَل لنا أَن نَتَحَدَّث مَعَ حَضرَتِكَ عَلى اِنفِرَادٍ مِن فَضلِك؟

⇦ 6- الأَعدَادُ المنتَهِيَةُ بِـ -er، حَيثُ تَكُونُ مُتَّصِلَةً بِكَلِمَاتٍ أُخرَى، لِتُكَوِّنَ اسماً جَدِيداً:

- Sie bildeten das **Dreier**bündnis. شَكَّلُوا الحِلفَ الثُّلَاثِي
- Der Radiomoderator leitete die **Vierer**gespräche. أَدَارَ المُذِيعُ الحَدِيثَ الرُّبَاعِي (ذُو الأَربَعَةِ أَشخَاص).

⇦ 7- الأَعدَادُ المنتَهِيَةُ بِـ -ziger وَالَّتِي تَدُلُّ عَلى عَقدٍ مُعَيَّنٍ بِاتِّصَالِهَا بِـ -jahre :

Vierzigerjahre الأَربَعِينِيَّات	**Neunziger**jahre التِّسعِينِيَّات

* وَتُكتَبُ أَيضاً بِالشَّكل: التِّسعِينِيَّات **90er** Jahre، الأَربَعِينَات **40er** Jahre.

14.4.0 Die Komparation des Adjektivs مُقَارَنَة الصِّفَات

التَّفضِيل: هُوَ اشتِرَاكُ شَيئَينِ أَو شَخصَينِ عَلى صِفَةٍ مُعَيَّنَةٍ إِلَّا أَنَّ أَحَدُهُمَا يَزِيدُ عَنِ الآخِرِ فِي نَفسِ الصِّفَة. وَيُمكِنُ تَفضِيلُ مُعظَمِ الصِفَاتِ بِصِيغَةِ تَفضِيلِ المقَارَنَة (der Komparativ)، وَصِيغَةِ التَّفضِيلِ العُليَا (der Superlativ).

الصِّفَة Adjektiv	صِيغَةُ المُقَارَنَة Komparativ	صِيغَةُ التَّفضِيل الخَبَرِيَّة Superlativ (Präd.)	صِيغَةُ التَّفضِيل المُعرَبَة Superlativ (dekl.)
~	~(e)r	am ~(e)sten	der, die, das ~(e)ste
dünn نَحِيف	dünn<u>er</u> أَنحَف	am dünn<u>sten</u> الأَنحف	der, die, das dünn<u>ste</u> الأَنحف
laut عَالِي	laut<u>er</u> أَعلَى	am laut<u>esten</u> الأَعلَى	der, die, das laut<u>este</u> الأَعلَى

✓ - تَتِمُّ المقَارَنَةُ بِإِضَافَةِ er- لِلصِفَة، وَالتَّفضِيلِ بِإِضَافَة (e)st- لَـهَا.

✓ - تُعرَبُ الصِّفَةُ فِي حَالَةِ المقَارَنَةِ أَوِ التَّفضِيلِ كَالصِّفَاتِ العَادِيَّةِ تَمَاماً:

الصِّفَة (~)	المُقَارَنَة (~er)	التَّفضِيلُ (~ste)
gut**<u>er</u>** Mann. رَجُلٌ فَاضِل.	bess**<u>ere</u>** Leute. أُنَاسٌ أَكثَرُ فَضلاً.	die be**<u>sten</u>** Freunde. الأَصدِقَاءُ الأَفضَل.

✓ - تَتِمُّ المقَارَنَة (Komparativ) بِاللُّغَةِ الرَّسمِيَّةِ بِاستِخدَامِ "als" أَمَّا "wie" فَهِيَ مَحَلِّيَّةُ الإِستِخدَام:

- Osman ist **dünn**.	عُثمَانٌ نَحِيف
- Omar ist **dünn<u>er</u> <u>als</u>** Osman.	عُمَرٌ أَنحَفُ مِن عُثمَان
- Ali ist **<u>am</u> dünn<u>sten</u>**.	عَلِيٌّ هُو الأَنحف

✓ - يُمكِنُ استِبدَالُ الأَسمَاءِ بِضَمَائِرٍ شَخصِيَّة:

- Ich bin **ehrgeizig**.	أَنَا طَمُوح.
- Sie ist **ehrgeizig<u>er</u> <u>als</u>** ich.	هِيَ طَمُوحَةٌ أَكثَرَ مِنّي.
- Er ist **<u>am</u> ehrgeizig<u>sten</u>**.	هُوَ الأَكثَرُ طُمُوحاً.

✓ - تَتِمُّ أَحيَانَاً المقَارَنَةُ بِربطِ "als" مَعَ ظُرُوفٍ أَو ضَمائِر، عَلى الشَّكلِ التَّالي:

anders.. als.. **مُختَلِفٌ عَن..**	Sie ist **anders als** ihr Bruder. **تَختَلِفُ** عَن أَخِيهَا.
alles andere **كُلُّ شَيءٍ إِلَّا**	Diese Frau ist **alles andere** als nett. هَذِهِ السَّيّدةُ بَعيدَةٌ عَن اللَّطَافةِ كُلَّ البُعد.
mehr.. als.. **أَكثَرَ مِن..**	Ein Gramm praktischer Erfahrung wiegt in der Tat **mehr als** zehn Tonnen Theorie. يَزِنُ غرامٌ وَاحِدٌ مِنَ الخِبرَةِ العَمَلِيَّةِ فِي الوَاقِعِ **أَكثَرَ مِن** 10 طن مِنَ الخِبرَةِ النَّظَرِيَّة.
besser als.. **أَفضَل مِن..**	Wenig ist **besser als** nichts. القَلِيلُ **خَيرٌ مِنَ** العَدَم.
nichts als.. **لا شَيءَ سِوَى..**	Er erzählt uns **nichts als** Lügen. **لا** يَقصُصُ عَلينَا **إلا** الأَكَاذِيب.
keiner als.. **لا أَحَدٌ إِلَّا..**	**Keiner** ist blinder **als** die, die nicht schauen wollen. **لا أَحَدَ** أَعمَى مِن أُولَئِكَ اللَّذِينَ لَا يُرِيدُونَ أَن يَرَوا.
umgekehrt als.. **بِعَكس..**	Das war **umgekehrt als** ich gedacht habe. كَانَ الأَمرُ **عَلى عَكسِ** مَا ظَنَنتُ تَمَاماً.
nichts anderes als.. **لَا شَيءَ سِوَى..**	Er kann an **nichts anderes** als das denken. لَا يُمكِنُهُ أَن يُفَكّرَ بِشَيءٍ غَيرَ هَذَا.

✓ - يَتِمُّ رَبطُ "**als**" مَع "**wie**" فِي حَالَةِ المقَارَنَةِ كَالتَّالي:

- Es ist hier **anders** / **heißer als wie** in meinem Heimatland. الوَضعُ هُنَا مُختَلِفٌ عَنِ الوَضعِ فِي وَطَنِنا / أَكثَرَ حَرَارَةً عَمَّا فِي وَطَنِنَا.

✓ - يَتِمُّ رَبطُ "**denn**" مَعَ "**je**" وَفِي حَالَةِ المقَارَنَةِ كَالتَّالي:

- Die Lage ist in meiner Heimat **besser denn je**. اِختَلَفَ الوَضعُ فِي بَلَدِنَا نَحوَ الأَفضَلِ أَكثَرَ مِن أَيّ وَقتٍ مَضَى.
- Es geht mir **besser denn je**. تَسِيرُ الأُمُورُ مَعِيَ نَحوَ الأَفضَلِ أَكثَرَ مِن أَيّ وَقتٍ مَضَى.

بشَكلٍ عَام: تُشَكَّلُ المُقَارَنَةُ بإِضَافَةِ (er-) لِلصِفَة، وَإِذَا انتَهَت بِـ e فَلَا يُضَافُ لَهَا e مَرَّةً أُخرَى. وَيُشَكَّلُ التَّفضِيلُ بإضَافَة (st-) لَهَا مَعَ النِّهَايَةِ المُنَاسِبَة:

التَّفضِيل	المُقَارَنَة	المَعنَى	الصِّفَة
am lose**st**en	los**er**	فَضفَاض	lose
am müde**st**en	müd**er**	مُتعَب	müde
am toll**st**en	toll**er**	رَائِع	toll

* يَتِمُّ إِضَافَةُ الحَرفِ "e-" لِلصِفَةِ فِي حَالَةِ التَّفضِيلِ العُليَا (Superlativ) لِيَسهُلَ اللَّفظُ إِذَا انتَهَتِ بِأَحَدِ حُرُوفِ الصَّفِير:

(-d, -t, -s, -ß, -ss, -z, -x)

التَّفضِيل	المُقَارَنَة	المَعنَى	الصِّفَة
am fies**est**en	fies**er**	مُشِين	fies
am hold**est**en	hold**er**	جَذَّاب	hold
am laut**est**en	laut**er**	عَالِي	laut
am stolz**est**en	stolz**er**	فَخُور	stolz
am weiß**est**en	weiß**er**	أَبيَض	weiß

* لا تُوضَعُ e- لِلصِفَاتِ المشتَقَّةِ مِنَ الأَفعَال (Partizip 1) عَلَى الرُّغمِ مِن أَنَّهَا تَنتَهِي بِالحَرفِ "d-" وَهُوَ مِن أَحرُفِ الصَّفِيرِ السَّابِقَة (وَسَنَتَعَرَّفُ عَلَى هَذِهِ الصِّيغَةِ لَاحِقاً).

التَّفضِيل	المُقَارَنَة	المَعنَى	الصِّفَة
am bezaubernd**st**en	bezaubernd**er**	رَائِع	bezaubernd

* إِذَا انتَهَتِ الصِّفَةُ بِـ s- فَلا يُضَافُ لَهَا "s" أُخرَى فِي حَالَةِ التَّفضِيل:

التَّفضِيل	المُقَارَنَة	الصِّفَة
am größten الأَكبَر	größer أَكبَر	groß كَبِير

14.4.1 الصِّفَاتُ الَّتِي يَجُوزُ أَنْ نُضِيفَ لها e- وَيَجُوزُ عَدَمِ إِضَافَتِهَا:

⇦ 1- الكَثِيرُ مِنَ الصِّفَاتِ المنتَهِيَةِ بِحَرفَينِ سَاكِنَينِ مُتَتَالِيَين:

التَّفضِيل	المُقَارَنَة	المَعنى	الصّفة
am schroffsten / esten	schroffer	غَلِيظ، فَظّ	schroff
am schlaffsten / esten	schlaffer	رَخُو	schlaff

⇦ 2- الكَثِيرُ مِنَ الصِّفَاتِ المنتَهِيَة بِـ(-sch, -h):

التَّفضِيل	المُقَارَنَة	المَعنى	الصّفة
am frischsten / esten	frischer	طَازَج	frisch
am raschsten / esten	rascher	سَرِيع	rasch
am frohsten / esten	froher	سعيد	froh

14.4.2 Steigerungsform (Komparativ und Superlativ) mit Umlaut
إِضَافَةُ Umlaut لِلصِفَةِ فِي حَالَةِ التَّصعِيد (التَّفضِيل وَحَالَةِ المُقَارَنَة)

يَتِمُّ إِضَافَةُ Umlaut في حَالَةِ التَّفضِيلِ وَالمقَارَنَة لِبَعضِ الصِّفَاتِ كَالتَّالِي:

التَّفضِيل	المُقَارَنَة	الصّفة	الحَرف
am kältesten الأَبرَد	kälter أَبرَد	kalt بَارِد	a
am größten الأَكبَر	größer أَكبَر	groß كَبِير	o
am klügsten الأَذكَى	klüger أَذكَى	klug ذَكِيّ	u

- إِلَّا أَنَّ هُنَاكَ صِفَاتٌ يَصِحُّ لَهَا الطَّرِيقَتَين (مَعَ Umlaut، وَبِدُون Umlaut):

التَّفضِيل	المُقَارَنَة	المَعنَى	الصّفَة	الحَرف
am schmälsten am schmalsten	schmäler schmaler	ضَيِّق	schmal	**a**
am frömmsten am frommsten	frömmer frommer	مُتَدَيِّن، تَقِيّ	fromm	**o**
am krümmsten am krummsten	krümmer krummer	مِعوَجّ	krumm	**u**

14.4.3 الصِّفَاتُ الَّتِي لَا تَحتَاج Umlaut:

⇦ 1- مُعظَمُ الصِّفَاتِ ذَوَاتِ المقطَعِ الوَاحِد، وَخَاصَّةً الَّتِي تَنتَهِي بِـ (h):

h**o**ld	جَذَّاب	h**o**lder	am h**o**ldesten
st**u**r	مُتَصَلِّب	st**u**rer	am st**u**rsten
fr**o**h	سَعِيد	fr**o**her	am fr**o**hsten

⇦ 2- الكَثِيرُ مِنَ الصِّفَاتِ ذَوَاتِ الأَكثَرِ مِن مَقطَعٍ بِاستِثنَاءِ مَثَلاً (gesund):

f**a**t**a**l	كَارِثِي	f**a**t**a**ler	am f**a**t**a**lsten
gr**o**ß**a**rtig	رَائِع	gr**o**ß**a**rtiger	am gr**o**ß**a**rtigsten

⇦ 3- الكَثِيرُ مِنَ الصِّفَاتِ الَّتِي تَحتَوِي عَلَى المقطَع **(au):**

r**au**	غَلِيظ	r**au**er	am r**au**sten
bl**au**	أَزرَق	bl**au**er	am bl**au**sten
s**au**ber	نَظِيف	s**au**berer	am s**au**bersten

14.4.4 Unregelmäßige Formen der Komparation التَّفضِيلُ الشَّاذّ

الصِّفَاتُ الشَّاذَّةُ كُلِّيّاً قَلِيلَةٌ جِدّاً وَمَعدُودَة، وَأَهَمُّهَا:

nah	قَرِيب	näher	am nächsten
hoch	عَالِي	höher	am höchsten
gut	جَيِّد	besser	am besten
viel	كَثِير	mehr	am meisten
gern / gerne	مُفَضَّل	lieber	am liebsten

✓ أَحيَانَاً تَأتِي الصِّفَةُ مُرتَبِطَةً مَع بَعضِ حُرُوفِ الجَرّ، وَغَالِبَاً بِدُونِ أَدَاةِ التَّعرِيف:

Für Sie wird das besonders **interessant**. سَيَكُونُ مُنَاسِباً لِحَضرَتِك
Dieser Film ist **für** Kinder **geeignet**. هَذَا الفِيلمُ مُلَائِمٌ لِلأَطفَال
Welche Behörde ist **für** diese Frage **zuständig**? أَيُّ جِهَةٍ هِيَ المَسؤُولَةُ عَن هَذَا الأَمر.

14.4.5 Der Positiv in Vergleichskonstruktionen
المُسَاوَاة فِي التَّفضِيل

تَتِمُّ المسَاوَاتُ بَينَ شَيئَين أَو شَخصَين مُشتَرَكَين بِنَفسِ الصِّفَة مِن خِلَالِ الصِّيغَة:

(Gradpartikel) أَدَاةُ الرُّتبَة		
so	+ الصِّفَة	+ wie
genauso		
ebenso		
gleich		

- أَمثِلة:

Dieser Stein ist **so** **scharf** **wie** eine Rasierklinge. هَذِهِ الحَجَرُ حادَّةٌ كَشفرَةِ الحَلاقَة تَمامَاً.
Diese Steuer ist **genauso** **reduziert** **wie** alle anderen. هَذِهِ الضَّرِيبَة مُخَفَّضَةٌ كَباقِي الضَّرائِب تَمَامَاً.
Euer Haus ist **genauso** **hoch** **wie** unseres. مَنزِلُكُم عَالٍ كَمنزِلِنا
Es erging uns **ebenso** **wie** dir. سَارَتِ الأُمُورُ مَعَنَا مِثلُكَ تَمَامَاً
Osman ist **gleich** **groß** **wie** Omar. طُولُ عُثمَانٍ كَطُولِ عُمَرٍ تَمَامَاً

14.4.6 Zum Ausdruck des ungleichen Grades عَدَمُ المُسَاوَاةِ فِي التَّفضِيل

تَتِمُّ عَدَمُ المُسَاوَاة فِي التَّفضِيلِ بالصِّيغَةِ التَّالِيَة:

المَعنَى	أَدَاةُ عَدَمِ المُسَاوَات (Ungleichung des Gradpartikels)			
مُضَاعَف	doppelt	+ so	+ الصِّفَة	+ wie
تَقرِيبَاً	fast			
عَلَى الأَقَل	mindestens			
ضِعف + عدد	عدد + mal			

- أَمثِلَة:

Diese Fahrstrecke ist **doppelt so lang wie** die andere. هَذَا المَسَارُ أَطوَلُ مِنَ المَسَارِ الآخَرِ بِمقدارِ **الضّعف**.
Diese Fahrstrecke ist **fast so lang wie** die andere. هَذَا المَسَارُ **تقريباً** بِطُولِ المَسَارِ الآخَر.
Das muss **mindestens so hoch wie** der Eiffelturm sein. يَجِبُ أَن يَكُونَ هَذَا بِطُولِ بُرجِ ايفِل **كَحَدّ أدنى**.
Das Haus ist **zweimal so groß wie** dieses. ذَلِكَ المَنزِلُ أَكبَرُ بِمَرَّتَينِ مِن هَذَا المَنزِل.

- تَدُلُّ صِيغَةِ مُقَارَنَةِ الصِّفَاتِ مَعَ الأَدَاة "als" عَلَى عَدَمِ المُسَاوَاةِ فِي التَّفضِيل:

Sie ist **dünner als** ihre Schwester.	هِيَ **أَنحَفُ مِن** أُختِها
Dieses Auto ist **moderner als** jenes.	هَذِهِ السَّيَّارَةُ أَحدَثُ مِن تِلك
Dieses Gerät ist zweimal **besser als** jenes.	هَذا الجِّهَازُ **أفضَلُ مِن** ذَاكَ بِمرَّتَين.

- وَيُمكِنُ استِخدَامُ صِيغَتَينِ مُختَلِفَتَينِ لِلمُقَارَنَةِ الغَيرِ مُتكَافِئَة:

1- Seine Augen sind **zweimal so groß wie** sein Magen. 2- Seine Augen sind **zweimal größer als** sein Magen. عَينَيهِ أَكبَرُ مِن مَعِدَتِهِ بِمَرَّتَين (عَلَامَةٌ عَلَى الشَّغَفِ فِي اختِلَاسِ النَّظَر).

لَاحِظِ المَعنَى الوَاحِدَ لِلصِيغَتَينِ السَّابِقَتَينِ إِلَّا أَنَّ صِيغَةَ التَّعبِيرِ مُختَلِفَة!

- يُمكِنُ تَشكِيلُ المُقَارَنَةِ الغَيرِ مُتكَافِئَة أَيضاً كَمَا الصِّيغَةِ التَّالِيَة:

um das +	عَدَد + fache	صِفَةٌ فِي حَالَةِ المُقَارَنَة +	+ als

Diese Fahrstrecke ist **um das Vierfache länger als** jene. هَذا المَسَارُ أَطوَلُ مِن ذَلِكَ المَسَار بِمِقدَارِ أَربَعِ أَضعَافٍ تَمَاماً.

- يُمكِنُ استِخدَامُ التَّركِيب **(...zu...,als dass...)** كَمُقَارَنَةٍ غَيرِ مُتكَافِئَة:

Die Form ist **zu schön, als dass** es wahr sein könnte. الشَّكلُ جَميلٌ، وَكأنَّهُ كَاد أَن يَكونَ حَقِيقِيَة.

▪ قارِن بَينَ الصِّيغتَينِ التَّالِيتَينِ!:

Ich wollte **so viel wie möglich / als möglich** lernen.
أَردتُ أنّ أتَعلّم **قَدرَ المُستَطَاع**(مع wie) / **أَكثَرَ مِنَ المُستَطَاع** (مع als).

▪ يُمكِنُ استِخدَامُ أَدَاةِ النَّفي **nicht** لِلتَعبِيرِ عَن عَدَمِ المَسَاوَات:

Dieses Haus ist **<u>nicht</u> so <u>groß</u> wie** das.
هَذَا البَيتُ **لَيسَ كَبيراً كَذلِكَ** المَنزِل.
Naser ist **<u>nicht</u> so <u>fleißig</u> wie Jakin.** نَاصِرٌ لَيسَ نَشِيطاً كَيَقِين

✓ تُستَخدَمُ صِيغَةُ التَّفضِيلِ العُليَا مَعَ المضَافِ إِلَيهِ لِلتَعبِيرِ عَنِ المقَارَنَةِ الغيرِ مُتكَافِئَة:

الإسمُ فِي حَالَةِ الجَّمع	صِيغَةُ التَّفضِيل (الأَفضَل) المُعرَبَة	أَدَاةُ تَعرِيفِ جَمعِ المُضَافِ إِلَيه	أَدَاةُ النَّكِرَة
das Nomen im Plural	+ Superlativ (dekliniert)	+ der	ein-

- أَمثِلَة:

Sie ist **<u>eine der fleißigsten</u> Studentinnen** <u>der Schule.</u>
هِيَ وَاحِدَةٌ مِن أَنشَطِ طَالِبَاتِ المَدرَسَة.
Das ereignete sich an **<u>einem der besten</u> Tage** <u>meines Lebens.</u>
حَدَثَ هَذَا فِي يَومٍ **مِن أجمَلِ أيَّامِ حَيَاتِي**.
Es war **<u>eine der umstrittensten</u> Fragen** <u>des Jahres</u>.
كَانَ هَذَا **مِن أَكثَرِ المَسَائِلِ المُختَلَفِ عَلَيهَا** لِهَذَا العَام.
Er ist **<u>einer der revolutionärsten</u> Architekten** <u>der Welt</u>.
إِنَّهُ وَاحِدٌ مِن أكثر المُهَندِسِينَ المِعمَارِيّينَ رَيَادَةً عَلى مُستَوَى العَالَم.

▪ وَقَد تَأتِي صِيغَةُ التَّفضِيلِ المُطلَقِ **(Superlativ)** مُرتَبِطَةً بِحَرفِ جَرٍّ وَاسم:

Er ist **bei bester Laune / bei bester Gesundheit**.	
إِنَهُ **بِأفضَلِ مَزَاج** / **بِأفضَلِ صَحَّة**.	
Das Zimmer sieht **in bester Ordnung** aus, wie nie zuvor.	
تَبدُو الغُرفَةُ **فِي أفضَلِ تَرتِيبٍ** لَها، كَمَا لَم تَعهَد مِن قَبل.	
In bester Absicht.	**In tiefster Nacht**.
بِأَحسَنِ نِيَّة.	مُنتَصَفُ اللَّيل.

14.5.0 Partizip 1, 2 als Adjektiv اسمُ الفَاعِلِ وَاسمُ المَفعُولِ كَصِفَة

يُمكِنُ استِعمَالُ اسمُ الفَاعِلِ وَاسمِ المفعُولِ كَصِفَة. وَتَنطَبِقُ عَلَيهِمَا نَفسُ خَوَاصِ الصِّفَاتِ تَمَاماً.

14.5.1 أوَّلاً: اسمُ الفَاعِل:

يُشتَقُّ اسمُ الفَاعِل (Partizip 1) بِإضَافَةِ "d-" إلَى نِهَايَةِ الفِعل، عَلَى الشَّكلِ:

"Verb + d"

أَمثِلَة:

Verb الفِعل	Partizip1 اسمُ الفَاعِل	Beispiel مِثَال
arbeiten عَمِلَ	⇒ arbeiten**d** عَامِل (صِفَة)	eine arbeitend**e** Person شَخصٌ عَامِل
verachten احتَقَرَ	⇒ verachten**d** مُحَقِّرْ (صِفَة)	ein verachtend**er** Blick نَظرَةُ تَصغِيرٍ (احتِقَار)
glauben آمَنَ	⇒ glauben**d** مُؤمِن (صِفَة)	der glaubend**e** Mensch المُؤمِن
		die glaubend**en** Leute المُؤمِنُون

14.5.2 ثَانِياً: اِسمُ المفعُول

يُشتَقُّ اسمُ المفعُول (Partizip 2) بِأَخذِ تَصرِيفِ الفِعلِ الثَّالِث.

مُلَاحَظَة: طَرِيقَةُ اشتِقَاقِ التَّصرِيفِ الثَّالِثِ لِلفِعلِ مُتَشَعِّبَةٌ (وَسَنَتَنَاوَلُهَا لَاحِقاً).

Verb الفِعل	**Partizip 2 اسمُ المَفعُول**	**Beispiel مِثَال**
arbeiten عَمِلَ	⇒ gearbeitet مَعمُولٌ (صفة)	gearbeitete **Waren** بَضَاعَةٌ **مَعمُولَة** (مُصَنَّعَة)
verachten احتَقَرَ	⇒ verachtet مُحتَقَر (صفة)	eine **verachtete** Tat عملٌ **مُحتَقَر** (غَيرُ مُحَبَّب)

* أمثِلَة عَلى اسمِ الفَاعِلِ كَـ صِفَةٍ مُرَافِقَةٍ لِلإسمِ وَمُعرَبَة:

- Ich gehe nicht beim regnend<u>em</u> Wetter aus. لَا أخرُجُ فِي الجَوّ **المَاطِر.**	
- Das schockierend<u>e</u> Geheimnis des fliegend<u>en</u> Teufels. اللُّغزُ **الصَّادِمُ** مِنَ الشَّيطَانِ **الطَّائِر.**	
- Der Professor leitete den Vortrag mit vorangehend<u>en</u> Worten ein. اِبتَدَأَ الدُّكتُورَاه المُحَاضَرَة بِكَلِمَاتٍ **اِبتِدَائِيَّة.**	
- Das Verbrechen wurde vor laufend<u>en</u> Kameras begangen. اِرتُكِبَتِ الجَّرِيمَةُ تَحتَ الكَامِيرَات .	
- Arabisch ist eine lebend<u>e</u> Sprache.	العَرَبِيَّةُ لُغَةٌ **حَيَّة**

* أمثِلَة عَلى اسمِ الفَاعِلِ كَـ صِفَةٍ خَبَرِيَّة:

- Ich ziele auf meine Zwecke streben<u>d</u> ab. أَسِيرُ إلى أهدَافِي **مُوَاظِباً.**	
- Er verließ das Zimmer wüten<u>d</u>.	غَادَرَ الغُرفَةَ **غَاضِباً.**
- Er ist sehr ins Einzelne gehen<u>d</u>.	**مُنغَمِسٌ** فِي التَّفَاصِيلِ الدَّقِيقَة

* أمثِلَة عَلى اسمِ المَفعُولِ كَـ صِفَةٍ مُرَافِقَةٍ لِلإسمِ وَمُعرَبَة:

- Das ist der häufig gemacht<u>e</u> Fehler.	إنَّهُ الخَطَأُ الأكثَرُ **حُدُوثاً**
- Die gesprochen<u>e</u> Sprache im Deutschen unterscheidet sich immer von der Standardsprache. دَائِماً مَا تَختَلِفُ اللُّغَةُ (**المَحكِيَّة**) العَامِّيَّةُ عَن اللّغَةِ الرَّسمِيَّة فِي اللُّغَةِ الألمَانِيَّة.	
- Nein, ich habe Sie am vergangen<u>en</u> Mittwoch angerufen. لا، لَقَد اِتَّصَلتُ بِحَضرَتِكَ يَومَ الأربِعَاءِ **المَاضِي.**	

* أمثِلَة عَلى اسمِ المَفعُولِ كَـ صِفَةٍ خَبَرِيَّة:

- Der Vertrag ist **verlängert**.	العَقدُ **مُمَدَّد** (تَمَّ تَمدِيدُه)
- Drei Päckchen waren völlig **zerstört**.	كَانَ طَردَانِ **مُتلَفَان**
- Dieser Mensch ist **gebildet**.	هَذَا الإنسان **مُثَقَّف**

14.6.0 Verbindung des Adjektivs mit Adjektiven oder Nomen

تَركِيبُ الصّفَاتِ مَعَ أَسمَاءٍ أَو صِفَاتٍ أُخرَى

يَتِمُّ أَحيَانَاً رَبطُ صِفَتَينِ مَعَ بَعضِهِمَا، سَوَاءً صِفَاتاً أَسَاسِيَّةً أَو صِفَاتَاً مُشتَقَّةً مِن أَفعَال (Partizip1 والـ Partizip 2)، حَيثُ تُكتَبُ الصِّفَتَانِ كَلِمَةً وَاحِدَة، سَوَاءً فِي حَالَةِ الصِّفَةِ العَادِيَّةِ أَوِ المقَارَنَةِ أَوِ التَّفضِيل:

الصِّفتَينِ مُرَكَّبتَين	الصِّفتَينِ مَفصُولَتَين
ein **gut**bezahlter Job عَمَلٌ بِأجرٍ جَيّد.	ein **gut** bezahlter Job عَمَلٌ بِأجرٍ جَيّد.
ein **besser**bezahlter Job عَمَلٌ بِأجرٍ أفضَل.	ein **besser** bezahlter Job عَمَلٌ بِأجرٍ أفضَل.
der **best**bezahlte Job العَمَلُ ذُو الأَجرِ الأَفضَل.	am **besten** bezahlter Job العَمَلُ ذُو الأَجرِ الأَفضَل.
das **best**gearbeitete Stück القِطعَةُ الأَفضَلِ تَصنِيعاً.	am **besten** gearbeitetes Stück القِطعَةُ الأَفضَلِ تَصنِيعاً.
das **schwerst**lösbares Rätsel اللُّغزُ الأَصعَبُ حَلّاً.	am **schwersten** lösbares Rätsel اللُّغزُ الأَصعَبُ حَلّاً.

وَيَتِمُّ أَيضَاً تَشكِيلُ صِفَاتٍ بِجَمْعِ صِفَتَين مَع بَعضِهِما، وَتَجمَعُ الصِّفَةُ الجَدِيدَةُ مَعنَى كُلٍّ مِنَ الصِّفَتَين:

الصِّفتَينِ المُرَكّبتَين	الصِّفَةُ الثَّانِيَة	الصِّفَةُ الأُولَى
hochintelligent عَالِي الذَّكَاء	+ intelligent ذَكِيّ	hoch عَالِي
hartvergoldet مَطلِيٌّ بِالذَّهبِ بِحِدَّة	+ vergoldet مَطلِيٌّ بِالذَّهَب	hart قَوِيّ، قَاسِي
großgeschrieben مَكتُوبٌ بِحُرُوفٍ كَبِيرَة	+ geschrieben مَكتُوب	groß كَبِير
weitverbreitet مُنتَشِرٌ عَلَى نِطَاقٍ وَاسِع	+ verbreitet مُنتَشِر	weit وَاسِع

14.7.0 Verstärkung und Schwächung des Adjektivs
تَقوِيَةُ الصفَةِ وَتَضعِيفُهَا

يَتِمُّ مِن خِلَالِ تَقوِيَةِ الصِّفَةِ أَو تَضعِيفِهَا التَّحَكُّمُ فِي دَرَجَةِ حِدَّةِ الدَّرَجَةِ الدَّلَالِيَّةِ لِلصِفَةِ. سَوَاءً نَحوَ التَّقلِيلِ أَوِ الزِّيَادَة.

14.7.1 Die Verstärkung des Adjektivs أَوَّلاً: تَقوِيَةُ الصفَة

يُقصَدُ بِتَقوِيَةِ الصِّفَات: زِيَادَةُ حِدَّةِ مَعنَى الصِّفَةِ دَلَالِيّاً وَبَيَانِيّاً، وَتَتِمُّ تَقوِيَةُ الصِّفَاتِ بِالطُّرُقِ الخَمسِ التَّالِيَة:

1. مِن خِلَالِ دَمجِ الصِّفَات، وَيَتِمُّ هَذَا الدَّمجُ بِطَرِيقَتَين:

➢ 1- دَمجُ صِفَةٍ مَعَ اِسم:

حَيثُ يَتِمُّ حَذفُ أَدَاةِ الِاسمِ وَإِضَافَةِ الصِّفَةِ إِلَى نِهَايَةِ الِاسم، لِنَحصَلَ عَلَى صِفَةٍ تَنطَبِقُ عَلَيهَا جَمِيعُ خَوَاصِ الصِّفَات، فَمَثَلاً يَتَمَيَّزُ العَظمُ بِالصَّلَابَة، فَعِندَ اِتِّصَالِ أَيِّ صِفَةٍ بِهِ سَتَجمَعُ الصِّفَةُ الجَدِيدَةُ بَينَ مَعنَى الصِّفَةِ المُضَافَةِ وَالصَّلَابَة:

الصِفَةُ الجَّدِيدَة	الصِفَة	الِاسم
knochenhart صَلبٌ جِدّاً (صَعبُ الكَسرِ كَالعَظم)	+ hart قَاسِي، صلب	der Knochen عَظم
knochentrocken جَافٌّ جِدّاً (كَالعَظم)	+ trocken جَاف	

➢ 2- دَمجُ صِفَةٍ مَعَ صِفَة:

الصِفَتَانِ المُرَكَّبَتَان	الصِفَةُ الثَّانِيَة	الصِفَةُ الأُولى
<u>**hoch**</u>intelligent عَالِي الذَّكَاء	+ intelligent ذَكِيّ	hoch عَالِي
<u>**groß**</u>artig فَائِقُ الظَّرَافَة	+ artig ظَرِيف	groß كَبِير

2. بِإِضَافَةِ البَادِئَات لِلصِفَة: وَمِن هَذِهِ البَادِئَات:

البَادِئَة	الصِفَةُ بِدُون بَادِئَة	الصِفَةُ مَعَ البَادِئَة
bitter-	+ arm فَقِير	**bitter**arm فَقِيرٌ جِدّاً
ur-	+ arabisch عَرَبِيّ	**ur**arabisch ذُو جُذُورٍ عَرَبِيَّة عَمِيقَة
ultra-	+ basisch أَسَاسِيّ	**ultra**basisch عَمِيقُ الأَسَاس

3. بِتِكرَارِ صِيغَةِ المُقَارَنَةِ لِنَفسِ الصِّفَةِ، أَوّ إِضَافَة immer مَعَ صِفَةِ المُقَارَنَة:

- Die Aufgaben sind **schwerer und schwerer**. تَصعُبُ الوَاجِبَاتُ أَكثَرَ فَأكثَر.
- Die Aufgaben sind **immer schwerer**. دَائِماً مَا تَصعُبُ الوَاجِبَاتُ أكثَرَ فَأكثَر.

4. بِإِضَافَةِ اللَّاحِقَات (Suffixe) : وَأَكثَرُهَا استِخدَاماً:

اللَّاحِقَة	الاِسم	الصِفَة
-voll	das Geschmack طَعمٌ، ذَوق	geschmack**voll** لَذِيذٌ جِدَّاً
	die Liebe حُبّ	liebe**voll** شَدِيدُ الحُبّ، عَطُوف، رَقِيقُ القَلب
-reich	die Zahl عَدَد	zahl**reich** وَافِر

5. بِإِضَافَةِ الظُّرُوفِ وَالصِّفَات:

رُبَّمَا تَختَلِفُ تَرجَمَةُ الصِّفَاتِ وَالظُّرُوفِ هَذِهِ وَلكِن إِذا جَاءَت قَبلَ الصِّفَةِ يَكُونُ لَهَا عَمَلٌ وَاحِدٌ وَهُوَ التَّقوِيَة، وَلَهَا تَرجَمَةٌ مَجَازِيَّة، بِمَعنَى (جِدّاً).

وَتَكُونُ هَذِهِ الظُّرُوفُ وَالصِّفَاتُ تَابِعَةً لِلصِفَةِ وَلَيسَ لِلاسم، لِذَلِك تُحسَبُ الصِّفَاتُ

المُقَوِّيَةُ هَذِهِ ظُرُفاً، وَلَا تَتَغَيَّرُ نِهَايَتُهَا أَبَداً مَهمَا اِختَلَفَ جِنسُ الِاسمِ أَو اِعرَابِهِ أَو عَدَدِهِ:

الصِّفَة / الظَّرف	مِثَال
sehr جِدَّاً	Diese Aktion war **sehr** erfolgreich. كَانَ هَذَا الإجرَاءُ مُكَلَّلٌ بِالنَّجاح.
besonders بِشَكلٍ خَاصّ، خُصُوصاً	Diese Maßnahme ist **besonders** wichtig. هذِهِ الخُطوَةُ مُهِمَّةٌ جِدّاً.
recht كَثِيراً، بِحَقّ	Farah ist eine **recht** fleißige Schülerin. فَرَح طَالِبَةٌ نَشِيطَةٌ حَقَّاً (كَثِيراً).
völlig بِشَكلٍ كَامِل	Das ist eine **völlig** übertriebene Sorge. إِنَّهُ اهتِمَامٌ مُبَالَغٌ فِيهِ كَثِيراً.
ziemlich كَثِيراً، إِلى حَدّ مَا	Dieses Haus ist **ziemlich** groß. هَذَا المَنزِلُ كَبِيرٌ لِلغَايَة (جِدَّاً).
absolut تَمَامَاً	Ich bin mir **absolut** sicher, dass… أَنَا مُتَأَكِّدٌ تَمَامَاً بِأَنَّ...
zu جِدَّاً	Dieses Kleid ist für sie drei Nummern **zu** klein / groß. هَذَا الفُستَانُ كَبِيرٌ / صَغِيرٌ عَلَيهَا ثَلَاثَةُ مَقَاسَات.
viel zu جِدَّاً جِدَّاً	Diese Brücke ist **viel zu** groß. هَذَا الجِّسرُ كَبِيرٌ جِدَّاً جِدَّاً.
allzu كَثِيراً جِدَّاً	Wir sind **allzu** früh angekommen. وَصَلنَا بَاكِرَاً جِدَّاً.
ganz بِشَكلٍ كَامِل	Die Struktur ist **ganz** bezaubernd. التَّصمِيمُ جَذَّابٌ كَثِيرَاً.
total بِشَكلٍ كَامِل	Er hat eine **total** miese Laune. مَزَاجُهُ الآنَ مُعَكَّرٌ تَمَامَاً (كَثيراً).
überaus جِدَّاً	Unsere Sitten sind hier **überaus** selten. عَادَاتُنَا نَادِرَةٌ جِدَّاً هُنَا.
höchst إِلى أَقصَى حَدّ	Ich finde Ihr Verhalten **höchst** peinlich. أَجِدُ تَصَرُّفَهَا مُخجِلاً تَمَاماً (كَثِيراً).

extrem **بِشَكلٍ مُطلَق**	Das Fahren macht mich **extrem** süchtig. تَجعَلُنِي القِيَادَةُ مُدمِناً (عَلَيهَا) تَمَاماً.
äußerst **جِدّاً**	Dieses Auto ist **äußerst** schnell. هَذِهِ السَّيَّارَةُ سَرِيعَةٌ جِدّاً.
außerordentlich **فوقَ المُعتَاد، جِدّاً**	Diese Dame ist **außerordentlich** nett. هَذِهِ السَّيِّدَةُ لَطِيفَةٌ جِدّاً (فَوقَ العَادَة).
außergewöhnlich **فوقَ المُعتَاد، جِدّاً**	Die Strecke ist **außergewöhnlich** lang. هَذَا المَسَارُ طويل جِدّاً.
ungewöhnlich **فوقَ المُعتَاد، جِدّاً**	Die Rechnung war **ungewöhnlich** hoch. كَانَتِ الفَاتُورَةُ عَالِيَةٌ جِدّاً.
ausgesprochen **بِشَكلٍ وَاضِح**	Das Ergebnis war **ausgesprochen** gut. كَانَتِ النَّتِيجَةُ رَائِعَةٌ جِدّاً.
ausdrücklich **جِدّاً**	Ich distanziere mich **ausdrücklich** weit davon. سَأَبقَى عَلَى مَسَافَةٍ بَعِيدَةٍ مِن هَذَا الأمر.
erheblich **بِشَكلٍ كَبِير**	Dieses Auto ist **erheblich** teuer. هَذِهِ السَّيَّارَةُ غَالِيَةٌ جِدّاً جِدّاً.

مُلَاحَظَة 1: يُمكِنُ أَن يَأتِي أَكثَرُ مِن كَلِمَةِ تَقوِيَةٍ قَبلَ الصِّفَة، إِلَّا أَنَّهَا غَيرُ اعتِيَادِيَّة:

- Er hat eine **ganz total miese** Laune. مَزَاجُهُ الآنَ مُعَكَّرٌ جِدّاً جِدّاً.

مُلَاحَظَة 2: بِما أَنَّ صِفَةَ التَّقوِيَةِ تَابِعَةٌ لِلصِفَةِ وَلَيسَ لِلاِسمِ فَلَا تُعرَب، أَمَّا إِذَا كَانَت تَابِعَةً لِلاِسمِ فَإِنَّهَا تُعرَبُ كَأَيِّ صِفَةٍ أُخرَى:

Vielleicht wollten sie den **totalen** Krieg. رُبَّمَا أَرَادُوهَا حَرباً شَامِلَة.
Die Ergebnisse weisen **erhebliche** Unterschiede auf. تُظهِرُ النَّتَائِجُ اِختِلَافَاتاً جَذرِيَّة.
Das Experiment soll unter **extremen** Bedingungen sein. يَجِبُ أَن تَكُونَ التَّجرُبَةُ تَحتَ ظُرُوفٍ صَارِمَة.
Diese Aufgabe verursacht den **absoluten** Stress. تُسَبِّبُ هَذِهِ المُهِمَّةُ تَعَباً شَدِيداً.

تَقوِيَةُ الصِّفَةِ فِي حَالَةِ النَّفِي

يَتِمُّ تَقوِيَةُ الصِّفَةِ فِي حَالَةِ **النَّفِي** بِإِضَافَةِ بَعضِ الظُّرُوفِ وَالصِّفَاتِ الخَاصَّةِ الغَيرِ مُعرَبَة، وَتُستَخدَمُ سَوَاءً مَعَ الأَدَاةِ "-kein" أَوِ الأَدَاة "nicht" وَأَكثَرُهَا استِعمَالاً:

الصِّفَة / الظَّرف	مِثَال
gar **مُطلَقاً، أَبَداً**	Der Auftrag war **gar** nicht leicht. لَم تَكُنِ المُهِمَّةُ سَهلَةً أَبَداً.
überhaupt **مُطلَقاً، أَبَداً**	Er sagte **überhaupt** kein Wort. لَم يَنطِق بِأَيِّ كَلِمَةٍ إِطلَاقاً.

* مُلَاحَظَة 1: الظَّرفان السَّابِقَان (überhaupt, gar) غَيرُ قَابِلَينِ لِلإِعرَاب.

* مُلَاحَظَة 2: يُمكِنُ أَن يَأتِيَ بَعدَ هَذِهِ الظُّرُوفِ اسمٌ أَو ضَمِير:

- Hast du meinen Brief bekommen?
- Nein, ich habe **gar** **nichts** bekommen.

هَل تَلَقَّيتَ خِطَابِي؟ لَا، لَم أَتَلَقَّ شَيئاً إِطلَاقاً.

14.7.2 Die Schwächung des Adjektivs — ثَانِياً: تَضعِيفُ الصِّفَة

تَضعِيفُ الصِّفَة: هُوَ تَخفِيفُ حِدَّةِ مَعنَاهَا، وَيَتِمُّ التَّضعِيفُ بالطُّرقِ الثَّلاثِ التَّالِيَة:

1. بِدَمجِ صِفَةٍ مَعَ اسم:

يُمكِنُ إِضَافَةُ صِفَةٍ إِلَى اِسمٍ، لِنَحصَلَ عَلى صِفَةٍ جَدِيدَةٍ تَنطَبِقُ عَلَيهَا جَمِيعُ خَوَاصِ الصِّفَاتِ، فَمَثَلاً الصِّفَةُ arm تَرمُزُ إِلى القِلَّة أو الضَّعف، فَتَكُونُ الصِّفَةُ الجَدِيدَةُ قَد جَمَعَتْ بَينَ مَعنَى الاِسمِ وَمَعنَى الصِّفَةِ المُضَافَة:

اِسم	صِفَة	الصِّفَةُ الجَدِيدَة
das Fett دِهن، دَسَم	+ arm فَقِير، قَلِيل	fett**arm** قَلِيل الدَّسَم
die Kalorie سُعرَةٌ حَرَارِيَّة		kalorien**arm** قَلِيلُ السُّعرَاتِ الحَرَارِيَّةِ

2. بِإِضَافَةِ اللَّاحِقَات:

وَمِن هَذِهِ اللَّاحِقَات lich-، مَع إِضَافَة Umlaut:

blau أَزرَق	-lich	bl**ä**u**lich** مُزرَق
dumm غَبِيّ		d**ü**mm**lich** أَقَلُّ غَبَاءً

3. بِإِضَافَةِ الظُّرُوفِ وَالصِّفَات:

حَيثُ يَتِمُّ تَضعِيفُ الصِّفَةِ حَسَبَ الظَّرفِ أو الصِّفَةِ قَبلَهَا، رُبَّمَا تَختَلِفُ تَرجَمَةُ الصِّفَاتِ وَالظُّرُوفِ هَذِهِ وَلَكِن إِذَا جَاءَت قَبلَ الصِّفَةِ يَكُونُ لَهَا عَمَلٌ وَاحِدٌ وَهُوَ تَضعِيفُ الصِّفَة:

الصِّفَة / الظَّرف	مِثَال
fast **تَقرِيباً**	Der Vortrag dauerte **fast** eine Stunde. اِستَمَرَّتِ المُحَاضَرَةُ **قُرَابَةَ** السَّاعَة.
gering **قَلِيلاً**	Er ist ein **gering** qualifizierter Forscher. هُوَ بَاحِثٌ ذُو تَأهِيلٍ **قَلِيل**.
kaum **نَادِر، قَلِيل**	Das sind **kaum** zu verkaufenden Waren. **تَكَادُ** هَذِهِ بِضَاعَةٌ **أَلَّا** تُبَاع (رُبَّمَا لِبَهَاظَةِ ثَمَنِهَا أَوّ ...).

14.8.0 Der Substantivierte Gebrauch des Adjektivs
استِخدَامُ الصِّفَاتِ كَأَسمَاء

يُمكِنُ تَحوِيلُ الصِّفَةِ إِلَى اِسمٍ بِأَكثَرِ مِن طَرِيقَة، مِنهَا:

⇦ 1- بِإِضَافَةِ اللَّاحِقَاتِ (Präfixe) لِلصِفَة:

Adj. الصّفة	Suffix اللاحقة	Sub. الإِسم	Bedeutung المَعنَى
neu جَدِيد	-heit	die Neuheit	حَدَاثَة
reich غَنِيّ	-tum	der Reichtum	ثَروَة، غَنَاء
bereit جَاهِز	-schaft	die Bereitschaft	جَاهِزِيَّة

⇦ 2- بَعضُ الصِّفَاتِ المُتَنَاقِضَة تَمَاماً مِن حَيثِ المعنَى:

الصّفةُ الأُولَى	الصّفةُ الثّانيَة		الإِسم
alt قَدِيم	neu جَدِيد	+ und	Alt **und** Neu القَدِيمُ وَالجَدِيد
arm فَقِير	reich غَنيّ	+ und	Arm **und** Reich الفَقِيرُ وَالغَنِيّ
jung شَاب	alt مُسِنّ	+ und	Jung **und** Alt الشَابُّ وَالمُسِنّ

⇦ 3- بِإِعرَابِ الصِّفَة، سَوَاءً إِعرَاباً قَوِيّاً أَو ضَعِيفاً أَو مُختَلَطاً:

الصِّفَة	نَكِرَة	مُذَكَّر	مُؤَنَّث	مُحَايِد	جَمع
arm فَقِيرٌ	ein **A**rm**er** فَقِيرٌ	der **A**rm**e** الفَقِير	die **A**rm**e** الفَقِيرَة	das **A**rm**e** الفَقِير (مُحَايِد)	die **A**rm**en** الفُقَرَاء
alt مُسِنٌّ	ein **Alt**er مُسِنّ	der **Alt**e المُسِنّ	die **Alt**e المُسِنَّة	das **Alt**e المُسِنّ (مُحَايِد)	die **Alt**en المُسِنُّون

➢ يَأتِي قَبلَ الصِّفَةِ ضَمَائِرٌ أَو كَلِمَاتٌ نَكِرَةٌ، وَتُعرَبُ الصِّفَةُ إِعرَاباً قَوِيّاً لِتَتَحَوَّلَ إِلَى اِسم:

الضَّمِير	مِثَال	
etwas شَيء	etwas **S**chlimmes شَيءٌ سَيِّء	etwas **G**utes شَيءٌ رَائِع

nichts لَا شَيء	nichts **B**estimmtes لَا شَيء مُحَدَّد	nichts **B**esonderes لَا شَيء خَاصّ
alles كُلّ	alles **G**ute كُلُّ ما هُوَ جَمِيل	alles **M**ögliche كُلُّ ما هُوَ مُمكِن

- مِثَال:

- Wenn man nichts **Gutes** / **Nettes** zu sagen hat, dann muss man den Mund halten. إِذَا لَم تَقُل خَيرَاً فَاصمُتْ.

✓ غَالِبَاً مَا تَأتِي بَعضُ الصِّفَاتِ كَأَسمَاءٍ (بَعدَ إِعرَابِهَا)، وَأَكثَرُهَا استِعمَالَاً:

Kombination التَّركِيب	Beispiel مِثَال
im Allgemeinen بِشَكلٍ عَامّ	Er handelt **im Allgemeinen**. يُتَاجِرُ تِجَارَةً **عَامَّةً** (لَا يَقتَصِرُ عَلَى مَجَالٍ مُعَيَّن).
und / oder Ähnliches و / أو مَا شَابَهَ ذَلِك	Brauchst du das **oder Ähnliches?** هَل تَحتَاجُ هَذَا **أَو شَيئَاً يُشَابِهُه؟**
im Besonderen بِشَكلٍ خَاصّ	Ich mag diese Frucht **im Besonderen**. أُحِبُّ هَذِهِ الفَاكِهَةَ **بِشَكلٍ خَاصّ**.
das Gleiche نَفسُ الشَّيء	Ich habe **das Gleiche** gesagt. لَقَد قُلتُ **نَفسَ الشَّيء** (نَفسَ الكَلَام).
bis ins Kleinste حَتَّى أَدَقّ التَّفَاصِيل	Er beschrieb es **bis ins Kleinste**. شَرَحَهَا **بِالتَّفصِيلِ الدَّقِيق**.
das Einzige الشَّيءُ الوَحِيد	Das ist **das Einzige** der Welt, das… هَذَا **الشَّيءُ الوَحِيدُ** عَلَى مُستَوَى العَالَم، وَالَّذِي...
das Letzte الشَّيءُ الأَخِير	Das war **das Letzte**. كَانَ هَذَا **الجُزءُ الأَخِير**.
als Erster كَأَوَّلِ شَخص (الشَّخصُ الأَوَّل)	Er ist **als Erster** durchs Ziel gegangen. أَنهَى **كَأَوَّلِ شَخصٍ** (قَبلَ الجَمِيع).
als Erstes أَوَّلَاً، بَادِئَ الأَمر	**Als Erstes** sollen Sie... يَجِبُ عَلَى حَضرَتِكُم **أَوَّلَاً** أَن....
nicht das Geringste وَلَا حَتَّى أَدنَى مِقدَار	Er bringt **nicht das Geringste** zu Stande! لَا يَفعَلُ حَتَّى **أَقَلَّ الأُمُور**.

nicht im Geringsten وَلا حَتَّى أَدنَى مِقدَار	Er belästigt sie **nicht im Geringsten**. **لَا يُضَايِقُهَا حَتَّى وَلو بِأدنَى مِقدَار**.
als Ganzes بِشَكلٍ كَامِل	Der Löwe fraß seine Beute **als Ganzes**. التَهَمَ الأسَدُ فَرِيسَتَهُ **بِشَكلٍ كَامِل**.
im Großen und Ganzen بِشَكلٍ عَام، عُمُومَاً	Das stimmt **im Großen und Ganzen**. هَذَا صَحِيحٌ **بِشَكلٍ عَام**.
etwas Angenehmes شَيءٌ رَائِع	Er machte **etwas Angenehmes**, indem… فَعَلَ **شَيئَاً رَائِعَاً** بِأن...
etwas Unangenehmes شَيءٌ قَبِيحٌ	Er tan **etwas Unangenehmes**, indem… فَعَلَ شَيئَاً قبيحاً، بِأن...
auf ein Neues, aufs Neue مِن جَدِيدٍ (مَرَّةً أُخرَى)	Ich entwarf das Konzept **aufs Neue**. صَمَّمتُ النَّمُوذَجَ **مَرَّةً أُخرَى** (مِن جَدِيد).

✓ مُلَاحَظَات:

- 1- إِذَا ذُكِرَت صِفَتَانِ مُتَنَاقِضَتَانِ لِنَفسِ الِاسمِ فِي الجُملَة فَلَا يُكتَبُ الِاسمُ مَرَّتَين، بَل يُكتَبُ فقط بَعدَ الصِّفَةِ الأُولَى وَتُعرَبُ الصِّفَةُ الثَّانِيَةُ حَسَبَ الِاسمِ نَفسِه. وَيُذكَرُ الفِعلُ مَرَّةً وَاحِدَةً أَيضَاً:

- Ahmad **kaufte ein hochwertiges Handy**, aber Ali **ein normales**. اشتَرَى أَحمدُ **جوالاً عَالِيَ الجَودَة**، أما عليٌّ فاشتَرى **جَوَّالاً عَادِيّاً**.
- Ich **zeichnete eine gerade Linie**, aber Ali **eine schiefe**. رَسَمتُ **خَطَّاً مُستَقِيمَاً** أمّا عليٌّ فَرسَمَ **خَطَّاً مِعوَجَّاً**.

- 2- أَمَّا إِذَا لَم تَكُنِ الصِّفَتَانِ مَوجُودَتَانِ فِي نَفسِ جُملَةِ الِاسمِ فَتَتَحَوَّلُ الصِّفَاتُ إِلَى أَسمَاءٍ وَتُعرَبُ حَسَبَ مَوقِعِهَا فِي الجُملَةِ الجَدِيدَة:

Das Handy ist **eine revolutionäre Leistung**. يُعتَبَرُ الجَوَّالُ **إِنجَازاً ثَورِيَّاً**. ⇩ Ahmad **kaufte ein Hochwertiges**, aber Ali **ein Normales**. اشتَرَى أَحمَدُ **جَوَّالاً عَالِي الجَودَة**، أَما عَلِيٌّ فاشتَرَي **جَوَّالاً عَادِياً**.

- Osman Zeichnet **<u>eine Linie</u>**.	يَرسُمُ عُثمَانٌ **خطّاً**.
⇩	
- Ich **<u>zeichnete</u> eine Gerade**, aber Ali **eine Schiefe**.	رَسَمتُ **خَطّاً مُستَقِيماً** أَمّا عَلِيٌّ فَرَسَمَ **خطّاً مِعوَجّاً**.

✓ يَجِبُ التَّفرِيقُ بَينَ الصِّفَةِ المعرَبَةِ حَسَبَ الاِسمِ، وَظُرُوفِ التَّقوِيَةِ:

Das ist eine **richtig** kurz<u>e</u> und überzeugend<u>e</u> Antwort. هَذا جَوَابٌ قَصِيرٌ **جِدّاً** وَمُقنِع.
Das ist eine **richtig<u>e</u>**, **kurz<u>e</u>** und **überzeugend<u>e</u>** Antwort. إِنَّهُ جَوَابٌ **صَحِيحٌ** وَقَصِيرٌ وَمُقنِع.

- قَد تَرتَبِطُ الصِّفَةُ مَعَ حُرُوفِ جَرٍّ لِتُؤَدِّي وَظِيفَةً خَبَرِيَّةً أَو ظَرفِيَّةً:

von fern مِن بَعِيد	Wir haben **<u>von fern</u>** den Unfall gesehen. شَاهَدنَا الحَادِثَ **عَن بُعد**.

➢ أَمثِلَة عَلى الصِّفَاتِ كَأَسماء:

Das <u>B</u>essere ist **des <u>G</u>uten** Feind?	**الأَفضَلُ** هُوَ عَدُوُّ الجَيِّد؟
Tue **das <u>G</u>ute** und vermeide **das <u>B</u>öse**!	اِفعَلِ **الخَيرَ** وَتَجَنَّبِ **الشَّرّ**
Er strebt nach **<u>B</u>esserem**.	يُنَاضِلُ مِن أَجلِ **الأَفضَل**
Träume **etwas <u>S</u>chönes**.	اَحلُم بِالأَشيَاءِ **الجَمِيلَة**
Ich befürworte die Macht **des <u>G</u>uten**.	أَنَا أُؤَيِّدُ قُوَّةَ **الخَير**
Ich meine **etwas <u>Ä</u>hnliches**.	أَقصِدُ **شَيئاً مُشَابِهاً**
Ich meine **nichts <u>B</u>estimmtes**.	لَا أَقصِدُ **شَيئاً مُحَدَّداً**
Ich wünsche dir **alles <u>G</u>ute**.	أَتَمَنَّى لَكَ **كُلَّ جَمِيل**
Er kann **den <u>G</u>uten** von **dem <u>B</u>ösen** nicht unterscheiden. لَا يَستَطِيعُ أَن يُمَيِّزَ **الطَّيِّبَ** مِنَ **الخَبِيث**.	
Er kann sich **etwas <u>B</u>esseren** nicht besinnen. لَا يُمكِنُهُ أَن يُفَكِّرَ بِشَيءٍ أَفضَل.	
Es ist **nichts <u>S</u>chlimmes** daran, wenn man an seine schönen Zeiten erinnert.	لَيسَ مِنَ المُشِينِ أَن يُفَكِّرَ المَرءُ بِمَاضِيهِ الجَمِيل

14.9.0 Die Komposition des Adjektivs تَركِيبُ الصِّفَة

تَركِيبُ الصِّفَات: هُو إِضَافَةُ صِفَةٍ إِلى أَنوَاعٍ مُختَلِفَةٍ مِنَ الكَلِمَاتِ الأُخرَى لِتُعطِينَا صِفَاتاً جَدِيدَةً، وَهَذِهِ الإِرتِبَاطَات :

⇦ 1- ارتِبَاطُ صِفَةٍ مَع اسمٍ (Nomen + Adjektiv)، يُضَافُ بَينَهُمَا الحَرفُ "s-" أَحيَانَاً، وَيُحذَفُ الحَرفُ "e-" أَحيَانَاً مِن نِهَايَةِ الإِسم:

الصِفَة	الإِسم	الصِّفَة المُرَكَّبَة	المَعنَى
-ähnlich مُشَابِه	der Affe قِرد	affen**ähnlich**	كَالقِرد
	das Gold ذَهَب	gold**ähnlich**	كَالذَّهَب
-bereit جَاهِز	die Hilf**e** مُسَاعَدَة	hilf**sbereit**	جاهِزٌ لِلمُسَاعَدَة
	das Gespräch مُحَادَثَة	gespräch**sbereit**	جَاهِزٌ لِلتَحَدُّث
-arm فَقِير	der Alkohol الكُحُول	alkohol**arm**	قَلِيلُ الكُحُول
	das Blut دَمّ	blut**arm**	فَقِيرُ الدَّمّ
-reich غَنِيّ	der Erfolg النَّجاح	erfolg**reich**	مُكلَّلٌ بِالنَّجاح
	der Umfang مَجَال	umfang**reich**	وَاسِع، شَامل
-fähig قَادِر، مُمكِن	die Arbeit عَمَل	arbeit**sfähig**	قَادِرٌ عَلَى العَمَل
	die Steigerung تَصعِيد، زِيَادَة	steigerung**sfähig**	قَابِلٌ لِلتَصعِيد
-frei حُرّ، خَالِي	der Alkohol كُحُول	alkohol**frei**	خَالِي مِنَ الكُحُول
	die Bakterien جَرَاثِيم	bakterien**frei**	خَالِي مِنَ الجَّرَاثِيم
-freundlich صَدِيق	die Haut بَشَرَة	haut**freundlich**	صَدِيقٌ لِلبَشَرَة
	der Gast ضَيف	gast**freundlich**	مِضيَاف (سَخِيّ)
-gemäß حَسَب	die Zeit وَقت	zeit**gemäß**	مُنَاسِبٌ لِلعَصر
	der Sinn مَعنَى	sinn**gemäß**	طِبقاً لِلمَعنَى

-voll مُمتَلِئ	der Geschmack ذَوق، طَعم	geschmack**voll**	رَفِيعُ الذَّوق
	die Bedeutung مَعنَى	bedeutung**svoll**	ذُو مَعنَى
-würdig مُبَجَّل، مُستَحِق	die Straf**e** مُخَالَفَة	straf**würdig**	يُعَاقِبُ القَانُونُ عَلَيه
	die Ehr**e** شَرَف	ehr**würdig**	جَدِيرٌ بِالإحتِرَام
-wert قَيِّمٌ (ذُو قِيمَة)	das lesen القِرَاءَة	lesen**swert**	جَدِيرٌ بِالقِرَاءَة
	das Loben مَدح	loben**swert**	جَدِيرٌ بِالمَدح
-gerecht مُنَاسِب	die Form شَكل	form**gerecht**	بِالَّشكلِ المُنَاسِب
	das Kind طِفل	kind**gerecht**	مُنَاسِبٌ لِلطِفل
-Leer فَارِغ	das Blut دَمّ	blut**leer**	خَالِي الدَّم (شَاحِب)
	der Inhalt مُحتَوَى	inhalt**sleer**	خَالِي المُحتَوَى
-los تُعطِي المَعنَى العَكسِيّ	die Müh**e** تَعَب	mühe**los**	بِدُونِ تَعَب
	der Schaden ضَرَر	schaden**los**	بِلَا ضَرَر
	der Kragen يَاقَة	kragen**los**	بِدُونِ يَاقَة
	die Lust رَغبَة	lust**los**	بِدُونِ رَغبَة

- مُلَاحَظَة: يَتِمُّ أَحيَانَاً إِضَافَةُ اللَّاحِقَة los- مَعَ الأَسمَاءِ فِي حَالَةِ الجَمع:

	الإِسمُ فِي حَالَةِ الجَمع	الصِّفَةُ النَّاتِجَة
جمع -los	die Staaten دُوَل	staat**en**los لَا يَمتَلِكُ جِنسِيَّة
	die Wolken غُيُوم، سُحُب	wolk**en**los خَالِي مِنَ الغُيُوم
	die Kinder أَطفَال	kind**er**los بِدُونِ أَولَاد

وَيَتِمُّ نَفيِ الصِّفَةِ أَيضاً بِإِضَافَة nicht إِلَيهَا كَبَادِئَة:

nichtabgelaufen غَيرُ مُنصَرِم	nichteuropäisch غَيرُ أُورُوبِّي	nichtklassisch غَيرُ كلَاسِيكِيّ

يَتِمُّ أَحيَانَاً إِضَافَةُ صِفَةٍ إِلَى الأَسمَاءِ مَع بَعضِ الإِضَافَات:

- a- إِضَافَةُ صِفَةٍ إِلَى الاِسمِ المُنتَهِي جَمعُهُ بِـ e-

der Hund كَلب	+e	-müde مُتعَب	hundemüde مُتعَبٌ جِدَّاً
die Maus فَأر		-tot مَيِّت	mausetot مَوتَةٌ شَنِيعَة

- b- إِضَافَةُ صِفَةٍ إِلَى الاِسمِ المُنتَهِي جَمعُهُ بِـ en-

der Mensch إِنسَان	+en	leer فَارِغ	Menschenleer مَهجُور
die Frau سَيِّدَة		feindlich عِدَائِي	Frauenfeindlich عِدَائِيٌّ لِلنِسَاء

– وَإِذَا انتَهَى الاِسمُ بِـ e- فَلَا تُضَافُ مَرَّةً أُخرَى:

die Etage طَابِق	+n	förmig شَكلِيّ	etagenförmig بِشَكلِ طَوَابِق
die Ehre شَرَف		amtlich رَسمِيّ	ehrenamtlich تَطَوُّعِيّ

- c- إِذَا انتَهَت بَعضُ الأَسمَاءِ فِي حَالَةِ المُضَافِ إِلَيهِ بِـ es- فَتَبقَى عِندَ إِضَافَةِ الصِّفَة:

der Sieg نَصر	+es	sicher وَاثِق	siegessicher وَاثِقٌ مِن النَّصر
der Bund اتِّحَاد		weit وَاسِع	bundesweit اتِّحَادِيُّ المُستَوى

- d- يُضَافُ الحَرفُ s- لِكَثِيرٍ مِنَ الكَلِمَاتِ عِندَ إِضَافَةِ الصِّفَةِ لَهَا:

die Arbeit عَمَل	+s	-frei حُرّ	arbeitsfrei وَقتُ فَرَاغ
der Ausdruck تَعبِير		-voll مُمتَلِئ	ausdrucksvoll قَوِيُّ التَّعبِير
die Hilfe مُسَاعَدَة		-bereit جَاهِز	hilfsbereit جَاهِزٌ لِلمُسَاعَدَة

⇦ 2- اِرتِبَاطُ صِفَةٍ مَعَ صِفَةٍ أُخرَى (Adjektiv + Adjektiv):

- سَوَاءٌ فِي الحَالَةِ العَادِيَّة (positiv):

alt قَدِيم	+	arabisch عَرَبِيّ	altarabisch عَرَبِيٌّ قَدِيم
bunt مُلَوَّن		bemalt مَرسُوم	buntbemalt مُلَوَّنُ الرَّسم
dick غَلِيظ		flüssig سَائِل	dickflüssig لَزِج

- بِالإِضَافَةِ إِلى صِفَاتِ الأَلْوَان، إِذْ يُمكِنُ إِضَافَتُهَا إِلى بَعضِهَا:

blau أَزرَق	+	grün أَخضَر	blaugrün رَمَادِي
gelb أَصفَر		orange بُرتُقَالِيّ	gelborange بُرتُقَالِيٌّ فَاتِح

- أَو المُقَارَنَة (Komparativ):

höher أَعلَى	+	bezahlt مَدفُوع	höherbezahlt أَكثَرُ دَفعاً
minder أَقَلّ		wertig قَيِّم	minderwertig رَدِيء
mehr أَكثَر		atomig ذَرِّي	mehratomig مُتَعَدِّدُ الذَّرَّات

- أَو التَّفضِيل (Superlativ):

best الأَفضَل	+	bezahlt مَدفُوع	bestbezahlt الأَفضَلُ دَفعاً
höchst الأَعلَى			höchstbezahlt الأَعلَى دَفعاً
meist الأَكثَر		gelesen مَقرُوء	meistgelesen الأَكثَرُ قِرَاءَة

⇦ 3- اِرتِبَاطُ جَذرِ فِعلٍ مَعَ صِفَة (Verbstamm + Adjektiv):

lernen تَعَلَّمَ	+	fähig قَادِر	lernfähig يُمكِنُ تَعَلُّمُهُ
ausbauen رَقَّى، طَوَّرَ			ausbaufähig قَابِلٌ لِلتَرقِيَة
denken تَذَكَّرَ، فَكَّرَ		würdig جَدِير	denkwürdig جَدِيرٌ بِالذِّكر

- إِذَا انتَهَى جَذرُ الفِعلِ بـ (-b, -d, -g, -s) يُضَافُ الحَرفُ e- بَينَهُمَا:

geben أَعطَى	+	freudig مَسرُور	gebefreudig سَخِيّ
reisen سَافَر			reisefreudig يُسَافِر بِسُرُور
reden تَكَلَّم، حَاوَر		gewandt سَلِس، فَصِيح	redegewandt فَصِيحُ اللِّسَان
pflegen اعتَنَى		leicht سَهل	pflegeleicht سَهلُ العِنَايَة

⇦ 4- اِرتِبَاطُ ظَرفٍ مَعَ صِفَة (Adverb + Adjektiv):

kontra مُمَانِع	+	produktiv انتَاجِي	kontraproduktiv غَيرُ بَنَّاء
anders غَيْرُ		geartet مُشَكَّل	andersgeartet ذُو تَشكِيلٍ مُختَلِف

- وَغَالِبَاً مَا يَرتَبِطُ الظَّرفُ مَعَ التَّصرِيفِ الثَّانِي لِلفِعل (Partizip 1):

innen دَاخِلاً	+	liegend مُتَوَاجِد، مُتَمَوضِعْ	innenliegend مُتَمَوضِعٌ دَاخِلِيَّاً
links يَسَاراً		drehend دَوَّار	linksdrehend دَوَّارٌ بِاتِّجَاهِ اليَسَار
anders مُختَلِف		denkend مُفَكِّر	andersdenkend ذُو رَأي مُختَلِف

⇦ 5- اِرتِبَاطُ ضَمِيرٍ مَعَ صِفَة (Pronomen + Adjektiv):

all (تَقوِيَةُ الصِّفة)	+	mächtig قَوِيّ	allmächtig ذُو قُدرَةٍ عَظِيمَة
		bekannt مَعرُوف	allbekannt مَعرُوفٌ جِدَّاً
selbst نَفس		ständig دَائِم	selbstständig مُستَقِلٌّ بِذَاتِه
dies هَذَا		jährig سَنَوِيّ	diesjährig هَذِهِ السَّنَة

14.10.0 Die Ableitung des Adjektivs — اِشتِقَاقُ الصّفَة

يَتِمُّ اشتِقَاقُ الصِّفَةِ مِن كَلِمَاتٍ أُخرَى، سَوَاءٌ بِإِضَافَةِ البَادِئَاتِ أَوِ اللَّاحِقَاتِ أَو مِن خِلَالِ طُرُقٍ أُخرَى، وَأَكثَرُ طُرُقِ الِاشتِقَاقِ استِخدَاماً:

⇦ 1- إِضَافَةُ اللَّاحِقَاتِ إِلَى جُذُورِ الأَفعَال، حَيثُ تَدخُلُ عَلَى الفِعلِ بَعدَ حَذفِ نِهَايَتِهِ سَوَاءً "en-" أَو "n-" أَو "ieren-" وَأَكثَرُهَا استِخدَاماً:

	اللَّاحِقَة	مِثَال	وَظِيفَةُ اللَّاحِقَة
جَذرُ الفِعل	-abel	akzept**abel** مَقبُول	قَابِلِيَّةُ تَطبِيقِ الفِعل
		spend**abel** سَخِيّ، كَرِيم	
	-haft	lach**haft** مُضحِك	تَمِيلُ الصّفَةُ مَعَ هَذِهِ اللَّاحِقَات: إِلَى المَعنَى الَّذِي يَعنِيهِ الفِعل.
		glaub**haft** ذُو مِصدَاقِيَّة	
	-(er)lich	verbind**lich** مُلزِمٌ	
		hind**erlich** مُعِيق	
	-ig	abhäng**ig** مُتعَلِّقٌ بِـ	
		auffäll**ig** مُلفِتٌ لِلنَظَر	
	-sam	bedeut**sam** مُهِمّ	
		schweig**sam** صَامِت	
	-isch	misstrau**isch** ظَنَّان، شَكَّاك	
		neck**isch** شَكِس	
	-bar	anwend**bar** قَابِلٌ لِلاِستِخدَام	تدلُّ عَلى إِمكانِيَّةِ تَطبِيقِ الفِعل
		ess**bar** قَابِلٌ لِلأَكل	
		belast**bar** يُمكِنُهُ التَّحَمُّل	
un- … -lich		**un**ersetz**lich** لَا يُعَوَّض	تَأخُذُ الصّفَةُ عَكسَ مَعنَى الفِعل.
un- … -sam		**un**beug**sam** لَا يُمكِنُ ثَنيُه	
un- … -bar		**un**antast**bar** مُصَانٌ مِنَ المَسّ	

⇦ 2- إِضَافَةُ اللَّاحِقَاتِ إِلَى الأَسمَاء، وَأَكثَرُهَا اِستِخدَاماً:

وَظِيفَةُ اللَّاحِقَة	المَعنَى	مِثَال	اللَّاحِقَة	
إِعطَاءُ الصِّفَةِ مَا يَعنِيهِ الإِسم	وَظِيفِيّ	funktion**al**	-al	الاسم
	وَحشِيّ، عَنِيف	brut**al**		
	ثَورِيّ	revolution**är**	-är	
	عَائِلِيّ	famili**är**		
	فِيزِيَائِيّ	physik**alisch**	-alisch	
	مُوسِيقِيّ	musik**alisch**		
	قُرآنِي	kore**anisch**	-anisch	
	بَرلَمَانِيّ	parlament**arisch**	-arisch	
	هَمجِيّ، وَحشِيّ	barb**arisch**		
	نِظَامِيّ	system**atisch**	-atisch	
	مَوضُوعِيّ	them**atisch**		
	تَزيِينِيّ	dekor**ativ**	-ativ	
	ابدَاعِيّ	innov**ativ**		
	عَاطِفِيّ	emotion**ell**	-ell	
	رَسمِيّ، شَكلِيّ	form**ell**		
	استِعمَارِيّ	koloni**al**	-ial	
	ظَرفِيّ	adverb**ial**		
	مَالِيّ	finanz**iell**	-iell	
	جُزئِيّ	part**iell**		
	تَرفِيهِيّ	luxuri**ös**	-ös	
	عَصَبِيّ	nerv**ös**		
	مِثَالِيّ	beispiel**haft**	-haft	
	أَثِيمْ	sünd**haft**		
	عَمداً	absicht**lich**	-lich	
	تَطَوُّعِيّ	ehrenamt**lich**		
	لَا مَخرَجَ مِنه	ausweg**los**	-los	
	غَافِلٌ، غَيرُ مُنتَبِه	acht**los**		

	-ig	ehrgeiz**ig** طَمُوح	
		vorrang**ig** ذُو أَولَوِيَّة	
	-isch	alkohol**isch** كُحُولِيّ	
		räuber**isch** نَاهِب، سَالِب	
	-mäßig	gesetz**mäßig** شَرعِيّ	
		regel**mäßig** مُنتَظَم	
	-sam	gehor**sam** مُطِيع	
		müh**sam** مُتعِب	
	-fertig	post**fertig** جَاهِزٌ لِلإِرسَال	تَأخُذُ الصّفَةُ مَعنَى الجَّاهِزِيَّة
		druck**fertig** جَاهِزٌ لِلطِبَاعَة	

• مُلَاحَظَة: يَتِمُّ أَحيَانَاً إِضَافَةُ بَعضِ اللَّوَاحِقِ السَّابِقَةِ لِلإِسمِ فِي حَالَةِ الجَّمع:

جَمع + haft	der Held(-en) بَطَل	held**<u>en</u>haft**	بُطُولِيّ
	die Puppe(-n) دُمية	pupp**<u>en</u>haft**	دُميَوِيّ
	der Geist (-er) شَبَح	geist**<u>er</u>haft**	مُخِيف
جَمع + mäßig	die Zahl(-en) عَدَد	zahl**<u>en</u>mäßig**	عَدَدِيّ

⇦ 3- إِضَافَةُ اللَّاحِقَاتِ إِلَى الصِّفَات، مَع Umlaut أَحيَانَاً، وَأَكثَرُهَا استِخدَامَاً:

	اللَّاحِقَة	مِثَال	المَعنَى	وَظِيفَةُ اللَّاحِقَة
الصّفَة	-ig	faul**ig**	مُتَعَفِّن	الدَّلَالَةُ عَلَى نَفسِ مَعنَى الصّفَةِ الأَسَاسِيَّة
	-istisch	real**istisch**	وَاقِعِيّ	
	-lich	ärm**lich**	فَقِير	
		gelb**lich**	مُصفَرّ	
	-fach	acht**fach**	ثَمَانِيَةُ أَضعَاف	الدَّلَالَةُ عَلَى المُضَاعَفَة
		mehr**fach**	مُتَعدّد	

⇦ 4- بِإِضَافَةِ اللَّاحِقَةِ ig- لِبَعضِ الظُّرُوف، مَعَ تَغْيِيرٍ مُعَيَّنٍ فِيهَا:

الظَّرف	الصِّفَة	مِثَالٌ عَلى الصِّفَة
dort هُنَاك	dort**ig** مَحَليّ	Er liebt Ägypten, das **dortige** Theater ist seine Lieblingssehenswürdigkeit. يُحِبُّ مِصر، حَيثُ أَنَّ المتحف **هُنَاك** مَعلَمُهُ المُفَضَّل.
*heut**e*** اليَوم	heut**ig** يَومِيّ	Die **heutigen** Sitten gefallen mir nicht. لَا تُعجِبُنِي تَقَالِيدُ **هَذِهِ الأَيَّام**.
*hie**r*** هُنَا	hies**ig** مَحَليّ	Die **hiesige** Bevölkerung ist großzügig. الشَّعبُ **المَحَلِّيُّ** (فِي هَذِهِ المَنطِقَة) كَرِيم.
*damal**s*** وَقتَهَا	damal**ig** حِينَئِذٍ	Ich war da, und meine **damalige** Arbeit… كُنتُ هُنَاكَ، وَكَانَ عَمَلِي **وَقتَهَا** (فِي ذَلِكَ الوَقت)...
*Ob**en*** بِالأَعلَى	Ob**ig** عُلوِيّ	Senden Sie bitte dem Unternehmen den Brief an **obige** Adresse ab! أَرسِلِ الخِطَابَ لِلشَرِكَةِ إِلَى العُنوَانِ **المُحَدَّدِ فِي الأَعلَى!**

⇦ 5- إِضَافَةُ البَادِئَاتِ إِلَى الصِّفَات، وَأَكثَرُهَا استِخدَاماً:

البَادِئَة	مِثَال	المَعنَى	وَتَأتِي أَيضاً مَعَ:	عَمَلُ البَادِئَة
a(n)-	**a**historisch	غَيرُ تَارِيخِيّ	الأَسْمَاء وَالأَفعَال	نَفيُ أو عَكسُ المَعنَى
	anorganisch	غَيرُ عُضوِيّ		
alt-	**alt**vertraut	مَألُوف	الأَسْمَاء	إِعطَاءُ مَعنَى القِدَم
	altbewohnt	مَسكُونٌ مُنذُ قَدِيم		
aller-	**aller**beste	الأَفضَل	الظُّرُوف	المُبَالَغَةُ فِي تَفضِيلِ الصِّفَة
	allergrößte	الأَكبَر		
anti-	**anti**amerikanisch	مُعَادٍ لِأَمرِيكَا	الأَسْمَاء	المُضَادَدَةُ وَعَكسُ المَعنَى
	antibakteriell	مُضَادٌّ لِلبَكتِيرِيَا		
außer-	**außer**betrieblich	خَارِجُ الخِدمَة	الأَسْمَاء وَالأَفعَال	إِخرَاجُ الصِّفَةِ عَن مَعنَاهَا
	außerdienstlich	غَيرُ رَسمِي		
de(s)-	**de**zentral	لَامَركَزِيّ	الأَسْمَاء وَالأَفعَال	المَعنَى الضِّدّ
	desinfiziert	غَيرُ مُصَاب		

dis-	**dis**harmonisch غيرُ مُتَنَاغِم	الأَسْمَاء وَالأفعَال	المَعنَى الضِدّ
	diskontinuierlich غيرُ مُستَمِر		
ex-	**ex**territorial خَارِجُ المَجَال	الأَسْمَاء وَالأفعَال	إخرَاجُ الصِفَة عَن نِطَاقِهَا
	exzentrisch شَاذُّ الطِبَاع، لَا مَركَزِيّ		
erz-	**erz**schlau حَاذِقٌ جِدّاً	الأَسْمَاء	تَقوِيَةُ المَعنَى
extra-	**extra**ordinär خَارِقٌ لِلعَادَة	الأَسْمَاء	المُبَالَغَة
grund-	**grund**anständig مُؤَدَّبٌ جِدّاً	الأَسْمَاء	تَقوِيَةُ المَعنَى
	grundfalsch خَاطِئٌ تَمَاماً		
hyper-	**hyper**aktiv مُفرِطُ النَّشَاط	--	مُبَالغَةُ المَعنَى
in-	**in**adäquat غيرُ مُنَاسِب	الأَسْمَاء	عَكسُ مَعنَى الصِفَة
il-	**il**legal غيرُ شَرعِي		
im-	**im**materiell غيرُ مَادِّيّ		
ir-	**ir**real غيرُ حَقِيقِي		
inner-	**inner**schulisch مَدرَسِيُّ النِّطَاق	--	الإنْتِمَاء
inter-	**inter**disziplinär مُتَعَدِّدُ المَجَالَات	الأَسْمَاء وَالأفعَال	الإنتِشَارُ عَلَى نِطَاقٍ وَاسِع
	international عَالَمِيّ		
ko-	**ko**operativ تَعَاوُنِيّ	الأَسْمَاء	الثُنائِيَّة والتَّعَاوُن و التَّنَاسُب
kol-	**kol**lektiv جَمَاعِيّ		
kon-	**kon**sekutiv مُتَتَالِي		
kor-	**kor**relativ مُتَرَافِق		
miss-	**miss**verständlich غيرُ مَفهُوم	الأَسْمَاء وَالأفعَال	تَدُلُّ عَلى الخَطَأ أو العَكس
	missvergnügt غيرُ رَاضٍ		
multi-	**multi**national مُتَعَدِّدُ الجِنسِيَّات	الأَسْمَاء	إعطاء التَّعَدُّدِيَّة
nach-	**nach**christlich مَا بَعدَ المَسِيح	الأَسْمَاء وَالأفعَال	التَتَالِي الزَّمَنِيّ أَو المَكَانِيّ
	nachgeboren وُلِدَ بَعدَ وَفَاةِ وَالِدِهِ		

ober-	**ober**faul مُتَعَفِّنٌ كَثِيرَاً	الأَسْمَاء	تَقوِيَةُ الصِّفَة
prä-	**prä**historisch مَا قَبلَ التَّارِيخ	الأَسْمَاء	القِدَمُ المَدِيد
pro-	**pro**islamisch مُوَالٍ لِلإِسلَام	الأَسْمَاء	المُوَالَاة
super-	**super**fein صَافِي جِدَّاً **super**schlau حَاذِقٌ جِدَّاً	الأَسْمَاء	تَقوِيَةُ الصِّفة
tief-	**tief**rot أَحمَرٌ غَامِق **tief**sinnig ذُو مَعنَى عَمِيق	الأَسْمَاء	تَقوِيَةُ المَعنَى وَتَعمِيقِه
trans-	**trans**arteriell مُنتَقِلٌ شِريَانِيَّاً **trans**national مُنتَقِلٌ قَومِيَّاً	الأَسْمَاء	النَّقلُ أو الإنتِقَال
über-	**über**sinnlich خَارِقٌ لِلعَادَة **über**proportional فَوقُ المُتَوَسِّط	الأَسْمَاء وَالأفعَال	تَصعِيدُ الصِّفَةِ نَحوَ الأكثَر
ultra-	**ultra**dünn رَقِيقٌ جِدَّاً **ultra**schnell سَرِيعٌ جِدَّاً	الأَسْمَاء	المُبَالغَةُ الشَّدِيدَةُ فِي المَعنَى
un-	**un**sauber غَيرُ نَظِيف **un**abänderlich حَتمِيّ **un**abhängig غَيرُ مُرتَبِط	الأَسْمَاء	عَكسُ مَعنَى الصِّفَة
unter-	**unter**durchschnittlich تَحتَ المتوسط **unter**qualifiziert غير مُؤَهَّل	الأَسْمَاء وَالأفعَال	شَيءٌ أَسفَلَ شَيءٍ أو أقَلَّ مِنه
ur-	**ur**komisch مُضحِكٌ جِدَّاً **ur**christlich مَسِيحِيُّ الأَصل	الأَسْمَاء	تَقوِيَةُ الصِّفَة أو الدَّالة على أصلها
vor-	**vor**zeitig سَابِقٌ لِأَوَانِه **vor**christlich مَا قَبلَ المَسِيح	الأَسْمَاء وَالأفعَال	السَّبقُ المَكَانِيُّ أو الزَّمَانِيّ
wider-	**wieder**sinnig مُخَالِفٌ لِلمَنطِق **wider**rechtlich مُخَالِفٌ لِلقَانُون	الأَسْمَاء وَالأفعَال	العَكسُ أو التَّضَاد

15.0.0 Das Adverb الظَّرْف

الظُّروف: هِيَ كَلِمَاتٌ غَيرِ مُعرَبَةٍ، وَتَصِفُ أَنوَاعاً مُختَلِفَةً مِنَ الكَلِمَات. وَمِنَ الصَّعبِ تَحدِيدُهَا وَحَصرُهَا بِقَاعِدَةٍ مُعَيَّنَة، فَهِيَ تَرِدُ فِي الجُملَةِ بِصِيَغٍ مُتَعَدِّدَةٍ جِدّاً. فَالظُّرُوفُ ذَوَاتِ الكَلِمَةِ الوَاحِدَةِ سَهلَةُ التَّحدِيدِ مِثلُ (اليَوم heute، هُنَاك dort) إِلّا أَنَّ المُشكِلَةَ فِي تَحدِيدِ الظُّرُوفِ ذَوَاتُ الأَكثَرِ مِن كَلِمَةٍ وَاحِدَةٍ مِثلُ (فِي الوَاقِع in der Tat) فَهَذِهِ الثَّلاثُ كَلِمَاتٍ مُجتَمِعَةٍ تُمَثِّلُ ظَرفاً وَاحِداً، وَإِذَا حُذِفَ أَيُّ جُزءٍ مِنهَا سَقَطَ عَنهَا العَمَلُ كَظَرفٍ.

- جَمِيعُ الظُّروفِ غَيرُ قَابِلَةٍ لِلمُقَارَنَةِ بِاستِثنَاءِ الظُّرُوفِ التَّالِيَة:

الظَّرف	المُقَارَنَة	التَّفضِيل
oft ⇨ غَالِباً	**öfter** (meistens, häufiger) ⇨ غَالِباً أكثَر (أكثَرَ الأَحيَان، بِكَثرَة ...)	**am öftesten** بالشَّكلِ الغَالِب
wohl ⇨ جَيِّداً	**wohler** (besser, optimaler) ⇨ بِشَكلٍ أفضَل (أحسَن، أمثَل ...)	**am wohlsten** بالشَّكلِ الأفضَل
bald ⇨ قَرِيباً	**eher** (schneller, früher) ⇨ بِشَكلٍ أقرَب (أسرَع، ابكَر ...)	**am ehesten** بالشَّكلِ الأقرَب
gern(e) ⇨ بِسُرُور	**lieber** ⇨ عَلى الرُّحْب	**am liebsten** عَلى الرُّحبِ وَالسِّعَة
sehr ⇨ كَثِيراً	**mehr** ⇨ بِشَكلٍ أكثَر	**am meisten** بالشَّكلِ الأكثَر

15.1.0 Verwendung des Adjektivs als Adverb إِستِخدَامُ الصِّفَةِ كَظَرف

الكَثِيرُ مِنَ الصِّفَاتِ تُستَخدَمُ فِي الأَلَمَانِيَّةِ كَظُرُوفٍ عَلَى النَّحوِ التَّالِي:

الصِّفَة	مِثَال
nämlich (adj.) نَفس (صِفَة)	Das ist das **nämliche** Auto, das wir sahen. هَذِهِ **نَفسُ** السَّيَّارَةِ الَّتِي شَاهَدنَاهَا.
nämlich (adv.) بِالأَحرَى (ظَرف)	Das hoffe ich, er ist **nämlich** mein Enkel. آمُلُ ذَلِكَ، إِنَّهُ **بِالأَحرَى** حَفِيدِي.
eigentlich (adj.) فِعلِيّ (صِفَة)	Der General ist der **eigentliche** Monarch. الجِنرَالُ هُوَ المَلِكُ **الفِعلِيّ**.
eigentlich (adv.) فِعلِيّاً (ظَرف)	Darauf hofften wir **eigentlich**. أَمُلنَا ذَلِك فِعلاً.
stark (adj.) قَوِيّ (صِفَة)	Er hat ein sehr **starkes** Herz, **starke** Nerven. هو ذُو قَلبٍ **قَوِيٍّ**، ذُو عَصَبٍ **قَوِيّ**.
stark (adv.) بقوة (ظَرف)	Die Ziegen vermehren sich **stark**. تَتَوَالَدُ المَاعِزُ **بِشَكلٍ كَبِير**.
gut (adj.) جيد (صِفَة)	Ich halte ihn für einen **guten** Kameraden. أَعُدُّهُ كَصَدِيقٍ **مُخلِص**.
gut (adv.) جَيِّداً (ظَرف)	Er erfüllt seine ärztliche Mission **gut**. يُؤَدِّي مُهِمَّتَهُ الطِّبِّيَّةَ بِشَكلٍ رَائِع.
schnell (adj.) سَرِيع (صِفَة)	Er kam zu einer **schnellen** Entscheidung. قَرَّرَ قَرَاراً **سَرِيعاً**.
schnell (adv.) سَرِيعاً (ظَرف)	Sie spricht/ wäscht/ handelt/ läuft **schnell**. تَتَكَلَّمُ / تَغسِلُ / تَتَصَرَّفُ / تَسِيرُ **بِسُرعَة**.
klug (adj.) ذَكِيّ (صِفَة)	Es ist ein außergewöhnlich **kluges** Kind. هُوَ طِفلٌ خَارِقُ **الذَّكَاء**.
klug (adv.) بِذَكَاء (ظَرف)	Er benahm sich **klug** in dieser Situation. تَصَرَّفَ **بِذَكَاء** (بِحِكمَة) فِي هَذَا الشَّأن (فِي هَذِهِ الحَالَة).
vernünftig (adj.) عَقلَانِيّ (صِفَة)	Mit ihm ist kein **vernünftiges** Wort zu reden. لَا يُمكِنُ لِلمَرءِ أَن يَتَكَلَّمَ مَعَهُ كَلِمَةً **عَقلَانِيَّةً** وَاحِدَة.
vernünftig(adv.) بِعَقلَانِيَّة (ظَرف)	Er redet **vernünftig**. يَتَكَلَّمُ **بِعَقلَانِيَّة**.

15.2.0 Die funktionalen Typen der Adverbien
أَنوَاعُ الظُّرُوفِ وَظِيفِيّاً

تُقسَمُ الظُّرُوفُ وَظِيفِيّاً إِلى عِدَّةِ أَقسَام، وَهِي:

⇦ 1- الظُّرُوفُ (adverbial)، سَوَاءٌ دَلَّت عَلى زَمَانٍ أو مَكَانٍ أو كَيفِيَّة:

الظَّرف	مِثَال
heute (Zeit) اليَومِ (زَمَان)	Die Sonne geht **heute** um 06:03 unter. تَغرُبُ الشَّمسُ اليَومَ فِي السَّاعَةِ 06:03.
dorthin (Platz) إلى هُنَاك (مَكَان)	Die Eltern gehen ins Kino, und nehmen ihre Kinder **dorthin** mit. يَذهَبُ الوَالِدَانِ إِلَى السِّينَمَا وَيَصطَحِبَانِ أَطفَالَهُمَا مَعَهُمَا.
anders (Weise) بِاختِلَاف (طَرِيقَة)	Es kommt öfter **anders**, als ich denke. غَالِبَاً مَا تَأتِي الرِّيَاحُ بِما لَا تَشتَهِي سَفِينَتِي.

⇦ 2- الظُّرُوفُ الخَبَرِيَّة (prädikativ)، وَيُمكِنُ رَبطُهَا بِالفِعلِ أَو الاِسم:

الظَّرف	**مِثَال**
schnell هُنَا (مُرتَبِطٌ بِالفِعل)	Es verlief **anders** als nach Plan. سَارَتِ الأُمُورُ بِغَيرِ مَا كَانَ مُخَطَّطَاً لَهَا.
anders بِاختِلَاف (مُرتَبِطٌ بِالاِسم)	Sie ist ganz **anders** als du. هِيَ مُختَلِفَةٌ تَمَامَاً عَنك.

⇦ 3- الظُّرُوفُ الوَصفِيَّة (attributiv)، حَيثُ تَرتَبِطُ بِالاِسمِ، وَتَصِفُه:

Vor dem Tor **draußen** stehen zwei Männer. يَقِفُ رَجُلَانِ أَمَامَ البَوَّابَةِ فِي الخَارِج.
Die Sitzung **heute** wurde auf später verschoben. أُجِّلَتْ جَلسَةُ **اليَومِ** (المُفتَرَضُ افتِتَاحُهَا اليَوم) إِلَى أَجَلٍ غَيرِ مُسَمَّى.
Das Buch **dort** ist unbeschreiblich bezaubernd. الكِتَابُ **هُنَاك** (المَوجُودُ هُنَا) رَائِعٌ بِشَكلٍ لَا يُمكِنُ وَصفُه.
Das Auto **da** ist das neuste Modell von Mercedes®. السَّيَّارَةُ **هُنَاك** (المَوجُودُ هُنَا) هِيَ الطِّرَازُ الجَدِيدُ مِن مَرسِيدِس.

So einen erfahrenen Architekten hatte ich noch nie gesehen. لَم أَرَ مُهَندِساً مِعمَارِيّاً مُحَنَّكاً كَهَذَا المُهَندِس.
Ein Argument von Gewicht **wie dies** ist schlüssig. وَثِيقَةٌ ذَاتُ وَزنٍ كَهَذِهِ الوَثِيقَةِ هِيَ وَثِيقَةٌ ذَاتُ إِثبَاتٍ قَطعِيّ.

- الصِّفَاتُ المُقَوِّيَةُ لَا تُعَدُّ صِفَاتاً وَإِنَّمَا ظُرُوفاً وَاصِفَة:

الظَّرف	مِثَال
absolut مُطلَقاً (كَثِيراً، جِدّاً)	Die ist eine **absolut** richtige Antwort. هَذَا جَوَابٌ صَحِيحٌ **تَمَاماً**.
sehr جِدّاً، كَثِيراً	Er war gestern **sehr** müde. كَانَ البَارِحَةَ مُتعَباً **جِدّاً**.
besonders جِدّاً، كَثِيراً	Dieses Gemälde ist **besonders** schön. هَذِهِ اللَّوحَةُ جَمِيلَةٌ **حَقّاً** (كَثِيراً).

⇦ 4- ظُرُوفُ الجُمْلَة (Satzadverbien)، لَا تَخُصُّ هَذِهِ الظُّرُوفُ كَلِمَةً مُعَيَّنَةً فِي الجُملَةِ بَل تُشَارِكُ فِي مُجمَلِ مَعنَى الجُملَة:

الظَّرف	مِثَال
leider لِلأَسَف	Er kann **leider** nicht mitkommen. - **لِلأَسَفِ** لَا أَستَطِيعُ أَن آتِي مَعَكُم.
vermutlich مِنَ المُحتَمَل	Er ist **vermutlich** auf dem Markt. - **مِنَ المُحتَمَلِ** أَنَّهُ فِي السُوق.
allerdings وَالحَقُّ يُقَال	Wir müssen **allerdings** eingestehen, dass.. - يَجِبُ عَلَينَا **وَالحَقُّ يُقَالُ** أَن نَعتَرِفَ بِأَنَّ...
anscheinend عَلَى مَا يَبدُو	Die Fahrt ist **anscheinend** inländisch. **عَلَى مَا يَبدُو** أَنَّ الرّحلَةَ سَتَكُونُ دَاخِلَ البَلَد.
wahrscheinlich عَلَى الأَغلَب	Es ist **unwahrscheinlich**, dass du die Klausur bestehen wirst. لَيسَ مِنَ الغَالِبِ أَنَّكَ سَوفَ تَجتَازُ الإمتِحَان.
vielleicht رُبَّمَا	Sie haben sich **vielleicht** verlaufen. **رُبَّمَا** تَاهَت حَضرَتُكُم بِالطَّرِيق.

⇦ 5- ظُرُوفُ السُّؤَال (Frageadverbien)، وَتُوجَدُ فِي أَوَّلِ الجُملَةِ دَائِماً:

الظَّرف	مِثَال
wann مَتَى (لِلسُّؤالِ عنِ الزَّمَن)	**Wann** kommt bitte der Zug in Bonn an? من فضلك! **مَتَى** يَصِلُ القِطَار إِلَى مَدِينَةِ Bonn؟
warum لِمَاذَا (لِلسُّؤالِ عنِ السَّبَب)	**Warum** weint sie? **لِمَاذَا** تَبكِي؟
wo أَينَ (لِلسُّؤالِ عنِ المَكَان)	**Wo** finde ich bitte eine Bäckerei? فَضلاً مِنكَ! **أَينَ** أَجِدُ مَخبَزاً؟
wie كَيفَ (لِلسُّؤالِ عنِ الحَال)	**Wie** geht es dir? **كَيفَ** حَالُك؟

- وَغَالِباً مَا يَتِمُّ رَبطُ ظَرفِ السُّؤَال "wie" بِكَلِمَاتٍ أُخرَى، عَلَى النَّحوِ التَّالِي:

الظَّرف	مِثَال
wie oft? كَم مَرَّةً؟	**Wie oft** hast du das gesagt? **كَم** مَرَّةً قُلتَ هَذَا؟
wie lange? كم مدة؟	**Wie lange** dauert der Vorgang? **كَم** يَستَغرِقُ هَذَا الإِجرَاء؟
	Wie lange müssen wir diese böse Situation ertragen? **كَم** يَجِبُ عَلَينَا أَن نَحتَمِلَ هَذِهِ الحَالَةَ التَّعِيسَة؟
wie alt? كَم عُمر؟	**Wie alt** bist du? **كَم** عُمرُك ؟
wie groß? كَم طُول(قياس)؟	**Wie groß** bist du? **كَم** طُولُك؟

- وَيُمكِنُ أَنَّ تَأتِي هَذِهِ التَّرَاكِيبُ مَعَ so عَلَى الشَّكلِ التَّالِي:

so groß wie طُولُهُ كَـ	Er ist **so groß wie** du. طُولُهُ كَطُولِك.
so alt wie سِنُّهُ كَـ	Er ist **so alt wie** dein Kind. عُمرُهُ كَعُمرِ طِفلِك.

⇦ 6 - ظُرُوفُ النَّصّ (Textadverbien)، تُرَتِّبُ هَذِهِ الظُّرُوفُ أَفكَارَ النَّصِّ:

الظَّرف	مِثَال
einerseits… anderseits… مِن جَانِبٍ... مِن جَانِبٍ آخَر...	**Einerseits** halte ich das für eine mühsame Aufgabe, **anderseits** für eine wertvolle. أَعُدُّ هَذَا الوَاجِبَ **مِن جَانِبٍ** أَنَّهُ مُتعِبٌ **وَمِن جَانِبٍ آخَرَ** أَنَّهُ ذو قِيمَة.
schließlich فِي النِّهَايَة	Es ist **schließlich** nicht meine Schuld, sondern seine. الذَّنبُ **فِي النِّهَايَةِ** لَيسَ ذَنبِي بَل ذَنبُه.
weiterhin مُستَقبَلاً	Es ist notwendig, dass Sie sich **weiterhin** zur Verfügung stellen. إِنَّهُ لَمِنَ الضَّرُورِيّ أَن تَبقَى حَضرَتُكَ جَاهِزاً تَحتَ التَّصَرُّفِ فِي المُستَقبَل.
außerdem عَلَاوَةً عَلَى ذَلِك	Er braucht Brot und **außerdem** noch Käse. يَحتَاجُ إِلَى الخُبزِ، **إِضَافَةً إِلَى ذَلِك** يَحتَاجُ إِلَى الجُبنَة.

⇦ 7- ظُرُوفُ العَطف (Konjunktionaladverbien)، تَربطُ هَذِهِ الظُّرُوفُ أَجزَاءَ الجُملَةِ بِبَعضِهَا البَعض:

الظَّرف	**مِثَال**
also لِذَلِك، إِذَن	Ich bin krank, **also** gehe ich nicht mit. أَنَا مَرِيضٌ **وَلِذَلِكَ** لَن أَذهَب مَعَكُم.
folglich تَبَعاً لِذَلِك، بِسَبَبِ ذَلِك	Mein Handy war kaputt, **folglich** konnte er mich nicht erreichen. كَانَ جَوَّالِي مُعَطَّلاً لِذَلِكَ لَم يَستَطِعِ التَّوَاصُلَ مَعِي.
sonst وَإِلَّا	Ich muss früh aufwachen, **sonst** komme ich zu spät an. يَجِبُ عَلَيَّ أَن أَستَيقِظَ بَاكِراً **وَإِلَّا** سَأَصِلُ مُتَأَخِّرَاً.
deshalb لِذَلِك، لِهَذَا السَّبَب	Ich bin zu müde, **deshalb** kann ich nicht spazieren gehen. أَنَا مُتعَبٌ جِدّاً **لِذَلِكَ** لَا أَستَطِيعُ أَن أَذهَبَ لِلتَنَزُّه.

⇦ 8 - الظُّرُوفُ الضَّمِيرِيَّة (Pronominaladverbien)، يَتِمُّ تَشكِيلُ هَذِهِ الظُّرُوفُ مِن دَمجِ الظُّرُوفِ (wo, da, hier) مَعَ حُرُوفِ الجَرّ، وَتُستَخدَمُ فِي هَذِهِ الحَالَةِ مَعَ غَيرِ العَاقِل:

الضَّمِير	حَرفُ الجَرّ	الظَّرفُ الضَّمِيرِي	مِثَال
da(r)-	aus	daraus مِن ذَلِك	Ich öffnete den Schrank und nahm ein Hemd **daraus**. فَتَحتُ الخِزَانَةَ وَأَخرَجتُ قَمِيصاً **مِنهَا**.
	mit	damit بِذَلِك	Sie malt sehr gut, und hat **damit** die Chance, Malerin zu werden. تَرسُمُ جَيِّداً **وَبِذَلِكَ** لَدَيهَا الفُرصَةُ أَن تَكُونَ رَسَّامَة.
	für	dafür لِأَجلِ ذَلِك	Ich danke dir **dafür**. أَشكُرُكَ عَلَى ذَلِك.
	gegen	dagegen ضِدَّ ذَلِك	**Dagegen** ist nichts einzuwenden. لَا اعتِرَاضَ **عَلَى ذَلِك**.
	nach	danach بَعدَ ذَلِك	Wir gingen in die Schule, **danach** ins Restaurant. ذَهَبنَا إِلَى المَدرَسَةِ **وَبَعدَ ذَلِكَ** إِلَى المَطعَم.
hier-	an	hieran هُنَا	**Hieran** ist erkennbar, dass es sich um das neue Modell handelt. مِنَ الوَاضِحِ أَنَّ الأَمرَ يَدُورُ حَولَ الطِّرَازِ الجَدِيد.
	aus	hieraus مِن هُنَا	Die Kosten ergaben sich **hieraus**. نَتَجَتِ **التَّكَالِيفُ مِن هُنَا**.
	für	hierfür لِذَلِك	**Hierfür** benötigen Sie eine andere Fahrkarte. يَلزَمُ حَضرَتَكُم تَذكَرَةَ سَفَرٍ أُخرَى.
wo(r)-	aus	woraus? مِن أَينَ؟	**Woraus** ergaben sich die Kosten? **مِن أَينَ** نَجَمَتِ التَّكَالِيف؟
	mit	womit? بِمَاذَا؟	**Womit** öffnet man diese Dose? **بِمَ** يُمكِنُ فَتحُ هَذِهِ العُلبَة؟

	für	wofür? لِأجلِ مَاذَا؟	**Wofür** brauchst du den Hammer? لِمَ تَحتَاجُ إلى المِطرَقَة؟
	vor	wovor? أمَامَ مَاذَا، مِمَّ؟	**Wovor** fürchtest du dich besonders? مَمَّ تَخَاف بِشَكلٍ خَاصّ.

- وَهَذِهِ قَائِمَةُ الظُّرُوفِ الضَّمِيرِيَّةِ الأَكثَرُ اِستِخدَاماً:

da(r)-	المَعنَى	hier	المَعنَى	wo(r)-	المَعنَى
daran	هُنَاكَ عِندَ..	hieran	هُنَا عند..	woran?	بِمَاذَا؟
darauf	هُنَاكَ عَلى..	hierauf	هُنَا على..	worauf?	عَلى مَاذَا؟
daraus	مِن ذَلِك..	hieraus	مِن هَذَا..	woraus?	مِن مَاذَا؟
dabei	عِندَ ذَلِك..	hierbei	عِندَ هَذَا..	wobei?	عِندَ مَاذَا؟
dadurch	خِلَالَ ذَلِك..	hierdurch	خِلَالَ هَذَا..	wodurch?	عَبرَ مَاذَا؟
dafür	لأجل ذَلِك..	hierfür	لِأجلِ هَذَا..	wofür?	لِأجلِ مَاذَا؟
dagegen	عَكس ذَلِك..	hiergegen	عَكس هَذَا..	wogegen?	عَكس مَاذَا؟
dahinter	خَلفَ ذَلِك..	hierhinter	خَلفَ هَذَا..	wohinter?	خَلفَ مَاذَا؟
darin	فِي ذَلِك..	hierin	فِي هَذَا..	worin?	دَاخِلَ مَاذَا؟
damit	بِذَلِك، به	hiermit	بِهَذَا، به	womit?	بِمَاذَا؟
danach	بَعدَ ذَلِك..	hiernach	بَعدَ هَذَا..	wonach?	بَعدَ مَاذَا؟
daneben	جَانِبَ ذَلِك..	hierneben	جَانِبَ هَذَا..	woneben?	جَانِبَ مَاذَا؟
darüber	فَوقَ ذَلِك..	hierüber	فَوقَ هَذَا..	worüber?	فَوقَ مَاذَا؟
darum	حَولَ ذَلِك..	hierum	حَولَ هَذَا..	worum?	حَولَ مَاذَا؟
darunter	تَحتَ ذَلِك..	hierunter	تحت هَذَا..	worunter?	تَحتَ مَاذَا؟
davon	مِن ذَلِك..	hiervon	مِن هَذَا..	wovon?	مِن مَاذَا؟
davor	أَمَامَ ذَلِك..	hiervor	أَمَامَ هَذَا..	wovor?	أَمَامَ مَاذَا؟
dazu	إِلَى لِذَلِك..	hierzu	لِهَذَا..	wozu?	لِمَاذَا؟

✓ مُلَاحظَة: لَا تَتَقَيَّدُ تَرجَمَةُ الظّرُوفِ السَّابِقَةِ بِشَكلٍ مُعَيَّن، فَهِيَ تَرتَبِطُ بِحُرُوفِ الجَرِّ المُتَعَلِّقَةِ بِالأَفعَال (سَتَتَعَرَّفُ عَلَيهَا لَاحِقاً)، وَلِكن بِشَكلٍ عَامٍ يَتِمُّ تَرجَمَةُ هَذِهِ الظّرُوفِ مِن خِلَالِ الجَمعِ بَينَ تَرجَمَةِ حَرفِ الجَرّ وَالظُّرُوف [da(r)-, hier-, wo(r)-].

✓ نَضَعُ الحَرفَ r بَينَ حَرفِ الجَرّ وَالظّرفِ إِذَا ابتَدَأَ حَرفُ الجَرِّ بِحَرفٍ صَوتِيّ وَانتَهَى الظَّرفُ بِحَرفٍ صَوتِيٍّ أَيضاً [da(r)-, hier-, wo(r)-].

✓ غَالِبَاً مَا يَستَخدِمُ الأَلمَانُ فِي اللُّغَةِ العَامِّيَّةِ اسمَ الاِستِفهَام **was** فِي حَالِ السُّؤَال:

<u>Vor was</u> (wovor) fürchtest du dich?	مِمَّ تَخَاف؟
<u>Neben was</u> (woneben) hast du das Buch gestellt? بِجَانِبِ مَاذَا وَضَعتَ الكِتَاب؟	

15.3.0 Semantische Adverbien الظروفُ دَلاليّاً

تُقسَمُ الظُّرُوفُ مِنَ النَّاحِيَةِ الدَّلَالِيَّةِ إِلَى:

⇦ 1- ظُرُوفِ المَكَان (Lokaladverbien)، تَدُلُّ عَلَى المَكَانِ وَيُمكِنُ السُّؤَالُ عَنهَا بِـ (إِلَى أَين؟wohin، أَين؟ wo).

حَيثُ: ?wo لِلمَجرُور، و?wohin لِلمَنصُوب.

- **Wo** hast du ihn gesehen / getroffen?	**أَينَ** رَأَيتَه / قَابَلتَه؟
- **Wo** finde ich bitte eine Bibliothek?	مِن فَضلِك، **أَينَ** أَجِدُ مَكتَبَة؟
- **Wo** haben Sie Schmerzen?	**أَينَ** تُعَانِي مِنَ الآلَام؟
- **Wo** hast du Mathematik studiert?	**أَينَ** دَرَستَ الرّيَاضِيَّات؟
- **Wohin** fahren / reisen Sie?	**إِلَى أَينَ** سَتَسِيرُ / سَتُسَافِر؟
- **Wohin** wird das uns führen?	**إِلَى أَينَ** سَيُؤَدّي بِنَا هَذَا؟
- **Wohin** führt diese Straße / Strecke? **إِلَى أَينَ** يُؤَدّي هذَا الشَّارِعُ / المَسَار؟	

- الظَّرفُ (?Wohin) نَاتِجٌ عَن تَركِيبِ الظَّرفَين (**أَينَ** ***wo***، **إِلَى** ***hin***).
- يَجِبُ التَّمييزُ بَينَ الجُملَتَينِ التَّالِيَتَين:

1- **Wohin** gehst du?	**إِلَى أَينَ** أَنتَ ذَاهِب؟
2- **Wo** gehst du **<u>hin</u>**?	**إِلَى أَينَ** أَنتَ ذَاهِب؟

فَبِالجُملَةِ الأُولَى جَاءَ ظَرفُ السُّؤَال ?wohin مَعَ الفِعل gehen.

أَمَّا فِي الجُملةِ الثَّانِيَةِ جَاءَ ظَرفُ المَكَان ?wo مَعَ الفِعْل hingehen.

وَالجُملتَينِ بِنفسِ المَعنَى إلّا أنَّ صِيغَةَ التَّعبِيرِ مُختَلِفَة.

- ذَكَرنَا أَنَّهُ يُمكِنُ تَوظِيفُ أَدَوَاتِ السُّؤَالِ فِي جُمَلِ الوَصل:

Ich weiß nicht, **wo** ich so was finde.	لَا أَعلَمُ **أَينَ** أَجِدُ شَيئاً كَهَذَا.
Ich will wissen, **wo** er ist?	أَوَدُّ أَن أَعرِفَ **أَينَ** هُو.
Sie weiß nicht, **wohin** sie gehen.	لَا تَعلَمُ إِلَى أَينَ سَيَذهَبُون.
Der Strohhalm manifestiert, **wohin** der Wind weht. تُبَيِّنُ القَشَّةُ / قَصَبَةُ الشُّربِ اتِّجَاهَ الرِّيَاح.	

- يُمكِنُ رَبطُ حُرُوفُ الجَرِّ بِالظَّرفَينِ الدَّالَّينِ عَلَى المَكَان (إِلَى hin، هُنَا her) لِنَحصَلَ عَلَى ظُرُوفٍ جَدِيدَة. وَيَكُونُ مَعنَاهَا بِجَمعِ مَعنَى حَرْفِ الجَرِّ مَعَ مَعنَى الظَّرفِ. وَيُستَخدَمُ الظَّرفُ hin مَعَ حَرفِ الجَرِّ إِذَا كَانَ المتَكَلِّمُ يُشِيرُ بِكَلَامِهِ إِلَى حَرَكَةٍ مِن نُقطَةٍ وُقُوفِهِ إِلَى نُقطَةٍ أُخرَى. أَمَّا الظَّرفُ her فَيُستَخدَمُ إِذَا كَانَ المتَكَلِّمُ يُشِيرُ بِكَلَامِهِ إِلَى حَرَكَةٍ مِن نُقطَةٍ بَعِيدَةٍ إِلَى نُقطَةِ وُقُوفِه:

الظَّرف	حَرفُ الجَرّ	الظَّرفُ النَّاتِج	مِثَال
hin-	unter	**hin**unter نَحوَ الأَسفَل	Er stieg die Treppe **hinunter**. نَزَلَ الدَّرَج (المُتَكلمُ فِي الأَعلَى).
	aus	**hin**aus نَحوَ الخَارِج	Er ging gerade **hinaus**. خَرَجَ لِلتَوّ (المُتَكلمُ فِي الدَّاخِل).
her-	ein	**her**ein نَحوَ الدَّاخِل	Komm **herein**! ادخُل (المُتَكلمُ فِي الدَّاخِل)!
	aus	**her**aus نَحوَ الخَارِج	Komm **heraus**! اخرُج (المُتَكلمُ فِي الخَارِج)!

- يُمكِنُ استِخدَامُ الظَّرفَينِ **her, hin** كَظُرُوفٍ مُلَيِّنَةٍ لِلمَعنَى عِندَ الدَّلَالَةِ عَلَى حَرَكَة، عَلَى الشَّكلِ:

nach Osten	إِلَى الشَّرق	nach Osten **hin**	إِلَى الشَّرق
nach außen.	إِلَى الخَارِج	nach außen **hin**	إِلَى الخَارِج
zur Schule	إِلَى المَدرَسَة	zur Schule **hin**	إِلَى المَدرَسَة
Ich gehe **zu** meinem Freund **hin**.			أَنَا ذَاهِبٌ إِلَى صَدِيقِي

☪ ظُرُوفُ المكَانِ الأَكثَرِ استِخدَاماً:

abwärts نَحوَ الأسفَل	aufwärts نَحوَ الأعلى	da هُنَاك	dort هُنَاك
(dr)außen في الخَارِج	(dr)innen في الدَّاخِل	drüben في الجَانبِ المُقابِل	gegenüber في الجَانبِ المُقابِل
fort نَحوَ الأَمام	(dr)innen فِي الدَّاخِل	hinten في الخَلف	jenseits في الجَانبِ الآخَر
links عَلَى اليَسَار، يَساراً	neben جَانِبَاً	oben في الأعلى	rechts على اليَمِين، يَميناً
rückwärts إِلَى الخَلف	seitwärts جَانِبِيَّاً، جَانِبَاً	(dr)über فَوق، فِي الأَعلَى	überall فِي كلّ مكَان
um حَول	unten فِي الأَسفَل	vorn(e) في الأمام	vorwärts نَحوَ الأَمَام

بِالإِضَافَةِ إِلى الظُّرُوفِ المرتَبِطَةِ بِحُرُوفِ جَرّ:

da + präp.	daran عندَ ذَلك	darüber فَوقَ ذَلك	darein داخلَ ذَلك
her + präp.	herab نحوَ الأسفَل	herunter نحوَ الأسفَل	herauf نحوَ الأَعلى
hier + präp.	hierauf نحوَ الأعلَى	hierunter نحوَ الأسفَل	hieran إلى هُنا
hin + präp.	hinab نحوَ الأسفَل	hinauf نحوَ الأَعلى	hinüber عبرَ / فَوقَ ذَلك

⇦ 2- ظُرُوفِ الزَّمَانِ (Temporaladverbien)، تَدُلُّ عَلَى الزَّمَان، وغَالِبَاً ما يُسأَلُ عَنهَا بـ (مَتَى ?wann ، كَم يَستَغرِق ?wie lange).

الظرف	مثال
wann? مَتَى؟	**Wann** kommst du morgen an? مَتَى سَتَصِلُ غَدَاً؟
wie lange? كَمْ مُدَّة؟	**Wie lange** dauert die Reise nach Trier? كَمّ تَستَغرِقُ الرِّحلَة نَحوَ مَدِينَةِ Trier؟
	Wie lange gedenkt er, im Hotel zu bleiben? كَم مِنَ الوَقتِ ينوي أَن يَبقَى فِي الفندُقِ؟

- هُنَاكَ ظُرُوفٌ زَمَنِيَّةٌ مُرَكَّبَة:

indessen حِينَئِذٍ، لَكِن	unterdessen فِي تِلكَ الأَثنَاء	seitdem مُنذُ ذَلِك	bislang حَتَّى الآن
inzwischen فِي تِلكَ الأَثنَاء	zuletzt آخِراً، مُؤَخَّراً	zuerst أَوَّلاً، بِدَايَةً	mittlerweile فِي ذَلِكَ الحِين
nachher بَعدَ ذَلِك	vorher قَبلَ ذَلِك	seither مُنذُ ذَلكَ الحِين	bisher حَتَّى الآن

- يُمكِنُ أَن يَأتِي قَبلَ الظَّرفِ حَرفُ جَرّ:

الظرف	مثال
seit wann? مُنذُ مَتَى؟	**Seit** wann seid ihr hier? مُنذُ مَتَى أَنتُم هُنَا؟
von wann? مُنذُ مَتَى؟	**Von** wann **bis** wann? مِن مَتَى إِلَى مَتَى؟

⇦ 3- الظُّرُوفُ الكَيفِيَّة (Modaladverbien)، تَدُلُّ عَلَى الحَالِ وَالكَيفِيَّة:

الظرف	مثال
ebenfalls كَذَلِك	Ich wünsche Ihnen viel Glück. Danke! Ihnen **ebenfalls**. أَتمنَّى لَكَ اليُسْرْ. شُكرَاً وَلَكَ أَيضاً (مِثلُ مَا قُلت).
anders مُختَلِفاً	Sie benimmt sich/denkt **anders** als er. تَتَصَرَّفُ / تُفَكِّرُ بِشَكلٍ مُختَلِفٍ عَنه.

- أَكثَرُ الظُّرُوفِ الدَّالَّةِ عَلَى الكَيفِيَّة استِخدَاماً:

vergebens عَبَثاً (دُونَ فَائِدَة)	nebenbei بِالإِضَافَةِ إِلى..	schnellstens بِالسُّرعَةِ القُصوَى	bestens بِالشَّكلِ الأفضَل
schönstens الأَكثَرَ جَمَالاً	dermaßen لِدَرَجَةِ أَنَّ..	unversehens فَجأَة	mittlerweile فِي ذَلِكَ الحِين

- أَكثَرُ الظُّرُوفِ الدَّالَّةِ عَلَى الكَمِّيَّةِ استِخدَاماً:

sehr كَثِيرَاً، جِدَّاً	größtenteils إِلَى حَدّ كَبِير	einigermaßen إِلى حَدٍّ مَا	halbwegs إِلَى حَدّ مَا
teilweise جُزئِيَّاً	allein لِوَحدِه	haufenweise بِالكَومَة (كَثِيرَ جِدَّاً)	massenweise بِالجُملَة

⇦ 4- الظُّرُوفُ السَّبَبِيَّة (Kausaladverbien)، تُعنَى بِالنَّاحِيَةِ السَّبَبِيَّة:

الظرف	مثال
daher لِذَلِك	Meine Erkältung kommt **daher**, dass ich mich bei dem kalten Wetter nicht passend anzog. سَبَبُ مَرَضِي هُو أَنَّنِي لَم أَرتَدِ مَلَابِساً مُنَاسِبَةً فِي الجَوّ البَارِد.
notfalls عِندَ الحَاجَة	Sie müssen **notfalls** die Veranstaltung abbrechen. يَجِبُ عَلَيهِم لِلضَرُورَةِ إِنهَاءُ الفَعَالِيَّة (قَبلَ نِهَايَتِهَا).
trotzdem رُغمَ ذَلِك	Vergiss nicht, dass wir alle **trotzdem** Araber sind. لَا تَنسَ عَلَى الرُّغمِ مِن ذَلِكَ أَنَّنَا كُلُّنَا عَرَب.
also إِذَن	Er ist fleißig, **also** verdient er sich gute Noten. إِنَّهُ نَشِيط، إِذَن سَيَحصَلُ عَلى عَلَامَاتٍ عَالِيَة.

15.4.0 Die Ableitung von Adverbien اِشْتِقَاقُ الظُرُوف

يُمكِنُ اِشْتِقَاقُ الظُّرُوفِ بِإِضَافَةِ البَادِئَاتِ وَاللَّاحِقَات، وَهُنَاكَ أَيضاً طُرُقٌ أُخرَى:

15.4.1 Die Ableitung von Adverbien durch Suffixe
أَوَّلاً: اشْتِقَاقُ الظّرُوفِ بِإِضَافَةِ اللَّاحِقَات:

نُمَيِّزُ أَنَّ الكَثِيرَ مِنَ الظُّرُوفِ تَتَشَكَّلُ بِإِضَافَةِ لَاحِقَاتٍ عَدِيدَةٍ لِأَنوَاعٍ مُختَلِفَةٍ مِنَ الكَلِمَات، وَمِنهَا:

1- اللَّاحِقَة (-ens)، حَيثُ تُعَبِّرُ عَن صِيغَةِ التَّفضِيلِ العُليَا، وَتَتَّصِلُ بِـ:

▪ a- الصِّفَاتُ العَادِيَّةُ فِي حَالَةِ التَّفضِيل:

genauest	تَمَاماً	-ens	genaustens	بِالشَّكلِ الأكثَرِ دِقَّة
höchst	الأَعلَى		höchstens	عَلَى أَعلَى تَقدِير
best	الأَفضَل		bestens	بِالشَّكلِ الأَفضَل
mindest	الأَقَلّ		mindestens	عَلَى أَقَلّ تَقدِير

- أَمثِلَة:

mindestens عَلَى الأَقَلّ	Beim Vortrag waren **mindestens** 900 Studenten. كَانَ فِي المُحَاضَرَةِ 900 طَالِبٍ عَلَى أَقَلِّ تَقدِير.
genaustens بِالشَّكلِ الأَدَقّ	Beim Vortrag waren **genaustens** 900 Studenten. كَانَ فِي المُحَاضَرَةِ 900 طَالِبٍ عَلَى الوَجهِ الأَدَقّ.

▪ b- الصِّفَاتُ المُمَثَّلَةُ بِالأَعدَادِ التَّرتِيبِيَّة، وَلَا يُضَافُ الحَرفُ "e" مَرَّةً أُخرَى:

erste أَوَّل	-ns	erstens أَوَّلاً
zweite ثَانِي		zweitens ثَانِياً
fünfte خَامِس		fünftens خَامِساً

2- اللَّاحِقَة (-falls)، حَيثُ تَدُلُّ عَلَى مَعنَى الحَالَة

وَتَتَّصِلُ بِالضَّمَائِرِ أَو الصِّفَاتِ سَوَاءٌ بِالحَالَةِ العَادِيَّةِ أَوِ المقَارَنَةِ أَوِ التَّفضِيل، وَيُضَافُ لَهَا أَحيَانَاً en- أو es-

gleich نَفس	--	-falls	gleichfalls نَفسُ الشَّيء
eben مُستَوِي	--		ebenfalls نَفسُ الشَّيء
nötig ضَرُورِيّ	+ en		nötigenfalls إِذَا لَزِمَ الأمر
all كل			allenfalls عَلَى كُلّ الأَحوَال
kein لا	+ es		keinesfalls وَلَا عَلى أَيَّةِ حَال

3- اللَّاحِقَة (-halben)، حَيثُ تَدخُلُ عَلَى ضَمَائِرِ الملكِيَّةِ لِتُعطِي مَعناً سَبَبِيّاً:

mein لِي	+ et	-halben	meinethalben بِسَبَبِي
dein لَك			deinethalben بِسَبَبِك

- مَعَ ضَمَائِرِ أُخرَى أَيضاً:

seinethalben بِسَبَبِهِ	ihrethalben بِسَبَبِهِم	unserethalben بِسَبَبِنَا	eurethalben بِسَبَبِكُم

4- اللَّاحِقَة (-halber)، تَدخُلُ عَلَى الأَسمَاء، وَتُستَخدَمُ فِي اللُّغَةِ الرَّسمِيَّة:

ehrenhalber مِن بَابِ الفَخر (فَخرِيّاً)	anstandshalber مِن بَابِ الأَدَب (أَدَبَاً)	sicherheitshalber مِن بَابِ الأَمَان
umständehalber لِظَرفٍ مَا	ordnungshalber مِن بَابِ اِتِّبَاعِ النِّظَام	vorsichtshalber مِن بَابِ الحَذَر

5- اللَّاحِقَة (lich-)، تَدخُلُ عَلَى الصِّفَاتِ وَالظُّرُوف، وَأَحيَانَاً مَع Umlaut:

letzt أَخِير	-lich	letztlich أَخِيرَاً، نِهَايَة
bekannt مَعرُوف		bekanntlich مِنَ المَعرُوف أَنَّ
kurz قَصِير		kürzlich مُؤَخَّرَاً، آخِرُ فَترَة

6- اللَّاحِقَة (mal-)، تَدُلُّ عَلَى عَدَدِ المرَّات، وَتَتَّصِلُ بِالصِّفَاتِ وَالضَّمَائِر:

drei ثَلَاثَة	-mal	dreimal ثَلَاثُ مَرَّات
tausend أَلف		tausendmal أَلفُ مَرَّة
manch بَعضْ		manchmal أَحيَانَاً

7- اللَّاحِقَة (mals-)، تَدُلُّ عَلَى تَرتِيبٍ عَدَدِيٍّ مُتَتَالِي، وَتَرتَبِطُ بِـ:

- الصِّفَات، وَالظُّرُوف:

erst أَوَّل	-mals	erstmals لِلمَرَّةِ الأُولَى
viel كَثِيرَاً		vielmals لِعِدَّةِ مَرَّات
noch أَيضَاً		nochmals مَرَّةٌ أُخرَى

- الضَّمَائِر

da هُنَاك	-mals	damals وَقتَهَا
nie أَبَدَاً		niemals وَلَا مَرَّة

8- اللَّاحِقَة (ermaßen-)، تَدخُلُ عَلَى الصِّفَاتِ:

bekannt مَعرُوف	-ermaßen	bekanntermaßen كَمَا هُوَ مَعرُوف
einig مُتَّحِد		einigermaßen إِلَى حَدٍّ مَا

9- اللَّاحِقَة (s-)، تُعطِي الِاسمَ مَعنَى الحَالَةِ الدَّورِيَّة، وَتَتَّصِلُ بِـ:

- الأَسمَاء:

der Dienstag ثَلَاثَاء	-s	dienstags كُلُّ ثَلَاثَاء
der Abend مَسَاء		abends كُلُّ مَسَاء

der Notfall حَالَةٌ طَارِئَة		notfalls فِي الحَالَاتِ الطَّارِئَة
der Anfang بِدَايَة		anfangs فِي البِدَايَة

▪ الصِّفَات:

stet مُستَقِر، ثَابِت	-s	stets دَائِمَاً
recht يَمِين		rechts يُمنَة، يَمِينَاً

10- اللَّاحِقَة (-seits)، بِمَعنَى "جَانِبَاً"

وَتَتَّصِلُ بِالضَّمَائِرِ وَالصِّفَات، وَأَحيَانَاً يَتَّصِلُ بِهَا المقطَع er-:

andere مُختَلِف	--	-s	anderseits مِن جَانِبٍ آخَر
dein لَك	+er		deinerseits مِن جَانِبِك
mein لِي			meinerseits مِن جَانِبِي
all كُلّ			allerseits مِن كُلِّ الجَوَانِب

11- اللَّاحِقَة (-teils)، نَادِرَةُ الذِّكر، بِمَعنَى "جُزء"، وَتَتَّصِلُ بِـ:

الصِّفَات فِي حَالَةِ التَّفضِيل: وَيَتَّصِلُ قَبلَهَا المقطَعُ en- كَالتَّالِي:

meist مُعظَم	+en	-teils	meist**en**teils غَالِبَاً
größt الأَكبَر			größt**en**teils القِسمُ الأَكبَر

12- اللَّاحِقَة -wärts حَيثُ تَدخُلُ عَلَى الأَسمَاء، وَحُرُوفِ الجَرّ بِمَعنَى "اتِّجَاه":

West غَرب	-wärts	westwärts بِاتِّجَاهِ الغَرب
Süd جَنُوب		südwärts بِاتِّجَاهِ الجَنُوب
ab بِدءَاً مِن		abwärts نَحوَ الأسفَل
vor قَبل		vorwärts نَحوَ الأَمَام

13- اللَّاحِقَة (et)wegen- حَيثُ تَدخُلُ عَلَى ضَمَائِرِ الملكِيَّةِ كَالتَّالِي:

الظَّرف	مِثَال
seinetwegen بِسَبَبِهِ، كَرَامَةً لَه	Wir kamen nur **seinetwegen.** جِئنَا لِأَجلِهِ فَقَط (كَرَامَةً لَه).
deinetwegen بِسَبَبِك، كَرَامَةً لَك	**Deinetwegen** kamen wir zu spät. وَصَلنَا مُتَأَخّرِينَ بِسَبَبِك.

- أَمَّا بَاقِي الظُّرُوف:

euretwegen كَرَامَةً لَكُم	meinetwegen كَرَامَةً لِي	ihretwegen كَرَامَةً لَهُم	unsertwegen كَرَامَةً لَنَا

14- اللَّاحِقَة weise- حَيثُ تَدخُلُ عَلَى:

- الأَسمَاء

das Stück قِطعَة	-weise	stückweise بِالقِطعَة
der Liter لِيتر		literweise بِاللِيتر
der Haufen كَومَة		haufenweise بِالكَومَة

- وَيُضَافُ لِلاِسمِ s- أَحيَانَاً، وَتُحذَفُ "e-" من آخِرِهِ:

die Ausnahme اِستِثنَاء	+s	-weise	ausnahm<u>**s**</u>weise اِستِثنَاءً
der Versuch مُحَاوَلَة			versuch<u>**s**</u>weise لِلتَجرُبَة

- وَيَكُونُ الاِسمُ فِي حَالَةِ الجَمعِ أَحيَانَاً:

die Stunde سَاعَة	Pl.	-weise	stunde<u>**n**</u>weise بِالسَّاعَة
die Masse كَمِّيَّة			masse<u>**n**</u>weise بِكَمِّيَّاتٍ كَبِيرَة

- الصِّفَات: حَيثُ يُضَافُ دَائِماً لَهَا er- كَالتَّالِي:

zufällig صُدفَة	+er	-weise	zufällig<u>**er**</u>weise مِن بَابِ الصُّدفَة
erfreulich مُفرِح			erfreulich<u>**er**</u>weise لِحُسنِ الحَظّ
möglich مُمكِن			möglich<u>**er**</u>weise مِنَ المُمكِن
bedauerlich مُؤسِف			bedauerlich<u>**er**</u>weise مِنَ المُؤسِف

▪ الأَفعَالِ حَيثُ تُحذَفُ نِهَايَةُ الفِعلِ وَلَا يُضَافُ لَهَا شَيء:

leihen أَعَارَ	+ weise	leihweise مِن بَابِ الإِعَارَة
teilen قَسَّمَ		teilweise جُزئِيَّاً
ausnehmen استَثْنَى		ausnahmsweise مِن بَابِ الإِستِثْنَاء

15- اللَّاحِقَة -willen- حَيثُ تَدخُلُ عَلَى ضَمَائِرِ الملكيَّةِ مَعَ المقطع -et

قَدّ تَأتِي مُرتَبِطَةً مَعَ حَرفِ الجَرّ -um بِمَعنَى "فِي سَبِيل" وَتُستَخدَمُ فِي اللُّغَةِ الرَّسمِيَّة:

mein لِي	+ et	-willen	mein**et**willen لِأَجلِي، فِي سَبِيلِي
sein لَهُ			sein**et**willen لِأَجلِهِ، فِي سَبِيله
dein لَكَ			dein**et**willen لِأَجلِكَ، فِي سَبِيلك

– مَعَ بَاقِي الضَّمَائِرِ أَيضاً، مِنهَا:

ihr**et**willen لِأَجلِهِم، فِي سَبِيلِهِم	unser**et**willen لِأَجلِنَا، فِي سَبِيلِنَا	eur**et**willen لِأَجلِكُم، فِي سَبِيلِكُم

15.4.2 Die Ableitung von Adverbien durch Präfixe
ثَانِياً: إِشتِقَاقُ الظُّروفِ بِإِضَافَةِ البَادِئَات:

لَا يُوجَدُ بِالأَلمَانِيَّةِ إِلَّا بَادِئَةً وَاحِدَةً لِاشتِقَاقِ الظُّرُوف، وَهِيَ (-aller) حَيثُ تُفِيدُ فِي المُبَالَغَةِ فِي المَعنَى، وَتَدخُلُ:

▪ 1- غَالِبَاً عَلَى الظروف المُنتَهِيَةِ بِـ (-ens) لِتَزِيدَهَا تَفضِيلاً:

aller +	höchstens الأَعلَى ⇨	allerhöchstens بِالشَّكلِ الأَعلَى
	bestens الأَفضَل⇨	allerbestens بِالشَّكلِ الأَفضَل
	mindestens الأَقَلّ ⇨	allermindestens عَلَى أَقَلّ تَقدِير

▪ 2- مَعَ الصِّفَاتِ أَحيَانَاً لِتَزِيدَهَا قُوَّةً، وَتُستَخدَمُ الكَلِمَةُ النَّاتِجَةُ كَصِفَة أَيضَاً:

aller +	erst أَوّلاً ⇨	allererst قَبلَ كُلّ شَيء
	letzt أَخِير ⇨	allerletzt نِهَايَةً
	best الأَفضَل ⇨	allerbest الأَفضَل

15.5.0 Die Komposition von Adverbien تَركِيبُ الظّرُوف

يَتِمُّ تَشكِيلُ ظُرُوفٍ جَدِيدَةٍ مِن تَركِيبِ أَنوَاعٍ مُختَلِفَةٍ مِنَ الكَلِمَاتِ مَعَ بَعضِهَا البَعض، وَمِن هَذِهِ التَّرَاكِيب:

⇦ 1- تَركِيبُ ظَرفٍ مَعَ ظَرفٍ آخَر (Adverb + Adverb):

ظَرف 1	ظَرف 2	ظَرفٌ مُرَكَّب
dort هُناك	hin إلَى هُنَاك	dorthin إلى هُناك
wo? أَين؟	her هُنَا	woher? من أَين؟
hier هُنا		hierher هَاهُنا
so كذَلك	gleich حَالاً	sogleich حَالاً

✓ لَاحِظ! أَحيَانَاً لَا تَختَلِفُ التَّرجَمَةُ كَثِيراً بَينَ الظَّرفِ الأَسَاسِيِّ وَالظَّرفِ المرَكَّب.

⇦ 2- تَركِيبُ ظَرفٍ مَعَ حَرفِ جَرّ (Adverb + Präposition):

ظَرف	حَرفُ جَرّ	ظَرفٌ مُرَكَّب
hier هُنَا	unter تَحتَ	hierunter… فِيمَا يَلِي...
da هُنَاك	bei لَدَى، عِند	dabei فِي غُضُونِ ذَلِك
	für مِن أَجلِ	dafür لِذَلِك، لِأَجلِ ذَلِك
her هُنَا	ab اِبتِدَاءً مِن	herab إِلَى الأَسفَل

⇦ 3- تَركِيبُ حَرفِ جَرٍّ مَعَ ظَرف (Präposition + Adverb):

حَرفُ جَرّ	ظَرف	ظَرفٌ مُرَكَّب
vor قَبْلَ	gestern البَارِحَة	vorgestern قَبلَ البارِحَة
	her هُنا	vorher قَبلَ ذَلك، فِيمَا قَبل
über فَوقَ	morgen غَداً	übermorgen بَعدَ الغَدّ

⇦ 4- تَركِيبُ حَرفِ جَرٍّ مَعَ حَرفِ جَرٍّ آخَر (Präposition + Präposition):

حَرفُ الجَرِّ الأَوَّل	حَرفُ الجَرِّ الثَّانِي	الظَّرفُ المُرَكَّب
in فِي	zwischen بَين	inzwischen فِي غُضُونِ ذَلِك
neben بِجَانِب	bei عِند، لَدَى	nebenbei إِضَافَةً إِلَى ذَلِك
zwischen بَين	durch عَبر	zwischendurch بَينَ حِينٍ وَآخَر

⇦ 5- تَركِيبُ حَرفِ جَرٍّ مَعَ ضَمِير (Präposition + Pronomen):

حَرفُ الجَرّ	الضَّمِير	الظَّرفُ المُرَكَّب
über فَوقَ	all كُلّ	überall فِي كلّ مكَان
trotz رُغمَ	dem ذَلِك	trotzdem عَلَى الرُّغمِ مِن ذَلِك
außer عَدَا		außerdem عَدَا ذَلِك
zu إِلَى		zudem إِضافَةً إِلى ذَلِك

– يَتَّصِلُ بِالضَّمِيرِ einander كَثِيرٌ مِنْ حُرُوفِ الجَرّ كَالتَّالِي:

حَرفُ الجَرّ		الظرفُ المُرَكب
auf فَوق	einander بَعضُهُمُ البَعض	aufeinander فَوقَ بَعضِهِمُ البَعض
neben بِجَانِب		nebeneinander جَانِبُ بَعضِهِمُ البَعض

⇦ 6- تَركِيبُ اسمٍ مَعَ ظرف (Nomen + Adverb):

الاِسم	الظَّرف	الظَّرفُ المُرَكَّب
der Berg جَبَل	ab بِدءاً مِن	bergab نُزُولاً
	auf عَلَى	bergauf صُعُوداً
der Strom تَيَّار	abwärts إِلَى أَسفَل	stromabwärts مَعَ التَّيَّار
	aufwärts إِلَى أَعلَى	stromaufwärts ضِدُّ التَّيَّار

⇦ 7- تَركِيبُ صِفَةٍ مَعَ ظَرف (Adjektiv + Adverb):

صِفَة	ظَرف	الظَّرفُ المُرَكَّب
rund مُدَوَّر	herum حَوَالِي	rundherum حَول
genau تَمَاماً	so كَذَلِك	genauso بِالمِثلِ تَمَاماً
gleich مُمَاثِل	wohl جَيِّداً	gleichwohl عَلَى الرُّغمِ مِن ذَلِك

16.0.0 Die Konjunktionen حُرُوفُ العَطف

تُستَخدَمُ حُرُوفُ العَطفِ فِي الأَلمانِيَّةِ كَما فِي العَرَبيَّة، فَهِيَ تَربِطُ كَلِماتاً أَو جُملاً مَعَ بَعضِهَا البَعض، وَلَا تَأخُذُ مَكاناً خَاصّاً فِي الجُملَة، بَل تَأتِي مُرَافِقَة. وَتُصَنَّفُ وَظِيفِيّاً كَالتَّالي:

16.1.0 (Additive Konjunktionen) حُرُوفُ العَطفِ المُعَبِّرَةُ عَنِ الإِضَافَة -1 ⇦

يَتِمُّ هَذَا الرَّبطُ سَوَاءً بَينَ كَلِماتٍ (فِعل، اِسم، ظَرف، صِفَة...) أَو جُمَل. هُنَاكَ تَقَارُبٌ كَبِيرٌ أَحيَانَاً فِي المعنَى فِيمَا بَينِهَا، وَلَيسَ لَهَا مَكَاناً مُخَصَّصَا فِي الجُملَة:

حُرُوفُ العَطف Konjunktionen	مِثَال Beispiel
und "وَ". 1- تربطُ كلماتٍ مع بعضِها. 2- إذا رُبِطَت أكثرُ من كلمةٍ مَع بَعضِها فَتُوضَعُ und قبلَ آخرِ كلمةٍ، أما بينَ باقِي الكلماتِ فَنضعُ فَواصِل. 3- أما في صيغةِ المبالَغةِ فنضَعُ und قَبلَ كلِّ كلمَة. 4- تربط أجزاءَ بعضِ الكلماتِ معَ بعضِهَا.	**1**. Er kaufte einen Computer **und** ein Handy. - اشتَرَى حَاسُوبَاً وَجَوَّالاً. (رَبَطَتْ أسماءً مَعَ بَعضِها)
	1. Er kam **und** arbeitete. - جَاءَ وَعَمِلَ. (رَبَطَتْ أَفعَالاً مَعَ بَعضِهَا)
	1. Sie ist klug **und** fleißig. هِيَ ذَكِيَّةٌ وَنَشِيطَة. (رَبَطَتْ صِفَاتَاً مَعَ بَعضِهَا)
	2. Sie ist klug, fein, ehrgeizig **und** fleißig. هِيَ ذَكِيَّةٌ وَلَطِيفَةٌ وَطَمُوحَةٌ وَنَشِيطَة.
	3. Er arbeitet **und** arbeitet **und** arbeitet. عَمِلَ وَعَمِلَ وَعَمِل.
	3. Er wartete Tage **und** Wochen **und** Monate. اِنتَظَرَ أَيَّاماً وَأَسَابِيعاً وَشُهُوراً.
	4. Alle Ein- **und** Ausgänge sind geschlossen. جَمِيعُ المَدَاخِلِ وَالمَخَارِجِ مُغلَقَة. (رَبَطَتْ بَينَ جزئي كَلِمَتَين)
sowie = (und) "وَ". 1- تَربُط بَينَ كَلِمَتَين. 2- تَربُطُ كَلِمَاتاً مُتَسَلسِلَة.	**1**. Ihn **sowie** seine Frau sah ich. رَأَيتُهُ هُوَ وَزَوجَتُه.
	2. Der Garten, der Hof, das Rathaus **sowie** die Straße sind verlassen. أُخلِيَتِ الحَدِيقَةُ وَالسَّاحَةُ وَدَارُ البَلَدِيَّةِ وَالشَّارِع.

plus = (und) "و".	Er soll ein Heft **plus** einen Radiergummi kaufen. يَجِبُ عَلَيهِ أَن يَشتَرِيَ دَفتَراً وَمِمحَاتاً.
wie = (und) "و".	Kinder **wie** Eltern arbeiten im Garten. يَعمَلِ الأَبَوَينِ وَالأَطفَالُ أَيضاً فِي الحَدِيقَةِ.
sowohl...,als auch **sowohl...,wie auch** **"سَوَاءٌ ... أَمْ"**	**Sowohl** die Planeten **als auch / wie auch** die Menschen sind Kreaturen. **سَوَاءٌ** الكَوَاكِبُ **أَو** البَشَرُ يُعَدُّونَ مَخلُوقَاتٍ.
	Der Arzt misst die Wellen des Hirns **sowohl** im Schlaf **als auch** im Wachzustand. يَقِيسُ الطَّبِيبُ مَوجَاتِ الدِّمَاغِ، **سَوَاءً** فِي طَورِ النَّومِ **أَو** فِي طَورِ النَّشَاطِ.
weder... noch **"لَا... وَلَا".** 1- تَربِطُ أَسمَاءً. 2- أَو أَفعَالاً.	**1**. Er hat **weder** einen Ausweg **noch** eine Lösung. لَيسَ لَدَيهِ **لَا** حَلٌّ **وَلَا** مَخرَجٌ.
	2. Er darf **weder** bestätigen **noch** verneinen. **لَا** يُسمَحُ لَهُ أَن يُصَادِقَ **وَلَا** أَن يَنفِي.

16.2.0 (Alternative Konjunktionen) حُرُوفُ عَطفِ الِاختِيَارِ وَالبَدَل -2 ⇦

تُعَبِّرُ هَذِهِ الحُرُوفُ عَنِ الِاختِيَارِيَّةِ بَينَ شَيئَينِ أَو مَجمُوعَتَينِ أَو أَكثَر، وَلَا تُحسَبُ كَلِمَاتاً فِي الجُملَة، بَل أَدَوَاتاً مُرَافِقَةً لَيسَ لَهَا مَكَاناً مُخَصَّصَا فِيهَا.

Konj.	مِثَال
oder **"أَوْ".** 1- تُعَبِّرُ عَن إِمكَانِيَّةِ اختِيَارِ شَيءٍ أَو أَكثَرَ مِن مَجمُوعَةٍ. 2- يَكُونُ الِاختِيَار بَينَ ظُرُوفٍ أَو أَفعَالٍ أَو..	**1.** Kommst du heute **oder** morgen? هَل سَتَأتِي اليَومَ **أَم** غَداً؟ (لَيسَ الإِثنَانِ مَعاً).
	1. Fährst du mit dem Zug, mit dem Fahrrad, mit dem Bus **oder** mit dem Taxi? هَل سَتَأتِي بِالقِطَارِ **أَم** بِالدّرَاجَةِ **أَم** بِالبَاصِ **أَم** بِالتَّكسِي؟
	2. Ist das Gemälde schön **oder** hässlich? هَلِ اللَّوحَةُ الفَنِّيَّةُ جَمِيلَةٌ **أَم** قَبِيحَةٌ؟
	2. gehst du **oder** bleibst? هَل سَتَذهَبُ **أَم** سَتَبقَى؟
entweder... oder **"إِمَّا...أَو"** تَدُلُّ عَلَى الحَصر.	**Entweder** du löst die Aufgabe **oder** du bekommst geschimpft. **إِمَّا** أَن تَحُلَّ الوَاجِبَ **وَإِمَّا** سَتُوَبَّخ.
	Ich kaufe **entweder** dies **oder** gar nichts. **إِمَّا** أَن أَشتَرِيَ هَذَا **أَو** لَا شَيء.

oder "أَوّ". تُعَبِّرُ عَن إمكَانِيَّةِ اختِيَارِ شَيءٍ مِن شَيئَينِ أو الشَّيئَينِ مَعاً أو أكثر.	- Liebst du den Sommer **oder** den Frühling? (vielleicht beides oder einen davon oder noch etwas mehr). - Ich liebe beides. أَتُحِبُّ الصَّيفَ **أَمِ** الرَّبِيعَ؟ (رُبَّمَا كِلاهُمَا أو وَاحِداً مِنهُمَا أو شَيئاً آخر أيضاً). أُحِبُّ الإثنَينِ مَعَاً.
	Kauft er Bananen **oder** Orangen? Er kauft beides. هَل سَيَشتَرِي مَوزاً **أم** بُرتُقَالاً؟ سَيَشتَرِي الإثنَتَينِ مَعَاً.
beziehungsw-eise = (und) "بِالأَحرَى". وَاختِصَارُهَا **bzw.**	Ich halte dich für bekannt **bzw.** befreundet. أَعُدُّكَ مِن مَعَارِفِي **أو بِالأَحرَى** مِن أَصدِقَائِي.
	Arabien ist für seine Sehenswürdigkeiten **bzw.** für seine Kultur und Geschichte bekannt. تُعرَفُ بِلَادُ العَرَبِ بِمَعَالِمِهَا الأَثَرِيَّةِ، **بِالأَحرَى** بتَارِيخِهَا وَحَضَارَتِهَا.

- مُلَاحَظَة: تُعَدُّ entweder ظَرفاً أَيضَاً، عِندَئِذٍ نَضَعُ فَاصِلَةً فِي نِهَايَةِ جُملَتِهَا وَتُوضَعُ oder بَعدَ الفَاصِلَة:

Entweder ihr seid ruhig[,] **oder** ihr geht sofort ins Bett. إمَّا أَن تَكُونُوا هَادِئِينَ وَإمَّا أَن تَذهَبُوا حَالاً إِلَى سَرِيرِ النَّوم.

⇦ 3- حُرُوفُ عَطفِ التَّرتِيبِ وَالمُضَادَدَة

16.3.0 (entgegensetzende und einräumende Konjunktionen)

تَربِطُ حُرُوفُ العَطفِ هَذِهِ جُمَلاً مُتَنَاقِضَة، وَيُوضَعُ قَبلَهَا فَاصِلَة:

Konj.	مثال
aber "وَلَكِن" تَدُلُّ عَلَى: 1- السَّبَب 2- التَّنَاقُض وَيُقَوَّى التَّنَاقُضُ مَع الظَّرفِ "zwar" بمعنى: **"zwar, aber"** "صَحِيحٌ، وَلَكِن"	1. Er will ein Handy kaufen, **aber** er hat kein Geld. يُرِيدُ أَن يَشتَرِيَ جَوَّالاً **وَلَكِن** لَيسَ لَدَيهِ المَال.
	2. Er ist arm, **aber** er ist zufrieden. هُوَ فَقِيرٌ **وَلَكِنَّهُ** سَعِيد.
	2. Ich bin kein Vater, **aber** ich kann das verstehen. أنَا لَستُ أَباً **وَلَكِنْ** لَدَيَّ هَذَا الإحسَاس (إحسَاسُ الأَب).
	2. Er war **zwar** krank, **aber** er ging zur Schule. **صَحِيحٌ** أَنَّهُ كَانَ مَرِيضاً **وَلَكِنَّهُ** ذَهَبَ إِلَى المَدرَسَة.

doch = (**aber**) **"إلّا أنَّ"** تُفِيدُ فِي تَقوِيَةِ نَبرَةِ التَّنَاقُض.	Er wollte kommen, **doch** er hatte keine Zeit. أَرَادَ أَن يَأتِي **وَلَكِن** لَم يَكُن لَدَيهِ وَقتٌ لِذَلِك.
	Das Bild ist zwar naiv, **doch** es ist schön. تَبدُو الصُّورَةُ عَادِيَّةً **إلَّا أَنَّهَا** جَمِيلَةٌ حَقّاً.
jedoch = (**aber**) **"إلّا أنَّ، لَكِن"** تُفِيدُ فِي تَقوِيَةِ نَبرَةِ التَّنَاقُض.	Wir haben uns bemüht, **jedoch** vergeblich. بَذَلنَا الكَثِيرَ مِنَ الجُهدِ **وَلَكِنَّهُ** كَانَ عَبَثاً.
	Die Polizei suchte sie weit und breit, **jedoch** umsonst. بَحَثَتِ الشُّرطَةُ عَنهُم فِي كُل مَكَانٍ **وَلَكِن** مِن دُونِ جَدوَى.
wenn auch **"إلّا أنَّ"** "وَهُوَ نَادِرُ الإستِخدَام"	Er spricht schnell, **wenn auch** klar. يَتَكَلَّمُ بِسُرعَةٍ **إلَّا أَنَّهُ** يَتَكَلَّمُ بِوُضُوح.
	Es ist ein kluges Kind, **wenn auch** unverträglich. هُوَ طِفلٌ ذَكِيٌّ **وَلَكِنَّهُ** مُشَاكِس.
nicht / kein sondern **"لَيس وَإنَّمَا"**	**Nicht** ich, **sondern** er erhielt die Auszeichnung. **لَيسَ** أَنَا مَن حَصَلَ عَلَى الوِسَامِ، **وَإِنَّمَا** هُو.
	Das ist **keine** Schule, **sondern** ein Institut. هَذِهِ **لَيسَت** مَدرَسَةٌ **وَإِنَّمَا** مَعهَد.
nicht nur... sondern auch **"لَيس فَقَط، وَإنَّمَا أَيضاً"**	**Nicht nur** mir, **sondern auch** meinen Freunden haben das Theaterstück gefallen. **لَيسَ** أَنَا **فَقَط** مَن أَعجَبَتهُ المَسرَحِيَّةُ **وَإِنَّمَا** أَصدِقَائِي **أَيضاً**.
	Man soll **nicht nur** für die Prüfung, **sondern auch** für sein Leben lernen, auch um seine Erfahrungen zu erweitern. عَلَى المَرءِ **أَلَّا** يَتَعَلَّمَ **فَقَط** مِن أَجلِ الإمتِحَانِ **وَإِنَّمَا أَيضاً** مِن أَجلِ الحَيَاة، وَمِن أَجلِ أَن يُوَسّعَ خِبرَتَهُ.

- مُلَاحَظَة: أَحيَاناً لا تَدُلُّ حُرُوفُ العَطفِ السَّابِقَةِ (aber, doch , jedoch) عَلَى تَنَاقُض، بَل تَعمَلُ عَمَلَ حَرفِ العَطفِ "und" أي بِمَعنَى "وَ":

Die Reise war beschwerlich, **aber**/ **doch**/ **jedoch**/ gefährlich. كَانَتِ الرِّحلَةُ مُتعِبَةً وَخَطِرَة.

⇦ 4- حُرُوفُ عَطفِ التَّحدِيد (Spezifizierende Konjunktionen) 16.4.0

Konj.	مِثَال
außer **إِلَّا**	Sie isst nichts, **außer** Konserven. لَا تَأكُلُ **إِلَّا** المُعَلَّبَات.
es sei denn **" إلا إذا "**	Er kommt nicht, **es sei denn,** dass es eine verbindliche Vereinbarung getroffen wurde. لَن يأتي **إِلَّا إِذَا** كَانَ هُنَاكَ لِقَاءاً مُلزِماً.
	Ich komme nicht, **es sei denn,** es ist unbedingt erforderlich. لَن أَحضُرَ **إِلَّا إِذَا** كَانَ حُضُورِي ضَرُورِيّاً.
das heißt[1] **"وَهَذَا يَعنِي"**	Ich studierte Arabistik, d. h. ich bin Arabistiker. دَرَستُ عُلُومَ اللُّغَةِ العَرَبِيَّة، هَذَا يَعنِي أَنَّنِي عَالِمٌ بِاللُّغَةِ العَرَبِيَّة.

⇦ 5- حُرُوفُ العَطفِ السَّبَبِيَّة (Kausale Konjunktionen) 16.5.0

Konj.	مِثَال
denn **"لِأَنَّ"**	Ich trage leichte Kleidung, **denn** es ist heiß. أَلبِسُ مَلَابِساً خَفِيفَةً **لِأَنَّ** الجَوَّ حَارّ.
	Vergib ihr, **denn** sie wusste nicht, wie sie in dieser Situation handeln sollte! سَامِحهَا، كَونَهَا لَا تَعرِفُ كَيفَ كَانَ يَنبَغِي عَلَيهَا أَنْ تَتَصَرَّفَ فِي هَذِهِ الحَالَةِ!

- وَهُنَاكَ حُرُوفُ عَطفٍ سَبَبِيَّةٍ تَعطِفُ جُمَلاً فَقَط وَتَتَطَلَّبُ إِبعَادَ الفِعلِ إِلَى آخِرِ الجُملَة، إِلَّا أَنَّهَا تُستَخدَمُ كَحَرفِ العَطفِ "denn" كَمَا فِي الحَالَةِ التَّالِيَة:

weil / da **" لِأَنَّ "**	Er machte keinen beträchtlichen Fortschritt bei der Entwicklung, **weil** / **da** schwierig. لَم يُحَقِّقْ أَيَّ خُطوَةٍ كَبِيرَةٍ نَحوَ الأَمَامِ فِي عَمَلِيَّةِ التَّطوِيرِ **لِأَنَّهَا** صَعبَة.
	Dieser Vortrag ist sehr nützlich, **weil** / **da** sinnvoll. هَذِهِ المُحَاضَرَةُ مُفِيدَةٌ جِدّاً، **لِأَنَّهَا (كَونَهَا)** ذَاتُ مَعنَاً كَبِير.

[1] يُمكِنُ اختِصَارُهَا عَلَى الشَّكل "d. h."

16.6.0 (vergleichende Konjunktionen) حُرُوفُ عَطفِ المُقَارَنَة -6 ⇦

Konj.	مِثَال
wie... **"مِثل"**	Der Lehrer behandelt die Schüler **wie** seine Söhne. يُعَامِلُ المُعَلِّمُ الطُّلَّابَ **مِثل** أولَادِه.
so/ ebenso/ genauso..., wie... **"تَمَاماً مِثل"**	Das Wort soll **genauso** bedeutsam sein, **wie** die Unterschrift. يَجِبُ أن تَعدِلَ كَمِلَةُ المَرءِ ثِقَلَ تَوقِيعِه **تَمَاماً**.
	Sie ist **so** fleißig **wie** ihre Schwester. هِيَ نَشِيطَةٌ **مِثلُ** أُختِهَا.
	Genauso wichtig **wie** unwichtig. دَرَجَةُ الأَهَمِّيَّةِ **تَعدِلُ** نِسبَةَ عَدَمِهَا **تَمَاماً**.
	Es erging mir **genauso wie** dir. سَارَت مَعِيَ الأُمُورُ **كَمَا** سَارَت مَعَكَ **تَمَاماً**.
als 1- بمعنى "كَـ" 2- لِلمُقَارَنَة، حَيثُ تَرتَبِطُ غَالِباً مَعَ صِفَاتِ التَّفضِيل	1. **Als** ein erfahrener Arbeiter wird auf dem Bau gesucht. يُبحَثُ عَنهُ فِي سُوقِ الإعمَارِ **كَونَهُ** عَامِلٌ مُحَنَّك.
	1. Er **als** Experte untersucht die neue Technologie. يَبحَثُ **بِصِفَتِهِ** خَبِيرَاً فِي أَمرِ التِّقنِيَّةِ الجَدِيدَة.
	2. Sie ist <u>anders</u> **als** ihre Schwester. تَختَلِفُ **عَن** أُختِهَا.
	2. Sie ist <u>größer</u> **als** ihre Schwester. هِيَ **أَطوَلُ** مِن أُختِهَا.
	2. Ein kleines Bild sagt in der Tat viel <u>mehr</u> **als** Tausende Worte. دَائِماً مَا تُغنِيَ الصُّورَةُ **عَن** كَثِيرٍ مِنَ الكَلَام (الحَالُ يُغنِي عَنِ المَقَال).

- مُلَاحَظَة: هُنَاكَ بَعضُ التَّرَاكِيبِ الثَّابِتَة، وَتُعَدُّ شَاذَّة، حَيثُ لَا تُستَخدَمُ فِيهَا als لِغَرَضِ المُقَارَنَة بَل لِغَرَضِ المُسَاوَاة، وَيُمكِنُ اِستِبدَالُهَا بِـ wie

- So früh **wie** / **als** möglich	أبكَرُ مَا يُمكِن.

17.0.0 Die Subjunktionen حَروفُ العَطف

لِحُروفِ العَطفِ Subjunktionen, Konjunktionen الوَظِيفَةَ نَفسَهَا وَهِيَ العَطف. إِلَّا أَنَّ "Konjunktionen" تَعطِفُ كَلِمَةً عَلَى كَلِمَةٍ أُخرَى أَو جُملَةً عَلَى جُملَةٍ أُخرَى، وَتَأتِي فِي أَوَّلِ الجُملَةِ دُونَ مَوقِعٍ خَاصٍّ بِهَا. أَمَّا "Subjunktionen" فَتَعطِفُ دَائِماً جُملَةً عَلَى جُملَةٍ أُخرَى وَتَتَطَلَّبُ دَائِماً أَن يَأتِي الفِعلُ فِي آخِرِ الجُملَة.

وَنُمَيِّزُ بَينَهُمَا بِالمِثَالَينِ التَّالِيَين:

Konjunktion: Ich kaufte dieses Buch, **denn** es **ist** lesenswert.
Subjunktion: Ich kaufte dieses Buch, **da** es lesenswert **ist**.
سَأَشتَرِي هَذَا الكِتَابَ لِأَنَّهُ جَدِيرٌ بِالقِرَاءَة.

لَاحِظ عَدَمَ اختِلَافِ المَعنَى بَينَ الجُملَتَينِ الأُولَى وَالثَّانِيَة إِلَّا أَنَّ حَرفَ العَطفِ فِي الجُملَةِ الأُولَى "Konjunktion" لَم يَتَطَلَّبْ وُرُودَ الفِعلِ فِي آخِرِ الجُملَةِ وَمَوقِعُهُ فِيهَا بَعدَ الفَاصِلَة.

أَمَّا حَرفُ العَطفِ فِي الجُملَةِ الثَّانِيَة "Subjunktion" تَطَلَّبَ أَن يَأتِي الفِعلُ فِي آخِرِ الجُملَةِ مُصَرَّفاً مَعَ الفَاعِلِ وَبَاقِي الجُملَةِ يَبقَى ثَابِتاً.

نُمَيِّزُ حُرُوفَ العَطفِ (Subjunktion) كَالتَّالِي:

1- حُرُوفُ العَطفِ الزَّمَنِيَّة (Temporale Subjektionen) "17.1.0"

Subj.	مِثَال
während "بَينَمَا، عِندَمَا"	Sie wusch die Wäsche, **während** er das Essen <u>kochte</u>. غَسَلَتِ الغَسِيلَ بَينَمَا كَانَ يَطبُخُ الطَّعَام.
	Während er Witze <u>machte</u>, <u>weinten</u> die anderen. عِندَمَا هَزَرَ (نَكَّتَ) بَكَى الآخَرُون.
als "عِندَمَا" (مَعَ المَاضِي فَقَط)	**Als** ich ein Kind <u>war</u>, <u>zeichnete</u> ich gerne Bilder. عِندَمَا كُنتُ طِفلاً كُنتُ أَرسُمُ لَوحَاتٍ فَنِّيَّةٍ.
	Als ich angekommen <u>war</u>, <u>fing</u> der Vortrag an. عِندَمَا وَصَلتُ بَدَأَتِ المُحَاضَرَة.
wenn "عِندَمَا، إِذَا"	1. **Wenn** das wahr <u>wäre</u>, <u>würde</u> ich niederlegen. إِذَا صَحَّ هذَا فَسَأُقَدِّمُ استِقَالَتِي.

ويدلُّ أيضاً على 1- شرط 2- عمل منتظم 3- حقيقة علمية	2. **Wenn** Sommer ist, fahre ich nach Ägypten. عِندَمَا يَحُلُّ فَصلُ الصَّيفِ أُسَافِرُ إِلَى مِصر.
	3. **Wenn** Frühling ist, blühen die Blüten. فِي فَصلِ الرَّبِيعِ تَتَفَتَّحُ الأَزهَار.
indem "فِي حِين"	**Indem** er sprach, ereignete sich der Unfall. بَينَمَا كَانَ يَتَكَلَّم وَقَعَ الحَادِث. (وُقُوعُ الحَادِثِ فِي لَحظَةِ التَّكَلُّم)
seitdem "مُنذُ"	**Seitdem** er sich verloben hat, lächelt er viel. أَصبَحَ يَتَبَسَّمُ كَثِيراً مُنذُ أَن خَطَبَ.
indessen "بَينَمَا"	**Indessen** seine Frau bei ihrem Onkel war, begab er sich auf den Heimweg. بَينَمَا كَانَت زَوجَتُهُ عِندَ عَمّهَا تَوَجَّهَ نَحوَ المَنزِل.
solange "طَالَمَا"	**Solange** du krank bist, bleibe ich bei dir. طَالَمَا أَنَّكَ مَرِيضٌ (مَا دُمتَ مَرِيضاً) سَأبقَى بِجَانِبِك.
sobald, sowie "حَالَمَا"	Ich rufe dich an, **sobald /sowie** ich mit der Aufgabe fertig bin. سَأَتَّصِلُ بِكَ حَالَمَا أُنهِي وَاجِبِي.
nachdem "بَعدَهَا"	**Nachdem** er die Briefumschläge gekauft hatte, schrieb er seiner Mutter einen Brief. بَعدَمَا اشتَرَى ظُرُوفَ الخِطَابَاتِ كَتَبَ لِأُمِّهِ خِطَاباً.
bevor "قبل"	Mache bitte das Fenster auf, **bevor** du gehst! اِفتَحِ النَّافِذَةَ مِن فَضلِكَ قَبلَ أَن تَذهَبَ!
	Genügsamkeit steht über Reichtum, und man wird nicht zufrieden, **bevor** man sie hat. القَنَاعَةُ خَيرٌ مِنَ الغِنَى، لِذَلِكَ لَن يَكُونَ الإنسَانُ سَعِيداً قَبلَ أَن يَملِكَهَا.
bis "حتى"	Ich bleibe zu Hause, **bis** der Regen nachlässt. سَأَبقَى فِي المَنزِلِ حَتَّى يَهدَأَ المَطَر.
	Der Weg bleibt gesperrt, **bis** die Polizei ankommt. سَيَبقَى الطَّرِيقُ مُغلَقاً حَتَّى تَصِلَ الشُّرطَة.

مُلَاحظَة. تُستَخدَمُ "als" لِلتَّعبِيرِ عَن حَدَثٍ حَدَثَ فِي المَاضِي وَانتَهَى، وَلَا يُمكِنُ تِكرَارُهُ فِي الحَاضِرِ مَرَّةً أُخرَى. وَإِذَا أَرَدنَا أَن نَتَحَدَّثَ عَنِ الحَاضِرِ وَالمُستَقبَلِ فَيُستَخدَمُ الحَرفُ "wenn".

Wenn es heiter ist, gehe ich aus.	عِندَمَا يَكُونُ الجَوُّ صَحواً أَذهَبُ خَارِجاً
Als es heiter war, ging ich aus.	عِندَمَا كَانَ الجَوُّ صَحواً ذَهَبتُ خَارِجاً

مُلَاحَظَات:

- 1- يُستَخدَمُ حَرفَا العَطفِ "nachdem, indem" لِلدَلَالَةِ عَلَى أَنَّ حَدَثَانِ يَحدُثَانِ فِي نُقطَتَينِ زَمَنِيَّتَينِ مُختَلِفَتَينِ، بِحَيثُ يَحدُثُ أَحَدُهُمَا قَبلَ الآخَر.
- 2- لَيسَ مِنَ الضَّرُورِيِّ تَطَابُقِ الأَزمِنَةِ بَينَ العَرَبِيَّةِ وَالأَلَمَانِيَّةِ أَثنَاءَ التَّرجَمَة، فَمَثَلاً:

- <u>Wenn Sommer ist</u>, fahre ich nach Ägypten.
- <u>إذَا حَلَّ فَصلُ الصَّيفِ</u> سَأُسَافِرُ إِلَى مِصرْ.

لَاحِظ عَدَمَ التَّطَابُقِ الزَّمَنِيِّ فِي الشَّطرِ الأَوَّلِ مِنَ الجُملَةِ عِندَ التَّرجَمَةِ لِلعَرَبِيَّة.

- 3- يَجُوزُ التَّبدِيلُ بَينَ الجُملَتَين، بِشَرطِ مُرَاعَاةِ مَركَزِ الفِعلِ كَونَهَا جُمَلٌ مَوصُولَة:

Ich **rufe** dich **an**, sobald ich **ankomme**.	سَأَتَّصِلُ بِكَ حَالَمَا أَصِل
Sobald ich **ankomme**, **rufe** ich dich **an**.	سَأَتَّصِلُ بِكَ حَالَمَا أَصِل

- 4- تَحمِلُ بَعضُ حُرُوفُ العَطفِ السَّابِقَةَ نَفسَ المَعنَى أَحيَانَاً:

Subj.	مثال
als solange	**Als** / **solange** ich in Ägypten <u>war</u>, <u>fühlte ich mich wohl</u>. عِندَمَا كُنتُ فِي مِصرَ شَعَرتُ بِالرَّاحَةِ وَالسُّرُور.
seitdem solange	**Seitdem** / **solange** er regelmäßig frische Luft <u>geatmet hatte</u>, <u>fühlte</u> er sich besser. مُنذُ أَن بَدأَ يَستَنشِقُ الهَوَاءَ النَّقِيّ شَعرَ بِحَالٍ أَفضَل.
sobald sowie	Er hilft mir, **sobald** / **sowie** er Zeit dafür hat. سَيُسَاعِدُنِي حَالَمَا يَكُونُ لَدَيهِ وَقتٌ لِذَلِك.
nachdem als	**Nachdem** / **als** ich meine Schulaufgaben erledigt <u>hatte</u>, <u>half</u> ich meinem Freund. حَالَمَا (بَعدَمَا) أَنهَيْتُ وَاجِبَاتِيَ المَدرَسِيَّةِ سَاعَدتُ صَدِيقِي.

⇦ 2- حَرفَيِّ العَطف (ob, dass) "**17.2.0**"

dass "بِأَنّ"	Er soll wissen, **dass** wir ihn alle mögen. يَجِبُ أَن يَعلَمَ أَنَّنَا كُلُّنَا نُحِبُّه.
	Dass er so schnell fährt, ist es Leichtfertigkeit. مِنَ الطَّيشِ أَن يُسَافِرَ بِسُرعَةٍ كَبِيرَة.
	Dass er den Termin vergas, ist nicht schlimm. لَيسَ مِن السُّوءِ أَنَّهُ قَد نَسِيَ المَوعِد.

ob "فِيمَا إِذَا"	Ich weiß nicht, **ob** er heute kommt oder nicht. لَا أعلَمُ فِيمَا إِذَا كَانَ سَيَأتِي اليَومَ أم لَا.
	Ob der Bus hier hält, weiß ich nicht. لَا أعلَمُ فِيمَا إِذَا سَوفَ يَقِفُ البَاصُ هُنَا.
	Er fragt, **ob** der Zug pünktlich ankommt. سَأَلَ فِيمَا إِذَا كَانَ القِطَارُ سَيَصِلُ فِي المِيعَاد.

✓ إِذَا لَم تَتَطَلَّبِ الجُملَةُ فَاعِلاً فَيَأتِي الفِعلُ فِي المصدَرِ فِي آخِرِهَا مَعَ الأَدَاةِ المَصدَرِيَّةِ zu.

وَإِذَا وُجِدَ الفَاعِلُ بِالجُملَة فَيَأتِي الفِعلُ مُصَرَّفَاً مَعَهُ حَصرَاً:

جُملَةٌ مَعَ فَاعِل	Ich wusste nicht, **dass** sie bei der Prüfung durchfiel. لَم أعلَم أَنَّهَا قَد رَسَبَتْ فِي الإمتِحَان.
جُملَةٌ بِدُونِ فَاعِل	Der Hase versucht, sich zu verstecken. يُحَاوِلُ الأَرنَبُ أَن يُخَبِّأَ نَفسَه.

- لَاحِظْ أَنَّهُ دَائِمَاً مَعَ dass يُشتَرَطُ أَن يَأتِي فَاعِلٌ فِي الجُملَة.

⇦ 3- حُرُوفُ العَطفِ الشَّرطِيَّة (Konditionale Subjektionen) "**17.3.0**"

تَدُلُّ حُرُوفُ العَطفِ الشَّرطِيَّةِ عَلَى شَرطِ ارتِبَاطِ حُدُوثِ حَدَثٍ بِحَدَثٍ آخَر:

Subj.	مِثَال
wenn, falls "إِذَا"	**Wenn / falls** es richtig ist, sage ich dir Bescheid. إِذَا كَانَ ذَلِكَ صَحِيحَاً سَأُعطِيكَ عِلمَاً.
	Wenn / falls der Vortrag wichtig ist, komme ich. سَآتِي إِذَا كَانَتِ المُحَاضَرَةُ مُهِمَّة.
im falle, dass… "فِي حَالِ.."	**Im Falle, dass** es regnet, verschiebt er den Termin. فِي حَالِ أَنَّهَا أَمطَرَت سَوفَ يُؤَجِّلُ المَوعِد.
	Im Falle, dass es heiter ist, gehen wir spazieren. فِي حَالِ كَانَ الجَوُّ صَحوَاً سَنَخرُجُ لِلتَنَزُّه.
sofern "إِذَا"	**sofern / wenn** es auf der Straße keinen Stau gibt, kommen wir pünktlich an. فِي حَالِ أَنَّهُ لَم يَكُن هُنَاكَ ازدِحَامٌ مُرُورِيٌّ سَنَصِلُ بِالوَقتِ المُحَدَّد.
soviel, soweit "حسب ما"	**Soviel / soweit** ich weiß, fährt er in zwei Tagen. حَسبَمَا أَعلَمُ فَإِنَّهُ سَوفَ يُسَافِرُ بَعدَ يَومَين.
	Soviel / soweit ich weiß, kommt der Zug heute später. حَسَبَ مَعلُومَاتِي أَنَّ القِطَارَ سَيَأتِي اليَوم مُتَأَخِّرَاً.

⇦ 4- حُرُوفُ العَطفِ التَّعَارُضِيَّة (Adversative Subjektionen) "17.4.0"

Subj.	مِثَال
(an)satt dass "بَدَلَ أَن"	**Anstatt dass** wir ins Kino gehen, haben wir uns auf die Prüfung vorbereitet. بَدَلَ أَن نَذهَبَ إِلى السّينَمَا حَضّرنَا أَنفُسَنَا لِلامتِحَان.
	Er wanderte, **anstatt dass** er zur Arbeit geht. ذَهَبَ لِلتَنَزُّهِ بَدَلَ أَن يَذهَبَ إِلى العَمَل.
(an)satt (zu) "بَدَلَ أَن" وَيَكُونُ الفِعلُ فِي المَصدَر.	Er lernt, **anstatt** mit seinen Freunden **zu** spielen. يَتَعَلَّمُ **بَدَلاً مِن أَن** يَلعَبَ مَعَ أَصدِقَائِه.
	Anstatt in die Schule **zu** gehen, schlief er. نَامَ بَدَلَ أَن يَذهَبَ إِلَى المَدرَسَة.

- لَاحِظ: مَعَ حَرفِ العَطف (anstatt dass,...) تَتَطَلَّبُ الجُملَةُ فَاعِلاً وَفِعلاً بِحَيث يَكُونُ الفِعلُ مُصَرَّفاً مَعَ الفَاعِلِ فِي آخِرِ الجُملَة.
- لَاحِظ: مَعَ حَرفِ العَطف (anstatt...zu...) لَا تَتَطَلَّبُ الجُملَةُ فَاعِلاً وَيَأتِي الفِعلُ بِالمصدَرِ فِي آخِرِ الجُملَةِ لِعَدَمِ وُجُودِ الفَاعِل.

⇦ 5- حُرُوفُ العَطفِ المعبِّرَةِ عَنِ الحَال (Modale Subjektionen) "17.5.0"

تَدُلُّ عَلى أَقصَى وَسِيلَةٍ مُمكِنَةٍ لِلوُصُولِ إِلَى الهَدَف:

Subj.	مِثَال
ohne dass... "بِدُونِ أَنّ"	Mache es, **ohne dass** es irgendjemand merkt. افعَلهَا دُونَ أَن يَشعُرَ بها أَحد.
	Ohne dass er sich von uns verabschiedet, fuhr er ins Ausland. سَافَرَ خَارِجَ البَلَدِ دُونَ أَن يَستَأذِنَ مِنَّا.
ohne...zu... "بِدُونِ أَنّ"	**Ohne zu** lernen, besteht man die Prüfung nicht. مِن دُونِ أَن يَتَعَلَّمَ المَرءُ لَن يَجتَازَ الإمتِحَان.
	Ohne zu überlegen, löst du das Rätsel nicht. لَن تَحُلَّ اللّغزَ مِن دُونِ أَن تُفَكِّر.
	Er ging raus, **ohne** sein Handy mit**zu**nehmen[1]. خَرَجَ مِنَ المَنزِلِ دُونَ أَن يَأخُذَ جَوَّالَهُ مَعَه.

---

[1] تَأتِي أَدَاةُ المَصدَر zu مَعَ الأَفعَالِ ذَوَاتِ البَادِئَاتِ المُنفَصِلَة بَينَ الفِعلِ وَالبَادِئَة (سَنَتَعَرَّفُ عَلَيهِنَّ لَاحِقاً).

indem "بِأَن"	**Indem** du das Geschirr wäschst, hilfst du mir. تُسَاعِدُنِي بِأَن (إذا) تَغسِلَ الصُّحُون.
	Du bekommst gute Noten, **indem** du gut lernst. سَتَحصَلُ عَلَى عَلَامَاتٍ عَالِيَةٍ بِأَن تَدرُسَ جَيِّدَاً.

⇦ 6- حُرُوفُ العَطفِ السَّبَبِيَّة (kausale Subjektionen) "17.6.0"

تَدُلُّ عَلى سَبَبِ حُدُوثِ الشَّيء:

Subj.	مِثَال
weil / da "لِأَنَّ"	Ich bestand die Prüfung, **da** / **weil** ich gut lernte. اِجتَزتُ الإمتِحَانَ لِأَنَّنِي دَرَستُ جَيِّدَاً.
	Da / weil wir eine Panne hatten, kamen wir zu spät. وَصَلنَا مُتَأَخِّرِينَ لِأَنَّهُ كَانَ لَدَينَا عُطلاً.
nachdem "بَعدَمَا، لِأَنَّ"	**Nachdem** es stark geschneit hatte, konnte ich nicht kommen. بَعدَمَا (لِأَنَّهَا) أَثلَجَتْ كَثِيرَاً لَم أَستَطِع أَن آتِ.
wo "حَيثُمَا، لِأَنَّ"	Du musst das Auto reparieren, **wo** du es schwer beschädigt hast. يَجِبُ عَلَيكَ إِصلَاحُ السَّيَّارَةِ حَيثُمَا (لِأَنَّكَ) تَسَبَّبتَ بِضَرَرِهَا بِقُوَّة.

⇦ 7- حُرُوفُ العَطفِ التَّعَاقُبِيَّة (Fortlaufende Subjektionen) "17.7.0"

تُعَبِّرُ الجُملَةُ الرَّئِيسِيَّةُ عَن تَعَاقُبٍ مُرتَبِطٍ بِالجُملَةِ الفِرعِيَّة:

Subj.	مِثَال
sodass /so dass "لدرجة أنَّ"	Er ist erkrankt, **sodass** / **so dass** er nicht aufstehen kann. إِنَّهُ مَرِيضٌ لِدَرَجَةِ أَنَّهُ لَا يَستَطِيعُ الوُقُوف.
zu + (adj/adv) + als dass… ... وكأنه ...	Das ist **zu** wunderbar, **als dass** es wahr sein könnte. هَذَا رَائِعٌ جِدَّاً وَكَأَنَّهُ كَادَ أَن يَكُونَ حَقِيقَة.
zu + (adj/adv) ,um…zu… ...جداً... لأن...	Es ist **zu** früh, **um** in die Schule **zu** gehen إِنَّ الوَقتَ مُبَكِّرٌ جِدَّاً لِلذَهَابِ إِلَى المَدرَسَة.
	Ich arbeitete **zu** hart, **um** die verlorene Zeit wieder auf**zu**holen. عَمِلتُ بِجَدٍّ مِن أَجلِ أَن أُعَوِّضَ الوَقتَ الضَّائِع.

⇦ 8- حُرُوفُ العَطفِ الدَّالَّةِ عَلَى القَصد (Finale Subjektionen) "17.8.0"

تَدُلُّ عَلَى نِيَّةٍ وَقَصدِ الفِعل:

Subj.	مِثَال
damit " لِكَيّ "	Er wartete, **damit** die Tinte trocknen konnte. اِنتَظَرَ حَتَّى جَفَّ الحِبر.
	Ich notiere es dir, **damit** du es nicht vergisst! سَأُدَوِّنُهَا لَكَ لِكَي لا تَنسَاهَا!
um…zu… "لِكَيّ"	Ich arbeite ganztägig, **um** Geld **zu** bekommen. أَعمَلُ طِوَالَ النَّهَارِ كَي أَحصَلَ عَلى المَال.
	Er trainiert, **um** seine Muskulatur **zu** stärken. يَتَدَرَّبُ لِيُقَوّي جِهَازَهُ العَصَبيّ.
	Er lernt nicht, **um** die Prüfung **zu** bestehen, sondern **um zu** wissen und das Leben richtig **zu** verstehen. لا يَتَعَلَّمُ فَقَط لِيَجتَازَ الاِمتِحَان، بَل لِأَن يَعرِفَ وَأَن يَفهَمَ الحَيَاة.

- لَاحِظ: إِذَا كَانَ الفَاعِل وَاحِداً فِي الجُملَةِ الرَّئِيسِيَّةِ وَالجُملَةِ الثَّانَوِيَّةِ فَيُستَخدَمُ العَطفُ بِالتَّركِيبِ (um…zu…).
- أَمَّا إِذَا كَانَ الفَاعِلُ فِي الجُملَةِ الثَّانَوِيَّةِ مُختَلِفاً عَنِ الفَاعِلِ فِي الجُملَةِ الرَّئِيسِيَّةِ فَيُستَخدَمُ حَرفُ العَطف (damit).

⇦ 9- حُرُوفُ العَطفِ الشَّرطِيَّة (Konzessive Subjektionen) "17.9.0"

Subj.	مِثَال
obgleich obwohl "عَلَى الرُّغم"	**Obwohl / Obgleich** es heute den ganzen Tag geschneit hatte, ging ich raus. لَقَد خَرَجتُ عَلَى الرُّغمِ مِن أَنَّهَا أَمطَرَتِ اليَومَ كَامِلَ النَّهَار.
	Obgleich / Obwohl seine Leistung kein großer Erfolg war, verdient er die Anerkennung. عَلَى الرُّغمِ مِن أَنَّهُ إِنجَازَهُ لَم يَنجَح كَثِيراً إِلَّا أَنَّهُ يَستَحِقُّ التَّقدِير.
wenn "إِذَا"	Man kann seine verborgenen Kräfte nutzen, die er braucht, **wenn** er wagt, sie aufzufinden. يُمكِنُ لِلمَرءِ أَن يَمتَلِكَ قُوَّتَهُ الكَامِنَةَ إِن أَقدَمَ عَلَى البَحثِ عَنهَا.
auch wenn "إِذَا"	**Auch wenn** es nötig ist, komme ich sofort. إِذَا كَانَ ضَرُورِيّاً (إِذَا لَزِمَ الأَمر) سَآتِي فِي الحَال.

wenn auch "عَلَى الرَّغم"	Es war ein schöner Ausflug, **wenn auch** nicht alle Kollegen mitgekommen sind. كَانَتْ فُسحَةٌ رَائِعَةٌ عَلَى الرُّغمِ مِنْ أَنَّهُ لَمْ يَأتِ الزُّمَلَاءُ كُلُّهُمْ مَعَنَا.
wenn auch… ‚so doch رغم أن.. إلا أن..	**Wenn auch** das Ergebnis negativ war, **so** hat er **doch** einen konstruktiven Schritt gemacht. عَلَى الرُّغمِ أَنَّ النَّتِيجَةَ كَانَت سَلبِيَّةً، إِلَّا أَنَّهُ قَامَ بِخُطوَةٍ بَنَّاءَة.
trotzdem "عَلَى الرَّغم"	Es regnete stark, **trotzdem** war es warm. كَانَ الجَوُّ دَافِئَاً عَلَى الرُّغمِ مِن أَنَّهَا أَمطَرَت كَثِيرَاً.
	Er scheiterte, **trotzdem** versuchte er es nochmals. لَقَد فَشِلَ، وَرَغمَ ذَلِكَ حَاوَلَ مَرَّةً أُخرَى.

⇦ 10- حُرُوفُ عَطفِ المُقَارَنَة **"17.10.0"** (vergleichende Subjektionen)

Subj.	**مِثَال**
als "سِوَى، مِمَّا"	Die Prüfung war schwieriger, **als** ich dachte. كَانَ الإمتِحَانُ أَصعَبُ مِمَّا تَوَقَّعت.
	Es war umgekehrt, **als** ich erwartet hatte. كَانَ عَلَى العَكسِ تَمَامَاً مِمَّا تَوَقَّعت.
	Ich will mit keinem Menschen leben, **als** mit dir. لَا أُرِيدُ أَن أَعِيشَ مَعَ أَيِّ إِنسَانٍ آخَرَ سِوَاك.
als…, zu… "مِمَّا"	Es ist besser, sich auf die Prüfung vorzubereiten, **als** den ganzen Tag **zu** spielen. التَّحضِيرُ لِلامتِحَانِ أَفضَلُ مِنَ اللَّعَبِ طَوَالَ النَّهَار.
als dass "مِن أَنّ"	Die Prüfung ist zu schwierig, **als dass** man sie bestehen könnte. الإمتِحَانُ أَصعَبُ مِن أَن يَجتَازَهُ المَرء.
so…,wie… هَكَذا...، بِمَا...	Sie verhält sich **so**, **wie** es ihr passt. تَتَصَرَّفُ بِسُلُوكٍ يُنَاسِبُهَا.
so + (صِفَة)… **‚als**… أَكثَرَ..، مِمَّا..	Du kannst **so** viel lernen, **als** du weißt. يُمكِنُكَ أَن تَتَعَلَّمَ أَكثَرَ مِمَّا تَعرِف.
	Das Gebäude ist **so** viel höher, **als** ich vermutet habe. المَبنَى أَعلَى بِكَثِيرٍ مِمَّا تَوَقَّعت.
als ob وكأن.. (konj. 2 مع)	Er tut so, **als ob** er nichts angestellt hätte. يَتَصَرَّفُ وَكَأَنَّهُ لَم يَصنَع سُوءَاً أَبَدَاً.
	Er spricht so, **als ob** es keine Alternative gäbe. يَتَكَلَّمُ وَكَأَنَّهُ لَيسَ هُنَاكَ بَدِيلٌ عَنه.

je nachdem **حَسْبَ...** + **(أداةُ استفهام)**	**Je nachdem**, **wie** man die Sache betrachtet, wird sie verstanden. سَيُفهَمُ الأَمرُ عَلَى حَسَبِ مَا يَنظُرُ إِلَيهِ المَرء.
	Je nachdem, **welches** Auto er hat. حَسَبَ نَوعِ السَّيَّارَةِ الَّتِي يَمتَلِكُهَا.
	- bestehst du die Prüfung? - **Je nachdem**, **ob** sie schwierig oder leicht ist. هَل سَتَجتَازُ الإمتِحَان؟ عَلَى حَسَبِ مَا لَو أَنَّهُ كَانَ صَعباً أَو سَهلاً.
je (*desto / umso / je*) **كُلَّمَا...، كُلَّمَا...** (وَتَأتِي الصّفةُ بَعدهَا دَائِماً في حالَةِ المُقارَنَة)	**Je** mehr du übst, **desto** / **umso** / **je** besser wirst du in Mathematik. كُلَّمَا تَدَرَّبتَ أَكثَر كُلَّمَا أَصبَحتَ أَفضَلَ فِي الرِّيَاضِيَّات.
	Je früher du ankommst, **umso** / **desto** / **je** besser ist es. كُلَّمَا كَانَ مَجِيئُكَ أَبكَر كُلَّمَا كَانَ أَفضَل.
	Je schüchterner ein Mensch ist, **desto** / **umso** / **je** anständiger und ruhiger ist er. كُلَّمَا كَانَ الإِنسَانُ أَكثَرَ خَجَلاً كُلَّمَا كَانَ أَكثَرَ هُدُوءً وَأَدَباً.
..., je... **كُلَّمَا..، كُلَّمَا..**	Es wird immer lauter, **je** mehr Kinder in den Garten kommen. كُلَّمَا دَخَلَ أَطفَالٌ أَكثَرَ إِلَى الحَدِيقَةِ كُلَّمَا صَخُبَ الصَّوتُ أَكثَر.

- مَلَاحَظَة: تَتَطَلَّبُ حُرُوفُ الجرّ **"Um, ohne, anstatt, außer"** أَن يَأتِي الفِعلُ فِي آخِرِ الجُملَةِ فِي المصدَرِ بَعدَ الأَدَاةِ المَصدَرِيَّةِ "zu":

um... zu **لِكَيّ...**	Unser Team stellt sich immer zur Verfügung, **um** unseren Gästen bestens **zu** bedienen. فَرِيقُنَا دَائِماً تَحتَ التَّصَرُّفِ فِي خِدمَةِ زُوَّارِنَا بِالشَّكلِ الأَمثَل.
ohne... zu **بِدُونِ أَن...**	Er sprach, **ohne zu** überlegen. تَكَلَّمَ مِن دُونِ أَن يُفَكِّر.
anstatt... zu **بَدَلاً مِن...**	Er sollte mir lieber helfen, **anstatt** tatenlos herum**zu**sitzen. وَجَبَ عَلَيهِ أَن يُسَاعِدَنِي بَدَلَ أَن يَجلِسَ مَكتُوفَ الأَيدِي.
außer... zu **عَدَا أَنّ...**	Ich konnte nichts tun, **außer** Blut **zu** spenden, Tränen **zu** bieten und ab**zu**warten. لَم أَستَطِع فِعلَ شَيءٍ إِلَّا التَّبرُّعَ بِالدَّم وَذَرفِ الدُّمُوعِ وَالإِنتِظَار.

18.0.0 Präpositionen حُرُوفُ الجَرّ

تَعمَلُ حُرُوفِ الجَرِّ عَلَى جَرِّ الإسمِ إِلَى حَالَةٍ إِعرَابِيَّةٍ مُعَيَّنَة. فَيَكُونُ الإِسمُ (إِمَّا مَرفُوعَاً أَو مَنصُوبَاً أَو مَجرُوراً أَو مُضَافَاً إِلَيه).

وَيَكُونُ مَوقِعُ حَرفِ الجَرِّ فِي الجُملَة:

⇦ 1- قَبلَ الإسم (vorgestellt):

في القِمَّة **an** der Spitze	إلى المدرسة **zu** der Schule
أنَا فِي الشَّارِع	- Ich bin **auf** der Straße.

⇦ 2- بَعدَ الإسم (nachgestellt): وَهَذِهِ الحَالَةُ نَادِرَة:

عَلى طُولِ الطّرِيق den Weg **entlang**	تِجَاهِي mir **gegenüber**
Alle Schüler sind dem Lehrer **gegenüber** höflich. جَمِيعُ الطُّلَّابِ مُهَذَّبُونَ تِجَاهَ المُعَلِّم.	

⇦ 3- مُحِيطَاً بِالإسم (Zirkumposition): وَهَذِهِ الحَالَةُ نَادِرَة:

فِي سَبِيلِ الله	**Um** Gottes **willen**
يُنَاضِلُ فِي سَبِيلِ السَّلَام	Er kämpft **um** des Friedens **willen**.

الحَالَاتُ الَّتِي يَرِدُ بِهَا حَرفُ الجَرِّ فِي الجُملَة:

يُمكِنُ أَن يَرِدَ حَرفُ الجرِّ فِي الجُملَةِ فِي الحَالَاتِ التَّالِيَة:

⇦ 1- مُستَقِلّاً فِي الجُملَة:

أي غَيرُ مُرتَبِطٍ بِأَيِّ كَلِمَةٍ أُخرَى فِي الجُملَة، وَيَأتِي الإِسمُ بَعدَهُ فِي أَحَدِ الحَالَاتِ الإعرَابِيَّة التَّالِيَة **(Nom., Akk., Dat., Gen.):**

Dieser Schauspieler spielte die Hauptrolle **in** dem Film. لَعِبَ هذَا المُمَثِّلُ الدَّورَ الرَّئِيسِيَّ فِي هذَا الفِيلم.
Ich bin **auf** dem Dach des Hauses. أَنَا عَلَى سَطحِ المَنزِل.

⇦ 2- مُرتَبِطاً بِالفِعل:

أيّ لَا يُعطِ الفِعلُ أيَّ مَعنى بِدُونِ حَرفِ الجَرِّ هَذَا، وَيَتَطَلَّبُ إمَّا (.Akk) أو (.Dat) أو (.Gen) وَأَحيَانَاً تَختَلِفُ الحَالَةُ الإعرَابِيَّةُ الَّتِي يَتَطَلَّبُهَا حَرفُ الجَرِّ هَذَا عَنِ الحَالَةِ الإعرَابِيَّةِ الَّتِي يَتَطَلَّبُهَا هُوَ نَفسُهُ فِيمَا لَو جَاءَ مُستَقِلَّاً فِي الجُملَة، وَكَذلِكَ تَختَلِفُ تَرجَمَتُهُ اِختِلَافَاً جَذرِيَّاً أَحيَانَاً.

فَمَثَلَاً الفِعلُ (يُفَكِّر denken) يُمكِنُ أَن يَأتِي مُستَقِلَّاً: (أُفَكِّر ich denke)، أَمَّا إذَا أَرَدتُ أَن أَقُولَ أَنَّنِي أُفَكِّرُ بِشَيءٍ مُعَيَّنٍ فَيُستَخدَمُ حَرفُ الجَرِّ an مَعَهُ:

- **an** jemanden/etwas $^{+Akk.}$ **denken** يُفَكِّرُ بِفُلَان / بِشَيء	
Ich denke (an) أُفَكِّرُ بِـ	Ich denke **an** dich. أُفَكِّرُ بِك
	Ich denke **an** die Prüfung. أُفكرُ بِالإمتِحَان

- **auf** jemanden/etwas **warten** يَنتَظِرُ فُلَاناً / شَيئَاً	
Ich warte (auf) أَنتَظِر	Ich warte **auf** dich أَنتَظِرُك
	Ich warte **auf** den Bus أَنتَظِرُ البَاص

- **aus** jemanden/etwas **bestehen** يَتَكَوَّنُ مِن فُلَانٍ / شَيءٍ	
Es besteht (aus) تَكَوَّنَ (مِن)	Dieser Satz besteht **aus** sechs Wörtern. تَتَكَوَّنُ الجُملَةُ هَذِهِ مِن سِتَّةِ كَلِمَات.
	Die Gruppe besteht **aus** fünf Personen. تَتَكَوَّنُ المَجمُوعَةُ مِن خَمسَةِ أَشخَاص.

- أَمَّا إذَا جَاءَ حَرفُ الجَرِّ كَبَادِئَةٍ لِلفِعلِ فَلَا يُعَدُّ حَرفَ جَرٍّ سَوَاءً كَانَ كَبَادِئَةٍ مُتَّصِلَةٍ أَو قَابِلَةٍ لِلاِنفِصَال:

annehmen قَبِل	Er nahm den Vorschlag **an**. قَبِلَ الإقتِرَاح.
absagen رَفَض	Er sagte den Vorschlag **ab**. رَفَضَ الإقتِرَاح.
übertragen نَقَل	Sie **über**trug ihm die Nachricht. نَقَلَتْ لَهُ الخَبَر.

○ هُنَاكَ حُرُوفُ جَرٍّ تَرِدُ فِي الجُملَةِ بِكَثَرة، وَأَكثَرُ حُرُوفِ الجَرِّ وُرُوداً مَعَ النِّسبِ الَّتِي تَرِدُ فِيهَا فِي الجَدوَل:

von → %15	mit → 13%	an → 9%	für → 11%
zu → 11%	bei → 8%	auf → 10%	aus → 5%

وَيَكُونُ مَجمُوعُ النِّسَبِ 82% أَمَّا النِسبَةِ البَاقِيَة 18% فَتَأتِي بِهَا حُرُوفُ جَرٍّ مُختَلِفَةٍ مِثل .(anstatt, außerhalb, angesichts, gegenüber…)

⇦ 3- مُرتَبِطَاً بِالإِسم، وَيَتَطَلَّبُ حَالَةً إِعرَابِيَّةً ثَابِتَةً لَا تَتَغَيَّر:

Ich habe keine **Lust** **auf** die Wette. لَيسَ لَدَيَّ الرَّغبَةُ عَلَى الرِّهَان.
Manche Frauen haben keine **Angst** **vor** Tigern, aber **vor** Spinnen und Schaben. بَعضُ السَّيِّدَاتِ لَا يَخَفنَ مِنَ الفَهدِ وَلَكِنَّهُنَّ يَخفنَ مِنَ العَنَاكِبِ وَالصَّرَاصِير.
Romantische Leute haben oft **Vorliebe** **für** Stille. غَالِبَاً مَا يَمِيلُ الأُنَاسُ الرُّومَنسِيُّونَ إِلَى الهُدُوءِ.
Sie hat außerordentlich großes **Vertrauen** **zu** ihrem Mann. تَثِقُ بِزَوجِهَا ثِقَةً عَميَاء.

⇦ 4- مُرتَبِطَاً بِالصِّفَات:

حَيثُ يَرتَبِطُ حَرفُ الجَرِ بِالصِّفَةِ وَيَتَطَلَّبُ حَالَةً إِعرَابِيَّةً ثَابِتَةً لَا تَتَغَيَّر.

فَمَثَلَاً الصِّفَاتُ bekannt، fähig تُكتَبُ فِي القَامُوسِ عَلَى الشَّكل:

- bekannt für etwas $^{+Akkusativ}$	مَعرُوفٌ بِـ...
- fähig zu etwas $^{+Dativ}$	قَادِرٌ عَلَى...

- وَلَيسَ مِنَ الضَّرُورِيِّ أَن يَكُونَ بَعدَ حَرفِ الجَّر نَفسُ الحَالَةِ الإِعرَابيَّةِ عِندَمَا يَتَّصِلُ بِصِفَةٍ أُخرَى، فَمَثَلاً الصِّفَات reich، gewöhnt يَأتِي مَعَهَا نَفسُ حَرفِ الجَرّ "an" إِلَّا أَنَّ الحَالَةَ الإِعرَابيَّةَ تَختَلِفُ بَينَهُمَا:

- gewöhnt an etwas +**Akkusativ**	مُعتَادٌ عَلَى...
- reich an etwas +**Dativ**	غَنِيٌّ بِـ...

لَاحِظ: الِاختِلَافَ فِي الحَالَةِ الإِعرَابيَّةِ فِي المِثَالِين السَّابِقِين.

Er ist **für** seine Schlagfertigkeit **bekannt**.	مَعرُوفٌ بِأَنّهُ سَرِيعُ البَدِيهَة.
Er ist **auf** seine kleine Schwester **ärgerlich**.	سَاخِطٌ مِن أُختِهِ الصّغِيرَة.
Dieses Tuch ist **für** persönliche Verwendung **geeignet**.	هَذَا المِندِيل مُخَصَّصٌ لِلاِستِخدَامِ الشَّخصِيّ.
Warum bist du **auf** sie so **böse**.	لِمَاذَا أَنتَ مُغتَاظٌ مِنْهَا
Ich bin **zu** dieser Aufgabe **fähig**.	اَنَا قَادِرٌ عَلَى تَأدِيَةِ هَذِهِ المُهِمَّة
Ich bin **für** diese Aufgabe **geeignet**.	أَنَا مُنَاسِبٌ لِهَذِهِ المُهِمَّة
Mit Ihnen bin ich **fertig**.	أَنهَيتُ مَلَفَّك (تُقَالُ فِي الدَّوَائِرِ الرَّسمِيَّة)
Er ist **an** dieses Klima **gewöhnt**.	هُوَ مُعتَادٌ عَلَى هَذَا الجَوّ

- لَاحِظ: أَنَّ الصِّفَاتِ إِذَا ارتَبطَتْ بِحُرُوفِ جَرٍّ تَأتِي آخِرَ الجُملَة.

⇦ 5- مُرتَبِطَةً مَعَ كَلِمَاتٍ أُخرَى كَتَرَاكِيبِ ثَابِتَة:

حَيثُ تُعَدُّ ظُرُوفاً، وَلَا يُمكِنُ إِحدَاثُ أَيِّ تَغيِيرٍ فِيهَا، وَأَيُّ تَغيِيرٍ يُسقِطُ المَعنَى:

- in der Tat.	فِي الوَاقِع
- auf dem Bild(e).	فِي الصُورَة
- auf den ersten Blick.	مِنَ النَّظرَةِ الأُولَى.
- aus dem Ausland.	مِن خَارِجِ القُطر.
- an der Ecke.	عَلَى الزَّاوِيَةِ (يُستَخدَمُ لِلدَلَالَةِ عَنِ القُرب)
- auf die Dauer.	مَعَ الزَّمَن

- لَاحِظ: لَو أَبدَلنَا أَيَّ حَرفِ جَرٍّ فِي الجُمَلِ السَّابِقَةِ مَعَ حَرفٍ آخَرَ سَيَسقُطُ المعنَى.

- يُمكِنُ أَن يُكَرَّرَ حَرفُ الجَرِّ لِيُعطِي ظَرفَاً:

- nach und nach.	بِالتَّدرِيج

- وَيُمكِنُ أَن يَرِدَ حَرفُ الجَرِّ بَينَ كَلِمَتَينِ لِيُعطِي ظَرفَاً غَيرَ قَابِلٍ لِلتَغيِير:

- Stück für Stück.	تَدرِيجِيَّاً
- Schritt um Schritt.	الخُطوَةُ حَذوَ الخُطوَة
- Zug um Zug.	الحَرَكَةُ تِلوَ الأُخرَى

وَيُمكِنُ أَن يَرِدَ حَرفُ الجَرِّ قَبلَ اِسمٍ مَعطُوفٍ عَلَى اِسمٍ آخَر:

- auf Schritt und Tritt.	بِمُثَابَرَةٍ
- auf Treu und Glauben.	بِحُسنِ نِيَّة
- auf Biegen und Brechen.	بِكُلِّ السُّبُل
- an Ort und Stelle.	فِي المَكَانِ المَقصُود

18.1.0 Rektion der Präposition الحَالَاتُ الّتِي يَتطلّبُها حَرفُ الجَرّ

يُعرَبُ الإسمُ حَسَبَ الحَالَةِ الَّتِي يَتَطَلَّبُهَا حَرفُ الجَّر، وَيُوجَدُ بالأَلْمَانِيَّةِ حُرُوفُ جَرٍّ تَتطَلَّبُ النَّصبِ، وَحُرُوفُ جَرٍّ تَتطَلَّبُ الجَّر، وَحُرُوفُ جَرٍّ تَتطَلَّبُ المُضَافِ إِلَيه. أَمَّا حَالَةُ الرَّفعِ فَلَهَا حَرفُ جَرٍّ وَحِيد. وَتَتَطَلَّبُ بَعضُ الحُرُوفِ أَحيَانَاً أَكثَرَ مِن حَالَةٍ إِعرَابِيَّةٍ وَاحِدَة.

18.1.1 Präpositionen mit Akkusativ حُرُوفُ جَرّ تَتطلّبُ النّصب

وَهَذِهِ الحُرُوفُ لَا يَأتِ بَعدَهَا إِلَّا مَنصُوبَاً حَصرَاً، وَهِيَ:

bis حَتَّى	durch عَبْرَ، مِن خِلَالِ	entlang عَلَى طُولِ، طِوَالَ	für مِن أَجلِ، لِـ
gegen ضِدَّ، حَوَالِي	ohne بِدُون	um حَولَ، تَمَام	

بِالإِضَافَةِ إِلى الحَرفَينِ التَّالِيَين، وَهُمَا نَادِرَي الإِستِخدَام:

betreffend... فِيمَا يَخُصُّ...	ausgenommen... بِاستِثْنَاء...

وَسَنَتَنَاوَلُ كُلَّاً مِن هَذِهِ الحُرُوفِ حَسَبَ وَظِيفَتِه:

⇦ **1**- حَرفُ الجرِّ (حَتَّى bis)، وَيُستَخدَم:

➢ 1- تَحدِيدِ مُعطيَاتٍ زَمَنِيَّة، سَوَاءٌ كَانَت بِدَايَتُهَا مُحَدَّدَةً أَو غَيرَ مُحَدَّدَة، وَإِذَا تَمَّ تَحدِيدُ بِدَايَةِ الفَترَةِ وَنِهَايَتِهَا فَيَتِمُّ استِخدَامُ حَرفُ الجَّر (مِن von) مَعَهَا:

Bis Donnerstag ist die Seilbahn in Betrieb. القِطَارُ المُعَلَّقُ فِي الخِدمَةِ حَتَّى يَومِ الخَمِيس.
Der Laden ist **von** <u>neun</u> (morgens) **bis** <u>achtzehn</u> (abends) geöffnet. يَعمَلُ المَتجَرُ مِنَ التَّاسِعَةِ (صَبَاحَاً) حَتَّى السَّادِسَةَ (مَسَاءً).

- أَيضَاً لِتَحدِيدِ نِهَايَةِ فَترَةٍ فِي المَاضِي وَتُستَخدَمُ seit لِتَحدِيدِ بِدَايَتِهَا:

Bis 1990 hörte ich nichts von ihm. لَم أَسمَع عَنهُ شَيئًا حَتَّى 1990
Seit zwei Jahren war ich da **bis** vergangenen Sommer. كُنتُ هُنَاكَ مُنذُ سَنَتَينِ حَتَّى الصَّيفِ المُنصَرِم.

- وَاحيَانَاً تَرتَبِطُ مَعَ حُرُوفِ جَرٍّ أُخرَى، وَقَد يَدُلُّ عَلَى المَكَانِ أَوِ العَدَدِ أَيضَاً:

Ich bleibe bei euch **bis zum** Freitag / Ende des Festes. سَأَبقَى عِندَكُم **حَتَّى** يَومِ الجُّمُعَة / نَهَايَةَ الحَفل.
Ich arbeitete **bis vor** wenigen Tagen. عَمِلتُ حَتَّى الأَيَّامِ القَلِيلَةِ المَاضِيَة.
Ich arbeitete **bis gegen** / **bis um** 10 Uhr. عَمِلتُ حَتَّى حَوَالِي السَّاعَةَ العَاشِرَة / تَمَامَ السَّاعَةِ العَاشِرَة.
Gruppen **mit bis zu** 9 Schülern dürfen eintreten. يُسمَحُ للمَجمُوعَاتٍ ذَوَاتِ حَتَّى التِّسعَةِ طُلَّاب بِالدُّخُول.
Bis zu diesem Zeitpunkt werde ich dort sein. إِلَى أَن يَأتِي هَذَا التَّوقِيتُ سَأَكُونُ هُنَاكَ.
Von wann **bis** wann findet das Fest statt. مُنذُ مَتَى إِلَى مَتَى يُفتَتَحُ الحَفل.
Von morgens **bis** abends. مِنَ الصَّبَاحِ إلى المَسَاء. (كُلُّ يَومٍ مِنَ الصَّبَاحِ إِلَى المَسَاء)
Bis Bonn fahre ich mit dem Zug, dann nehme ich den Bus. سَأُسَافِرُ حَتَّى مَدِينَةِ بُون بِالقِطَار ثُمَّ سَأَستَقِلُّ البَاصَ بَعدَ ذَلِك.

- إِذَا جَاءَ قَبلَ الأَعدَادِ فَلَا يُؤَثِّرُ عَلَى حَالَةِ الِاسمِ الإِعرَابِيَّة، وَحَرفُ الجَّرِ الأَوَّلِ هُوَ مَن يُحَدِّدُهَا:

Schüler im Alter <u>**von**</u> neun <u>**bis**</u> zehn Jahre<u>**n**</u>. الطُّلَّابُ فِي عُمرِ 9-10 سَنَوَات.

- وتَأتِي مَعَ بَعْضِ الكَلِمَات، وَبِدُونِ أَدَاةِ التَّعرِيفِ مَعَ الأَسمَاء، وَتُعَدُّ الجُّملَةُ ظَرفَاً:

bis später (adv.) إِلَى وَقتٍ لَاحِق	bis morgen (adv.) إِلَى الغَد	bis Freitag (adv.) حَتَّى يَومِ الجُّمُعَة
bis dann (adv.) حَتَّى ذَلِكَ الحِين	bis dahin (adv.) حَتَّى ذَلِكَ الحِين	bis dato (adv.) حَتَّى تَارِيخِنَا هَذَا

Vom Anfang **bis** Ende (adv.). مِنَ البِدَايَةِ إِلَى النِّهَايَة

➢ 2- تَحدِيدُ مُعطيَاتٍ مَكَانِيَّة، حَيثُ يُحَدِّدُ نِهَايَةَ المَسَار:

Der Zug fährt **bis** Koblenz.	يُسَافِرُ القِطَارُ حَتَّى Koblenz

- أَحيَانَاً مَعَ حُرُوفِ جَر أُخرَى، حَيثُ يَكُونُ تَركِيبُ حَرفِ الجَرِّ ظَرفَاً:

Er ist **bis über beide Ohren** verschuldet / verliebt.	غَارِقٌ فِي الدُّيُون / فِي الحُبِّ **حَتَّى أَعلَى** أُذُنَيه.
Dieses Grundstück erstreckt sich **von hier bis dort**.	تَمتَدُّ قِطعَةُ الأَرضِ هَذِهِ مِن هُنَا إِلَى هُنَاك.
Wir bieten unseren Kunden unsere Produkte **bis zur Auslieferung** an.	نُقَدِّمُ مُنتَجَاتَنَا لِزَبَائِنِنا حَتَّى التَّوصِيل.
Er ging **<u>bis an die Grenzen</u>** seiner Leistungsfähigkeit.	بَذَلَ كُلَّ مَا بِوسعِه.
Der Taxifahrer fuhr **bis vor die Tür.**	قَدِمَ السَّائِقُ حَتَّى أَمَامِ البَاب
Der Bus fährt **bis zum Spielplatz**.	يُسَافِرُ البَاصُ حَتَّى المَلعَب
Von vorne bis hinten.	مِن الأَمَامِ إِلى الخَلف
Von Kopf bis Fuß ist er schmutzig.	مُتسخٌ من رَأسِهِ إِلَى قَدمِه.
Bis an die Grenzen des Möglichen.	إِلَى آخِرِ حُدُودِ المَعقُول

➢ 3- تَحدِيدُ مُعطيَاتٍ عَدَدِيَّة، مَع حَرفَيِّ الجَرّ zu, über:

Die Temperaturen stiegen heute **bis über 32° C**.	اِرتَفَعَتْ دَرَجَاتُ الحرارةِ اليَومَ إلى أكثرِ مِن 32 درجَةٍ مِئَوِيَّة.
Die Strecke erstreckt sich **bis zu 5 Meilen**.	يَمتَدُّ المَسَارُ إِلَى الخَمسَةِ أميَال.

- وَيَدُلُّ أَيضَاً عَلَى مَجَالٍ عَدَدِيٍّ مُعَيَّن:

Er bietet einen Betrag bis 10,000$.	يُقَدِّمُ مَبلَغَاً حَتَّى 10،000$.
Sein Handy ist **bis zu** 50 m wasserdicht.	جَوَّالُهُ مُقَاوِمٌ لِلمَاءِ حَتَّى 50 م.

➢ 4- الدَّلَالَةُ عَلَى الحُدُودِ القُصوَى، مَعَ حَرفِ الجرِّ zu:

Bis zu Äußersten.	بِأَقصَى مَا يُمكِن
Das Herz schlug mir **bis zum Halse.**	خَفَقَ قَلبِي خَفَقَاناً عَظِيماً

- وَيَأتِي أَحيَاناً مَعَ حُرُوفِ جَرٍّ أُخرَى:

Die Beschreibung ist **bis ins letzte Detail** perfekt. الوَصفُ تَامٌّ **حَتَّى** أَدَقِّ تَفصِيل.

➢ 5- الدَّلَالَةُ عَلَى الِاستِثنَاء، مَعَ حَرفِ الجرِّ auf:

Bis auf drei haben alle Teilnehmer die Aufgabe gelöst. أَنجَزَ الوَاجِبَ كُلُّ المُشَارِكِينَ بِاستِثنَاءِ ثَلَاثَة.

- وَيُستَخدَمُ أَيضَاً مَعَ حَرفِ الجرِّ auf لِغَيرِ الِاستِثنَاء:

Er gab sein Geld **bis auf den letzten Euro** aus. صَرَفَ نُقُودَهُ حَتَّى آخِرِ يورو.
Er begrüßte alle **bis auf den letzten Mann.** حَيَّا الجَّمِيعَ حَتَّى آخِرَ رَجُل.
Bis auf den heutigen Tag. حَتَّى يَومِنَا هَذَا
Er schnitt das Brett **bis auf 4 cm ab.** قَصَّ اللَّوحَ حَتَّى أَكثَرِ مِن 4 سم.

⇦ 2- حَرفُ الجرِّ (عَبرَ، مِن خِلَال durch)، وَيُستَخدَم:

➢ 1- الحَرَكَةُ عَبرَ أَو مِن خِلَالِ مَكَان، حَيثُ يَتِمُّ الدُّخُولُ مِن جَانِبِهِ الأَوَّلِ وَالخُرُوجُ مِن جَانِبِهِ الآخَر:

Ich fuhr **durch** Arabien.	سَافَرتُ عَبرَ الوَطَنِ العَرَبِيّ
Ich ging **durch** die Tür hinaus.	خَرَجتُ عَبرَ البَاب

Wir fuhren **von** Syrien **durch** Ägypten **nach** Mauretanien. سَافَرنَا مِن سُورِيَّا إِلَى مُورِيتَانيَا مُرُوراً بِمِصر.

➢ 2- إِنشَاءُ فُتحَةٍ فِي جِسم، حَيثُ تَبدَأُ مِنَ الجَانِبِ الأَوَّلِ لِتَخرُجَ مِنَ الجَانِبِ الآخَر:

Die Maschine bohrte einen Tunnel **durch** den Berg. فَتَحَتِ الآلَةُ نَفقاً عبرَ الجَبَل.
Wir bohren **durch** die Erde nach Öl. نُنَقِّبُ فِي الأَرضِ عَنِ النّفط
Er bohrt ein Loch **durch** das Brett. يَحفِرُ ثُقباً فِي الصَّفِيحِ الخَشَبِي

➢ 3- لِلتَعبِيرِ عَن أَنَّ شَيئاً يَعبُرُ مِن خِلَالِ شَيءٍ آخَرَ لَا يَحتَوِي عَلَى فُتحَة، وَيُوضَعُ الظَّرفُ hindurch بَعدَ الإِسمِ لِتَلطِيفِ المعنَى:

Man spürt **durch** die Wand **<u>hindurch</u>** die Hitze im anderen Zimmer. يُحِسُّ المَرءُ بِالحَرَارَةِ فِي الغُرفَةِ الأُخرَى مِن خِلَالِ الجِدَار.
Man hört **durch** die Wand **<u>hindurch</u>** den Ton im anderen Zimmer. يَسمَعُ المَرءُ الصّوتَ فِي الغُرفَةِ الأُخرَى مِن خِلَالِ الجِدَار.

➢ 4- الحَرَكَةُ العَشوَائِيَّةُ فِي المَكَانِ المذكُور:

Sie bummelten **durch** Kairo. تَنَزَّهُوا فِي القَاهِرَة (جَابُوا شَوَارِعَهَا).
Die Polizei sucht nach dem Täter **durch** das Dorf. تَبحَثُ الشُّرطَةُ عَنِ القَاتِلِ فِي القَريَة.

➢ 5- لِلتَعبِيرِ عَنِ الحَرَكَةِ إِلَى الأَمَامِ دَاخِلَ مَادَّةٍ أَو وَسَط:

Das Flugzeug fliegt **durch** die Luft. تَطِيرُ الطَّائِرَةُ فِي الهَوَاء
Er versucht, den Bus **durch** den Treibsand zu schieben. يُحَاوِلُ أَن يُحَرّكَ البَاصَ عَبرَ الرّمَالِ المُتَحَرّكَة.

➢ 6- لِلتَعبِيرِ عَنِ الطَّرِيقَةِ المتَّبَعَةِ لِلوُصُولِ إِلَى الهَدَف:

Durch Leibesübung stärkt man seine Muskulatur. يُقَوّي الإِنسَانُ جِهَازَهُ العَضَلِيّ بِمُمَارَسَةِ الرّيَاضَةِ البَدَنِيَّة.
Er überzeugte uns **durch** Dokumente. أَقنَعَنَا مِن خِلَالِ الوَثَائِق
Er erreichte sein Ziel **durch** Beharrlichkeit. وَصَلَ هَدَفَهُ بِالمُثَابَرَة.
Sie zerstörten dem Dorf **durch** Bomben. دَمَّرُوا المَدِينَةَ بِالقَنَابِل

➢ 7- إعطاءُ سَبَبِ الحَدَث:

Durch den Schnee ist die Straße gesperrt.	الشَّارِعُ مُغلَقٌ بِسَبَبِ الثَّلج
Durch die Versäumnis ist er durchgefallen.	رَسَبَ بِسَبَبِ التَّقصِير

مُلَاحَظَة: يُستَخدَمُ حَرفُ الجرّ durch كَظَرفٍ أَيضاً، وَأَهَمُّ استِخدَامَاتِه:

- 1- اختِصَارُ الأَفعَالِ فِي المَاضِي إِذَا كَانَت بَادِئَتُهَا durch:

durchtrennen	فَصَلَ	Die Schnur ist **durch**.	قُطِعَ الخَيط
durchlesen	قَرَأَ	Ich habe den Text **durch**.	قَرأتُ النَّص

- 2- لِلتَعبِيرِ عَنِ الزِّيَادَةِ القَلِيلَةِ عَنِ الوَقتِ المعلَن:

Wie spät ist es? Zwei Uhr **durch**.	كَمِ السَّاعَة؟ الثَّانِيَةَ وَبِضعَ دَقَائِق

- 3- إِذَا جَاءَت مُكَرَّرَةً فَتَأتِي بِمَعنَى "تَـمَامَاً، بِشَكلٍ تَامّ":

Ich bin **durch und durch** Araber.	أَنَا عَرَبِيٌّ أَبَّاً عَنْ جَدّ

⇦ 3- حَرفُ الجَرِّ (عَلَى طُول، طِوَال entlang)، وَيُستَخدَم:

➢ لِلدَلَالَةِ عَلَى أَنَّ شَيئاً يُحَاذِي شَيئاً آخَر، وَيُوضَعُ بَعدَ الإِسم (nachgestellt):

Die ganze Küste **entlang** haben viele Leute gestanden. وَقَفَ مُحَاذَاةَ الشَّاطِئِ الكَثِيرُ مِنَ النَّاس.
Die Straße **entlang** sind wir gelaufen. جَرَينَا مُحَاذَاةَ هَذا الشَّارِع
Die Straße **entlang** rumpelte die Karre. فَرقَعَتِ العَرَبَةُ طُولَ الشَّارِع

وَنَادِراً مَا يَأتِي هَذَا الحَرفُ مَعَ الـ Dativ وَالـ Genitiv، وَفِي هَذِهِ الحَالَةِ يُوضَعُ قَبلَ الإِسم مَع الـ Genitiv وَبَعدَهُ مَع الـ Dativ:

Dem Weg <u>entlang</u> bin ich gelaufen. **<u>Entlang</u> des Weges** bin ich gelaufen. مَشَيتُ طِوَالَ الشَّارِع.

وَيُستَخدَمُ أَحيَانَاً مَعَهُ حَرفُ الجرّ "an" وَلَا يَحمِلُ أَيَّ اختِلَافٍ فِي المعنَى، وَيُعرَبُ الِاسمُ حَسَبَ الحَرف "an":

Die Leute stellten sich **an der Strecke entlang** auf. انتَشَرَ النَّاسُ عَلَى طُولِ المَسَار.

⇦ 4- حَرفُ الجرِّ (مِن أَجل، لِـ für)، وَيُستَخدَمُ:

➢ 1- الدَّلَالَةُ عَلَى التَّخصِيص:

Der Kurs ist **für** die Kinder geeignet. الدَّورَةُ مُخَصَّصَةٌ لِلأَطفَال.	
Der Katalog ist **für** den neuen Fernseher.	الكُرَّاسُ لِلتِلفَازِ الجَّدِيد
Ich kaufte ein Geschenk **für** dich.	اشتَرَيتُ هَدِيَّةً مِن أَجلِك (لَك)

➢ 2- التَّعبِيرُ عَنِ التَّأيِيد (عَكسُهَا gegen):

Er arbeitet **für** seine Familie.	يَعمَلُ لِأَجلِ عَائِلَتِه
Er stimmte bei der Wahl **für** die Partei ab.	صَوَّتَ لهذا الحزب

➢ 3- الدَّلَالَةُ عَلَى السِّعر:

Er kaufte das Auto **für** 2000 Euro.	اشتَرَيتُ السَّيَّارَةَ بِـ 2000 يُورُو

➢ 4- لِلتَعبِيرِ عَنِ السَّبَب (مُرَادِفُهَا wegen):

Er wurde **für** den Gesetzesverstoß des Gesetzes bestraft. عُوقِبَ لِأَجلِ (بِسَبَبِ) مُخَالَفَةِ القَانُون.

➢ 5- التَّعبِيرُ عَنِ المقَارَنَة:

Für einen Nichtfachmann ist die Leistung sehr gut. بِالنّسبَةِ لِعَامِلٍ غَيرِ مُتَخَصّصٍ (مُقَارَنَةً مَعَ العَامِلِ المُتَخصّص) فَإِنَّ الإِنجَازَ رَائِع.
Für Winter ist es nicht kalt. بِالنّسبَةِ لِلشِتَاءِ فَالجَّوُّ لَيسَ بَارِدَاً (المُتَكَلمُ فِي فَصلِ الشّتَاء، رُغمَ ذَلِكَ فَالجَّوُّ لَيسَ بَارِدَاً).

➢ 6- تَحدِيدُ مَجَالٍ أَو فَترَةٍ زَمَنِيَّة:

Die Plätze sind **für** die ganze Nacht gebucht. المَقَاعِدُ مَحجُوزَةٌ اللَّيلَةَ كَامِلَةً.
Sein Ausweis ist **für** 5 Jahre gültig. إِقَامَتُهُ صَالِحَة لِـ 5 سَنَوَات
Wir haben Vorrat **für** das ganze Jahr. لَدَينَا مَؤُونَةٌ لِهَذَا العَامِ كَامِلاً

➢ 7- تُرَافِقُ الاِسمَ المكَرَّر، وَتُعَبِّرُ عَن عَدَمِ وُجُودِ استِثنَاءٍ:

Er arbeitete fleißig Tag **für** Tag (jeden Tag). يَعمَلُ بِنَشَاطٍ يَومِيّاً
Er lernte 5 Verse vom Koran Wort **für** Wort (jedes Wort). حَفِظَ خَمسَ آيَاتٍ مِنَ القُرآنِ حَرفِيّاً.

➢ 8- تَأتِي مُرتَبِطَةً مَعَ الأَفعَال:

Ich **halte** deine Tochter **für** klug. أَعُدُّ ابنَتَكَ ابنَةً ذَكِيَّة
Ich **sehe** die Leistung **für** revolutionär **an**. أَعُدُّ هَذَا العَمَلَ إِنجَازاً ثَورِيّاً.
Er **schämt sich** nicht **für** sein schlechtes Verhalten. لَا يَخجَلُ مِن سُلُوكِهِ السَّيِّئ.

➢ 9- تَأتِي مُرتَبِطَةً مَعَ الصِّفَاتِ، وَتَأتِي الصِّفَةُ فِي نِهَايَةِ الجُملَة:

Es wäre **für** Sie **interessant**, wenn Sie daran teilnähmen رُبَّمَا كَانَ مُنَاسِبَاً لِحَضرَتِكُم فِيمَا لَو شَارَكتُم بِهِ.
Der Chirurg ist **für** solche Operationen **zuständig**. هَذَا الطَّبِيبُ الجَرَّاحُ مَسؤُولٌ عَن عَمَلِيَّاتٍ جِراحِيَّةٍ كَهَذِه.

➢ 10- تَأتِي مُرتَبِطَةً مَعَ الأَسماء:

Er hat Vorliebe **für** diese Sprache. لَدَيهِ شَغَفٌ لِهَذِهِ اللُّغَة
Dieses Regal ist **für** Bücher. هَذَا الرَّفُّ خَاصٌّ بِالكُتُب

➢ 11- لِلدَلَالَةِ عَلَى أَنَّ شَيئاً يَصلُحُ ضِدَّ شَيءٍ آخَر، (كَـ gegen):

Er brauche Tabellen **für** Magenschmerzen. يَحتَاجُ كَبسُولَاتِ دَوَاءٍ مِن أَجلِ المَعِدَة.

⇦ 5- حَرفُ الجرِّ (gegen حَوَالِي ،ضِدّ)، وَيُستَخدَمُ:

➢ 1- الدَّلَالَةُ عَلَى الاِتِّجَاهِ المعَاكِسِ لِاتِّجَاهٍ آخَر:

Wir schwammen **gegen** den Strom.	سَبَحنَا ضِدَّ التَّيَّار
Er bewegte sich **gegen** den Windstrom.	تَحَرَّكَ ضِدَّ التَّيَّارِ الهَوَائِيّ

➢ 2- لِلتَعبِيرِ عَنِ الوَقتِ بِمَعنَى حَوَالِي:

Ich komme **gegen** 4 Uhr an.	سَأَصِلُ حَوَالِي السَّاعَةَ الرَّابِعَة
Gegen Anfang des Festes kam ich an.	وَصَلتُ عِندَ بِدءِ الحَفل
Wir fahren **gegen** Abend ab.	سَننطَلِقُ عِندَ المَسَاء

➢ 3- التَّعبِيرِ عَن مُعَارَضَةِ أَو مُضَادَدَةِ شَيءٍ مَا، بِمَعنَى "ضِدّ":

Bislang gibt es nichts, das die Menschheit **gegen** die Atomexplosionen schützt. لَا يُوجَدُ شَيءٌ حَتَّى اليَومَ يَقِي الإِنسَانِيَّةَ مِنَ الاِنفِجَارَاتِ النَّوَوِيَّة.
Islam ist **gegen** jede Art der Sklaverei. الإِسلَامُ ضِدَّ جَمِيعِ أَشكَالِ العُبُودِيَّة.
Er geht immer **gegen** den Trend. دَائِمَاً مَا يَكُونُ ضِدَّ المُيُولِ العَام

➢ 4- بِمَعنَى ضِدّ، وَتُستَخدَمُ فِي كُرَةِ القَدَم:

Das Spiel Barcelona **gegen** Madrid wurde auf später verlegt. أُجِّلَتِ اللّعبَةُ بَينَ مَدرِيد وَبَرشَلُونَة إِلى أَجَلٍ غَيرِ مُسَمَّى.

➢ 5- التَّعبِيرُ عَن عَمَلِيَّةٍ شَرطِيَّة:

Das Medikament ist nur **gegen** ärztliche Rezepte zu verkaufen. لَا يُبَاعُ هَذَا الدَّوَاءُ إِلَّا مُقَابِلَ وَصفَةٍ طِبِّيَّة.

- وَيُستَخدَمُ كَظَرفٍ أَيضَاً بِمَعنَى "حَوَالِي":

Es gibt gegen 200 Studenten Im Saal. يُوجَدُ فِي الصَّالَةِ حَوَالِي الـ 200 طَالِب.

⇦ 6- حَرفُ الجرِّ (بِدُون، بِلَا ohne)، وَيُستَخدَم:

➢ لِلتَعبيرِ عَن وُجودِ نَقصٍ، وَغَالِباً بِدُونِ أَدَاةِ تَعرِيف:

Ohne Nebenkosten bezahle ich für meine Wohnung 250 €. بِدُونِ التَّكَالِيفِ الجَّانِبِيَّةِ أَدفَعُ مُقَابِلَ آجَارِ شَقَّتِي 250 يُورُو.
Er hat sein Studium **ohne** große Mühe absolviert. أَنهَى دِرَاسَتَهُ بِدُونِ الكَثِيرِ مِنَ الجُّهدِ.
Er entschied **ohne** sorgfältige Überlegung. قَرَّرَ دُونَ تَفكِيرٍ مُعَمَّق.
Diese Produkte sind **ohne** Fett. لَا تَحتَوِي هَذِهِ المُنتَجَاتُ الدُّهُون
Dieses Auto ist **ohne** Versicherung. هَذِهِ السَّيَّارَةُ بِلَا تَأمِين
Wir kamen in der Schule **ohne** Verzögerung an. وَصَلنَا إِلَى المَدرَسَةِ دُونَ تَأَخُّر.

⇦ 7- حَرفُ الجرِّ (um)، وَيُستَخدَمُ:

➢ 1- التَّعبِيرُ عَن حَرَكَةٍ دَائِرِيَّةٍ، بِمَعنَى "حَول":

Um die Welt möchte er reisen. يُرِيدُ أَن يُسَافِرَ حَولَ العَالَم
Er fährt **um** die Kurve. يَقطَعُ المُنعَطَف
Die Satelliten kreisen ständig **um** die Erde. تَدُورُ الأَقمَارُ الإِصطِنَاعِيَّةُ بِاستِمرَارٍ حَولَ الكُرَةِ الأَرضِيَّة.

- وَتَأتِي بِالمعنَى المجَازِيِّ أَيضَاً:

Bei euch dreht sich alles **um** die Mode. كُلُّ اهتِمَامِكُم المُوضَة

- وَتَأتِي بِالمعنَى المجَازِيِّ أَيضَاً (um die Ecke) لِلدَلَالَةِ عَلَى القُرب:

Das Geschäft liegt **um** die Ecke. المَتجَرُ عَلَى الزَّاوِيةِ. [فِي الوَاقِعِ هُوَ لَيسَ عَلى الزَّاوِيَةِ وَلِكِنَّهُ تَعبِيرٌ عَن قُربِهِ]

أَحيَانَاً يُوضَعُ الظَّرفُ herum مَعَ الفِعلِ لِتَلطِيفِ المعنَى:

Er ist **um** den Garten [herum]gegangen. سَارَ حَولَ الحَدِيقَة

➢ 2- يَدُلُّ عَلَى أَنَّ شَيئاً يُحِيطُ بِشَيءٍ آخَر، بِمَعنَى "حَول":

Er hat dem Schaf eine Glocke **um** den Hals gehängt. عَلَّقَ جَرَساً عَلَى عُنقِ الخَرُوف (حَولَ عُنُقِه).	
Wir setzen uns **um** denselben Tisch.	نَجلِسُ عَلَى نَفسِ الطَّاوِلَة
Um das Haus gibt es einen Zaun.	يُوجَدُ سِيَاجٌ حَولَ المَنزِل
Um die Stadt verläuft einen Fluss.	يُوجَدُ نَهرٌ حَولَ المَدِينَة

- وَيَتِمُّ أَحيَانَاً إِضَافَةُ الظَّرفِ herum بَعدَ الِاسمِ لِتَلطِيفِ المعنَى:

Um das Haus [**herum**] gibt es einen Zaun. يُوجَدُ سِيَاجٌ حَولَ المَنزِل
Es gibt **um** den Bauernhof [**herum**] jede Menge Schafe. (1) يُوجَدُ الكَثِيرُ مِنَ الخِرَافِ حَولَ المَزرَعَة.
Es stehen **um** die Stadt [**herum**] viele Bäume. (2) يُوجَدُ الكَثِيرُ مِنَ الأَشجَارِ حَولَ المَدِينَة.

➢ 3- الدَّلَالَةُ عَلَى الحَرَكَةِ العَشوَائِيَّة، وَتَأتِي مُرتَبِطَةً بِـ sich، بِمَعنَى "حَول":

Er schaute **um** **sich**.	نَظَرَ حَولَهُ (نَظَرَ يُمنَةً وَيُسْرَة)
Er schlug stark **um** **sich**.	ضَرَبَ مَا حَولَهُ بِقُوَّة (ضَرَبَ يُمنَةً وَيُسرَة)

➢ 4- تَحدِيدُ مَوعِدٍ زَمَنِيٍّ بِدِقَّة، بِمَعنَى "فِي تَمَام":

Ich komme **um** 7 Uhr an.	سَأَصِلُ فِي تَمَامِ السَّاعَةِ السَّابِعَة
Der Bus fährt **um** sechs Uhr ab.	سَيَنطَلِقُ البَاصُ فِي تَمَامِ السَّادِسَة

➢ 5- الدَّلَالَةُ عَلَى نِهَايَةِ فَترَةٍ زَمَنِيَّة:

Die Zeit ist **um**.	انتَهَى الوَقت

➢ 6- تَدُلُّ عَلَى التَّتَابُعِ التَّدرِيجِيّ، دُونَ تَبَاطُؤٍ أَو تَلَكُّؤ:

Minute um Minute.	الدَّقِيقَةَ حَذوَ الدَّقِيقَة
Tag um Tag.	يَوماً بَعدَ يَوم
Schritt um Schritt baute er sein Vermögen auf und erhöhte sein Kapital. بَنَى ثَروَتَهُ خُطوَةً تِلوَ الأُخرَى وَعَزَّزَ رَأسَ مَالِه.	

➢ 7- تَحدِيدُ قِيمَةٍ عَدَدِيَّةٍ مُعَيَّنَة، بِمَعنَى "بِمِقدَار":

Er reduzierte die Produktion **um** die Hälfte. خَفَّضَ الإنتَاجَ لِلنِصف.
Er kürzte die Hose **um** 2 cm. قَصَّرَ البِنطَالَ بِمِقدَار 2 سم.
Er ist **um** mehr als 8 cm größer als sie. هُو أَطوَلُ مِنهَا بِأَكثَرِ مِن 8 سم.

- وَيُمكِنُ استِخدَامُ um كَالحَرفِ für مِن أَجلِ تَحدِيدِ السّعر:

Das Handy kostet **um** die 200 Euro. ثَمَنُ الجَوّالِ 200 يُورُو.

➢ 8- مُرتَبِطَةٌ بِالأَفعَالِ لِكَي يَتِمَّ مَعنَى الفِعل:

kämpfen um… يُنَاضِلُ مِن أَجل...	Er kämpft um die Freiheit / den Preis. يُنَاضِلُ مِن أَجلِ الحُرِّيَّة / مِن أَجلِ الجَّائِزَة.
bitten um… يَطلُب...	Ich bitte Sie um Verständnis. أَطلُبُ مِن حَضرَتِكُم التَّفَهُّم.

- يُمكِنُ أَحيَانَاً استِخدَامُ نَفسِ حَرفِ الجَرِّ مَعَ الاِسمِ المُشتَقِّ مِنَ الفِعلِ:

Kampf um… نِضَالٌ مِن أَجل...	Kampf **um** die Zukunft / die Freiheit. نِضَالٌ مِن أَجلِ المُستَقبَل / مِن أَجلِ الحُرِّيَّة.
Bitte um… طَلَب...	Bitte **um** Auskunft über den Flugplan. طَلَبٌ مِن أَجلِ الإستِعلَامِ عَن خِطَّةِ الرِّحلَةِ الجَوِّيَّة.

⇦ 8- حَرفَي الجَرّ (ausgenommen, betreffend)

كَمَا ذَكَرنَا سَابِقَاً أَنَّ هَذَينِ الحَرفَينِ نَادِرَيّ الاِستِخدَام:

أَوَّلَاً: الحَرفُ (بِخُصُوص، فِيمَا يَخُصُّ betreffend):

Er hat eine Frage **betreffend** die bestellte Ware. لَدَيهِ سُؤَالٌ بِخُصُوصِ البِضَاعَةِ المَطلُوبَة.
Er hat eine Beschwerde die Qualität **betreffend** eingelegt. قَدَّمَ شَكوَى بِخُصُوصِ الجَّودَة (بِسَبَبِهَا).

ثانِياً: الحَرفُ (بِاستِثناء ausgenommen):

Alle kamen, **ausgenommen** Ali.
جَاءَ الجَّمِيعُ إِلَّا عَلِيّ.

- يُستَخدَمُ أَيضَا كَحَرفِ عَطفٍ بِمَعنَى "إِلَّا إِذَا":

Wir fangen mit dem Projekt um 10:00 an, **ausgenommen** es kommt etwas Ungeplantes dazwischen.
سَنَبدأُ بِالمَشرُوعِ فِي تَمَامِ السَّاعَةِ العَاشِرَةِ، إِلَّا إِذَا حَدَثَ شَيءٌ غَيرُ مُخَطَّطٍ لَه.

18.1.2 Präpositionen mit Dativ حُرُوفُ جَرّ تَتطَلّبُ الجَرّ

حَيثُ تَرتَبِطُ هَذِهِ الحُرُوفُ مَعَ المجرُور، وَهِيَ:

ab بِدءَاً مِن	**aus** مِن	**außer** عَدَا، بِاستِثنَاء	**bei** عِندَ، لَدَى
entgegen عَكس	**entsprechend** طِبقَاً لـ	**gemäß** طِبقَاً لـ	**gegenüber** مُقَابِل
mit بـ، مَع	**nach** إلى	**nahe** بالقرب من	**seit** منذ
von مِن	**zu** إِلَى	**zufolge** طِبقَاً لـ	

وَسَنَتَنَاوَلُ كُلّاً مِن هَذِهِ الحُرُوفِ حَسَبَ وَظِيفَتِه:

⇦ 1- الحَرف (ab)، وَيُستَخدَم:

➢ 1- الدَّلَالَةِ عَلَى البِدَايَةِ الزَّمَانِيَّة:

Ab dem heutigen Tag muss sich das nicht wiederholen. لَا يَجِبُ أَن يَتَكَرَّرَ هَذا مِنَ اليَومِ فصاعداً.
Ab Juni / Mai / 2019 / heute / morgen… بِدءَاً مِن حزيران / أيار / 2019 / اليوم / غداً…
Ab nächstem / nächsten Samstag wird gefastet. سَيَبدَأُ الصِّيَامُ يَومَ السَّبتِ القَادِم.

➢ 2- الدَّلَالَةُ عَلَى البِدَايَةِ المكَانِيَّة:

Wir können **ab** Bonn weiterfahren. يُمكنُنا مُتابعَةُ السّفرِ مِن مدينَةِ بُون.
Die Polizei durchsucht die Häuser **ab** diesem Haus. سَتُفَتّشُ الشُّرطَةُ المَنَازِلَ بِدءَاً مِن هَذَا المَنزِل.

- يُمكِنُ إِضَافَتُهُ أَيضَاً إلى الظُّرُوف سَوَءاً المَكَانِيَّةِ أَو الزَّمَانِيَّة:

ab heute. بِدءاً من اليَوم	ab morgen. بِدءاً مِن يَومِ غَد
ab hier. بِدءاً من هُنا	ab da. بِدءاً مِن هُناك

⇦ 2- الحَرف (aus)، وَيُستَخدَم:

➢ 1- الدَّلَالَةُ عَلى الاِتجَاهِ مِنَ الدَّاخِلِ إلى الخَارِج:

Er stieg **aus** dem Zug / dem Bett aus.	خرج مِنَ القطار/ترك الفرَاش
Sie nimmt ein Heft **aus** der Schublade.	أَخرَجتْ دَفتَرَاً مِنَ الدُّرج
Ich bin **aus** dem Haus gegangen.	خَرَجتُ مِنَ المَنزِل

➢ 2- الدَّلَالَةُ عَلَى التَّطَوُّرِ مِن شَكلٍ لِآخَر (تَغَيُّرٍ في الحَالَة):

Man brachte die Waage **aus** dem Gleichgewicht. فَعَلَ أَحَدٌ مَا شَيئَاً مُخِلَّاً (أَخرَجَ الحَالَةَ الطَّبِيعِيَّةَ عَن طَورِهَا).
Aus seinem Sohn wurde ein Architekt. أَصبَحَ ابنُهُ مُهَندِساً مِعمَارِيَّاً.
Er erwachte **aus** tiefem Schlaf. صَحَا مِن نَومٍ عَمِيق.

➢ 3- الدَّلَالَةُ عَلَى الأَصل:

Ich komme **aus** Arabien.	أَنحَدِرُ مِن بِلَادِ العَرَب
Aus der Nähe	عَن قُرب
Das ist **aus** dem Jahre 1200.	يَعُودُ هَذَا إِلى العَام 1200
Aus 2 m Entfernung	عَن بُعدِ مِترَين

➢ 4- الدَّلَالَةُ عَلَى السَّبَبِ، وَيَأتِي بَعدَ الإِسمِ أَحيَانَاً الظَّرف heraus:

Ich spreche **aus** Überzeugung **heraus**.	أَتَكَلَّمُ عَن قَنَاعَة
Aus seiner Laune **heraus** kam er.	جَاءَ تَلبِيَةً لِمَزَاجِه
Er beging das Verbrechen **aus** diesem Grund **heraus**. اِرتَكَبَ الجَرِيمَةَ لِهَذَا السَّبَب.	

➢ 5- الدَّلَالَةُ عَلَى نَوعِ المَادَّةِ المُستَخدَمَة:

aus Eisen. مِنَ الحَدِيد	aus Holz. مِنَ الخَشَب

➢ 6- تَأتِي مُرتَبِطَةً بِالأَفعَال:

Das Leben <u>besteht</u> **aus** Gute und Böse. الحَيَاةُ فِيهَا السَّارُّ وَالمُشِين
Er <u>trat</u> **aus** dem Verein <u>aus</u>. خَرَجَ مِنَ الإتّحَاد

⇦ 3- الحَرفُ (außer)، وَيُستَخدَمُ:

➢ 1- الدَّلَالَةُ عَلَى الإستِثنَاء، وَغَالِباً يَكُونُ الإسمُ دُونَ أَدَاة:

Der Bus verkehrt jeden Tag, **außer** Freitag. يَسِيرُ البَاصُ (ذَهَاباً وَإِيَاباً) يَومِيّاً عَدَا يَوم الجّمعة.
Alle Schüler kamen, **außer** Ahmad. جَاءَ كُلُّ الطّلَابِ إِلَّا أَحمَد
Wir haben nichts **außer** Musik gehört. لَم نَسمَع شَيئَاً إِلَّا المُوسِيقَا

➢ 2- الدَّلَالَةُ عَلَى الإِضَافَةِ، وَغَالِباً يَكُونُ الإسمُ دُونَ أَدَاة:

Außer Osman kam Omar. عَدَا أَنَّهُ جَاءَ عُثمَانٌ فَقَد جَاءَ عُمَر.
Außer der USA stellt die Türkei diese Autos her. عَدَا أَنَّ أَمرِيكَا تُنتِجُ هَذِهِ السَّيَّارَاتِ فَتُركِيَّا تُنتِجُهَا أَيضاً.

➢ 3- الدَّلَالَةُ عَلَى أَنَّ شَيئَاً يَقَعُ خَارِجَ شَيءٍ آخَرَ زَمَانِيَّاً أَو مَكَانِيَّاً، أو أن يَتَحَوَّل الشَّيءُ أَوِ الشَّخصُ مِن حَالَةٍ إِلَى حَالَةٍ أُخرَى:

Der Aufzug ist **außer** Betrieb. المِصعَدُ خَارِجَ الخِدمَة
Er setzte die Sache **außer** Zweifel. أَبعَدَ الشَّكَّ عَنِ الأَمر
Die Firma arbeitet nicht **außer** der Öffnungszeiten. لَا تَعمَلُ الشَّرِكَةُ خَارِجَ أَوقَاتِ الدَّوَام.

- وَتُستَخدَمُ أَيضاً بِعِبَارَاتٍ مَجَازِيَّةٍ:

Er ist **außer** sich vor Freude. خَرَجَ عَن طَورِهِ مِن شِدّةِ السَّعادة
Er geriet **außer** sich vor Wut. خَرَجَ عَن طَورِهِ مِن شِدّةِ الغَضَب

⇦ 4- الحَرف (bei)، وَيُستَخدَم:

➢ 1- بِمَعنَى (عِندَ، لَدَى):

Mein Freund ist **bei** mir.	صَدِيقِي عِندِي
Ist es **bei** euch so üblich.	هَلْ الحَالُ طَبِيعِيٌّ عِندَكُم هَكَذَا
Sie trafen sich **bei** ihrem Freund.	تَقَابَلُوا عِندَ صَدِيقِهِم
Ich bin jetzt **bei** der Demonstration.	أَنَا حَالِيَّاً فِي المُظَاهَرَة
Sie war **bei** der Hochzeit.	كَانَت فِي حَفلِ الزَّفَاف
Er nimmt sein Kind **bei** der Hand.	يَأخُذُ بِيَدِ طِفلِه
Diese Schuld liegt nicht **bei** mir.	لَا يَقَعُ هَذَا الذَّنبُ عَلَى عَاتِقِي
Er arbeitet **bei** Microsoft.	يَعمَلُ لَدَى شَرِكَةِ مَايكرُوسُوفت
Wie ist es **bei** dir?	كَيفَ تَسِيرُ الأُمُورُ مَعَك؟
Er hat **bei** den Streitkräften gedient.	خَدَمَ فِي القُوَّاتِ المُسَلَّحَة؟
Sie sieht aus, wie die Hexe **bei** "The Old Witch". تَبدُو كَالسَّاحِرَة فِي قِصَّة "The Old Witch".	

- وَتُستَخدَمُ أَيضَاً بِالمَعنَى المَجَازِيّ:

Bei dir blitzt es. (تُقَالُ عِندَمَا تَظهَرُ المَلَابِسُ الدَّاخِلِيَّةُ لِلشَّخص).

➢ 2- الدَّلَالَةُ عَلَى الأَعدَاد:

Der Betrag liegt **bei** ca. 200 Euro.	يَبلُغُ المَبلَغُ حَوَالِي 200 يُورُو
Das Gewicht liegt **bei** ca. 2 Tonnen.	يَبلُغُ الوَزنُ حَوَالِي 2 طُن
Die Temperatur lag gestern **bei** ca. 2 °C. كَانَت دَرَجَةُ حَرَارَةِ البَارِحَة حَوَالِي 2 س°	

➢ 3- الدَّلَالَةُ عَلَى نُقطَةٍ زَمَنِيَّة:

Vorsicht bitte **bei** der Landung! يُرجَى أَخذُ الحَذَرِ عِندَ الهُبُوط!

Bei der Abholung der Kinder.	عِندَ جَلبِ الأَطفَال
Bei seinem Tod sagte er…	قَالَ عِندَ مَوتِه...

➢ 4- الدَّلَالَةُ عَلَى الوَضعِ أَوِ الحَالَة:

Er war **bei** vollem Bewusstsein.	كَانَ فِي حَالَةِ وَعيِهِ الكَامِل
Er war damals **bei** guter Laune.	كَانَ وَقتَهَا بِمَزَاجٍ جَيِّد
Ein Angriff wurde **bei** Tageslicht ausgeführt. تَمَّ الاِعتِدَاءُ فِي وَضحِ النَّهَار.	

⇦ 5- الحَرف (entgegen)، وَيُستَخدَمُ:

➢ للدَلَالَةِ عَلَى العَكسِ، بِمَعنَى (عَكس)، وَغَالِباً مَا يَقَعُ بَعدَ الِاسم:

Entgegen allen Erwartungen.	بِعَكسِ كُلِّ التَّوَقُّعَات
Rotation dem Uhrzeiger **entgegen**. دَوَرَانٌ بِعَكسِ اتِّجَاهِ عَقَارِبِ السَّاعَة.	
Das Ergebnis war **entgegen** dem, was er vermutet hatte. كَانَتِ النَّتِيجَةُ بِعَكسِ مَا تَوَقَّعَ تَمَاماً.	

⇦ 6- الحُرُوفُ (entsprechend, gemäß, zufolge):

➢ تُستَخدَمُ هَذِهِ الحُرُوفُ نَفسَ الِاستِخدَامِ تَمَاماً بِمَعنَى "تِبعَاً لِـ"، وَتَقَعُ بَعدَ الِاسمِ أَو قَبلَه:

Dem Testament **entsprechend /gemäß /zufolge** erben alle Töchter. سَيَرِثُ حَسَبَ الوَصِيَّةِ جَمِيعُ البَنَات.	
Er verhielt sich **entsprechend/ gemäß/ zufolge** den Anstandsregeln.	تَصَرَّفَ حَسَبَ آدابِ السُّلُوك

⇦ 7- الحَرف (gegenüber)، وَيُستَخدَم:

➢ 1- الدَّلَالَةُ المَكَانِيَّة، وَيُوضَعُ بَعدَ الِاسمِ، بِمَعنَى "مُقَابِل":

Dem Restaurant **gegenüber** gibt es eine Bibliothek. يُوجَدُ مَكتَبَةٌ مُقَابِلَ المَطعَم.	
Die Schule steht unserem Haus **gegenüber**. تَقَعُ المَدرَسَةُ مُقَابِلَ بَيتِنَا.	

➢ 2- الدَّلَالَةِ عَلَى عَلَاقَةٍ بَينَ شَيئَينِ أَو شَخصَين، بِمَعنَى "بِالنِّسبَةِ لِـ"

Er verhält sich seinem Lehrer **gegenüber** höflich. يَسلُكُ سُلُوكاً مُؤَدَّباً جِدّاً تِجَاهَ مُعَلّمِه.
Seiner Frau **gegenüber** wagt er so etwas nicht zu sagen. لَا يَتَجَرَّأُ أَن يَقُولَ شَيئَاً كَهَذَا أَمَامَ زَوجَتِه.

➢ 3- الدَّلَالَةِ عَلَى المُقَارَنَة، بِمَعنَى "بِالنِّسبَةِ لِـ":

Er trainiert den vergangenen Tagen **gegenüber** mehr. يَتَدَرَّبُ بِشَكلٍ أَكثَرَ مُقَارَنَةً مَع الأَيَّامِ السَّابِقَة.
Er verdient **gegenüber** seinem letzten Job viel mehr. يَكسَبُ أَكثَرَ بِكَثِيرٍ مُقَارَنَةً مَعَ عَمَلِهِ السَّابِق.

⇦ 8- الحَرف (mit)، ويستخدم:

➢ 1- الدَّلَالَةُ عَلَى الِاشتِرَاكِ مَعَ شَخصٍ آخَر، بِمَعنَى "مَع":

Sie waren **mit** uns unterwegs.	كَانُوا مَعَنَا عَلَى الطَّرِيق
Er will **mit** uns arbeiten.	يُرِيدُ أَن يَعمَلَ مَعَنَا

➢ 2- الدَّلَالَةُ على عَمَلِيَّةٍ تَبَادُلِيَّة، بِمَعنَى "مَع":

Er besprach das Thema **mit** seiner Frau. نَاقَشَ المَوضُوعَ مَعَ زَوجَتِه:
Der Schüler stritt **mit** seinem Kollegen. تَشَاجَرَ التِّلمِيذُ مَعَ زَمِيله

وَيَجُوزُ فِي هَذِهِ الحَالَةِ أَن يَتَّصِلَ الحَرفُ بِالضَّمِير "einander":

Die Schüler stritten **miteinander**. تَشَاجَرَ الطُّلَّابُ مَع بَعضِهِمُ البَعض.

➢ 3- الدَّلَالَةِ على التَّبَعِيَّةِ بَينَ شَيئَين، بِمَعنَى "مَع"، وَغَالِبَاً بِدُونِ أَدَاة:

Eine Wohnung **mit** Balkon.	شَقَّةٌ ذَاتُ شُرفَة
Ein Haus **mit** Garten.	مَنزِلٌ ذُو حَدِيقَة
Süßigkeiten **mit** Geschmack.	حَلوِيَّاتٌ ذَاتُ طَعمٍ (لَذِيذَة)
Er tat es **mit** Absicht.	فَعَلَهَا عَن قَصد

➢ 4- الدَّلَالَةُ عَلَى الإِضَافَةِ، بِمَعنَى "مَعَ":

Mit mir waren wir 10 Schüler.	كُنَّا 10 طُلَّاب
Die Summe beträgt 30 € **mit** Rabatt. يَبلُغُ المَبلَغُ 20 يُورُو مَعَ الخَصم.	

➢ 5- الدَّلَالَةُ عَلَى أَنَّ شَيئاً يَحتَوِي شَيئاً آخر، بِمَعنَى "مَعَ":

Ein Kasten **mit** Werkzeugen.	صُندُوقٌ فِيهِ أَدَوَات
Eine Tasse **mit** Kaffee.	فُنجَانٌ مِنَ قَهوَة

➢ 6- الدَّلَالَةُ عَلَى المادَّةِ أَوِ الطَّرِيقَةِ المُستَخدَمَة، بِمَعنَى "عَن طَرِيق":

Er fährt **mit** dem Auto / Zug / Flugzeug. يُسَافِرُ بِالسَّيَّارَةِ / بِالقِطَار / بِالطَّائِرَة.	
Er bezahlte **mit** der Bankkarte.	دَفَعَ عَن طَرِيقِ بِطَاقَةِ البَنك
Er kocht alles **mit** Fett.	يَطبُخُ كُلَّ شَيءٍ بِالسَّمن

➢ 7- الدَّلَالَةُ عَلَى التَّقَاطُعِ الزَّمَنِيِّ بَينَ حَدَثَينِ زَمَنِيَّين:

Mit 10 Jahren hat er an diesem Kurs teilgenommen. شَارَكَ فِي الدَّورَةِ الدِّرَاسِيَّةِ هَذِهِ عِندَمَا كَانَ فِي سنّ العَاشِرَة.

⇦ 9- الحَرف (nahe)، بِمَعنَى " بِالقُربِ مِن":

Er wohnt **nahe** der Kirche/Moschee.	يَسكُنُ قُربَ الكَنِيسَةِ/المَسجِد
Er arbeitet **nahe** dem Bahnhof.	يَعمَلُ بِالقُربِ مِن مَحَطَّةِ القِطَار

⇦ 10- الحَرف (nach)، وَيُستَخدَمُ:

➢ 1- الدَّلَالَةُ عَلَى التَّتَابُعِ الزَّمَنِيِّ بَينَ حَدَثَينِ حَدَثَا فِي المَاضِي:

Schon wenige Jahre **nach** dem Geschehnis hat die Polizei das Verbrechen aufgedeckt. اِكتَشَفَتِ الشُّرطَةُ الجَرِيمَةَ بَعدَ الحَادِثَةِ بِسِنِينٍ قَلِيلَةٍ.
Nach dem Streit haben die Kinder sich bald versöhnt. اِصطَلَحَ الأَطفَالُ بَعدَ عِرَاكٍ حَدَثَ بَينَهُم.

➢ 2- لِلمُسَاعَدَةِ فِي الدَّلَالَةِ عَلَى التَّوقِيتِ، وَعَكسُهَا (vor):

Gut, dann versammeln wir uns um zehn **nach** fünf am Teich. حَسَنٌ، فَلنَتَجَمَّعْ عِندَ البِركَةِ فِي تَمَامِ السَّاعَةِ الخَامِسَةِ وَعَشرِ دَقَائِق.
- Wie viel Uhr ist es jetzt? / wie spät ist es jetzt? - Gleich drei **nach** halb fünf (04:33). - كَمِ السَّاعَةُ الآن؟ - أَربَعَةٌ وَثَلَاثٌ وَثَلَاثُون دَقِيقَة.

➢ 3- الدَّلَالَةُ عَلَى التَّغَيُّرِ فِي الاِتِّجَاهِ:

Von links **nach** rechts. مِنَ اليَسَارِ إِلَى اليَمِينِ.	Von rechts **nach** links. مِنَ اليَمِينِ إِلَى اليَسَار.
Von unten **nach** oben. مِنَ الأَسفَلِ إِلَى الأَعلَى.	Von Oben **nach** unten مِنَ الأَعلَى إِلَى الأَسفَل.
Von hinten **nach** vorne. مِنَ الخَلفِ إِلَى الأَمَامِ.	Von vorne **nach** hinten. مِنَ الأَمَامِ إِلَى الخَلفِ.

➢ 4- الاِنتِقَالُ مِن مَكَانٍ إِلَى مَكَانٍ آخَر:

Von Süd **nach** West sollten sich die Matrosen drehen. تَوَجَّبَ عَلَى البَحَّارَةِ أَن يُغَيِّرُوا اِتِّجَاهَهُم مِنَ الجَنُوبِ إِلَى الغَربِ.
Von der Schule **nach** Hause kommen die Schüler um 12:30. يَنطَلِقُ الطُّلَّابُ مِنَ المَدرَسَةِ إِلَى المَنزِلِ فِي تَمَامِ السَّاعَةِ الثَّانِيَةَ عَشَرَ وَنِصف.
Von Deutschland **nach** Arabien reisen wir in Urlaub. سَنُسَافِرُ مِن أَلمَانيَا إِلَى بِلَادِ العَرَبِ فِي إِجَازَةٍ.

➢ 5- الدَّلَالَةُ عَلَى تَنَاسُقٍ عَدَدِيٍّ ذُو تَرتِيبٍ تَتَابُعِيٍّ مُتَسَلسِل:

Die Polizei untersuchte die Straße **nach** dem dritten Haus. فَتَّشَتِ الشُّرطَةُ الشَّارِعَ بِدءاً مِن بَعدِ البَيتِ الثَّالِث.
Nach dem vierten Gebäude kommt ein großer Pistazienbaum - bei dem sollst du dich links abbiegen. بَعدَ المَبنَى الرَّابِعِ يُوجَدُ شَجَرَةُ فُستُقٍ حَلَبِيّ كَبِيرَةٍ وَيَجِبُ عَلَيكَ أَن تَنعَطِفَ عِندَهَا نَحوَ اليَسَارِ.

Wir waren die Letzten in der Schlange – keiner mehr kam **nach** uns. كُنَّا الآخَرِينَ فِي دَورِ الاِنتِظَارِ وَلَم يَأتِ أَحَدٌ بَعدَنَا.

➢ 6- الدَّلَالَةُ عَلَى الإِسنَادِ بِمَعنَى "حَسَبَ"، مُرَادِفَاتُهَا "zufolge gemäß":

Augenzeugenberichten **nach** ist er nicht der Einbrecher. حَسَبَ شُهُودِ عَيَانٍ فَهُوَ لَيسَ اللِّصَّ.
Nach den ersten Ergebnissen wird uns das Experiment gelingen. حَسَبَ النَّتَائِجِ الأَوَّلِيَّةِ فَسَوفَ تَنجَحُ التَّجرُبَةِ.
Wir sollen genau **nach** den Anweisungen von unserem Vater vorgehen. يَجِبُ عَلَينَا أَن نَتَصَرَّفَ بِمَا يَتَّفِقُ تَمَاماً مَعَ تَعَالِيمِ أَبِينَا.
Nach den islamischen Richtlinien sollte man sich nicht auf der Seite anlehnen, während die anderen sitzen. لَا يَنبَغِي عَلَى المَرءِ حَسَبَ تَعَالِيمِ الإِسلَامِ أَن يَتَّكِئَ مُضطَجِعاً عَلَى جَنبِهِ بَينَمَا الآخَرُونَ جَالِسُون.
Meiner Meinung **nach** könnte er recht haben. حَسَبَ رَأيِي لَرُبَّمَا كَانَ عَلَى صَوَابٍ.
Aller Wahrscheinlichkeit **nach** wird sich das Gerücht verbreiten und den Anlass zu einem Skandal geben. عَلَى الغَالِبِ أَنَّ الإِشَاعَةَ سَوفَ تَنتَشِرُ وَتُسَبِّبُ فَضِيحَةً.
Seinem Aussehen nach würde ich ihn für einen Araber halten. حَسَبَ مَظهَرِهِ أَعتَقِدُ أَنَّهُ عَرَبِيٌّ.
Ihrem Benehmen **nach** sind sie zur Höflichkeit und Tugend erzogen. حَسَبَ سُلُوكِهِم فَهُم مُرَبَّونَ عَلَى الفَضِيلَةِ وَأُصُولِ الأَدَبِ الحَمِيدَةِ.

➢ 7- مُرتَبِطاً بِأَسمَاءٍ وَأَفعَالٍ:

Der Minister strebt **nach** Macht und Reichtum. يَسعَى الوَزِيرُ إِلَى السُّلطَةِ وَالثَّروَةِ.

Die Suche **nach** Wahrheit / **nach** Kunden. البَحثُ عَنِ الحَقِيقَةِ / عَن زَبَائِنٍ.
Die Frau sehnt sich **nach** ihrem Mann. تَهفُو الزَّوجَةُ إِلَى زَوجِهَا (تَشتَاقُ إِلَيهِ).
Er trachtet nicht **nach** Reichtum und Macht, sondern **nach** Ruhm und Ehre. يَسعَى جَاهِداً إِلَى المَجدِ وَالشَّرَفِ وَلَيسَ السُّلطَةِ وَالمَال.

⇦ 11- الحَرف (seit)، وَيُستَخدَمُ لِلدَّلَالَةِ الزَّمَانِيَّةِ بِمَعنَى "مُنذُ":

Seit Kurzem / Langem.	مُنذُ وَقتٍ قَصِير / مُنذُ وَقتٍ طَوِيل
Seit wann seid ihr hier?	مُنذُ مَتَى أَنتُم هُنَا؟
Seit Wochen / Tagen / Jahren / Monaten. مُنذُ أَسَابِيع / أَيَّام / سِنِين / أَشهُر.	

⇦ 12- الحَرف (von)، وَيُستَخدَمُ:

➢ 1- لِلدَّلَالَةِ المَكَانِيَّة:

Von hier / vorn(e) / hinten / links / Westen / fern(e). مِن هُنَا / الأَمَام / الخَلف / اليَسَار / الغَرب / بَعِيد.	
Von woher stammen Sie?	من أين تَنتَسِبُ / تَنحَدِرُ حَضرَتُك؟
Von hier bis zum Garten.	مِن هُنَا إِلَى الحَدِيقَة

- وَتَرتَبِطُ مَعَ aus عَلَى الشَّكل (von…aus…):

<u>Von</u> Koblenz **<u>aus</u>** fährt man über Bacharach. مِن مَدِينَةِ Koblenz يُسَافِرُ المَرءُ عَبرَ مَدِينَةِ Bacharach.
<u>Von</u> diesem Balkon **<u>aus</u>** gibt es einen schönen Blick. يُوجَدُ مِن هَذِهِ الشُّرفَةِ إِطلَالَةٌ رَائِعَة.
Ihre Tochter ist **<u>von</u>** Natur **<u>aus</u>** talentiert. ابنَتُهُم مَوهُوبَةٌ بِطَبِيعَتِهَا.

➢ 2- لِلدَّلَالَةِ عَلَى فَصلِ شَيءٍ مِن شَيءٍ آخَر:

Er gab das Essen **von** sich.	أَخرَجَ الطَّعَامَ مِن نَفسِه (تَقَيَّأَ)

Sie nahm das Kleid **von** der Wäscheleine.	أَخَذَتِ الفُستَانَ مِنَ الحَبل
Er gibt eine laute Stimme **von** sich.	يُحدِثُ صَوتاً صَاخِباً.

➢ 3- لِلدَّلَالَةِ عَلَى مُعطَيَاتٍ زَمَنِيَّة:

Der Kuchen ist **von** gestern.	الكَعكَةُ مِنَ البَارِحَة (صُنِعَت البَارِحَة)
Ich kenne sie **von** früher.	أَعرِفُهَا مِن قَبل

- وَيَأتِي مُرتَبِطَاً أَيضاً بِحُرُوفٍ أَو عِبَارَاتٍ أُخرَى لِتُعطِي ظُرُوفاً:

Von Dienstag **bis** Freitag.	من الثّلاثاءِ إلى الجُّمُعَة
Von Jahr **zu** Jahr.	مِن عَامٍ لِآخَر
Von <u>nun **an** / **von** heute</u> **an** sollst du das nicht machen, nur da deine Frau es mag. يَنبَغِي عَلَيكَ مِنَ الآنَ / اليَومِ فَصَاعِداً أَلَّا تَفعَلَ هَذَا. فَقَط لِأَنَّ زَوجَتَكَ تُحَبِّذُه.	

➢ 4- كَبَدِيلٍ عَنِ المُضَافِ إِلَيه:

Keines **von** den Autos gefiel mir. لَم تُعجِبنِ أَيَّةُ سَيَّارَةٍ مِن هَذِهِ السَّيَّارَات.	
Einer **von** euch muss kommen.	يَجِبُ أَن يأتِيَ وَاحِدٌ مِنكُم
Er ist ein Vater **von** 4 Kinder.	هُوَ أَبٌّ لِأَربَعَةِ أَطفَال
Ich wohne in der Gegend **von** Bonn.	أَسكُنُ بِالقُرب من Bonn
Sie ist Bäckerin **von** Beruf.	هِيَ صَانِعَةُ خُبز
Der Himmel ist **von** Sternen bedeckt.	السَّمَاءُ مُرَصَّعَةٌ بِالنُّجُوم

- وَتُستَخدَمُ بِعدَ حُرُوفِ الجرِّ الخَاصَّةِ بِالمُضَافِ إِلَيه:

<u>Außerhalb</u> **von** dieser Gegend.	خَارِجُ هَذِهِ المَنطِقَة
<u>Infolge</u> **von** vielen Schwierigkeiten.	بِسَبَبِ الكَثِيرِ مِنَ الصُّعُوبَات
Ich wohne innerhalb **von** Kairo.	أَسكُنُ فِي نِطَاقِ مَدِينَةِ القَاهِرَة

➢ 5- للدَّلَالَةُ عَلَى السَّبَب مِن خِلَالِ تَسمِيَةِ الفَاعِل:

Er wurde **von** dem kalten Wetter krank. مَرَضٌ بِسَبَبِ الطَّقسِ البَارِد.	

Er ist zufrieden mit der Leistung **von** seinem Sohn. هُوَ سَعِيدٌ لِإنجَازِ ابنِهِ.
Das Kind ist **von** den Sonnenstrahlen gebräunt. الطّفلُ مُسمَرٌّ مِن أَشِعَّةِ الشَّمس.

➢ 6- لِلدَلَالَةِ عَلَى الفَاعِلِ الأَسَاسِيِّ فِي حَالَةِ المبنِي لِلمَجهُول:

Sie wurde **von** ihrem Vater geliebt. أُحِبَّت مِن قِبَلِ أَبِيهَا (أَحَبَّهَا أَبُوهَا).
Der streitsüchtige Schüler wurde **von** dem Lehrer gemahnt. أُنذِرَ الطَّالِبُ المُشَاكِسُ مِن قِبَلِ المُعَلّم.
Dieses Geschenk wurde **von** seinem Freund zu seiner Hochzeit zugeschickt. أُرسِلَتِ إِلَيهِ هَذِهِ الهَدِيَّةُ مِن قِبَلِ صَدِيقِه بِمُنَاسَبَةِ زَوَاجِه.

➢ 7- لِلدَلَالَةِ عَلَى نَوعِ المادَّةِ المستَخدَمَةِ، وتَنُوبُ عَنِ المضَافِ إِلَيه:

Ein Strauß **von** Blumen.	بَاقَةُ وَرد
Eine Unze **von** Gold.	أُونصَةُ ذَهَب

➢ 8- لِلدَلَالَةِ عَلَى الخَصَائِصِ، تَنُوبُ عَنِ المضَافِ إِلَيه:

Eine Frage **von** Wichtigkeit.	قَضِيَّةٌ ذَاتُ أَهَمِّيَّةٍ كَبِيرَة
Sie ist eine Frau **von** verführerischem Reiz. هِيَ سَيِّدةٌ ذَاتُ جَمالٍ أَخَّاذ.	

➢ 9- لِلدَلَالَةِ عَلَى الأَسعَارِ وَالأَحجَامِ وَالمَسَافَات:

Die Preise reichen **von** 200 € bis 1000 €. الأَسعَارُ مِن 200 € حتى 1000 €.	
Ein Dorf **von** 4000 Einwohnern.	قَريَةٌ ذَاتُ 4000 قَاطِن
Ich kaufte ein Schaf **von** 19 Kilo.	اشتَرَيتُ خَرُوفاً بِوَزنِ 19 كِيلُو
Eine Strecke **von** 6 Kilometern.	مَسَارٌ ذُو 6 كِيلُومتر.

➢ 10- لِلدَلَالَةِ عَلَى أَسمَاءِ المؤَلِّفِين:

Grammatikbände des Arabischen **von** Sibaweeh. مُجَلَّدَاتُ قَوَاعِدِ اللُّغَةِ العَرَبِيَّةِ لِسِيبَوِيه.
Das Buch "Anfang und Ende" **von** "Ibn Kathier" besteht aus 21 Bänden. يَتَكَوَّنُ كِتَابُ البِدَايَةُ وَالنِهَايَةُ لِابنِ كَثِيرٍ مِن وَاحِدٍ وَعِشرِينَ مُجَلَّد.

⇦ 13- الحَرف (zu)، وَيُستَخدَمُ:

➢ 1- الحَرَكَةُ بِاتِّجَاهِ هَدَفٍ مُعَيَّن:

Die Arbeiter gehen täglich **zu** der Arbeit. يَذهَبُ العُمَّالُ إلى العَمَلِ يَومِيَّاً.	
Die Schüler gehen **zu** der Schule.	يَذهَبُ الطُّلَّابُ إلى المَدرَسَة
Sie wendet sich **zu** Ihrem Kind.	أَدَارَت نَفسَهَا إِلَى طِفلِهَا
Er bat seine Freunde **zu** sich.	طَلَبَ مِن أَصدِقَائِهِ أَن يَأتُوه

- وَيُستَخدَمُ أَحيَانَاً الحرفُ zu فِي اللُّغَةِ الرَّسمِيَّةِ بَدَلَاً مِن بَعضِ التَّعَابِيرِ العَامِّيَّة:

"gehoben" اللُّغَةُ الرَّسمِيَّة	"umgangssprachlich" اللُّغَةُ العَامِّيَّة
Er stürzt <u>**zu**</u> Boden سَقَطَ عَلَى الأَرض.	Er fällt hin. سَقَطَ عَلَى الأَرض.
Er ging <u>**zu**</u> Bett. ذَهَبَ إِلى السَّرِير.	Er ging ins Bett. ذَهَبَ إِلى السَّرِير.

➢ 2- بِمَعنى "مِن أَجل":

Zu dem Kuchen gibt es kein Messer. لَا يُوجَدُ سِكِّينٌ مِن أَجلِ الكَعكَة.
Diese Rede passt nicht **zu** unserem Thema. لَا يُنَاسِبُ هَذَا الخِطَابُ مَوضُوعَنَا.

➢ 3- الدَّلَالَةُ المكَانِيَّةُ أَوِ الوَظِيفِيَّةُ لِشَيءٍ أو حَالَة:

Zu beiden Seiten der Karte. جَانِبَيّ البِطَاقَة.

Dieser blaue Schal macht sich sehr hübsch **zu** diesem Kleid. يُنَاسِبُ الوِشَاحُ الأَزرَقُ هَذَا الفُستَانَ بِشَكلٍ جَيِّدٍ.
Zuerst fand ich die Tür nicht **zu** dem Vorlesungssaal. لَم أَجِد فِي بَادِئِ الأَمرِ البَابَ المُؤدّيَ إِلى قَاعَةِ المُحَاضَرَات.
Diese Stadt ist **zu** Lande und **zu** Wasser zu erreichen. يُمكِنُ الوُصُولُ إِلَى هَذِهِ المَدِينَةِ بَرّاً وَبَحرَاً.

➢ 4- الدَّلَالَةُ الزَّمَانِيَّة، بِتَحدِيدِ مَوعِدٍ أَو فَترَةٍ مُعَيَّنَة:

Zu Beginn des Monates wurde er eingestellt. عُيِّنَ مُوَظَّفَاً مِن بِدَايَةِ هَذَا الشَّهر.
Zu meiner Zeit war es anders/schöner/besser/schlechter... فِي زَمَانِي كَانَ هَذَا ذُو شَكلٍ مُختَلِف/أجمل/أفضل/ أسوأ...
Die Vorschriften treten **zum** (am) 15. März in Kraft. سَيَبدَأُ تَطبِيقُ القَوَانِينِ فِي الخَامِسِ عَشَرَ مِن شَهرِ مَاي بِالقُوَّةِ القَانُونِيَّة.
Zu Anfang der nächsten Woche komme ich. سَوفَ آتِي فِي بِدَايَةِ الأُسبُوعِ القَادِم.

➢ 5- الدَّلَالَةُ عَلَى الطَّرِيقَةِ أَوِ الأُسلُوب:

Er ist **zu** Fuß / **zu** Pferd gekommen. جَاءَ سَيرَاً عَلَى الأَقدَام / عَلَى الحِصَان.
Transport **zu** Lande / **zu** Wasser / durch die Luft. الشَّحْنُ بَرَّاً / بَحرَاً / جَوّاً.
Was ist Ihre Ansicht **zu** dem Thema? مَا وِجهَةُ نَظَرِ حَضرَتِكُم لِهَذَا المَوضُوع؟

➢ 6- الدَّلَالَةُ عَلَى النَّتَائِج:

Das Fußballspiel endete 3 **zu** 1. انتَهَتِ المُبَارَاةُ بِنَتِيجَة 3،1.
Ein Spiel 3 **zu** 0 ist mir peinlich. إِنَّهُ لَمِنَ المُخزِي بِالنِّسبَةِ لِي أَن تَكُونَ نَتِيجَةُ اللّعبَةِ (3 ، 0).

➢ 7- الدَّلَالَةُ عَلَى سَبَبِ حُدُوثِ الفِعل:

Er schenkte ihr ein Parfumflakon **zu** Weihnachten. أَهدَاهَا قِنّيَّةَ عِطرٍ بِمُنَاسَبَةِ عِيدِ رَأسِ السَّنَة.
Er ist **zu** einer Behandlung nach Arabien gefahren. سَافَرَ إِلى بِلَادِ العَرَبِ لِغَرَضِ العِلَاج.
Die Armeen rüsteten sich **zu** einem brutalen Krieg. تَحَضَّرَتِ الجُّيُوشُ لِحَربٍ شَعوَاء (ضَرُوس).

➢ 8- الدَّلَالَةُ عَلَى التَّغيير:

Er machte die Früchte **zu** Brei. عَصَرَ الفَاكِهَة.
Das neue Auto machte ihn **zu** seiner großen Freude. أَفرَحَتهُ السَّيَّارَة الجَّدِيدَةُ كَثِيراً.

➢ 9- تَأتِي مُرتَبِطَةً مَعَ أَفعَالٍ أو أَسمَاء:

Der Professor hat viele argumentative Beispiele **zum** Vortrag gebracht. أَيَّدَ الأُستَاذُ الجَّامِعِيُّ المُحَاضَرَةَ بِالكَثِيرِ مِنَ الأَمثِلَةِ ذَاتِ البُرهَانِ العَمِيق.
Er lud uns **zum** Fest ein. دَعَانَا إِلَى الحَفل.
Er gehört **zu** dieser Gruppe. يَنتَمِي إِلَى هَذِهِ المَجمُوعَة.
Die Täuschung veranlasst **zu** der Kapitulation des Feindes. أَدَّى التَّضلِيلُ إِلَى استِسلَامِ العَدُوّ.

18.1.3 Präpositionen mit Akkusativ und Dativ
حُرُوفُ جَرّ تَتَطلّبُ حَالَتَينِ إعرَابِيَّتَين (المَنصُوبُ وَالمَجرُور)

تَتَطَلَّبُ هَذِهِ الحُرُوفُ تَارةً مَنصُوباً وَتَارةً أُخرَى مَجرُوراً، وَهِيَ تِسعَةُ حُرُوف:

über فَوق	vor قَبل، أَمَام	auf عَلَى، إِلى	an بِجَانِب، إِلَى	in فِي، إِلى
--	zwischen بَينَ	neben بِجَانِب	hinter خَلف	unter تَحت

- لَاحِظ أَنَّ الحُرُوف (in, an ,auf) تَأتِي بِمَعنَى "إِلَى"، وَذَلِكَ مَع الأَفعَالِ الحَرَكِيَّة:

Er muss **auf** die Toilette gehen.	يَجِبُ أَن يَذهَبَ إِلَى بَيتِ الخَلَاء
Sie geht **in** die Schule.	تَذهَبُ إِلَى المَدرَسَة
Er ging **an** die Küste.	ذَهَبَ إِلَى الشَّاطِئ

- يُمكِنُ التَّمييزُ فِي هَذِهِ الحَالَةِ فِيمَا إِذَا كَانَ الاِسمُ بَعدَ حَرفِ الجَرِّ فِي حَالِ المَنصُوبِ أَم فِي حَالَ المجرُورِ مِن خِلَالِ الفِعلِ فِي جَمِيعِ أَزمِنَتِهِ (مَاضِي، حَاضِر، مُستَقبَل) ، كَالتَّالِي:

▪ يَكُونُ الاِسمُ بَعدَ حُرُوفِ الجَرّ هَذِهِ مَنصُوباً إِذَا تَحَقَّقَ الشَّرطَانِ التَّالِيَان:

☪ 1- إِذَا دَلَّ الفِعلُ عَلَى حَرَكَةٍ وَانتِقَال، مِثل: (gehen, laufen, rennen…)، وَيُسأَلُ عَنِ أَفعَالِ الحَرَكَةِ هَذِهِ بِـ (إِلَى أَين؟ wohin?). مِثَال:

Wohin geht er? - Er geht in den Zoo. - إِلَى أَينَ سَيَذهَب؟ - سَيَذهَبُ إِلَى حَدِيقَةِ الحَيَوَانَات.

أَمَّا الأَفعَالُ الَّتِي تَدُلُّ عَلَى حَرَكَةٍ دُونَ انتِقَالٍ فَيَكُونُ الاِسمُ بَعدَ حَرفِ الجَرّ المرتَبِطِ بِهَا فِي حَالَةِ الجَرّ وَلَيسَ النَّصب، مِثل (spielen, arbeiten…) فَمَثَلاً يُعَدُّ اللَّعِبُ فِعلاً حَرَكِيّاً وَلَكِن يُمكِنُ أَن يَكُونَ دُونَ انتِقَال.

Die Kinder spielen **vor** dem Haus. يَلعَبُ الأَطفَالُ أَمَامَ المَنزِل.
Er arbeitet **neben** dem Studium. يَعمَلُ إِلَى جَانِبِ دِرَاستِه.

- بِاستِثنَاءِ أَربعَةِ أَفعَالٍ شَاذَّةٍ تَدُلُّ عَلَى حَرَكَةٍ وَلَا تَدُلُّ عَلى انتِقال، وَمَع ذَلِكَ يَأتِي بَعدَ حَرفِ الجَرِّ المُرتَبِطِ بِهَا اِسمٌ فِي حَالَةِ النَّصب، وَهِي:

stellen وَضَعَ	Sie stellte die Mappe **in** <u>das Regal</u>. وَضَعَتِ المُصَنَّفَ عَلَى الرَّفّ .
legen وَضَعَ	Sie legte die Kerze **auf** <u>den Tisch</u>. وَضَعَتِ الشَّمعَةَ عَلَى الطَّاوِلَة.
hängen عَلَّقَ	Sie hängte das Bild **an** <u>die Wand</u>. عَلَّقَتِ الصُّورَةَ (اللَّوحَةَ الفَنِّيَّة) عَلَى الحَائِط.
setzen أَجْلَسَ	Sie setzte ihr Kind **auf** <u>die Bank</u>. أَجلَسَت طِفلَهَا عَلَى المِقعَدِ.

مُلَاحَظَة: يَأتِي الفِعلُ hängen بِالحَالَتَينِ التَّالِيَتَين:

<u>الحَالَةُ الأُولَى</u>: بِمَعنَى "يُعَلِّقْ" أَي أَنَّ شَخصاً يَقُومُ بِالفِعل، <u>وَيَرتَبِطُ بِالمَنصُوب</u>:

Er hängt die Lampe **über** <u>**den Tisch**</u> — يُعَلِّقُ المِصبَاحَ فَوقَ الطَّاوِلَة

<u>الحَالَةُ الثَّانِيَة</u>: بِمَعنَى "يَتَعَلَّقْ" أَي أَنَّ الشَّيءَ مُعَلَّقٌ مِن تِلقَاءِ نَفسِه، <u>وَيَرتَبِطُ بِالمَجرُور</u>:

Die Lampe hängt **über** <u>**dem Tisch**</u>. — المِصبَاحُ مُعَلَّقٌ فَوقَ الطَّاوِلَة

☪ 2- اِرتِبَاطُ حَرفِ الجَرِّ مَعَ الفِعلِ، مَثَلاً:

Ich gehe **in** <u>die Schule</u>.	أَنَا ذَاهِبٌ إِلَى المَدرَسَة

لَاحِظْ أَنَّ الفِعلَ gehen ارتَبَطَ مَعَ حَرفِ الجَرِّ in، لِيَعطِيَا التركيب (يذهب إلى ↔ gehen in) فَفِعلُ الذَّهَابِ يَحتَاجُ إِلَى حَرفِ جَرٍّ بِمَعنَى "إِلَى".

أَمَّا فِي الجُمَل:

Der Satellit bewegt sich **in** <u>seiner Umlaufbahn</u>. يَتَحَرَّكُ القَمَرُ الصِّنَاعِيُّ عَلَى مَسَارِه.	
Er geht nicht **in** <u>diesem Moment</u>.	لَن يَذهَبَ فِي هَذِهِ اللَّحظَة
Er bewegt sich **im** <u>Kreis</u>.	يَتَحَرَّكُ بِشَكلٍ دَائِرِيّ
Er verhandelt **unter** <u>dem Namen</u> der Firma.	يُفَاوِضُ بِاسمِ الشَّرِكَة

لَاحِظْ أَنَّ الفِعلَ "gehen" لَم يَرتَبِطْ مَعَ حُرُوفِ الجرِّ هَذِهِ كَمَا اِرتَبَطَ مَعَ حَرفِ الجَرّ "in" فِي المِثَالِ السَّابِق (***in die Schule gehen***).

▪ يَكُونُ الاِسمُ بَعدَ حُرُوفِ الجَرّ هَذِهِ مَجرُوراً إِذَا كَانَ الفِعلُ سَاكِناً، وَيُسأَلُ عَنهُ بـ: (أَين؟ ?Wo).

أَمثِلَة:

Das Buch liegt **auf** dem Tisch.	الكِتَابُ عَلَى الطَّاوِلَة
Ihr Name steht **auf** der Liste.	اِسمُ حَضرَتِكُم مَوجُودٌ فِي القَائِمَة
Neben dem Haus gibt es eine Schule.	يُوجَدُ مَدرَسَةٌ بِجَانِبِ المَنزِل
Er hat diese Ereignisse **in** seinem Roman erwähnt. ذَكَرَ هَذِهِ الوَقَائِعَ فِي رِوَايَتِه.	

- وَيُمكِنُ التَّمييزُ بَينَ الحَالَتَينِ مِن خِلَالِ الأَمثِلَةِ التَّالِيَة:

Präp.	Akkusativ wohin? اِسمُ السُّؤَال	Dativ wo? اِسمُ السُّؤَال
in	Sie **springen** <u>**ins** Wasser</u>. هُم يَقفِزُونَ فِي المَاء.	Sie **spielen** <u>**im** Wasser</u>. يَلعَبُونَ فِي المَاء.
an	Er **hängt** das Bild **an** <u>die Wand</u>. يُعَلِّقُ الصُّورَةَ عَلَى الحَائِط.	Das Bild **hängt an** <u>der Wand</u>. الصُّورَةُ مُعَلَّقَةٌ عَلَى الحَائِط.
auf	Sie **legt** das Heft **auf** <u>den Tisch</u>. تَضَعُ الدَّفتَرَ عَلَى الطَّاوِلَة.	Das Heft **liegt auf** <u>dem Tisch</u>. يُوجَدُ الكِتَابُ عَلَى الطَّاوِلَة.
vor	Er **stellt** sich **vor** <u>den Schrank</u>. يَقِفُ أَمَامَ الخِزَانَة (وَضَعَ نَفسَه).	Er **steht vor** <u>dem Schrank</u>. يَقِفُ أَمَامَ الخِزَانَة.
über	Der Adler **fliegt über** <u>die Stadt</u>. يَطِيرُ النسرُ فَوقَ المَدِينَة.	Wir **wohnen über** <u>ihm</u>. نَسكُنُ فَوقَه (طَابِقُ بَيتِنَا أَعلَى طَابِقِ بَيتِهِم)
unter	Sie **legte** das Glas **unter** <u>den Tisch</u>. وَضَعَتِ الكَأسَ تَحتَ الطَّاوِلَة.	Das Glas **liegt** unter <u>**dem** Tisch</u>. يُوجَدُ الكَأسُ تَحتَ الطَّاوِلَة.

hinter	Er **legte** den Schraubenzieher **hinter** den Werkzeugkasten. وَضَعَ مِفَكَّ البَرَاغِي خَلفَ صُندُوقِ الأدَوَات.	Der Schraubenzieher **liegt hinter** dem Werkzeugkasten. يُوجَدُ مِفَكُّ البَرَاغِي خَلفَ صُندُوقِ الأدَوَات.
neben	Sie **legte** die Schere **neben** den Fernseher. وَضَعَتِ المِقَصَّ جَانِبَ التّلفَاز.	Die Schere **liegt neben** dem Fernseher. يُوجَدُ المِقَصُّ جَانِبَ التّلفَاز.
zwis-chen	Er **stellte** sich **zwischen** die beiden Stühle. وَقَفَ بَينَ الكُرسِيَّين (وَضَعَ نَفسَه).	Er **steht zwischen** den beiden Stühlen. يَقِفُ بَينَ الكُرسِيَّين.

سَنَتَنَاوَلُ عَمَلَ هَذِهِ الحُرُوف:

⇦ 1- الحَرف (in)، ويستخدم:

➢ 1- الدَّلَالَةُ المَكَانِيَّة، حَيثُ يَرتَبِطُ بِالمجرُور ".Dat"، بِمَعنَى "فِي":

Der Schlüssel ist **in** der Tasche.	المِفتَاحُ فِي الحَقِيبَة
Ich wohne **in** Frankfurt.	أَسكُنُ فِي مَدِينَةِ Frankfurt

➢ 2- الدَّلَالَةُ عَلَى التَّوَجُّهِ إِلَى هَدَفٍ مُعَيَّن، بِمَعنَى "إِلَى":

Er fährt **in** die Stadt.	ذَهَبَ إِلى المَدِينَة
Er ist nicht **in** die Oper gegangen.	لَم يَذهَبْ إِلى دَارِ الأُوبِرَا.

➢ 3- الدَّلَالَةُ الزَّمَنِيَّةُ، بِمَعنَى "بَعْدَ" حَيثُ تَكُونُ الدَّلَالَةُ عَلَى المستقبَل:

Er geht **in** zwei Stunden in die Schule. سَيَذهَبُ إِلَى المَدرَسَةِ بَعدَ سَاعَتَين.
Ich mache **in** einem Monat einen entscheidenden Test. سَأُؤَدّي اِمتِحَانَاً حَاسِمَاً بَعدَ شَهر.

➢ 4- الدَّلَالَةُ الزَّمَنِيَّةُ بِمَعنَى "فِي":

In diesem Winter regnete es viel.	أَمطَرَتِ في هذا الشّتَاءِ كَثِيرَاً
Das ist **im** Jahre 1990 geschehen.	حَدَثَ هَذَا فِي عَامِ 1990

مُلَاحَظَة: الِاسم (Jahr) يُعرَبُ اعرَاباً ضَعِيفَاً، فَيُضَافُ لَهُ e فِي حَالَةِ المَجرُور.

➢ 5- الدَّلَالَةُ عَلَى الطَّرِيقَةِ أَوِ الكَيفِيَّة:

Dieses Kleid ist **in** vielen Farben vorhanden.	هَذَا الفُستَانُ مُتَوَفرٌ فِي كَثِيرٍ مِنَ الأَلوَان.
In vielen Fällen.	فِي حَالَاتٍ كَثِيرَة
Sie ist **in** finanziellen Schwierigkeiten.	هِيَ فِي ضَائِقَةٍ مَالِيَّة

➢ 6- الدَّلَالَةُ عَلَى عَلَاقَةٍ مَعَ شَيءٍ أَو شَخصٍ آخَر:

Er hat Erfahrung **in** diesem Bereich.	لَدَيهِ خِبرَةٌ فِي هذَا المَجَال
Er ist **in** Physik / Chemie begabt.	هُو مَوهُوبٌ بِالفِيزيَاءِ/ بِالكِيميَاء
Versetze dich mal **in** meine Lage!	ضَعْ نَفسَكَ مَكَانِي!
Sie hat sich **in** mich verliebt.	هِيَ مُغرَمَةٌ بِي

⇦ 2- الحَرف (an)، وَيُستَخدَمُ:

➢ 1- الدَّلَالَةُ عَلَى الحَرَكَةِ بِاتِّجَاهٍ مُعَيَّنٍ إِذَا ارتَبَطَ مَع أَفعَالٍ حَرَكِيَّة:

Er ist **an** den Strand gegangen.	ذَهَبَ إِلَى الشَّاطِئ
Er ist bis **an** die Grenzen des Möglichen gegangen.	كَادَ أَن يَتَخَطَّى حُدُودَ المَعقُول.

➢ 2- مُرتَبِطَةٌ مَع أَسمَاءٍ أَو أَفعَال:

Er starb **an** einer schweren Verletzung.	مَاتَ بِسَبَبِ جُرحٍ عَمِيق.
Sie leiden unter Mangel **an** Arbeitern.	يُعَانُونَ مِن نَقصِ العَمَالَة.
Manche Ideen sind zu verrückt, so dass nur die Gebildeten **an** sie glauben.	بَعضُ الأَفكَارِ غَبِيَّةٌ جِدّاً لِدَرَجَةِ أَنَّهُ لَا يُؤمِنُ بِهَا إِلَّا المُثَقَّفُون.
Der Ermittler arbeitet **an** der Aufklärung des Verbrechens.	يَعمَلُ المُفَتِّشُ عَلَى كَشفِ مُلَابَسَاتِ الجَّرِيمَة.

➢ 3- الدَّلَالَةُ المَكَانِيَّة:

Hast du **an** dieser Stelle etwas auffällig gefunden? هَل وَجَدتَ شَيئاً مُلفِتاً فِي هَذَا المَكَان؟	
Er bewaffnete sich bis **an** die Zähne.	تَدَجَّجَ بِالسِّلَاحِ بِشَكلٍ عَظِيم

➢ 4- الدَّلَالَةُ الزَّمَانِيَّة:

Fallendes Laub gemahnt in der Tat **an** den Winter. تُنذِرُ أَورَاقُ الأَشجَارِ المُتَسَاقِطَةُ بِالشِّتَاءِ.	
Ich war nicht am Tatort **an** diesem Tag. لَم أَكُن فِي مَسرَحِ الجَّرِيمَةِ فِي هَذَا اليَوم.	

➢ 5- الدَّلَالَةُ عَلَى التَّمَاسِ بَينَ شَيئَين:

Schwere Verletzungen **an** der Schulter.	جُرُوحٌ عَمِيقَةٌ فِي الكَتِف
Die alte Frau ging **an** Krücken.	ذَهَبَت العَجُوزُ عَلَى العُكَّاز

⇦ 3- الحَرف (auf)، ويستخدم:

➢ 1- الدَّلَالَةُ المَكَانِيَّة، مَعَ المَنصُوب، بِمَعنَى "إِلَى":

Er ist **auf** sein Zimmer gegangen.	ذَهَبَ إِلَى غُرفَتِه
Der Knall war **auf** 30 Meter zu hören.	كَانَتِ الفَرقَعَةُ تَبعُدُ 30 متر
Sie ging nicht **auf** die Party.	لَم تَذهَبْ إِلى الحَفلَة

➢ 2- يَرتَبِطُ مَع أَفعَالٍ أو أَسمَاء:

Sie passt **auf** ihre Kinder auf.	تَهتَمُّ بِأَمرِ أَطفَالِهَا
Wir freuen uns **auf** Ihre Antwort.	سَيُفرِحُنَا رَدُّ حَضرَتِكُم
Er hat den Anspruch **auf** Einbürgerung.	لَدَيهِ حَقُّ التَّجنِيس
Jedermann hat das Recht **auf** seine eigene Meinung. لِكُلٍّ حَقُّ التَّعبِيرِ عَنِ الرَّأي.	

➢ 3- إِعطَاءُ السَّبَب:

Auf Initiative des Abgeordneten.	بِمُبَادَرَةٍ مِنَ النَّائِب
Auf Befehl des Hauptmanns kam er.	جَاءَ بِأَمرٍ مِنَ القَائِد
Ich erschien **auf** Wunsch des Leiters.	حَضَرتُ لِرَغبَةِ المُدِير

➢ 4- الدَّلَالَةُ عَلَى الطَّرِيقَةِ أَوِ الأُسلُوب:

Er erwiderte **auf** ähnliche Weise.	رَدَّ (قَائِلَاً) بِنَفسِ الأُسلُوب
Wir unterhielten uns **auf** Arabisch.	تَحَادَثنَا بِاللُّغَةِ العَرَبِيَّة

➢ 5- الدَّلَالَةُ عَنِ التَّالِي:

Angriff **auf** Angriff.	الهُجُومُ تِلوَ الآخَر
Welle **auf** Welle.	المَوجَةُ تِلوَ الأُخرَى

⇦ 4- الحَرف (vor)، ويستخدم:

➢ 1- الدَّلَالَةُ المكَانِيَّة، حَيثُ يَرتَبِطُ مَعَ المَجرُور:

Vor "weil" steht immer ein Komma. يُوجَدُ دَائِمَاً فَاصِلَةٌ قَبلَ "weil".
Das Geschäft liegt **vor** dem Dorf. يُوجَدُ المَتجَرُ أَمَامَ القَريَة
Vor dem Haus ist ein Garten. يُوجَدُ حَديقَةٌ أَمَامَ المَنزِل

➢ 2- الدَّلَالَةُ المكَانِيَّة، مَعَ المَنصُوب:

Sie stellte sich **vor** den Spiegel وَقَفَتْ أَمَامَ المِرآة.
Das Mädchen stellte Blumen **vor** die Tür des Zimmers ihrer Eltern. وَضَعَتِ الفَتَاةُ أَزهَاراً أَمَامَ بَابِ شَقَّةِ وَالِدَيهَا.
Vor dieses Wort musste er ein Komma setzen. كَانَ يَنبَغِي عَلَيهِ أَن يَضَعَ فَاصِلَةً قَبلَ هَذِهِ الكَلِمَة.

➢ 3- الدَّلَالَةِ الزَّمَنِيَّة، وَيَكُونُ الإِسمُ بَعدَهُ فِي حَالَةِ الجَرّ:

Ich legte die Prüfung **vor** einer Woche ab.	أَدَّيتُ الإِمتِحَانَ قَبلَ أُسبُوع.
Ich habe das Geschirr **vor** wenigen Minuten gespült.	غَسَلتُ الصُّحُونَ قَبلَ بِضعِ دَقَائِق.
Vor dem ersten/ zweiten Weltkrieg.	قَبلَ الحَربِ العَالَمِيَّةِ الأُولَى/الثَّانِية
Es ist acht (Minuten) **vor** drei.	السَّاعَةُ الثَّالِثَةُ إِلَّا ثِمَانِي دَقَائِق.
Heute **vor** 4 Jahren.	قَبلَ 4 سَنَوَاتٍ مِنَ اليَوم

➢ 4- الدَّلَالَةُ عَلَى التَّتَابُع:

Er hat die Aufgabe **vor** mir erledigt.	أَنجَزَ الوَاجِبَ قَبلِي
Sie sind **vor** mir an der Reihe.	حَضرَتُكَ أَمَامِي فِي الدَّور

➢ 5- الدَّلَالَةُ عَلَى العَلَن:

Der Anwalt verteidigte ihn **vor** Gericht.	دَافَعَ المُحَامِيُّ عَنهُ بِالمَحكَمَة.
Er erklärte die Sache **vor** allen.	أَوضَحَ الأَمرَ أَمَامَ الجَمِيع
Er machte einen Kotau **vor** ihm.	تَمَلَّقَه

➢ 6- الدَّلَالَةِ عَلَى السَّبَب:

Sie schrie **vor** Zahnschmerzen.	صَرَخَتْ مِن أَلَمِ الأَسنَان
Er war sprachlos **vor** Schreck.	لَم يَتَفَوَّه بِأَيّ كَلِمَةٍ مِنَ الخَوف

➢ 7- تَأتِي مُرتَبِطَةً بِأَفعَالٍ أَو أَسمَاء:

Er fürchtet sich nicht **vor** der Dunkelheit.	لَا يَخَافُ مِنَ الظَّلَام.
Furcht **vor** Gefahren.	الخَوفُ مِنَ الخَطَر.

⇦ 5- الحَرف (über)، وَيُستَخدَم:

➢ 1- الدَّلَالَةُ المكَانِيَّة، حَيثُ يَرتَبِطُ مَعَ المَجرُور ".Dat"، بِمَعنَى "فَوق":

Die Lampe hängt **über** dem Tisch.	المِصبَاحُ مُعَلَّقٌ فَوقَ الطَّاوِلَة
400 m **über** dem Meeresspiegel.	400 م فَوقَ سَطحِ البَحر
Er trägt einen Mantel **über** dem Hemd.	يَرتَدِي مِعطَفَاً فَوقَ القَمِيص
Mein Freund wohnt **über** uns.	يَسكُنُ صَدِيقِي فَوقَنَا

➢ 2- الدَّلَالَةُ المكَانِيَّة، حَيثُ يَرتَبِطُ مَعَ المَنصُوب ".Akk"، بِمَعنَى "فَوق":

Er hängt die Lampe **über** den Tisch.	يُعَلِّقُ المِصبَاحَ فَوقَ الطَّاوِلَة
Er machte einen Flug **über** die Stadt.	قَامَ بِرِحلَةٍ جَوِّيَّةٍ فَوقَ المَدِينَة
Der Zug fährt **über** die Brücke.	يَسِيرُ القِطَارُ فَوقَ الجِسر
Der Fluss trat **über** die Ufer.	طَاحَ النَّهرُ فَوقَ الضَّفَّتَين

➢ 3- الدَّلَالَةُ المكَانِيَّة، حَيثُ يَرتَبِطُ مَعَ المَنصُوب ".Akk"، بِمَعنَى "عَبرَ":

Der Zug fährt **über** Köln.	يَسِيرُ القِطَارُ عَبرَ مَدِينَةِ Köln.
Ihre Tränen laufen **über** ihr Gesicht.	تَنهَالُ دُمُوعُهَا فَوقَ وَجهِهَا

➢ 4- الدَّلَالَةِ عَلَى تَسَلسُلٍ تَرتِيبِيّ:

Der General steht **über** dem Major.	رُتبَةُ اللِّوَاءِ أَعلَى مِن رُتبَةِ الرَّائِد
Er steht mit seinen Leistungen **über** mir.	يَفُوقُنِي بِإِنجَازَاتِه

➢ 5- مُرتَبِطَةٌ بِأَفعَالٍ أَو أَسمَاءٍ أَو صِفَات:

Sie informiert mich **über** die Aufgabe.	تُعلِمُنِي عَنِ الوَظِيفَة
Die Partei verfügt **über** die Mehrheit.	يَمتَلِكُ هَذَا الحِزبُ الأَغلَبِيَّة
Er machte sich **über** sie lustig.	استَهزَأَ بِهَا
Die Mutter hat sich **über** Ihre Kinder Gedanken gemacht.	قَلِقَتِ الأُمُّ عَلَى أَطفَالِهَا.
Der König übt Macht **über** den Staat und die Politik aus.	يَمتَلِكُ المَلِكُ السُّلطَةَ عَلَى الدَّولَةِ وَسِيَاسَتِهَا.

➢ 6- الدَّلَالَةُ عَلَى تَعَدّي الرَّقمِ المَذكُور:

Nicht bei Temperatur **über** 22 °C aufbewahren.	لا يُحفَظُ فِي دَرَجَةِ حَرَارَةٍ أَكثَر مِن 22 دَرَجَة سيليسيوس.
Alle Kinder **über** 8 Jahre.	كُلُّ الأَطفَالِ ذَوِي أَكثَرِ مِن 8 سَنَوَات
In Menge **über** 40 Stücke.	بِكَمّيَّةٍ أَكثَرَ مِن 40 قِطعَة

⇦ **6-** الحَرف (unter)، وَيُستَخدَم:

➢ 1- الدَّلَالَةُ المَكَانِيَّة، مَع المَجرُور، بِمَعنَى "تَحت":

Wir sitzen **unter** demselben Dach.	نَجلِسُ تَحتَ سَقفٍ وَاحِد
Unter demselben Regenschirm.	تَحتَ المِظَلَّةِ نَفسِها
Er betrachtet die Bakterien **unter** dem Mikroskop.	يُرَاقِبُ البَكتِيريَا مِجهَرِيّاً.
Ich trage ein Hemd **unter** dem Mantel.	أَلبِسُ قَمِيصَاً تَحتَ المِعطَف.
Seine Leistung ist **unter** dem Durchschnitt.	إِنجَازُهُ تَحتَ المُتَوَسِّط.

➢ 2- الدَّلَالَةُ على القيمة، مَع المنصوب، بِمَعنَى "تَحت":

In Menge **unter** 30 Exemplare.	بِكَمّيَّةٍ أَقَلَّ مِن 30 عَيِّنَة
Nicht bei Temperaturen **unter** null aufbewahren.	لَا يُحفَظُ فِي دَرَجَاتِ الحَرَارَةِ تَحتَ الصِّفر.

➢ 3- الدَّلَالَةُ عَلَى الأُسلُوبِ وَالطَّرِيقَة:

Unter schwierigen Bedingungen.	تَحتَ ظُرُوفٍ صَعبَة
Unter Vorspiegelung falscher Tatsachen.	مِن خِلَالِ الوَقَائِعِ المُضَلِّلَة.
Er nahm den Vorschlag nur **unter** Vorbehalt an.	قَبِلَ الإِقتِرَاحَ وَلَكِن مَعَ التَّحَفُّظ.

➢ 4- مُرتَبِطٌ بِأَفعَالٍ أو أَسمَاء:

Er steht **unter** dem Major.	سُلطَتُهُ تَحتَ سُلطَةِ الرَّائِد
Das steht **unter** ständiger Kontrolle.	يَقَعُ هَذَا تَحتَ مُرَاقَبَةٍ دَائِمَة
Die Schule steht **unter** staatlicher Aufsicht.	تَقَعُ المَدرَسَةُ تَحتَ رَقَابَةِ الدَّولَة.

⇦ 7- الحَرف (hinter)، وَيُستَخدَمُ:

➢ الدَّلَالَةُ المَكَانِيَّة، بِمَعنَى "خَلفَ"، مَعَ المَنصُوبِ وَالمَجرُور:

Es gibt einen Garten **hinter** dem Haus.	يُوجَدُ حَدِيقَةٌ خَلفَ المَنزِل
Er sitzt **hinter** mir im Flugzeug.	يَجلِسُ خَلفِي فِي الطَّائِرَة
Wir legten eine lange Strecke **hinter** uns.	قَطَعنَا مَسَافَةً كَبِيرَة
Lebst du **hinter** dem Mond?	هَل تَعِيشُ على المَرِّيخ؟
Das Flugzeug hat sich **hinter** den Wolken verborgen.	اختَفَتِ الطَّائِرَةُ خَلفَ الغُيُوم.
Das Bild ist **hinter** den Schrank gefallen.	سَقَطَتِ الصُّورَةُ خَلفَ الخِزَانَة.

⇦ 8- الحَرف (neben)، وَيُستَخدَمُ:

➢ 1- الدَّلَالَةُ المَكَانِيَّة، بِمَعنَى "بِجَانِب"، وَيَرتَبِطُ مَعَ المَجرُور ".Dat":

Sie sitzt **neben** ihrem Vater.	تَجلِسُ بِجَانِبِ أَبِيهَا

➢ 2- الدَّلَالَةُ المَكَانِيَّة، بِمَعنَى "بِجَانِب"، وَيَرتَبِطُ مَعَ المَنصُوب ".Akk":

Sie stellte den Stuhl **neben** den Tisch.	وَضَعَتِ الكُرسِيَّ بِجَانِبِ الطَّاوِلَة.

➢ 3- الدَّلَالَةُ عَلَى الإِضَافَة:

Neben seiner Arbeit hat er viele weitere Verpflichtungen zu berücksichtigen.	يَجِبُ عَلَيهِ أَن يُرَاعِي الكَثِيرَ مِنَ الالتِزَامَاتِ الأُخرَى إِلَى جَانِبِ عَمَلِه.

⇦ 9- الحَرف (zwischen)، وَيُستَخدَم:

➢ 1- الدَّلَالَةُ المكَانِيَّة، بِمَعنَى "بَين":

Das Kind steht **zwischen** seiner Schwester und seinem Bruder. يَقِفُ الطِّفلُ بَينَ أُختِهِ وَأَخِيه.	
Der Abstand **zwischen** den beiden Fahrzeugen ist genug. المَسَافَةُ بَينَ الطَّائِرَتَين كَافِيَة.	
Er lag das Heft **zwischen** die Bücher.	وَضَعَ الدَّفتَرَ بَينَ الكُتُب

➢ 2- الدَّلَالَةُ الزمنية، بِمَعنَى "بَينَ":

Er kommt **zwischen** 2 und 3 Uhr. سَيَأتِي مَا بَينَ السَّاعَةِ الثَّانِيَةِ وَالثَّالِثَة.	
Zwischen dem 4. und 8. Mai.	مَا بَينَ الرَّابِعِ وَالثَّامِنِ مِن شَهرِ مَاي
Die Feier fällt **zwischen meinen** Studienabschluss und **das** Fest des Fastenbrechens. سيَكُونُ الاِحتِفَالُ بَينَ مَوعِدِ تَخَرُّجِي وَعِيدِ الفِطر.	

➢ 3- بِمَعنَى "بَينَ" بِشَكلٍ عَام:

Die Freundschaft **zwischen** ihnen ist sehr eng. الصَدَاقَةُ بَينَهُم أَشبَهُ بِالعُروَةِ الوُثقَى.	
Die Temperatur **zwischen** 3 und 6 °C herrschen hier. تُسَيطِرُ دَرَجَاتُ الحَرَارَةِ مَا بَينَ 3 و 6 سيليسيوس هُنَا.	
Die Farbe **zwischen** Grün und Rot.	اللَّونُ بَينَ الأَخضَرِ وَالأَحمَر
Die Interaktion **zwischen** Mensch und Maschine. العَلَاقَةُ بَينَ الإِنسَانِ وَالآلَة.	
Die Beziehung **zwischen dem** Arbeitnehmer und **dem** Arbeitgeber soll freundlich und fest sein. يَنبَغِي أَن تَكُونَ العَلَاقَةُ بَينَ العَامِلِ وَصَاحِبِ العَمَل وِدِّيَّةً وَوَثِيقَة.	

18.1.4 Präpositionen mit Genitiv حُرُوفُ جَرٍّ تَتطلّبُ المُضافَ إلَيه

لا تُستَخدَمُ حُرُوفُ الجَرِّ هَذِهِ بِكَثرةٍ كَمَا حُرُوفُ المَنصُوبِ وَالمَجرُور، وَأَكثَرُ استِخدَامِهَا فِي الخِطَابَاتِ الرَّسمِيَّةِ وَالدَّوَائِرِ الحُكُومِيَّة، وَهِيَ:

⇦ 1- الحَرف (außerhalb)، وَيُستَخدَمُ:

➤ 1- الدَّلَالَةُ المكَانِيَّة، إِذْ يَدُلُّ عَلَى خَارِجِ المجَالِ المذكُور:

Außerhalb des Dorfes / des Staates.	خَارِجُ القَريَةِ / خَارِجُ البِلَاد
Außer Arabien.	خَارِجُ بِلَادِ العَرَب
Das liegt **außerhalb** der Legalität.	يَقَعُ هَذَا الأَمرُ خَارِجَ الشَّرعِيَّة

➤ 2- الدَّلَالَةُ الزَّمَانِيَّة، إِذْ يَدُلُّ عَلَى خَارِجِ المجَالِ المذكُور:

Außerhalb der Arbeitszeiten.	خَارِجُ أَوقَاتِ الدَّوام

⇦ 2- الحَرف (Innerhalb)، وَيُستَخدَمُ:

➤ 1- الدَّلَالَةُ المكَانِيَّة، إِذْ يَدُلُّ عَلَى دَاخِلِ المجَالِ المذكُور:

Innerhalb des Dorfes gibt es keine Bäckerei. لَا يُوجَدُ مَخبَزٌ في القَريَة.
Die Fahrkarte gilt **innerhalb** der ganzen Stadt. تَصلُحُ تَذكَرَةُ السَّفرِ دَاخِلَ المَدِينَة كُلِّهَا.

➤ 2- الدَّلَالَةُ الزَّمَانِيَّة، إِذْ يَدُلُّ عَلَى دَاخِلِ المجَالِ المذكُور:

Ich rufe dich **innerhalb** von zwei Wochen an. سَأَتَّصِلُ بِكَ خِلَالَ أُسبُوعَين.
Ich komme **innerhalb** von zwei Tagen. سَآتِي فِي غُضُونِ يَومَين.

⇦ 3- الحَرف (halber)، وَيُستَخدَمُ:

➢ 1- بِمَعنَى "مِن أَجل، فِي سَبِيل"، وَيَتَمَوضَعُ بَعدَ الِاسم:

Der Sicherheit **halber** ist die Straße gesperrt. الشَّارِعُ مُغلَقٌ لِدَوَاعِي لأَمَان.
Der Ordnung **halber** hat das Unternehmen 20 Sicherheitsmitarbeiter beschäftigt. وَظَّفَتِ الشَّرِكَةُ 20 رَجُلَ أَمنٍ كَي تَسِيرَ الأُمُورُ عَلَى مَا يُرَام.

➢ 2- بِمَعنَى "بِسَبَب":

Der hohen Geschwindigkeit **halber** wurde er bestraft. خُولِفَ بِسَبَبِ السُّرعَةِ العَالِيَة.

- أَمَّا بَاقِي الحُرُوفِ فَلِكُلٍّ مِنهَا مَعناً وَاحِداً، وَسَنكتَفِي بِمِثَالٍ لِكُلٍ مِنهَا:

Präp. الحَرف	**Beispiel مِثَال**
abzüglich مَع خَصم...	Miete **abzüglich** der Nebenkosten. آجارٌ مخصُومُ التكَاليفِ الإضَافيّة.
angesichts نَظَراً لـ	**Angesichts** der jetzigen Lage reist er nicht. لَن يُسَافِرَ بسبَبِ الظّروفِ الرّاهِنَة.
anhand عَن طَرِيق	Er erklärte **anhand** von Beispielen. وَضّحَ بِواسطَةِ الأمثِلَة.
anlässlich بِمُنَاسَبَة	Sie feiern **anlässlich** Ramadans. يَحتَفِلُونَ بِمناسَبةِ حُلولِ رَمضَان.
anstatt بَدَلاً مِن	Sie kaufte **anstatt** des Pfeffers Koriander. اِشتَرَت كُزْبَرَةً بَدَلَ الفُلفُل.
anstelle بَدَلاً مِن	Der Anwalt kam **anstelle** seines Mandanten. جَاءَ المُحَامِي بَدَلاً مِن مُوَكِّلِه.
aufgrund بِسَبَب	**Aufgrund** des Wetters kam er nicht. لمْ يأتِ بسببِ الأحوَالِ الجّويّة.
ausschließlich بِاستِثنَاء	Die Kosten **ausschließlich** der Verpackung. التكَالِيفُ باستِثناءِ التّغلِيف.

beiderseits كِلَا الجَّانِبَين	**Beiderseits** der Strecke / des Weges. جَانبَيّ المَسار / الطّرِيق.
bezüglich فِيمَا يَخُصّ	Es besteht Ungewissheit **bezüglich** der Qualität der bestellten Waren. هُنَاكَ شَكٌّ بِخُصُوصِ جَودَةِ البِضَاعَة المَطلُوبَة.
diesseits بِهَذَا الجَّانِب	**Diesseits** des Flusses verläuft ein Weg. يُوجدُ طَرِيقٌ عَلى هَذا الجَانبِ مِنَ النّهر.
einschließlich بِمَا فِي ذَلِك	Die Kosten **einschließlich** des Versandes. التّكالِيفُ بِما فِيهَا تَكالِيفُ التَغلِيف.
hinsichtlich بِخُصُوص	Vorschriften **hinsichtlich** des Erbes. أَحكَامٌ بِخُصُوصِ المِيرَاث.
infolge بِسَبَب	**Infolge** des starken Hagels kamen wir mit einer Verspätung von 10 Minuten an. وَصَلنَا مُتَأَخِّرِينَ 10 دَقَائِقٍ بِسَبَبِ البَرَدِ الشَّدِيد.
inklusive بِمَا فِي ذَلِك	Ist die Rechnung **inklusive** Mittagessen? هَل تَتَضَمَّنُ الفَاتُورَةُ الغَدَاء؟
inmitten وَسَط	Die Kinder spielen **inmitten** einer recht beeindruckenden Landschaft. يَلعَبِ الأَطفَالُ وَسَطَ مَرجٍ طَبِيعِيٍّ خَلَّاب.
jenseits الجَّانِبُ الآخَر	**Jenseits** des Lebens / des Gebäudes. الجَانِبُ الآخِرُ مِنَ الحَيَاة / مِنَ المَبنَى.
laut حَسَب	**Laut** Vorschrift dürfen nur die Berechtigten eintreten. لَا يَصلُحُ حَسَبَ الأَحكَامِ إِلَّا لِذَوِي التَّصرِيحِ بِالدُّخُول.
links عَلَى يَسَارِ	**Links** des Bahnhofs steht ein großes Schild. يُوجَدُ عَلَى يَسَارِ مَحَطَّةِ القِطَارِ لَافِتَةٌ كَبِيرَة.
mithilfe بِوَاسِطَة	**Mithilfe** meiner Freunde war das Zelt schnell aufgeschlagen. نُصِبَتِ الخَيمَةُ بِسُرعَةٍ بِمُسَاعَدَةِ أَصدِقَائِي.
mittels بِوَاسِطَة	Die Ortung **mittels** der Satelliten. تَحدِيدُ المَكَانِ بِوَاسِطَةِ الأَقمَارِ الاِصطِنَاعِيَّة.

oberhalb فوقَ، أعلَى	Das Bild hängt **oberhalb** der Augenhöhe. الصُّورَةُ مُعلَّقَةٌ فوقَ مُستَوِي النَّظَرِ.
rechts علَى يَمِين	**Rechts** der Tankstelle gibt es eine Schule. يُوجَدُ عَلى يَمينِ مَحَطَّةِ الوُقُودِ مَدرَسَة.
trotz عَلَى الرُّغم	**Trotz** der schlechten Wetterverhältnisse fand die Veranstaltung statt. اِفتُتِحَتِ الفَعَالِيَّةُ رُغمَ حَالَةِ الطَّقسِ السَّيِّئَة.
um – willen فِي سَبِيل، مِن أَجل	**Um** des lieben Friedens **willen**. فِي سَبِيلِ السَّلَام.
ungeachtet بِغَضّ النَّظَرِ عَن..	**Ungeachtet** des Regens ging er spazieren. بِغَضّ النّظرِ عَن المَطَر فَقد خرَجَ يَتمَشَّى.
unterhalb في أسفل	Die Entzündung befindet sich **unterhalb** des Knies. الاِلتِهَابُ مَوجُودٌ أَسفَلَ الرُّكبَة.
unweit لَيس بِبَعِيد	Wir wohnen **unweit** der Schule. نَسكُنُ بِمَكانٍ قَريبٍ مِنَ المَدرَسَة.
vorbehaltlich مُرَاعَاة	**Vorbehaltlich** anderer Vereinbarungen. مُراعَاتُ الإتّفاقِيّاتِ الأُخرَى.
während أَثنَاء	**Während** des kalten Krieges geschah diese schreckliche Katastrophe. حَدَثَت هَذِهِ الكَارِثَةُ المُفجِعَة أَثنَاءَ الحَربِ البَادِرَة.
wegen بِسَبَب	Der Bauer erhob eine Anklage gegen den Bürgermeister **wegen** Betruges. رَفَعَ الفَلَّاحُ عَلَى رَئِيسِ البَلَدِيَّةِ شَكوَى لِدَاعِي الاِحتِيَال.
zugunsten لِصَالِح	Die Spende ist **zugunsten** der Behinderten. التّبَرُّعُ لِصالِحِ الأَشخاصِ المُعَاقِين.
zuzüglich بِمَا فِي ذَلِك	Miete **zuzüglich** der Nebenkosten. آجارٌ مَعَ المَصَارِيفِ الجَّانِبِيَّة.
zwecks بِغَرَض، مِن أَجل	Bemühungen **zwecks** Sicherheit, Frieden und Gerechtigkeit. مَسَاعِي مِن أَجلِ السَّلَامَة وَالسَّلَامِ وَالعَدْل.

19.0.0 Das Verb الفِعل

الفِعلُ هُو العَامِلُ فِي الجُملَةِ الفِعلِيَّة، وَهُوَ عِبَارَةٌ عَن كَلِمَةٍ دَالَّةٍ عَلَى حَدَثٍ مُرتَبِطٍ بِزَمَنٍ.

وَلِلفِعلِ ثَلَاثَةُ أَزمِنَة: مَاضِي، حَاضِر، مُستَقبَل.

- يَتكَوَّنُ الفِعلُ فِي الأَلمَانِيَّةِ مِن قِسمِين هُمَا:

1- جَذرُ الفِعل (der Verbstamm): وَيَتغَيَّرُ حَسَبَ الحَالَةِ "Modus".

2- النِّهَايَة (die Endung): تَتغَيَّرُ حَسَبَ الفَاعِلِ "Nominativ".

- تَنتَهِي الأَفعَالُ بِالأَلمَانِيَّةِ بِنِهَايَتَين التَّالِيَتَين:

1- النِّهَايَة (-en): حَيثُ تَنتَهِي مُعظَمُ الأَفعَالُ الأَلمَانِيَّةُ بِهَا، مِثل:

lachen	ضَحِك	sagen	قَالَ	machen	فَعَلَ
bestätigen	أَكَّدَ	tragen	حَمَلَ، نَقَل	laufen	جَرَى، سَارَ
stellen	وَضَعَ	sprechen	تَكَلَّمَ	schauen	رَأَى
sehen	رَأَى	beobachten	رَاقَبَ	prüfen	فَحَصَ
üben	مرّنَ	ausbilden	درّبَ	filmen	صَوَّرَ فِيلَماً

2- النِّهَايَةُ (-n): وَهِيَ أَقَلُّ وُرُوداً مِنَ الأُولَى، وَيَأتِي قَبلَ هَذِهِ النِّهَايَةِ إِحدَى المقطَعِين التَّالِيين: (el, er)، مِثَال:

betteln	تَسَوَّلَ	kitzeln	دَغدَغَ	tadeln	لَامَ، وَبَّخَ
ändern	غَيَّرَ، بَدَّلَ	dauern	استَمَرَّ، دَامَ	hindern	مَنَعَ
regeln	نَظَّمَ	segeln	أبحَرَ	zügeln	أَلجَمَ
verringern	قَلَّلَ	füttern	أَعلَفَ	zwinkern	رَمَشَ

- وَلَكِن يُوجَدُ بَعضُ الأَفعَالِ التِي تَنتَهِي بِـ (-n) فَقَط كَالفِعل (أَدَّى، فَعَلَ tun).

- وَهُنَاكَ أَفعَالٌ تَنتَهِي بِالنِّهَايَة (-ieren) وَهِيَ أَفعَالٌ دَخِيلَةٌ إِلَى الأَلمَانِيَّة، مِنهَا:

interessieren	جَذَبَ	fotografieren	صَوَّرَ	zitieren	اقتَبَسَ
frieren	تَجَمَّدَ مِنَ البَرد	fixieren	أَرسَلَ فَكساً	armieren	سَلَّحَ
addieren	أَضَافَ	halbieren	شَطَرَ	probieren	جَرَّبَ

19.1.0 In- und transitive Verben
الأفعَالُ اللاّزِمَة وَالأفعَالُ المُتَعَدّيَة

تُقسَمُ الأَفعَالُ فِي اللُّغَةِ الأَلمَانِيَّةِ إِلَى:

19.1.1 Intransitive Verben — أَوّلاً: الأَفعَالُ اللاّزِمَة

وَهِيَ الأَفعَالُ الَّتِي لَا تَحتَاجُ مَفعُولاً بِهِ أَو مَجرُوراً لِيَتِمَّ المعنَى، مِثل:

gehen ذَهَبَ	kommen جَاءَ	wandern تَجَوّلَ، تَنَزّهَ
wachsen نَمَا	schwimmen سَبَحَ	laufen جَرَى، سَارَ
schlafen نَامَ	sinken انخَفَضَ	stottern تَلَعثَمَ
existieren تَوَاجَدَ	scheinen ظَهَرَ	aufgehen أَشرَقَ (الشَّمسُ مَثَلاً)
gelangen نَجَحَ	stattfinden تَوَاجَدَ	rennen رَكَضَ

19.1.2 Transitive Verben — ثَانِياً: الأَفعَالُ المُتَعَدِّيَة

وَهِيَ الأَفعَالُ الَّتِي تَحتَاجُ مَفعُولاً بِهِ أَو مَجرُوراً لِيَتِمَّ المعنَى، مِثل:

annehmen قَبِلَ، اِفتَرَضَ	schenken أَهدَى	lieben أَحَبَّ
durchführen أَدَّى	bedürfen تَطَلّبَ، اِقتَضَى	helfen سَاعَدَ
danken شَكَرَ	machen فَعَلَ	beobachten رَاقَبَ
zeichnen رَسَمَ	vorbereiten حَضَّرَ	zuschicken أَرسَلَ
anstellen وَظَّفَ	herstellen صَنَعَ، صَنَّعَ	absagen رَفَضَ

19.2.0 Un- und regelmäßige Verben الأَفعَالُ النِّظَامِيَّة وَالأَفعالُ الشَّاذَّة

تُقسَمُ الأَفعَالُ الأَلمانِيَّةُ مِن بَابِ التَّصريفِ إِلى قِسمِين:

19.2.1 Regelmäßige Verben أَوَّلاً: الأَفعَالُ النِّظَامِيَّة

وَهِيَ الأَفعَالُ الَّتِي تَتَحَوَّلُ إِلَى الماضِي البَسِيطِ بِإِضَافَةِ (te-) لَها بَعدَ حَذفِ نِهَايَتِهَا، وَيَتِمُّ تَحوِيلُهَا إِلَى الماضِي التَّامّ بِإِضَافَةِ (-ge) إِلَى بِدَايَتِهَا مَعَ (t-) إِلَى نِهَايَتِهَا، مِثَال:

Infinitiv الفِعلُ بِالمَصدَر	Partizip I المَاضِي البَسِيط	Partizip II المَاضِي التَّام
mach**en**	mach**te**	**ge**mach**t**
kauf**en**	kauf**te**	**ge**kauf**t**
brauch**en**	brauch**te**	**ge**brauch**t**

19.2.2 Unregelmäßige Verben ثَانِياً: الأَفعَالُ الشَّاذَّة

حَيثُ لَا تَنطَبِقُ عَلَيهَا قَاعِدَةٌ مُعَيَّنَةٌ فِي تَحوِيلِهَا إِلَى الماضِي (سَوَاءً إِلَى المَاضِي البَسِيط أَوِ إِلَى المَاضِي التَّام). وَيَتَغَيَّرُ المقطَعُ الصَّوتِيُّ لِهَذِهِ الأَفعَالِ دُونَ قَاعِدَةٍ يُستَنَدُ عَلَيهَا، لِذَلِكَ وَجَبَ حِفظُهَا كَمَا هِيَ، وَيَحدُثُ التَّغيِيرُ فِي الحَرفِ الصَّوتِيِّ أَحيَاناً كَالتَّالِي:

نَمَطُ التَّحَوُّلِ فِي المَقطَعِ الصَّوتِيّ	الفِعلُ الشَّاذُّ (بِالمَصدَر)	Partizip I	Partizip II
ei → i → i	str**ei**chen شَطَبَ	str**i**ch	gestr**i**chen
	l**ei**den عَانَى	l**i**tt	gel**i**tten
ei → ie → ie	schw**ei**gen صَمَتَ	schw**ie**g	geschw**ie**gen
	schr**ei**en صَرَخَ	schr**ie**	geschr**ie**n
ie → o → o	r**ie**chen شَمَّ	r**o**ch	ger**o**chen
	fl**ie**hen هَرَبَ	fl**o**h	gefl**o**hen
e → o → o	h**e**ben رَفَعَ	h**o**b	geh**o**ben
ü → o → o	betr**ü**gen خَدَعَ	betr**o**g	betr**o**gen
ä → o → o	erw**ä**gen تَفَكَّرَ	erw**o**g	erw**o**gen
ö → o → o	erl**ö**schen خَمَدَ	erl**o**sch	erl**o**schen

i → a → u	finden وَجَدَ	fand	gefunden
i → a → o	beginnen بَدَأَ	begann	begonnen
e → a → o	helfen سَاعَدَ	half	geholfen

- وَهُنَاكَ أَفعَالٌ يُشتَقُّ التَّصرِيفُ الثَّالِثُ (Partizip II) مِنهَا بِإِضَافَةِ البَادِئَةِ "-ge" لِلمَصدَر، إِلَّا إِذَا اِتَّصَلَ بِبَادِئَةٍ غَيرِ قَابِلَةٍ لِلانفِصَال فَلَا يُضَافُ لَهَا شَيءٌ عِندَئِذٍ:

الفعلُ الشّاذ	Partizip I	Partizip II
laufen جَرَى	lief	ge**laufen**
fahren سَافَرَ	fuhr	ge**fahren**
lassen تَرَكَ	ließ	ge**lassen**
sehen رَأَى	sah	ge**sehen**

- وَهَذِهِ قَائِمَةٌ بِجَمِيعِ الأَفعَالِ الشَّاذَّةِ فِي اللُّغَةِ الأَلمَانِيَّة:

الفِعلُ الشَّاذُّ (بِالمَصدَر)	1. Person [du]	Partizip 1	Partizip 2
backen خَبَزَ	bäckst/backst	backte/buk	gebacken
befehlen أَمَرَ	befiehlst	befahl	befohlen
beginnen بَدَأَ	beginnst	begann	begonnen
beißen عَضَّ، لَدَغَ	beißt	biss	gebissen
bergen أَنقَذَ	birgst	barg	geborgen
bersten تَشَقَّقَ	birst/berstest	barst	geborsten
betrügen غَشَّ	betrügst	betrog	betrogen
bewegen حَرَّكَ	bewegst	bewog	bewogen
biegen لَوَى	biegst	bog	gebogen
bieten قَدَّمَ	bietest	bot	geboten
binden رَبَطَ	bindest	band	gebunden
bitten طَلَبَ	bittest	bat	gebeten
blasen نَفَخَ	bläst	blies	geblasen
bleiben بَقِيَ	bleibst	blieb	geblieben
braten قَلَى	brätst	briet	gebraten
brechen كَسَرَ	brichst	brach	gebrochen
brennen حَرَقَ	brennst	brannte	gebrannt

bringen جَلَبَ	bringst	brachte	gebracht
denken فَكَّرَ	denkst	dachte	gedacht
dringen تَسَلَّلَ	dringst	drang	gedrungen
dürfen سُمِحَ	darfst	durfte	gedurft
empfangen اِستَقبَلَ	empfängst	empfing	empfangen
empfehlen اِستَحسَنَ	empfiehlst	empfahl	empfohlen
empfinden شَعَرَ	empfindest	empfand	empfunden
erbleichen اِصفَرَّ	erbleichst	erbleichte erblich	erbleicht erblichen
erlöschen خَمَدَ	erlischst	erlosch	erloschen
erschrecken أرعَبَ	erschrickst	erschrak	erschrocken
essen أَكَلَ	isst	aß	gegessen
fahren سَافَرَ	fährst	fuhr	gefahren
fallen سَقَطَ	fällst	fiel	gefallen
fangen أَمسَكَ	fängst	fing	gefangen
fechten قَاتَلَ	fichtst, fechtest	focht fechtete	gefochten gefechtet
finden وَجَدَ	findest	fand	gefunden
flechten ظَفِرَ	flichtst, flechtest	flocht flechtete	geflochten geflechtet
fliegen طَارَ	fliegst	flog	geflogen
fliehen هَرَبَ	fliehst	floh	geflohen
fließen سَالَ	fließt	floss	geflossen
fragen سَأَلَ	fragst	fragte frug	gefragt
fressen اِلتَهَمَ	frisst	fraß	gefressen
frieren بَرَدَ كَثِيرًا	frierst	fror	gefroren
gären تَخَمَّرَ	gärst	gärte gor	gegärt gegoren
gebären وَلَدَ	gebierst	gebar	geboren

geben أعطَى	gibst	gab	gegeben
gedeihen اِزدَهَرَ	gedeihst	gedieh	gediehen
gehen ذَهَبَ	gehst	ging	gegangen
gelingen نَجَحَ	gelingst	gelang	gelungen
gelten صَلُحَ	giltst	galt	gegolten
genesen بَرُأَ	genest	genas	genesen
genießen اِستَمتَعَ	genießt	genoss	genossen
geschehen حَدَثَ	es geschieht	geschah	geschehen
gewinnen رَبِحَ	gewinnst	gewann	gewonnen
gießen صَبَّ، سَكَبَ	gießt	goss	gegossen
gleichen سَاوَى	gleichst	glich	geglichen
gleiten تَزَحلَقَ	gleitest	glitt	geglitten
glimmen سَطَعَ	glimmst	glimmte glomm	geglimmt geglommen
graben حَفَرَ	gräbst	grub	gegraben
greifen أَمسَكَ	greifst	griff	gegriffen
haben مَلَكَ	hast	hatte	gehabt
halten أَمسَكَ	hältst	hielt	gehalten
hängen عَلَّقَ	hängst	hing	gehangen
hauen ضَرَبَ	haust	haute hieb	gehauen gehaut
heben رَفَعَ	hebst	hob / hub	gehoben
heißen سَمِّيَ	heißt	hieß	geheißen
helfen سَاعَدَ	hilfst	half	geholfen
kennen عَرَفَ	kennst	kannte	gekannt
klimmen صَعَدَ	klimmst	klomm klimmte	geklommen geklimmt
klingen رَنَّ	klingst	klang	geklungen
kneifen قَرَصَ	kneifst	kniff	gekniffen
kommen أَتَى	kommst	kam	gekommen

können اِستَطَاعَ	kannst	konnte	gekonnt
kriechen زَحَفَ	kriechst	kroch	gekrochen
laden شَحَنَ	lädst	lud	geladen
lassen تَرَكَ	lässt	ließ	gelassen
laufen جَرَى	läufst	lief	gelaufen
leiden عَانَى	leidest	litt	gelitten
leihen أَعَارَ	leihst	lieh	geliehen
lesen قَرَأَ	liest	las	gelesen
liegen تَمَوضَعَ	liegst	lag	gelegen
lügen كَذَبَ	lügst	log	gelogen
mahlen طَحَنَ	mahlst	mahlte	gemahlen
meiden تَجَنَّبَ	meidest	mied	gemieden
melken حَلَبَ	melkst	melkte / molk	gemolken gemelkt
messen قَاسَ	misst	maß	gemessen
misslingen فَشِلَ	misslingst	misslang	misslungen
mögen حَبَّذَ	magst	mochte	gemocht
müssen تَوَجَّبَ	musst	musste	gemusst
nehmen أَخَذَ	nimmst	nahm	genommen
nennen سَمَّى، كَنَّى	nennst	nannte	genannt
pfeifen صَفَّرَ	pfeifst	pfiff	gepfiffen
pflegen اِعتَنَى	pflegst	pflog	gepflogen
preisen مَدَحَ	preist	pries	gepriesen
quellen تَدَفَّقَ	quillst	quoll	gequollen
raten نَصَحَ، خَمَّنَ	rätst	riet	geraten
reiben بَشَرَ، حَكَّ	reibst	rieb	gerieben
reißen قَطَعَ	reißt	riss	gerissen
reiten اِمتَطَى	reitest	ritt	geritten
rennen رَكَضَ	rennst	rannte	gerannt
riechen شَمَّ	riechst	roch	gerochen

ringen صَارَعَ	ringst	rang	gerungen
rinnen سَالَ	rinnst	rann	geronnen
rufen نَادَى، هَتَفَ	rufst	rief	gerufen
salzen مَلَّحَ	salz(es)t	salzte	gesalzen gesalzt
saufen شَرِبَ خَمرًا	säufst	soff	gesoffen
saugen اِمتَصَّ	saugst	sog / saugte	gesogen gesaugt
schaffen كَوَّنَ، أنجز	schaffst	schuf	geschaffen
scheiden طَلَّقَ	scheidest	schied	geschieden
scheinen بَدَا، أَنَارَ	scheinst	schien	geschienen
schelten شَتَمَ	schiltst	schalt	gescholten
scheren قَصَّ	scherst	schor	geschoren
schieben دَفَعَ	schiebst	schob	geschoben
schießen أَطلَقَ النَّار	schießt	schoss	geschossen
schinden أَنهَكَ	schindest	schindete / schund	geschunden
schlafen نَامَ	schläfst	schlief	geschlafen
schlagen ضَرَبَ	schlägst	schlug	geschlagen
schleichen تَسَلَّلَ	schleichst	schlich	geschlichen
schleifen صَقَلَ	schleifst	schliff	geschliffen
schließen أَغلَقَ	schließt	schloss	geschlossen
schlingen لَفَّ	schlingst	schlang	geschlungen
schmeißen رَمَى	schmeißt	schmiss	geschmissen
schmelzen صَهَرَ	schmilzt	schmolz	geschmolzen
schneiden قطَعَ	schneidest	schnitt	geschnitten
schreiben كَتَبَ	schreibst	schrieb	geschrieben
schreien صَرَخَ	schreist	schrie	geschrien
schreiten خَطَا	schreitest	schritt	geschritten

schwären تَقَرَّحَ	es schwärt	schwärte / schwor	geschwärt geschworen
schweigen صَمَتَ	schweigst	schwieg	geschwiegen
schwellen تَنَفَّخَ	schwillst	schwoll	geschwollen
schwimmen سَبَحَ	schwimmst	schwamm	geschwommen
schwinden نَقُصَ	schwindest	schwand	geschwunden
schwingen تَرَنَّحَ	schwingst	schwang	geschwungen
schwören أَقسَمَ	schwörst	schwor / schwur	geschworen
sehen رَأَى	siehst	sah	gesehen
sein كَانَ	bist	war	gewesen
senden أَرسَلَ	sendest	sandte / sendete	gesandt gesendet
sieden غَلَى	siedest	siedete / sott	gesotten gesiedet
singen غَنَّى	singst	sang	gesungen
sinken اِنخَفَضَ	sinkst	sank	gesunken
sinnen تَفَكَّرَ	sinnest	sann	gesonnen
sitzen جَلَسَ	sitzt	saß	gesessen
sollen تَوَجَّبَ	sollst	sollte	gesollt
spalten فَلَقَ، شَقَّ	spaltest	spaltete	gespalten
speien تَقَيَّأَ	speist	spie	gespien
speisen تَغَذَّى، غذَّى	speist	speiste spies	gespeist gespiesen
spinnen نَسَجَ	spinnst	spann	gesponnen
spleißen لَصَقَ	spleißt	spliss	gesplissen
sprechen تَحَدَّثَ	sprichst	sprach	gesprochen
sprießen نَمَى	sprießt	spross	gesprossen
springen قَفَزَ	springst	sprang	gesprungen
stechen وَخَزَ	stichst	stach	gestochen

stecken أَدخَلَ	steckst	steckte/stak	gesteckt
stehen وَقَفَ	stehst	stand	gestanden
stehlen سَرَقَ	stehst	stahl	gestohlen
steigen صَعَدَ	steigst	stieg	gestiegen
sterben مَاتَ	stirbst	starb	gestorben
stieben نَثَرَ، اِنتَثَرَ	stiebst	stob stiebte	gestoben gestiebt
stinken تَعَفَّنَ	stinkst	stank	gestunken
stoßen اِصطَدَمَ	stößt	stieß	gestoßen
streichen دَهَنَ، مَحَا	streichst	strich	gestrichen
streiten قَاتَلَ	streitest	stritt	gestritten
tragen حَمَلَ، نَقَلَ	trägst	trug	getragen
treffen قَابَلَ	triffst	traf	getroffen
treiben مَارَسَ، طَفَا	treibst	trieb	getrieben
treten رَكَلَ، دَاسَ	trittst	trat	getreten
triefen سَالَ	triefst	triefte/troff	getrieft getroffen
trinken شَرِبَ	trinkst	trank	getrunken
trügen خَدَعَ	trügst	trog	getrogen
tun فَعَلَ	tust	tat	getan
verderben أفسَدَ	verdirbst	verdarb	verdorben
verdrießen نَكَّدَ	verdrießt	verdross	verdrossen
vergessen نَسِيَ	vergisst	vergaß	vergessen
verlieren خَسِرَ	verlierst	verlor	verloren
verschleißen اِستَهلَكَ	verschleißt	verschliss	verschlissen
wachsen نَمَا	wächst	wuchs	gewachsen
wägen وَزَنَ	wägst	wog/wägte	gewogen
waschen غَسَلَ	wäschst	wusch	gewaschen

weben نَسَجَ	webst	wob webte	gewoben gewebt
weichen بَرَحَ	weichst	wich	gewichen
weisen أَشَارَ	weist	wies	gewiesen
wenden قَلَبَ، لَفَّ	wendest	wandte/ wendete	gewandt gewendet
werben أَعلَنَ	wirbst	warb	geworben
werden أَصبَحَ	wirst	wurde/ward	geworden
werfen رَمَى	wirfst	warf	geworfen
wiegen وَزَنَ	wiegst	wog	gewogen
winden لَوَى	windest	wand	gewunden
winken لَوَّحَ	winkst	winkte	gewinkt gewunken
wissen عَلِمَ	weißt	wusste	gewusst
wollen أَرَادَ	willst	wollte	gewollt
wringen عَصَرَ	wringst	wrang	gewrungen
zeihen اِتَّهَمَ	zeihst	zieh	geziehen
ziehen سَحَبَ	ziehst	zog	gezogen
zwingen أَجبَرَ	zwingst	zwang	gezwungen

19.3.0 Reflexives Verb — الفِعلُ المُنعَكِس

سَبَقَ أَن تحدَّثنا عَنِ الضَّمائِرِ المنعَكِسَة، وسَنَتَناوَلُ الآنَ الأَفعَالَ المنعَكِسَة.

عِندَمَا يُعكَسُ الفِعلُ عَلى الفَاعِلِ يُسَمَّى الفِعلُ مُنعَكِساً، وَهُنَاكَ أَكثَرُ مِن نَوعٍ لِلأَفعَالِ المنعَكِسَة، فَمِنهَا مَا يَأتِي مُنعَكِساً فَقَط، فَإِن سَقَطَ الِانعِكَاسُ سَقَطَ مَعنَى الفِعل. وَمِنهَا مَا يُمكِنُ عَكسُهُ، إذ يُمكِنُ أَن يَأتِي بِصِيغَةٍ غَيرِ مُنعَكِسَة (فِعلاً عَادِيّاً) وَلَا يَسقُطُ المَعنَى إِن سَقَطَ الِانعِكَاسُ وَلَكِنْ رُبَّمَا يَأخُذُ الفِعلُ مَعناً آخَرَ دُونَ الِانعِكَاس.

- يَتَطَلَّبُ الفِعلُ المنعَكِسُ ضَمِيرَاً مُنعَكِساً مَنصُوباً "Akkusativ"، أَو مَجرُوراً "Dativ". وَلِكُلِّ ضَمِيرٍ شَخصِيٍّ ضَمِيرٌ مُنعَكِسٌ خَاصٌّ بِهِ.

- وَيُمكِنُ تَمييزُ الفِعلِ فِيمَا إِذَا كَانَ مُنعَكِساً أَم غَيرَ مُنعَكِسٍ بِالشُّرُوطِ الأَربَعَةِ التَّالِيَة:

☪ 1- يَكُونُ الضَّمِيرُ المنعَكِسُ عَائِدَاً عَلَى نَفسِ الفَاعِل:

<u>Ich</u> erholte [**<u>mich</u>**].	اِستَعَدتُ عَافِيَتِي

لَاحِظ: لَا يُمكِنُ استِبدَالُ الضَّمِيرِ "mich" بِضَمِيرٍ آخَر، وَلَو استُبدِلَ لَسَقَطَ مَعنَى الفِعل.

☪ 2- يَرِدُ الضَّمِيرُ المنعَكِسُ دَائِماً جَانِبَ الفَاعِل:

<u>Ich</u> erholte [**<u>mich</u>**].	اِستَعَدتُ عَافِيَتِي

لَاحِظ: لَا يُمكِنُ فَصلُ الضَّمِيرِ "mich" عَنِ الفِعل، وَلَو فُصِلَ عَنهُ لَسَقَطَ مَعنَاه.

☪ 3- لَا يُستَبدَلُ الضَّمِيرُ المنعَكِسُ بِضَمِيرٍ شَخصِيّ:

~~Er erholte [ihn]~~..........(1)	------------
<u>Er</u> erholte [**<u>sich</u>**].........(2)	اِستَعَادَ عَافِيَتَهُ

لَاحِظ: سَقَطَ المعنَى فِي الجُملَةِ الأُولَى لِاستِبدَالِ الضَّمِيرِ المنعَكِسِ بِضَمِيرٍ شَخصِيّ.

☪ 4- لَا يُستَبدَلُ الضَّمِيرُ المنعَكِسُ بِضَمِيرٍ مُنعَكِسٍ آخَر:

~~Ich erholte [sich]~~..........(1)	------------
<u>Ich</u> erholte [**<u>mich</u>**].........(2)	اِستَعَدتُ عَافِيَتِي

لَاحِظ: سَقَطَ المعنَى فِي الجُملَةِ الأُولَى لِاستِبدَالِ الضَّمِيرِ المنعَكِسِ بِضَمِيرٍ مُنعَكِسٍ آخَر.

19.3.1 Echte reflexive Verben أَفعَالٌ مُنعَكِسَة حَقِيقِيَّة

تُعَرَّفُ الأَفعَالُ المنعَكِسَةُ الحَقِيقِيَّةُ بِأَنَّهَا الأَفعَالُ الَّتِي لَا يَتِمُّ مَعنَاهَا إِلَّا بِارتِبَاطِهَا مَعَ الضَّمِيرِ المنعَكِسِ.

19.3.1.1 أَوَّلَاً: أَفعَالٌ مُنعَكِسَةٌ حَقِيقِيَّةٌ تَتَطَلَّبُ ضَمِيرَاً مُنعَكِسَاً مَنصُوبَاً

حَيثُ يَسقُطُ مَعنَى هَذِهِ الأَفعَال إِذَا وَرَدَت فِي الجُملَةِ دُونَ ضَمِيرٍ مُنعَكِسٍ، وَهِيَ أَكثَرُ الحَالَاتِ وُرُودَاً، وَمِن هَذِهِ الأَفعَالَ:

sich$^{+Akk.}$ erholen استَعَادَ حَيَوِيَّتَه	sich$^{+Akk.}$ erkälten أُصِيبَ بِالزُّكَام	sich$^{+Akk.}$ bücken انحَنَى
sich$^{+Akk.}$ auskennen عَرَفَ	sich$^{+Akk.}$ erkundigen استَعلَمَ	sich$^{+Akk.}$ verlaufen تَاهَ فِي الطَّرِيق
sich$^{+Akk.}$ beeilen أَسرَعَ	sich$^{+Akk.}$ schämen خَجِلَ	sich$^{+Akk.}$ lohnen جَدِيرٌ بِالِاهتِمَام
sich$^{+Akk.}$ freuen فَرِحَ	sich$^{+Akk.}$ bewerben رَشَّحَ نَفسَهُ، قَدَّمَ نَفسَه لِـ	sich$^{+Akk.}$ betrinken سَكِرَ
sich$^{+Akk.}$ ereignen حَدَثَ، حَصَلَ...	sich$^{+Akk.}$ räuspern تَنَحنَحَ	sich$^{+Akk.}$ verirren تَاهَ، أَخطَأَ

- أَمثِلَة:

الفِعل	مِثَال
sich erholen تَعَافَى	**<u>Er</u>** erholte **<u>sich</u>**. اِستَعَادَ حَيَوِيَّتَهُ.
sich schämen خَجِلَ	**<u>Sie</u>** sollte **<u>sich</u>** schämen. كَانَ يَنبَغِي عَلَيهَا أَن تَخجَلَ.
sich erkälten أُصِيبَ بِالزُّكَام	**<u>Ich</u>** habe **<u>mich</u>** erkältet. أُصِبتُ بِالزُّكَام.
sich lohnen جَدِيرَاً أَن...	**<u>Liebeskummer</u>** lohnt **<u>sich</u>**. يَستَحِقُّ الشَّجَنُ (هِيَامُ المَوَدَّةِ) أَن يَكُون.

19.3.1.2 ثَانِياً: أَفعَالٌ مُنعَكِسَةٌ حَقِيقِيَّةٌ تَتَطَلَّبُ ضَمِيراً مُنعَكِساً مَنصُوباً مَعَ حَرفِ جَرّ

حَيثُ يَسقُطُ مَعنَى هَذِهِ الأَفعَال إِذَا وَرَدَت فِي الجُملَةِ دُونَ ضَمِيرٍ مُنعَكِسٍ، وَتَرتَبِطُ مَعَ حَرفِ جَرٍّ لِيَتِمَّ مَعنَاهَا، وَمِن هَذِهِ الأَفعَال:

sich + Akk. erinnern an +Akk. تَذَكَّرَ ...	sich +Akk. beschweren über +Akk. اشتَكَى ...
sich + Akk. wundern über + Akk. تَعَجَّبَ مِن ...	sich +Akk. sehnen nach +Dat. تَاقَ لِـ ...
sich + Akk. kümmern um + Akk. اعتَنَى بِـ ...	sich + Akk. interessieren für + Akk. اهتَمَّ بِـ ...
sich + Akk. schämen für + Akk. خَجِلَ مِن ...	sich + Akk. freuen über/auf + Akk. فَرِحَ لِـ ...
sich +Akk. bewerben um +Akk. تَقَدَّمَ لِـ ...	sich +Akk. erkundigen nach +Dat. اِستَعلَمَ عَن ...
sich +Akk. bedanken für +Akk. اِمْتَنَّ لِـ ...	sich +Akk. fürchten vor +Dat. خَافَ مِن ...
sich +Akk. entschließen zu +Dat. عَزَمَ عَلَى ...	sich +Akk. ärgern über +Akk. غَضِبَ بِسَبَب ...
sich +Akk. konzentrieren auf +Akk. رَكَّزَ عَلَى ...	sich +Akk. entschuldigen für +Akk. اعتَذَرَ عَن ...

- أَمثِلَة:

الفِعل	مِثَال
sich+Akk kümmern um +Akk اِهتَمَّ بِـ	**Sie** kümmert **sich** um ihre Kinder. تَهتَمُّ بِأَطفَالِهَا.
sich+Akk sehnen nach +Dat تَاقَ لِـ	**Sie** sehnen **sich** nach Geborgenheit. يَتُوقُونَ لِلأَمَان.
sich+Akk schämen für +Akk خَجِلَ مِن	**Er** schämt **sich** nicht für sein schlechtes Verhalten. لَا يَخجَلُ مِن سُلُوكِهِ السَّيِّء.

- مُلَاحَظَة: يُمكِنُ أَن تَرِدَ بَعضُ هَذِهِ الأَفعَالِ كَأَفعَالٍ غَيرِ مُنعَكِسَة، وَلَكِن فِي هَذِهِ الحَالَةِ يَأخُذُ الفِعلُ مَعنًا آخَر. أَمثِلَة:

الفِعل	مِثَال
beschweren أَثقَلَ	**Er** beschwerte das Papier mit einem Stein. أَثقَلَ الوَرَقَةَ بِحَجَر (وَضَعَ حَجَرَاً فَوقَهَا).
wundern أَدهَشَ	**Ihr** Benehmen wunderte alle Anwesenden. أَدهَشَ سُلُوكُهَا جَمِيعَ الحَاضِرِين.
interessieren نَالَ اهتِمَامَهُ	**Physik und Sport** interessieren mich sehr. تَنَالُ الفِيزِيَاءُ وَالرِّيَاضَةُ اِهتِمَامِي.

19.3.1.3 ثَالِثَاً: أَفعَالٌ مُنعَكِسَةٌ حَقِيقِيَّة تَتَطَلَّبُ ضَمِيرَاً مُنعَكِسَاً مَجرُورَاً

حَيثُ يَسقُطُ مَعنَى هَذِهِ الأَفعَالِ إِذَا وَرَدَت فِي الجُملَةِ دُونَ ضَمِيرٍ مُنعَكِس، وَمِن هَذِهِ الأَفعَال:

sich $^{+Dat.}$ etwas $^{+Akk.}$ aneignen حَصَلَ عَلى، استَولَى	sich $^{+Dat.}$ etwas $^{+Akk.}$ anmaßen استَبَاحَ شَيئَاً
sich $^{+Dat.}$ etwas $^{+Akk.}$ vorstellen تَصَوَّرَ فِي نَفسِهِ شَيئَاً	sich $^{+Dat.}$ etwas $^{+Akk.}$ einbilden تَصَوَّرَ فِي نَفسِهِ شَيئَاً
sich $^{+Dat.}$ Sorgen machen قَلِقَ	sich $^{+Dat.}$ Mühe geben بَذَلَ جُهدَاً
sich $^{+Dat.}$ etwas $^{+Akk.}$ denken تَصَوَّرَ، تَخَيَّلَ	sich $^{+Dat.}$ Gedanken machen قَلِقَ
sich $^{+Dat.}$ etwas $^{+Akk.}$ ausdenken ابتَدَعَ شَيئَاً فِي مُخَيِّلَتِهِ	sich $^{+Dat.}$ etwas $^{+Akk.}$ merken حَفِظَ شَيئَاً فِي ذَاكِرَتِهِ

- أمثِلَة:

الفِعل	مِثَال
sich +Dat. etwas vorstellen تَصَوَّرَ	**<u>Ich</u>** habe **<u>mir</u>** das nicht vorgestellt. لَم أَتَصَوَّر ذَلِك.
sich +Dat. etwas einbilden تَصَوَّرَ	**<u>Ich</u>** bildete **<u>mir</u>** ein, dass… تَصَوَّرتُ بِأَنّ...
sich +Dat. Mühe geben بَذَلَ جُهداً	**<u>Ich</u>** habe **<u>mir</u>** große Mühe gegeben, einen neuen Plan zu entwerfen. بَذَلتُ جُهدَاً كَبِيرَاً فِي وَضعِ خِطَّةٍ جَدِيدَة.
sich +Dat. etwas ausdenken ابتَدَعَ	**<u>Der Märchenerzähler</u>** dachte **<u>sich</u>** +Dat. eine bemerkenswerte Geschichte aus. ابتَدَعَ الحَكَوَاتِي قِصَّةً تَلفِتُ الإنتِبَاه.
sich +Dat. etwas nehmen إِستَحوَذَ عَلَى	**<u>Er</u>** hat **<u>sich</u>** +Dat. das Spielzeug seiner Tochter genommen. إِستَحوَذَ عَلَى لُعبَةِ أُختِه.
sich +Dat. etwas vergegenwärtigen تَصَوَّرَ، تَخَيَّلَ فِي نَفسِه	**<u>Der Kommandant</u>** vergegenwärtigt **<u>sich</u>** +Dat. die negativen Konsequenzen. يَتَصَوَّرُ القَائِدُ العَسكَرِيُّ النَّتَائِجَ الوَخِيمَةَ فِي نَفسِه.

19.3.2 Unechte reflexive Verben أَفعَالٌ مُنعَكِسَة غَيرُ حَقِيقِيَّة

حَيثُ لَا يَسقُطُ مَعنَى الفِعلِ إِذَا وَرَدَ غَيرَ مُنعَكِس، وَيُمكِنُ أَن يَرِدَ الضَّمِيرُ المنعَكِسُ الغَيرُ حَقِيقِيٍّ مَنصُوبَاً أَو مَجرُوراً. ويُعكَسُ الفِعلُ فِي هَذِهِ الحَالَةِ عَلَى الفَاعِلِ، لِيَدُلَّ عَلَى أَنَّ الفَاعِلَ يَقُومُ بِالفِعلِ مِن أَجلِ نَفسِه.

19.3.1.1 أولاً: أَفعَالٌ مُنعَكِسَةٌ غَيرُ حَقِيقِيَّةٍ تَتَطَلَّبُ ضَمِيراً مُنعَكِساً مَجرُوراً

- أَمثِلَة:

Sie kauft [sich] Dat. ein Auto.	سَتَشتَرِي سَيَّارَةً لِنَفسِهَا
Sie wäscht [sich] Dat. das Gesicht.	تَغسِلُ وَجهَهَا
Ich verrenkte [mir] Dat. den Fuß.	التَوَت قَدَمِيْ (انخَلَعَت)
Er verstaucht [sich] Dat. das Handgelenk.	اِلتَوَى رُسُغِي (صُدِعْ)
Er sagte [sich] Dat. etwas.	قَالَ فِي نَفسِهِ شَيئَاً
Er zerbrach [sich] Dat. den Kummer.	تَغَلَّبَ عَلَى فَزَعِهِ
Ich schaue [mir] Dat. eine Sendung an.	أُشَاهِدُ بَرنَامِجَاً تِلفِزيُونِيَّاً
Ich sicherte [mir] Dat. den Erfolg.	أَمَّنتُ نَجَاحِي
Ich machte [mir] Dat. eine Notiz.	دَوَّنتُ مُلَاحَظَةً لِي

19.3.1.2 ثَانِيَاً: أَفعَالٌ مُنعَكِسَةٌ غَيرُ حَقِيقِيَّةٍ تَتَطَلَّبُ ضَمِيراً مُنعَكِساً مَنصُوبَاً

- أَمثِلَة:

Ich wasche [mich] Akk. .	أَغتَسِل.
Ich sehe [mich] Akk. im Spiegel.	أَرَى نَفسِي فِي المِرآة.
Sie änderte [sich] Akk..	تَغَيَّرَت (تَغَيَّرَ سُلُوكُهَا).
Er duscht [sich] Akk..	يَتَحَمَّمُ تَحتَ رَشَّاشِ المَاء.
Er nennt [sich] Akk. König.	يُكَنِّي نَفسَهُ بِالمَلِك.
Er rasiert [sich] Akk..	يَحلِقُ (رُبَّمَا يَحلِقُ شَعرَ ذَقنِه).
Die Frau schminkt [sich] Akk..	تَتَزَيَّنُ الزَّوجَةُ بِالمِكيَاج.
Sie setzten [sich] Akk. an den Tisch.	جَلَسُوا عَلَى الطَّاوِلَة.

20.0.0 Rektion der Verben الحَالَاتُ الّتِي يَتَطَلّبُهَا الفِعل

يَخضَعُ كُلُّ اِسمٍ فِي الجُملَةِ لِحَالَةٍ إعرَابِيَّةٍ مُعَيَّنَةٍ، تَتبَعُ حَرفَ الجَرّ إن وُجِد، وَإن لَمْ يُوجَدْ فَتَتبَعُ لِلفِعل، حَيثُ أَنَّ هُنَاكَ أَفعَالٌ تَتَطَلَّبُ مَنصُوبَاً، وَأَفعَالٌ تَتَطَلَّبُ مَجرُوراً، وَأَفعَالٌ تَتَطَلَّبُ مُضَافَاً إِلَيه، وَهُنَاكَ أَفعَالٌ تَتَطَلَّبُ أَكثَرَ مِن حَالَةٍ إِعرَابِيَّةٍ وَاحِدَة، وَهُنَاكَ فِعلَانِ يَتَطَلَّبَانِ حَالَةَ المرفُوع.

20.1.0 Verben mit Nominativ أَفعَالٌ مَعَ المَرفوع

هُنَاكَ فِعلَانِ اِثنَانِ فَقَط فِي الأَلمَانِيَّةِ يَتَطَلَّبَانِ حَالَةَ الرَّفعِ وَهُمَا "sein, haben". بِشَرطِ أَن يَكُونَا فِعلَينِ قَائِمَينِ بِحَدِّ ذَاتَيهِمَا (أَيّ لَا يَرِدَانِ فِي الجُملَةِ كَفِعلَينِ مُسَاعِدَين). أَمثِلَة:

sein كَانَ	Ich bin nicht der Schulleiter, sondern der Lehrer. أَنَا لَستُ مُدِيرَ المَدرَسَةِ وَإِنَّمَا المُعَلّم.
werden أَصبَحَ	Sie wurde mit der Betreuung der Mannschaft beauftragt. وُكّلَت بِالعِنَايَةِ بِالفَرِيق.

20.2.0 Verben mit Akkusativ أفعَالٌ مع المَنصُوب

تَتَطَلَّبُ الأَفعَالُ المتَعَدِّيَةُ مَفعُولاً بِهِ وَاحِداً عَلَى الأَقلّ لِيَتِمَّ المعنَى. وَتَتَمَثَّلُ الأَفعَالُ المتَعَدِّيَةُ بِالمجمُوعَاتِ الثَّلَاثِ التَّالِيَة:

⇦ 1- الأَفعَالُ الدَّالَّةُ عَلَى عَمَل (لَيسَ لِزَاماً أَن يَدُلَّ الفِعلُ عَلَى حَرَكَةٍ)، مِثل:

trinken شَرِبَ	essen أَكَلَ	braten قَلَى
spülen نَظَّفَ، غَسَلَ	addieren أَضَافَ	lesen قَرَأَ
sehen رَأَى	retten أَنقَذَ	zeichnen رَسَمَ
schreiben كَتَبَ	tragen حَمَلَ، نَقَلَ	kaufen اِشتَرَى
waschen غَسَلَ	scheren قَصَّ	buchen حَجَزَ

- أَمثِلَة:

Ich sehe einen Mann.	أرَى رَجُلاً
Ich zeichne ein Bild.	أرسُمُ لَوحَةً فَنِّيَّة
Ich trinke einen Kaffee.	أشرَبُ كُوباً مِنَ القَهوَة
Ich lese einen Roman.	أقرَأُ رِوَايَة
Ich kaufte einen Nagelknipser.	اشتَرَيتُ مِقَصَّ أظَافِر

⇦ 2- الأفعَالُ ذَوَاتِ البَادِئَاتِ الغَيرِ قَابِلَةٍ لِلانفِصَال:

- كَالأفعَالِ التَّالِيَة:

zerbrechen حَطَّمَ	**er**klären شَرَحَ، بَيَّنَ	**be**kommen حَصَلَ عَلَى	**er**leiden كَابَدَ، عَانَى
verlieren خَسِرَ	**ent**nehmen اختَزَلَ، أخَذَ	**be**schreiben وَصَفَ	**ver**brauchen استَهلَكَ
gebrauchen استَعمَلَ	**ver**stehen فَهِمَ	**be**stehen اجتَازَ	**hinter**lassen تَرَكَ خَلفَهُ
vernichten أفنَى، أبَادَ	**zer**reißen مَزَّقَ	**zer**stören دَمَّرَ	**be**antworten أجَابَ
beauftragen وَكَّلَ بِمُهِمَّة	**be**absichtige قَصَدَ، نَوَى	**er**wähnen ذَكَرَ	**be**treiben مَارَسَ، زَاوَلَ
bezahlen دَفَعَ	**er**füllen وَافَى، مَلَأَ	**emp**fehlen استَحسَنَ	**emp**finden شَعَرَ، أحَسَّ

- أمثِلَة:

Er empfahl mir ein Buch.	استَحسَنَ لِي كِتَاباً
Der Lehrer beantwortete meine Frage.	أجَابَ المُعَلِّمُ عَلَى سُؤَالِي
Er erzählte ihr eine Geschichte.	قَصَّ عَلَيهَا حِكَايَة
Er entnahm eine Probe.	أخَذَ عَيِّنَة
Er erklärte uns die Sache.	شَرَحَ لَنَا المَسألَة (القَضِيَّة)

⇦ 3- بَعضُ الأفعَالِ الغَيرُ شَخصِيَّة، وَالفِعل "haben" كَفِعلٍ قَائِمٍ بِذَاتِه:

Es freut mich, dass du mich besuchst. سَأفرَحُ لَو زُرتَنِي.

Ich habe Hunger / Durst / einen Computer / einen Krampf. أَنَا جَائِع / عَطشَان / لَدَيَّ كمبيوتر / لَدَيَّ تَشَنُّج.
Es ärgert mich, wenn er mich provoziert. يُغضِبُنِي عِندَمَا يَستَفِزُّنِي.

20.2.1 Die Arten des Akkusativs الأَشكَالُ الَّتِي يَرِدُ بِهَا المَفعُولُ بِهِ

➢ 1 - أَن يَكُونَ المفعُولُ بِهِ اسماً ظَاهِراً:

وَهَذِهِ الحَالَةُ تَنطَبِقُ عَلَى مُعظَمِ أَفعَالِ اللُّغَةِ الأَلمانِيَّة، وَمِنهَا:

الفِعل	مِثَال
sehen رَأَى	Ich sah [**den Lehrer**] in der Schule. رَأَيتُ المُعَلِّمَ فِي المَدرَسَة.
retten أَنقَذَ	Er rettete [**das Land**] vor dem Chaos. أَنقَذَ البِلَادَ مِنَ الفَوضَى.
zeichnen رَسَمَ	Sie zeichnete [**ein Bild**] von Jerusalem. رَسَمَتْ صُورَةً لِلقُدس.
malen رَسَمَ	Sie malte [**ein Portrait**] ihres Bruders. رَسَمَتْ صُورَةً لِأَخِيهَا.
unterschreiben وَقَّعَ، أَمضَى	Er unterschrieb [**ein Dokument**] als Zeuge. وَقَّعَ عَلَى وَثِيقَةٍ كَشَاهِد.
trinken شَرِبَ	Er trank [**eine Tasse Tee**]. شَرِبَ كُوباً مِنَ الشَّايّ.
kritisieren اِنتَقَدَ	Der Politiker kritisierte [**das Regime**] scharf. اِنتَقَدَ السِّيَاسِيُّ الحُكُومَةَ بِحِدَّة.

لَاحِظ! أَنَّ الأَفعَالَ السَّابِقَةَ تَطَلَّبَتْ مَفعُولاً بِهِ لِيَتِمَّ المَعنَى. أَمَّا العَنَاصِرُ الأُخرَى المُضَافَةُ إِلَى الجُملَةِ فَهِيَ لِلتَتِمَّةِ وَالتَّوضِيح.

➢ 2 - أَن يَكُونَ المفعُولُ بِهِ مُرَكَّباً مِن اِسمٍ وَحَرفِ جَرّ، حَيثُ أَنَّ حَرفَ الجَرّ مُرتَبِطٌ بِفِعلٍ مُنعَكِسٍ أَو قَابِلٍ لِلانعِكَاس:

تَنطَبِقُ هَذِهِ الحَالَةُ عَلَى الكَثِيرِ مِنَ الأَفعَالِ المنعَكِسَةِ وَخَاصَّةً الأَفعَالِ الدَّالَّةِ عَلَى "الشُّعُور"، وَالمرتَبِطَةِ بِحُرُوفِ جَرٍّ، وَفِي هَذِهِ الحَالَةِ يَكُونُ المفعُولُ بِهِ حَرفُ الجَرِّ مَعَ الإِسمِ الوَاقِعِ بَعدَهُ، أَمثِلَة:

sich freuen فَرِحَ	Ich freue mich [**auf die Ferien**]. أَنَا سَعِيدٌ لِلعُطلَة.
sich ärgern غَضِبَ، انزَعَجَ	Sie ärgerte sich [**über sein Verhalten**]. انزَعَجَت مِن سُلُوكِهِ.
sich interessieren اهتَمَّ بِـ	Ich interessiere mich [**für Physik**]. أَهتَمُّ بِالفِيزِيَاء.

لَاحِظ: أَنَّ المفعُولَ بِهِ فِي الجُمَلِ السَّابِقَة مُرَكَّباً مِن حَرفِ الجَرِّ مَعَ الإِسمِ الوَاقِعِ بَعدَهُ!

- مُلَاحَظَة: يَأتِي مَعَ الفِعلِ "freuen" حَرفُ الجَرِّ auf عِندَ الحَدِيثِ عَنِ المستَقبَل، وَحَرفُ الجَرِّ über عِندَ الحَدِيثِ عَنِ الوَقتِ الحَاضِر.

Ich freue mich [auf Ihren Besuch]. (den zukünftigen Besuch) سَأَفرَحُ بِزِيَارَةِ حَضرَتِكَ لِي. (حَيثُ أَنَّ الزِّيَارَةَ سَتَكُونُ فِي المُستَقبَل)
Ich freue mich [über Ihren Besuch]. (den jetzigen Besuch) أَنَا فَرِحٌ بِزِيَارَةِ حَضرَتِك. (حَيثُ أَنَّ المُتَكَلِّمَ يَتَحَدَّثُ أَثنَاءَ الزِّيَارَة)

➢ 3 - أَن يَكُونَ المفعُولُ بِهِ مُرَكَّباً مِن إِسمٍ وَحَرفِ جَرّ، حَيثُ أَنَّ حَرفَ الجَرِّ مُرتَبِطٌ بِفِعلٍ غَيرِ مُنعَكِس، كَالتَّالِي:

warten auf إِنتَظَرَ	Sie wartet [auf ihren Bruder]. تَنتَظِرُ أَخِيهَا.
verfügen über إِمتَلَكَ	Jeder Staat verfügt [über politische Macht]. تَمتَلِكُ كُلُّ دَولَةٍ قُوَّةً سِيَاسِيَّة.

لَاحِظ: الأَفعَالُ غَيرِ مُنعَكِسَة، وَالمفعُولُ بِهِ هُوَ حَرفُ الجَرِّ مَعَ الإِسمِ الوَاقِعِ بَعدَهُ.

20.3.0 Verben mit Dativ أَفعَالٌ مَعَ المَجرُور

تَتطَلَّبُ هَذِهِ الأَفعَالُ حَصرَاً مَجرُوراً لِيَتِمَّ المعنَى، وَمِنهَا:

➢ 1- الكَثِيرُ مِنَ الأَفعَالِ الَّتِي تَبدَأُ بِالبَادِئَاتِ (nach-, zu-, ent-). أَمثِلَة:

الفِعل	مِثَال
<u>nach</u>laufen سَارَ وَرَاء	Das Kind [<u>läuft</u>] [**<u>seiner Mutter</u>**] [**<u>nach</u>**]. يُهَروِلُ الطِّفلُ وَرَاءَ أُمِّه.
<u>zu</u>hören اِستَمَعَ	Die Schüler [<u>hören</u>] [**<u>dem Lehrer</u>**] [**<u>zu</u>**]. يَستَمِعُ الطُّلَّابُ لِلأُستَاذ.
<u>ent</u>stammen اِنتَمَى	Er [**<u>ent</u>**<u>stammt</u>] [**<u>einer Adelsfamilie</u>**]. يَنتَمِي إِلَى عَائِلَةٍ كَرِيمَة.

➢ 2- مَعَ الأَفعَالُ الخَاصَّةُ بِالمجرُور، وَقَد ذَكَرنَاهَا سَابِقَا، وَأَهَمُّهَا:

danken شَكَرَ	dienen خَدَمَ	drohen هَدَّدَ	gratulieren هَنَّأَ
folgen تَبِعَ، تَتَبَّعَ	passen نَاسَبَ	begegnen قَابَلَ	verzeihen سَامَحَ
antworten أَجَابَ	fehlen نَقُصَ	gehören اِنتَمَى إِلَى	helfen سَاعَدَ

- أَمثِلَة:

الفِعل	مِثَال
begegnen قَابَلَ	Ich begegne den Schülern jeden Tag auf dem Weg zur Schule. أُقَابِلُ الطُّلَّابَ كُلَّ يَومٍ عَلَى طَرِيقِ المَدرَسَة.
danken شَكَرَ	Sie dankte mir für meine Hilfe. شَكَرَتنِي عَلَى مُسَاعَدَتِي لَهَا.
helfen سَاعَدَ	Sie hilft ihren Freundinnen immer. تُسَاعِدُ صَدِيقَاتِهَا دَائِماً.

20.4.0 Verben mit Dativ und Akkusativ أَفعَالٌ مَعَ المَجرُورِ وَالمَنصُوب

حَيثُ يَجتَمِعُ فِي نَفسِ الجُملَةِ اِسمٌ مَنصُوبٌ وَاِسمٌ مَجرُورٌ، وَتَتَجَلَّى هَذِهِ الحَالَةُ مَعَ مَجمُوعَاتٍ مُعَيَّنَةٍ مِنَ الأَفعَالِ المتَعَدِّيَة (الَّتِي تَتَطَلَّبُ مَفعُولاً بِهِ لِيَتِمَّ المعنَى)، وَهَذِهِ الأَفعَالُ:

⇦ 1- أَفعَالُ العَطَاء:

geben أعطَى	schenken أهدَى	überweisen حَوَّلَ	einreichen أعطَى، قَدَّمَ
überreichen نَاوَلَ، سَلَّمَ	verleihen وَهَبَ، أعَارَ	verkaufen بَاعَ	verweisen أحَالَ
spenden تَبَرَّعَ، تَزَكَّى	zuordnen خَصَّصَ، نَظَّمَ	vermieten أجَّرَ	vermitteln قَدَّمَ

- أَمثِلَة:

الفِعل	مِثَال
geben أعطَى	Der Vater gab **<u>seinem Sohn</u>** **<u>einen Rat</u>**. قَدَّمَ الأَبُ لِإبنِهِ نَصِيحَة.
schenken أهدَى	Er schenkte **<u>seiner Frau</u>** **<u>eine Armbanduhr</u>**. أهدَى زَوجَتَهُ سَاعَةَ يَدّ.
verleihen أعَارَ، وَهَبَ	Seine Leistungen verliehen **<u>ihm</u>** **<u>Ruhm</u>**. وَهَبَتهُ إنجَازَاتُهُ المَجد.

لَاحِظ: يَأتِي الِاسمُ المجرُورُ قَبلَ المفعُولِ إِذَا كَانَا اِسمَان.

- أَمَّا إِذَا كَانَ المجرُورُ أَوِ المنصُوبُ ضَمِيرَاً فَيَأتِي بِجَانِبِ الفِعلِ وَالِاسمُ بَعدَهُ:

geben أعطَى	Der Vater gab [***<u>ihm</u>***] [**<u>einen Rat</u>**]. قَدَّمَ لَهُ الأَبُّ نَصِيحَة.
	Er kaufte [***<u>ihm</u>***] [**<u>einen Computer</u>**]. اِشتَرَى لَهُ حَاسُوبَاً. (رُبَّمَا لِإبنِهِ أو لِأيِّ شَخصٍ آخَر)
	Der Vater gab [***<u>ihn</u>***] [**<u>seinem Sohn</u>**]. أعطَاهُ الأَب لِإبنِه. (رُبَّمَا كَانَ مِفتَاحَاً أَو أَيَّ شَيءٍ آخَر)

⇦ 2- أَفعَالُ الإِظهَار (العَلَن):

zeigen أظهَر	demonstrieren تَظَاهَر	vorspielen عَزَف عَلَى المَلأ	nachweisen أَثبَتَ، بَرهَن

- مِثَال:

nachweisen أَثبَتَ، بَرهَن	Er wies **dem Richter** **seine Unschuld** nach. أَثبَتَ لِلقَاضِي بَرَاءَتُه.

⇦ 3- أَفعَالُ الإِخبَارِ وَالوَعْد:

sagen قَال	mitteilen أَخبَرَ، أَعلَمَ	erzählen قَصَّ، حَكَى	versprechen وَعَد

- أَمثِلَة:

الفِعل	مِثَال
mitteilen أَخبَرَ، أَعلَمَ	Er sagte **seiner Frau** **ein freundliches Wort**. قَالَ لِزَوجَتِهِ كَلِمَةً لَطِيفَة.
erzählen قَصَّ، حَكَى	Sie erzählt **den Kindern** **eine Geschichte**. تَقُصُّ عَلَى الأَطفَالِ قِصَّة.

⇦ 4- أَفعَالُ التَسَتُّرِ وَالتَّكَتُّم:

- أَمثِلَة:

الفِعل	مِثَال
verheimlichen أَخفَى	Er verheimlichte **uns** lange **seinen Namen**. أَخفَى عَنَّا اِسمَهُ زَمَناً طَوِيلاً.
verschweigen كَتَمَ	Er verschwieg **seiner Frau** **die Wahrheit**. كَتَمَ الحَقِيقَةَ عَن زَوجَتِهِ.
verstecken خَبَّأَ	Sie versteckte **ihrem Mann** **den Neid**. أَخفَت حِقدَهَا عَن زَوجِهَا.
verbergen وَارَى (أَخفَى)	Er hat **uns** [Dat.] **seine Absichten** verborgen. أَخفَى عَنّا خَبَاَهُ (نَوَايَاه).

⇦ 5- بَعضُ الأَفعَالِ المتَعَدِّيَةِ لِمفعُولَينِ بِه:

تَتطَلَّبُ هَذِهِ الأَفعَالُ مَفعُولَينِ بِه، إِلَّا أَنَّهُ لَا يُمكِنُ أَن يَجتَمِعَ فِي اللُّغَةِ الأَلمانِيَّةِ مَفعُولَينِ بِهِ فِي نَفسِ الجُملَة -إِلَّا مَعَ ثَمَانِيَةِ أَفعَالٍ-، فَعِندَئِذٍ يُقلَبُ أَحَدُ المَفعُولَينِ إِلَى مَجرُور، وَمِنهَا:

anhören اِستَمَعَ	ansehen نَظَرَ	verdanken دَانَ	verleihen وَهَبَ، أَعَارَ
angewöhnen اِعتَادَ عَلَى	abgewöhnen أَقلَعَ عَن	unterwerfen أَخضَعَ	unterziehen خَضَعَ

- أَمثِلَة:

unterziehen أَخضَعَ	Die Polizei hat **[den Verdächtigten]** **[der Leibesvisitation]** unterzogen. أَخضَعَتِ الشُّرطَةُ المُتَّهَمَ لِلتَفتِيشِ الجَّسَدِي.
verdanken دَانَ	Er verdankt **[ihm]** **[sein Leben]**. دَانَ لَهُ بِحَيَاتِه.

20.5.0 Verben mit Akkusativ und Genitiv
أَفعَالٌ مَعَ المَنصُوبِ وَالمُضَاف

حَيثُ يَجتَمِعُ فِي نَفسِ الجُّملَةِ اِسمٌ مَنصُوبٌ وَآخَرُ مُضَافٌ، وَتَتَجَلَّى هَذِهِ الحَالَةُ مَعَ مَجمُوعَاتٍ مُعَيَّنَةٍ مِنَ الأَفعَالِ المتَعَدِّيَة، حَيثُ يَكُونُ الِاسمُ الأَوَّلُ مَنصُوباً وَالآخَرُ مُضَافاً. وَغَالِباً مَا تُستَخدَمُ هَذِهِ الأَفعَالُ فِي الدَّوَائِرِ الحُكُومِيَّةِ وَالخِطَابَاتِ الرَّسمِيَّة.

- أَمثِلَة:

verdächtigen اِشتَبَهَ، اِتَّهَمَ	Sie verdächtigten **[ihn]** **[des Diebstahls]**. اِتَّهَمُوهُ بِالسَّرِقَة.
beschuldigen اِتَّهَمَ، أَدَانَ	Er beschuldigte **[ihn]** **[des Verbrechens]**. اِتَّهَمَهُ بِالجِنَايَة (بِالجَرِيمَة).
bezichtigen اِتَّهَمَ	Sie bezichtigte **[ihn]** **[der Untreue]**. اِتَّهَمَتهُ بِالخِيَانَة.
anklagen اِدَّعَى، أَدَانَ	Er klagte **[ihn]** **[der Korruption]** an. اِدَّعَى عَلَيهِ بِحُجَّةِ الفَسَاد (الرَّشوَة).

20.6.0 Intransitive Verben الأفعَالُ اللّازِمَة

تَتَطَلَّبُ هَذِهِ الأَفعَالُ فَاعِلاً وَلَا تَتَطَلَّبُ مَفعُولاً بِهِ لِيَتِمَّ المعنَى، وَمِنهَا:

lachen ضَحِكَ	weinen بَكَى	aufstehen إستَيقَظَ	sterben مَاتَ
fallen سَقَطَ	schwimmen سَبَحَ	liegen تَوَاجَدَ	stehen وَقَفَ

- أَمثِلَة:

lachen ضَحِكَ	Wir lachen. نَضحَكُ
schwimmen سَبَحَ	Wir schwimmen. نَسبَحُ

- يُمكِنُ أَن تَرِدَ مُكَمّلَاتٌ أُخرَى، سَوَاءٌ كَانَتْ مُمَثَّلَةً بِحَرفِ جَرٍّ مَعَ اِسمٍ أَو بِاِسمٍ فَقَط:

schwimmen سَبَحَ	Wir schwammen [**den ganzen Tag**]. سَبَحنَا كُلَّ النَّهَار.
gehen ذَهَبَ	Er ging [**<u>zu</u> der Schule**]. ذهب إِلَى المَدرَسَة.
laufen جَرَى	Wir liefen [**einen Kilometer**]. جَرَينَا كم.
schlafen نَام	Er schlief [**die ganze Nacht lang**]. نَامَ كُلَّ اللَّيل.
zunehmen اِزدَادَ	Sie nahm [**2 Kilo**] zu. اِزدَادَ وَزنُهَا 2 كيلو غرام.

وَأَحيَانَاً يَكُونُ نَفسُ الفِعلِ مُتَعَدّيَاً وَغَيرَ مُتَعَدٍّ، مِثلُ الفِعل (einkaufen):

einkaufen تَسَوَّق (لَازِم)	Sie gehen **<u>im Großhandel</u>** einkaufen. ذَهَبُوا لِلتَسَوُّقِ بِالجُملَة.
einkaufen تَسَوَّق (مُتَعَدٍّ)	Sie gehen **<u>Lebensmittel</u>** einkaufen. ذَهَبُوا لِلتَسَوُّق (لِشِرَاءِ المَوَادِ الغِذَائِيَّة).

20.7.0 Verben mit reflexivem Akkusativ
أَفعَالٌ مُنعَكِسَةٌ تَتَطَلَّبُ ضَمِيرَاً مُنعَكِسَاً فِي حَالِ المَنصُوب

يَكُونُ فِي هَذِهِ الحَالَةِ الضَّمِيرُ المنعَكِسُ فِي حَالِ المنصُوب، وَيُمكِنُ أَن تَحتَوِيَ الجُملَةُ عَلَى إِضَافَاتٍ أُخرَى.

- يَكُونُ الضَّمِيرُ المنعَكِسُ مَنصُوبَاً:

➢ 1- سَوَاءٌ كَانَ الفِعلُ مُنعَكِسَاً أَسَاسَاً:

sich kümmern اِعتَنَى، اِهتَمَّ، اِكتَرَث	**<u>Ich</u>** kümmere **<u>mich</u>** nicht um das Gerede der Leute. لَا أَكتَرِثُ لِكَلَامِ النَّاس (لَغوِهِم).
sich interessieren اِهتَمَّ، اِنجَذَب	**<u>Ich</u>** interessiere **<u>mich</u>** für Physik. أَهتَمُّ بِالفِيزِيَاء.

➢ 2- أَو كَانَ قَابِلَاً لِلانعِكَاس:

sich sehen رَأَى نَفسَه	**<u>Sie</u>** sieht **<u>sich</u>**$^{+Akk.}$ im Spiegel. تَرَى نَفسَهَا فِي المِرآة.
sich waschen اِغتَسَلَ	**<u>Ich</u>** soll **<u>mich</u>** waschen. يَنبَغِي عَلَيَّ أَن أَغتَسِل.

20.8.0 Verben mit reflexivem Dativ
أَفعَالٌ مُنعَكِسَةٌ تَتطَلَّبُ ضَمِيرَاً مُنعَكِسَاً فِي حَالِ الجَرّ

يَكُونُ فِي هَذِهِ الحَالَةِ الضَّمِيرُ المنعَكِسُ فِي حَالِ المجرُور، وَيُمكِنُ أَن تَحتَوِيَ الجُملَةُ عَلَى إِضَافَاتٍ أُخرَى. وَيَكُونُ الضَّمِيرُ المنعَكِسُ مَجرُورَاً:

➢ 1- سَوَاءٌ أَكَانَ الفِعلُ مُنعَكِسَاً أَسَاسِيَّاً:

الفِعل	مِثَال
sich ausdenken اِختَلَق	**<u>Ich</u>** dachte **<u>mir</u>** eine Geschichte aus. اِختَلَقتُ قِصَّةً فِي نَفسِي.
sich einbilden تَصَوَّر	**<u>Ich</u>** bilde **<u>mir</u>** so etwas nicht ein. أَنَا لَا أَتَصَوَّرُ أَمرَاً كَهَذَا.

➢ 2- أم كَانَ قَابِلاً لِلانعِكَاس:

الفِعل	مِثَال
sich waschen إغتَسَلَ	**<u>Ich</u>** wasche **<u>mir</u>** das Gesicht. أَغسِلُ وَجهِي.
sich sagen قَالَ فِي نَفسِهِ	**<u>Ich</u>** sagte **<u>mir</u>**, die Antwort ist falsch. قُلتُ فِي نَفسِي أَنَّ الجَّوَابَ خَاطِئاً.

20.8.1 Die Arten des Dativs الأَشكَالُ الَّتِي يَرِدُ بِهَا الَمجرُور

➢ 1 - أَن يَكُونَ المجرُورُ اِسمَاً ظَاهِرَاً:

وَذَلِكَ بِأَن يَتَطَلَّبَ الفِعلُ اِسمَاً مَجرُورَاً:

الفِعل	مِثَال
antworten أَجَابَ	Der Mitarbeiter antwortete **<u>dem Kunden</u>**. أَجَابَ العَامِلُ الزَّبُون.
danken شَكَرَ	Die Dame dankte **<u>ihrer Nachbarin</u>**. شَكَرَتِ السَّيِّدَةُ جَارَتَهَا.
gratulieren هَنَّأَ	Er gratulierte **<u>der Schwester</u>** seiner Frau. هَنَّأَهَا أُختَ زَوجَتِه.
ähneln شَابَهَ	Das Mädchen ähnelt **<u>seiner Mutter</u>**. تُشبِهُ الفَتَاةُ أُمَّهَا.

➢ 2 - أَن يَكُونَ الَمجرُورُ مُرَكَّبَاً مِن اسمٍ وَحَرفِ جَرّ:

فِي هَذِهِ الحَالَةِ يَكُونُ المجرُورُ هُوَ حَرفُ الجَرّ مَعَ الِاسمِ الوَاقِعِ بَعدَهُ، أَمثِلَة:

الفِعل	مِثَال
anfangen mit بَدَأَ بِـ	Er fing **<u>mit dem Studium</u>** an. بَدَأَ بِدِرَاسَتِهِ.
abhängig von مُرتَبِطٌ بِـ	Als Kind ist er **<u>von den Eltern</u>** abhängig. هُوَ مُرتَبِطٌ بِوَالِدَيهِ كَونُهُ لَا يَزَالُ طِفلاً.
arbeiten bei عَمِلَ لَدَى	Mein Bruder arbeitet **<u>bei der Telekom</u>**. يَعمَلُ أَخِي لَدَى شَرِكَة Telekom.

20.9.0 Verben mit präpositionalem Objekt
أَفعَالٌ تتَطَلَّبُ أَسمَاءً مَعَ حُرُوفِ الجَرّ

تَرتَبِطُ الكَثِيرُ مِنَ الأَفعَالِ فِي اللُّغَةِ الأَلمَانِيَّةِ بِحُرُوفِ جَرّ، وَلَا يَتعَلَّقُ حَرفُ الجَرِّ فِي تَحدِيدِ لُزُومِ الفِعلِ أَو تَعَدّيه، وَلَيسَ هُنَاكَ قَاعِدَةٌ مُعَيَّنَةٌ نَلتَزِمُ بِهَا لِتَحدِيدِ حَرفِ الجَرِّ المُرتَبِطِ بِالفِعل، وَيَجِبُ حِفظُهُ مَعَ الحَالَةِ الإِعرَابِيَّةِ الَّتِي يَتطَلَّبُهَا غَيباً.

20.9.1 Präpositionen mit Akkusativ أَوَّلاً: حُرُوفُ جَرٍّ تَتَطَلَّبُ مَنصُوباً

⇦ 1- أَفعَالٌ مُرتَبِطَةٌ مَعَ حَرفِ الجَرّ "an" (فِي حَالَةِ المَنصُوب):

الفِعل	مِثَال
gewöhnen an +Akk. اِعتَادَ عَلَى...	Er gewöhnte sich **an** die neue Umgebung. اِعتَادَ عَلى البِيئَةِ الجَّدِيدَة.
glauben an +Akk. صَدَّقَ... ، اِعتَقَدَ بِـ...	Er glaubt nicht **an** so dumme Ideen. لَا يُصَدّقُ حَمَاقَاتٍ كَهَذِه.
arbeiten an +Akk. عَمِلَ بِـ...	Wir arbeiten **an** dem Plan. نَعمَلُ بِالخِطَّة (نَعمَلُ عَلَى صِيَاغَتِهَا).
sich wenden an +Akk. تَوَجَّهَ إِلَى...	**An** wem soll ich mich wenden? لِمَن يَنبَغِي عَلَيَّ أَن أَتَوَجَّه؟
sich anpassen an +Akk. تَكَيَّفَ مَع...	Er passte sich **an** das neue Wetter an. تَأَقلَمَ مَعَ الجَّوّ الجَدِيد.
sich erinnern an +Akk. تَذَكَّرَ...	Er erinnerte sich **an** die schönen Zeiten. تَذَكَّرَ الأَيَّامَ الجَمِيلَة.

⇦ 2- أَفعَالٌ مُرتَبِطَةٌ مَعَ حَرفِ الجَرِّ "auf" (فِي حَالَةِ المَنصُوب):

الفِعل	مِثَال
achten auf +Akk. اِنتَبَهَ إِلَى...	Der Fahrer achtet **auf** den Verkehr. يَنتَبِهُ السَّائِقُ إِلَى حَرَكَةِ المُرُور.
verzichten auf +Akk. تَخَلَّى عَن...	Er verzichtet **auf** sein Erbe. سَوفَ يَتَخَلَّى عَن إِرثِه (حَقَّهُ فِي المِيرَاث).
hoffen auf +Akk. أَمَلَ...	Ich hoffe immer **auf** das Beste. آمُلُ دَائِماً بِالأَفضَل.
warten auf +Akk. اِنتَظَرَ...	Die Mutter wartet **auf** ihre Kinder. تَنتَظِرُ الأُمُّ أَبنَاءَهَا.

sich verlassen auf $^{+Akk.}$ إعتَمَدَ عَلَى...	Er ist jemand, **auf** den man sich verlassen kann. هُو إنسَانٌ يُمكِنُ الإعتِمَادُ عَلَيه.
sich beziehen auf $^{+Akk.}$ إستَنَدَ عَلَى...	Ich beziehe mich **auf** Ihr Schreiben. أَستَنِدُ إِلَى خِطَابِ (مَكتُوبِ) حَضرَتِكُم (أَتَّخِذُهُ كَمُبَرِّر).

⇦ 3- أَفعَالٌ مُرتَبِطَةٌ مَعَ حَرفِ الجَرِّ "für" (فِي حَالَةِ المنصُوب):

الفِعل	مِثَال
danken für $^{+Akk.}$ شَكَرَ علَى...	Ich danke Ihnen **für** Ihre Hilfe/Einladung. أَشكُرُكَ عَلَى المُسَاعَدَة/الدَّعوَة.
kämpfen für $^{+Akk.}$ نَاضَلَ فِي سَبِيل...	Wir kämpfen **für** die Freiheit/ das Recht. نُنَاضِلُ مِن أَجلِ الحُرِّيَّة/العَدَالَة.
sorgen für $^{+Akk.}$ اِهتَمَّ بِـ...	Er sorgt **für** seine Familie. يَهتَمُّ (يَعتَنِي) بِعَائِلَتِه.
werben für $^{+Akk.}$ رَوَّجَ لِـ...	Die Firma wirbt **für** ihre Produkte. تُرَوِّجُ الشَّرِكَةُ لِمُنتَجَاتِهَا.
sich interessieren für $^{+Akk.}$ اِهتَمَّ بِـ...	Er interessiert sich **für** Mathematik. يَهتَمُّ بِالرِّيَاضِيَّات.
sich entscheiden für $^{+Akk.}$ قَرَّرَ بِأَن...	Er entschied sich **dafür**, mit uns zu gehen. قَرَّرَ أَن يَأتِيَ مَعَنَا.
sich halten für $^{+Akk.}$ اِعتَبَرَ نَفسَهُ كَـ...	Er hält sich **für** etwas Besonderes. يَعتَبِرُ نَفسَهُ فَرِيداً.

⇦ 4- أَفعَالٌ مُرتَبِطَةٌ مَعَ حَرفِ الجَرِّ "in" (فِي حَالَةِ المنصُوب):

الفِعل	مِثَال
geraten in $^{+Akk.}$ وَقَعَ فِي...	Die Geschichte geriet **in** Vergessenheit. وَقَعَت هِذِهِ القِصَّةُ فِي طَيِّ النِّسيَان.
reinschreiben in $^{+Akk.}$ كَتَبَ فِي...	Er schreibt den Satz **in** das Heft rein. يَكتُبُ الجُملَةَ فِي الدَّفتَر.
zerlegen in $^{+Akk.}$ فَكَّكَ إِلى...	Er zerlegte das Gerät **in** seine Einzelteile. فَكَّكَ الأَجزَاءَ المُكَوِّنَةَ لِلجِهَاز عَن بَعضِهَا.

eingeben in +Akk. أدخَلَ...	Ich gebe die Daten **in** den Computer ein. أدخَلَ المَعلُومَاتَ فِي الحَاسُوب.
gliedern in +Akk. قَسَّمَ، جَزَّأَ إِلَى...	Er gliedert die Doktorarbeit **in** 3 Kapitel سَيُقَسِّمُ رِسَالَةَ الدّكتُورَاهُ إِلَى ثَلَاثَةِ أَقسَام.
sich einmischen in +Akk. حَشَرَ نَفسَهُ فِي...	Er mischt sich **in** Sachen ein, **in** die man sich besser nicht einmischt. يَحشُرُ نَفسَهُ فِي أُمُورٍ كَانَ الأَولَى أَلّا يَحشُرَهَا بِهَا.
sich vertiefen in +Akk. اِنغَمَسَ فِي ...	Er vertiefte sich **in** seine Arbeit. غَاصَ فِي غِمَارِ عَمَلِه.

⇦ 5- أَفعَالٌ مُرتَبِطَةٌ مَعَ حَرفِ الجَرّ "gegen" (فِي حَالَةِ المَنصُوب):

الفِعل	مِثَال
abwägen gegen+Akk. وَازَنَ...	Er wägt die Vor- und Nachteile der Sache **gegeneinander** ab. يُوَازِنُ بَينَ مَحَاسِنِ الأَمرِ وَمَسَاوِئِه.
einwenden gegen+Akk. اِعتَرَضَ عَلى...	Wir haben **dagegen** nichts einzuwenden. لَيسَ لَدينَا مَا نَعتَرِضُ عَلَيه.
verteidigen gegen+Akk. دَافَعَ عَن...	Wir alle verteidigen unser Land **gegen** die Angreifer. نُدَافِعُ عَن أَرضِنَا جَمِيعاً ضِدَّ المُعتَدِين.
absichern gegen+Akk. ضَمِنَ ضِدَّ...	Er sicherte sich **gegen** die unerwarteten Reparaturkosten ab. أَمَّنَ نَفسَهُ مِن تَكَالِيفِ الإصلَاح المُفَاجِئَة.
argumentieren gegen+Akk. بَرهَنَ ضِدَّ ...	Er argumentierte **gegen** die Anklage. بَرهَنَ بِمَا يَتَنَافَى مَعَ الإِدّعَاء.

⇦ 7- أَفعَالٌ مُرتَبِطَةٌ مَعَ حَرفِ الجَرّ "über" (فِي حَالَةِ المَنصُوب):

الفِعل	مِثَال
berichten über +Akk. كَتَبَ تَقرِيرَاً حَول...	Er berichtete **über** den Unfall. كَتب تَقرِيراً عَنِ الحَادِث.
debattieren über +Akk. تَبَاحَثَ فِي ...	Wir debattierten **über** dieses Thema. تَبَاحَثنَا فِي هَذَا المَوضِع.

entscheiden über +Akk. قَرَّرَ فِيمَا يَخُصّ...	Wir entscheiden heute **über** den weiteren Fortschritt des Projektes. سَنُقَرِّرُ الخُطوَةَ التَّالِيَةَ بِشَانِ هذا المَشرُوعِ اليَوم.
sprechen über +Akk. تَحَادَثَ حَولَ...	Wir sprachen **über** Geschichte / Politik. تَحَادَثنَا فِي التَّارِيخِ / مَوضُوعِ السِّيَاسَة.
verhandeln über +Akk. فَاوَضَ / تَحَدَّثَ حَولَ...	Wir sollen heute mit dem Sachbearbeiter **über** dieses Problem verhandeln. يَنبَغِي عَلَينَا التَّحَدُّثَ فِي المُشكِلَةِ مَعَ المُختَصّ اليَومَ.
sich freuen über +Akk. فَرِحَ بِـ...	Das Kind freute sich **über** das Geschenk. أَفرَحُ الطّفلُ بِالهَدِيَّة.
sich beschweren über +Akk. اِشتَكَى مِن...	Er beschwert sich **über** seinen Nachbarn. يَشتَكِي مِن جَارِه.
sich unterhalten über +Akk. تَحَدَّثَ حَولَ...	Sie unterhielten sich **über** Geschäftliches. تَحَدَّثُوا فِي الأُمُورِ التِّجَارِيَّة.
sich informieren über +Akk. اِستَعلَمَ عَن...	Er informierte sich eingehend **über** dieses Thema. اِستَعلَمَ عَن هَذَا المَوضُوعِ بِالتَّفصِيل.
sich wundern über +Akk. تَعَجَّبَ / اِندَهَشَ مِن...	Er wunderte sich **über** ihr Verhalten. اِندَهَشَ مِن سُلُوكِهَا.
sich ärgern über +Akk. غَضِبَ مِن...	Er ärgert sich **über** sich selbst. يَغضَبُ حَتَّى مِن نَفسِه (كَثِيرُ الغَضَب).

⇦ 8- أَفعَالٌ مُرتَبِطَةٌ مَعَ حَرفِ الجَرّ "um" (فِي حَالَةِ المَنصُوب):

الفِعل	مِثَال
bitten um +Akk. طَلَبَ...	Der Schriftsteller "Antoine" bat die Kinder in seiner Geschichte "Der kleine Prinz" **um** Verzeihung, dass er sein Buch einem Erwachsenen widmete, obwohl das Buch für Kinder sein sollte. يَطلبُ الكاتِبُ "أنطونيو" مِنَ الأطفالِ فِي قِصّتِهِ "الأَمِيرِ الصَّغِيرِ" أَن يُسَامِحُوهُ كَونَهُ أَهدَى كِتَابَهُ لِرَجُلٍ بَالِغٍ رُغمَ أَنَّ الكِتَابَ مُخَصّصٌ لِلأَطفَال.

beneiden um +Akk. حَسَدَ عَلَى...	Sie beneidet uns **um** unser neues Haus. تَحسُدُنَا عَلَى مَنزِلِنَا الجَدِيد.
betrügen um +Akk. غَشَّ بِـ...	Er hat ihn **um** 50 Euro betrogen. غَشَّ عَلَيهِ بِمَبلَغِ 50 يُورُو.
kämpfen um +Akk. ضَارَسَ مِن أَجلِ...	Sie kämpfen **um** die Meisterschaft. يُنَاضِلُونَ مِن أَجلِ السِّيَادَة.
gruppieren um +Akk. نَظَّمَ، رَتَّبَ حَوَّلَ...	Er gruppierte die Stühle zu einem Kreis **um** den Tisch. نَظَّمَ الكَرَاسِيَ حَولَ الطَّاوِلَةِ عَلَى شَكلِ دَائِرَة.
sich bemühen um +Akk. بَذَلَ جُهدًا / نَاضَلَ...	Er bemüht sich **um** sie / jemandes Blick zu entgehen. يُنَاضِلُ مِن أَجلِهَا / مِن أَجلِ أَن يَتَفَادَى نَظرَةَ فُلَان.
sich bewerben für +Akk. / um +Akk. قَدَّمَ نَفسَهُ مِن أَجل...	Er bewirbt sich **um** eine neue Stelle / für die Mitarbeit bei dem Unternehmen. قَدَّمَ نَفسَهُ مِن أَجلِ وَظِيفَةٍ جَدِيدَةٍ / لِلعَمَلِ بِتلكَ الشَّرِكَة.
sich kümmern um +Akk. اِعتَنَى بِـ...	Die Mutter kümmert sich **um** ihre Kinder und zugleich um ihre Arbeit. تَعتَنِي الأُمُّ بِأَطفَالِهَا وَبِعَمَلِهَا فِي نَفسِ الوَقت.

20.9.2 Präpositionen mit Dativ ☪ ثَانِيًا: حُرُوفُ جَرٍّ تَتَطَلَّبُ مَجْرُورًا

⇦ 1- أَفعَالٌ مُرتَبِطَةٌ مَعَ حَرفِ الجَرِّ "aus" (فِي حَالَةِ المجرُور):

الفعل	مثال
schöpfen aus +Dat اِمتَدَّ مِن...	In schweren Zeiten schöpft er Kraft **aus** seinem Glauben. يَمتَدُّ القُوَّةَ فِي الأَوقَاتِ العَصِيبَةِ مِن إِيمَانِه.
bestehen aus +Dat. تَكَوَّنَ مِن...	Das Leben besteht in der Tat nicht nur **aus** Vergnügen. لَا تَتَكَوَّنُ الحَيَاةُ فِي الوَاقِعِ مِنَ المُتعَةِ فَقَط.
stammen aus +Dat. اِنتَمَى إِلَى...	Er stammt **aus** gutem Elternhaus. يَنتَمِي إِلَى عَائِلَةٍ عَرِيقَة.
machen aus +Dat. فَعَلَ، صَنَعَ مِن...	Er macht **aus** einer Mücke einen Elefanten. يَصنَعُ مِنَ الحَبَّةِ قُبَّة.

kommen aus $^{+Dat.}$ إنحَدَرَ مِن...	Ich komme **aus** Arabien. اِنحَدَرَ مِن بِلَادِ العَرَب.

⇦ 2- أَفعَالٌ مُرتَبِطَةٌ مَعَ حَرفِ الجَرِّ "an" (فِي حَالَةِ المجرُور):

الفِعل	مِثَال
leiden an $^{+Dat}$ عَانَى مِن...	Sie leidet **an** chronischen Schmerzen. تُعَانِي مِن آلَامٍ مُزمِنَة.
teilnehmen an $^{+Dat.}$ شَارَكَ بِـ...	Ich nehme **an** dieser Konferenz teil. سَأُشَارِكُ فِي هَذَا المُؤتَمَر.
zweifeln an $^{+Dat.}$ شَكَّ بِـ...	Ich zweifle nicht **an** dem Erfolg ihrer Bemühungen. لَا أَشُكُّ أَبَدَاً فِي نَجَاحِ مَسَاعِيهَا.
erkennen an $^{+Dat.}$ عَرَفَ مِن خِلَال...	Sie erkannte ihn **an** seinem Gang. عَرَفتُهُ مِن مَشيَتِه.
sterben an $^{+Dat.}$ مَاتَ بِسَبَب...	Er starb **an** Altersschwäche. مَاتَ لِكِبَرِ سِنِّه.
arbeiten an $^{+Dat.}$ عَمِلَ بِـ...	Der Ermittler arbeitet **an** der Aufklärung des abscheulichen Verbrechens. يَعمَلُ المُحَقِّقُ فِي كَشفِ مُلَابَسَاتِ الجَّرِيمَةِ الشَّنِيعَة.
fehlen an $^{+Dat.}$ نَقُصَ...	Er lässt es seinen Kindern **an** nichts fehlen. لَا يُنَقِّصُ أَولَادَهُ شَيء.
sich beteiligen an $^{+Dat.}$ شَارَكَ بِـ	Ich beteilige mich **an** dem Rennen / der Messe / der Gesellschaftsführung. سَأُشَارِكُ فِي هَذَا السِّبَاق / المَعرِض/ إِدَارَةِ الشَّرِكَة.

⇦ 3- أَفعَالٌ مُرتَبِطَةٌ مَعَ حَرفِ الجَرِّ "mit" (فِي حَالَةِ المجرُور):

الفِعل	مِثَال
beginnen mit $^{+Dat}$ بَدَأَ بِـ...	Der Radiomoderator hat **mit** der Programmausstrahlung begonnen. بَدَأَ المُذِيعُ بِالبَرنَامَجِ الإِذَاعِيّ.
rechnen mit $^{+Dat}$ حَسَبَ بِـ...	Ich rechne **mit** dem Schlimmsten. أَحسُبُ أَسوَأَ الأَحوَال.

verbinden mit $^{+Dat}$ رَبَطَ بِـ...	Dieses Auto verbindet Schönheit **mit** Funktionalität. تَربِطُ هَذِهِ السَّيَّارَةُ بَينَ الجَمَالِ وَالمُرُونَةِ الوَظِيفِيَّةِ.
vergleichen mit $^{+Dat}$ قَارَنَ بِـ...	Er vergleicht Äpfel **mit** Birnen! يُقَارِنُ التُّفَّاحَ وَالإِجَاصَ! (مع الأمور المتناقضة)
sich beschäftigen mit$^{+Dat.}$ شَغَلَ نَفسَهُ بِـ...	Er beschäftigt sich **mit** den unbedeutenden Einzelheiten. يَشغُلُ نَفسَهُ بِالتَّفَاصِيلِ السَّخِيفَةِ.
sich verabreden mit^{+Dat} اِتَّفَقَ عَلَى...	Ich verabredete mich **mit** ihm. اِتَّفَقتُ مَعَهُ عَلَى مَوعِدٍ.
versorgen mit $^{+Dat}$ زَوَّدَ بِـ...	Sie versorgten uns **mit** Informationen. زَوَّدُونَا بِالمَعلُومَاتِ.
belasten mit $^{+Dat}$ أَثقَلَ بِـ..	Ich will dich nicht **mit** diesem Problem belasten. لَا أُرِيدُ أَن أُحَمِّلَكَ عِبءَ هَذِهِ المُشكِلَةِ.

⇦ 4- أَفعَالٌ مُرتَبِطَةٌ مَعَ حَرفِ الجَرِّ "nach" (فِي حَالَةِ المجرُور):

الفِعل	مِثَال
benennen nach $^{+Dat}$ سَمَّى عَلَى اِسم...	Er benannte den Sohn **nach** seinem Vater. سَمَّى وَلَدَهُ عَلَى اِسمِ وَالِدِهِ.
werfen nach $^{+Dat}$ ضَرَبَ بِـ...	Die Kinder warfen **nach** ihm mit Steinen. اِنهَالَ الأَطفَالُ عَلَيهِ بِالحِجَارَةِ.
(be)fragen nach $^{+Dat}$ سَأَلَ عَن...	Er fragt den Verkäufer **nach** dem Preis. يَسأَلُ البَائِعَ عَنِ السِّعرِ.
streben nach $^{+Dat}$ كَافَحَ مِن أَجل...	Er strebt **nach** Ruhm. يُكَافِحُ مِن أَجلِ المَجدِ.
blicken nach $^{+Dat}$ نَظَرَ إِلَى...	Das Kind blickt **nach** oben. يَنظُرُ الطِّفلُ إِلَى الأَعلى.
sich sehnen nach $^{+Dat}$ تَاقَ إِلَى...	Jeder sehnt sich **nach** Mitgefühl. كُلٌّ يَتُوقُ لِمَشَاعِرِ العَطف.
sich richten nach $^{+Dat}$ تَوَجَّهَ نَحوَ...	Die Mutter richtet sich **nach** ihrem Kind. تُولِي الأُمُّ وَقتَهَا لِطِفلِهَا.

⇦ 5- أَفعَالٌ مُرتَبِطَةٌ مَعَ حَرفِ الجَرِّ "vor" (فِي حَالَةِ المجرُور):

الفِعل	مِثَال
bewahren vor +Dat حَمَى مِن...	Er bewahrte das Auto **vor** Schaden. حَمَى السَّيَّارَةَ مِنَ السُّوء.
schützen vor +Dat وَقَّى مِن...	Die Mutter schützt ihre Kinder mit einer Sonnencreme **vor** Sonnenbrand. تَقِي الأُمُّ أَطفَالَهَا بِمَرهَمِ الحِمَايَةِ مِن حُرُوقِ الشَّمس.
warnen vor +Dat حَذَّرَ مِن...	Der Staat warnt Jugendliche **vor** Drogen. تُحَذِّرُ الدَّولَةُ الشَّبَابَ مِنَ العَقَاقِيرِ المُخَدِّرَة.
fliehen vor +Dat هَرَبَ مِن...	Sie flohen **vor** einem Unwetter. هَرَبُوا مِنَ العَاصِفَة.
davonlaufen vor +Dat تَهَرَّبَ مِن...	Er läuft immer **vor** seine Aufgabe davon. دَائِمَاً مَا يَتَهَرَّبُ مِن أَدَاءِ وَاجِبِه.
sich fürchten vor +Dat خَافَ مِن...	Die Passagiere fürchten sich **vor** Gewitter. يَخَافُ المُسَافِرُونَ مِن عَاصِفَةٍ مَطَرِيَّة.

⇦ 6- أَفعَالٌ مُرتَبِطَةٌ مَعَ حَرفِ الجَرِّ "von" (فِي حَالَةِ المجرُور):

الفِعل	مِثَال
befreien von +Dat خَلَّصَ / حَرَّرَ مِن...	Der Fenchel befreite mich **von** Husten. خَلَّصَنِي اليَانسُونُ مِنَ السُّعَال.
ableiten von +Dat اِشتَقَّ مِن...	Das Wort "Aubergine" leitet sich **von** dem arabischen Wort "بَاذِنجَان" ab. كَلِمَةُ Aubergine مُشتَقَّةٌ مِنَ الكَلِمَةِ العَرَبِيَّة "بَاذِنجَان".
erwarten von +Dat تَوَقَّعَ مِن...	**Von** ihm sind keine Sensationen zu erwarten. لَا يُتَوَقَّعُ مِنهُ أَيَّ حَدَثٍ مُثِير.
abhängen von +Dat تَعَلَّقَ بِـ...	Unsere Reise hängt **von** dem Wetter ab. تَتَعَلَّقُ رِحلَتُنَا بِحَالَةِ الطَّقس.
verstehen von +Dat فَهِمَ مِن...	Ich verstehe viel **von** schwerem Wasser, aber ich will mich damit auf keinen Fall beschäftigen. أُحِيطُ جَيِّدَاً بِعِلمِ المَاءِ المُثَقَّلِ وَلَكِن لَا أُرِيدُ أَن أَعمَلَ بِهِ أَبَدَاً.
stammen von +Dat اِنتَمَى إِلَى...	Diese Schuhe stammen **von** meinem Vater. هَذِهِ الأَحذِيَةُ لِأَبِي.

träumen von $^{+dat}$ حَلَمَ بِـ...	Ich träume **von** sonnigen Ferien. أَحلُمُ بِعُطلَةٍ مُشمِسَةٍ.

⇦ 7- أَفعَالٌ مُرتَبِطَةٌ مَعَ حَرفِ الجَرِّ "zu" (فِي حَالَةِ المجرُور):

الفِعل	مِثَال
gehören zu $^{+Dat}$ اِنتَمَى إِلَى / خَصَّ...	Dieses Kind gehört **zu** mir. هَذَا طِفلِي.
aufrufen zu $^{+Dat}$ دَعَا إِلَى...	Die Leute riefen **zu** Massenprotesten auf. دَعَا هَؤُلَاءِ النَّاسُ إِلَى احتِجَاجَاتٍ شَعبِيَّة.
beitragen zu $^{+Dat}$ سَاهَمَ بِـ...	Die Politiker sprechen viel über Idealismus, aber sie haben eigentlich im Laufe der Geschichte nicht **zur** Sicherung des Friedens beigetragen. يَخُوضُ رِجَالُ السِّيَاسَةِ كَثِيرَاً فِي الحَدِيثِ عَنِ المِثَالِيَّةِ، وَلَكِنَّهُم عَلَى مَرِّ التَّارِيخِ لَم يَكُونُوا دُعَاةَ سَلَام.
einladen zu $^{+Dat}$ دَعَا إِلَى...	Er lud seine Freunde **zu** einem Ausflug ein. دَعَا أَصحَابَهُ إِلَى رِحلَةٍ قَصِيرَة.
gelangen zu $^{+Dat}$ نَالَ...	Sie gelangten **zu** Ruhm, und Ehre. نَالُوا المَجدَ وَالشَّرَف.

20.9.3 Präpositionen mit Genitiv حُرُوفُ جَرٍّ مَعَ الـمُضَاف إِلَيه

كَمَا ذَكَرنَا سَابِقَاً، غَالِبَاً مَا يُستَبدَلُ حَرفُ الجَرِّ المرتَبِطِ بِالمَجرُورِ بِأَفعَالٍ أُخرَى تَدُلُّ عَلَى نَفسِ المعنَى إِلَّا فِي الخِطَابَاتِ الرَّسمِيَّةِ وَالدَّوَائِرِ الحُكُومِيَّةِ بِمَا فِيهَا المَحَاكِمِ فَهِيَ مُستَخدَمَةٌ. وَأَهَمُّ هَذِهِ الحُرُوفِ "wegen":

الفِعل	مِثَال
anklagen wegen$^{+Gen.}$ اِتَّهَمَ بِسَبَب..	Sie klagte ihn **wegen** des Diebstahles an. اِدَّعَت عَلَيهِ بِتُهمَةِ السَّرِقَة.
absagen wegen$^{+Gen.}$ أَلغَى بِسَبَب..	Die Demonstration wurde **wegen** der Wetterverhältnisse abgesagt. أُلغِيَتِ المُظَاهَرَةُ بِسَبَبِ الأَحوَالِ الجَوِّيَّة.

قَد يَكُونُ لِلفِعلِ أَكثَرُ مِن مَعنَى وَاحِد:

الفِعل	المَعنَى	مِثَال
halten	أمسَكَ	Kannst du mal meine Tasche **halten**? هَل لَكَ أَن تُمسِكَ بِحَقِيبَتِي مِن فَضلِك؟
	أَبقَى	Er **hielt** seinen Kopf gesenkt. أَبقَى رَأسَهُ مُنخَفِضاً.
	ثَبَّتَ	Da Regal **hält** mit zwei Schrauben الرَّفُّ مُثَبَّتٌ بِمِسمَارَين.
	أوقف	Ich will euch nicht mehr **halten**. لَا أُرِيدُ أَن أُعَطِّلَكُمْ (أُشغِلَكُمْ) أَكثَرَ مِن ذَلِك.
	اِحتَفَظَ بِـ	Der Kühlschrank **hält** die Kälte lange. تَحتَفِظُ الثَّلَّاجَةُ بِالبُرُودَةِ لِزَمَنٍ طَوِيل.
	حَاضَرَ	Der Professor hat einen Vortrag **gehalten**. أَلقَى الدّكتُورَاه مُحَاضَرَة.
	وَفَّى	Ich hoffe, dass du dein Versprechen **hältst**. أَتَمنّى لَو أنّكَ تَفِي بِوَعدِك.
	أَدَارَ	Der Vater **hält** seinen Laden in Ordnung. يُدِيرُ الأَبُّ مَتجَرَه عَلَى مَا يُرَام.
	اِعتَبَرَ كَـ	Er **hält** seine Schwester immer für dumm. دَائِماً مَا يَعتَبِرُ أُختَهُ غَبِيَّة.
	قَاوَمَ	Die Festung **hielt** den Angriff nicht länger. لَم يُقَاوِمِ الحِصنُ الهُجُومَ طَوِيلاً.
	أَظهَرَ بَأساً	Der Schüler **hielt** in der Prüfung sehr gut. أَثبَتَ الطَّالِبُ جَدَارَتَهُ فِي الإمتِحَانِ بِشَكلٍ جَيِّدٍ جِدّاً.
	دَامَ	Hoffentlich **hält** der Sturm nicht lange. آمُلُ أَلَّا تَدُومَ العَاصِفَةُ طَوِيلَاً.
sich halten	تَعَلَّقَ بِـ	Dieses Buch **hält sich** fest an die Geschichte. يَرتَبِطُ هَذَا الكِتَابُ بِالتَّارِيخِ اِرتِبَاطَاً وَثِيقَاً.
	اِحتَرَمَ، رَاعَى	Alle müssen sich an die Gesetze **halten**. يَجِبُ عَلَى الجَّمِيعِ اِحتِرَامُ القَوَانِين.

مُلَاحَظَة: مُعظَمُ الأَفعَالِ لَـهَا مَعَانِي كَثِيرَةٍ، وَعَلَيكَ أَن تَتَجَنَّبَ حِفظَ الـمَعَانِي الغَيرِ مُستَخدَمَة.

يَتَّصِلُ بِنَفسِ الفِعلِ أَكثَرُ مِن بَادِئَة لِيَأخُذَ مَعناً جَدِيداً:	
الفِعل	**مِثَال**
angehen خَصَّ	Die Sache **geht** dich überhaupt nichts **an**! هَذَا الأَمرُ لَا يَخُصُّكَ إِطلَاقاً!
aufgehen أَشرَقَ	Die Sonne **geht** in wenigen Minuten **auf**. سَتُشرِقُ الشَّمسُ بَعدَ دَقَائِق.
ausgehen نَفَّذَ	Ihr ist die Geduld **ausgegangen**. نَفِذَ صَبرُهَا.
begehen اِرتَكَبَ	Er hat überhaupt kein Verbrechen **begangen**. لَم يَرتَكِب أَيَّ جِنَايَةٍ إِطلَاقاً.
draufgehen مَاتَ	Er könnte bei dem Unfall **draufgehen**. كَادَ أَن يَمُوتَ بِسَبَبِ هَذَا الحَادِث.
entgehen حَادَ	Mir ist einen Verkehrsverstoß **entgangen**. حِدتُ عَن مُخَالَفَةٍ مُرورِيَّة.
fortgehen اِرتَحَلَ	Ahmads Familie ist nach Ägypten **fortgegangen**. اِرتَحَلَتْ عَائِلَةُ أَحمَدَ إِلَى مِصر.
hervorgehen نَتَجَ	Aus der Ehe sind zwölf Kinder **hervorgegangen**. نَجَمَ عَنِ الزَّوَاجِ اِثنَا عَشَرَ وَلَداً.
kaputtgehen تَعَطَّلَ، تَحَطَّمَ	Während der Reparatur **ging** das Glas **kaputt**. تَحَطَّمَ اللَّوحُ الزُّجَاجِيُّ أَثنَاءَ التَّصلِيح.
losgehen اِنطَلَقَ	Die Schüler sind bereits **losgegangen**. اِنطَلَقَ الطُّلَّابُ.
mitgehen ذَهَبَ مَع	Die Kinder sind begeistert **mitgegangen**. ذَهَبَ الأَطفَالُ بِحَمَاسٍ.

nachgehen مَشَى وَرَاء	Das Kind **geht** seiner Mutter zur Küche **nach**. يَذهَبُ الطّفلُ خَلفَ أُمّهِ إِلَى المَطبَخ.
niedergehen تَلَاشَى	Das Gewitter **geht** in wenigen Tagen **nieder**. ستَتَلَاشَى العَاصِفَةُ المَطرِيَّةُ فِي أَيَّامٍ قَلِيلَة.
umgehen تَعَامَلَ	Ich kann mit Kindern gut **umgehen**. أَعرِفُ كَيفَ أُعَامِلُ الأَطفَال بِشَكلٍ مُنَاسِب.
übergehen تَجَاوَزَ، تَجَاهَلَ	Ihr könnt Seite 3 **übergehen**. يُمكِنُكُم أَن تَتَخَطَّوا الصَّفحَةَ رقم 3.
untergehen غَرَبَ، هَلَكَ	Die Sonne **geht unter**. تَغرُبُ الشَّمس.
vorbeikommen مَرَّ عَلَى..	Er reiste ab, ohne bei mir **vorbeizukommen**. سَافَرَ دُونَ أَن يَمُرَّ عَلَيّ.
vorgehen سَارَ أَمَامَ..	Der Major **ging vor**, und Die Truppe folgte. سَارَ الرَّائِدُ فِي الأَمَامِ وَسَارَ الجُنُودُ وَرَاءَه.
zugehen ذَهَبَ إِلَى..	Der Professor **ging** auf das Pult **zu**. تَقَدَّمَ الدّكتُورَاه إِلَى المِنَصَّة.
zurückgehen تَرَاجَعَ، رَجِعَ، رَجَّعَ	Sie ist drei Schritte **zurückgegangen**. رَجِعَتْ ثَلاثَ خُطوَاتٍ إِلى الوَرَاء.

20.10.0 Unpersönliche Verben الأَفعَالُ الغَيرُ شَخصِيَّة

حَيثُ تَرتَبِطُ هَذِهِ الأَفعَالُ مَعَ الضَّمِيرِ (es) لِيَدُلَّ عَلَى فَاعِلٍ شَكلِيّ:

regnen	dämmern	blitzen
أَمطَرَتْ السَّمَاء	اِنبَلَجَ الفَجر	بَرَقَ، لَمَعَ، وَمَضَ

- مِثَال:

Es regnet, zieht, dämmert, blitzt und donnert. تُمطِرُ، تَعصِفُ، يَنبَلِجُ الفَجرُ، تُبرِقُ، تُرعِدُ.
Es freut mich / ärgert mich, wenn ich das höre. يُسعِدُنِي / يُغضِبُنِي سَمَاعُ هَذَا.

20.11.0 Hilfsverben الأَفعَالُ المُسَاعِدَة

يُوجَدُ ثَلَاثَةُ أَفعَالٍ مُسَاعِدَةٍ فِي اللُّغَةِ الأَلمَانِيَّة، وَهِيَ شَاذَّةُ التَّصرِيفِ، وَهِيَ:

der Infinitiv الفِعلُ بِالمَصدَر	das Präteritum المَاضِي البَسِيط	das Perfekt المَاضِي التَّامّ
sein	war	gewesen
werden	wurde	geworden
haben	hatte	gehabt

- وَلِهَذِهِ الأَفعَالُ تَصرِيفٌ خَاصٌّ فِي الزَّمَنِ الحَاضِرِ البَسِيط (Präsens):

الضَّمِيرُ الشَّخصِيّ	الفِعل		
	sein	**werden**	**haben**
ich	bin	werde	habe
du	bist	wirst	hast
er, es, sie	ist	wird	hat
ihr	seid	werdet	habt
wir	sind	werden	haben
sie	sind	werden	haben
Sie	sind	werden	haben

- مُلَاحَظَة: لَا تَأخُذُ هَذِهِ الأفعَالُ ترجَمَةً مُعَيَّنَةً إذا وَرَدَت فِي الجُملَةِ كَأَفعَالٍ مُسَاعِدَةٍ، وَتَأخُذُ مَعنَاً خَاصّاً إِذَا جَاءَتْ مُستَقِلَّةً بِذَاتِهَا، مِثَال:

الفِعل	الحَالَة	مِثَال
sein كَانَ	مُستَقِلّ	- Ich [**bin**] Physiker. أَنَا أَكُونُ فِيزِيَائِيّ
	مُسَاعِد	- Ich [**bin**] gegangen. ذَهَبتُ
werden أَصبَحَ	مُستَقِلّ	- Sie [**wird**] Lehrerin. سَتُصبِحُ آنِسَة
	مُسَاعِد	- Sie [**wird**] arbeiten سَتَعمَل
haben مَلَكَ	مُستَقِلّ	- Er [**hat**] Fieber. لَدَيهِ حُمَّى (مُصَابٌ بِهَا)
	مُسَاعِد	- Er [**hat**] gearbeitet. عَمِلَ

- مُلَاحَظَة: هُنَاكَ تَشَابُهٌ كَبِيرٌ بَيْنَ الضَّمَائِرِ مِن جِهَةٍ، وَبَيْنَ الفِعلِ المُصَرَّفِ مَعَ الضَّمَائِرِ المُختَلِفَةِ مِن جِهَةٍ أُخرَى. وَلَا يُمكِنُ مَعرِفَةُ المقصُودِ أَحيَانَاً إِلَّا مِن سِيَاقِ المعنَى.

- أَمثِلَة:

الفِعل	sie هِيَ	sie هُم	Sie حَضرَتُك	wir نَحن
sein كَانَ	sie ist تَكُون	sie sind يَكُونُون	Sie sind تَكُون	wir sind نَكُون
haben مَلَكَ	sie hat تَملِك	sie haben يَملِكُون	Sie haben تَملِك	wir haben نَملِك
kaufen إِشتَرَى	sie kauft تَشتَرِي	sie kaufen يَشتَرُون	Sie kaufen تَشتَرِي	wir kaufen نَشتَرِي
gehen ذَهَبَ	sie geht تَذهَب	sie gehen يَذهَبُون	Sie gehen تَذهَب	wir gehen نَذهَب

20.11.1 Verwendung von Hilfsverben إِستِخدَامُ الأَفعَالِ المسَاعِدَة:

⇦ 1 - الفِعلُ (werden)، وَيُستَخدَمُ:

(a) – مَسَاعِدَاً فِي تَركِيبِ المستَقبَلِ الأَوَّلِ (Futur 1):

- Sie **wird** arbeiten.	سَوفَ تَعمَل
- Sie **werden** arbeiten.	سَوفَ يَعمَلُون

(b) – مُسَاعِدَاً فِي تَركِيبِ جُملَةِ المبنِي لِلمَجهُول (Passiv):

- Die Fensterscheibe **wurde** zerbrochen.	حُطِّمَ لَوحُ زُجَاجِ النَّافِذَة
- Die Kaffeemaschine **wird** repariert.	تُصَلَّحُ آلَةُ تَحضِيرِ القَهوَة

⇦ 2 - الفِعل (sein)، وَيُستَخدَم:

(a) – مُسَاعِدَاً فِي تَركِيبِ زَمَنِ الحَاضِرِ التَّامّ (Perfekt):

- Sie **sind** geflogen.	سَافَرُوا بِالطَّائِرَة
- Der Zug **ist** abgefahren.	اِنطَلَقَ القِطَار

(b) – مُسَاعِدَاً فِي تَركِيبِ زَمَنِ المَاضِي التَّامِّ البَعِيد (Plusquamperfekt):

- Sie **waren** geflogen.	كَانُوا قَد سَافَرُوا بِالطَّائِرَة
- Der Zug **war** abgefahren.	كَانَ القِطَار قَد اِنطَلَق

(c) – مُسَاعِدَاً فِي تَركِيبِ جُملَةِ المَبنِيِّ لِلمَجهُول (Passiv):

- Das Handy **ist** repariert.	الجَوَّالُ مُصَلَّح
- Der Junge **ist** nicht verdorben.	هَذَا الشَّابُّ لَيسَ فَاسِدَاً (أَخلَاقِيَّاً).

⇦ 3 - الفِعلُ (haben)، وَيُستَخدَمُ:

(a) – مُسَاعِدَاً فِي تَركِيبِ زَمَنِ الحَاضِرِ التَّام (Perfekt):

- Sie **haben** gegessen.	أَكَلُوا
- Er **hat** einen Tee getrunken.	شَرِبَ كُوبَاً مِنَ الشَّاي

(b) – مُسَاعِدَاً فِي تَركِيبِ زَمَنِ المَاضِي التَّامِّ البَعِيد (Plusquamperfekt):

- Sie **hatten** gegessen.	كَانُوا قَد أَكَلُوا
- Sie **hatte** einen Tee getrunken.	كَانَت قَد شَرِبَت كُوبَاً مِنَ الشَّاي

-- أَمثِلَةٌ عَلَى الأَفعَالِ (sein, werden, haben) كَأَفعَالٍ مُسَاعِدَة:

- Er wird den Rasen kürzen.	سَوفَ يُقَصِّرُ العُشبَ (يُشَذِّبُه)
- Der Rasen wird gekürzt.	يُقَصَّرُ العُشبُ (يُشَذَّب)
- Er wird zur Schule gehen.	سَوفَ يَذهَبُ إِلى المَدرَسَة
- Er ist nach Arabien geflogen.	سَافَرَ بِالطَّائِرَةِ إِلى بِلَادِ العَرَب
- Er ist in die Schule gegangen.	ذَهَبَ إِلَى المَدرَسَة
- Er ist schwer verletzt.	مُصَابٌ إِصَابَةً بَالِغَة
- Hanin hat seine Freundin besucht.	زَارَت حَنِينٌ صَدِيقَتَهَا
- Er hat sich auf die Prüfung vorbereitet.	حَضَّرَ نَفسَهُ لِلاِمتِحَان
- Er hat ein Handy gekauft.	اِشتَرَى جَوَّالاً
- Das Baby hat einen Zahn bekommen.	نَشَأَ سِنٌّ لِلوَلَد

- Er hat die Frage verstanden.	فَهِمَ السُّؤَالَ / القَضِيَّة
- Er hat Post bekommen.	جَاءَتهُ بَرقِيَّة (رِسَالَةٌ بَرِيدِيَّة)
- Sie hat etwas anderes gehört.	سَمِعتُ شَيئاً مُغَايِراً
- Ich habe schlecht geschlafen.	لَم أَنَمْ جَيِّدَاً
- Der Computer hat einen Fehlercode gemeldet. أعطَى الحَاسُوبُ رِسَالَةَ خَطَأ.	

- أَمثِلَةٌ عَلَى الأَفعَالِ (sein, werden, haben) كَأَفعَالٍ قَائِمَةٍ بِحَدِّ ذَاتِها:

- Er hat Nasenbluten.	لَدَيهِ رُعَاف (مُصَابٌ بِالرّعَاف)
- Ich habe eine Idee.	لَدَيَّ فِكرَة
- Er hat eine Panne.	لَدَيهِ عُطل
- Er hat Angst.	لَدَيهِ خَوف (خَائِف)
- Ich habe nicht genug Geld.	لَيسَ لَدَيَّ مَالٌ كَافي
- Er hat eine Frage.	لَدَيهِ سُؤَال
- Er ist (ein) Deutscher.	هُوَ أَلمَانِيُّ الأَصل
- Er ist ein Physiker.	هُوَ فِيزيَائِيّ (عَالِمٌ فِيزيَائِي)
- Ich werde Physiker.	سَأُصبِحُ فِيزيَائِيّاً
- Er wird Lehrer.	سَيُصبِحُ مُعَلّماً

20.12.0 Modalverben الأَفعَالُ الكَيفِيَّة

تُعتبَرُ الأَفعَالُ الكَيفِيَّةُ مِن أَكثَرِ الأَفعَالِ اِستِخدَاماً فِي اللُّغَةِ الأَلمَانِيَّةِ سَوَاءً فِي اللُّغَةِ الرَّسمِيَّةِ (Hochdeutsch) أَو فِي اللُّغَةِ العَامِّيَّة (Umgangssprache). وَهَذِهِ الأَفعَال:

können يَستَطِيع	dürfen يُسمَحُ لَهُ	müssen يَجِب	wollen يُرِيد	sollen يَنبَغِي	mögen يُحَبِّذ

- وَلِهَذِهِ الأَفعَالِ تَصرِيفٌ خَاصٌّ فِي الزَّمَنِ الحَاضِرِ البَسِيط:

pro.	können	dürfen	müssen	wollen	sollen	mögen
ich	kann	darf	muss	will	soll	mag
du	kannst	darfst	musst	willst	sollst	magst
man	kann	darf	muss	will	soll	mag
ihr	könnt	dürft	müsst	wollt	sollt	mögt
wir	können	dürfen	müssen	wollen	sollen	mögen
sie	können	dürfen	müssen	wollen	sollen	mögen
Sie	können	dürfen	müssen	wollen	sollen	mögen

- لَاحِظِ التَّطَابُقَ التَّامَّ فِي التَّصرِيفِ بَينَ الضَّمَائِرِ (ich, er, es, sie)، وَالتَّطَابُقَ التَّامَّ أَيضاً بَينَ الضَّمَائِرِ (wir, sie [Pl.], Sie)!

- تُحذَفُ نُقَاطُ الـ "Umlaut" مِن هَذِهِ الأَفعَالِ إِذَا صُرِّفَتْ فِي المَاضِي البَسِيط:

Pro.	können	dürfen	müssen	wollen	sollen	mögen
ich	konnte	durfte	musste	wollte	sollte	mochte
du	konntest	durftest	musstest	wolltest	solltest	mochtest
man	konnte	durfte	musste	wollte	sollte	mochte
ihr	konntet	durftet	musstet	wolltet	solltet	mochtet
wir	konnten	durften	mussten	wollten	sollten	mochten
sie	konnten	durften	mussten	wollten	sollten	mochten
Sie	konnten	durften	mussten	wollten	sollten	mochten

مُلَاحَظَة: يُمكِنُ الِاستِعَاضَةُ عَنِ الضَّمَائِرِ (er, es, sie) بِضَمِيرِ النَّكِرَة "man".

- لَاحِظ: التَّطَابُقَ التَّامَّ فِي التَّصرِيفِ بَينَ ضَمَائِرِ المفرَدِ الغَائِبِ (**er**, **es**, **sie**) مَعَ ضَمِيرِ المفرَدِ المتكَلِّم (**ich**).

وَالتَّطَابُقَ التَّامَّ فِي التَّصرِيفِ أَيضاً بَينَ الضَّمَائِر. (حَضرَتُك **Sie**، هُم **sie**، نَحن **wir**).

20.12.1 Verwendung von Modalverben اِستِخدَامُ الأَفعَالِ الكَيفِيَّة:

لِكُلِّ فِعلٍ مِنَ الأَفعَالِ الكَيفِيَّةِ مَعناً يُمَيِّزُهُ عَنِ الأَفعَالِ الكَيفِيَّةِ الأُخرَى.

⇦ أَوَّلاً: الفِعلُ (müssen): وَيُستَخدَمُ فِي الحَالَاتِ التَّالِيَة:

1- الدَّلَالَةُ عَلَى الإلزَام:
Die Pause ist um, wir müssen zum Unterricht gehen. اِنتَهَتِ الاِستِرَاحَة، عَلَينَا أَن نَذهَبَ إِلَى الدَّرس.
Ich brauche Geld, deshalb muss ich arbeiten. يَلزَمُنِي نُقُود، لذلك يَجِبُ عَلَيَّ أَن أَعمَل.

2- الدَّلَالَةُ عَلَى الرَّغبَةِ بِأُسلُوبٍ صَارِم:
Mein Freund kommt zu mir, und ich muss nicht ausgehen. سَيَأتِي صَدِيقِي إِلَيَّ، وَيَجِبُ عَلَيَّ أَلَّا أَخرُج.
Mein Auto ist kaputt, ich muss es reparieren lassen. سَيَّارَتِي مُعَطَّلَةٌ، يَجِبُ عَلَيَّ أَن أُصَلِّحَهَا.

3- الدَّلَالَةُ عَلَى الشِّدَّةِ فِي الإِرشَاد:
Der Arzt verschrieb mir eine Brille, ich muss sie tragen. يَجِبُ عَلَيَّ أَن أَرتَدِيَ نَظَّارَة، فَالطَّبِيبُ قَد أَوصَى لِي بِهَا.
Ich muss nicht rauchen, meine Eltern haben mir es verboten. لَا يَجِبُ أَن أُدَخِّن، فَوَالِدَيَّ مَنَعُونِيْه (مَنَعُوهُ عَنِّي).

- مُلَاحَظَة: يُمكِنُ أَن يُستَخدَمَ الفِعلُ "brauchen" مَعَ الفِعلِ بِالمصدَرِ وَالأَدَاةِ المصدَرِيَّة "zu"، وأداة النفي، لِيَتِمَّ الدَّلَالَةُ عَلَى الإِلزَامِ، وَيَكُونُ المعنَى كَالفِعلِ "müssen"، كَالتَّالِي:

Nominativ + brauchen + ……… + (nicht) + zu [Infinitiv] فَاعِل + brauchen + ... + (nicht) + zu [الفِعلُ بِالمَصدَر]

- أَمثِلَة:

Ich [brauche] heute die Schule [**nicht**] [**zu**] [schwänzen]. لَا يَجِبُ عَلَيَّ أَن أَتَغَيَّبَ عَنِ المَدرَسَةِ اليَوم.
Du brauchst mir den Spielplan [**nicht**] [**zu**] [zeigen]. لَا يَجِبُ عَلَيكَ أَن تُرِينِي خِطَّتَكَ أَثنَاءَ اللُّعبَة.
Wir brauchen die Taschenrechner zur Prüfung [**nicht**] [mit**zu**nehmen]. لَا يَجِبُ عَلَينَا أَن نَصطَحِبَ الحَاسِبَاتَ مَعنَا إِلَى الامتِحَان.

⇦ ثَانِيَاً: الفِعلُ (können): وَيُستَخدَمُ فِي الحَالَاتِ التَّالِيَة:

1- التَّعبِيرُ عَن إمكَانِيَّةٍ، بِمَعنَى "يَستَطِيع":	
Wir können später das Gespräch fortsetzen. يُمكِنُنَا مُتَابَعَةُ الحَدِيثِ لَاحِقاً.	
Das kann ich nicht sagen.	لَا يُمكِنُنِي أَن أَقُولَ هَذَا
Ich kann nicht mitgehen.	لَا يُمكِنُنِي أَن أَذهَبَ مَعَكُم
Er kann machen, was er will.	يُمكِنُهُ أَن يَفعَلَ مَا يُرِيد

2- التَّعبِيرُ عَنِ القُدرَةِ عَلَى عَمَلِ شَيءٍ، بِمَعنَى "يُمكِن":	
Das Flugzeug kann jetzt abfliegen.	يُمكِنُ لِلطَّائِرَةِ أَن تُقلِعَ الآن
Dieses Auto kann mit enormer Geschwindigkeit fahren. يُمكِنُ لِهَذِهِ السَّيَّارَةِ أَن تَسِيرَ بِسُرعَةٍ هَائِلَة.	

⇦ ثَالِثَاً: الفِعلُ (sollen): وَيُستَخدَمُ فِي الحَالَاتِ التَّالِيَة:

1- الدَّلَالَةُ عَلَى الإِرشَاد، بِمَعنَى "يَنبَغِي"، (إِلَّا أَنَّهَا أَقَلُّ صَرَامَةً مِن müssen):
Die Menschen sollten einander freundlich behandeln. يَنبَغِي عَلَى كُلِّ النَّاسِ أَن يُعَامِلُوا بَعضَهُمُ البَعضُ بِرِفق.
Wir sollen alle Jugendlichen gleich fördern. يَنبَغِي عَلَينَا أَن نَدعَمَ جَمِيعَ الشَّبَابِ دُونَ تَحَيُّز.
Sein schlechtes Verhalten sollte er als falsch ansehen. تَوَجَّبَ عَلَيهِ أَن يَعتَبِرَ تَصَرُّفَهُ السَّيِّئَ تَصَرُّفاً خَاطِئاً.

2- الدَّلَالَةُ عَلَى ضَرُورَةِ التَّطَابُق:	
Das sollte der Verbrecher sein.	يَنبَغِي أَن يَكُونَ هَذَا هُوَ الجَّانِي
Die zukünftigen Autos sollten fliegen (können).	يَنبَغِي أَن تَطِيرَ السَّيَّارَاتُ المُستَقبَلِيَّة.

⇦ رَابِعَاً: الفِعلُ (dürfen): وَيُستَخدَمُ:

لِلدَّلَالَةِ عَلَى الإِمكَانِيَّةِ، بِمَعنَى "يُسمَحُ لَهُ":	
Ihr dürft zur Prüfung Konzeptpapier mitnehmen.	يُسمَحُ لَكُم بِاصطِحَابِ أَورَاقٍ مُسوَدَّةٍ أَثنَاءَ الإِمتِحَان.
Der Leiter darf die Regeln ändern.	يُمكِنُ لِلقَائِدِ أَن يُغَيِّرَ القَوَاعِد
Darf ich Ihnen mitteilen, dass…	هَل لِي أَن أُخبِرَكَ أَنَّ...
Wir dürfen keine Zeit verlieren.	مِن غَيرِ المَسمُوحِ لَنَا تَضيِيعُ الوَقت
Wir dürfen nicht vergessen / verzweifeln / aufgeben.	لَا يُسمَحُ لَنَا أَن نَنسَى / نَقنَط / نَكُفّ.

⇦ خَامِسَاً: الفِعلُ (wollen): وَيُستَخدَمُ:

لِلدَّلَالَةِ عَلَى الرَّغبَةِ، بِمَعنَى "أَرَادَ":	
Die Araber wollen alle arabischen Länder vereinigen.	يُرِيدُ العَرَبُ أَن تَتَّحِدَ جَمِيعُ الدُّوَلِ العَرَبِيَّة.
Das Wetter will heute nicht heiter sein.	لَيسَ لِلجَوِّ أَن يَصحُوَ اليَوم
Er will dieser Gemeinschaft beitreten.	يُرِيدُ أَن يَنضَمَّ لِهَذِهِ المِلَّة
Er wollte keinen bestimmten Termin festlegen.	لَم يَرغَبْ أَن يُحَدِّدَ مَوعِداً مُعَيَّنَاً.
Er wollte von seinem alten Freund nichts mehr wissen.	لَم يَرغَبْ أَن يَسمَعَ شَيئَاً عَن صَدِيقِهِ القَدِيم.

⇦ سَادِسَاً: الفِعلُ (mögen)، وَيُستَخدَمُ:

لِلدَّلَالَةِ عَلَى الرَّغبَةِ، بِمَعنَى "حَبَّذَ":	
Ich mag so etwas gar nicht.	لَا أُحَبِّذُ شَيئَاً كَهَذَا أَبَداً
Sag, was du lieber magst!	قُل مَاذَا تُحَبِّذ!
Den Geschmack mag ich nicht.	لَا أُحَبِّذُ هَذَا الطَّعم

- بِالإِضَافَةِ لِلفِعل "**möchten**"

حَيثُ اِشتُقَّ هَذَا الفِعلُ مِنَ المضَارِعِ المنصُوبِ لِلفِعل "mögen"، وَيُستَخدَمُ لِلطَّلَبِ بِأَدَبٍ وَاحتِرَام، أَمَّا إِذَا أَردنَا التَّعبِيرَ عَنِ الرَّغبَةِ فِي المَاضِي فَيُستَخدَمُ المَاضِي مِنَ الفِعلِ "wollen"، أَمثِلَة:

Ich **möchte** dieses Thema besprechen. **أَوَدُّ** أَن أُعَالِجَ هَذَا المَوضُوع.
Ich **möchte** gerne erwähnen, dass… **أَوَدُّ** أَن أذكُرَ أَيضاً بِأَنَّ...
Ich **wollte** dieses Thema besprechen. **وَدِدْتُ** أَن أُعَالِجَ هَذَا المَوضُوع.
Ich **wollte** erwähnen, dass… **وَدِدْتُ** أَن أَذكُرَ بِأَنَّ...

- أَمثِلَةٌ أُخرَى لِلفِعلِ "wollen":

Sie wollte niemanden verletzen. مَا **أَرَادَت** أَن تَجرَحَ أَحَداً.
Er wollte nicht abstimmen. مَا أَرَادَ أَن يُصَوِّتَ.
Sie wollte bereits eingreifen. **أَرَادَت** أَن تَتَدَخَّل.
Wollen Sie mich anmachen? **أَتَوَدُّ** أَن تُعَاكِسَنِي؟

Die Modalitätsverben "haben und sein + zu-Infinitiv"
اِستِخدَامُ الفِعلَين "sein, haben" كَأَفعَالٍ كَيفِيَّةٍ مَعَ فِعلٍ بِالمَصدَرِ

يُستَخدَمُ الفِعلَانِ "sein, haben" كَأَفعَالٍ كَيفِيَّةٍ عَلَى الشَّكل:

haben + …… + zu-Infinitiv يَملِك + ... + zu-مَصدَر	sein + …… + zu-Infinitiv يَكُون + ... + zu-مَصدَر

- وَلِهذِينِ التَّركِيبَينِ ثَلَاثَةُ اِستِخدَامَات، وَهِيَ:

1- الدَّلَالَةُ عَلَى الضَّرُورَة (Notwendigkeit)، بِمَعنَى "müssen":	
sein	Es **ist** noch viel **zu tun**. هُنَاكَ الكَثِيرُ لِيُقَامَ بِه.
haben	Ich **habe** viel **zu tun**. لَدَيَّ الكَثِيرَ لِأَقُومَ بِه.

2- الدَّلَالَةُ على الإمكَانِيَّة، وَالمَقدِرَة (Möglichkeit)، بِمَعنَى "können":	
sein	Diesem Text **ist** nichts **hinzuzufügen**. يُمكِنُ عَدَمِ إِضَافَةِ أَيّ شَيءٍ إِلَى هَذَا النَّصّ.
haben	Ich **habe** diesem Text nichts **hinzuzufügen**. يُمكِنُنِي أَلَّا أُضِيفَ شَيئاً إِلَى هَذَا النَّصّ.

3- الدَّلَالَةُ على أَنَّ شَيئاً يُعَدُّ غَيرَ مُسمُوحٍ، بِمَعنَى (nicht dürfen):	
sein	Das Buch **ist** nicht hier **zu hinzulegen**. مِن غَيرِ المَسمُوحِ أَن يُوضَعَ الكِتَابُ هُنَا.
haben	Ihr **habt** die Reise nicht **zu verzögern**. لَيسَ مِنَ المَسمُوحِ لَكُم أَن تَتَأَخَّرُوا عَنِ الرّحلَة.

- مُلَاحَظَة: يُمكِنُ أَن تُبنَى الجُملَةُ مَعَ "sein" عَلَى الشَّكل:

- Das Buch **ist** nicht hierhin **zu legen**…(1)

مِن غَيرِ المَسمُوحِ أَن يُوضَعَ الكِتَابُ هُنَا.

↓

- Das nicht hierhin **zu legendem** Buch…(2)

الكِتَابُ الغَيرِ مَسمُوحٍ وَضعُهُ هُنَا. (تَحمِلُ نَفسَ مَعنَى الجُملَةِ الأُولَى)

21.0.0 Das Tempus des Verbes أَزمِنَة الفِعل

هُنَاكَ سِتَّةُ أَزمِنَةٍ فِي اللُّغَةِ الأَلمانِيَّة، وَكُلٌّ مِنهَا يَدُلُّ عَلَى اِستِخدَامٍ مُعَيَّنٍ وَيَرمُزُ إِلَى نِطَاقٍ زَمَنِيٍّ مُعَيَّنٍ، سَوَاءٌ لِلدَلَالَةِ عَلَى الماضِي أَوِ الحَاضِر أَوِ المستقبَل، وَأَحيَانَاً يُستَخدَمُ أَكثَرُ مِن زَمَنٍ لِلدَلَالَةِ عَلَى نَفسِ الحالَةِ الزَّمَنِيَّة.

- نُمَثِّلُ الأَزمِنَةَ السِّتَةَ عَلَى التَّرتِيبِ كَالتَّالِي:

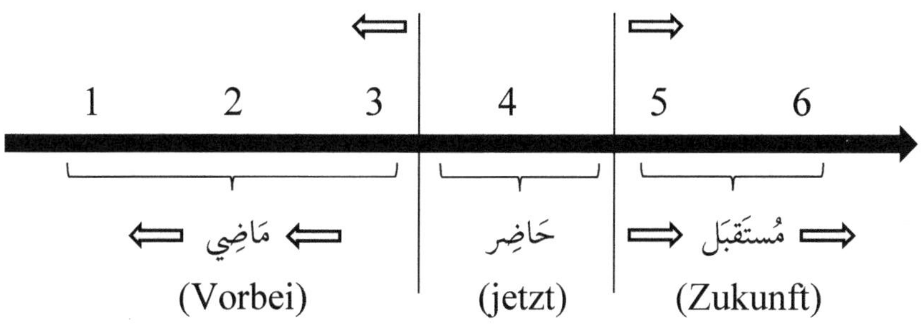

تَفصِيلُ الزَّمَن	الزَّمَن	الرَّقم ↑
يَدُلُّ عَلَى أَنّ الحَدَثَ سَيَحدُثُ فِي المُستَقبَلِ البَعِيد.	Futur II مُستقبَل II	6
يَدُلُّ عَلَى أَنّ الحَدَثَ سَيَحدُثُ فِي المُستَقبَل القَرِيبِ، وَغَالِبَاً وِفقَ خِطَّةٍ مُعَدّةٍ مُسبَقَاً.	Futur I مُستَقبَل I	5
يَدُلُّ عَلَى أَنَّ الحَدَثَ يَحدُثُ الآن، أو سَيَحدُثُ فِي المُستَقبَلِ، أو يَحدُثُ بِانتِظَامٍ، وَلَهُ استِخدَامَاتٌ أُخرَى.	Präsens حَاضِرٌ بَسِيط	4
يَدُلُّ عَلى أَنَّ الحَدَثَ وَقَعَ قَبلَ لَحظَةِ التَّكَلُّمِ بِلَحظَةٍ غَالِبَاً مَا تَكُونُ قَصِيرَة .	Perfekt مَاضِي تَامّ	3
يَدُلُّ عَلَى أَنَّ الحَدَثَ وَقَعَ في المَاضِي القَرِيب.	Präteritum مَاضِي بَسِيط	2
يَدُلُّ عَلَى أَنَّ الحَدَثَ وَقَعَ فِي المَاضِي البَعِيدِ.	Plusquamperfekt مَاضِي تَامّ بَعِيد	1

- لِكُلِّ رَقَمٍ مِنَ الأَرقَامِ السَّابِقَةِ زَمَنٌ مُعَيَّنٌ، نَدُلُّ عَلَيه كَالتَّالِي:

	الزَّمَن	مِثَال
المُستَقبَل Zukunft	Futur II مُستَقبَل II	Er wird das Handy repariert haben. سَوفَ يَكُونُ قَد صَلَحَ الجَّوَّال. (فِي المُستَقبَل)
	Futur I مُستَقبَل I	Er wird das Handy reparieren. سَوفَ يُصَلحُ الجَّوَّال. (فِي المُستَقبَل)
الحَاضِر jetzt	Präsens حَاضِرٌ بَسِيط	Er repariert das Handy. يُصَلّحُ الجَّوَّال. (الآن)
المَاضِي Vorbei	Perfekt مَاضِي تَامّ	Er hat das Handy repariert. صَلَحَ الجَّوَّال. (فِي المَاضِي)
	Präteritum مَاضِي بَسِيط	Er reparierte das Handy. صَلَحَ الجَّوَّال. (فِي المَاضِي)
	Plusquam-perfekt مَاضِي تَامّ بَعِيد	Er hatte das Handy repariert. كَانَ قَد صَلَحَ الجَّوَّال. (فِي المَاضِي)

21.1.0 Präsens (Gegenwart) الزَّمَنُ الحَاضِرُ البَسِيط

يُشَكَّلُ الزَّمَنُ الحَاضِرُ البَسِيطُ عَلَى الشَّكل:

Verbstamm + Präsensendung نِهَايَةُ الحَاضِرِ البَسِيط + جَذرُ الفِعل

- مُلَاحَظَة: هُنَاكَ حَالَاتٌ خَاصَّةٌ يَحدُثُ فِيهَا عَلَى الفِعلِ تَغيِيرَاً خَاصَّاً سَنَتَنَاوَلُهَا لَاحِقَاً.

- اِستِخدَامَاتُ الزَّمَنِ الحَاضِرِ البَسِيط:

⇦ 1- الدَّلَالَةُ عَلَى حَدَثٍ يَحدُثُ لَحظَةَ التَّكَلُّم:

Die Kinder **spielen** im Garten.	يَلعَبُ الأَطفَالُ فِي الحَدِيقَة.
Die Schüler **laufen** über die Straße.	يَجرِي التَّلَامِيذُ عَبرَ الشَّارِع

⇦ 2- وَصفُ حَدَثٍ بَدَأَ فِي الماضِي وَلَا يَزَالُ مُستَمِرَّاً حَتَّى لَحظَةِ التَّكَلُّم:

Sie **spielen** Fußball seit einer Stunde. يَلعَبُونَ كُرَةَ القَدَمِ مُنذُ سَاعَة. (وَلَا زَالُوا يَلعَبُونَهَا حَتَّى لَحظَةِ التَّكَلّم)

Der Detektiv **führt** die erforderlichen Maßnahmen **durch**. يقوم المُحَقِّقُ بِالإجرَاءَاتِ الضَّرُورِيَّة.

⇦ 3- وَصفُ الأَشخَاصِ أَو تَسمِيَاتِهِم:

Ich **bin** Muhammad.	أَنَا مُحَمَّدْ.
Er **ist** Physiker.	هُوَ فِيزِيَائِيٌّ (يَعمَلُ كَفِيزِيَائِيّ).

⇦ 4- وَصفُ عَمَلٍ سَيَكُونُ أَو حَدَثٍ سَيَحدُثُ مُستَقبَلاً:

Er **geht** ins Kino.	سَوف يَذهَبُ إِلى السِّينَمَا
Ich **wasche** das Geschirr.	سَوف أَغسِلُ الصُّحُون

- وَغَالِباً مَا يُوضَعُ بَعدَ الفِعلِ فِي هَذِهِ الحَالَةِ ظُرُوفٌ تَدُلُّ عَلَى المستقبَل:

Er **geht** [übermorgen] ins Kino.	سَيَذهَبُ بَعدَ غَدٍ إِلَى السِّينَمَا
Ich **wasche** [gleich] das Geschirr.	سَأَغسِلُ الصُّحُونَ بَعدَ قَلِيلٍ

⇦ 5- التَّعبِيرُ عَن حَدَثٍ يَحدُثُ بِشَكلٍ مُنتَظَمٍ وَمُتكَرِّر:

Die Sonne **geht** jeden Morgen auf.	تُشرِقُ الشَّمسُ كُلَّ صَبَاح.
Der Geruchssinn des Hundes **ist** stark.	حَاسَّةُ شَمِّ الكَلبِ قَوِيَّة

- تَتَغَيَّرُ نِهَايَةُ الفِعلِ (Verbendung) بِتَغَيُّرِ الفَاعِلِ ، أَمَّا جَذرُ الفِعلِ (Verbstamm) فَيَبقَى ثَابِتاً بِاستِثنَاءِ بَعضِ الأَفعَال (سَنَتَعَرَّفُ عَلَيهَا لَاحِقاً):

بِالعَرَبِيَّة	الضَّمِير	النِّهَايَة	مِثَال
أَنَا	ich	-e	Ich arbeit<u>e</u>, bleib<u>e</u>, komm<u>e</u>… (أَنَا) أَعمَلُ، أَبقَى، آتِي...
أَنت	du	-st	Du arbeit**<u>est</u>**, bleib**<u>st</u>**, komm**<u>st</u>** (أَنتَ) تَعمَلُ، تَبقَى، تَأتِي...
هُو	er	-t	Er arbeit**<u>et</u>**, bleib<u>t</u>, komm<u>t</u>… (هُو) يَعمَلُ، يَبقَى، يَأتِي...
هُو، هِيَ (لِلمُحَايِد)	es	-t	Es arbeit**<u>et</u>**, bleib<u>t</u>, komm<u>t</u>… (هُو، هِيَ لِلمُحَايِد) يَعمَلُ، يَبقَى، يَأتِي...
هِي	sie	-t	Sie arbeit**<u>et</u>**, bleib<u>t</u>, komm<u>t</u>… (هِي) تَعمَلُ، تَبقَى، تَأتِي...

أنتم	ihr	-t	Ihr arbeit**et**, bleib**t**, komm**t**… (أنتُم) تَعملُون، تَبقُون، تَأتُون...
نَحن	wir	-en	Wir arbeit**en**, bleib**en**, komm**en**… (نَحنُ) نَعملُ، نَبقَى، نَأتِي...
همّ	sie	-en	Sie arbeit**en**, bleib**en**, komm**en**… (هُم) يَعملُونَ، يَبقُونَ، يَأتُون...
حَضرَتُك	Sie	-en	Sie arbeit**en**, bleib**en**, komm**en**… (حَضرَتُكَ) تَعملُ، تَبقَى، تَأتِي...

لَاحِظ!: 1- تَشَابُهَ النِّهَايَةِ بَينَ الضَّمَائِرِ (ihr, sie, er, es)!

2- تَشَابُهَ النِّهَايَةِ بَينَ الضَّمَائِرِ (wir, sie [Pl.], Sie)!

- مُلَاحَظَة: يُمكِنُ اِستِخدَامُ ضَمِيرِ الِاحتِرَامِ "Sie" مَعَ الجَمعِ بِمَعنَى "حَضرَتِكُم":

Sie arbeiten, bleiben, kommen… (حَضرَتِكُم) تَعمَلُون، تَبقُون، تَأتُون...

21.1.1 Der bejahte Satz im Präsens
الجُملَة المُثبَتَة فِي الحَاضِرِ البَسِيط

تُشَكَّلُ الجُملَةُ المثبَتَةُ فِي الحَاضِرِ البَسِيطِ كَالتَّالِي:

Subjekt + Präsens + Objekt (Nom. / Akk. / Dat. / Gen.) + … فَاعِل + فِعلٌ بِالحَاضِر + (مَرفُوع/ مَنصُوب/ مَجرُور/ مُضَاف) + ...

- أَمثِلَة:

مِثَال	
Ich kaufe einen Stift.	(أنا) أَشتَرِي قَلمَاً
Du kaufst einen Stift.	(أنت) تَشتَرِي قَلمَاً
Er, sie, es kauft einen Stift. [هُوَ، هِيَ، هُوَ (لِلمُحَايِدِ)] يَشتَرِي / تَشتَرِي قَلمَاً.	
Ihr kauft einen Stift.	(أنتم) تَشتَرُونَ قَلماً
Wir kaufen einen Stift.	(نحن) نَشتَرِي قَلمَاً
Sie kaufen einen Stift.	(هم) يَشتَرُونَ قَلمَاً
Sie kaufen einen Stift.	(حَضرَتُكَ) تَشتَرِي قَلماً

21.1.2 Der verneinte Satz im Präsens
الجُملَة المَنفِيَّة فِي الحَاضِرِ البَسِيط

تَتَشَكَّلُ الجُملَةُ المنفِيَّةُ فِي الزَّمَنِ الحَاضِرِ البَسِيطِ كَالتَّالِي:

Subjekt + Präsens + Objekt (Nom. / Akk. / Dat. / Gen.) + nicht
لا + (مَرفُوع/مَنصُوب/مَجرُور/مُضَاف) + فِعلٌ بِالحَاضِر + فَاعِل

- أمثِلَة:

مثال	
Ich kaufe den Stift **nicht**.	(أنَا) لَا أَشتَرِ هَذَا القَلَم
Du kaufst den Stift **nicht**.	(أنتَ) لا تَشتَرِ هَذَا القَلَم
Er, sie, es kauft den Stift **nicht**.	[هُوَ، هِيَ، هُوَ (لِلمُحَايِدِ)] لَا يَشتَرِ / لَا تَشتَرِ هَذَا القَلَم.
Ihr kauft den Stift **nicht**.	(أنتُم) لا تَشتَرُوا هَذَا القَلَم
Wir kaufen den Stift **nicht**.	(نَحنُ) لا نَشتَرِ هَذَا القَلَم
Sie kaufen den Stift **nicht**.	(هُم) لا يَشتَرُوا هَذَا القَلَم
Sie kaufen den Stift **nicht**.	(حَضرَتُكَ) لا تَشتَرِ هَذَا القَلَم

21.1.3 Der Fragesatz im Präsens جُملَة السُّؤَالِ فِي الحَاضِرِ البَسِيط

تَتَشَكَّلُ جُملَةُ السُّؤَالِ فِي الزَّمَنِ الحَاضِرِ البَسِيطِ كَالتَّالِي:

Präsens + Subjekt + Objekt (Nom. / Akk. / Dat. / Gen.) + ?
? + (مَرفُوع/مَنصُوب/مَجرُور/مُضَاف) + فَاعِل + فِعلٌ بِالحَاضِر

- أمثِلَة:

مِثَال	
Kaufe ich einen Stift?	هَلّ أشتري قَلمَاً؟
Kaufst du einen Stift?	هَلّ تَشتَرِي قَلمَاً؟
Kauft er, sie, es einen Stift?	هَلّ يَشتَرِي / تَشتَرِي [هُوَ، هِيَ، هُوَ (لِلمُحَايِدِ)] قَلمَاً؟
Kauft ihr einen Stift?	هَلّ تَشتَرُونَ قَلمَاً؟
Kaufen wir einen Stift?	هَلّ نَشتَرِي قَلمَاً؟
Kaufen sie einen Stift?	هَلّ يَشتَرُونَ قَلمَاً؟
Kaufen Sie einen Stift?	هَلّ تَشتَرِي حَضرَتُكَ قَلمَاً؟

- مُلَاحَظَة: لَيسَ مِنَ المعقُولِ أَن يَطرَحَ شَخصٌ عَلَى نَفسِهِ سُؤَالاً، لِذَلِكَ يُحَوَّلُ الضَّمِيرُ "ich" إلى "du"، وَالضَّمِيرُ "wir" إلى "ihr *oder* Sie"

ich أنا	**Kaufst du** einen Stift?	هَل تَشتَرِي قَلَماً؟
wir نحن	**Kauft ihr** einen Stift?	هَل تَشتَرُونَ قَلَماً؟

- يُمكِنُ السُّؤَالُ بِاستِخدَامِ أَدَوَاتٍ خَاصَّةٍ بِالسُّؤَال، وَفِي هَذِهِ الحَالَةِ لَا يَأتِ الفِعلُ فِي أَوَّلِ الجُملَةِ بَل بَعدَ أَدَاةِ الاِستِفهَام، وَمِن هَذِهِ الأَدَوَات:

wann? مَتَى؟	**Wann** kommst du an?	مَتَى سَتَصِل؟
wo? أَينَ؟	**Wo** bist du?	أَينَ أَنت؟
wer? مَن؟	**Wer** bist du?	مَن أَنت؟
wen? مَن؟	**Wen** siehst du?	مَن تَرَى؟
was? مَاذَا؟	**Was** machst du denn?	مَاذَا تَفعَل؟

21.1.4 Die verneinte Frage im Präsens
السُّؤَالُ المَنفِيُّ فِي الحَاضِرِ البَسِيط

يَتَشَكَّلُ السُّؤَالُ المنفِيُّ مِن خِلَالِ الجَمعِ بَينَ جُملَةِ السُّؤَالِ وَجُملَةِ النَّفي، عَلَى الشَّكلِ التَّالِي:

Präsens + Subjekt + Objekt (Nom. / Akk. / Dat. / Gen.) + nicht + ?
فِعلٌ بِالحَاضِر + فَاعِل + (مَرفُوع/مَنصُوب/مَجرُور/مُضَاف) + لا + ?

- أَمثِلَة:

مِثَال	
Kaufe ich den Stift **nicht**?	أَلَا أَشتَرِ هَذَا القَلَم؟
Kaufst du den Stift **nicht**?	أَلَا تَشتَرِ هَذَا القَلَم؟
Kauft er, sie, es den Stift **nicht**?	أَلَا يَشتَرِ / تَشتَرِ [هُوَ، هِيَ، هُوَ (لِلمُحَايِدِ)] هَذَا القَلَم؟
Kauft ihr den Stift **nicht**?	أَلَا تَشتَرُوا هَذَا القَلَم؟
Kaufen wir den Stift **nicht**?	أَلَا نَشتَرِ هَذَا القَلَم؟
Kaufen sie den Stift **nicht**?	أَلَا يَشتَرُوا هَذَا القَلَم؟
Kaufen Sie den Stift **nicht**?	أَلَا تَشتَرِ حَضرَتُكَ هَذَا القَلَم؟

التَّصرِيفُ بِتَنقِيصِ أو زِيَادَةِ الحُرُوف

وَتَكُونُ زِيَادَةُ أَو تَنقِيصُ الحُرُوفِ فِي حَالَاتٍ خَاصَّة، وَهِيَ:

⇦ 1- التَّصرِيفُ بِزِيَادَةِ الحَرف "e":

يُضَافُ الحَرفُ "e" عِندَ تَصرِيفِ الضَّمَائِرِ (er, es, sie, du) مَعَ الأَفعَالِ المنتَهِيَةِ بِـ (-d, -t) فِي الزَّمَنِ الحَاضِرِ البَسِيط، وَمِنهَا:

antworten أَجَابَ	beobachten شَاهَدَ، رَاقَبَ	finden وَجَدَ	mieten اِستَأجَرَ
retten أَنقَذَ	warten اِنتَظَرَ	reden قَرَأَ	öffnen فَتَحَ
trocknen جَفَّفَ	atmen تَنَفَّسَ	zeichnen رَسَمَ	rechnen حَسَبَ

- أَمثِلَة:

arbei**t**en عَمِلَ	Er/es/sie arbeit**e**t. [هُوَ، هِيَ، هُوَ (لِلمُحَايِدِ)] تَعمَلُ/ يَعمَلُ Du arbeit**e**st. أَنتَ تَعمَلُ
fin**d**en وَجَدَ	Er/es/sie find**e**t. [هُوَ، هِيَ، هُوَ (لِلمُحَايِدِ)] تَجِدُ/ يَجِدُ Du find**e**st. أَنتَ تَعمَلُ

- وَيُضَافُ الحَرفُ "e" إِلَى نِهَايَةِ بَعضِ الأَفعَالِ المنتَهِيَةِ بِـ (-m, -n):

öff**n**en فَتَحَ	Er/es/sie öffn**e**t. [هُوَ، هِيَ، هُوَ (لِلمُحَايِدِ)] تَفتَحُ/ يَفتَحُ Du öffn**e**st. أنت تَفتَحُ
at**m**en تَنَفَّسَ	Er/es/sie atm**e**t. [هُوَ، هِيَ، هُوَ (لِلمُحَايِدِ)] تَتَنَفَّسُ/ يَتَنَفَّسُ Du atm**e**st. أَنتَ تَتَنَفَّس

⇦ 2- التَّصرِيفُ بِتَنقِيصِ الحَرفِ "s":

يُحذَفُ الحَرفُ "s" عِندَ تَصرِيفِ الضَّمَائِرِ (er, es, sie, du) مَعَ الأَفعَالِ المنتَهِيَةِ بِـ (-s, -ß, -x, z, -ss) فِي الزَّمَنِ الحَاضِرِ البَسِيط، وَمِنهَا:

küssen قَبَّلَ	beißen عَضَّ، لَدَغَ	reizen أَثَارَ، جَذَبَ	fixen أَرسَلَ فَاكسَاً	lesen قَرَأَ

- أَمثِلَة:

Du bei**<u>ßt</u>** / kü**<u>sst</u>** / rei**<u>zt</u>** / fi**<u>xt</u>**. أَنتَ تَعضُّ / تُقَبّلُ / تُثِيرُ / تُرسِلُ فَاكساً.

- لَاحِظ: تَطَابُقَ التَّصرِيفِ فِي هَذِهِ الحَالَةِ بَينَ الضَّمَائِرِ السَّابِقَة.

⇦ 3- التَّصرِيفُ بِتَنقِيصِ الحَرفِ "e":

يُحذَفُ الحَرفُ "e" عِندَ تَصرِيفِ الضَّمِيرِ (ich) مَعَ الأَفعَالِ المنتَهِيَةِ بِـ (el-) فِي الزَّمَنِ الحَاضِرِ البَسِيط، وَمِنهَا:

regeln نَظَّمَ	lächeln تَبَسَّمَ	klingeln رَنَّ
sammeln جَمَعَ	schmeicheln تَمَلَّقَ	betteln تَسَوَّلَ

- أَمثِلَة:

ähneln	شَابَهَ	Ich **äh<u>nle</u>** meinem Vater.	أُشبِهُ أَبِي
tadeln	وَبَّخَ	Ich **ta<u>dle</u>** sie.	أُوَبِّخُهَا
regeln	نَظَّمَ	Ich **re<u>gle</u>** die Angelegenheit.	أُنَظِّمُ المَسأَلَةَ

التَّصرِيفُ بِتَحوِيلِ الحَرفِ الصَّوتِيّ

يَتِمُّ تَحوِيلُ بَعضِ الحُرُوفِ الصَّوتِيَّةِ فِي بَعضِ الأَفعَالِ عِندَ تَصرِيفِهَا فِي الزَّمَنِ الحَاضِرِ البَسِيط (Präsens) مَعَ الضَّمَائِرِ (er, es, sie, du).

⇦ 1- تَحوِيلُ الحَرفِ الصَّوتِيِّ "e" إِلَى "ie":

وَيَطرَأُ هَذَا التَّحوِيلُ عَلَى الأَفعَالِ التَّالِيَة:

sehen رَأَى	lesen قَرَأَ	stehlen سَرَقَ
geschehen حَدَثَ، طَرَأَ	empfehlen اِستَحسَنَ، نَصَحَ	befehlen أَمَرَ

- أَمثِلَة:

التَّحَوُّل	الفِعل	مِثَال
e → ie	lesen قَرَأ	Er/sie/es l**ie**st. [هُوَ، هِيَ، هُوَ (لِلمُحَايِدِ)] يَقرَأ Du l**ie**st. أَنتَ تَقرَأ
	sehen رَأى	Er/sie/es s**ie**ht. [هُوَ، هِيَ، هُوَ (لِلمُحَايِدِ)] يَرَى Du s**ie**hst. أَنتَ تَرَى
	befehlen أَمَرَ	Er/sie/es bef**ie**hlt. [هُوَ، هِيَ، هُوَ (لِلمُحَايِدِ)] يَأمُر Du bef**ie**hlst. أَنتَ تَأمُر

⇦ 2- تَحوِيلُ الحَرفِ الصَّوتِيّ "e" إلى "i":

وَيَطرَأُ هَذَا التَّحوِيلُ عَلَى الأَفعَالِ التَّالِيَة:

nehmen أَخَذَ	essen أَكَلَ	helfen سَاعَدَ	geben أَعطَى
brechen كَسَرَ	erschrecken خَوَّفَ	fressen التَهَمَ	gelten صَلُحَ
messen قَاسَ	quellen تَدَفَّقَ	schmelzen صَهَرَ، اِنصَهَرَ	sprechen تَكَلَّمَ
stechen طَعَنَ، وَخَزَ	sterben مَاتَ	treffen قَابَلَ	treten دَاسَ، رَكَلَ
verderben أَفسَدَ	vergessen نَسِيَ	werfen رَمَى	

- أَمثِلَة:

التَّحَوُّل	الفِعل	مِثَال
e → i	essen أَكَلَ	Er/sie/es **i**sst. [هُوَ، هِيَ، هُوَ (لِلمُحَايِدِ)] يَأكُل Du **i**sst. أَنتَ تَأكُل
	vergessen نَسِيَ	Er/sie/es verg**i**sst. [هُوَ، هِيَ، هُوَ (لِلمُحَايِدِ)] يَنسَى Du verg**i**sst. أَنتَ تَنسَى
	helfen سَاعَدَ	Er/sie/es h**i**lft. [هُوَ، هِيَ، هُوَ (لِلمُحَايِدِ)] يُسَاعِد Du h**i**lfst. أَنتَ تُسَاعِد

⇦ 3- تَحوِيلُ الحَرفِ الصَّوتِيّ "a" إلى "ä":

وَيَطرَأُ هَذَا التَّحوِيلُ عَلَى بَعضِ الأَفعَالِ، مِنهَا:

backen خَبَزَ	fahren سَافَرَ	fangen بَدَأَ	graben حَفَرَ
halten حَافَظَ، أَمسَكَ	lassen تَرَكَ	laden شَحَنَ	schlafen نَامَ
tragen حَمَلَ، نَقَلَ	schlagen ضَرَبَ	wachsen نَمَا	wachen حَرَسَ

- أَمثِلَة:

مِثَال	الفِعل	التَّحَوُّل
Er/sie/es w**<u>ä</u>**scht. يَغسِل [هُوَ، هِيَ، هُوَ (لِلمُحَايِدِ)] Du w**<u>ä</u>**schst. أَنتَ تَغسِل	waschen غَسَلَ	a → ä
Er/sie/es l**<u>ä</u>**uft. يَمشِي [هُوَ، هِيَ، هُوَ (لِلمُحَايِدِ)] Du l**<u>ä</u>**ufst. أَنتَ تَمشِي	laufen جَرَى	
Er/sie/es tr**<u>ä</u>**gt. يَحمِل [هُوَ، هِيَ، هُوَ (لِلمُحَايِدِ)] Du tr**<u>ä</u>**gst. أَنتَ تَحمِل	tragen حَمَلَ	
Er/sie/es f**<u>ä</u>**ngt. يُمسِك [هُوَ، هِيَ، هُوَ (لِلمُحَايِدِ)] Du f**<u>ä</u>**ngst. أَنتَ تُمسِك	fangen أَمسَكَ	
Er/sie/es h**<u>ä</u>**lt. يُسمِك [هُوَ، هِيَ، هُوَ (لِلمُحَايِدِ)] Du h**<u>ä</u>**ltst. أَنتَ تُمسِك	halten أَمسَكَ	

- بِالإِضَافَةِ إِلَى الفِعلِ "stoßen" الَّذِي يَتِمُّ فِيهِ تَحوِيلُ الحَرفِ "o" إِلَى "ö":

مِثَال	الفِعل	التَّحَوُّل
Er/es/sie stößt. يَصطَدِم [هُوَ، هِيَ، هُوَ (لِلمُحَايِدِ)] Du stößt. أَنتَ تَصطَدِم	stoßen اِصطَدَمَ	o → ö

وَيَجرِي التَّحوِيلُ الصَّوتِيُّ عَلَى الفِعلِ حَتَّى وَلَو اِتَّصَلَتْ بِهِ البَادِئَاتُ:

مِثَال	الفِعلُ ذُو البَادِئَة
Er/sie/es schl**<u>ä</u>**ft **<u>ein</u>**. يَغفِي [هُوَ، هِيَ، هُوَ (لِلمُحَايِدِ)] Du schl**<u>ä</u>**fst **<u>ein</u>**. أَنتَ تَغفِي	**<u>ein</u>**schlafen غَفِيَ

21.2.0 Das Präsensperfekt (Perfekt) الزَّمَنُ الحَاضِرُ التَّام

يَدُلُّ الحَاضِرُ التَّامُّ عَلى أنَّ حَدَثاً قد حَدَثَ في المَاضِي. وَيُسَمَّى بِـ "الحَاضِرِ التَّامّ" لِأَنَّ الفِعلَ المُسَاعِدَ فِيهِ مُصَرَّفاً بالزَّمنِ الحَاضِر (Ich **habe** gearbeitet). وَيُسَمَّى مَجَازاً أَيضاً بِالمَاضِي التَّامّ لِأَنَّهُ يُستَخدَمُ لِلدَلَالَةِ عَلَى الماضِي رُغمَ أَنَّ الفِعلَ المُسَاعِدَ فِيهِ "sein, haben" مُصَرَّفاً فِي الزَّمَنِ الحَاضِرِ البَسِيطِ مَعَ الفَاعِل.

وَيُعَدُّ هذا الزَّمَنَ الأَكثَرُ تَدَاوُلاً مِنَ الأَزمِنَةِ الأُخرَى الدَّالَّةِ عَلَى الماضِي.

وَيُبنَى هَذَا الزَّمَنُ مِنَ الفِعلَين المُسَاعِدَينِ (sein / haben) مَعَ التَّصرِيفِ الثَّلَاثِ لِلفِعلِ (Partizip 2)، كَالتَّالِي:

Subjekt + haben / sein + …… + Partizip 2
الفَاعِل + haben أو sein + ... + اِسمُ المَفعُول

يُستَخدَمُ الفِعلُ "sein" كَفِعلٍ مُسَاعِدٍ فِي الحَاضِرِ التَّامّ فِي الحَالَتَينِ التَّالِيَتَين:

1- إِذَا دَلَّ الفِعلُ الأَسَاسِيُّ عَلَى حَرَكَةٍ اِنتِقَالِيَّةٍ مَكَانِيَّة:	
Das Kind **ist** auf dem Tisch **gesprungen**.	قَفَزَ الطِّفلُ علَى الطّاوِلَة (حَركَةٌ اِنتِقَالِيَّةٌ شَاقُولِيَّة).
Ich **bin** **gegangen**.	ذَهَبْتُ
Der Bus **ist** **abgefahren**.	اِنطَلَقَ البَاص
Wann **seid** ihr **geflogen**?	مَتَى سَافَرتُم بِالطَّائِرَة؟
Die Birne **ist** vom Baum **gefallen**.	سَقَطَتِ الإجَاصَةُ مِنَ الشَّجَرَة
Er **ist** auf dem Baum **geklettert**.	تَسَلَّقَ الشَّجَرَة

2- إِذَا دَلَّ الفِعلُ الأَسَاسِيُّ عَلَى تَغَيُّرٍ فِي الحَالَة:	
Sie **ist** **eingeschlafen**.	غَفَتْ (لَحظَةُ الاِنتِقَالِ مِنَ اليَقَظَةِ إِلَى النَّوم)
Sein Unternehmen **ist** **gewachsen**.	نَمَتِ شَرِكَتُهُ (كَبُرَت)
Der Wettkampf **ist** härter **geworden**.	أَصبَحَتِ المُنَافَسَةُ أَشَدَّ صَرَامَة
Er **ist** Lehrer **geworden**.	أَصبَحَ مُعَلِّماً
Das **ist** noch nie **passiert**.	لَم يَحدُثْ هَذَا بَعدُ
Ein Wunder **ist** **geschehen**.	لَقَد حَدَثَتْ مُعجِزَة

- بِالإِضَافَةِ إِلَى الأَفعَالِ الثَّلَاثَةِ التَّالِيَة، وَالَّتِي لَا تُعَبِّرُ عَن اِنتِقَالٍ وَلَا عَن تَغَيُّرٍ فِي الحَال:

الفِعل	مِثَال
bleiben بَقِيَ	Er **<u>ist</u>** zu Hause **geblieben**. بَقِيَ فِي المَنزِل
sein كَانَ	Das Kind **<u>ist</u>** klug **gewesen**. أَصبَحَ الطِّفلُ ذَكِيّاً
gelingen نَجَحَ	Die Baklava **<u>ist</u>** ihr **gelungen**. نَجَحَت مَعَهَا البَقلَاوَة

- لَاحِظ: لَيسَ لِلفِعلَينِ "sein, haben" عِندَمَا يَرِدَانِ فِي بِنَاءِ جُملَةِ الحَاضِرِ التَّامِّ تَرجَمَةً مُعَيَّنَةً فَهُمَا فِعلَانِ مُسَاعِدَان، وَالمعنَى يَعُودُ لِلفِعلِ الأَسَاسِيِّ المُصَرَّفُ فِي التَّصرِيفِ الثَّالِثِ (Partizip 2).

يُستَخدَمُ الفِعلُ "haben" كَفِعلٍ مُسَاعِدٍ فِي الحَاضِرِ التَّامّ:

مَعَ بَاقِي أَفعَالِ اللُّغَةِ الأَلمَانِيَّةِ [الأَفعَالُ الَّتِي لَا تَدُلُّ عَلَى حَرَكَة، وَلَا عَلَى تَغَيُّرٍ فِي الحَال، بِالإِضَافَةِ إِلَى الأَفعَال bleiben, sein, gelingen].

- أَمثِلَة:

Er **<u>hat</u>** als Beamter **gearbeitet**.	عَمِلَ كَمُوَظَّف حُكُومِيّ
Er **<u>hat</u>** sein Unternehmen **entwickelt**.	طَوَّرَ شَرِكَتَهُ
Sie **<u>hat</u>** einen Kuchen **gebacken**.	صَنَعَت كَعكَة
Ich **<u>habe</u>** eine Panne **gehabt**.	كَانَ لَدَيَّ عُطلاً
Der Jäger **<u>hat</u>** einen Vogel **abgeschossen**. أَطلَقَ الصَّيَّادُ النَّارَ عَلَى الطَّائِر.	
Sie **<u>haben</u>** die Kinderschuhe noch nicht **ausgezogen**. لَم يَنزَعُوا دِثَارَ الطِّفلِ الصَّغِيرِ بَعدُ (لَا يَزَالُونَ أَطفَالاً صِغَاراً رُغمَ كِبَرِ سِنِّهِم).	
Er **<u>hat</u>** die Weisheit nicht mit dem Löffel **gefressen**. لَم يَلعَقِ الحِكمَةَ بِالمِلعَقَة (لَا يَزَالُ بَعِيداً عَنِ الحِكمَة).	
Er **<u>hat</u>** eine Strafzettel für schnelles Fahren **bekommen**. حَصَلَ عَلَى مُخَالَفَةٍ بِسَبَبِ السُّرعَةِ فِي القِيَادَة.	
Ich **<u>habe</u>** heute Morgen den Bus **verpasst**. فَاتَنِي البَاصَ اليَومَ صَبَاحاً.	

21.2.1 Der bejahte Satz im Perfekt الجُملة المُثبَتَة فِي الحَاضِرِ التّام

تُشَكَّلُ الجُملَةُ المثبَتَةُ فِي الحَاضِرِ التَّامِّ كَالتَّالِي:

Subjekt + haben/sein + Objekt (Nom. / Akk. / Dat. / Gen.) + Partizip 2
فَاعِل + haben/sein + (مَرفُوع/مَنصُوب/مَجرُور/مُضَاف) + إسمُ المَفعُول

مِثَال	
Ich **habe** einen Stift **gekauft**.	(أنَا) اِشتَرَيتُ قَلَماً
Du **hast** einen Stift **gekauft**.	(أنتَ) اشتَرَيتَ قَلَماً
Er, sie, es **hat** einen Stift **gekauft**. [هُوَ، هِيَ، هُوَ (لِلمُحَايِدِ)] اِشتَرَى / اِشتَرَت قَلَماً	
Ihr **habt** einen Stift **gekauft**.	(أنتُم) اِشتَرَيتُم قَلَماً
Wir **haben** einen Stift **gekauft**.	(نَحنُ) اِشتَرَينَا قَلَماً
Sie **haben** einen Stift **gekauft**.	(هُمّ) اِشتَرَوا قَلَماً
Sie **haben** einen Stift **gekauft**.	(حَضرَتُكَ) اِشتَرَيتَ قَلَماً

21.2.2 Der verneinte Satz im Perfekt الجُملَةِ المَنفِيَّةِ فِي الحَاضِرِ التَّام

تَتَشَكَّلُ الجُملَةُ المنفِيَّةُ فِي الزَّمَنِ الحَاضِرِ التَّامِّ كَالتَّالِي:

Subjekt + haben/sein + Objekt (Nom. / Akk. / Dat. / Gen.) + nicht + Partizip 2
فَاعِل + haben/sein + (مَرفُوع/مَنصُوب/مَجرُور/مُضَاف) + لاَ + إسمُ المَفعُول

مِثَال	
Ich **habe** den Stift **nicht** **gekauft**.	لَم أشتَرِ هَذَا القَلَم
Du **hast** den Stift **nicht** **gekauft**.	لَم تَشتَرِ هَذَا القَلَم
Er, sie, es **hat** den Stift **nicht** **gekauft**. [هُوَ، هِيَ، هُوَ (لِلمُحَايِدِ)] لَم يَشتَرِ / لَم تَشتَرِ هَذَا القَلَم.	
Ihr **habt** den Stift **nicht** **gekauft**.	لَم تَشتَرُوا هَذَا القَلَم
Wir **haben** den Stift **nicht** **gekauft**.	لَم نَشتَرِ هَذَا القَلَم
Sie **haben** den Stift **nicht** **gekauft**.	لَم يَشتَرُوا هَذَا القَلَم
Sie **haben** den Stift **nicht** **gekauft**. لَم تَشتَرِ حَضرَتُكَ هَذَا القَلَم.	

21.2.3 Der Fragesatz im Perfekt جُملَة السُّؤَالِ فِي الحَاضِرِ التَّامّ

تَتَشَكَّلُ جُملَةِ السُّؤَالِ فِي الزَّمَنِ الحَاضِرِ التَّامِّ كَالتَّالِي:

Haben/sein + Subjekt + Objekt (Nom. / Akk. / Dat. / Gen.) + Partizip2 ? Haben/sein + فَاعِل + (مَرفُوع/مَنصُوب/مَجرُور/مُضَاف) + اِسمُ المَفعُول ?

مِثَال	
Habe ich einen Stift **gekauft**?	هَلّ اِشتَرَيتُ قَلَماً؟
Hast du einen Stift **gekauft**?	هَلّ اِشتَرَيتَ قَلَماً؟
Hat er, sie, es einen Stift **gekauft**? هَلّ اشتَرَى / اِشتَرَت [هُوَ، هِيَ، هُوَ (لِلمُحَايِدِ)] قَلَماً؟	
Habt ihr einen Stift **gekauft**?	هَلّ اِشتَرَيتُم قَلَماً؟
Haben wir einen Stift **gekauft**?	هَلّ اِشتَرَينَا قَلَماً؟
Haben sie einen Stift **gekauft**?	هَلّ اِشتَرَوا قَلَماً؟
Haben Sie einen Stift **gekauft**?	هَلّ اِشتَرَيتَ حَضرَتُكَ قَلَماً؟

21.2.4 Die verneinte Frage im Perfekt السُّؤَالُ المَنفِيُّ فِي الحَاضِرِ التَّام

يُشَكَّلُ السُّؤَالُ المنفِيُّ فِي الحَاضِرِ التَّامِّ بِالجَمعِ بَينَ السُّؤَالِ وَالنَّفِي، أَمثِلَة:

Haben/sein + Subjekt + Objekt (Nom. / Akk. / Dat. / Gen.) + nicht + Partizip 2 ? haben/sein + فَاعِل + (مَرفُوع/مَنصُوب/مَجرُور/مُضَاف) + لَا + اِسمُ المَفعُول ?

- أَمثِلَة:

مِثَال	
Habe ich den Stift **nicht gekauft**?	أَلَمْ أَشتَرِ هَذَا القَلَم؟
Hast du den Stift **nicht gekauft**?	أَلَمْ تَشتَرِ هَذَا القَلَم؟
Hat er, sie, es den Stift **nicht gekauft**? أَلَمْ تَشتَرِ / يَشتَرِ [هُوَ، هِيَ، هُوَ (لِلمُحَايِدِ)] هَذَا القَلَم؟	
Habt ihr den Stift **nicht gekauft**?	أَلَمْ تشتروا هَذَا القَلَم؟
Haben wir den Stift **nicht gekauft**?	أَلَمْ نَشتَرِ هَذَا القَلَم؟
Haben sie den Stift **nicht gekauft**?	أَلَمْ يَشتَرُوا هَذَا القَلَم؟
Haben Sie den Stift **nicht gekauft**?	أَلَمْ تَشتَرِ حَضرَتُكَ هَذَا القَلَم؟

- وَلَو كَانَ الإسمُ غَيرَ مُعَرَّفٍ لَاستُخدِمَتِ الأَدَاةِ "kein" لِلنَفيِ، وَتَنفِي هَذِهِ الأَدَاةُ الأَسمَاءَ النَّكِرَةَ فِي جُمَلِ السُّؤَالِ فِي جَمِيعِ الأَزمِنَةِ الأُخرَى:

مِثَال	
<u>Habe</u> ich <u>keinen</u> Stift **gekauft**?	أَلَمْ أَشتَرِ قَلَمَاً؟
<u>Hast</u> du <u>keinen</u> Stift **gekauft**?	أَلَمْ تَشتَرِ قَلَمَاً؟
<u>Hat</u> er, sie, es <u>keinen</u> Stift **gekauft**? أَلَمْ تَشتَرِ/ يَشتَرِ [هُوَ، هِيَ، هُوَ (لِلمُحَايِدِ)] قَلَمَاً؟	
<u>Habt</u> ihr <u>keinen</u> Stift **gekauft**?	أَلَم تَشتَرُوا قَلَمَاً؟
<u>Haben</u> wir <u>keinen</u> Stift **gekauft**?	أَلَمْ نَشتَرِ قَلَمَاً؟
<u>Haben</u> sie <u>keinen</u> Stift **gekauft**?	أَلَمْ يَشتَرُوا قَلَمَاً؟
<u>Haben</u> Sie <u>keinen</u> Stift **gekauft**?	أَلَمْ تَشتَرِ حَضرَتُكَ قَلَمَاً؟

- يُمكِنُ السُّؤَالُ بِاستِخدَامِ أَدَوَاتٍ خَاصَّةٍ ، وَتُستَخدَمُ جَمِيعُهَا مَعَ بَاقِي الأَزمِنَةِ:

أَدَاةُ السُّؤَال	مِثَال
wer? مَن	**Wer** ist gekommen? مَن جَاء؟
wen? مَن	**Wen** hast du besucht? مَن زُرتَ؟
wem? مَن	**Wem** hast du geholfen? مَن سَاعَدتَ؟
was? مَاذَا	**Was** hast du gemacht? مَاذَا فَعَلتَ؟
wie? كَيفَ	**Wie** ist es gelaufen? كَيفَ سَارَتِ الأُمُور؟
wo? أَينَ	**Wo** kann man dort Geld wechseln? أَينَ يُمكِنُ لِلمَرءِ أَن يُبدِلَ هُنَاكَ العُملَةَ إِلَى عُملَةٍ أُخرَى؟
wann? مَتَى	**Wann** beginnt das Sommersemester? مَتَى يَبدَأُ الفَصلُ الدِّرَاسِيُّ الصَّيفِيّ؟
wie lange? كَمْ المُدَّة؟	**Wie lange** hast du gedacht bei ihm zu bleiben? كَم مِنَ المُدَّةِ وَضَعتَ فِي حُسبَانِكَ أَن تَبقَى عِندَه؟
wie oft? كَمّ مَرَّة؟	**Wie oft** habe ich das bereits gehört? كَم مَرَّةً سَمِعتُ هَذَا؟ (الدَّلَالَةُ عَلَى التَّذَمُّر)

21.3.0 Präteritum (Vergangenheit) الزَّمَنُ المَاضِي البَسِيط

يَدُلُّ الزَّمَنُ الحَاضِرُ البَسِيطُ عَلَى أَنَّ حَدَثَاً حَدَثَ فِي الماضِي، إِلَّا أَنَّهُ يُفَضَّلُ اِستِخدَامُ الزَّمَنِ الحَاضِرِ التَّامِّ عِوَضَاً عَنه، بِاستِثنَاءِ بَعضِ الأَفعَال (سَنَتَعَرَّفُ عَلَيهَا لَاحِقَاً).

- وَيُشَكَّلُ الماضِي البَسِيط بِإِضَافَةِ (t-) لِلأَفعَالِ النِّظَامِيَّةِ بَعدَ حَذفِ نِهَايَتِهَا، وَمِن ثُمَّ إِضَافَةِ نِهَايَاتِ الحَاضِرِ البَسِيط. أَمَّا الأَفعَالُ الشَّاذَّةُ فَلَهَا تَصرِيفَاً خَاصَّاً تَنَاوَلنَاهُ سَابِقَاً.

Verbstamm + -t + Präsensendung
نِهَايَةُ الحَاضِرِ البَسِيط + t- + جَذرُ الفِعل

أَمثِلَةٌ مَعَ الفِعلَينِ النِّظَامِيَّينِ (kaufen, arbeiten). وَالفِعلَينِ الشَّاذَّين (gehen, stehen).

الضَّمِير	الفِعلُ النِّظَامِيّ		الفِعلُ الشَّاذّ	
	arbeiten	**kaufen**	**stehen**	**gehen**
ich	arbeitete	kaufte	stand	ging
du	arbeitetest	kauftest	standest	gingst
er, es, sie	arbeitete	kaufte	stand	ging
ihr	arbeitetet	kauftet	standet	gingt
wir	arbeiteten	kauften	standen	gingen
sie	arbeiteten	kauften	standen	gingen
Sie	arbeiteten	kauften	standen	gingen

-**لَاحِظ!**:

- يَتَشَابَهُ تَصرِيفُ الفِعلِ فِي المَاضِي البَسِيطِ بَينَ الضَّمَائِر (ich, er, es, sie).
- لَا يُضَافُ فِي تَصرِيفِ الأَفعَالِ الشَّاذَّةِ فِي الماضِي البَسِيطِ أَيَّةُ نِهَايَةٍ مَعَ الضَّمَائِر (ich, er, es ,sie). بَينَمَا تُضَافُ النِّهَايَاتُ المُنَاسِبَةُ مَعَ بَاقِي الضَّمَائِر.
- لَا يَطرَأُ أَيُّ تَحوِيلٍ عَلَى المَقطَعِ الصَّوتِيِّ لِلفِعلِ فِي المَاضِي البَسِيطِ، إِلَّا إِذَا كَانَ شَاذَّاً.

مُلَاحَظَة: يُضَافُ الحَرفُ (e-) بَينَ نِهَايَةِ الماضِي البَسِيطِ وَالنِّهَايَةِ المُنَاسِبَةِ لِلضَّمِيرَينِ "**du, ihr**" إِذَا اِنتَهَى الفِعلُ بِالحَرفَينِ (d, -t-) كَمَا فِي الفِعلَينِ (stehen, raten).

21.3.1 Der bejahte Satz im Präteritum
الجُملَة المُثبَتَة فِي المَاضِي البَسِيط

تُشَكَّلُ الجُملَةُ الـمُثبَتَةُ فِي الزَّمَنِ المَاضِي البَسِيطِ كَالتَّالِي:

Subjekt + Präteritum + Objekt (Nom. / Akk. / Dat. / Gen.)
فاعل + فعل بالماضي + (فاعل/منصوب/مجرور/مضاف)

مِثَال	
Ich kauf**te** einen Stift.	(أَنَا) اِشتَرَيتُ قَلَماً
Du kauf**test** einen Stift.	(أَنتَ) اِشتَرَيتَ قَلَماً
Er, sie, es kauf**te** einen Stift.	[هُوَ، هِيَ، هُوَ (لِلمُحَايِدِ)] اِشتَرَى / اِشتَرَت قَلَماً.
Ihr kauf**tet** einen Stift.	(أَنتُم) اِشتَرَيتُم قَلَماً
Wir kauf**ten** einen Stift.	(نَحنُ) اِشتَرَينَا قَلَماً
Sie kauf**ten** einen Stift.	(هُمّ) اِشتَرَوا قَلَماً
Sie kauf**ten** einen Stift.	اِشتَرَيتَ حَضرَتُكَ قَلَماً

21.3.2 Der verneinte Satz im Präteritum
الجُملَة المَنفِيَّة بِالمَاضِي البَسِيط

تُشَكَّلُ الجُملَةُ المنفِيَّةُ فِي الزَّمَنِ المَاضِي البَسِيطِ كَالتَّالِي:

Subjekt + Präteritum + Objekt (Nom. / Akk. / Dat. / Gen.) + nicht
فَاعِل + فِعلٌ بِالمَاضِي + (مَرفُوع/مَنصُوب/مَجرُور/مُضَاف) + لا

مِثَال	
Ich kauf**te** den Stift **nicht**	لَمْ أَشتَرِ هَذَا القَلَم
Du kauf**test** den Stift **nicht**.	لَمْ تَشتَرِ هَذَا القَلَم
Er, sie, es kauf**te** den Stift **nicht**.	[هُوَ، هِيَ، هُوَ (لِلمُحَايِدِ)] لَمْ يَشتَرِ / لَمْ تَشتَرِ هَذَا القَلَم.
Ihr kauf**tet** den Stift **nicht**.	لَمْ تَشتَرُوا هَذَا القَلَم
Wir kauf**ten** den Stift **nicht**.	لَمْ نَشتَرِ هَذَا القَلَم
Sie kauf**ten** den Stift **nicht**.	لَمْ يَشتَرُوا هَذَا القَلَم
Sie kauf**ten** den Stift **nicht**.	لَمْ تَشتَرِ حَضرَتُكَ هَذَا القَلَم

21.3.3 Der Fragesatz im Präteritum
جُملَة السُّؤَالِ فِي المَاضِي البَسِيط

تُشَكَّلُ جُملَةُ السُّؤَالِ فِي الزَّمَنِ الماضِي البَسِيطِ كَالتَّالِي:

Präteritum + Subjekt + <u>Objekt</u> (Nom. / Akk. / Dat. / Gen.) + ?
? + (مَرفُوع/مَنصُوب/مَجرُور/مُضَاف) + فَاعِل + فِعلٌ بِالمَاضِي

مِثَال	
Kauf**<u>te</u>** ich einen Stift?	هَلّ اِشتَرَيتُ قَلَماً؟
Kauf**<u>test</u>** du einen Stift?	هَلّ اِشتَرَيتَ قَلَماً؟
Kauf**<u>te</u>** er, sie, es einen Stift? [هُوَ، هِيَ، هُوَ (لِلمُحَايِدِ)] هَلّ اِشتَرَى / هَلّ اِشتَرَت قَلَماً؟	
Kauf**<u>tet</u>** ihr einen Stift?	هَلّ اِشتَرَيتُم قَلَماً؟
Kauf**<u>ten</u>** wir einen Stift?	هَلّ اِشتَرَينَا قَلَماً؟
Kauf**<u>ten</u>** sie einen Stift?	هَلّ اِشتَرَوا قَلَماً؟
Kauf**<u>ten</u>** Sie einen Stift?	هَلّ اِشتَرَيتَ حَضرَتُكَ قَلَماً؟

21.3.4 Die verneinte Frage im Präteritum
السُّؤَالُ المَنفِيُّ فِي المَاضِي البَسِيط

يُشَكَّلُ السُّؤَالُ المنفِيُّ بِالماضِي البَسِيطِ بِالجَمعِ بَينَ السُّؤَالِ وَالنَّفيِ، كَالتَّالِي:

Präteritum + Subjekt + <u>Objekt</u> (Nom. / Akk. / Dat. / Gen.) + nicht
لَا + (مَرفُوع/مَنصُوب/مَجرُور/مُضَاف) + فَاعِل + فِعلٌ بِالمَاضِي

مِثَال	
Kauf**<u>te</u>** **ich** den Stift **<u>nicht</u>**?	أَلَمْ أَشتَرِ هَذَا القَلَم؟
Kauf**<u>test</u>** **du** den Stift **<u>nicht</u>**?	أَلَمْ تَشتَرِ هَذَا القَلَم؟
Kauf**<u>te</u>** **er, sie, es** den Stift **<u>nicht</u>**? أَلَمْ يَشتَرِ / أَلَمْ تَشتَرِ [هُوَ، هِيَ، هُوَ (لِلمُحَايِدِ)] هَذَا القَلَم؟	
Kauf**<u>tet</u>** **ihr** den Stift **<u>nicht</u>**?	أَلَمْ تَشتَرُوا هَذَا القَلَم؟
Kauf**<u>ten</u>** **wir** den Stift **<u>nicht</u>**?	أَلَمْ نَشتَرِ هَذَا القَلَم؟
Kauf**<u>ten</u>** **sie** den Stift **<u>nicht</u>**?	أَلَمْ يَشتَرُوا هَذَا القَلَم؟
Kauf**<u>ten</u>** **Sie** den Stift **<u>nicht</u>**?	أَلَمْ تَشتَرِ حَضرَتُكَ هَذَا القَلَم؟

21.4.0 Das Plusquamperfekt الزَّمَنُ المَاضِي التَّامُّ البَعِيد

يَدُلُّ الماضِي التَّامُّ البَعِيدُ عَلى أَنَّ حَدَثَاً حَدَثَ فِي الماضِي مُنذُ فَترَةٍ زَمَنِيَّةٍ بَعِيدَةٍ.

- يُشَكَّلُ الماضِي التَّامُّ البَعِيدُ مِن مَاضِي الفِعلِين (haben, sein) وَالفِعلِ الأَسَاسِيِّ فِي التَّصرِيفِ الثَّالِث (Partizip 2) (كَمَا الحَاضِرِ التَّامّ)، كَالتَّالِي:

hatten / waren + … + Partizip 2
hatten / waren + … + إِسمُ المَفعُول

- يُمكِنُ أَن يَرِدَ الماضِي التَّامُّ البَعِيدُ مُرتَبِطَاً بِالمَاضِي البَسِيط، وَذَلِكَ بِأَنْ يَتلُوَ حَدَثٌ حَدَثَاً آخَرَ، بِحَيث يَكُونُ الحَدَثُ الأَوَّلُ فِي المَاضِي التَّامّ البَعِيدِ، وَالحَدَثُ الثَّانِي فِي المَاضِي البَسِيط:

Nachdem er die Sache **<u>überdacht hatte</u>**, **<u>erkannte</u>** er das Problem. Er **<u>fand</u>** das Problem, nachdem er die Sache **<u>überdacht hatte</u>**. اِكتَشَفَ المُشكِلَةَ بَعدَ أَن أَدَارَ الأَمرَ جَيِّدَاً فِي رَأسِهِ.

- إِلَّا أَنَّهُ غَالِبَاً مَا يَرِدُ دُونَ المَاضِي البَسِيط:

Er **hatte** mir für meine Hilfe **gedankt**. شَكَرَنِي عَلى مُسَاعدَتِي لَه

- أَمثِلَة مَعَ الفِعلِ الحَرَكِيِّ (<u>laufen</u>) وَالفِعلِ السَّاكِنِ (<u>kaufen</u>):

الضمير	laufen		kaufen	
ich	war gelaufen	جَرَيتُ	hatte gekauft	اِشتَرَيتُ
du	warst gelaufen	جَرَيتَ	hattest gekauft	اِشتَرَيتَ
man	war gelaufen	جَرَى	hatte gekauft	اِشتَرَى
ihr	wart gelaufen	جَرَيتُم	hattet gekauft	اِشتَرَيتُم
wir	waren gelaufen	جَرَينَا	hatten gekauft	اِشتَرَينَا
sie	waren gelaufen	جَرُوا	hatten gekauft	اِشتَرُوا
Sie	waren gelaufen	جَرَيتَ حَضرَتُك	hatten gekauft	اِشتَرَيتَ حَضرَتُك

لاحظ: 1- يَتِمُّ التَّفرِيقُ فِي الاِستِخدَامِ بَينَ الفِعلَينِ المسَاعِدَينِ (sein, haben)كَمَا فِي الحَاضِرِ التَّامّ بِالضَّبطْ.

2- التَّطَابُقَ فِي تَصرِيفِ الأَفعَالِ المسَاعِدَةِ بَينَ الضَّمَائِرِ (ich, er, es, sie) كَونَ أَنَّ الأَفعَالَ المسَاعِدَةَ هَذِهِ مُصَرَّفَةٌ فِي الماضِي البَسِيط.

21.4.1 Der bejahte Satz im Plusquamperfekt
الجُملَة المُثبَتَة فِي المَاضِي التّامّ البَعِيد

تُشَكَّلُ الجُملَةُ المثبَتَةُ فِي الماضِي التَّامِّ البَعِيدِ كَالتَّالِي:

Subjekt + hatten/waren + Objekt (Nom. / Akk. / Dat. / Gen.) + Partizip 2
فَاعِل + hatten/waren + (مَرفُوع/مَنصُوب/مَجرُور/مُضَاف) + إسمٌ مَفعُول

مِثَال	
Ich <u>hatte</u> einen Stift **gekauft**.	(أنَا) اشتَرَيتُ قَلَماً
Du <u>hattest</u> einen Stift **gekauft**.	(أنتَ) اشتَرَيتَ قَلَماً
Er, sie, es <u>hatte</u> einen Stift **gekauft**.	[هُوَ، هِيَ، هُوَ (لِلمُحَايِدِ)] اِشتَرَى / اِشتَرَت قَلَماً.
Ihr <u>hattet</u> einen Stift **gekauft**.	(أنتُم) اِشتَرَيتُم قَلَماً
Wir <u>hatten</u> einen Stift **gekauft**.	(نَحنُ) اشتَرَينَا قَلَماً
Sie <u>hatten</u> einen Stift **gekauft**.	(هُمّ) اشتَرَوا قَلَماً
Sie <u>hatten</u> einen Stift **gekauft**.	اِشتَرَيتَ حَضرَتُكَ قَلَماً

21.4.2 Der verneinte Satz im Plusquamperfekt
الجُملَة المَنفِيَّة فِي المَاضِي التّامّ البَعِيد

- تُشَكَّلُ الجُملَةُ المنفِيَّةُ فِي الزَّمَنِ الماضِي التَّامِّ البَعِيدِ كَالتَّالِي:

Subjekt+ hatten/waren+ (Nom. / Akk. / Dat. / Gen.) + nicht + Partizip 2
فَاعِل +hatten/waren + (مَرفُوع/مَنصُوب/مَجرُور/مُضَاف) + لَا + إسمٌ مَفعُولٌ

مِثَال	
Ich <u>hatte</u> den Stift **<u>nicht</u> gekauft.**	لَمْ أشتَرِ هَذَا القَلَم
Du <u>hattest</u> den Stift **<u>nicht</u> gekauft.**	لَمْ تَشتَرِ هَذَا القَلَم
Er, sie, es <u>hatte</u> den Stift **<u>nicht</u> gekauft**.	[هُوَ، هِيَ، هُوَ (لِلمُحَايِدِ)] لَمْ يَشتَرِ / لَمْ تَشتَرِ هَذَا القَلَم.
Ihr <u>hattet</u> den Stift **<u>nicht</u> gekauft.**	لَمْ تَشتَرُوا هَذَا القَلَم
Wir <u>hatten</u> den Stift **<u>nicht</u> gekauft.**	لَمْ نَشتَرِ هَذَا القَلَم
Sie <u>hatten</u> den Stift **<u>nicht</u> gekauft.**	لَمْ يَشتَرُوا هَذَا القَلَم
Sie <u>hatten</u> den Stift **<u>nicht</u> gekauft.**	لَمْ تَشتَرِ حَضرَتُكَ هَذَا القَلَم.

21.4.3 Der Fragesatz im Plusquamperfekt
جُملَة السُّؤَالِ فِي المَاضِي التّامّ البَعِيد

- تُشَكَّلُ جُملَةُ السُّؤَالِ فِي الماضِي التَّامِّ البَعِيدِ كَالتَّالِي:

hatten/waren + Subjekt + Objekt (Nom. / Akk. / Dat. / Gen.) + Partizip2?
hatten/waren + فَاعِل + (فَاعِل/مَنصُوب/مَجرُور/مُضَاف) + إسمُ المَفعُول ?

مِثَال	
Hatte ich einen Stift **gekauft**?	هَلِ اشتَرَيتُ قَلَماً؟
Hattest du einen Stift **gekauft**?	هَلِ اشتَرَيتَ قَلَماً؟
Hatte er, sie, es einen Stift **gekauft**?	هَل اِشتَرَى / اِشتَرَتْ [هُوَ، هِيَ، هُوَ (لِلمُحَايِدِ)] قَلَماً؟
Hattet ihr einen Stift **gekauft**?	هَلِ اشتَرَيتُم قَلَماً؟
Hatten wir einen Stift **gekauft**?	هَلِ اشتَرَينَا قَلَماً؟
Hatten sie einen Stift **gekauft**?	هَلِ اشتَرَوا قَلَماً؟
Hatten Sie einen Stift **gekauft**?	هَلِ اِشتَرَت حَضرَتُكَ قَلَماً؟

21.4.4 Die verneinte Frage im Plusquamperfekt
السّؤالُ المَنفِيّ بِالمَاضِي التّامّ البَعِيد

- يُشَكَّلُ السُّؤَالُ المَنفِيُّ بِالجَمعِ بَينَ السُّؤَالِ وَالنَّفيِ، أَمثِلَة:

hatten/waren+ Subjekt+ (Nom./ Akk./ Dat./ Gen.)+ nicht + Partizip 2?
hatten/ waren + فاعل+ (فاعل/منصوب/مجرور/مضاف) + لا + اسم المفعول ?

مثال	
Hatte ich den Stift **nicht** **gekauft**?	أَلَمْ أَشتَرِ هَذَا القَلَم؟
Hattest du den Stift **nicht** **gekauft**?	أَلَمْ تَشتَرِ هَذَا القَلَم؟
Hatte er, sie, es den Stift **nicht** **gekauft**?	أَلَمْ تَشتَرِ / أَلَمْ يَشتَرِ [هُوَ، هِيَ، هُوَ (لِلمُحَايِدِ)] هَذَا القَلَم؟
Hattet ihr **keinen** Stift **gekauft**?	أَلَمْ تَشتَرُوا قَلَماً؟
Hatten wir **keinen** Stift **gekauft**?	أَلَمْ نَشتَرِ قَلَماً؟
Hatten sie **keinen** Stift **gekauft**?	أَلَمْ يَشتَرُوا قَلَماً؟
Hatten Sie **keinen** Stift **gekauft**?	أَلَمْ تَشتَرِ حَضرَتُكَ قَلَماً؟

21.5.0 Futur I (Die Zukunft) المُستَقبَل I

- يُستَخدَمُ هَذَا الزَّمَنُ لِلدَلَالَةِ عَلَى أَنَّ حَدَثاً سَيَحدُثُ فِي المستَقبَلِ، وَيُستَخدَمُ بِكَثرَةٍ فِي اللُّغَةِ الرَّسمِيَّةِ وَالدَّوَائِرِ الحُكُومِيَّةِ. أَمَّا فِي اللُّغَةِ العَامِّيَّةِ فَيُستَعَاضُ عَنهُ بِالزَّمَنِ الحَاضِرِ البَسِيطِ (Präsens) وَغَالِبَاً مَعَ ظَرفٍ يَدُلُّ عَلَى المستَقبَلِ.

Futur I	Ich werde morgen abfahren.	سَأَنطَلِقُ غَدَاً
Präsens	Ich fahre morgen ab.	سَأَنطَلِقُ غَدَاً

- يُشَكَّلُ المستَقبَلُ 1 مِنَ الفِعلِ المسَاعِدِ (werden) مُصَرَّفاً مَعَ الفَاعِلِ فِي الزَّمَنِ الحَاضِرِ البَسِيط (Präsens) وَالفِعلِ الأَسَاسِيِّ بِالمصدَرِ:

Subjekt + werden + Infinitiv فَاعِل + werden + فِعلٌ بِالمَصدَر

- أَمثِلَة:

- Was du säst, das **wirst** du auch **ernten**. كَمَا تَدِينُ تُدَان.
- Wer Wind sät, **wird** Sturm **ernten**. مَن زَرَعَ الهَوَاءَ سَيَحصِدُ رِيحَاً.
- Fehler **werden** Sie sicher teuer zu stehen **kommen**. مَن خَاضَ فِي غِمَارِ الأَخطَاءِ صَعُبَ عَلَيهِ الوُقوفُ عَلَى قَدَمَيهِ مِن جَدِيدٍ.
- Wer das Schwert nimmt, **wird** sicher eines Tages durch es ums Leben **kommen**. مَن وَطَأَ عَرشَ أَبِي لُبَدٍ تُرِكَ جَزَرَ السِّبَاعِ وَكُلِّ نَسرٍ قَشعَمِ [بِمَعنَى: مَن حَمَلَ السَّيفَ سَيَلقَى حَتفَهُ المَحتُومِ بِمِثلِ مَا حَمَلَ].
- Du **wirst** bald wieder gesund **sein**. سَوفَ تَتَعَافَى لَاحِقَاً كَمَا كُنت.
- Wer hat, der **wird** noch mehr **haben**. مَن مَلَكَ القَلِيلَ سَتُفتَحُ أَمَامَهُ أَبوَابُ الكَثِيرِ.

<table>
<tr><td>- Ihr werdet reden können, bis ihr schwarz werdet, und sie werden ihre Meinung nicht ändern.
لَكُم أَن تَتَحَدَّثُوا كَثِيرَاً حَتَّى تَستَشعِرَ[1] أَلسِنَتكُم، وَلَكِنَّهُم لَن يُغَيِّرُوا وُجْهَةَ نَظَرِهِم.</td></tr>
<tr><td>- Der Mann wird mit seiner Frau glücklich sein, solange er sie nicht liebt. [Aber es bleibt ein irreales Sprichwort]
سَيَكُونُ الزَّوجُ سَعِيدَاً مَعَ زَوجَتِهِ طَالَمَا أَنَّهُ لَا يُحِبُّهَا. [مِنَ الأَمثَالِ الخَيالِيَّة]</td></tr>
<tr><td>- Man wird sicher Freude erhalten, wenn man Vergnügen schenkt.
مَن زَرَعَ بُذُورَ المَحَبَّةِ لَا يَلقَ إِلَّا السَّلَام.</td></tr>
<tr><td>- Wer nicht fragt, wird auch keine Antwort bekommen.
مَن لَا يَسأَلُ لَا يَلقَ جَوَابَاً.</td></tr>
<tr><td>- Wer eine dumme Frage stellt, der wird auch eine dümmere Antwort bekommen.
مَن يَطرَحْ سُؤَالَاً أَحمَقَاً سَيَلقَ جَوَابَاً أَكثَرَ حَمَاقَة.</td></tr>
<tr><td>- Der Leiter wird das Fest auf später verschieben, wenn die Wetterverhältnisse nicht besser werden.
سَيُؤَجِّلُ عَرِّيفُ الحَفلِ الحَفلَ لَو لَم تَتَحَسَّنِ الأَحوَالُ الجَوِّيَّة.</td></tr>
<tr><td>- Wer dich liebt, der wird auch deinen Hund lieben.
مَن أَحَبَّكَ سَوفَ يُحِبُّ كَلبَكَ أَيضَاً [بِمَعنَى: مَن يُحِبُّكَ سَيَرَى فِيكَ الجَمِيلَ وسَيَتَغَاضَى عَن جَمِيعِ سَوءَاتِك].</td></tr>
<tr><td>- Der Kapitalismus wird zu einer großen Wirtschaftskrise auf der ganzen Weltebene führen.
سَتَقُودُ الرَّأْسُمَالِيَّةِ إِلَى أَزمَةٍ اِقتِصَادِيَّةٍ عَظِيمَةٍ عَلَى مُستَوَى العَالَمِ بِأَسرِهِ.</td></tr>
</table>

---

[1] قَالَ هَذَا قَدِيماً مَن أَغلَظَ الحَدِيثَ فِي شَأنٍ وَلَم يَلقَ جَوَاباً لِمَا قَال، لِدَرَجَةِ أَنَّ لِسَانَهُ أَصبَحَ يَنطِقُ الشِّعرَ سَلِيقِيَّاً مِن كَثرَةِ الكَلَام.

21.5.1 Der bejahte Satz im Futur1 الجُملَة المُثبَتَة فِي المُستَقبَلِ1

- تُشَكَّلُ الجُملَةُ المثبَتَةُ فِي المستَقبَلِ 1 كَالتَّالِي:

Subjekt + werden + Objekt (Nom. / Akk. / Dat. / Gen.) + Infinitiv
فَاعِل + werden + (مَرفُوع/مَنصُوب/مَجرُور/مُضَاف) + فِعلٌ بِالمَصدَر

مِثَال	
Ich **werde** einen Stift **kaufen.**	(أَنَا) سَأَشتَرِي قَلَمَاً
Du **wirst** einen Stift **kaufen.**	(أَنتَ) سَتَشتَرِي قَلَمَاً
Er, sie, es **wird** einen Stift **kaufen.** [هُوَ، هِيَ، هُوَ (لِلمُحَايِدِ)] سَيَشتَرِي / سَتَشتَرِي قَلَمَاً.	
Ihr **werdet** einen Stift **kaufen.**	(أَنتُم) سَتَشتَرُونَ قَلَمَاً
Wir **werden** einen Stift **kaufen.**	(نَحنُ) سَنَشتَرِي قَلَمَاً
Sie **werden** einen Stift **kaufen.**	(هُم) سَيَشتَرُونَ قَلَمَاً
Sie **werden** einen Stift **kaufen.**	سَتَشتَرِي حَضرَتُكَ قَلَمَاً

21.5.2 Der verneinte Satz im Futur 1 الجُملَة المَنفِيَّة فِي المُستَقبَل 1

تُشَكَّلُ الجُملَةُ المنفِيَّةُ فِي الزَّمَنِ المستقبل 1 كَالتَّالِي:

Subjekt + werden + Objekt (Nom. / Akk. / Dat. / Gen.) + nicht + Infinitiv
فَاعِل + werden + (مَرفُوع/مَنصُوب/مَجرُور/مُضَاف) + لَا + فِعلٌ بِالمَصدَر

مِثَال	
Ich **werde** den Stift **nicht** **kaufen.**	لَنْ أَشتَرِ هَذَا القَلَم
Du **wirst** den Stift **nicht** **kaufen.**	لَنْ تَشتَرِ هَذَا القَلَم
Er, sie, es **wird** **keinen** Stift **kaufen.** [هُوَ، هِيَ، هُوَ (لِلمُحَايِدِ)] لَن يَشتَرِ / لَن تَشتَرِ قَلَمَاً.	
Ihr **werdet** **keinen** Stift **kaufen.**	لَنْ تَشتَرُوا قَلَمَاً
Wir **werden** **keinen** Stift **kaufen.**	لَنْ نَشتَرِ قَلَمَاً
Sie **werden** **keinen** Stift **kaufen.**	لَنْ يَشتَرُوا قَلَمَاً
Sie **werden** **keinen** Stift **kaufen.**	لَنْ تَشتَرِ حَضرَتُكَ قَلَمَاً

21.5.3 Der Fragesatz im Futur 1 جُملَة السُّؤَالِ فِي المُستَقبَل 1

- تُشَكَّلُ جُملَةُ السُّؤَالِ فِي الزَّمَنِ المُستَقبَلِ 1 كَالتَّالِي:

werden + Subjekt + Objekt (Nom. / Akk. / Dat. / Gen.) + Infinitiv?
werden + فَاعِل + (مَرفُوع/مَنصُوب/مَجرُور/مُضَاف) + فِعلٌ بِالمَصدَر?

مِثَال	
<u>Werde</u> ich einen Stift **kaufen**?	هَلْ سَأَشتَرِي قَلَماً؟
<u>Werdest</u> du einen Stift **kaufen**?	هَلْ سَتَشتَرِي قَلَماً؟
<u>Werde</u> er, sie, es einen Stift **kaufen**?	هَلْ سَيَشتَرِي / سَتَشتَرِي [(هُوَ، هِيَ، هُوَ (لِلمُحَايِدِ)] قَلَماً؟
<u>Werdet</u> ihr einen Stift **kaufen**?	هَلْ سَتَشتَرُونَ قَلَماً؟
<u>Werden</u> wir einen Stift **kaufen**?	هَلْ سَنَشتَرِي قَلَماً؟
<u>Werden</u> sie einen Stift **kaufen**?	هَلْ سَيَشتَرُونَ قَلَماً؟
<u>Werden</u> Sie einen Stift **kaufen**?	هَلْ سَتَشتَرِي حَضرَتُكَ قَلَماً؟

21.5.4 Die verneinte Frage im Futur 1 السُّؤَالُ المَنفِي فِي المُستَقبَل 1

يُشَكَّلُ السُّؤَالُ المنفِيُّ بِالجَمعِ بَينَ السُّؤَالِ وَالنَّفِي، أَمثِلَة:

Präteritum + Subjekt + <u>Objekt</u> (Nom. / Akk. / Dat. / Gen.) + nicht
فِعلٌ بِالمَاضِي + فَاعِل + (مَرفُوع/مَنصُوب/مَجرُور/مُضَاف) + لَا

مِثَال	
<u>Werde</u> ich **<u>keinen</u>** Stift **kaufen**?	أَلَنْ اَشتَرِ قَلَماً؟
<u>Wirst</u> du **<u>keinen</u>** Stift **kaufen**?	أَلَنْ تَشتَرِ قَلَماً؟
<u>Wird</u> er, sie, es **<u>keinen</u>** Stift **kaufen**?	أَلَنْ يَشتَرِ / أَلَنْ تَشتَرِ [هُوَ، هِيَ، هُوَ (لِلمُحَايِدِ)] قَلَماً؟
<u>Werdet</u> ihr **<u>keinen</u>** Stift **kaufen**?	أَلَنْ تَشتَرُوا قَلَماً؟
<u>Werden</u> wir den Stift **<u>nicht</u>** **kaufen**?	أَلَنْ نَشتَرِ هَذَا القَلَم؟
<u>Werden</u> sie den Stift **<u>nicht</u>** **kaufen**?	أَلَنْ يَشتَرُوا هَذَا القَلَم؟
<u>Werden</u> Sie den Stift **nicht kaufen**?	أَلَنْ تَشتَرِ حَضرَتُكَ هَذَا القَلَم؟

21.6.0 Futur II (Die Zukunft) المُستَقبَل II

يَدُلُّ المُستَقبَلُ II عَلَى أَنَّ حَدَثَاً سَيَحدُثُ بِالتَّأكِيدِ فِي المستَقبَلِ، بِمَعنَى "وَكَأَنَّهُ كَانَ أَمرَاً مَفعُولَاً" أَيّ أَنَّهُ لَم يُفعَل بَعد، وَلَكِنَّهُ بِالتَّأكِيدِ سَوفَ يُفْعَل.

- وَيَتَشَكَّلُ مِنَ الفِعلِ المسَاعِدِ "werden" مُصَرَّفاً مَعَ الفَاعِلِ فِي الحَاضِرِ البَسِيطِ (كَالمستَقبَلِ 1)، وَاسمُ المفعُولِ (Partizip 2)، وَأَحَدِ الفِعلَينِ المُسَاعِدَينِ "haben" أَو "sein". وَيُمكِنُ القَولُ أَنَّهُ يَجمَعُ بَينَ زَمَنَينِ هُمَا: المستَقبَلُ 1، وَالزَّمَنُ الحَاضِرُ التَّامّ.

Subjekt + werden + Partizip 2 + haben / sein فَاعِل + werden + اِسمُ المَفعُول + haben / sein

مُلَاحَظَة: - إِذَا كَانَ الفِعلُ الأَسَاسِيُّ دَالّاً عَلَى حَرَكَةٍ فَيُستَخدَمُ الفِعلُ "sein".

- إِذَا كَانَ الفِعلُ الأَسَاسِيُّ غَيرُ دَالٍّ عَلَى حَرَكَةٍ فَيُستَخدَمُ الفِعلُ "haben".

Ich werde einen Stift gekauft **haben**.	سَأَكُونُ قَدِ اشتَرَيتُ قَلَمَاً
Ich werde morgen gefahren **sein**.	سَأَكُونُ قَد سَافَرتُ غَدَاً

- أَمثِلَة:

Wegen seines Leichtsinns **wird** er eine Panne **gehabt haben**. سَتكُونُ سَيَّارَتُهُ قَد أُصِيبَتْ بِعُطلٍ بِسَبَبِ طَيشِهِ.
- Oh, ich will meinen Termin nicht versäumen, ich soll mein Auto höchstens in einer anderthalb Stunde reparieret bekommen. - Keine Sorge! Bis dahin **wird** der Mechaniker es **repariert haben**. - لَا أُرِيدُ أَن يَفُوتَنِيَ المَوعِد، يَجِبُ أَن تَكُونَ سَيَّارَتِي كَحَدٍّ أَقصَى بَعدَ سَاعَةٍ وَنِصفِ السَّاعَةِ مُصَلَّحَة. - لَا تَقلَق حَتَّى ذَلِكَ الحِين سَيَكُونُ المِيكَانِيكِيُّ قَد أَصلَحَهَا.
In wenigen Minuten **wird** der Zug **abgefahren sein**. سَيَكُونُ القِطَارُ قَدِ انطَلَقَ بَعدَ دَقَائِقٍ قَلِيلَةٍ.

21.6.1 Der bejahte Satz im Futur II الجُملَةُ المُثبَتَةُ فِي المُستقبَلِ II

- تُشَكَّلُ الجُملَةُ المثبَتَةُ فِي المستَقبَلِ II كَالتَّالِي:

Subjekt + werden + Objekt (Nom. / Akk. / Dat. / Gen.) + Partizip 2 + haben / sein فَاعِل + werden + (مَرفُوع/مَنصُوب/مَجرُور/مُضَاف) + اِسمُ المَفعُول + haben / sein

مِثَال
Ich werde einen Stift **gekauft haben**. سَأَكُونُ قَدِ اشتَرَيتُ قَلَماً
Du wirst einen Stift **gekauft haben**. سَتَكُونُ قَدِ اشتَرَيتَ قَلَماً
Er, sie, es wird einen Stift **gekauft haben**. [هُوَ، هِيَ، هُوَ (لِلمُحَايِدِ)] سَيَكُونُ قَدِ اشتَرَى قَلَماً / سَتَكُونُ قَدِ اشتَرَتْ قَلَماً.
Ihr werdet einen Stift **gekauft haben**. سَتَكُونُونَ قَدِ اشتَرَيتُم قَلَماً
Wir werden einen Stift **gekauft haben**. سَنَكُونُ قَدِ اشتَرَينَا قَلَماً
Sie werden einen Stift **gekauft haben**. سَيَكُونُونَ قَدِ اشتَرَوا قَلَماً
Sie werden einen Stift **gekauft haben**. سَتَكُونُ قَدِ اشتَرَيتَ قَلَماً

21.6.2 Der verneinte Satz im Futur II الجُملَةُ المَنفِيَّةُ فِي المُستَقبَلِ II

- تُشَكَّلُ الجُملَةُ المنفِيَّةُ فِي المستَقبَلِ II كَالتَّالِي:

Subjekt + werden + Objekt (Nom. / Akk. / Dat. / Gen.) + nicht + Partizip 2 + haben / sein فَاعِل + werden + (مَرفُوع/مَنصُوب/مَجرُور/مُضَاف) + لَا + اِسمُ المَفعُول + haben/sein

مِثَال
Ich werde den Stift **nicht gekauft haben**. لَن أَكُونَ قَدِ اشتَرَيتُ هَذَا القَلَم
Du wirst keinen Stift gekauft haben. لَن تَكُونَ قَدِ اشتَرَيتَ قَلَماً
Er, sie, es wird keinen Stift gekauft haben. [هُوَ، هِيَ، هُوَ (لِلمُحَايِدِ)] لَن يَكُونَ قَدِ اشتَرَى قَلَماً / لَن تَكُونَ قَدِ اشتَرَت قَلَماً.
Ihr werdet den Stift **nicht** gekauft haben. لَن تَكونوا قَدِ اشتَرَيتُم هَذَا القَلَم
Wir werden den Stift **nicht** gekauft haben. لَن نَكُونَ قَدِ اشتَرَينَا هَذَا القَلَم
Sie werden keinen Stift gekauft haben. لَن يَكُونُوا قَدِ اشتَرَوا قَلَماً
Sie werden keinen Stift gekauft haben. لَن تَكُونَ حَضرَتُكَ قَدِ اشتَرَيتَ قَلَماً

21.6.3 Der Fragesatz im Futur II جُملَةُ السُّؤَالِ فِي المُستقبَل II

- تُشَكَّلُ جُملَةُ السُّؤَالِ فِي الزَّمَنِ المستَقبَلِ II كَالتَّالِي:

werden + Subjekt + Objekt (Nom. / Akk. / Dat. / Gen.) + Partizip2 + haben / sein + ?
werden + فَاعِل + (مَرفُوع/مَنصُوب/مَجرُور/مُضَاف) + اسم المفعول + haben / sein +?

مثال	
<u>Werde</u> ich einen Stift **gekauft haben**?	هَلْ سَأَكُونُ قَدِ اشتَرَيتُ قَلَماً؟
<u>Wirst</u> du einen Stift **gekauft haben**?	هَلْ سَتَكُونُ قَدِ اشتَرَيتَ قَلَماً؟
<u>Wird</u> er, sie, es einen Stift **gekauft haben**? [هُوَ، هِيَ، هُوَ (لِلمُحَايِدِ)] هَلْ سَيَكُونُ قَدِ اشتَرَى قَلَماً/ هَلْ سَتَكُونُ قَدِ اشتَرَتْ قَلَماً؟	
<u>werdet</u> ihr einen Stift **gekauft haben**?	هَلْ سَتَكُونُونَ قَدِ اشتَرَيتُم قَلَماً؟
<u>Werden</u> wir einen Stift **gekauft haben**?	هَلْ سَنَكُونُ قَدِ اشتَرَينَا قَلَماً؟
<u>Werden</u> sie einen Stift **gekauft haben**?	هَلْ سَيَكُونُونَ قَدِ اشتَرَوا قَلَماً؟
<u>Werden</u> Sie einen Stift **gekauft haben**?	هَلْ سَتَكُونُ قَدِ اشتَرَيتَ قَلَماً؟

21.6.4 Die verneinte Frage im Futur II
السُّؤَالُ المَنفِيُّ فِي المُستَقبَل II

- يُشَكَّلُ السُّؤَالُ المنفِيُّ بِالجَمعِ بَينَ السُّؤَالِ وَالنَّفِي عَلَى الشَّكلِ:

werden + Subjekt + Objekt (Nom. / Akk. / Dat. / Gen.) + nicht + Partizip2 + haben / sein + ?
werden + فَاعِل + (مَرفُوع/مَنصُوب/مَجرُور/مُضَاف) + لَا + اِسمُ المَفعُول + haben/sein

مِثَال	
<u>Werde</u> ich den Stift **<u>nicht</u>** gekauft haben?	أَلَنْ أَكُونَ قَدِ اشتَرَيتُ هَذَا القَلَم؟
<u>Wirst</u> du **<u>keinen</u>** Stift gekauft haben?	أَلَنْ تَكُونَ قَدِ اشتَرَيتَ قَلَماً؟
<u>Wird</u> er, sie, es den Stift **<u>nicht</u>** gekauft haben? [هُوَ، هِيَ، هُوَ (لِلمُحَايِدِ)] أَلَنْ يَكُونَ قَدِ اشتَرَى هَذَا القَلَم / أَلَنْ تَكُونَ قَدِ اشتَرَتَ هَذَا القَلَم؟	
<u>Werdet</u> ihr **<u>keinen</u>** Stift gekauft haben?	أَلَنْ تَكُونُوا قَدِ اشتَرَيتُم قَلَماً؟
<u>Werden</u> wir den Stift **<u>nicht</u>** gekauft haben?	أَلَنْ نَكُونَ قَدِ اشتَرَينَا هَذَا القَلَم؟
<u>Werden</u> sie **<u>keinen</u>** Stift gekauft haben?	أَلَنْ يَكُونُونَ قَدِ اشتَرَوا قَلَماً؟
<u>Werden</u> Sie den Stift **<u>nicht</u>** gekauft haben?	أَلَنْ تَكُونَ قَدِ اشتَرَيتَ هَذَا القَلَم؟

21.7.0 Die zusammengesetzten Verben الأَفعَالُ المُرَكَّبَة

يُمكِنُ أَن يَتَعَلَّقَ بِالفِعلِ إِمَّا صِفَةٌ أَو اسمٌ أَو بَادِئَةٌ أَو فِعلٌ آخَر.

20.7.1 Zusammensetzung (Adjektiv + Verb) تَركِيبُ فِعلٍ مَعَ صِفَة

Adj. + Verb	Beispiel
gutmachen فَعَلَ صَالِحَاً	Ich muss etwas gutmachen. يَجِبُ عَلَيَّ أَن أَفعَلَ شَيئَاً حَسَنَاً.
festnehmen أَلقَى القَبضَ	Die Polizei nahm den verdächtigten fest. القَتِ الشُّرطَةُ القَبضَ عَلَى المُتَّهَم.
sauber machen نَظَّفَ	Die Mutter machte das Zimmer sauber. نَظَّفَتِ الأُمُّ الغُرفَة.
bekannt sein أَن يَكُونَ مَعرُوفَاً	Der Forscher ist weltweit bekannt. هَذَا البَاحِثُ مَعرُوفٌ عَلَى مُستَوَى العَالَم.
bekannt werden أَن يُصبِحَ مَعرُوفَاً	Der Politiker ist bekannt geworden. أَصبَحَ هَذَا السِّيَاسِيُّ مَعرُوفَاً.
besser werden أَن يُصبِحَ أَفضَلَ	Die Lage wurde besser als früher. أَصبَحَ الحَالُ أَفضَلَ مِمَّا كَانَ عَلَيهِ سَابِقَاً.
da sein أَن يَكُونَ حَاضِرَاً	Bis dahin werde ich da sein. سَأَكُونُ حَاضِرَاً فِي ذَلِكَ الحِين.
hier sein أَن يَكُونَ هُنَا	Die Schere muss hier irgendwo sein. يَجِبُ أَن يَكُونَ المِقَصُّ فِي مَكَانٍ مَا هُنَا.
weg sein أَن يَكُونَ بَعِيدَاً	Ich werde nicht lange weg sein. لَن يَطُولَ غِيَابِي.

21.7.2 Zusammensetzung (Nomen + Verb) تَركِيبُ فِعلٍ مَعَ اسمٍ

Nomen + Verb	Beispiel
Auto fahren قَادَ السَّيَّارَة	Er fährt täglich zur Arbeit Auto. يُسَافِرُ كُلَّ يَومٍ بِالسَّيَّارَةِ إِلَى العَمَل.
Fahrrad fahren قَادَ الدَّرَّاجَة	Ich fahre lieber Fahrrad als Auto. أُفضِّلُ أَن أَقُودَ الدَّرَّاجَةَ النَّارِيَّةَ عَلَى قِيَادَةِ السَّيَّارَة.

Staub saugen نَظَّفَ الغُبَار	Die Mutter saugt täglich im Haus Staub. تُنَظِّفُ الأُمُّ المَنزِلَ كُلَّ يَومٍ مِنَ الغُبَار.
Fußball spielen لَعِبَ كُرَةَ القَدَم	Die Schüler spielen Fußball / Tennis. يَلعَبُ الطُّلَّابُ كُرَةَ القَدَمِ / التنس.
in Not sein كَانَ فِي حَالَةٍ حَرِجَة	Die Bevölkerung ist in Not. الشَّعبُ فِي حَالَةٍ عَسِرَةٍ.
Recht haben لَهُ الحَق	In diesem Falle hat er Recht. مَعَهُ الحَقُّ فِي هَذِهِ الحَالَة.
Bankrott gehen أَفلَسَ	Das Unternehmen ist Bankrott gegangen. أَفلَسَتِ الشَّرِكَة.

21.7.3 Zusammensetzung (Verb +Verb) تَركِيبُ فِعلٍ مَعَ فِعلٍ آخَرَ

Verb + Verb	Beispiel
spazieren gehen ذَهَبَ لِلتَنَزُّه	Meine Freunde und ich gingen spazieren. ذَهَبنَا أَنَا وَأَصدِقَائِي لِلتَنَزُّه.
arbeiten gehen ذَهَبَ إِلَى العَمَل	Der Mitarbeiter geht arbeiten. يَذهَبُ العَامِلُ إِلَى العَمَل.
hängen lassen تَرَكَهُ مُعَلَّقاً	Er ließ den Mantel an der Wand hängen. تَرَكَ المِعطَفَ المُعَلَّقَ عَلَى الحَائِطِ مُعَلَّقاً.
bestehen bleiben بَقِيَ قَائِمَاً	Der Krieg blieb bestehen. بَقِيَتِ الحَربُ قَائِمَة.
ruhen lassen تَرَكَهُ يَرتَاح	Die Lehrerin ließ die Schüler ausruhen. تَرَكَتِ المُعَلِّمَةُ الطُّلَّابَ يَرتَاحُون (أَعطَتهُم فُرصَة).
stehen bleiben بَقِيَ وَاقِفَاً	Der Schüler blieb stehen, währen der Lehrer unterrichtete. بَقِيَ الطَّالِبُ وَاقِفَاً بَينَمَا كَانَ المُدَرِّسُ يَدَرِّس.
stecken bleiben بَقِيَ تَعَثَّر	Er blieb in der Rede stecken. تَعَثَّرَ فِي الكَلَام.
kennen lernen تَعَرَّفَ عَلَى	Ich lernte heute Ahmad kennen. تَعَرَّفتُ اليَومَ عَلَى أَحمَد.
liegen bleiben بَقِيَ مُضطَجِعاً	Er blieb liegen, während seine Frau redete. بَقِيَ مُضطَجِعاً بَينَمَا كَانَتْ زَوجَتُهُ تَتَحَدَّث.

22.0.0 Das Passiv | المَبنِي لِلمَجهُول

كُنَّا قد تعَرَّفنَا عَلَى الفِعلِ المبنِيِّ لِلمَعلُومِ مَعَ الأَزمِنَةِ السِّتَّةِ السَّابِقَةِ بِأَنَّهُ الفِعلُ الَّذِي عُلِمَ فَاعِلُهُ فِي الجُملَة.

أَمَّا جُملَةُ المبنِيِّ لِلمَجهُولِ فَهِيَ الجُملَةُ الَّتِي لَم يُعلَمْ فَاعِلُهَا، وَيَنُوبُ عَنِ الفَاعِلِ عَادَةً المفعُولُ بِهِ، وَيَكُونُ مَرفُوعاً وَيُعَدُّ فِي الأَلمَانِيَّةِ فَاعِلاً، أَمَّا بِالعَرَبِيَّةِ فَيُسَمَّى "نَائِب فَاعِل"، وَتُبنَى جُملَةُ المَبنِي لِلمَجهُولِ فِي صِيغَةِ المَاضِي وَالمضَارِعِ وَالمستَقبَلِ، وَلَا تُبنَى فِي صِيغَةِ الأَمرِ مُطلَقاً.

مُلَاحَظَات:

1- كُلُّ جُملَةٍ مَبنِيَّةٍ لِلمَجهُولِ تَتَطَلَّبُ أَحَدَ الفِعلَينِ المسَاعِدَينِ "werden, sein" حَيثُ يَتِمُّ تَصرِيفُ هَذَينِ الفِعلَينِ فِي الزَّمَنِ الَّذِي تَتَطَلَّبُهُ الجُملَة.

2- دَائِماً يَكُونُ فِي الجُملَةِ المَبنِي لِلمَجهُولِ فِعلٌ فِي التَّصرِيفِ الثَّالِث (Partizip 2).

3- يَتِمُّ تَجَاهُلُ الفَاعِلِ بِشَكلٍ تَامٍّ فِي المبنِي لِلمَجهُول وَيُرَكَّزُ عَلَى المفعُولِ بِهِ وَالفِعل.

- قَارِن بَينَ الجُملَتَينِ التَّالِيَتَين:

Er **fragt** mich............ (1)	**يَسأَلُنِي**
Ich **werde gefragt**.........(2)	**أُسأَل**

لَاحِظ! ذُكِرَ المفعُولُ بِهِ "mich" فِي جُملَةِ المبنِي لِلمَعلُومِ (1) وَتَمَّ التَّركِيزُ عَلَيه، أَمَّا فِي جُملَةِ المبنِي لِلمَجهُولِ (2) فَحُذِفَ المفعُولُ بِهِ، وَرُكِّزَ عَلَى نَائِبِ الفَاعِلِ "ich". أَمثِلَة:

Er **kauft** einen Computer.	**يَشتَرِي** حَاسُوباً
Der Computer **wurde gekauft**.	**شُرِيَ** الحَاسُوب

Die Mutter **warf** ihrem Kind die Lüge **vor**.	**تُوَبِّخُ** الأُمُّ ابنَهَا لِكَذِبِه
Dem Kind **wurde** die Lüge **vorgeworfen**.	**وُبِّخَ** الطِّفلُ لِكَذِبِه

يُمكِنُ أَن يَرِدَ المبنِي لِلمَجهُولِ مَعَ الضَّمِيرِ الغَيرِ شَخصِيّ "es":

Das Gericht **entschied**, dass… (1)	**قَرَّرَتِ** المَحكَمَةُ بِأَن...
Es **wurde entschieden**, dass… (2)	**قُرِّرَ** بِأَن...

- قَارِن بينَ الجُملةِ الأولى (المبنيَّةِ لِلمعلُوم) وَالجملَةِ الثَّانيَة (المبنِيَّةِ لِلمَجهُول).

22.1.0 Bildung des Passivs بِنَاءُ المَبنِي لِلمَجهُول

⇦ 1- بِنَاءُ المبنِي لِلمَجهُولِ مَعَ الفِعل "werden":

➢ 1- فِي الزَّمَنِ الحَاضِرِ البَسِيط "Präsens"

Präsens	**= Präsens von "werden" + Partizip II**
	Der Stift **wird gekauft** يُشتَرَى القَلَم
	Der Roman **wird gelesen** تُقرَأُ الرّوَايَة

➢ 2- فِي الزَّمَنِ المَاضِي البَسِيط "Präteritum"

Präteri-tum	**= Präteritum von "werden" + Partizip II**
	Der Stift **wurde gekauft** اشتُرِيَ القَلَم
	Der Roman **wurde gelesen** قُرِأَتِ الرّوَايَة

➢ 3- فِي الزَّمَنِ الحَاضِرِ التَّامّ "Perfekt"

Perfekt	**= Präsens von "sein" + Partizip II + worden**
	Der Stift **ist gekauft worden** اشتُرِيَ القَلَم
	Der Roman **ist gelesen worden** قُرِأَتِ الرّوَايَة

➢ 4- فِي الزَّمَنِ المَاضِي التَّامّ "Plusquamperfekt"

Plusqum-mperfekt	**= Präteritum von "sein" + Partizip II + worden**
	Der Stift **war gekauft worden** كَانَ القَلَم قَد اشتُرِي
	Der Roman **war gelesen worden** كَانَتِ الرّوَايَةُ قَد قُرِأَت

➢ 5- فِي المُستَقبَلِ الأَوَّل "Futur I"

Futur I	**= Präsens von "werden" + Partizip II + werden**
	Der Stift **wird gekauft werden** سَيُشتَرَى القَلَم
	Der Roman **wird gelesen werden** سَتُقرَأُ الرّوَايَة

➢ 6- فِي المُستَقبَلِ الثَّانِي "Futur II"

Futur II	**Präsens von "werden" + Partizip II + worden + sein**
	Der Stift **wird gekauft worden sein.** سَيَكُونُ القَلَمُ قَد شُرِي
	Der Text **wird gelesen worden sein.** سَيَكُونُ النَّصُّ قَد قُرِأ

⇦ 2- بِنَاءُ المَبنِي لِلمَجهُولِ مَعَ الفِعلِ "sein":

➢ 1- فِي الزَّمَنِ الحَاضِرِ البَسِيط **"Präsens"**

Präsens	= Präsens von "sein" + Partizip II	
	Der Stift **ist gekauft.**	القَلَمُ **مُشتَرَى**
	Der Roman **ist gelesen.**	الرّوَايَةُ **مَقرُوءَة**

➢ 2- فِي الزَّمَنِ المَاضِي البَسِيط **"Präteritum"**

Präteritum	= Präteritum von "sein" + Partizip II	
	Der Stift **war gekauft.**	كَانَ القَلَمُ **مُشتَرَى**
	Der Roman **war gelesen.**	كَانَتِ الرّوَايَةُ **مَقرُوءَة**

➢ 3- فِي الزَّمَنِ الحَاضِرِ التَّامّ "Perfekt"

Perfekt	= Präsens von "sein" + Partizip II + gewesen	
	Der Stift **ist gekauft gewesen.**	كَانَ القَلَمُ **مُشتَرَى**
	Der Roman **ist gelesen gewesen.**	كَانَتِ الرّوَايَةُ **مَقرُوءَة**

➢ 4- فِي الزَّمَنِ المَاضِي التَّامّ "Plusquamperfekt"

Plusquamperfekt	= Präteritum von "sein" + Partizip II + gewesen	
	Der Stift **war gekauft gewesen.**	كَانَ القَلَمُ **مُشتَرَى**
	Der Roman **war gelesen gewesen.**	كَانَتِ الرّوَايَةُ **مَقرُوءَة**

➢ 5- فِي المُستَقبَلِ الأَوَّل "Futur **I**"

Futur I	= Präsens von "werden" + Partizip II + sein	
	Der Stift **wird gekauft sein.**	سَيَكُونُ القَلَمُ **مُشتَرَى**
	Der Roman **wird gelesen sein.**	سَتَكُونُ الرّوَايَةُ **مَقرُوءَة**

➢ 6- فِي المُستَقبَلِ الثَّانِي "Futur II"

Futur II	Präsens von "werden" + Partizip II + gewesen + sein	
	Der Stift **wird gekauft gewesen sein.**	سَيَكُونُ القَلَمُ **مُشتَرَى**
	Der Text **wird gelesen gewesen sein.**	سَيَكُونُ النَّصُّ **مَقرُوءَاً**

22.2.0 Das Vorgangspassiv mit dem Hilfsverb "werden"
المَبنِي لِلمَجهُولِ مَعَ الفِعلِ المُسَاعِدِ "werden"

22.2.1 Passiv im Präsens المَبنِي لِلمَجهُولِ فِي الحَاضِرِ البَسِيط

- وَيُبنَى عَلَى الشَّكل:

Vertreter des Subjekts + werden + Partizip **II** نَائِبُ فَاعِل + werden + إسمُ المَفعُول	
Ich **<u>werde</u> gefragt**.	أُسأَل
Du **<u>wirst</u> gefragt**.	تُسأَل
Man **<u>wird</u> gefragt**.	يُسأَل، تُسأَل
Ihr **<u>werdet</u> gefragt**.	تُسأَلُون
Wir **<u>werden</u> gefragt**.	نُسأَل
Sie **<u>werden</u> gefragt**.	يُسأَلُون
Sie **<u>werden</u> gefragt**.	تُسأَل (حَضرَتُك)

22.2.2 Passiv im Präteritum المَبنِي لِلمَجهُولِ فِي المَاضِي البَسِيط

- وَيُبنَى عَلَى الشَّكل:

Vertreter des Subjekts + wurden + Partizip **II** نَائِبُ فَاعِل + wurden + إسمُ المَفعُول	
Ich **wurde** gefragt.	سُئِلتُ
Du **wurdest** gefragt.	سُئِلتَ
Man **wurde** gefragt.	سُئِلَ، سُئِلَتْ
Ihr **wurdet** gefragt.	سُئِلتُم
Wir **wurden** gefragt.	سُئِلنَا
Sie **wurden** gefragt.	سُئِلُوا
Sie **wurden** gefragt.	سُئِلتَ (حَضرَتُك)

22.2.3 Passiv im Perfekt المَبنِي لِلمَجهُولِ فِي الزَّمَنِ الحَاضِرِ التَّامّ

- وَيُرَكَّبُ عِلَى الشَّكل:

Vertreter des Subjekts + sein + Partizip **II** + worden نَائِبُ فَاعِل + sein + اِسمُ المَفعُول + worden	
Ich **bin** **gefragt worden**.	سُئِلتُ
Du **bist** **gefragt worden**.	سُئِلتَ
Man **ist** **gefragt worden**.	سُئِلَ، سُئِلَتْ
Ihr **seid** **gefragt worden**.	سُئِلتُم
Wir **sind** **gefragt worden**.	سُئِلنَا
Sie **sind** **gefragt worden**.	سُئِلُوا
Sie **sind** **gefragt worden**.	سُئِلتَ (حَضرَتُك)

22.2.4 Passiv im Plusquamperfekt المَبنِي لِلمَجهُولِ فِي المَاضِي التَّامّ البَعِيد

- وَيُرَكَّبُ عَلَى الشَّكل:

Vertreter des Subjekts + waren + Partizip **II** + worden نَائِبُ فَاعِل + waren + اِسمُ المَفعُول + worden	
Ich **war** **gefragt worden**.	كُنتُ قَدّ سُئِلتُ
Du **warst** **gefragt worden**.	كُنتَ قَدّ سُئِلتَ
Man **war** **gefragt worden**.	كَانَ قَدّ سُئِلَ، كَانَت قَدّ سُئِلَتْ
Ihr **wart** **gefragt worden**.	كُنتُمْ قَدّ سُئِلتُم
Wir **waren** **gefragt worden**.	كُنَّا قَدّ سُئِلنَا
Sie **waren** **gefragt worden**.	كَانُوا قَدّ سُئِلُوا
Sie **waren** **gefragt worden**.	كُنتَ قَدّ سُئِلتَ (حَضرَتُك)

22.2.5 Passiv im Futur I — المَبنِي لِلمَجهُولِ فِي المستقبل I

- وَيُرَكَّبُ عَلَى الشَّكل:

Vertreter des Subjekts + werden + Partizip 2 + werden نَائِبُ فَاعِل + werden + إِسمُ المَفعُول + werden	
Ich **<u>werde</u>** gefragt **werden**.	سَوفَ أُسأَل
Du **<u>wirst</u>** gefragt **werden**.	سَوفُ تُسأَل
Man **<u>wird</u>** gefragt **werden**.	سَوفُ يُسأَل / سَوفُ تُسأَل
Ihr **<u>werdet</u>** gefragt **werden**.	سَوفَ تُسأَلُون
Wir **<u>werden</u>** gefragt **werden**.	سَوفَ نُسأَل
Sie **<u>werden</u>** gefragt **werden**.	سَوفَ يُسأَلُون
Sie **<u>werden</u>** gefragt **werden**.	سَوفَ تُسأَلُ (حَضرَتُك)

22.2.6 Passiv im Futur II — المَبنِي لِلمَجهُولِ مَعَ المُستَقبَل II

- وَيُرَكَّبُ عَلَى الشَّكل:

Vertreter des Subjekts + werden + Partizip 2 + worden sein نَائِبُ فَاعِل + werden + إِسمُ المَفعُولِ + werden	
Ich **<u>werde</u>** gefragt **worden sein**.	سَأَكُونُ قَد سُئِلت
Du **<u>wirst</u>** gefragt **worden sein**.	سَتكُونُ قَد سُئِلت
Man **<u>wird</u>** gefragt **worden sein**.	سَيَكُونُ قَد سُئِل / سَتكُونُ قَد سُئِلَت
Ihr **<u>werdet</u>** gefragt **worden sein**.	سَتكُونُونَ قَد سُئِلتُم
Wir **<u>werden</u>** gefragt **worden sein**.	سَنكُونُ قَد سُئِلنَا
Sie **<u>werden</u>** gefragt **worden sein**.	سَيَكُونُونَ قَد سُئِلُوا
Sie **<u>werden</u>** gefragt **worden sein**.	سَتكُونُ قَد سُئِلتَ (حَضرَتُك)

23.0.0 Der Imperativ فِعلُ الأمر

لِفِعلِ الأمرِ اِستِخدَامَاتٌ مُتعَدِّدَةٌ وَمُختَلِفَةٌ، وَيُستَخدَمُ مَعَ ضَمَائِرِ المخَاطَبَة، وَهِيَ: المُخَاطَبُ المُفرَدُ (du)، وَالمُخَاطَبُ المُفرَدُ (Sie)، وَالمُخَاطَبُ الجَمعُ (ihr).

وَلَا يُوضَعُ الضَّمِيرُ الشَّخصِيُّ مَعَ الفِعلِ إِلَّا فِي حَالِ كَانَ الأَمرُ فِي صِيغَةِ الاِحتِرَام (Sie). وَلَا يُمكِنُ فِي الأَلمَانِيَّةِ صِيَاغَةُ صِيغَةِ الأَمرِ لِضَمَائِرِ الغَائِب.

23.1.0 Die Bildung des Imperativs صِيَاغَة فِعلِ الأمر

لَا فَرقَ بَينَ الفِعلِ النِّظَامِيِّ وَالفِعلِ الشَّاذِّ فِي صِيغَةِ الأَمر، إِلَّا أَنَّ بَعضَ الأَفعَالِ الَّتِي يَتَغَيَّرُ حَرفُهَا الصَّوتِيِّ فِي حَالِ صُرِّفَتْ فِي الحَاضِرِ البَسِيطِ تُشتَقُّ مِنهَا صِيغَةُ الأَمرِ بِطَرِيقَةٍ مُختَلِفَة.

وَتُشتَقُّ صِيغَةُ الأَمرِ مَعَ الضَّمَائِرِ الثَّلَاثَةِ السَّابِقَةِ كَالتَّالِي:

⇦ 1- مَعَ الضَّمِيرِ (du)، بِتَصرِيفِ الفِعلِ مَعَهُ وَإِسقَاطِ نِهَايَتِهِ -st :

صِيغَةُ الأَمر	تَصرِيفُه	الفِعل
اشتَرِ **kaufe!**	أنتَ تَشتَرِي du kauf~~st~~	إِشتَرَى kaufen
اذهَبْ **geh!**	أنتَ تَذهَب du geh~~st~~	ذَهَبَ gehen

- وَكَذَلِكَ بِالنِّسبَةِ لِلأَفعَالِ الَّتِي يَحدُثُ فِيهَا تَحوِيلٌ فِي الحَرفِ الصَّوتِيّ:

صِيغَةُ الأَمر	تَصرِيفُه	الفِعل
اِقرَأ! **lies!**	أنتَ تَقرَأ du **lie**s~~t~~	قَرَأَ l**e**sen
اِعطِ! **gib!**	أنتَ تُعطِي du g**i**b~~st~~	أَعطَى g**e**ben

- أَمَّا الأَفعَالُ الَّتِي يَحدُثُ فِيهَا تَغيِيرُ الحَرفِ الصَّوتِيِّ (a → ä) فَيَبقَى دُونَ تَغيِيرٍ:

صِيغَةُ الأَمر	تَصرِيفُه	الفِعل
اِجرِ! l**au**f!	أنتَ تَجرِي du l**äu**f~~st~~	جَرَى l**au**fen
اِحمِل! tr**a**g!	أنتَ تَحمِل du tr**ä**g~~st~~	حَمَلَ tr**a**gen

⇦ 2- مَعَ الضَّمِيرِ (ihr)، يَبقَى الفِعلُ نَفسُ التَّصرِيفِ بِالحَاضِرِ البَسِيط:

صِيغَةُ الأَمر	تَصرِيفُه	الفِعل
اشترُوا! kauft!	أَنتُم تَشتَرُون ihr kauf**t**	إِشتَرَى kauf**en**
اذهبُوا! geht!	أَنتُم تَذهَبُون ihr geh**t**	ذَهَبَ geh**en**

laufen جَرَى	ihr lauft أَنتُم تَجرُون	lauft! اِجرُوا!
lesen قَرَأَ	ihr lest أَنتُم تَقرَؤُون	lest! اِقرَأُوا!

⇦ 3- مَعَ الضَّمِيرِ (Sie)، يَبقَى الفِعلُ نَفسُ التَّصرِيفِ بِالحَاضِرِ البَسِيطِ مَعَ ذِكرِ الضَّمِيرِ، وَلَكِن مَعَ التَّبدِيلِ بَينَهُمَا فِي مَكَانَيهِمَا:

الفِعل	تَصرِيفُه	صِيغَةُ الأمر
kaufen اِشتَرَى	Sie kaufen تَشتَرِي حَضرَتُك	kaufen Sie! اِشتَرِ!
gehen ذَهَبَ	Sie gehen تَذهَبُ حَضرَتُك	gehen Sie! اِذهَب!
laufen جَرَى	Sie laufen تَجرِي حَضرَتُك	laufen Sie! اِجرِ!
lesen قَرَأَ	Sie lesen تَقرَأُ حَضرَتُك	lesen Sie! اِقرَأ!

☪ إِذَا انتَهَى الفِعلُ بِأَحَدِ الحُرُوفِ (-t, -d, -m, -n) فَيُضَافُ الحَرفُ "-e" لِكُلٍّ مِنَ الضَّمِيرَينِ "du" وَ "ihr"، أَمَّا مَعَ الضَّمِيرِ "Sie" فَلَا يَحدُثُ تَغيِير.

الفِعل	الضَّمِير	صِيغَةُ الأَمر
arbeiten عَمِلَ	du	arbeite schneller! اِعمَل بِشَكلٍ أَسرَع!
	ihr	arbeitet schneller! اِعمَلُوا بِشَكلٍ أَسرَع!
	Sie	arbeiten Sie schneller! اِعمَل بِشَكلٍ أَسرَع!
finden وَجَدَ	du	finde den Stift! أُوجِدِ القَلَم!
	ihr	findet den Stift! أُوجِدُوا القَلَم!
	Sie	finden Sie den Stift! أُوجِدِ القَلَم!
atmen تَنَفَّس	du	atme tief! تَنَفَّس بِعُمق!
	ihr	atmet tief! تَنَفَّسُوا بِعُمق!
	Sie	atmen Sie tief! تَنَفَّس بِعُمق!
öffnen فَتَحَ	du	öffne die Fenster! اِفتَحِ النَّوَافِذ!
	ihr	öffnet die Fenster! اِفتَحُوا النَّوَافِذ!
	Sie	öffnen Sie die Fenster! اِفتَحِ النَّوَافِذ!

☪ أَمَّا الأَفعَالُ المنتَهِيَةُ بِـ "b-" فَيَجُوزُ إِضَافَةُ "e-" لها إِذَا صُرِّفَت مَعَ الضَمِيرِ "du"، وَكَذَلِكَ الأَفعَالُ المنتَهِيَةُ بِـ "ieren-" أَيضاً، أَمثِلَة:

الفِعل	الضمير	صِيغَةُ الأمر
bleiben بَقِيَ	**du**	bleib(**e**) aufgeschlossen! اِبقَ مُنفَتِحَ العَقل!
	ihr	bleib**t** aufgeschlossen! اِبقُوا مُنفَتِحِي العُقُول!
	Sie	bleib**en** **Sie** aufgeschlossen! اِبقَ (حَضرَتُكَ) مُنفَتِحَ العَقل!
agieren تَصَرَّفَ	**du**	agier(**e**) bescheiden! تَصَرَّف بِتَوَاضُع!
	ihr	agier**t** bescheiden! تَصَرَّفُوا بِتَوَاضُع!
	Sie	agier**en** **Sie** bescheiden! تَصَرَّف (حَضرَتُكَ) بِتَوَاضُع!

☪ إِلَّا أَنَّ الفِعلَ "sein" هُوَ الفِعلُ الوَحِيدُ الشَّاذُّ كُلِّيّاً، وَيُصَاغُ الأَمرُ مِنهُ كَالتَّالِي:

الفِعل	الضَّمِير	صِيغَةُ الأمر
sein كَانَ	**du**	**sei** vorsichtig! كُنْ حَذِراً!
	ihr	**seid** vorsichtig! كُونُوا حَذِرِين!
	Sie	**seien** **Sie** vorsichtig! كُنْ (حَضرَتُكَ) حَذِراً!

☪ أَمَّا الفِعلِين "werden, haben" فَهُمَا غَيرُ شَاذَّينِ فِي اشتِقَاقِ الأَمر:

الفِعل	الضَّمِير	مِثَال
werden أَصبَحَ	**du**	werd**e** elegant! كُن أَنِيقَاً!
	ihr	werd**et** elegant! كُونُوا أَنِيقِين!
	Sie	werd**en** **Sie** elegant! كُن أَنِيقَاً!
haben مَلَكَ	**du**	hab(**e**) Geduld! اِصبِر!
	ihr	hab**t** Geduld! اِصبِرُوا!
	Sie	hab**en** **Sie** Geduld! اِصبِر!

23.2.0 Ersatzformen des Imperativs أَشكَالٌ بَدِيلَة عَن فِعلِ الأَمر

يُمكِنُ الإستِعَاضَةُ عَنِ الأَمرِ بِأَربَعِ صِيَغٍ مُختَلِفَةٍ، وَالموقِفُ هُوَ الَّذِي يَتطَلَّبُ الصِّيغَةَ المَنَاسِبَةَ لِلأَمر، وَتُستَخدَمُ كُلُّ صِيغَةٍ مِنَ الصِّيَغِ التَّالِيَةِ مَعَ جَمِيعِ ضَمَائِرِ المُخَاطَبَة "du, ihr, Sie"، وَلَا فَرقَ بَينَ جَمعٍ وَمُفرَدٍ بَينَهَا:

الصّيغَةُ البَدِيلَةُ لِلأَمر	مِثَالٌ عَنِ الصّيغَةِ البَدِيلَة
Nomen + (Adverb) اِسم + (ظَرف)	Hilfe (bitte)! النَّجدَة (مِن فَضلِك)
	Achtung vor Minen! اِحذَرُوا مِنَ الأَلغَام!
Nomen + Infinitiv اسم + مَصدَر	Geschirr spülen! اِغسِلُوا الصُّحُون!
	Aufgabe erledigen! أَنجِزُوا المُهِمَّة!
Partizip 2 اِسمُ المَفعُول	Rauchen verboten! التَّدخِينُ مَمنُوع!
	Zutritt verboten! الدُّخُولُ مَمنُوع!
Passiv مَبنِي لِلمَجهُول	Jetzt wird gearbeitet! عَلَيكُمُ العَمَلُ الآن!
	Aufgabe wird erledigt! عَلَيكُمُ القِيَامُ بِوَاجِبِكُم!

23.3.0 Reflexive Verben im Imperativ الأَفعَالُ المُنعَكِسَةُ فِي الأمر

تُشَكَّلُ صِيغَةُ الأَمرِ مِنَ الأَفعَالِ المُنعَكِسَةِ كَالتَّالِي:

الفِعل	Pron.	مِثَال
sich interessieren (für) اِهتَمَّ بِـ	**du**	Interessier**e** dich für Physik! اِهتَمَّ بِالفِيزِيَاء!
	ihr	Interessier**t** euch für Physik! اِهتَمُّوا بِالفِيزِيَاء!
	Sie	Interessier**en** **Sie** sich für Physik! اِهتَمَّ بِالفِيزِيَاء!
sich kümmern (um) اِعتَنَى بِـ	**du**	Kümmer**e** dich um sie! اِهتَمَّ بِهَا!
	ihr	Kümmer**t** euch um sie! اِهتَمُّوا بِهَا!
	Sie	Kümmer**n** **Sie** sich um sie! اِهتَمَّ بِهَا!
sich waschen اِغتَسَلَ	**du**	Wasch(e) dich! اِغتَسِل!
	ihr	Wasch**t** euch! اِغتَسِلُوا!
	Sie	Wasch**en** **Sie** sich! اِغتَسِل!

23.4.0 Trennbare Verben im Imperativ أَفعَالٌ قَابِلَةٌ لِلانفِصَالِ فِي الأمر

تُشَكَّلُ صِيغَةُ الأَمرِ مِنَ الأَفعَالِ القَابِلَةِ لِلانفِصَالِ بِفَصلِ البَادِئَةِ إِلَى آخِرِ الجُملَةِ، وَيُصَاغُ الأَمرُ مِنَ الفِعلِ كَأَيِّ فِعلٍ آخر، كَالتَّالِي:

الفِعل	Pron.	مِثَال
absagen رَفَضَ	**du**	Sag(**e**) ab! اِرفِض!
	ihr	Sag**t** ab! اِرفِضُوا!
	Sie	Sag**en** **Sie** ab! اِرفِض (حَضرَتُك)!
annehmen قَبِلَ	**du**	Nimm an! اِقبَل!
	ihr	Nehm**t** an! اِقبَلُوا!
	Sie	Nehm**en** **Sie** an! اِقبَل (حَضرَتُك)!
einkommen دَخَلَ	**du**	Komm(**e**) rein! اِدخُل!
	ihr	Komm**t** rein! اِدخُلُوا!
	Sie	Komm**en** **Sie** rein! اِدخُل (حَضرَتُك)!

مُلَاحَظَة: هُنَاكَ أَفعَالٌ يُمكِنُ أَن يُرفَقَ إِلَى نِهَايَتِهَا الحَرفُ "e" عِندَ صِيَاغَةِ الأَمرِ مَعَ الضَّمِيرِ "du" وَذَلِكَ لِتَشذِيبِ نَطقِهَا، وَيَكُونُ وَقْعُهَا عَلَى الأُذُنِ أَلطَف. إِلَّا أَنَّهُ يُمكِنُ الِاستِغنَاءُ عَنهَا أَيضاً. أَمثِلَة:

الضَّمِير	الفِعل	مِثَال
du	reichen نَاوَلَ	Reich(**e**) mir den Stift! نَاوِلنِي القَلَم!
	sich anziehen لَبِسَ	Zieh(**e**) dich an! اِلبِس!
	herkommen جَاءَ	Komm(**e**) her! تَعَالَ إِلَى هُنَا!
	lassen تَرَكَ	Lass(**e**) dich küssen! دَعنِي أُقَبّلك!

مُلَاحَظَة: لَا يُضَافُ الحَرفُ "e" فِي اللُّغَةِ المَحكِيَّة.

23.5.0 Die Formen des Imperativs صِيَغُ الطلَب

تُقسَمُ صِيَغُ الطَّلَبِ إِلَى صَيَغٍ مُؤَدَّبَةٍ وَصِيَغٍ غَلِيظَة (غَيرُ مُؤَدَّبَة):

⇦ 1- الطَّلَبُ الغَيرُ مُؤَدَّب: وَيُستَخدَمُ مَعَ الأَصدِقَاءِ وَأَفرَادِ العَائِلَة:

ohne Verb بِدُونِ فِعل	Licht aus! Fenster auf!	أَطفِئِ الضَّوء! اِفتَحِ النَّافِذَة!
mit Verb مَعَ فِعل	Mach das Licht aus! Mach das Fenster auf!	أَطفِئِ الضَّوء! اِفتَحِ النَّافِذَة!

⇦ 2- الطَّلَبُ المُؤَدَّبُ "Bitte als Frage": وَيُستَخدَمُ فِيهِ الضَّمِيرُ "Sie" مَعَ الغُرَبَاءِ وَفِي اللُّغَةِ الرَّسمِيَّةِ، وَغَالِبَاً مَا يُستَخدَمُ مَعَهُ الظَّرفُ "مِن فَضلِك bitte"

Machst du bitte das Fenster **auf!**	هَلَّا فَتَحتَ النَّافِذَةَ مِن فَضلِك!
Machen Sie bitte das Fenster **auf!**	هَلَّا فَتَحتُمُ النَّافِذَةَ مِن فَضلِكُم!

✓ وَيَتِمُّ الدَّلَالَةُ عَلَى الطَّلَبِ الأَكثَرِ احتِرَامَاً مَعَ الفِعل "können":

Kannst du bitte das Fenster aufmachen? هَل يُمكِنُكَ فَتحُ النَّافِذَةِ مِن فَضلِك؟
Können Sie bitte das Fenster aufmachen? هَل يُمكِنُ أَن تَفتَحَ حَضرَتُكُمُ النَّافِذَةَ مِن فَضلِكُم؟

✓ وَيَتِمُّ الطَّلَبُ الشَّدِيدُ الاِحتِرَام بِاستِخدَامِ "Konjunktiv 2" عَلَى شَكلِ سُؤَال، وَتَكُونُ هَذِهِ الصِّيغَةُ غَالِبَاً مَعَ الضَّمِيرِ "Sie":

Konj. II	**Würden Sie** bitte das Fenster aufmachen? هَلَّا تَفَضَّلتُم مِن فَضلِكُم وَفَتَحَت فَخَامَتُكُمُ النَّافِذَة؟ **Würden Sie** bitte mir den Stift reichen? هَلَّا تَفَضَّلتُم مِن فَضلِكُم وَأَعطَتنَا فَخَامَتُكُمُ القَلَم؟

مُلَاحَظَة: غَالِبَاً مَا تُستَخدَمُ هَذِهِ الصِّيغَةُ فِي الدَّوَائِرِ الحُكُومِيَّةِ والخِطَابَاتِ الرَّسمِيَّة.

- لَاحِظ! اِستَخدَمنَا فِي الجُملَةِ السَّابِقَةِ الفِعلَ "reichen" وَلَيسَ "geben" رُغمَ أَنَّ الفِعلَينِ يَدُلَّانِ عَلَى نَفسِ المَعنَى، إِلَّا أَنَّ الطَّلَبَ بِاحتِرَامٍ شَدِيدٍ يُنَاسِبُهُ أَفعَالٌ مُعَيَّنَة.

- مَيِّزْ بَينَ أَفعَالِ العَامِّيَّةِ وَأَفعَالُ الفُصحَى فِي الجُمَلِ التَّالِيَة!

Hochsprache الفُصحَى	Umgangssprache العَامِّيَّة
Reichen Sie mir bitte den Stift! هَلَّا نَاوَلتَنِي القَلَمَ مِن فَضلِكِ!	Geben Sie mir bitte den Stift! هَلَّا أَعطَيتَنِي القَلَمَ مِن فَضلِك!
Er erhielt Geld. حَصَلَ عَلَى مَالٍ.	Er kriegte Geld. حَصَلَ عَلَى مَالٍ.

- وَيُستَخدَمُ فِي العَامِّيَّةِ الظَّرفُ "mal" بِدُونِ تَرجَمَةٍ مُعَيَّنَةٍ، لِتَلطِيفِ المعنَى:

Hör **mal** zu!	اِصغِ مِن فَضلِك!
Lass mich **mal** gucken!	دَعنِي أَنظُرُ مِن فَضلِك!
Ich muss **mal** pinkeln!	عَن اِذنِكُم يَجِبُ عَلَيَّ أَن أَتَبَوَّل![اللُّغَةُ العَامِيَّة]

23.6.0 Funktionen des Imperativs وَظَائِفُ فِعلِ الأمر

لِفِعلِ الأَمرِ وَظَائِفٌ عَدِيدَةٌ وَمُختَلِفَةٌ وَهِيَ:

Benutzung الاِستِخدَام	Beispiel مِثَال
Anleitung **إرشَاد**	Öffnen Sie bitte zuerst die Flasche, gießen Sie danach den Inhalt ins Glas! اِفتَحِ الزُّجَاجَةَ أَوَّلاً ثُمَّ أَضِفْ المُحتَوَى بَعدَ ذَلِكَ فِي الكُوب!
Apell **نِدَاء**	Verbietet die Drogen sofort! اِمنَعُوا المُخَدِّرَاتَ فِي الحَالْ!
Anweisung **تَوجِيه**	Sei vorsichtig! كُنْ حَذِرَاً! Seid ruhig! كُونُوا هَادِئِين!
Bitte **طَلَب**	Gib mir das Buch! اِعطِنِي الكِتَاب! Räume das Zimmer auf! رَتِّبِ الغُرفَة!
Ratschlag **اِقتِرَاح**	Fahr vorsichtig! قُدْ بِحَذَر! Studiere Humanmedizin! اِدرُسِ الطِّبَّ البَشَرِيّ!
Verbot **تَحرِيم**	Rauchen ist hier verboten! التَّدخِينُ هُنَا مَمنُوع! Schaltet bitte eure Handys beim Vortrag ab! أَغلِقُوا جَوَّالاتِكُم خِلَالَ المُحَاضَرَة!
Ermahnung **تَذكِير**	Mache deine Aufgaben! قُم بِوَاجِبَاتِك! Geh ins Bett! اِذهَب إِلَى السَّرِير!

24.0.0 Konjunktiv II, I — المُضَارِعُ المَنصُوب II، I

بِشَكلٍ عَامّ:

المُضَارِعُ المَنصُوبُ I: يَدُلُّ عَلَى الكَلَامِ المَنقُولِ (أَي نَقلاً عَن فُلَان).

المُضَارِعُ المَنصُوبُ II: عَالَمُ التَّخَيُّلَاتِ وَالأُمنِيَاتِ وَالأَوهَامِ، وَلَهُ اِستِخدَامَاتٌ أُخرَى.

24.1.0 Konjunktiv I — المُضَارِعُ المَنصُوب I

لَا يُستَخدَمُ فِي اللُّغَةِ العَرَبِيَّةِ، وَيُشَكَّلُ كَالتَّالِي:

Verbstamm + e + Präsensendung نِهَايَةُ الحَاضِرِ البَسِيط + e + جَذرُ الفِعل

- يُستَخدَمُ المُضَارِعُ المَنصُوبُ 1 مَعَ الكَلَامِ المَنقُولِ: أَيّ أَنَّ الشَّخصَ A قَالَ كَلَاماً فَسَمِعَهُ الشَّخصُ B وَنَقَلَهُ لِلشَخصِ C. حَيثُ أَنَّ الجُملَةَ الأُولَى (جُملَةُ النَّاقِلِ) تَكُونُ فِي الزَّمَنِ الحَاضِرِ البَسِيط، وَتَبدَأُ جُملَةُ المُضَارِعِ المَنصُوبِ (الجُملَةُ المَنقُولَةُ) بَعدَ الفَاصِلَة، مِثَال:

Er sagte, **<u>er</u>** **<u>komme</u>** nicht.	قَالَ أَنَّهُ لَن يَأتِ
Er sagte ihr, dass **<u>er</u>** sich in sie verliebt **<u>habe</u>**.	قَالَ لَهَا أَنَّهُ يُحِبُّهَا
Der Flugkapitän sagte an, dass **<u>das Flugzeug</u>** **<u>lande</u>**. قَالَ كَابتِنُ الطَّائِرَةِ أَنَّ الطَّائِرَةَ سَوف تَهبطُ.	

- مُلَاحَظَات:

➢ 1- دَائِمَاً يَكُونُ تَصرِيفُ الفِعلِ مَعَ الضَّمِيرِ "ich" فِي المُضَارِعِ المَنصُوبِ مُتَطَابِقَاً مَعَ تَصرِيفِ الفِعلِ مَعَ الضَّمَائِرِ "er, es, sie".

<u>ich schaue</u>	أَنظُر	wir schauen	نَنظُر
du schauest	تَنظُر	sie schauen	يَنظُرُون
<u>man schaue</u>	يَنظُر، تَنظُر	Sie schauen	تَنظُر (حَضرَتُك)
ihr schauet	تَنظُرُون		

➢ 2- جَمِيعُ الأَفعَالِ فِي المُضَارِعِ المَنصُوبِ تُعتَبَرُ نِظَامِيَّة، وَتَأخُذُ نِهَايَاتِ الحَاضِرِ البَسِيطِ، بِاستِثنَاءِ الفِعل "sein" فَهُوَ الفِعلُ الوَحِيدُ الشَّاذّ.

ich arbeite	أعمَل	wir arbeiten	نَعمَل
du arbeitest	تَعمَل	sie arbeiten	يَعمَلُون
man arbeite	تَعمَل، يَعمَل	Sie arbeiten	تَعمَلُ (حَضرَتُك)
ihr arbeitet	تَعمَلون		

- يُعتَبَرُ تَصرِيفُ الفِعلِ "sein" فِي المُضَارِعِ المَنصُوب شَاذٌّ كُلِّيّاً:

ich sei	أكُون	wir seien	نَكُون
du seist	تَكُون	sie seien	يَكُونُون
man sei	يَكُون، تَكُون	Sie seien	تَكُونُ (حَضرَتُك)
ihr seiet	تَكُونُون		

➢ 3- تُوضَعُ النِّهَايَةُ "e-" دَائِماً بَينَ النِّهَايَةِ المُنَاسِبَةِ لِلفَاعِلِ وَجَذرِ الفِعلِ، بِاستِثنَاءِ الفِعلِ "sein" مَعَ الضَّمَائِرِ "du, er, es, sie".

ich kauf**e**	أشتَرِي	wir kauf**e**n	نَشتَرِي
du kauf**e**st	تَشتَرِي	sie kauf**e**n	يَشتَرُون
man kauf**e**	يَشتَرِي، تَشتَرِي	Sie kauf**e**n	تَشتَرِي (حَضرَتُك)
ihr kauf**e**t	تَشتَرُون		

- لَاحِظ!: لَم نَضَع نِهَايَةَ الحَاضِرِ البَسِيطِ مَعَ الضَّمِيرِ "ich" لِأَنَّ نِهَايَةَ المُضَارِعِ المَنصُوبِ تَتَطَلَّبُ حَرف الـ "e" وَبِهَذِهِ الحَالَةِ لَا يُكَرَّرُ الحَرفُ "e" مَرَّتَين.

التَّطَابُقُ بَيْنَ المُضَارِعِ المَنصُوبِ "Konjunktiv" وَالمُضَارِعِ المَرفُوعِ "Indikativ "

دَائِمَاً مَا يَتَطَابَقُ تَصرِيفُ الفِعلِ مَعَ ضَمَائِرِ الجَمعِ "sie, wir, Sie" فِي المُضَارِعِ المَنصُوب "Konjunktiv" مَعَ تَصرِيفِ الفِعلِ مَعَ الضَّمَائِرِ نَفسِهَا فِي المُضَارِعِ المَرفُوعِ "Indikativ"، بِاستِثنَاءِ الفِعلِ "sein"، وَلِكَي نُمَيِّزَ الفِعلَ فِيمَا إِذَا كَانَ فِي المُضَارِعِ المَنصُوبِ أَوِ فِي المُضَارِعِ المَرفُوعِ يُستَبدَلُ المُضَارِعُ المَنصُوبُ I بِالمُضَارِعِ المَنصُوبِ II. وَتُعَدُّ الجُملَةُ وَكَأَنَّهَا فِي المُضَارِعِ المَنصُوبِ I.

- أَوَّلاً - التَّطَابُقُ بَيْنَ المُضَارِعِ المَنصُوبِ وَالمُضَارِعِ المَرفُوعِ فِي الحَاضِرِ البَسِيطِ:

Indikativ **مضارع مرفوع**	Er sagte, **sie kommen** heute nicht. قال بأنهم لن يأتوا اليوم.
Konjunktiv 1 **مضارع منصوب**	Er sagte, **sie kommen** heute nicht. قال بأنهم لن يأتوا اليوم.

- ثَانِيَاً - اِستِبدَالُ المُضَارِعِ المَنصُوبِ I بِالمُضَارِعِ المَنصُوبِ II:

Konjunktiv 1 **مضارع منصوب1**	Er sagte, **sie kommen** heute nicht. قال بأنهم لن يأتوا اليوم.
Konjunktiv 2 **مضارع منصوب2**	Er sagte, **sie würden** heute nicht **kommen**…(1) قَالَ بِأَنَّهُم لَن يَأتُوا اليَوم.
	Er sagte, **sie kämen** heute nicht…(2) قَالَ بِأَنَّهُم لَن يَأتُوا اليَوم.

- لَاحِظ: لِلمُضَارِعِ المَنصُوبِ II الصيغة (1)، والصيغة (2). (سَنَتَنَاوَلُهُمَا لَاحِقاً).

- أَمثِلَة:

الصيغة	مِثَال
Konjunktiv I	Er sagte, **Sie lösen** das Rätsel. قَالَ بِأَنَّ حَضرَتَكَ تَحُلُّ اللُّغز.
Konjunktiv II	Sie sagten, **Sie würden** das Rätsel lösen. قَالَ بِأَنَّ حَضرَتَكَ تَحُلُّ اللُّغز.

الدَّلَالَةُ عَلَى المُضَارِعِ المَنصُوبِ فِي المَاضِي:

تَتِمُّ الدَّلَالَةُ عَلَى المُضَارِعِ المَنصُوبِ فِي الزَّمَنِ المَاضِي بِاستِخدَامِ زَمَنٍ وَاحِدٍ فَقَط، وَهُوَ الحَاضِرُ التَّامّ "Perfekt" مَعَ "sein, haben":

Er sagte, **sie sei gekommen**.	قَالَ أَنَّهَا جَاءَت
Er sagte, **sie habe** den Zug **verpasst**.	قَالَ أَنهُ قَد فَاتَهَا القِطَار

- أَمثِلَةٌ مَعَ الفِعلِ "**haben**":

Er sagte, ich **habe** den Zug verpasst.	قَالَ أَنَّهُ فَاتَنِي القِطَار
Sie sagte, er **habe** den Zug verpasst.	قَالَت أَنَّهُ فَاتَهُ القِطَار
Er sagte, du **habest** den Zug verpasst.	قَالَ أَنَّهُ فَاتَكَ القِطَار
Er sagte, ihr **habet** den Zug verpasst.	قَالَ أَنَّهُ فَاتَكُمُ القِطَار
Er sagte, wir **haben** den Zug verpasst.	قَالَ أَنَّهُ فَاتَنَا القِطَار
Er sagte, sie **haben** den Zug verpasst.	قَالَ أَنَّهُ فَاتَهُمُ القِطَار
Er sagte, Sie **haben** den Zug verpasst.	قَالَ أَنَّهُ فَاتَ القِطَارُ حَضرَتَكُم

مُلَاحَظَة: نَابَ الضَّمِيرُ الشَّخصِيُّ "er" عَنِ الضَّمِيرَينِ البَاقِيَينِ "sie, es".

- أَمثِلَةٌ مَعَ الفِعلِ "**sein**":

Er sagte, ich **sei** angekommen.	قَالَ أَنَّنِي وَصَلت
Er sagte, sie **sei** angekommen.	قَالَ أَنَّهَا وَصَلَتْ
Er sagte, du **seist** angekommen.	قَالَ أَنَّكَ وَصَلت
Er sagte, ihr **seiet** angekommen.	قَالَ أَنَّكُم وَصَلتُم
Er sagte, wir **seien** angekommen.	قَالَ أَنَّنَا وَصَلنَا
Er sagte, sie **seien** angekommen.	قَالَ أَنَّهُم وَصَلُوا
Er sagte, Sie **seien** angekommen.	قَالَ أَنَّ حَضرَتَكَ وَصَلت

مُلَاحَظَة: تُجِيزُ بَعضُ المَصَادِرِ وَضعَ الحَرفِ "e" قَبلَ نِهَايَةِ الضَّمِيرِ du. أَي يُجَازُ تَصرِيفُ الفِعلِ "sein" مع الضَّمِيرِ "du" عَلَى الشَّكلَينِ "du seist / seiest". وَالأَصَحُّ بِدُونِ إِضَافَةٍ.

التَّطَابُقُ بَيْنَ المُضَارِعِ المَنصُوبِ I وَالمُضَارِعِ المَرفُوعِ فِي المَاضِي

عِندَ التَّطَابُقِ بَيْنَ المُضَارِعِ المَنصُوبِ 1 وَالمُضَارِعِ المَرفُوعِ فِي المَاضِي فَيُستَبدَلُ المُضَارِعُ المَنصُوبُ I بِالمُضَارِعِ المَنصُوبِ II عَلَى الشَّكلِ التَّالِي:

- أَوَّلاً - التَّطَابُقُ بَينَ المُضَارِعِ المَنصُوبِ I وَالمُضَارِعِ المَرفُوعِ في المَاضِي:

Indikativ **مضارع مرفوع**	Er sagte, **sie haben** noch nicht **eingekauft.** قَالَ بِأَنَّهُم لَم يَتَسَوَّقُوا بَعد.
Konjunktiv 1 **مضارع منصوب I**	Er sagte, **sie haben** noch nicht **eingekauft.** قَالَ بِأَنَّهُم لَم يَتَسَوَّقُوا بَعد.

- ثَانِياً - اِستِبدَالُ المُضَارِعِ المَنصُوبِ I بِالمُضَارِعِ المَنصُوبِ II في المَاضِي:

Konjunktiv I **مضارع منصوبI**	Er sagte, **sie haben** noch nicht **eingekauft.** قَالَ بِأَنَّهُم لَم يَتَسَوَّقُوا بَعد.
Konjunktiv II **مضارع منصوب II**	Er sagte, **sie hätten** noch nicht **eingekauft.** قَالَ بِأَنَّهُم لَم يَتَسَوَّقُوا بَعد.

- وَكَذَلِكَ مَعَ حَرفِ العَطف "dass" :

Er sagte, **ihr hättet** wohl den Zug **verpasst.** قَالَ بِأَنَّكُم فَوَّتُّمُ القِطَارَ.
Er sagte, **dass ihr** wohl den Zug **verpasst hättet.** قَالَ بِأَنَّكُم فَوَّتُّمُ القِطَارَ.

- أَمثِلَة:

Er sagte, **Sie hätten** alle Rekorde **gebrochen.** قَالَ بِأَنَّ حَضرَتَكُم قَد حَطَّمتُم جَمِيعَ الأَرقَامِ القِيَاسِيَّة.
Sie sagte, **wir wären** ohne Verzögerung **angekommen.** قَالَت بِأَنَّنَا وَصَلنَا دُونَ تَأَخُّر.
Er sagte, **ich hätte** dies bereits vor langer Zeit **tun müssen.** قَالَ أَنَّهُ تَوَجَّبَ عليَّ أَن أَكُونَ قَد فَعَلتُ هَذَا مُنذُ زَمَنٍ طَوِيل.
Sie sagte ihm, **dass er** das allerdings **wissen müssen hätte.** قَالَتْ لَهُ بِأَنَّهُ كَانَ يَتَوَجَّبُ عَلَيهِ أَن يَعرِفَ هَذَا مِن كُلِّ بتّ.

الدَّلَالَةُ عَلَى المُضَارِعِ المَنصُوبِ فِي المُستَقبَل

يَدُلُّ عَلَى المُضَارِعِ المَنصُوبِ فِي المُستَقبَل، سَوَاءٌ المُستَقبَلُ I أَوِ المُستَقبَلُ II بِاستِخدَامِ المُستَقبَلِ I، أَمَّا المُستَقبَل II فَهُوَ نَادِرُ الاِستِخدَام، أَمثِلَة:

Er sagte, **sie werde** die Akten **sortieren.** قَالَ أَنَّـهَا سَتُرَتِّبُ المَلَفَّات.
Er sagte, **ich werde** die Prüfung **schaffen.** قَالَ أَنَّنِي سَأَجتَازُ الاِمتِحَان.
Sie sagte, **er werde** das Büro **aufräumen.** قَالَتْ أَنَّهُ سَيُرَتِّبُ المَكتَب.

- مَعَ بَاقِي الضَّمَائِر:

Er sagte, ich **werde** den Roman **lesen.**	قَالَ أَنَّني سَأقرَأُ الرّوَايَة
Er sagte, du **werdest** den Roman **lesen.**	قَالَ أَنَّكَ سَتقرَأُ الرّوَايَة
Er sagte, man **werde** den Roman **lesen.**	قَالَ أَنَّـهَا، أنه سَيقرَأُ الرّوَايَة
Er sagte, ihr **werdet** den Roman **lesen.**	قَالَ أَنَّكُم سَتقرَؤُونَ الرّوَايَة
Er sagte, wir **werden** den Roman **lesen.**	قَالَ أَنَّنَا سَنقرَأُ الرّوَايَة
Er sagte, sie **werden** den Roman **lesen.**	قَالَ أَنّهم سَيقرَؤُون الرّوَايَة
Er sagte, Sie **werden** den Roman **lesen.**	قَالَ أَنَّ حَضرَتَكَ سَتقرَأُ الرّوَايَة.

- مُلَاحَظَة: غَالِبَاً مَا تُوجَدُ جُملَةُ الكَلَامِ المَنقُولِ مَبدُوءَةٌ بِأَدَاةِ الرَّبطِ "dass":

Er sagte, **ich werde fahren.**	قَالَ أَنَّنِي سَأُسَافِر
Er sagte, **dass ich fahren werde.**	قَالَ أَنَّنِي سَأُسَافِر

Er sagte, **sie werden mitfahren.**	قَالَ بِأَنَّـهُم سَيُسَافِرُونَ مَعَنَا
Er sagte, **dass sie mitfahren werden.**	قَالَ بِأَنَّـهُم سَيُسَافِرُونَ مَعَنَا

Er sagte, **ihr werdet** den Schlüssel **finden.** قَالَ بِأَنَّكُم سَوفَ تَجِدُونَ المِفتَاح.
Er sagte, **dass ihr** den Schlüssel **finden werdet.** قَالَ بِأَنَّكُم سَوفَ تَجِدُونَ المِفتَاح.

التَّطَابُقُ بَيْنَ المُضَارِعِ المَنصُوبِ I وَالمُضَارِعِ المَرفُوعِ فِي المُستَقبَل

عِندَ التَّطَابُقِ بَيْنَ المُضَارِعِ المَنصُوبِ I وَالمُضَارِعِ المَرفُوعِ فِي المُستَقبَلِ فَيُستَبدَلُ المُضَارِعُ المَنصُوبُ I بِالمُضَارِعِ المَنصُوبِ II عَلَى الشَّكلِ التَّالِي:

- أَوَّلاً - التَّطَابُقُ بَيْنَ المُضَارِعِ المَنصُوبِ وَالمُضَارِعِ المَرفُوعِ في المُستَقبَل:

Indikativ مضارع مرفوع	Er sagte, **sie werden** uns **besuchen**. قَالَ بِأَنَّهُم سَوفَ يَزُورُونَنَا.
Konjunktiv I مضارع منصوب	Er sagte, **sie werden** uns **besuchen**. قَالَ بِأَنَّهُم سَوفَ يَزُورُونَنَا.

- ثَانِياً - اِستِبدَالُ المُضَارِعِ المَنصُوبِ I بِالمُضَارِعِ المَنصُوبِ II في المُستَقبَل:

حَيثُ يَتِمُّ هَذَا الإِستِبدَالُ بِاستِخدَامِ الفِعلِ المُسَاعِدِ "würden" وَيَكُونُ الفِعلُ الأَسَاسِيُّ بِالمَصدَرِ فِي آخِرِ الجُملَة، كَالتَّالِي:

Konjunktiv I مُضَارِعٌ مَنصُوبI	Er sagte, **sie <u>werden</u>** uns heute **besuchen**. قَالَ بِأَنَّهُم سَوفَ يَزُورُونَنَا اليَوم.
Konjunktiv II مُضَارِعٌ مَنصُوبII	Er sagte, **sie <u>würden</u>** uns heute **besuchen**. قَالَ بِأَنَّهُم سَوفَ يَزُورُونَنَا اليَوم.

- أَمثِلَة:

Er sagte, **Sie würden** alle Rekorde **brechen**. قَالَ بِأَنَّ حَضرَتَكُم سَوفَ تُحَطِّمُونَ جَمِيعَ الأَرقَامِ القِيَاسِيَّة.
Sie sagten, **wir würden** ohne Verzögerung **ankommen**. قالوا بِأَنَّنَا سَوفَ نَصِلُ دُونَ تَأَخُّر.
Er sagte, **ich würde** dies **tun müssen**. قَالَ أَنَّهُ سَوفَ يَتَوَجَّبُ عَلَيَّ أَن أَفعَلَ هَذَا.
Sie sagte ihm, **<u>dass</u> er** das allerdings **wissen müssen würde**. قَالَتْ لَهُ بِأَنَّهُ سَوفَ يَتَوَجَّبُ عَلَيهِ أَن يَعرِفَ هَذَا مِن كُلّ بتّ.
Sie sagte mir, **<u>dass</u> er** nach Arabien **fahren würde**. قَالَتْ لِي بِأَنَّهُ سَوفَ يُسَافِرُ إِلَى بِلَادِ العَرَب.

24.1.1 Konjunktiv I in der Gegenwart المُضَارِعُ المَنصُوبُ بِالحَاضِر

- أَمثِلَة:

Er sagte, ich **lese** den Text.	قَالَ أَنّني أقرأُ النصّ
Er sagte, du **lesest** den Text.	قَالَ اَنّك تقرأُ النصّ
Er sagte, man **lese** den Text.	قَالَ أَنّها، أنه يقرأُ النصّ
Er sagte, ihr **leset** den Text.	قَالَ أَنّكم تقرأُون النصّ
Er sagte, wir **lesen** den Text.	قَالَ أَنّنا نقرأُ النصّ
Er sagte, sie **lesen** den Text.	قَالَ أَنّهم يقرأُون النصّ
Er sagte, Sie **lesen** den Text.	قَالَ أَنّ حضرتَكَ تقرأُ النصّ

24.1.2 Konjunktiv I in der Vergangenheit المُضَارِعُ المَنصُوبُ I بِالمَاضِي

- مَعَ الفِعل "haben":

Er sagte, ich **habe** den Text gelesen.	قَالَ أَنّني قرأتُ النَّصّ
Er sagte, du **habest** den Text gelesen.	قَالَ أَنّك قرأتَ النَّصّ
Er sagte, man **habe** den Text gelesen.	قَالَ أَنّها أنه قرأَ النَّصّ
Er sagte, ihr **habet** den Text gelesen.	قَالَ أَنّكم قرأتُم النَّصّ
Er sagte, wir **haben** den Text gelesen.	قَالَ أَنّنا قرأنَا النَّصّ
Er sagte, sie **haben** den Text gelesen.	قَالَ أَنّهم قرأُوا النَّصّ
Er sagte, Sie **haben** den Text gelesen.	قَالَ أَنّ حضرتَكَ قرأتَ النَّصّ

- مَعَ الفِعلِ "sein":

Er sagte, ich **sei** gefahren.	قَالَ أَنّني سافرتُ
Er sagte, du **seist** gefahren.	قَالَ أَنّك سافرتَ
Er sagte, man **sei** gefahren.	قَالَ أَنّها / أنه سافرَ
Er sagte, ihr **seiet** gefahren.	قَالَ أَنّكم سافرتُم
Er sagte, wir **seien** gefahren.	قَالَ أَنّنا سافرنَا
Er sagte, sie **seien** gefahren.	قَالَ أَنّهم سافَرُوا
Er sagte, Sie **seien** gefahren.	قَالَ أَنّ حضرتَكَ سَافرتَ

24.1.3 Konjunktiv I in der Zukunft المُضَارِعُ المَنصُوبُ بِالمُستَقبَل

- فِي المُستَقبَل 1:

Er sagte, ich **werde** den Text lesen.	قَالَ أَنّني سأقرَأُ النَّصّ
Er sagte, du **werdest** den Text lesen.	قَالَ أَنّك ستقرَأُ النَّصّ
Er sagte, man **werde** den Text lesen.	قَالَ أَنّها / أنه سيقرَأُ النَّصّ
Er sagte, ihr **werdet** den Text lesen.	قَالَ أَنّكم ستقرؤُون النَّصّ
Er sagte, wir **werden** den Text lesen.	قَالَ أَنّنا سنقرَأُ النَّصّ
Er sagte, sie **werden** den Text lesen.	قَالَ أَنّهم سيقرؤُون النَّصّ
Er sagte, Sie **werden** den Text lesen.	قَالَ أَنَّ حضرتَكَ ستقرَأُ النَّصّ

- فِي المُستَقبَلِ II مَعَ الفِعلِ المُسَاعِد "haben":

Er sagte, ich **werde** den Text gelesen haben. قَالَ أَنَّنِي سَأكُونُ قد قَرَأتُ النَّصّ.
Er sagte, du **werdest** den Text gelesen haben. قَالَ أَنكَ سَتكونُ قَد قَرأتَ النَّصّ.
Er sagte, man **werde** den Text gelesen haben. قَالَ أَنَّه سيَكُونُ قد قَرَأَ النَّصّ / أَنّها ستَكُون قَدّ قَرَأَتِ النَّصّ.
Er sagte, ihr **werdet** den Text gelesen haben. قَالَ بِأَنَّكُم سَتكُونُونَ قد قَرأتُمُ النَّصّ.
Er sagte, wir **werden** den Text gelesen haben. قَالَ أَنَّنَا سَنَكُونُ قَد قَرأنَا النَّصّ.
Er sagte, sie **werden** den Text gelesen haben. قَالَ أَنَّهم سَيكُونُونَ قَد قَرأُوا النَّصّ.
Er sagte, Sie **werden** den Text gelesen haben. قَالَ أَن حَضرَتَكَ سَتَكُونُ قد قَرَأتَ النَّصّ/ حَضرَتَكُم ستَكُونُونَ قَد قَرَأتُم النَّصّ.

- حَيثُ يُستَبدَلُ المُضَارِعُ المَنصُوبُ I فِي الجُمَلِ السَّابِقَةِ بِالمُضَارِعِ المَنصُوبِ II بِسَبَبِ التَّطَابُقِ بَينَ صِيغَةِ المَرفُوعِ "Indikativ" وَصِيغَةِ المَنصُوب "Konjunktiv" كَالتَالِي:

Er sagte, ich **werde** den Text gelesen haben. (Konjunktiv I) قَالَ أَنَّنِي سَأكُونُ قد قَرَأتُ النَّصّ. ⇩ Er sagte, ich **würde** den Text gelesen haben. (Konjunktiv II) قَالَ أَنَّنِي سَأكُونُ قد قَرَأتُ النَّصّ.

- فِي المُستَقبَلِ II مَعَ الفِعلِ المُسَاعِدِ "sein":

Er sagte, ich **werde** morgen abgefahren sein. قَالَ أَنَّنِي سَأكُونُ قد انطَلَقتُ غَداً.
Er sagte, du **werdest** morgen abgefahren sein. قَالَ أَنَّكَ سَتَكُونُ قَد انطَلَقتَ غَداً.
Er sagte, man **werde** morgen abgefahren sein. قَالَ أَنَّهُ، أَنَّهَا سَيَكُونُ قَد انطَلَق، سَتَكُونُ قَد انطَلَقَت غَداً.
Er sagte, ihr **werdet** morgen abgefahren sein. قَالَ بِأَنَّكُم سَتَكُونُونَ قَد انطَلَقتُم غَداً.
Er sagte, wir **werden** morgen abgefahren sein. قَالَ بِأَنَّنَا سَنَكُونُ قَد انطَلَقنَا غَداً.
Er sagte, sie **werden** morgen abgefahren sein. قَالَ بِأَنَّهُم سيَكُونُونَ قَد انطَلَقُوا غَداً.
Er sagte, Sie **werden** morgen abgefahren sein. قَالَ أَنَّ حَضرَتَكَ سَتَكُونُ قَد انطَلَقتَ غَداً / حَضرَتَكُم سَتَكُونُونَ قَد انطَلَقتُم غَداً.

وَيَتِمُّ تَبدِيلُ المُضَارِعِ المَنصُوبِ I (Konjunktiv I) عِندَ التَّشَابُهِ مَعَ المُضَارِعِ المَرفُوعِ (Indikativ) بِالمُضَارِعِ المَنصُوبِ II (Konjunktiv II) كَالتَّالِي:

Er sagte, ich **werde** morgen abgefahren sein. (Konjunktiv I) قَالَ أَنَّنِي سَأكُونُ قَد انطَلَقتُ غَداً. ⇩ Er sagte, ich **würde** morgen abgefahren sein. (Konjunktiv II) قَالَ أَنَّنِي سَأكُونُ قَد انطَلَقتُ غَداً.

24.2.0 Konjunktiv 2 — المُضَارِعُ المَنصُوب 2

يُمكِنُ المُقَارَنَةُ بَينَ المُضَارِعِ المَرفُوعِ "Indikativ" وَالمُضَارِعِ المَنصُوبِ II "Konjunktiv II" مِن خِلَالِ الأَمثِلَةِ التَّالِيَةِ (عَلَى التَّرتِيب):

Indikativ	- Ich **habe** ein Auto. لَدَيَّ سَيَّارَة - Ich **bin** ein Lehrer. أَنَا مُعَلّم - Ich **kann** fliegen. أَنَا أَستَطِيعُ الطَّيَرَان - Es **ist** möglich, dass… إِنَّهُ لَمِنَ المُمكِنِ أَن.. - Ich **kann** nur von Dattel und Milch leben. أَستَطِيعُ أَن أَعِيشَ عَلَى التَّمرِ وَالحَلِيبِ (اللَّبَن) فَقَط.
Konjunktiv II	- Ich **hätte** ein Auto. يَا لَيتَ عِندِي سَيَّارَة - Ich **wäre** ein Lehrer. يَا لَيتَنِي كُنتُ مُعَلّمَاً - Ich **könnte** fliegen. يَا لَيتَنِي أَستَطِيعُ الطَّيَرَان - Es **wäre** möglich, dass… يَا لَيتَهُ كَانَ مُمكِنَاً أَن.. - Ich **könnte** nur von Dattel und Milch leben. لَيتَنِي أَستَطِيعُ أَن أَعِيشَ عَلَى التَّمرِ وَالحَلِيبِ (اللَّبَن) فَقَط.

- لَاحِظ: أَنَّ المُضَارِعَ المَرفُوعَ يُعَبِّرُ عَن حَقِيقَةٍ وَيَدُلُّ عَلَى وَاقِع، أَمَّا المُضَارِعُ المَنصُوبُ II فَيُعنَى بِالجَانِبِ الخَيَالِيِّ وَيَدُلُّ عَلَى شَيءٍ غَيرِ حَقِيقِيّ.

- يُبنَى المُضَارِعُ المَنصُوبُ "Konjunktiv II" بِالطَّرِيقَتَينِ التَّالِيَتَين:

⇦ 1- الطَّرِيقَةُ الأُولَى، وَتَصلُحُ لِكُلِّ الأَفعَالِ:

Subjekt + würden + (Nom./Akk./Dat./Gen.) + Infinitiv
فَاعِل + würden + (مُضَاف/مَجرُور/مَفعُول/مَرفُوع) + فِعلٌ بِالمَصدَر

- أَمثِلَة:

Ihre Zeichnung **würde** dich **überraschen**. لَرُبَّمَا سَتُدهِشُكَ رَسمَتهَا
Er **würde** das Pferd **besteigen.** رُبَّمَا سَوفَ يَمتَطِي الحِصَان
Manche küssen die Hand, die sie gern **abhacken würden.** البَعضُ يُقَبّلُونَ الأَيَادِي الَّتِي رُبَّمَا وَدُّوا أَن يَقطَعُوهَا.

⇦ 2- الطَّرِيقَةُ الثَّانِيَة، وَتَصلُحُ لِأَفعَالٍ مُعَيَّنَةٍ، وَهِيَ:

A- الأَفعَالُ المُسَاعِدَة " sein, werden, haben ".

B - وَالأَفعَالُ الكَيفِيَّة "Modalverben".

C – الأَفعَالُ الشَّاذَّةُ الَّتِي تَحتَوِي عَلَى حَرفٍ يَقبَلُ "Umlaut" فِي تَصرِيفِهِ الثَّانِي (التَّصرِيفُ فِي المَاضِي البَسِيط "Partizip I")

- وَيَتِمُّ تَشكِيلُهُ عَلَى الشَّكلِ:

Subjekt + Partizip I + Umlaut + e + (Nom./Akk./Dat./Gen.) فَاعِل + التَّصرِيفُ الثَّانِي لِلفِعل + Umlaut + e + (مُضَاف/مَجرُور/مَفعُول/فَاعِل) - مِثَال: Kaufen→ kaufte → käufte

- أَمثِلَة:

Ich **bräuchte** einen Computer.	رُبَّمَا سَأَحتَاجُ حَاسُوبَاً
Sie **sagte**, das **wäre** falsch.	لَرُبَّمَا ستَقُولُ أَنَّ هَذَا خَطَأ
Ich **hätte** ein neues Haus.	يَا لَيتَ لَو كَانَ لَدَيَّ مَنزِلاً جَدِيداً
Ich **wäre** eine Intelligenzbestie.	يَا لَيتَنِي كُنتُ عَبقَرِيَّاً

مُلَاحَظَة: يُشتَقُّ المُضَارِعُ المَنصُوبُ بِهَذِهِ الطَّرِيقَةِ كَالتَّالِي:

1- يُأخَذُ مَاضِي الفِعل (Partizip I).

2- يُضَافُ لِلحُرُوفِ "a, o, u," Umlaut إِذَا وُجِدَت فِي مَاضِي الفِعل.

3- يُضَافُ لِنِهَايَةِ الفِعلِ بَعدَ تَحوِيلِهِ إِلَى المَاضِي دَائِمَاً الحَرفُ"e-".

4- تُضَافُ نِهَايَاتُ الحَاضِرِ البَسِيطِ المُنَاسِبَةُ لِلفَاعِلِ إِلَى نِهَايَةِ الفِعل.

مُلَاحَظَة: وَبِهَذِهِ الحَالَةِ يَكُونُ الفِعلُ المَصدَرُ فِي بِنَاءِ المُضَارِعِ المَنصُوبِ هُوَ التَّصرِيفُ الثَّانِي لِلفِعل "Partizip I".

مِثَال:

1 2 3 4

kommen → kam → käm → käme → käme (-st, -t, -en)

laufen → lief → lief → liefe → liefe (-st, -t, -en)

essen → aß → äß → äße → äße (-st, -t, -en)

24.2.1 Funktionen der Konjunktiv II اِستِخدَامُ المُضَارِعِ المَنصُوبِ II

يُستَخدَمُ المُضَارِعُ المَنصُوبُ II كَالتَّالِي:

⇦ 1 - التَّعبِيرُ عَن أُمنِيَة:

Er **<u>hätte</u>** Zeit dazu.	يَا لَيتَ أَن يَكُونَ عِندَهُ وَقتٌ لِذَلِك
Ich **<u>würde</u>** ein Architekt.	يَا لَيتَ لَو أَنّنِي سَأَكُونُ مُهَندِساً مِعمَارِيَّاً
Ich **<u>wäre</u>** ein Architekt.	يَا لَيتَ لَو أَنّنِي كُنتُ مُهَندِساً مِعمَارِيَّاً

- وَتَرِدُ أَيضاً مَعَ الأَفعَالِ الكَيفِيَّة:

Ich **<u>könnte</u>** ein Haus kaufen.	يَا لَيتَنِي أَستَطِيعُ شِرَاءَ مَنزِل
Ich **<u>dürfte</u>** eintreten.	يَا لَيتَ لَو أَنَّهُ سُمِحَ لِي بِالدُّخُول
Ich **<u>könnte</u>** mich in einem / ein Mauseloch **<u>verkriechen</u>**. يَا لَيتَنِي كُنتُ أَستَطِيعُ أَن أَدخُلَ مِن بابِ بَيتِ الفَأرَةِ لِأَختَبِئ.	

⇦ 2 – الدَّلَالَةُ عَلَى العَمَلِ الشَّرطِيِّ الغَيرِ حَقِيقِيّ:

Ich **<u>würde</u>** dich <u>besuchen</u>, **wenn** du Zeit **hättest**. سَأَزُورُكَ إِن كَانَ لَدَيكَ وَقتٌ فَرَاغ.
Er **<u>dürfte</u>** <u>eintreten</u>, **wenn** er eine Eintrittskarte **hätte**. سَيُسمَحُ لَهُ بِالقُبُولِ لَو كَانَ مَعَه تَذكَرَةُ دُخُول.
Er **<u>könnte</u>** <u>mitkommen</u>, **wenn** er nicht krank **wäre**. كَانَ بِإِمكَانِهِ أَن يَأتِيَ مَعَنَا لَو أَنَّهُ لَم يَكُن مَرِيضاً.
Wenn er **<u>mitkäme</u>**, **<u>würde</u>** ich auch <u>mitkommen</u>. سَآتِي لَو أَنَّهُ أَتَى مَعَنَا.
Wenn er da **<u>wäre</u>**, **<u>würde</u>** ich mich <u>freuen</u>. سَأَكُونُ سَعِيداً لَو أَنَّهُ كَانَ هُنَاك.
<u>Hättest</u> du mir das <u>mitgeteilt</u>, **<u>hätte</u>** ich es <u>gewusst</u>. لَو أَنَّكَ أَخبَرتَنِي لَكُنتُ قَد عَلِمتُ الأَمر.
<u>Wärest</u> du <u>gegangen</u>, **<u>hätte</u>** ich es <u>gewusst</u>. لَو أَنَّكَ قَد سَافَرتَ لَكُنتُ قَد عَلِمت.

⇦ 3 – يَحمِلُ صِيغَةَ الِاحتِرَامِ الشَّدِيدِ فِي الطَّلَب:

Könnten Sie mir bitte die Rechnung ausstellen. هَلَّا أَصدَرتَ لِيَ الفَاتُورَةَ مِن فَضلِك.
Würden Sie bitte das Fenster aufmachen. هَلَّا تَفَضَّلَتْ حَضرَتُكُم وَفَتَحتِ النَّافِذَة.
Dürfte ich Sie darum bitten, das Fenster zu öffnen. هَل يُسمَحُ لِيَ أَن أَطلُبَ مِن حَضرَتِكُم بِأَن تَفتَحُوا النَّافِذَة.

⇦ 4 – المُقَارَبَةُ وَالتَّشبِيه:

Er spricht so, **als wäre** er ein Experte. يَتَكَلَّمُ هَكَذَا وَكَأَنَّهُ خَبِيرٌ.
Er tut so, **als wäre** er betrunken. يَتَصَرَّفُ هَكَذَا وَكَأَنَّهُ سَكرَان
Es scheint, **als gäbe** es in letzter Minute einen Fehler. عَلَى مَا يَبدُوا أَنَّ هُنَاكَ خَطَأً قَد ظَهَرَ فِي الدَّقِيقَةِ الأَخِيرَة.
Er ist sich so sicher, **als wäre** er der Zeuge gewesen. هُوَ مُتَأَكِّدٌ تَمَاماً وَكَأَنَّهُ كَانَ الشَّاهِد.

⇦ 5 – الدَّلَالَةُ عَلَى النَّصحِ وَالتَّوجِيه:

Sie **müssten** mit langsamer Geschwindigkeit **fahren**. يَجِبُ عَلَيكَ أَن تَسِيرَ بِسُرعَةٍ أَقَلّ.
Du **müsstest** nicht lange am Computer **sitzen**. يَجِبُ عَلَيكَ أَلَّا تَجلِسَ عَلَى الكُمبُيوتَرِ لِوَقتٍ طَوِيل.

⇦ 6 – بَدِيلٌ عَنِ المُضَارِعِ المَنصُوب I:

وَغَالِباً مَا تَكُونُ هَذِهِ النِّيَابَةُ إِذَا كَانَ هُنَاكَ تَشَابُهٌ بَينَ المُضَارِعِ المَرفُوعِ "Indikativ" وَالمُضَارِعِ المَنصُوبِ "Konjunktiv I":

Sie sagten, **sie hätten** keine Zeit. قَالُوا بِأَن لَيسَ لَدَيهِم وَقتُ فَرَاغ
Sie sagten, **sie kämen** heute **an**. قَالُوا بِأَنَّهُم سَيَصِلُونَ اليَوم
Er sagte, dass **Sie** heute nicht **kommen würden**. قَالَ بِأَنَّ حَضرَتَكَ لَن تَأتِ / حَضرَاتُكُم لَن تَأتُوا اليَوم.

الدَّلَالَةُ عَلَى المُضَارِعِ المَنصُوبِ فِي الأَزمِنَةِ المُختَلِفَة

- 1- عِندَ الدَّلَالَةِ عَلَى المَاضِي فِي المُضَارِعِ المَنصُوب II يُستَخدَمُ الحَاضِرُ التَّام

Hättest du ihm davon abgeraten, **hätte** er es nicht gemacht. لَو أَنَّكَ نَصَحتَهُ بِالحِيَادِ عَن ذَلِكَ لَمَا فَعَلَ مَا فَعَل.
Sie **wären** nicht **gegangen**, wenn du es **verhindern hättest**. لَو أَنَّكَ مَنَعتَهُم مِنَ الذَّهَابِ لَمَا ذَهَبُوا.

- 2- عِندَ الدَّلَالَةِ عَلَى الحَاضِرِ فِي المُضَارِعِ المَنصُوبِ II يُستَخدَمُ الحَاضِرُ البَسِيط:

Ich **hätte** ein Auto.	تَمَنَّيتُ لَو أَنَّ عِندِي سَيَّارَة
Wenn ich ein Lehrer **wäre**.	أَتَمَنَّى لَو أَنَّنِي كُنتُ مُعَلِّماً
Ich **könnte** für immer und ewig nach Arabien **fahren**. تَمَنَّيتُ لَو أَنَّهُ بِإِمكَانِي أَن أُسَافِرَ لِلأَبَد إِلَى بِلَادِ العَرَب.	
Hätte ich ein Auto, **würde** ich gerne nach Arabien **fahren**. لَو أَنَّ عِندِي سَيَّارَةٌ لَسَافَرتُ إِلَى بِلَادِ العَرَب.	

- 3- عِندَ الدَّلَالَةِ عَلَى المُستَقبَلِ فِي المُضَارِعِ المَنصُوب II يُستَخدَمُ المُستَقبَل I أو II

المُستَقبَل II:

Ich **würde** ein Haus **gekauft haben**.	لَيتَنِي سَأَكُونُ قَدِ اشتَرَيتُ بَيتاً
Ich **würde** morgen **angekommen sein**. لَيتَنِي سأَكُونُ قَد وَصَلتُ غَداً.	
Ich **würde** die Strategie anders **entworfen haben**. يَا لَيتَ لَو أَنَّنِي سَأَكُونُ قَد صَمَّمتُ الإِستِرَاتِيجِيَّةَ (الخِطَّةَ) بِشَكلٍ مُختَلِفٍ.	

المُستَقبَل I:

Ich **würde** ein Haus **kaufen**.	لَيتَ لَو أَنَّنِي سَأَستَطِيعُ أَن أَشتَرِيَ بَيتاً
Sie **würden** heute **ankommen**.	لَيتَ لَو أَنَّهُم يَصِلُوانَ اليَوم
Er **würde** die Strategie anders **entwerfen**. يَا لَيتَ أَنَّهُ سَيَستَطِيعُ أَن يُصَمِّمَ الخِطَّةَ بِشَكلٍ مُختَلِفٍ.	

24.2.2 Konjunktiv II in der Gegenwart
المُضَارِعُ المَنصُوبُ II بِالحَاضِر

تُصَاغُ جُملَةُ المُضَارِعِ المَنصُوبِ II فِي الحَاضِرِ بِالطَّرِيقَتَينِ التَّالِيَتَين:

➢ 1- بِتَحوِيلِ الفِعلِ لِلمَاضِي البَسِيطِ مَعَ Umlaut وَإِضَافَةِ "e":

Subjekt + Präteritum + e + Umlaut + (-st, -t + -en) + ……
فَاعِل + مَاضِي بَسِيط + e + Umlaut + (-st, -t + -en) + ……

- أَمثِلَة:

Ich **führe** nach Arabien.	رُبَّمَا سَأُسَافِرُ إِلَى بِلَادِ العَرَب
Du **führest** nach Arabien.	رُبَّمَا سَتُسَافِرُ إِلَى بِلَادِ العَرَب
Er **führe** nach Arabien.	رُبَّمَا سَيُسَافِرُ إِلَى بِلَادِ العَرَب
Es **führe** nach Arabien.	رُبَّمَا سَيُسَافِرُ إِلَى بِلَادِ العَرَب
Sie **führe** nach Arabien.	رُبَّمَا سَتُسَافِرُ إِلَى بِلَادِ العَرَب
Ihr **führet** nach Arabien.	رُبَّمَا سَيُسَافِرُونَ إِلَى بِلَادِ العَرَب
Wir **führen** nach Arabien.	رُبَّمَا سَنُسَافِرُ إِلَى بِلَادِ العَرَب
Sie **führen** nach Arabien.	رُبَّمَا سَيُسَافِرُونَ إِلَى بِلَادِ العَرَب.
Sie **führen** nach Arabien.	رُبَّمَا سَتُسَافِرُ (حَضرَتُكَ) إِلَى بِلَادِ العَرَب.

➢ 2- مَعَ الفِعلِ "würden" حَيثُ يَكُونُ الفِعلُ الأَسَاسِيُّ بِالمَصدَرِ آخِرَ الجُملَة:

Subjekt + würden + …… + Infinitiv
فَاعِل + würden + …….. + مَصدَر

- أَمثِلَة:

Ich **würde** ein Auto **kaufen**.	رُبَّمَا سَأَشتَرِي سَيَّارَة
Du **würdest** ein Auto **kaufen**.	رُبَّمَا سَتَشتَرِي سَيَّارَة
Er **würde** ein Auto **kaufen**.	رُبَّمَا سَيَشتَرِي سَيَّارَة
Es **würde** ein Auto **kaufen**.	رُبَّمَا سَيَشتَرِي سَيَّارَة
Sie **würde** ein Auto **kaufen**.	رُبَّمَا سَتَشتَرِي سَيَّارَة
Ihr **würdet** ein Auto **kaufen**.	رُبَّمَا سَتَشتَرُونَ سَيَّارَة
Wir **würden** ein Auto **kaufen**.	رُبَّمَا سَنَشتَرِي سَيَّارَة
Sie **würden** ein Auto **kaufen**.	رُبَّمَا سَيَشتَرُونَ سَيَّارَة
Sie **würden** ein Auto **kaufen**.	رُبَّمَا سَتَشتَرِي (حَضرَتُكَ) سَيَّارَة

24.2.3 Konjunktiv II in der Vergangenheit
المُضَارِعُ المَنصُوبُ II بِالمَاضِي

تُصَاغُ جُملَةُ المَاضِي مِنَ المُضَارِعِ المَنصُوبِ II بِوَاسِطَةِ الحَاضِرِ التَّامِّ عَلَى الشَّكلِ:

Subjekt + hätten / wären +…… + Partizip II
فَاعِل + hätten / wären + …… + اِسمُ المَفعُولِ

- أَمثِلَة مَعَ الفِعل "haben":

Ich **<u>hätte</u>** ein Auto **gekauft**.	كُنتُ سَأَشتَرِي سَيَّارَة
Du **<u>hättest</u>** ein Auto **gekauft**.	كُنتَ سَتَشتَرِي سَيَّارَة
Er **<u>hätte</u>** ein Auto **gekauft**.	كَانَ سَيَشتَرِي سَيَّارَة
Es **<u>hätte</u>** ein Auto **gekauft**.	كَانَ سَيَشتَرِي سَيَّارَة
Sie **<u>hätte</u>** ein Auto **gekauft**.	كَانَتْ سَتَشتَرِي سَيَّارَة
Ihr **<u>hättet</u>** ein Auto **gekauft**.	كُنتُم سَتَشتَرُونَ سَيَّارَة
Wir **<u>hätten</u>** ein Auto **gekauft**.	كُنَّا سَنَشتَرِي سَيَّارَة
Sie **<u>hätten</u>** ein Auto **gekauft**.	كَانُوا سَيَشتَرُونَ سَيَّارَة
Sie **<u>hätten</u>** ein Auto **gekauft**.	كُنتَ سَتَشتَرِي (حَضرَتُك) سَيَّارَة

- أَمثِلَة مَعَ الفِعل "sein":

Ich **<u>wäre</u>** genügsam **geworden**.	لَيتَنِي كُنتُ قَنُوعَاً
Du **<u>wärest</u>** genügsam **geworden**.	لَيتَكَ كُنتَ قَنُوعَاً
Er **<u>wäre</u>** genügsam **geworden**.	لَيتَهُ كَانَ قَنُوعَاً
Es **<u>wäre</u>** genügsam **geworden**.	لَيتَهُ كَانَ قَنُوعَاً
Sie **<u>wäre</u>** genügsam **geworden**.	لَيتَهَا كَانَت قَنُوعَةً
Ihr **<u>wäret</u>** genügsam **geworden**.	لَيتَكُم كُنتُم قَنُوعِينَ
Wir **<u>wären</u>** genügsam **geworden**.	لَيتَنَا كُنَّا قَنُوعِينَ
Sie **<u>wären</u>** genügsam **geworden**.	لَيتَهُم كَانُوا قَنُوعِينَ
Sie **<u>wären</u>** genügsam **geworden**.	لَيتَكَ كُنتَ (حَضرَتُكَ) قَنُوعَاً

24.2.4 Konjunktiv II in der Zukunft
المُضارِعُ المَنصُوبُ II بِالمُستَقبَل

تُصَاغُ جُملَةُ المُستَقبَلِ فِي المُضَارِعِ المَنصُوبِ II كَالتَّالِي:

➢ 1- الزَّمَنُ المُستَقبَل I (Futur I):

Subjekt + würden + …… + Infinitiv
الفِعلُ بِالمَصدَر + …… + würden + فَاعِل

- أمثِلَة:

Ich **würde** ein Auto **kaufen.**	رُبَّمَا سَأَشتَرِي سَيَّارَة
Du **würdest** ein Auto **kaufen.**	رُبَّمَا سَتَشتَرِي سَيَّارَة
Er **würde** ein Auto **kaufen.**	رُبَّمَا سَيَشتَرِي سَيَّارَة
Es **würde** ein Auto **kaufen.**	رُبَّمَا سَيَشتَرِي سَيَّارَة
Sie **würde** ein Auto **kaufen.**	رُبَّمَا سَتَشتَرِي سَيَّارَة
Ihr **würdet** ein Auto **kaufen.**	رُبَّمَا سَتَشتَرُونَ سَيَّارَة
Wir **würden** ein Auto **kaufen.**	رُبَّمَا سَنَشتَرِي سَيَّارَة
Sie **würden** ein Auto **kaufen.**	رُبَّمَا سَيَشتَرُونَ سَيَّارَة
Sie **würden** ein Auto **kaufen.**	رُبَّمَا سَتَشتَرِي سَيَّارَة

➢ 2- الزَّمَنُ المُستَقبَل II (Futur II):

Subjekt + würden + …… + Partizip II + haben / sein
فاعل + würden + …… + اسم المفعول + haben / sein

- مَعَ الفِعل "haben":

Ich **würde** ein Auto **gekauft haben.**	رُبَّمَا سَأَكُونُ قَدِ اشتَرَيتُ سَيَّارَة
Du **würdest** ein Auto **gekauft haben.**	رُبَّمَا سَتَكُونُ قَدِ اشتَرَيتَ سَيَّارَة
Er **würde** ein Auto **gekauft haben.**	رُبَّمَا سَيَكُونُ قَدِ اشتَرَى سَيَّارَة
Es **würde** ein Auto **gekauft haben.**	رُبَّمَا سَيَكُونُ قَدِ اشتَرَى سَيَّارَة
Sie **würde** ein Auto **gekauft haben.**	رُبَّمَا سَتَكُونُ قَدِ اشتَرَتْ سَيَّارَة
Ihr **würdet** ein Auto **gekauft haben.**	رُبَّمَا سَتَكُونُونَ قَدِ اشتَرَيتُم سَيَّارَة
Wir **würden** ein Auto **gekauft haben.**	رُبَّمَا سَنَكُونُ قَدِ اشتَرَينَا سَيَّارَة
Sie **würden** ein Auto **gekauft haben.**	رُبَّمَا سَيَكُونُونَ قَد اِشتَرَوا سَيَّارَة
Sie **würden** ein Auto **gekauft haben.**	رُبَّمَا سَتَشتَرِي سَيَّارَة

- مَعَ الفِعلِ المُسَاعِد "sein":

Ich **würde** aufgeregt **gewesen sein**.	رُبَّمَا سَأُصبِحُ غَاضِبَاً
Du **würdest** aufgeregt **gewesen sein**.	رُبَّمَا سَتُصبِحُ غَاضِبَاً
Er **würde** aufgeregt **gewesen sein**.	رُبَّمَا سَيُصبِحُ غَاضِبَاً
Es **würde** aufgeregt **gewesen sein**.	رُبَّمَا سَيُصبِحُ غَاضِبَاً
Sie **würde** aufgeregt **gewesen sein**.	رُبَّمَا سَتُصبِحُ غَاضِبَة
Ihr **würdet** aufgeregt **gewesen sein**.	رُبَّمَا سَتُصبِحُونَ غَاضِبِين
Wir **würden** aufgeregt **gewesen sein**.	رُبَّمَا سَنُصبِحُ غَاضِبِين
Sie **würden** aufgeregt **gewesen sein**.	رُبَّمَا سَيُصبِحُونَ غَاضِبِين
Sie **würden** aufgeregt **gewesen sein**.	رُبَّمَا سَتُصبِحُ غَاضِبَاً

يُمكِنُ مُقَارَنَةُ اشتِقَاقِ الفِعلِ بَينَ المُضَارِعِ المَنصُوبِ "I " وَالمُضَارِعِ المَنصُوبِ "II" كَالتَّالِي:

1- مَعَ الأَفعَالِ المُسَاعِدَة "sein, haben, werden":

الضَّمِير	Konjunktiv I	Konjunktiv II
ich	sei /habe /werde	wäre /hätte /würde
du	sei[e]st /habest /werdest	wär[e]st / hättest /würdest
er, es, sie	sei /habe /werde	wäre /hätte /würde
ihr	seiet /habet /werdet	wär[e]t /hättet /würdet
sie, sie, wir	seien /haben /werden	wären /hätten /würden

1- مَعَ الأَفعَالِ الكَيفِيَّة "Modalverben":

الضَّمِير	Konjunktiv I	Konjunktiv II
ich	könne /müsse /wolle /solle /dürfe	könnte /müsste /sollte /wollte /dürfte
du	könnest /müssest /wollest /sollest /dürfest	könntest /müsstest /solltest /wolltest /dürftest
er, es, sie	könne /müsse /wolle /solle /dürfe	könnte /müsste /sollte /wollte /dürfte
ihr	könnet /müsset /wollet /sollet /dürfet	könntet /müsstet /solltet /wolltet /dürftet
sie, Sie, wir	können /müssen /wollen /sollen /dürfen	könnten /müssten /sollten /wollten /dürften

25.0.0 Der Infinitiv المَصدَر

كَمَا ذَكَرنَا تَنتَهِي الأَفعَالُ فِي اللُّغَةِ الأَلمَانِيَّةِ فِي حَالَةِ المَصدَرِ بِالنِّهَايَتَينِ (-n, -en):

-n	regeln نَظَّمَ ،tadeln لاَمَ ،ähneln شَابَهَ ،betteln تَسَوَّلَ
-en	agieren تَصَرَّفَ ،gehen ذَهَبَ ،kaufen اشتَرَى ،arbeiten عَمِلَ

- وَتُصَاغُ الجُمَلُ المَصدَرِيَّةُ بِالطُّرُقِ التَّالِيَةِ:

⇦ 25.1.0 أَوَّلاً: المَصدَرُ مَعَ "zu" (Infinitiv mit "zu"):

حَيثُ تَتَطَلَّبُ مُعظَمُ أَفعَالِ اللُّغَةِ الأَلمَانِيَّةِ الأَدَاةَ المَصدَرِيَّةُ "zu" عِندَ إِضَافَةِ فِعلٍ آخَرٍ إِلَى جُملَتِهَا، وَتَرِدُ مُنفَصِلَةً عَنِ الأَفعَالِ العَادِيَّةِ أَوِ الأَفعَالِ ذَوَاتِ البَادِئَاتِ الغَيرِ قَابِلَةٍ لِلاِنفِصَال، أَمَّا فِي حَالِ البَادِئَاتِ القَابِلَةِ لِلاِنفِصَالِ فَتُوضَعُ بَينَ الفِعلِ وَالبَادِئَة:

○ A- المَصدَرِ مَعَ "zu" مَعَ بَعضِ الأَفعَال:

- Ich fing an, den Text wieder **zu** schreiben. - Ich habe angefangen, den Text wieder **zu** schreiben. بَدَأتُ بِكِتَابَةِ النَّصّ مِن جَدِيد.
- Er fing an **zu** lesen. - er hat angefangen **zu** lesen. بَدأَ بالقِرَاءَة.
Das Kind bevorzugt, bei seinen Eltern **zu** bleiben. يُفَضّلُ الطّفلُ أَن يَبقَى مَعَ وَالِدَيه.
In diesem Haus gab es keinen Krümel **zu** essen. لَم يَكُن هُنَاكَ أَيّ فُتَاتٍ لِيُأكَلَ فِي هَذَا المَنزِل.
Er verfügt über die Fähigkeit **zu** lesen und **zu** schreiben. لَدَيهِ القُدرَةُ عَلَى القِرَاءَةِ وَالكِتَابَةِ.
Wie ist es so, in Arabien **zu** leben und **zu** studieren? كَيفَ وَضعُ المَعِيشَةِ وَالدّرَاسَةِ فِي بِلَادِ العَرَب؟
Hör auf, dir Sorge **zu** machen! كَفاكَ قَلَقاً!

- وَلَكِن: تَرِدُ "zu" المصدَرِيَّةُ مَعَ بَعضِ الأَفعَالِ لِتَأخُذَ مَعناً خَاصّاً:

Verb	Bedeutung der Infinitiv mit zu المَعنَى مَعَ "zu" المَصدَرِيَّة	Beispiel
haben	الإلزَام "يَجِبُ"	Er hat eine Aufgabe zu erledigen. يَجِبُ عَلَيهِ القِيَامُ بِوَاجِبٍ مُتَرَتِّبٍ عَلَيه.
sein	1- الإلزَام "يَجِبُ"	Diese Aufgabe ist zu machen. يَجِبُ القِيَامُ بِهَذَا الوَاجِب.
	2- الإمكَانِيَّة "يَستَطِيعُ"	Das ist nicht zu bezahlen. يُمكِنُ عَدَمُ دَفعُ ثَمَنِ هَذَا.
scheinen	التَّعبِيرُ وَالبَيَان	Der Schein scheint ein Zertifikat zu sein. يَبدُو هذَا السَّنَدُ شَهَادَةً.
brauchen	الإلزَام "يَجِبُ"	Du brauchst nicht zu bezahlen. يَجِبُ عَلَيكَ أَلَّا تَدفَع.
pflegen	عَمَلٌ مُنتَظَمٌ وَمُتَكَرِّر	Sie pflegt die Kinder zu essen. تَهتَمُّ بِإِطعَامِ الأَولَاد.
wissen	الإستِطَاعَة "يَستَطِيعُ"	Er weiß sich allein zu helfen. يُمكِنُهُ أَن يُدَبِّرَ أُمُورَهُ لِوَحدِه.
verstehen	الإستِطَاعَة "يَستَطِيعُ"	Ich verstehe mit Kindern umzugehen. يُمكِنُنِي التَّعَامُلُ مَعَ الأَطفَالِ الصِّغَار.
kommen	فَقَط فِي العِبَارَة: kommen zu sprechen	Wir kommen heute auf den Plan zu sprechen. سَنَتَكَلَّمُ اليَومَ فِي مَوضُوعِ الخِطَّة.
bekommen	إمكَانِيَّةُ الاختِيَار	Er bekommt kein Geld zu bezahlen. يُمكِنُهُ أَلَّا يَدفَعَ شَيئاً.

○ B- **المَصدَرُ بِدُونِ "zu"**: حَيثُ يُمكِنُ استِبدَالُ المصدَرِ المُرتَبِطِ مَعَ الأَدَاةِ المَصدَرِيَّةِ "zu" بِـ "dass" عَلَى الشَّكلِ التَّالِي:

- Ich bin dagegen, die Reise **zu** **verschieben**. أَنَا ضِدٌّ أَن أُأَجِّلَ الرّحلَةَ. **↓ mit "dass"** - Ich bin dagegen, **dass** ich die Reise **verschiebe**. أَنَا ضِدٌّ أَن أُأَجِّلَ الرّحلَةَ.

- وَتُستَخدَمُ "dass" أَيضاً كَالتَّالِي:

Ich war so müde, **dass** ich sofort eingeschlafen bin. كُنتُ مُتعَباً جِدّاً لِدَرَجَةِ أَنَّنِي نِمتُ مُبَاشَرَةً.
Sie kamen sehr früh, **so dass** keine Zeit verloren ging. جَاءُوا بَاكِرَاً جِدّاً لِدَرَجَةِ أَنَّهُ لَم يُهدَر أَدنَى مِقدَارٍ مِنَ الوَقتِ.
Dass er überhaupt kein Wort sagt, ärgert mich besonders. يُغضِبُنِي كَثِيرَاً عِندَمَا لَا يَنطِقُ بِأَيِّ كَلِمَةٍ.

○ C- التَّركِيبُ "um…zu": حَيثُ يُبنَى هَذَا المصدَرُ عَلَى الشَّكلِ التَّالِي:

Manche Deutschen gehen in die Schule, **um** Arabisch **zu** lernen. يَذهَبُ بَعضُ الأَلمَانِ إِلَى المَدرَسَةِ لِتَعَلُّمِ اللُّغَةِ العَرَبِيَّة.
Ich fahre nach Arabien, **um** meine Verwandten **zu** besuchen. سَأُسَافِرُ إِلَى بِلَادِ العَرَبِ لِأَزُورَ أَقَارِبِي.
Er nutzt seine Prominenz, **um** Geld **zu** verdienen. يَستَغِلُّ شُهرَتَهُ مِن أَجلِ كَسبِ المَال.

⇦ 25.2.0 ثَانِياً: المصدَرُ بِدُونِ "zu" ("Infinitiv ohne "zu):

وَيَكُونُ هَذَا المصدَرُ فِي الحَالَاتِ التَّالِيَةِ:

- A- فِي المُستَقبَل I (Futur I):

Wir **werden** den Hafen morgen um drei Uhr **erreichen**. سَوفَ نَصِلُ المِينَاءَ يَومَ غَدٍ فِي تَمَامِ السَّاعَةِ الثَّالِثَةِ.
Ich **werde** dies bald **kaufen** **müssen**…(mit Modalverb) سَيَتَوَجَّبُ عَلَيَّ شِرَاءُ هَذَا لَاحِقاً.

- B- فِي المُستَقبَل II (Futur II):

Mein Freund **wird** so gegen vier Uhr hier gewesen **sein**. سَيَكُونُ صَدِيقِي قَد أَصبَحَ هُنَا حَوَالِي السَّاعَةَ الرَّابِعَة.
Ich **werde** bald diese Waren gekauft **haben**. سَأَكُونُ قَد اشتَرَيتُ هَذِهِ البِضَاعَةَ لَاحِقاً.

- C- فِي المُضَارِعُ المَنصُوبُ II (Konjunktiv II) مَعَ (Würden-Form):

Sie **würde** vielleicht den Vorschlag **annehmen**. رُبَّمَا سَوفَ تَقبَلُ الاِقتِرَاح.
Durch seine Dummheit **würde** er vielleicht seine verborgene Torheit **enthüllen**. رُبَّمَا سَيَكُونُ غَبَاءَهُ سَبَباً فِي كَشفِ حَمَاقَتِهِ المَستُورَة.

- D- مَعَ الأَفعَالُ الكَيفِيَّةُ المُسَاعِدَة (Modalverben):

- حَيثُ تُبنَى صِيغَةُ **الحَاضِرِ البَسِيطِ** فِي **الحَالَةِ المثبَتَةِ** مَعَ الأَفعَالِ الكَيفِيَّة:

Beide Parteien **müssen** sofort einen Kompromiss **finden**. يَجِبُ عَلَى الحِزبَينِ أَن يَجِدُوا حَلّاً مُرضِياً.
Wer im Glashaus sitzt, **sollte** nicht mit Steinen **werfen**. يَنبَغِي عَلَى مَن كَانَ بَيتُهُ مِنَ الزُّجَاجِ أَلَّا يَرمِيَ النَّاسَ بِالحِجَارَة.
Jetzt lass mal sehen, was du eigentlich **kannst**! الكُرَةُ الآنَ فِي مَلعَبِك! (بِمَعنَى: دَعنَا الآنَ نَرَى مَا يُمكِنُكَ فِعلُه)

Ich **kann** dir nichts **versprechen**. لَا يُمكِنُنِي أَن أَعِدَكَ بِشَيء.
Sie **dürfen** hier nicht **rauchen**. مِن غَيرِ المُمكِنِ التَّدخِينُ هُنَا.

- وَتُبنَى جُملَةُ **الحَاضِرِ التَّامِّ** فِي **الحَالَةِ المُثبَتَةِ** مَعَ الأَفعَالِ الكَيفِيَّةِ كَالتَّالِي:

- Er **hat** die Aufgabe **erledigen müssen.** = Er **musste** die Aufgabe **erledigen**. تَوَجَّبَ عَلَيهِ القِيَامُ بِالوَاجِب.
- Die Kerze leuchtet in der Finsternis, und die Finsternis **hat** sie keinesfalls **auslöschen können**. = Die Kerze leuchtet in der Finsternis, und die Finsternis **konnte** sie keinesfalls **auslöschen**. تُبَدِّدُ الشَّمعَةُ الظَّلَامَ وَلَيسَ لِلظَّلَامِ أَن يُطفِئَهَا.
- Er **hat** zu Hause **bleiben sollen**. = Er **sollte** zu Hause **bleiben**. كَانَ يَنبَغِي عَلَيهِ البَقَاءُ فِي المَنزِل.

- وَتُبنَى صِيغَةُ **الحَاضِرِ البَسِيطِ** فِي **المبنِي لِلمَجهُولِ** مَعَ الأَفعَالِ الكَيفِيَّةِ كَالتَّالِي:

Das **muss** unbedingt **getan werden**.	يَجِبُ أَن **يُفعَلَ** هَذَا حَتمَاً
Das **kann** nicht **vermieden werden**.	لَا يُمكِنُ أَن **يُتَجَنَّبَ** هَذَا
Das **soll** unbedingt **erneuert werden**.	يَجِبُ أَن **يُجَدَّدَ** هَذَا حَتمَاً
Der Termin **darf** nicht **verschoben werden**.	لَا يُسمَحَ أَن **يُأَجَّلَ** المَوعِد

- وَتُبنَى صِيغَةُ **الحَاضِرِ التَّامِّ** فِي **المبنِي لِلمَجهُولِ** مَعَ الأَفعَالِ الكَيفِيَّةِ كَالتَّالِي:

Die Schule **hat** vor zwei Jahren **gebaut werden müssen**. تَوَجَّبَ أَن تَكُونَ المَدرَسَةُ قَد بُنِيَت مُنذُ سَنَتَين.
Der Computer **hat** mit Viren **erfasst werden sollen**. يَنبَغِي أَن يَكُونَ الحَاسُوبُ قَد أُصِيبَ بِالفَيرُوسَات.
Die Aufgabe **hat** unbedingt **erledigt werden müssen**. تَوَجَّبَ أَن تَكُونَ الوَظِيفَةُ قَد أُنجِزَت مِن كُلِّ بتّ.
Die Zahlung **hat** nicht **verzögert werden müssen**. تَوَجَّبَ أَلَّا يَكُونَ الدَّفعُ قَد تَأَخَّرَ أَبَداً.

- يُبيِّنُ الجدوَلُ التَّالي تَصريفَ الأَفعَالِ الكَيفِيَّةِ فِي الحَالَاتِ المُختَلِفَةِ فِي الأَزمِنَةِ السِّتَّةِ فِي حَالَتَيِّ المبنِي لِلمَعلُومِ وَالمبنِي لِلمَجهُول:

Präsenz	**aktiv**	Er kann das Handy reparieren. يُمكِنُهُ أَن يُصَلِّحَ الجَوَّال.
	passiv	Das Handy kann repariert werden. يُمكِنُ أَن يُصَلَّحَ الجَوَّال.
Perfekt	**aktiv**	Er hat das Handy reparieren können. كَانَ بِإِمكَانِهِ أَن يُصَلِّحَ الجَوَّال.
	passiv	Das Handy hat repariert werden können. كَانَ بِالإِمكَانِ أَن يُصَلَّحَ الجَوَّال.
Präteritum	**aktiv**	Er konnte das Handy reparieren. كَانَ بِإِمكَانِهِ أَن يُصَلِّحَ الجَوَّال.
	passiv	Das Handy konnte repariert werden. كَانَ بِالإِمكَانِ أَن يُصَلَّحَ الجَوَّال.
Plusquam-perfekt	**aktiv**	Er hatte das Handy reparieren können. كَانَ بِإِمكَانِهِ أَن يَكُونَ قَد صَلَّحَ الجَوَّال.
	passiv	Das Handy hatte repariert werden können. كَانَ بِالإِمكَانِ أَن يَكُونَ الجَوَّال قَد صُلِّح.
Futur 1	**aktiv**	Er wird das Handy reparieren können. سَوفَ يُمكِنُهُ أَن يُصَلِّحَ الجَوَّال.
	passiv	das Handy wird repariert werden können. سَيَكُونُ بِالإِمكَانِ أَن يُصَلَّحَ الجَوَّال.
Futur 2	**aktiv**	Der Chirurg wird das Baby behandelt haben können. سَيَكُونُ الطَّبِيبُ الجَرَّاحُ قَد طَبَّبَ الطِّفلُ الرَّضِيعُ.
	passiv	Das Baby wird behandelt worden sein können. سَيَكُونُ قَد أُمكِنَ تَطبِيبَ الطِّفلِ الرَّضِيع.

○ E- الأَفعَالُ الدَّالَّةُ عَلَى حَرَكَةٍ (Bewegungsverben)، وَالفِعلُ bleiben:

(gehen, fahren, kommen, laufen…) (*und auch "bleiben"*)

gehen	Sie **gehen** täglich **spazieren**. يَذهَبُونَ لِلتَنَزُّهِ يَومِيّاً.
kommen	Das Kind **kam weinen**. جَاءَ الطِّفلُ بَاكِياً.
laufen	Sie **lief** Hilfe **holen**. رَكَدَت صَارِخَةً تَطلُبُ المُسَاعَدَة.
bleiben	Er **blieb** zu Hause **schlafen**. بَقِيَ فِي المَنزِلِ نَائِمَاً.
fahren	Sie **fährt** nach Arabien **studieren**. تُسَافِرُ إِلَى بِلَادِ العَرَبِ مِن أَجلِ الدِّرَاسَة.

- وَتَبنِي هَذِهِ الأَفعَالُ (الحَرَكِيَّةُ) بِالإِضَافَةِ إِلَى الفِعلِ (bleiben) الحَاضِرَ التَّامَّ (Perfekt) مَعَ الفِعلِ المُسَاعِدِ "sein":

bleiben	Er **ist schlafen geblieben**. بَقِيَ نَائِمَاً.
gehen	Sie **sind spazieren gegangen**. ذَهَبُوا لِلتَنَزُّه.
fahren	Er **ist studieren gefahren**. سَافَرَ لِلدِرَاسَة.
kommen	Das Kind **ist weinen gekommen**. جَاءَ الطِّفلُ بَاكِياً.

○ F- أَفعَالُ الشُّعُورِ (Wahrnehmungsverben) وَالفِعلُ lassen:

(sehen, hören, fühlen, spüren…) *(und auch "lassen")*

sehen	Sie **sieht** ihn **arbeiten**. تَرَاهُ يَعمَل.
hören	Sie **hörte** ihn **lachen**. سَمِعَتهُ يَضحَك.
fühlen	Wir **fühlten** die Temperaturen **steigen**. شَعَرنَا بِارتِفَاعِ دَرَجَاتِ الحَرَارَة.
lassen	Sie **lässt** ihr Auto **reparieren**. تُصَلِّحُ سَيَّارَتَهَا (لَيسَ هِيَ مَن يَقُومُ بِفِعلِ التَّصلِيحِ وَإِنَّمَا شَخصٌ آخَرٌ).

- وَتَبنِي هَذِهِ الأَفعَالُ (الدَّالَّةُ عَلَى شُعُور) بِالإِضَافَةِ إِلَى الفِعلِ (lassen) الحَاضِرَ التَّامَّ (Perfekt) كَمَا تَبنِيهِ الأَفعَالُ الكَيفِيَّةِ (Modalverben):

sehen	Sie **<u>hat</u>** ihn **<u>arbeiten</u>** **<u>sehen</u>**. رَأَتهُ يَعمَل.
hören	Er **<u>hat</u>** sie **<u>weinen hören</u>**. سَمِعَهَا تَبكِي.
fühlen	Wir **<u>haben</u>** die Temperaturen **<u>steigen fühlen</u>**. شَعَرنَا بِارتِفَاعِ دَرَجَاتِ الحَرَارَة.
lassen	Sie **<u>hat</u>** ihr Auto **<u>reparieren lassen</u>**. أَصلَحَت سَيَّارَتَهَا (لَيسَ هِيَ مَن قَامَ بِالفِعلِ وَإِنَّمَا شَخصٌ آخَرٌ).

⇦ **25.3.0** ثَالِثاً: أَفعَالٌ <u>مَعَ</u> وَ<u>بدُونِ</u> "zu" (Verben mit und ohne zu):

هُنَاكَ بَعضُ الأَفعَالِ الَّتِي تَحتَاجُ إِلَى zu المصدَرِيَّةِ لِبِنَاءِ الجُملَةِ وَفِي نَفسِ الوَقتِ يُمكِنُ أَن تَبنِي جُملَةً أُخرَى بِدُونِ zu، كَالفِعلِين (helfen, lernen):

helfen سَاعَدَ	- Er **hilft** ihr **spülen**. - Er **hilft** ihr **<u>zu</u>** **spülen**. يُسَاعِدُهَا فِي الجَلِي.
lernen تَعَلَّمَ	- Er **lernt** Arabisch **lesen**. - Er **lernt** Arabisch **<u>zu</u>** **lesen**. يَتَعَلَّمُ قِرَاءَةَ العَرَبِيَّة.

26.0.0 Die Arten der Satzglieder عَنَاصِرُ الجُملَةِ المُختَلِفَة

تَرِدُ عَنَاصِرُ الجُملَةِ بِصِيَغٍ عَدِيدَةٍ وَمُختَلِفَة، حَيثُ تَتَطَلَّبُ كُلُّ حَالَةٍ عُنصُراً مُعَيَّناً وَأَحيَاناً يُمكِنُ استِبدَالُهُ بِعُنصُرٍ آخَر.

26.1.0 Der Subjekt المَرفُوع (الفَاعِل)

يُعَرَّفُ المَرفُوعُ بِأَنَّهُ الفَاعِلُ الَّذِي يَقُومُ بِالفِعلِ فِي الجُملَة، وَيُسأَلُ عَنهُ بِـ "wer" لِلعَاقِلِ وَ "was" لِغَيرِ العَاقِل:

Wer hat dich gesehen?	مَن رَآك؟
↓	
Mein Freund Khaled hat mich gesehen.	رَآنِي صَدِيقِي خَالِد
Was hast du gesehen?	مَاذَا رَأَيت؟
↓	
Ich habe **drei Lastwagen** gesehen.	رَأَيتُ ثَلَاثَ شَاحِنَاتٍ كَبِيرَةٍ

26.1.1 Die Formen des Subjektes صِيَغُ الفَاعِل

يَرِدُ الفَاعِلُ بِالصِّيَغِ التَّالِيَة:

⇦ 1- الفَاعِلُ كَاسمٍ مُعَرَّفٍ:

Die Kinder spielen miteinander. يَلعَبُ الأَطفَالُ مَعَ بَعضِهِمُ البَعض
Mein Vater ist eine Experte in Arabisch. يُعَدُّ أَبِي أُسطُورَةً فِي اللُّغَةِ العَرَبِيَّة.

⇦ 2- الفَاعِلُ كَاسمٍ عَلَم:

Nasir und Udai spielen Tennis. يَلعَبُ نَاصِرٌ وَعُدَيٌّ كُرَةَ المَضرِب
Tamim ist ein guter, großzügiger und anständiger Mensch. يُعَدُّ تَمِيمٌ إِنسَاناً رَائِعاً وَكَرِيماً وَمُؤَدَّباً.

⇦ 3- الفَاعِلُ كَضَمِير:

Ich gehe zur Arbeit.	أَنَا ذَاهِبٌ إِلَى العَمَل
Er ist auf der Straße.	هُوَ فِي الشَّارِع

⇦ 4- الفَاعِلُ كَصِفَةٍ مُعرَبَة:

Der Kleine ist nicht gekommen.	لَم يَأتِ الصَّغِير
Der Alte hat viele Jahre Erfahrung.	لَدَى العَجُوزِ خِبرَةُ سِنِين

⇦ 5- الفَاعِلُ كَظَرف:

Das Morgen muss von uns genutzt werden. يَجِبُ أَن يُستَغَلَّ المُستَقبَلُ مِن قِبَلِنَا.
Hinz und Kunz kennt dieses Märchen. يَعلَمُ القَاصِي وَالدَّانِي بِهَذِهِ الأُسطُورَةُ (القِصَّةُ الخَيَالِيَّةُ).

⇦ 6- الفَاعِلُ كَعَدَد:

Die Fünf ist meine Nummer.	الرَّقَمُ 5 هُوَ رَقَمِي
Die Vier ist verloren.	فُقِدَ الرَّقَمُ 4

⇦ 7- الفَاعِلُ كَكَلِمَةٍ غَيرِ مَعدُودَة:

Viele fahren nach Arabien wandern. كَثِيرُونَ يُسَافِرُونَ إِلَى بِلَادِ العَرَبِ لِيَتَنَزَّهُوا.
Wenige nahmen an der Veranstaltung teil. شَارَكَ قَلِيلٌ بِالفَعَالِيَّة

⇦ 8- الفَاعِلُ كَحَرف:

Das E ist kein Konsonant.	لَا يُعَدُّ الحَرفُ E حَرفاً سَاكِناً
Das F ist ein Konsonant.	يُعَدُّ الحَرفُ F حَرفاً سَاكِناً

⇦ 9- الفَاعِلُ كَمَصدَر:

Das Rauchen gefährdet die Gesundheit.	يُهَدِّدُ التَّدخِينُ الصِّحَّة
Das Laufen ist für die Gesundheit nützlich.	الجَرِيُ مُفِيدٌ لِلصِحَّة

⇦ 10- الفَاعِلُ كَجُملَةٍ مَصدَرِيَّة:

Dieses Rätsel zu lösen ist eine große Herausforderung. حَلُّ هَذَا اللُّغزِ يُعَدُّ تَحَدّيَاً كَبِيراً.
Viel Geld auszugeben ist unsere heutige Mode. صَرفُ الكَثِيرِ مِنَ المَالِ هُوَ المُوضَةُ فِي هَذِهِ الأَيَّام.

26.1.2 Die Konjugation des Verbes mit dem Subjekt
تَصريفُ الفِعلِ مَعَ الفَاعِل

- هُنَاكَ حَالَاتٌ يُصَرَّفُ فِيهَا الفِعلُ مَعَ الفَاعِلِ فِي صِيغَةِ المُفرَدِ، وَحَالَاتٌ أُخرَى يُصَرَّفُ فِيهَا مَعَ الفِعلِ فِي صِيغَةِ الجَمع:

⇦ أَوَّلاً: يُصَرَّفُ الفِعلُ مَعَ الفَاعِلِ فِي صِيغَةِ المُفرَدِ فِي الحَالَاتِ التَّالِيَة:

⇦ 1- إِذَا كَانَ الفَاعِلُ مُفرَداً:

Ich <u>spiele</u> mit den Kindern.	أَلعَبُ مَعَ الأَطفَال
Ahmad <u>kaufte</u> ein Auto.	إِشتَرَى أَحمَدٌ سَيَّارَة
Das Unternehmen <u>hat</u> eine Filiale hier.	لِلشَرِكَةِ فِرعٌ هُنَا

⇦ 2- إِذَا كَانَ الفَاعِلُ مُفرَداً دَالّاً عَلَى كَمِّيَّةٍ وَأُضِيفَ إِلَيهِ اِسمٌ جَمعٌ أَو مُفرَد:

Die Mehrheit <u>der Stimmen</u> <u>war</u> für die AKP Partei. غَالِبِيَّةُ الأَصوَاتِ كَانَت الاِنتِخَابِيَّةِ لِصَالِحِ حِزبِ AKP.
Eine Herde <u>Nashörner</u> <u>lief</u> den Fluss entlang. سَارَ قَطِيعٌ مِن وَحِيدِ القَرن مُحَاذَاتَ النَّهر.

⇦ 3- مَعَ الضَّمَائِرِ الدَّالَّةِ عَلَى مُفرَد:

Keiner <u>hat</u> die Prüfung bestanden.	لَمْ يَجتَزِ الاِمتِحَانَ أَيُّ أَحَد
Jemand <u>ist</u> reingekommen.	دَخَلَ أَحَدٌ مَا
Jeder <u>kann</u> krank werden.	كُلُّ شَخصٍ عُرضَةٌ لِلمَرَض
Ist irgendjemand da drinnen?	هَل هُنَاكَ أَحَدٌ مَا فِي الدَّاخِل

⇦ 4- مَعَ اِسمَينِ يُشَكِّلَانِ مُصطَلَحاً وَاحِداً (اِسماً وَاحِداً):

Das Gut und Böse <u>ist</u> für mich klar zu trennen. الخَيرُ وَالشَّرُّ عَلَى المَحَجَّةِ البَيِّنَةِ بِالنِّسبَةِ لِي.
Hinz und Kunz <u>hörte</u> von dem Unfall. عَلِمَ القَاصِي وَالدَّانِي بِالحَادِثَةِ.
Das Drum und Dran <u>ist</u> in diesem Bericht langatmig. التَّفَاصِيلُ فِي هَذَا التَّقرِيرِ ذَاتُ نَفَسٍ طَوِيل.

- وَكَذَلِكَ الأَفعَالُ المُستَخدَمَةُ كَأَسمَاء:

Laufen und Trainieren <u>baut</u> die Muskeln auf. يَبنِي الجَّريُ وَالتَّدرِيبُ الجِّهَازَ العَصَبِيّ.	
Riechen, Sehen und Hören <u>ist</u> wichtig. حَوَاسُ الشَّمّ وَالرُّؤيَةِ وَالسَّمعِ مُهِمَّة.	

⇦ 5- إِذَا دَخَلَت بَعضُ حُرُوفِ العَطفِ عَلَى الفَاعِل:

nicht nur,... sondern auch	**Nicht nur Ali, sondern auch Ahmad <u>kam</u>.** لَم يَأتِ عَلِيٌّ فَقَط وَإِنَّمَا أَيضَاً أَحمَد.
entweder, oder	**Entweder Ahmad oder Ali** kam nicht. لَم يَأتِ إِمَّا عَلِيٌّ أَو أَحمَد.
weder noch	**Weder ich noch er <u>hörte</u>** die Stimme. لَم نَسمَعِ الصَّوتَ لَا أَنَا وَلَا هُوَ.

⇦ ثَانِياً: يُصَرَّفُ الفِعلُ مَعَ الفَاعِلِ فِي صِيغَةِ الجَّمعِ فِي الحَالَاتِ التَّالِيَة:

⇦ 1- إِذَا دَلَّ الفَاعِلُ عَلَى جَمع، حَتَّى وَلَو أُضِيفَ إِلَيهِ اِسمٌ مُفرَد:

Die Mitarbeiter <u>der Firma</u> <u>arbeiten</u> fleißig. يَعمَلُ عُمَّالُ المَعمَلِ بِنَشَاط.
Die Schüler <u>unserer Schule</u> <u>sind</u> zielstrebig. طُلَّابُ مَدرَسَتِنَا مُثَابِرُون.
Die Möbel <u>des Geschäftes</u> <u>sind</u> neu. تَجهِيزَاتُ المَتجَرِ جَدِيدَة.

- تَنطَبِقُ هَذِهِ القَاعِدَةُ عَلَى أَسمَاءِ الكَمِّيَّاتِ الدَّالَّةِ عَلَى جَمع، سَوَاءٌ أُضِيفَ لَهَا اِسمٌ آخَرٌ كَمُضَافٍ إِلَيه -فِي صِيغَةِ المفرَدِ أَوِ الجَّمعِ- أَم لَم يُضَف:

Drei Kilo[gramm] Mehl[<u>Singular</u>] <u>kosten</u> nicht so viel. ثَلَاثَة كِيلُو طَحِين لَا تُكَلِّفُ كَثِيراً.
Vier Kilo[gramm] Gurken[<u>Plural</u>] <u>kosten</u> nicht so viel. أَربَعَة كِيلُو خِيَار لَا تُكَلِّفُ كَثِيراً.

⇦ 2- إِذَا كَانَ الفَاعِلُ دَالّاً عَلَى دَرَجَة، سَوَاءً قِيَاسِيَّةً أَو حَرَارِيَّة أَو....:

20 Grad Celsius <u>fühlen</u> sich gut an. 20 دَرَجَةٍ مِئَوِيَّةٍ يَجعَلنَ الجَوَّ رَائِعاً.
Zwanzig Kilo[meter] <u>erfordern</u> nicht viel Benzin. لَا يِتَطَلَّبُ عُشرُونَ كِيلُو مِتر الكَثِيرَ مِنَ البَنزِين.

⇦ 3- إِذَا كَانَ الفَاعِلُ دَالّاً عَلَى كَسرٍ أَو نِسبَةٍ مِئَوِيَّة:

Zwei Drittel der Schüler <u>haben</u> heute geschwänzt. غَابَ اليَومَ ثُلُثَيّ الطُّلَّاب.
10% der Produkte <u>sind</u> verkauft. تَمَّ بَيعُ 10% مِنَ المُنتَجَات.

⇦ 4- إِذَا رُبِطَ الفَاعِلُ بِبَعضِ حُرُوفِ العَطف:

Ali <u>und</u> Ahmad haben die Prüfung abgelegt. أَدَّى اليَومَ الإمتِحَانَ كُلٌّ مِن عَلِيّ وَأَحَمد.
Orangen, Äpfel, Birnen <u>sowie</u> Pflaume sind leckere Früchte. يُعَدُّ البُرتُقَالُ وَالتُّفَّاحُ وَالإجَاصُ وَالخَوخُ فَاكِهَةً لَذِيذَة.

⇦ 5- الِاختِصَارَاتُ الدَّالَّةُ عَلَى جَمع:

Die Schlümpfe <u>sind</u> meine liebste Serie. السَّنَافِرُ (فِيلمُ كَرتُون السَّنَافِرِ) هُوَ مُسَلسَلِيَ المُفَضَّل.
VAE <u>bestehen</u> aus sieben Provinzen. تَتَكَوَّنُ الإمَارَاتُ "دَولَةُ الإمَاراتِ العربِيَّةِ المُتَّحِدَة " مِن سَبعِ إِمَارَات.

26.2.0 Der Akkusativ المَفعُولُ بِه

يُعرَفُ المفعُولُ بِهِ عَلَى أنّهُ مَن يَقُومُ عَلَيهِ الفِعلُ فِي الجُملَة، وَيُسأَلُ عَنهُ بِـ "wen" لِلعَاقِلِ وَ "was" لِغَيرِ العَاقِل:

Wen hast du gesehen? ↓ Ich habe **meinen Freund Khaled** gesehen.	مَن رَأَيت؟ رَأَيتُ صَدِيقِيَ خَالِد
Was hast du gemacht? ↓ Ich habe **einen Kaffee** gemacht.	مَاذَا حَضَّرت؟ حَضَّرتُ كُوباً مِنَ القَهوَة

26.2.1 Die Formen des Akkusativs صِيَغُ المَفعُولِ بِهِ

يَرِدُ المفعُولُ بِهِ بِالصِّيَغِ التَّالِيَة:

⇦ 1- المفعُولُ بِهِ كَاِسم:

Ich habe **dieses Buch** gelesen.	قَرَأتُ هَذَا الكِتَاب
Er hat **seinen Freund** getroffen .	قَابَلَ صَدِيقَه

⇦ 2- المفعُولُ بِهِ كَاِسمٍ عَلَم:

Ich sah **Ahmad** auf der Straße.	رَأَيتُ أَحمَداً فِي الشَّارِع
Yakin begrüßt **ihre Freundin**.	تُحَيّي يَقِينٌ صَدِيقَتَهَا

⇦ 3- المفعُولُ بِهِ كَضَمِير:

Ich lernte **ihn** in der Schule kennen.	تَعَرَّفتُ عَلَيهِ فِي المَدرَسَة
kennst du **ihn**?	هَل تَعرِفُه؟

⇦ 4- المفعُولُ بِهِ كَاِسمٍ وَارِدٍ بَعدَ حَرفِ جَرٍّ مُرتَبِطٍ مَعَ الفِعل:

Die Mutter <u>kümmert sich um</u> **ihr Kind**.	تَعتَنِي الأُمُّ بِوَلَدِهَا
Wir <u>sprachen über</u> **dieses Thema** .	تَحَدَّثنَا عَن هَذَا المَوضُوع

⇦ 6- المفعُولُ بِهِ كَمَصدَرٍ دُونَ "zu" المصدَرِيَّة:

Ich lerne **schreiben**.	أَتَعَلَّمُ الكِتَابَة
Ich helfe **aufräumen**.	أُسَاعِدُ فِي التَّرتِيب

⇦ 7- المفعُولُ بِهِ كَمَصدَرٍ مَعَ "zu" المصدَرِيَّة:

Ich fing an **zu lesen**.	بَدَأتُ بِالقِرَاءة
Er ist unqualifiziert hier **zu arbeiten**.	لَيسَ مُؤَهَّلاً لِأَن يَعمَلَ هُنَا

⇦ 8- المفعُولُ بِهِ في جُملَةٍ جَانِبِيَّة:

Ich komme, um **dich** zu sehen. أَنَا آتٍ لِأَرَاك
Die Ärztin empfahl mir, täglich **Sport** zu treiben. اِستَحسَنَتْ لِيَ الطَّبِيبَةُ أَن أُمَارِسَ الرِّيَاضَةَ يَومِيّاً.

⇦ 9- المفعُولُ بِهِ فِي جُملَةٍ ثَانَوِيَّةٍ مَعَ أَدَوَاتِ الرَّبط:

Ich weiß nicht, ob ich **den Zug** erreiche oder nicht. لَا أَعرِفُ فِيمَا إِذَا كَانَتْ سَأَلحَقُ القِطَارَ أَم لَا.
Er liest, wie man **die Zeit** optimal ausnutzen kann. يَقرَأُ كَيفَ لِلمَرءِ أَن يَستَغِلَّ الوَقتَ بِالشَّكلِ المِثَالِيّ.

26.3.0 Das Genitiv المُضَافُ إِلَيه

يُمكِنُ تَعرِيفُ المضَافِ إِلَيهِ نَحوِيّاً عَلى أَنَّهُ الإسمُ الَّذِي يُضَافُ إِلَيهِ اسمٌ آخَرٌ، حَيثُ يُفِيدُ التَّعرِيفُ أَوِ التَّخصِيص، وَيُسَمَّى الأَوَّلُ مُضَافاً وَالثَّانِي مُضَافاً إِلَيه.

26.3.1 Ersatzformen des Genitivobjekts أَشكَالٌ بَدِيلَةٌ عَنِ المُضَافِ إِلَيه

يُستَخدَمُ فِي اللُّغَةِ الرَّسمِيَّةِ المضَافُ إِلَيهِ كَاسمٍ أَو ضَمِيرٍ أَمَّا فِي اللُّغَةِ العَامِّيَّةِ فَيَتِمُّ استِبدَالُهُ بِأَشكَالٍ مُختَلِفَةٍ مِنهَا:

⇦ 1- استِبدَالُ المضَافِ بِحَرفِ جَرٍّ مُرتَبِطٍ مَعَ المفعُولِ بِه:

sich etw $^{+Gen.}$ entsinnen تَذَكَّرَ...	Ich entsinne mich <u>**meiner**</u> **Kindheit**. أَتَذَكَّرُ طُفُولَتِي (اللُّغَةُ الرَّسمِيَّة).

وَيَتِمُّ الاِستِبدَالُ عَلَى الشَّكلِ التَّالِـي:

sich an… erinnern تَذَكَّرَ...	Ich erinnere mich <u>**an meine**</u> **Kindheit**. أَتَذَكَّرُ طُفُولَتِي (اللُّغَةُ العَامّيَّة)

⇦ 2- اِستِبدَالُ المضَافِ إِلَيهِ بِالمجرُور:

Genitiv مُضَافٌ إِلَيه	Ich gedenke <u>**der**</u> **zahlreichen Opfer**. أَتَذَكَّرُ الضَّحَايَا الكُثُر (مُضَافٌ إِلَيه).
Dativ مَجرُور	Wir gedenken <u>**den**</u> **zahlreichen Opfern**. أَتَذَكَّرُ الضَّحَايَا الكُثُر (مَجرُور).

⇦ 3- تَحوِيلُ المضَافِ إِلَيهِ إِلَى مجرُورٍ مَعَ حُرُوفِ الجَرِّ الخَاصَّةِ بِالمضَاف:

مُضَافٌ إِلَيه	مَجرُور
Trotz <u>**des**</u> **schönen Wetters** عَلَى الرُّغمِ مِن جَمَالِ الطَّقس.	Trotz <u>**dem**</u> **schönen Wetter** عَلَى الرُّغمِ مِن جَمَالِ الطَّقس.
Wegen <u>**des**</u> **heißen Wetters**. بِسَبَبِ الطَّقسِ الحَارّ.	Wegen <u>**dem**</u> **heißen Wetter**. بِسَبَبِ الطَّقسِ الحَارّ.

⇦ 4- التَّعدِيلُ فِي صِيغَةِ الجُملَة:

Genitiv مُضَافٌ إِلَيه	Am Tag **des Unfalles** regnete es. أَمطَرَت فِي يَومِ الحَادِث.
Der Ersatz الشَّكلُ البَدِيل	Am Tag, **an dem der Unfall geschah**, regnete es. أَمطَرَت فِي اليَومِ الَّذِي وَقَعَ فِيهِ الحَادِث.

Genitiv مُضَافٌ إِلَيه	**Anhand der Analyse** ließ sich die Wahrheit aufzeigen. ظَهَرَتِ الحَقِيقَةُ بِفَضلِ التَّحلِيل.
Der Ersatz الشَّكلُ البَدِيل	**Mit der Analyse** ließ sich die Wahrheit aufzeigen. ظَهَرَتِ الحَقِيقَةُ بِفَضلِ التَّحلِيل.

⇦ 5- استِبدَالُ المضَافِ إِلَيهِ بِجُملَةٍ جَانِبِيَّة:

Genitiv مُضَافٌ إِلَيه	Sie beschuldigten ihn **des Verbrechens**. اتَّهَمُوهُ بِارتِكَابِ الجِنَايَة.
Ersatz (Nebensatz) الجُملَةُ الجَانِبِيَّة	Sie beschuldigten ihn, **das Verbrechen begangen zu haben**. اتَّهَمُوهُ بِارتِكَابِ الجِنَايَة.

26.4.0 Das Prädikat الخَبَر

هُوَ الجُزءُ المتَمِّمُ فِي الجُملَة، وَيُسَمَّى أَيضَاً "Objekt"، وَيُمكِنُ أَن يَرِدَ كَالتَّالِي:

-1 (الفَاعِلُ كَـ خَبَر (Der Prädikativer Nominativ:	
Die Arbeit wurde **ein Erfolg**.	كَانَ العَمَلُ مُكَلَّلاً بِالنَّجَاح
Die Geschichte heißt **der kleine Prinz**.	هَذِهِ القِصَّةُ "الأَمِيرُ الصَّغِير"

- وَكَذَلِكَ بَعدَ حَرفِ الجَرّ الوَحِيدِ المُرتَبِطِ بِالمَرفُوع (Nominativ):

Er <u>**als**</u> **guter Spieler** kann das Spiel gewinnen. يُمكِنُهُ كَلاَعِبٍ جَيِّدٍ أَن يَربَحَ اللُّعبَةَ بِسُرعَة.

-2 (المَفعُولُ بِهِ كَـ خَبَر (Das Akkusativobjekt ، وَيَرِدُ كَالتَّالِي:	
	1. اسمٌ (نَكِرَة):
Er erfand **eine komische Geschichte**.	ابتَدَعَ قِصَّةً هَزَلِيَّة
	2. اسمٌ (مَعرِفَة):
Sie nannte ihren Mann **König**.	كَنَّت زَوجَهَا بِالمَلِك
	3. اسمٌ عَلَم:
Ich habe **Ali** auf der Straße gesehen.	رَأَيتُ عَلِيَّاً فِي الشَّارِع
	4. صِفَةٌ مُعرَبَة:
Er dachte sich [**etwas Komisches**] aus.	إِبتَدَعَ شَيئَاً هَزَلِيَّاً
	5. ضَمِيرَاً:
Sie beruhigte **ihm** das Gemüt.	هَدَّأَتْ لَهُ بَالَهُ
6. ظَرفَاً: Die Reise dauerte **acht Stunden**. إِستَغرَقَتِ الرّحلَةُ ثَمَانِي سَاعَات.	
7. بَعدَ حَرفِ عَطفٍ قَد عَطَفَ إِسمَاً مَنصُوبَاً عَلَى إِسمٍ آخَر: Ohne unseren Freund Ahmad <u>**als**</u> **erfahren<u>en</u> Schüler** konnten wir die schwierige Aufgabe nicht so schnell auflösen. لَولَا صَدِيقُنَا أَحمَدُ الطَّالِبُ المُحَنَّكُ لَمَا استَطَعنَا حَلَّ الوَاجِبَ الصَّعب بِهَذِهِ السُّرعَة.	

3- (المَجرُورُ كَـ خَبَر Das Dativobjekt) ، وَيَرِدُ بِالصُّوَر:
1- اِسمٌ (سَوَاءٌ مُعَرَّفٌ أَو نَكِرَة): Die Mutter gab **dem Kind** einen Namen. سَمَّتِ الأُمُّ ابنَهَا
2- صِفَةٌ مُعرَبَة: Sie gab **dem Erkrankten** eine Tablette. أَعطَتِ المَرِيضَ قُرصَ دَوَاء
3- ضَمِيرَاً: Das liegt nicht **jedem**. هَذَا لَيسَ مُتَوَفِّرَاً لِكُلِّ إِنسَان
4- بَعدَ حُرُوفِ العَطفِ الَّتِي تَعطِفُ اِسمَاً مَجرُورَاً عَلَى اِسمٍ آخَر: **Wie den anderen Schülern** fehlte es ihm an keine Ausdauer. لَا تَنقُصُهُ المُثَابَرَةُ كَالطُّلَّابِ الآخَرِين.

4- (المُضَافُ إِلَيهِ كَـ خَبَر Das Genitivobjekt) ، وَيَرِدُ بِالصُّوَر:
1- اِسمٌ (سَوَاءٌ مُعَرَّفٌ أَو نَكِرَة): Das ist das Buch **meines Freundes**. هَذَا كِتَابُ صَدِيقِي
2- صِفَةٌ مُعرَبَة: Die Sitzung behandelte die Aspekte **des Guten und Bösen**. عَالَجَتِ الجَّلسَةُ مَوضُوعَ الأُمُورِ الحَسَنَةِ وَالأُمُورِ المُشِينَة.
3- ضَمِيرٌ: Ich weiß nicht, **wessen** Material bedurft wurde. لَا أَعلَمُ مَا هِيَ الأَدَاةُ الَّتِي احتِيجَ إِلَيهَا.
4- ظَرفٌ يَدُلُّ عَلَى الزَّمَان: Das ist **eines Tages** geschehen. حَصَلَ هَذَا فِي يَومٍ مِنَ الأَيَّام
5- ظَرفٌ يَدُلُّ عَلَى الحَالَة: Ich bin ganz **deiner Meinung**. رَأيِي نَفسُ رَأيِكَ تَمَامَاً Er fährt **zweiter Klasse**. يُسَافِرُ بِالدَّرَجَةِ الثَّانِيَة Ahmad ist **guter Laune**. أَحمَدٌ فِي مَزَاجٍ جَيِّد
6- اِسمٌ بَعدَ حُرُوفِ العَطفِ الَّتِي تَعطِفُ اِسمَاً مُضَافَاً عَلَى اِسمٍ آخَر: Er bedarf **des Abiturs als der wichtigsten Voraussetzung** für sein Studium an der Universität. اِحتَاجَ شَهَادَةَ الثَّانَوِيَّةِ العَامَّةِ كَأَهَمِّ شَرطٍ لِدِرَاسَتِهِ الجَّامِعِيَّة.

26.4.1 Die Formen des Prädikates صِيَغُ الخَبَر

حَيثُ يَرِدُ الخَبَرُ بِالصِّيَغِ التَّالِيَة:

⇦ 1- الخَبَرُ كَمَصدَرٍ (Infinitiv):

Sie gingen **arbeiten**.	ذَهَبُوا لِلعَمَل
Die Kinder kamen **lächeln**.	جَاءَ الأَطفَالُ مُتَبَسِّمِين

⇦ 2- الخَبَرُ كَاسمِ فَاعِل (Partizip I):

Das Kleid ist **bezaubernd**.	الفُستَانُ فَاتِن
Die Aussicht ist **faszinierend**.	الإِطلَالَةُ رَائِعَة

⇦ 3- الخَبَرُ كَاسِمِ مَفعُول (Partizip II):

Die Waschmaschine ist **repariert**.	الغَسَّالَةُ مُصَلَّحَة
Der Brief ist **geschrieben**.	الخِطَابُ مَكتُوب

⇦ 4- الخَبَرُ كَجُملَةٍ جَانِبِيَّة (Nebensatz):

Ich arbeite, **wo wir uns trafen**.	أَعمَلُ بِالمَكَانِ الَّذِي تَقَابَلنَا بِه
Er liest, **was du aufgeschrieben hast**.	يَقرَأُ مَا كَتَبت

26.4.2 Die Ergänzungen des Prädikats مُتَمّمَاتُ الخَبَر

لِلخَبَرِ مُتَمِّمَاتٌ تُفِيدُ فِي الزِّيَادَةِ فِي تَفصِيلِ الجُملَة:

مُتَمِّمَاتُ الخَبَر:

1- المتَمِّمُ المكَانِيّ (Räumliche Ergänzung):

Er schwimmt **im Schwimmbad**.	يَسبَحُ فِي هَذَا المَسبَح
Er plant, **nach Arabien** zu fliegen.	يُخَطِّطُ السَّفَرَ إِلَى بِلَادِ العَرَب
Mein Bruder arbeitet **bei dieser Firma**.	يَعمَلُ أَخِي فِي هَذِهِ الشَّرِكَة
Die Schüler waren **in der Klasse**, während es regnete. كَانَ الطُّلَّابُ فِي الصَّفِّ بَينَمَا كَانَت تُمطِر.	

2- المُتَمِّمُ الزَّمَانِيّ (Zeitliche Ergänzung):

Ich fahre **bis zum nächsten Freitag** in Urlaub.
سَأُسَافِرُ حَتَّى الجُمُعَةِ القَادِمَةِ فِي عُطلَة.

Die Gäste kommen heute Abend **um acht Uhr** an.
سَيَصِلُ الضُّيُوفُ اليَومَ مَسَاءاً فِي تَمَامِ السَّاعَةِ الثَّامِنَة.

Die Dämmerung brach **vor Kurzem** herein.
انبَلَجَ الفَجرُ مُنذُ قَلِيل.

Das Fest fängt in **eine Stunde** an.
سَيَبدَأُ الحَفلُ بَعدَ سَاعَةٍ وَاحِدَة.

3- مُتَمِّمٌ دَالٌّ عَلَى الحَال (Situative Ergänzung):

Er fährt des Öfteren auf der Autobahn sehr **langsam**.
غَالِبَاً مَا يَقُودُ بِبُطءٍ شَدِيدٍ عَلَى الطَّرِيقِ السَّرِيع (الأُوتُوستِرَاد).

Sie haben **angeregt** miteinander geredet.
تَحَدَّثُوا بِحَمَاس.

Der Prozessor des Computers bearbeitet die Daten **schnell**.
يُعَالِجُ مُعَالِجُ الحَاسُوبُ البَيَانَاتِ بِشَكلٍ سَرِيع.

Das Kind aß den Kuchen **ansatzweise**.
أَكَلَ الطِّفلُ الكَعكَةَ بِشَكلٍ جُزئِيّ.

4- مُتَمِّمٌ دَالٌّ عَلَى السَّبَب (Kausale Ergänzung):

Er bestand die Prüfung **durch Ausdauer**.
اِجتَازَ الاِمتِحَانَ بِالمُثَابَرَة.

Der Weg ist **aus Gründen der Sicherheit** gesperrt.
الطَّرِيقُ مُغلَقٌ لِدَوَاعِي الأَمَان.

Er ist heute **wegen seiner Krankheit** nicht gekommen.
لَم يَأتِ اليَومَ بِسَبَبِ المَرَض.

Er war **aufgrund der schlechten Wetterverhältnisse** abwesend.
كَانَ غَائِبَاً بِسَبَبِ الأَحوَالِ الجَوِّيَّةِ السَّيِّئَة.

27.0.0 Die Satzlehre عِلمُ الجُملَة

الجُملَةُ هِيَ عِبَارةٌ عَن مجمُوعةٍ منَ الكلماتِ المُختَلِفةِ النَّمَطِ وَالَّتِي تَتَناسَقُ مَع بَعضِهَا البَعض وِفقَ نَسقٍ مُعَيَّنٍ لِتُعطينا مَعناً دَلالِيّاً مُعيَّناً.

يُمكِنُ أَن تَكُونَ الجُملَةُ مُفِيدَةً (ذَاتُ مَعنَى مُكتَمِل)، وَيُمكِنُ أَن تَكُونَ غَيرُ مُفِيدَةٍ (ذَاتُ مَعنَى غَيرِ مُكتَمِل). وَتَرِدُ الجُملَةُ بِأَشكَالٍ عَدِيدَة.

27.1.0 Die Satzarten أَنوَاعُ الجُملَة

27.1.1 Der Aussagesatz الجُملَةُ المُثبَتَة (الخَبَرِيَّة)

وَهَذَا الشَّكلُ الأَكثَرُ وُرُوداً:

Mache Butter bei die Fische!	إِعطِنَا زُبدَةَ الكَلَام!
Der Lackierer bestreicht den Zaun mit Farbe.	يُدَهِّنُ الدَّهَّانُ السُّور
Sie musste heute zum Arzt gehen.	تَوَجَّبَ عَلَيهَا أَن تَذهَبَ لِلطَبِيب
Er hat recht, aber…	الحَقُّ مَعَهُ وَلَكِن...
Ich soll heimgehen.	يَنبَغِي عَلَيَّ أَن أَذهَبَ إِلَى المَنزِل
Hasan mag die hocharabische Poesie. يُحِبُّ حَسَنٌ الشِّعرَ العَرَبِيَّ الفَصِيح.	

- يَرِدُ الفِعلُ فِي الجُملَةِ الخَبَرِيَّة:

1- فِي حَالَةِ المبنِي لِلمَعلُومِ (Indikativ) [وَبِجَمِيعِ الأَزمِنَة]:

Zum Fest erschienen alle geladenen.	حَضَرَ الحَفلَ جَمِيعُ المَدعُوِّين
Udai macht die Fenster auf.	يَفتَحُ عُدَيٌّ النوافذ

2- فِي حَالَةِ المبنِي لِلمَجهُول (Passiv) [وَبِجَمِيعِ الأَزمِنَة]:

Alle Schafe wurden (vom Schäfer) gefüttert. عُلِّفَتْ الخِرَافُ كُلُّهَا بِوَاسِطَةِ الغَنَّام.
Die Schüler werden (vom Lehrer) unterrichtet. يُدَرَّسُ الطُّلَّابُ مِن قِبَلِ الأُستَاذ.

3- فِي حَالَةِ الإِحتِمَالِيَّة (Konjunktiv) [وَبِجَمِيعِ الأَزمِنَة]:

Der Lehrer würde die Schüler lehren.	رُبَّمَا سَيُعَلِّمُ الأُستَاذُ الطُّلَّاب
Nasir würde an der Uni Studieren.	رُبَّمَا سَيَدرُسُ نَاصِرٌ فِي الجَامِعَة.

4- فِي حَالَةِ الأَمر (Imperativ):

- Mach kein Geräusch!	لَا تُحدِثُوا ضَوضَاءً!
- Packe das Geschenk ein!	غَلِّفَ الهَدِيَّة!
- Fangen Sie bitte an zu lesen!	هَلَّا بَدَأَت حَضرَتُكُم بِالقِرَاءَة!

➢ وَقَد يَكُونُ لِجُملَةِ الخَبَرِ تَتِمَّةٌ إِخبَارِيَّةٌ مُمَثَّلَةٌ بِجُملَةٍ جَانِبِيَّة:

Er sah, wie ich mit den Kindern umgehe. رَآنِي كَيفَ أَتَعَامَلُ مَعَ الأَطفَال.
Hans liest den Roman, den er als Geschenk bekommen hat. يَقرَأُ هَانسُ الرِّوَايَةَ الَّتِي تَلَقَّاهَا كَهَدِيَّة.
Laith stellt dieselbe Frage, die Nasser gestellt hat. يَطرَحُ لَيثٌ نَفسَ السُّؤَالِ الَّذِي طَرَحَهُ نَاصِر.

27.1.2 Der Fragesatz جُملَة السُّؤَال

تُستَخدَمُ هَذِهِ الجُملَةُ لِلسُّؤَالِ عَن مَعلُومَةٍ مُعَيَّنَةٍ، وَلَهَا شَكلَان:

1- السُّؤَالُ بِأَن يَكُونَ الفِعلُ فِي أَوَّلِ الجُملَةِ وَبَعدَهُ الفَاعِلُ مُبَاشَرَة، وَلَا يُحذَفُ المفعُولُ بِهِ أَوِ التَّتِمَّةُ مِنَ الجُملَة، وَيَكُونُ الجَوَابُ بِـ (نَعَم / لَا):

Hasst du es, wenn deine Frau dir nachspioniert? هَل تَكرَهُ أَن تَتَجَسَّسَ عَلَيكَ زَوجَتُك؟
Räumst du dein Schlafzimmer jeden Morgen auf? هَل تُرَتِّبُ غُرفَةَ نَومِكَ كُلَّ صَبَاح؟
Bist du morgen Abend frei?? هَل لَدَيكَ وَقتَ فَرَاغٍ فِي مَسَاءِ يَومِ غَدٍ؟
Musste sie deine ständigen Beleidigungen hinunterschlucken? وَهَل يَجِبُ عَلَيهَا أَن تَبلَعَ (تَقبَلَ دُونَ اعتِرَاضٍ) إِهَانَاتِكَ الدَّائِمَةَ لَهَا؟

مُلَاحَظَة:

- إِذَا كَانَ الفَاعِلُ "ich" فَيُقلَبُ إِلَى (du, Sie):

Ich habe die Prüfung bestanden. ↓ Hast du die Prüfung bestanden?	اِجتَزتُ الاِمتِحَان هَل اِجتَزتَ الاِمتِحَان؟
Ich habe ein Auto gekauft. ↓ Haben Sie ein Auto gekauft?	اِشتَرَيتُ سَيَّارَة هَل اِشتَرَت حَضرَتُكُم سَيَّارَة؟

- وَإِذَا كَانَ الفَاعِلُ "wir" فَيُقلَبُ إِلَى (ihr):

Wir haben gestern einen Ausflug gemacht. ↓ Habt ihr gestern einen Ausflug gemacht?	قُمنَا بِفُسحَةٍ البَارِحَة هَل قُمتُم البَارِحَةَ بِفُسحَة؟

- فِي حَالِ الأَسئِلَةِ المَبدُوءَةِ بِأَدَوَاتِ الاِستِفهَام (wer, wo, was…)، تَكُونُ أَدَاةُ الاِستِفهَامِ فِي أَوَّلِ الجُملَةِ وَبَعدَهَا الفِعلُ وَبَعدَهُ الاِسم، وَفِي هَذِهِ الحَالَةِ يُحذَفُ المَفعُولُ بِهِ مِنَ الجُملَة:

Was liebst du?	مَاذَا تُحِبّ؟
Wen liebst du?	مَن تُحِبّ؟
Was soll ich denn jetzt machen?	مَا يَجِبُ عَلَيَّ فِعلُه؟
Wonach suchst du?	عَمَّ تَبحَث؟
Nach wem suchst du?	عَمَّن تَبحَث؟
Wie lange seid ihr in Urlaub?	مُنذُ مَتَى وَأَنتُم فِي العُطلَةِ؟
Wie oft treibst du in der Woche Sport?	كَم مَرَّةً تُمَارِسُ الرِّيَاضَةَ فِي الأُسبُوع؟
Wohin führt und diese Strecke?	إِلَى أَينَ يُؤَدِّي بِنَا هَذَا المَسَار؟
Wie viele Schwestern und Brüder hast du?	كَم لَدَيكَ مِنَ الأُخوَةِ وَالأَخَوَات؟

27.1.3 Der Aufforderungssatz جُملَة الطّلب

تُعتَبَرُ جُملَةُ الطَّلَبِ أَشبَهَ بِجُملَةِ الأَمر ، وَيَكُونُ الطَّلَبُ مُوَجَّهاً إِلَى شَخصٍ مُفرَدٍ أَو مَجمُوعَة، وَيُلحَقُ فِي آخِرِ الجُملَةِ إِشَارَةُ تَعَجُّب (Ausrufezeichen)، وَيُحذَفُ الفَاعِلُ مِنَ الجُملَة وَغَالِباً ما يُوضَعُ الفِعلُ فِي أَوَّلِ الجُملَة:

Gib mir mal den Stift! إعطِنِي القَلَمَ مِن فَضلِك!
Schreib(e) bitte den Brief! اِكتُبِ الخِطَابَ مِن فَضلِك!
Macht bitte die Schulaufgaben! قُومُوا بِوَاجِبَاتِكُمُ المَدرَسِيَّة!
Geht sofort ins Bett! اِذهَبُوا إِلَى السَّرِيرِ حَالاً!

- وَلَا تَكُونُ صِيغَةُ الطَّلَبِ مَعَ الضَّمِيرِ "Sie" إِلَّا كَطَلَبٍ فِي صِيغَةِ الاِحتِرَام:

Ruhen Sie sich bitte aus! تَفَضَّل اِستَرِح!
Bitte nehmen Sie Platz! [formelle Anrede] خُذ مَكَانَكَ لَو سَمَحْتْ! [أُسلُوبُ مُخَاطَبَةٍ رَسمِيَّة]

- وَفِي حَالَةِ الطَّلَبِ بِصِيغَةِ الاِحتِرَامِ مَعَ الضَّمِيرَينِ (du, ihr) فَتُستَخدَمُ عِندَئِذٍ الجُملَةُ المُثبَتَةُ (Aussagesatz) كَجُملَةِ طَلَب:

Du gibst mir mal den Stift! هَلَّا أَعطَيتَنِي القَلَمَ مِن فَضلِك!
Du schreibst bitte den Brief! هَلَّا كَتَبتَ الخِطَابَ مِن فَضلِك!
Ihr macht bitte die Schulaufgaben! هَلَّا قُمتُم بِوَاجِبَاتِكُمُ المَدرَسِيَّة!
Ihr geht sofort ins Bett! هَلَّا ذَهَبتُم إِلَى السَّرِيرِ حَالاً!

27.1.4 Der Ausrufesatz جُملَة التَّعَجُّب

تُعَبِّرُ هَذِهِ الجُملَةُ عَن اِستِعظَامِ فِعلِ فَاعِلٍ ظَاهِرِ المزِيَّة. وَيَدُلُّ أُسلُوبُ التَّعَجُّبِ عَلَى تَمييزِ شَيءٍ بِصِفَةٍ تُثِيرُ الإِعجَابَ وَالدَّهشَةَ عَنِ البَاقِي، وَتُلحَقُ جُملَةُ التَّعَجُّبِ بِإِشَارَةِ تَعَجُّب.

- يُمكِنُ أَن تَكُونَ الجُملَةُ المثبَتَةُ (الخَبَرِيَّة) دَالَّةٌ عَلَى شُعُورٍ بِالتَّعَجُّب، بِحَيثُ يَتِمُّ الحَاقُ إِشَارَةِ تَعَجُّبٍ بِهَا كِتَابِيّاً، وَتُعطَى لَكنَةً مُمَيِّزَةً خَاصَّةً أَثنَاءَ الكَلَام:

Er verletzte sich an der scharfen Kante! يَا لَهَا مِن حَافَّةٍ حَادَّةٍ اِصطَدَمَ بِهَا!
Du hast die schwierige Prüfung bestanden! يَا لَهُ مِن اِمتِحَانٍ صَعبٍ قَد اِجتَزتَهُ!

- يُمكِنُ أَن تَكُونَ جُملَةُ السُّؤَالِ دَالَّةٌ عَلَى شُعُورٍ بِالتَّعَجُّب:

Hat sie aber süße kleine Kinder!	مَا أَجمَلَ أَبنَائِهَا الصّغَار!
Kaufte er ein modernes Handy!	يَا لِحَدَاثَةِ الجَوَّالِ الَّذِي اِشتَرَاه!

- التَّعَجُّبُ بِاستِخدَامِ "wie":

Wie teuer ist dieses Kleid!	مَا أَغلَى هَذَا الفُستَان!
Wie schade!	يَا لِلخَسَارَة!

- التَّعَجُّبُ بِاستِخدَامِ التَّعبِيرِ "-was für ein"، حَيثُ تُعرَبُ "-ein" حَسَبَ الاِسمِ الوَاقِعِ بَعدَهَا، وَلَا يُؤَثِّرُ حَرفُ الجَرِّ "für" عَلَى إِعرَابِ الاِسم:

Was für ein Lehrer+Nom. ist er!	يَا لَهُ مِن أُستَاذ!
Was für ein Schnelles Auto+Nom ist das!	يَا لَهَا مِن سَيَّارَةٍ سَرِيعَة!
Was für ein anständiges Mädchen+Nom ist es!	يَا لَهَا مِن فَتَاةٍ مُؤَدَّبَة!
Was für eine erfahrene Lehrerin+Nom ist sie!	يَا لَهَا مِن أُستَاذَةٍ مُحَنَّكَة!

✓ مُلَاحَظَة: يُمكِنُ إِضَافَةُ الظُّرُوفِ "aber, doch" فِي الجُملَةِ لِلتَعبِيرِ عَنِ البَلَاغَةِ فِي التَّعَجُّبُ (تَقوِيَةُ الدَّلَالَةِ عَلَى التَّعَجُّب):

Es ist doch kalt hier!	يَا لَهُ مِن جَوٍّ بَادِرٍ حَقّاً هُنَا!
Es ist aber eine schwere Frage!	يَا لَهُ مِن سُؤَالٍ صَعب!

27.1.5 Der Wunschsatz جُملَة التَّمَنّي

تَدُلُّ جُملَةُ التَّمَنِّي عَلَى الرَّغبَةِ فِي اِمتِلَاكِ شَيءٍ مَا أَو حُدُوثِ أَمرٍ مُعَيَّن، بِحَيثُ تَبقَى الجُملَةُ فِي عَالَمِ التَّخَيُّلَاتِ وَالِاعتِبَارَاتِ الغَيرِ حَقِيقِيَّة (Konjunktiv II).

- أَمثِلَة:

Wäre ich reich.	يَا لَيتَ لَو أَنَّنِي كُنتُ غَنِيّاً
Kämen wir heute früher.	يَا لَيتَنَا نَصِلُ اليَومَ مُبَكِّرَاً
Wenn ich nicht gelogen hätte.	يَا لَيتَنِي لَم أَكذِب

- حَتَّى تَكُونَ الجُملَةُ دَالَّةٌ عَلَى تَمَنِّي يَجِبُ أَن تُوَافِيَ الشُّرُوطَ التَّالِيَة:

الشَّرطُ الأَسَاسِيّ	الوَصْف
1- Stellung des Verbes مَكَانُ الفِعل	فِي أَوَّلِ الجُملَة، إِلَّا إِذَا بَدَأَتِ الجُملَةُ بِـ wenn فَيَكُونُ الفِعلُ فِي آخِرِ الجُملَة.
2- Modus حَالُ الفِعل	فِي صِيغَةِ الـ Konjunktiv II.
3- Intonation اللَّكنَة	يَجِبُ أَن تَنطِقَ الجُملَةَ نَطقَاً خَاصَّاً.
4- Satzzeichen عَلَامَةُ التَّرقِيم	النُّقطَة

- يُمكِنُ أَن تُصَاغَ جُملَةُ التَّمَنِّي أَيضَاً مَعَ الفِعل "würden":

Wenn sie sich um ihre Kinder kümmerte. يَا لَيتَهَا تَهتَمُّ بِأَطفَالِهَا.	Würde sie sich um ihre Kinder kümmern. يَا لَيتَ أَنَّهَا سَتَهتَمُّ بِأَطفَالِهَا.
Wenn ich die Wahl hätte. يَا لَيتَ أَنَّ القَرَارَ لِي.	Würde ich die Wahl haben. يَا لَيتَ أَنَّنِي سَأَمتَلِكُ القَرَار.
Wenn ich ein Informatiker wäre. يَا لَيتَنِي كُنتُ مُهَندِسَ مَعلُومَاتِيَّة.	Würde ich ein Informatiker. يَا لَيتَ أَنَّنِي سَأَكُونُ مُهَندِسَ مَعلُومَاتِيَّة.

- لَاحِظ: لَا يُمكِنُ اِستِخدَامُ صِيغَةِ "würden" لِلدَلَالَةِ عَلَى المَاضِي.

28.0.0 Zusammengesetzte Sätze الجُمَلُ المُرَكَّبَة

يُطلَقُ اِسمُ الجُملَةِ المُرَكَّبَةِ على الجُملَةِ المُضَافَةِ إلَى جُملَةٍ أُخرَى، وَيَتِمُّ رَبطُ الجُمَلِ بِمُسَاعَدَةِ حُرُوفِ العَطف، وَهُنَاكَ أَكثَرُ مِن نَوعٍ مِن هَذِهِ الحُرُوف، أَبرَزُهَا:

➢ 1- حُرُوفُ عَطفٍ ذَاتُ رَبطٍ جَانِبِيّ "Nebenordnung" عَلَى الشَّكل:

Nebenordnung (Koordination) التَّرتِيبُ الجَّانِبِيّ (التَّوَافُق)	Hauptsatz + Hauptsatz جُملَةٌ رَئِيسِيَّة + جُملَةٌ رَئِيسِيَّة

- يُمكِنُ رَبطُ الجُمَلِ بِدُونِ حُرُوفِ عَطفٍ، كَالتَّالِي:

Ich kaufe eine Zeitung, er kauft ein Buch. أَنَا سَأَشتَرِي صَحِيفَةً وَهُوَ سَيَشتَرِي كِتَاباً.
Er fährt mit dem Bus, sein Freund fährt mit dem Auto. هُوَ يُسَافِرُ بِالبَاصِ وَصَدِيقُهُ يُسَافِرُ بِالسَّيَّارَة.

- وَيُمكِنُ أَن يَتِمَّ رَبطُ جُملَتَينِ مَعَ بَعضِهِمَا (Nebenordnung) بِأَدَوَاتٍ خَاصَّةٍ أَهَمُّهَا:

حرف العطف	مثال
aber لَكِن	Ich war krank, **aber** er besuchte mich nicht. كُنتُ مَرِيضاً وَلَكِنَّهُ لَم يَزُرنِ.
denn لِأَنَّ	Er zog sich warm an, **denn** es war sehr kalt. لَبِسَ مَلَابِساً ثَقِيلَةً لِأَنَّ الجَوَّ بَارِداً جِدّاً.
doch وَلَكِن	Er beschuldigte mich, **doch** er hatte keine schlüssigen Argumente. اِتَّهَمَنِي وَلَكِنَّهُ لَم يَملِك أَدِلَّةً مُقنِعَة.
oder أَو	Sie können die Wohnung mieten **oder** kaufen. يُمكِنُ لِحَضرَتِكُم أَن تَستَأجِرُوا الشَّقَّةَ أَو أَن تَشتَرُوهَا.
sowie = und وَ	Er mag Orangen und Äpfel **sowie** Kiwi. يُحِبُّ البُرتُقَالَ وَالتُّفَّاحَ وَالكِيوِي.
und وَ	Sie kaufte eine Tasche **und** eine Mappe. اِشتَرَتْ حَقِيبَةً وَمُغَلَّفَ أَورَاقٍ.
wie مِثلُ، وَ	Ich mag Reiten **wie** Schwimmen. أُحِبُّ السِّبَاحَةَ وَ / مِثلَ رُكُوبَ الخَيل.

➢ 2- حُرُوفُ عَطفٍ ذَاتُ رَبطٍ تُبَّعِيّ "Unterordnung" عَلَى الشَّكل:

Unterordnung (Subordination) التَّرتِيبُ التِّبَّعِيّ (التِّبَعِيَّة)	Hauptsatz + Nebensatz جُملَةٌ جَانِبِيَّةٌ + جُملَةٌ رَئِيسِيَّةٌ

- يُمكِنُ رَبطُ الجُّمَلِ بِدُونِ حُرُوفِ عَطفٍ، كَالتَّالِي:

Er ist zur Schule gegangen, in der ich bin. ذَهَبَ إِلَى المَدرَسَةِ الَّتِي أَنَا فِيهَا.
Ich kenne den Mann, der den Fluss entlangläuft. أَعرِفُ الرَّجُلَ الَّذِي يَجرِي مُحَاذَاةَ النَّهر.

- وَيُمكِنُ أَن يَتِمَّ رَبطُ جُملَتَينِ مَعَ بَعضِهِمَا (Unterordnung) بِأَدَوَاتٍ خَاصَّةٍ أَهَمُّهَا:

bevor	Ich ging, **bevor** er ankam. ذَهَبتُ قَبلَ أَن يَصِل
dass بِأَنَّ	Ich glaube, **dass** es morgen heiter wird. أَظُنُّ أَنَّ الجَّوَّ سَيَكُونُ صَحواً غَدَاً.
seitdem مُنذُ	Er gab mit dem Rauchen auf, **seitdem** er wusste, <u>dass</u> es tödlich ist. اَقلَعَ عَنِ التَّدخِينِ مُنذُ أَن عَلِمَ أَنَّهُ مُمِيتاً.
während بَينَمَا	Er ging zur Arbeit, **während** ich zu Hause blieb. ذَهَبَ إِلَى العَمَلِ بَينَمَا بَقِيتُ أَنَا فِي المَنزِل.
weil لِأَنَّ	Er kam nicht, **weil** er viel zu tun hatte. لَم يَأتِ لِأَنَّ لَدَيهِ كَثِيرٌ لِيَقُومَ بِهِ.

- وَهُنَاكَ الكَثِيرُ مِن هَذِهِ الأَدَوَاتِ، مِنهَا:

als	als dass	als wenn	als ob	anstatt
bevor	bis	da	damit	dass
falls	indem	indessen	insofern	insoweit
nachdem	obgleich	obwohl	ohne dass	seit
seit dem	sobald	so dass	solange	soviel
soweit	sowie	statt	statt dass	trotzdem
während	weil	wenn	wie	wie wenn
wie wohl	wo	wohingegen	zumal	obschon

➢ 3- حُرُوفُ عَطفٍ مُتَعَدِّدَة "Mehrteilige Konjunktionen":

حَيثُ يَتَكَوَّنُ الحَرفُ مِن أَكثَرِ مِن جُزءٍ وَاحِدٍ، وَلَا يُمكِنُ حَذفُ أَيٍّ مِنهَا، وَلَو وَرَدَ جُزءٌ وَاحِدٌ مِنهُ فِي الجُملَةِ دُونَ الأَجزَاءِ الأُخرَى لَأَخَذَ رُبَّمَا مَعنَاً آخَر:

weder...noch لَا.. وَلَا..	Ich mag **weder** Äpfel **noch** Orangen. لَا أُحِبُّ التُّفَّاحَ وَلَا البُرتُقَال.
nicht nur... sondern auch لَيسَ فَقَط.. وَإِنَّمَا أَيضَاً..	Dieses Auto ist **nicht nur** günstig, **sondern auch** gepflegt. هَذِهِ السَّيَّارَةُ لَيسَت رَخِيصَةٌ فَقَط بَل وَمُتقَنَةٌ أَيضَاً.
sowohl... als / wie auch سَوَاءٌ.. أَمّ..	Diese Autos sind **sowohl** im Inland **wie auch** / **als auch** im Ausland erhältlich. هَذِهِ السَّيَّارَاتُ مُتَوَفِّرَةٌ سَوَاءٌ فِي دَاخِلِ أَو خَارِجِ البَلَد.
entweder...oder… إِمَّا.. أَوّ..	Dieses Jahr fliegen wir **entweder** nach Ägypten **oder** nach Qatar in Urlaub. سَنُسَافِرُ هَذَا العَامَ فِي إِجَازَةٍ إِمَّا إِلَى مِصرٍ أَو قَطَر.

➢ 4- حُرُوفُ عَطفٍ مَصدَرِيَّة "Infinitivkonjunktionen":

حَيثُ تَتَطَلَّبُ هَذِهِ الحُرُوفُ أَن يَكُونَ الفِعلُ فِي الجُملَةِ الجَانِبِيَّةِ فِي المَصدَرِ وَيُرَافِقُهُ الأَدَاةُ المَصدَرِيَّةُ "zu":

anstatt…zu… بَدَلَ أَن...	Die Schüler spielen, **anstatt zu** lernen. يَلعَبِ الطُّلَّابُ بَدَلَ أَن يَتَعَلَّمُوا.
ohne…zu… دُونَ أَن...	Er antwortete, **ohne zu** überlegen. أَجَابَ دُونَ أَن يُفَكِّر.
statt…zu… بَدَلَ أَن...	Statt zur Arbeit zu gehen, ist er an den Strand gefahren. بَدَلَ أَن يَذهَبَ إِلَى العَمَلِ ذَهَبَ إِلَى الشَّاطِئ.
um…zu… مِن أَجلِ أَنّ..	Ich fahre nach Arabien, um die Städte und Sehenswürdigkeiten zu besichtigen. سَأُسَافِرُ إِلَى بِلَادِ العَرَبِ لِأُشَاهِدَ مُدُنِهَا وَمَعَالِمَهَا الأَثَرِيَّة.

➢ 5- حَرفَيّ عَطفِ الجُزْءِ فِي الجُملَة "Satzteilkonjunktionen":

هَذَانِ الحَرفَانِ هُمَا "als, wie" حَيثُ يَأتِيَانِ فِي كُلِّ الحَالَاتِ الإِعرَابِيَّةِ، كَالتَّالِي:

⇦ 1- حَرفُ العَطفِ "als":

als	Nom.	**Als erfahrener Architekt** hättest **du** deinen Entwurf auffallend gestalten müssen. يَجِبُ عَلَى مُهَندِسٍ مِعمَارِيٍّ مُحَنَّكٍ مِثلِكَ أَن يَكُونَ تَصمِيمُهُ جَذَّاباً.
	Akk.	**Als erfahrenen Architekten** hätte **dich** dieser Entwurf sofort überzeugen müssen. مُهَندِسٌ مِعمَارِيٌّ مُحَنَّكٌ مِثلُكَ يَجِبُ أَن يُقنِعَهُ هَكَذَا تَصمِيم.
	Dat.	**Als erfahrenem Architekten** hätte **dir** so etwas nicht passieren dürfen. يَجِبُ أَلَّا يَكُونَ هَذَا قَد حَدَثَ مَعَ مُهَندِسٍ مِعمَارِيٍّ مُحَنَّكٍ مِثلِك.
	Gen.	Die Rolle **der Politiker als führenden Kräften** soll unter Kontrolle gehalten werden. دَورُ السَّاسَةِ كَدَورٍ قِيَادِيٍّ يَجِبُ أَن يَبقَى تَحتَ المُرَاقَبَة.

⇦ 2- حَرفُ العَطفِ "wie":

wie	Nom.	**Jemand wie du** sollte das können. يَنبَغِي عَلَى شَخصٍ مِثلِكَ أَن يَستَطِيعَ هَذَا.
	Akk.	Er behandelt **ihn wie einen** Hund. يُعَامِلُهُ وَكَأَنَّهُ كَانَ كَلباً.
	Dat.	Ihr könnt **einem Anwalt wie ihm** vertrauen. يُمكِنُكُم أَن تَأمَنُوا لِوَكِيلٍ (مُحَامِيٍّ) كَهَذَا الوَكِيل.
	Gen.	Dies sind die Aufgaben **des jetzigen Kanzlers wie des früheren**. وَاجِبَاتُ النَّائِبِ البَرلَمَانِيِّ الحَالِيِّ كَوَاجِبَاتِ النَّائِبِ البَرلَمَانِيِّ السَّابِق.

لَاحِظ! تَطَابُقَ حَالَةِ إِعرَابِ الِاسمِ الوَارِدِ قَبلَ هَاتَينِ الأَدَاتَينِ مَعَ الِاسمِ الوَارِدِ بَعدَهُنّ.

حَالَةٌ خَاصَّةٌ فِي الجُمَلِ المُرَكَّبَة

وَتَكُونُ هَذِهِ الحَالَةُ عِندَ إِضَافَةِ جُملَةٍ إِلَى جُملَةٍ أُخرَى فَتَكُونُ جُملَةً اِعتِرَاضِيَّةً مَوضُوعَةً بَينَ شَرطَتَين، وَيَتِمُّ استِبدَالُـهَا بِجُملَةٍ مَوصُولَةٍ كَالتَّالِي:

- Der Kleine Prinz -**ein kleines unerfahrenes Kind**- begann sein erstes Abenteuer. بَدَأَ الأَمِيرُ الصَّغِيرُ -حَيثُ أَنَّهُ طِفلٌ صَغِيرُ غَيرُ مُحَنَّكٍ- مُغَامَرَتَهُ الأُولَى. ↓ - Der kleine Prinz, **der noch ein kleines unerfahrenes Kind war**, begann sein erstes Abenteuer. بَدَأَ الأَمِيرُ الصَّغِيرُ وَالَّذِي كَانَ طِفلاً صَغِيرَاً غَيرَ مُحَنَّكٍ مُغَامَرَتَهُ الأُولَى.
- Sie muss -**ihr Mann hat es bereits gesagt**- ihre Kinder versorgen. يَجِبُ عَلَيهَا -حَيثُ قَالَ لَهَا زَوجُهَا- الاِهتِمَامَ بِأَمرِ أَبنَائِهَا. ↓ - Sie muss, **wie ihr Mann bereits gesagt hat**, ihre Kinder versorgen. يَجِبُ عَلَيهَا أَن تَهتَمَّ بِأَمرِ أَبنَائِهَا كَمَا قَالَ لَهَا زَوجُهَا.

28.1.0 Der Kausalsatz — الجُملَة السَّبَبِيّة الجَانِبِيَّة

حَيثُ يَتِمُّ فِي الجُملَةِ الجَانِبِيَّةِ تَعلِيلُ سَبَبِ حُدُوثِ فِعلِ الجُملَةِ الرَّئِيسِيَّة. وَأَكثَرُ الأَدَوَاتِ استِخدَاماً هِيَ (da, weil):

Er hat nicht an der Veranstaltung teilnehmen können, **weil** er krank war. لَم يَستَطِعِ المُشَارَكَةَ فِي الفَعَالِيَّةِ لِأَنَّهُ كَانَ مَرِيضاً.
Ich habe ihn besucht, **da** ich ihn gut kenne. زُرتُهُ أَوَّلاً لِأَنَّنِي أَعرِفُهُ جَيِّدَاً.

28.2.0 Der Finalsatz الجُملَة النّهَائِيَّة

تُبَيِّنُ هَذِهِ الجُملَةُ الهدَفَ مِن حُدُوثِ الفِعلِ فِي الجُملَةِ الرَّئِيسِيَّة، وَأَكثَرُ الأَدَوَاتِ المُستَخدَمَةِ فِي هَذِهِ الجُملَةِ هِيَ (damit, um,… zu)

Die Schauspieler verwendeten im Film Holzschwerte, **damit** der König nicht verletzt wird. اِستِخدَمَ المُمَثِّلُونَ فِي الفِلمِ سُيُوفاً خَشَبِيَّةً كَي لَا يُجرَحَ المَلِك.
Er liest gerne historische Bücher, **um** sich **zu** bilden. يَقرَأُ الكُتُبَ التَّارِيخِيَّةَ مِن أَجلِ أَن يُثَقِّفَ نَفسَه.

مُلَاحَظَة: تُستَخدَمُ الأَدَاتُ damit إِذَا كَانَ الفَاعِلُ فِي الجُملَةِ الرَّئِيسِيَّةِ مُختَلِفاً عَنِ الفَاعِلِ فِي الجُملَةِ الفِرعِيَّة كَمَا فِي المِثَالِ الأَوَّل. وَتُستَخدَمُ الأَدَاةُ (um… zu) إِذَا كَانَ الفَاعِلُ مُشتَرَكاً بَينَ الجُملَةِ الرَّئِيسِيَّةِ وَالجُملَةِ الفِرعِيَّة.

28.3.0 Der Konsekutivsatz الجُملَة التَّعَاقبِيَّة

تَعمَلُ هَذِهِ الجُملَةُ عَمَلَ الجُملَةِ الخَبَرِيَّة، إِذ تُعطِي دَلَالَاتٍ تَوضِيحِيَّةً تُبَيِّنُ مِن خِلَالِهَا سَبَبَ حُدُوثِ الفِعلِ فِي الجُملَةِ الرَّئِيسِيَّة، وَأَكثَرُ الأَدَوَاتِ اِستِخدَاماً فِي هَذِهِ الجُملَة هِيَ: (so…, dass…) وَ (ohne… zu…):

Die Zeit war sehr knapp, **sodass**/**so dass** wir nicht alle unsere Einkäufe erledigen konnten. كَانَ الوَقتُ قَصِيراً جِدّاً لِدَرَجَةِ أَنَّنَا لَم نَستَطِع أَن نَشتَرِيَ جَمِيعَ حَاجَاتِنَا.
Sie ging aus, **ohne** sich von ihrem Mann **zu** verabschieden. خَرَجَتْ دُونَ أَن تَستَأذِنَ مِن زَوجِهَا.

28.4.0 Der Konditionalsatz الجُملَةُ الشَّرطِيَّة

تُعَبِّرُ هَذِهِ الجُملَةُ عَن شَرطِ حُدُوثِ الفِعلِ فِي الجُملَةِ الرَّئِيسِيَّة، وَأَكثَرُ الرَّوَابِطِ المُستَخدَمَةِ فِيهَا هِيَ: (falls, wenn, sofern)

Wenn du dich mit dem Teufel einlässt, dann verändert sich der Teufel nicht, sondern er verändert dich. إذَا سَمَحت لِلشَيطَانِ أن يَمتَطِيَكَ فَلَن تُغَيِّرَهُ بَل هُوَ مَن سَيُغَيِّرُك.
Falls es regnet, bleiben wir zu Hause. إذَا أَمطَرَت فَسَنَبقَى فِي المَنزِل.
Sofern er früh ankommt, versucht er bei mir vorbeizukommen. حَالَ وُصُولِهِ بَاكِرَاً سَيُحَاوِلُ أن يَمُرَّ عَلَيّ.

- وَيُمكِنُ أن تَدُلَّ الجُملَةُ أَحيَانَاً عَلَى شَرطٍ دُونَ أَيِّ أَدَاةٍ مِنَ الأَدَوَاتِ السَّابِقَة:

Kommst du früh genug an, komm bei mir vorbei! إذَا وَصَلتَ بَاكِرَاً فَحَاوِلْ أن تَمُرَّ عَلَيّ!

28.4.1 Der Reale Konditionalsatz الجُملَةُ الشَّرطِيَّةُ الحَقِيقِيَّة

وَهِيَ الجُملَةُ الَّتِي لَا تَتَطَلَّبُ أَيَّ تَخَيُّلٍ حَتَّى تَتَحَقَّقَ وَلَا يُستَخدَمُ فِيهَا المُضَارِعُ المَنصُوب.

وَأَكثَرُ الأَدَوَاتِ استِخدَامَاً هِيَ (falls, wenn). أَمثِلَة:

<u>**Wenn**</u> du früher abfährst, kommst du auch früher an. إذَا انطَلَقتَ مُبَكِّرَاً فَستَصِلُ مُبَكِّرَاً أَيضَاً.
<u>**Falls**</u> du das Gesetz nicht einhältst, wirst du bestraft. فِي حَالِ أَنَّكَ لَن تُرَاعِيَ القَانُونَ فَسَوفَ تُعَاقَب.

28.4.2 Der Irreale Konditionalsatz الجُملَةُ الشَّرطِيَّةُ الغَيرُ حَقِيقِيَّة

تُعَبِّرُ الجُملَةُ الشَّرطِيَّةُ الغَيرُ حَقِيقِيَّةٍ عَلَى شَرطٍ خَيَالِيٍّ لَيسَ لَهُ صِلَةٌ بِالوَاقِعِ وَيُستَخدَمُ فِيهَا المُضَارِعُ المَنصُوب. وَأَكثَرُ الأَدَوَاتِ استِخدَامَاً فِي هَذِهِ الجُملَةِ هِيَ (falls, wenn):

<u>**Wenn**</u> du früher abgefahren wärst, dann wärst du auch früher angekommen. كُنتَ سَتَصِلُ أَبكَرَ لَو انطَلَقتَ أَبكَر
<u>**Falls**</u> du das Gesetz nicht einhalten würdest, dann würdest du bestraft werden. فِي حَالِ أَنَّكَ لَن تُرَاعِيَ القَانُونَ فَسَوفَ تُعَاقَب

28.5.0 Der Temporalsatz الجُملَة الزَّمَانِيَّة

تَدُلُّ الجُملَةُ الزَّمَانِيَّةُ عَلَى حَدَثٍ مُعَيَّنٍ، يَتِمُّ مُقَارَنَتُهُ زَمَنِيّاً مَعَ حَدَثٍ آخَرَ يَكُونُ مَذكُوراً فِي الجُملَةِ الرَّئِيسِيَّة، وَنُمَيِّزُ ثَلَاثَ حَالَاتٍ زَمَنِيَّة:

⇦ 1- التَّوَافُقُ الزَّمَنِيّ (Gleichzeitigkeit): بِأَن يَكُونَ الحَدَثُ فِي الجُملَةِ الجَانِبِيَّة قَد حَدَثَ فِي نَفسِ لَحظَةِ حُدُوثِ الحَدَثِ الآخَرِ فِي الجُملَةِ الرَّئِيسِيَّة، أَمثِلَة:

während	Sie lächelt, **während** er spricht. تَبتَسِمُ بَينَمَا هُو يَتَحَدَّث.
solange	**Solange** er krank ist, bleibe ich bei ihm. سَأَبقَى بِجَانِبِهِ طَالَمَا هُوَ مَرِيض.
wenn	**Wenn** du ausgehst, schließ bitte die Tür ab. أَغلِقِ البَابَ مِن فَضلِك عِندَمَا تَخرُج.

⇦ 2- الأَسبَقِيَّةُ الزَّمَنِيَّة (Vorzeitigkeit): بِأَن يَكُونَ الحَدَثُ فِي الجُملَةِ الجَانِبِيَّة حَدَثَ قَبلَ حُدُوثِ الحَدَثِ الآخَرِ فِي الجُملَةِ الرَّئِيسِيَّة، وَتَكُونُ الدَّلَالَة:

- سَوَاءً عَلَى المُستَقبَل: بِحَيثُ تَكُونُ الجُملَةُ الرَّئِيسِيَّةُ فِي الزَّمَنِ الحَاضِرِ البَسِيطِ وَالجُملَةُ الجَانِبِيَّةُ فِي الزَّمَنِ الحَاضِرِ التَّامّ:

Nachdem / wenn er das Geschirr **gewaschen hat**, **geht** er **spazieren**. بَعدَ أَن يَنتَهِي مِن غَسلِ الصُّحُونِ سَيَذهَبُ لِلتَّنَزُّه.
Du **kannst** mit deinen Freunden im Garten **spielen**, **nachdem / wenn** du deine Schulaufgaben **erledigt hast**. يُمكِنُكَ أَن تَلعَبَ مَعَ أَصدِقَائِكَ فِي الحَدِيقَةِ بَعدَ أَن تَنتَهِي مِن وَاجِبَاتِكَ المَدرَسِيَّة.

- أَو عَلَى المَاضِي: بِحَثُ تَكُونُ الجُملَةُ الرَّئِيسِيَّةُ فِي الزَّمَنِ المَاضِي البَسِيطِ وَالجُملَةُ الجَانِبِيَّةُ فِي الزَّمَنِ المَاضِي التَّامِّ البَعِيد:

Nachdem / als er das Geschirr **gewaschen hatte**, **ging** er spazieren. بَعدَ أَن اِنتَهَى مِن غَسلِ الصُّحُونِ ذَهَبَ خَارِجاً لِلتَّنَزُّه.
Er **spielte** mit seinen Freunden, **nachdem / als** er seine Schulaufgaben **erledigt hatte**. لَعِبَ مَعَ أَصدِقَائِهِ بَعدَ أَن اِنتَهَى مِن وَاجِبَاتِهِ المَدرَسِيَّة.

- مُلَاحَظَة: لَاحِظ أَنَّ الظَّرفَ "nachdem" يُستَخدَمُ فِي جَمِيعِ الأَزمِنَة، أَمَّا الأَدَاةُ "als" فَتُستَخدَمُ لِلدَلَالَةِ الزَّمَنِيَّةِ عَلَى الماضِي فقط، وَالأَدَاةُ "wenn" تُستَخدَمُ لِلدَلَالَةِ الزَّمَنِيَّةِ عَلَى الحَاضِرِ وَالمُستَقبَلِ فقط.

⇦ 3- التَّأَخُّرُ الزَّمَنِيّ (Nachzeitigkeit): بِأَن يَكُونَ الحَدَثُ فِي الجُملَةِ الرَّئِيسِيَّةِ حَدَثَ بَعدَ حُدُوثِ الحَدَثِ الآخَرِ فِي الجُملَةِ الفِرعِيَّةُ (الجَانِبِيَّةُ):

Lesen Sie bitte die Gebrauchsanweisung, **bevor / ehe** Sie das Gerät benutzen. تَفَضَّل بِقِرَاءَةِ إِرشَادَاتِ الإستِعمَالِ قَبلَ اِستِخدَامِ الجهاز.
Du solltest warten, **bis** die Schrift trocken ist. يَجِبُ عَلَيكَ أَن تَنتَظِرَ حَتَّى يَجِفَّ الخَطّ (الحِبْرُ).

29.0.0 Die Vergleichssätze — جُمَلُ المُقَارَنَة

تُعَبِّرُ جُمَلُ المَقَارَنَةِ عَنِ التَّبَايُنِ الحَقِيقِيِّ أَو الغَيرِ حَقِيقِيٍّ بَينَ شَيئَينِ، وَتَنقَسِمُ جُمَلُ المَقَارَنَةِ إِلَى قِسمَين:

29.1.0 Reale Vergleichssätze — جُمَلُ المُقَارَنَةِ الحَقِيقِيَّة

حَيثُ يَتِمُّ مُقَارَنَةُ صِفَةٍ حَقِيقِيَّةٍ مُقَابِلَ صِفَةٍ حَقِيقِيَّةٍ أُخرَى مَعَ شَيءٍ آخَر، أَمثِلَة:

- Er ist **größer als** seine Schwester. هُوَ أَطوَلُ مِن أُختِه.
- Ahmad ist **genauso** konsequent **wie** sein Freund. أَحمَدُ مُثَابِرٌ مِثلُ صَدِيقِه.
- Das Wetter ist heute **so** schön **wie** gestern. الجَوُّ اليومَ جَمِيلٌ كَالبَارِحَة.
Mir geht es **so** schlecht **wie** nie zuvor. تَسِيرُ الأُمُورُ مَعِيَ بِشَكلٍ سَيِّئٍ أَكثَرَ مِن أَيِّ وَقتٍ مَضَى.
Auf der Straße sollte man sich so gut wie möglich benehmen. يَجِبُ عَلَى المَرءِ أَن يَسلُكَ سُلُوكاً مُحتَرَماً قَدرَ الإمكَانِ فِي الشَّارِع.

29.2.0 Irreale Vergleichssätze جُمَلُ المُقَارَنَةِ الغَيرِ حَقِيقِيَّة

حَيثُ يَتِمُّ مُقَارَنَةُ صِفَةٍ غَيرِ حَقِيقِيَّةٍ مُقَابِلَ صِفَةٍ غَيرِ حَقِيقِيَّةٍ أُخرَى بَينَ شَيئَينِ، وَتَكُونُ هَذِهِ المُقَارَنَةُ بِاستِخدَامِ "Konjunktiv II"، وَتَتِمُّ المُقَارَنَةُ غَالِبَاً بِاستِخدَامِ المُصطَلَحَاتِ التَّالِيَة:

wie wenn + … + Konj. II	Sie schimpft auf ihn, **wie wenn** es seine Schuld **wäre**. oder (mit Würden): Sie schimpft auf ihn, **wie wenn** es seine Schuld **sein würde**. تُهَزِّئُهُ وَكَأَنَّ الذَّنبَ كَانَ ذَنبُه.
als wenn + … + Konj. II	Sie spricht mit mir, **als wenn** ich der Angeklagte **wäre**. oder (mit Würden): Sie spricht mit mir, **als wenn** ich der Angeklagte **sein würde**. تَتَكَلَّمُ مَعِي هَكَذَا وَكَأَنَّنِي أَنَا المُتَّهَم.
als ob + … + Konj. II	Sie fühlte sich, **als ob** ich nur für sie **käme**. oder (mit Würden): Sie fühlte sich, **als ob** ich nur für sie **kommen würde** شَعَرَتْ وَكَأَنَّنِي آتٍ مِن أَجلِهَا فَقَط.
als + Konj. II	Er rannte, **als gäbe** etwas zu gewinnen. oder (mit Würden): Er rannte, **als würde** es etwas zu gewinnen **geben**. رَكَضَ وَكَأَنَّ هُنَاكَ شَيئَاً يُمكِنُ رِبحُه.

30.0.0 Die Satzbaupläne der deutschen Sprache
الأَنمَاطُ الَّتِي تُبنَى بِهَا الجُملَةُ فِي اللُّغَةِ الأَلمَانِيَّة

تُبنَى الجُملَةُ فِي اللُّغَةِ الأَلمَانِيَّةِ بِطُرُقٍ مُتَعَدِّدَة، تَختَلِفُ حَسَبَ طَرِيقَةِ التَّعبِيرِ وَعَدَدِ وَأَنوَاعِ عَنَاصِرِ الجُملَةِ التِي يَستَخدِمُهَا المُتَكَلِّم، وَهُنَا نَشمَلُ جَمِيعَ هَذِهِ الحَالَات.

❖ **30.1.0** أَوَّلاً: البِنَاءُ الأَسَاسِيُّ لِلجُملَةِ (Hauptpläne):

وَطُرُقُ البِنَاءِ هَذِهِ هِيَ الأَكثَرُ استِخدَاماً فِي الأَلمَانِيَّة:

Satzbauplan	Beispiel
الحَالَةُ الأُولَى: **Prädikat mit nur einer Ergänzung**	**خَبَرٌ مَعَ مُكَمِّلَةٍ وَاحِدَة**
فاعل + فعل	Hanin ist fleißig. حَنِينٌ نَشِيطَة Er isst. يَأكُل
فعل + مفعول به	Mich friert. أَشعُرُ بِالبَرد
مجرور + خبر	Mir ist egal. سِيَّانَ عِندِي (كُلٌّ عَلَى حَدٍّ سَوَاءٍ عِندِي)
الحَالَةُ الثَّانِيَة: **Prädikat mit zwei Ergänzungen**	**خَبَرٌ مَعَ مُكَمِّلَتَين**
فاعل + فعل يتطلب مفعول به + خبر	Ich spüle das Geschirr. أَغسِلُ الصُّحُون Die Firma stellt täglich 20 Autos her. تُصَنِّعُ الشّرِكة 20 سَيّارَة يَومِيّاً.
فاعل + فعل يتطلب مجرور + خبر	Er antwortete mir. أَجَابَنِي Sie hilft ihrer Freundin. تُسَاعِدُ صَدِيقَتَهَا
فاعل + فعل يتطلب مضاف إليه / صفة تتطلب مضاف إليه + خبر	Das Projekt bedarf der Ausdauer. يَتَطَلّبُ المَشرُوعُ المُثَابَرَة. Er ist des Verbrechens schuldig. هُوَ مُدَانٌ بِالجَرِيمَة.
فاعل + فعل أو اسم مرتبط بحر جر + خبر	Er verfügt über Kaufkraft. لَدَيهِ قُوَّةُ لِلشِرَاءِ Er hat den Anspruch auf Entschädigung. لَهُ حَقُّ التَّعوِيض.

فاعل + صفة خبرية + خبر	Sie werden / bleiben / sind Lehrer سَيُصبِحُونَ / سَيَبقُونَ / يَكُونُونَ الأساتِذَة. Er wird / bleibt / ist ärgerlich. سَيُصبِحُ / سَيَبقَى / سَيَكُونُ غاضِبَاً.
فاعل + عبارة حرف جر خبرية + خبر	Das Auto wurde bei einer Kollision beschädigt. السَّيَّارَةُ مُتَضَرِّرَةٌ بِسَبَبِ التَّصَادُم.
فاعل + عبارة حرف عطف خبرية + خبر	Sport gilt als beste Behandlung. الرِّيَاضَةُ أفضَلُ عِلَاج. Er ist als Vertreter angestellt. تَمَّ تَعيِينُهُ كَمَندُوب.
فاعل + ظرف مكان + خبر	Ich bin unterwegs. أَنَا علَى الطَّرِيق Ich bin in Kairo. أنَا فِي مَدِينَةِ القَاهِرَة Er legte sich auf die Seite. اضطَجَعَ عَلَى جَنَبِه
فاعل + ظرف زمان + خبر	Er geht täglich in die Schule. يَذهَبُ لِلمَدرَسَةِ يَومِيَّاً. Die Karte gilt bis heute Abend. تَصلُحُ التَّذكَرَةُ حَتَّى مَسَاءِ اليَوم.
فاعل + ظرف معبر عن الحال + خبر	Die Kinder verhielten sich ruhig. كَانَ سُلُوكُ الأَطفَالِ حَسَنَاً. Das Wetter war gestern schön. كَانَ الجَوُّ جَمِيلاً البَارِحَة.
فاعل + ظرف سببي + خبر	Der Unfall geschah wegen des Regens. حَدَثَ الحَادِثُ بِسَبَبِ المَطَر. Selbstmord aus Angst vor dem Tod selbst. اِنتِحَارٌ بِسَبَبِ الخَوفِ مِنَ المَوت.
منصوب / مجرور + اسم قبله حرف جر + خبر	Ihn / ihm ekelt vor dieser Substanz. يَشعُرُ بِالقَرَفِ مِن هَذِهِ المَادَّة.

الحَالَةُ الثَّالِثَة: خَبَرٌ مَعَ ثَلَاثِ مُكَمِّلَات	**Prädikat mit drei Ergänzungen**
فاعل + مفعول به + مجرور + خبر	Ich gab es dir. أعطَيْتُكَ إيَّاه / إيَّاهَا
فاعل + مجرور + مفعول به + خبر	Ich gab dem Kind einen Apfel. أعطَيتُ الطّفلَ تُفَّاحَة
فاعل + مفعول به + مضاف إليه + خبر	Er klagte den Mann des Diebstahls an. اتَّهَمَ الرَّجُلَ بِالسَّرِقَة.
فاعل + مفعول به + ظرف (اسم مع حرف جر) + خبر	Der Krieg brachte den Major ums Leben. تَسَبَّبَتِ الحَربُ بِمَوتِ الرَّائِد.
فاعل + مفعول به + صفة خبرية	Ich habe mir den Mantel nass gemacht. بَلَّلتُ مِعطَفِي.
فاعل + مفعول به + خبر (اسم مع حرف جر)	Das Finanzministerium ist für die Wirtschaftslage verantwortlich. تُعتَبَرُ وِزَارَةُ المَالِيَّةِ مَسؤُولَةً عَنِ الأُمُورِ المَالِيَّةِ.
فاعل + مفعول به + خبر (فعل مع حرف جر)	Die Polizei betrachtete den Verdächtigten als Verbrecher. اعتَبَرَتِ الشُّرطَةُ المُتَّهَمَ كَجَانِي.
فاعل + مفعول به + ظرف مكاني + خبر	Ich lege das Buch auf dem Tisch. وَضَعتُ الكِتَابَ عَلى الطَّاوِلَة.
فاعل + مفعول به + ظرف زماني + خبر	Der Manager verschob den Termin auf später. أَجَّلَ المُدِيرُ المَوعِدَ إِلى أَجَلٍ غَيرِ مُسَمَّى.
فاعل + مفعول به + ظرف دال على الحال + خبر	Der Lehrer behandelt die Schüler wie seine Kinder. يُعَامِلُ الأُستَاذُ الطُّلَّابَ كَمَا يُعَامِلُ أَبنَاءَهُ.
فاعل + مجرور + حرف جر مع اسم + خبر	Ich gratulierte ihm zu der geschafften Prüfung. بَارَكتُ لَهُ بِمُنَاسَبَةِ اجتِيَازِهِ الإمتِحَان. Das wurde mir zur Gewohnheit. بَاتَ هَذَا بِالنِّسبَةِ لِي كَعَادَة.

فاعل + مجرور + ظرف مكاني + خبر	Er hat es ihm von den Augen abgelesen. استَقرَأَ عَينَيهِ (عَرَفَ مَا يُكِنّ).
فاعل + حرف جر مع اسم + حرف جر مع اسم + خبر	Ich sprach mit meinem Freund über Politik. تَحَدَّثتُ مَعَ صَدِيقِي بِمَا يَخُصُّ السِّيَاسَةَ.
فاعل + حرف جر مع اسم + ظرف دال على الحال + خبر	Wir sprachen gut über unsere Freunde. تَحَدَّثنَا عَن أَصدِقَائِنَا بِمَا هُوَ حَسَنٌ.
فاعل + ظرف مكاني + ظرف دال على الحال + خبر	Es war bei dem Vortrag langweilig. كَانَ الجَوُّ مُمِلًّا أَثنَاءَ المُحَاضَرَةِ.
الحَالَةُ الرَّابِعَة: **Prädikat mit drei Ergänzungen**	**خَبَرٌ مَعَ أَربَعِ مُكَمِّلَات**
فاعِل + مجرور + مفعول به + صفة واسم كظرف + خبر	Der Arbeiter reparierte mir das Handy zufriedenstellend. أَصلَحَ لِي العَامِلُ الجَوَّالَ كَمَا يَجِب.
فَاعِل + مجرور + مفعول به + صفة واسم كظرف + خبر	Der Gärtner pflanzte mir interessante Blumen im Garten. زَرَعَ لِي البُستَانِيُّ وُرُوداً فِي الحَدِيقَةِ بِصُورَةٍ مُثِيرَةٍ.
الحَالَةُ الخَامِسَة: **Akkusativ mit Infinitiv**	**مَفعُولٌ بِهِ مَعَ الفِعلِ بِالمَصدَر**

Ich sah ihn spielen.	رَأَيتُهُ يَلعَب
Ich hörte ihn laufen.	سَمِعتُهُ يَجرِي
Ich ließ einen Flug buchen.	حَجَزتُ رِحلَةً بِالطَّائِرَة
Ich ließ die Rechnung ausstellen.	حَرَّرتُ إِيصَالَ التَّكَالِيف
Ich gehe heute spazieren.	أَنَا ذَاهِبٌ اليَومَ لِلتَنَزُّه.

❖ 30.2.0 ثَانِيَاً: البِنَاءُ الجَانِبِيُّ لِلجُملَة (Nebenbaupläne):

يَرتَبِطُ هَذَا البِنَاءُ بِالصِّفَات، حَيثُ تُشَكِّلُ الصِّفَةُ العِمَادَ الرَّئِيسِيَّ لِلجُملَةِ، وَتَتَطَلَّبُ الصِّفَةُ حَالَةً إِعرَابِيَّةً مُعَيَّنَة:

Satzbauplan	Beispiel
الحَالةُ الأُولى: **Prädikat mit nur einer Ergänzung**	**خَبَرٌ مع مُكمّلَةٍ وَاحِدَة**
صفة + مفعول به + خبر	Ich bin an den Lärm gewöhnt. أَنَا مُعتَادٌ عَلى الضَّوضَاء. Ich bin die lange Wartezeit leid. أُغَمُّ مِنَ الإِنتِظَارُ طَوِيلاً.
صفة + مجرور + خبر	Sie ist ihrem Mann böse. مُمتَغِضَةٌ مِن زَوجِهَا. Die Sache ist mir egal. كُلٌّ عِندِي عَلَى حَدٍّ سَوَاء
صفة + مضاف إليه + خبر	Ich bin mir des Erfolgs sicher. أَنَا مُتَأَكِّدٌ مِنَ النَّجَاح Ich bin dieser Sprache mächtig. أَنَا مُتَمَكِّنٌ مِن هَذِهِ اللُّغَة.
صفة + حرف جر مع اسم + خبر	Die Fahrt ist vom Wetter abhängig. تَتَعَلَّقُ الرّحلَةُ بِحَالَةِ الطَّقس. Er ist mit seinem Kollegen befreundet. تَربِطُهُ عَلَاقَةُ صَدَاقَةٍ معَ زَمِيلِه.
صفة + ظرف + خبر	So eine gute Reise habe ich noch nie gemacht. لَم أَقُمْ بَعدُ بِرِحلَةٍ رَائِعَةٍ كَهَذِهِ الرِّحلَةِ مِن قَبل. Das Kind springt lustig herum. يقفزُ الطفلُ فرحاً
صفة + حرف جر مع اسم / مجرور + خبر	Für Ihre Hilfe bin ich dankbar. أَنَا مُمتَنٌّ لِمُسَاعَدَتِك Darf ich Ihnen behilflich sein? [formelle Anrede] هَل يُمكِنُنِي مُسَاعَدَةُ حَضرَتِكَ؟ [أُسلُوبُ الخِطَابَةِ الرَّسمِيّ]
صفة + مجرور + مفعول به	Sie ist ihrem Mann eine Erklärung schuldig. يَتَرَتَّبُ عَلَيهَا التَّوضِيحَ لِزَوجِهَا.
صفة + مجرور + ظرف	Sie ist ihm freundlich gesinnt. تَاقَ قَلبُهَا حَنَانَاً إِلَيه.

31.0.0 Die Zahlwörter — الكَلِمَاتُ العَدَدِيَّة (الأَعدَاد)

تُقسَمُ الأَعدَادُ إِلى أَكثَرِ مِن نَوع، وَهِيَ:

31.1.0 Kardinalzahlen (Grundzahlen) — الأَعدَادُ الأَسَاسِيَّة

وَهِيَ الأَعدَادُ الصَّحِيحَةُ فِي اللُّغَةِ العَرَبِيَّة، وَتَدُلُّ عَلَى الكَمِّيَّاتِ وَالأَحجَام.

⇦ أَوَّلاً: الأَعدَادُ مِن "1" إِلى "10"

null صِفر	eins وَاحِد	zwei اثنَان	drei ثَلَاثَة	vier أَربَعَة	fünf خَمسَة
sechs سِتَّة	sieben سَبعَة	acht ثَمَانِيَة	neun تِسعَة	zehn عَشَرَة	-

يُقرَأُ العَدَدُ 2 فِي اللُّغَةِ العَامِّيَّة (zwo)، وَيُستَبدَلُ أَحيَاناً بَالضَّمِير (beide).

Ich sah die zwei Männer → Ich sah beide Männer. رَأَيتُ الرَّجُلَين ← رَأَيتُ كِلَا الرَّجُلَين.

⇦ ثَانِياً: الأَعدَادُ مِن 11 حَتَّى 19

تُشَكَّلُ هذه الأعداد بِإِضَافَةِ اللّاحِقَةِ "zehn-" لِلأَعدَادِ الأَسَاسِيَّة.

- بَاستِثنَاءِ العَدَدَين 11,12 فَهُمَا شَاذِّين كُلِّيّاً.
- وَبِاستِثنَاءِ أَيضاً العَدَدَينِ "sechs, sieben" حَيثُ يُحذَفُ الحَرفُ "s" مِنَ العَدَد "sechs" وَالحَرفَين "en" مِنَ العَدَد "sieben".

elf أَحَدَ عَشَر	zwölf اثنَا عَشَر	dreizehn ثَلَاثَةَ عَشَر	vierzehn أَربَعَةَ عَشَر	fünfzehn خَمسَةَ عَشَر
sechzehn سِتَّة عشر	siebzehn سَبعَةَ عَشَر	achtzehn ثَمَانِيَةَ عَشَر	neunzehn تِسعَةَ عَشَر	-

⇦ ثَالِثاً: مُضَاعَفَاتُ العَدَد 10 (مِن 20 حَتَّى 90)

تُشَكَّلُ هَذِهِ الأَعدَادُ بِإِضَافَةِ اللّاحِقَةِ "zig-" لِلأَعدَادِ الأَسَاسِيَّة.

مَعَ إِحدَاثِ بَعضِ التَّغيِيرَاتِ التَّالِيَة:

1- يُبدَلُ آخرُ حَرفَينِ مِنَ العَدَدِ "zwei" بِالحَرفَين "an-".

2- يُبدَلُ الحرف "z" مِنَ العَدَد "drei"بِالحَرف "ß".

3- يُحذَفُ الحَرفُ "s" مِنَ العَدَد "sechs".

4- يُحذَفُ الحَرفَان "en" مِنَ العَدَد "sieben".

zwanzig عِشرُون	dreißig ثَلَاثُون	vierzig أَربَعُون	fünfzig خَمسُون
sechzig سُتُّون	siebzig سَبعُون	achtzig ثَمَانُون	neunzig تِسعُون

⇦ رَابِعاً: الأَعدَادُ الوَاقِعَة بَينَ الأَعدَادِ العِشرِيَّة مِن 20 حَتَّى 99

تُشَكَّلُ هَذِهِ الأَعدَادُ بِإِضَافَةِ العَدَدِ الأَسَاسِيِّ -مِن 1 حَتَّى 9- إِلَى العَدَدِ العِشرِيّ، مَعَ إِضَافَةِ حَرفِ العَطف "und" بَينَهُمَا.

- وَلَكِن: يُحذَفُ الحَرفُ "s" مِنَ العَدَد "eins" عِندَ الإِضَافَة.

einundzwanzig وَاحِدٌ وعشرُون	sechsunddreißig سِتَّةٌ وثلاثُون	siebenundsiebzig سَبعَةٌ وَسَبعُون
einundachtzig وَاحِدٌ وثمانُون	zweiundneunzig اثنَانِ وتسعُون	dreiundfünfzig ثَلَاثَةٌ وخَمسُون

⇦ خَامِساً: العَدَدَان 100 وَ 1000

- يُكتَبُ العَدَدُ 100 "einhundert" وَيُمكِنُ اختِصَارُهُ إِلَى "hundert".

وَيُضَافُ إِلَى أَعدَادٍ أُخرَى، وَتُكتَبُ مُلتَصِقَةً بِبَعضِهَا:

130	(ein)hundertunddreißig
160	(ein)hundertundsechzig
173	(ein)hundert(und)dreiundsiebzig
166	(ein)hundert(und)sechsundsechzig
199	(ein)hundert(und)neunundneunzig

مُلَاحَظَة: يُمكِنُ الاِستِغنَاءُ عَن حَرفِ العَطف "und" الموضُوعُ بَينَ أَقوَاس، أَمَّا حَرفُ العَطفِ "und" الوَاصِلِ بَينَ الكَلِمَتَينِ العَدَدِيَّتَينِ الأَخِيرَتَينِ مِن كُلِّ رَقمٍ فَلَا يُستَغنَ عنه بِاللّغَةِ الرَّسمِيَّة.

- يُكتَبُ العَدَدُ 1000 "eintausend" وَيُمكِنُ اختِصَارُهُ إِلَى "tausend".

وَيُضَافُ أَيضَاً إِلَى أَعدَادٍ أُخرَى، وَتُكتَبُ أَيضَاً مُلتَصِقَةً بِبَعضِهَا:

1040	(ein)tausend(und)vierzig
1500	(ein)tausend(und)fünfhundert
1700	(ein)tausend(und)siebenhundert
1763	(ein)tausend(und)siebenhundert(und)dreiundsechzig
1671	(ein)tausend(und)sechshundert(und)einundsiebzig

يُمكِنُ كِتَابَةُ الرَّقمِ "**1671**" عَلَى الشَّكلِ:

يُكتَبُ بالشَّكل:

- tausendsechshundertein**und**siebzig

وَلا يُفَضَّلُ كِتَابَتُهُ بِالشَّكل:

- **ein**tausend**und**sechshundertein**und**siebzig

وَكَذَلِكَ الأَمرُ بِالنِّسبَةِ لِلعَدَد 100.

⇦ سَادِسَاً: الأَعدَادُ بَعدَ "1000" حَتَّى مَا قَبلَ "000 1000"

12 000	zwölftausend
14 012	vierzehntausendundzwölf
999 897	Neunhundertneunundneunzigtausendachhund-ertsiebenundneunzig

⇦ سَابِعَاً: الأَعدَادُ (مِليُون وَمِليَار وَبِليُون وَ...) تُكتَبُ كَأَسمَاءٍ مُؤَنَّثَةٍ وَتُجمَعُ بِـ "-n, -en"، وَتُختَصَرُ ($100 = 10^2$, $1000 = 10^3$, $10000 = 10^4$):

10^6	eine Million
10^9	eine Milliarde
10^{12}	eine Billion
10^{15}	eine Billiarde
10^{18}	eine Trillion
10^{21}	eine Trilliarde
10^{24}	eine Quadrillion
10^{27}	eine Quadrilliarde
10^{30}	eine Quintillion

✓ تُقرَأُ الأَعدَادُ السَّابِقةُ بِالشَّكل: zehn hoch zwölf ← 10^{12}

14 000 000	vierzehn Millionen
22 000 000	zweiundzwanzig Millionen
8 000 000 000	acht Milliarde = achttausend Millionen

✓ عِندَ الحَدِيثِ عَنِ الأَعدَادِ بِحَدِّ ذَاتِهَا فَتُكتَبُ كَأَسمَاء، وَتُعَدُّ كُلُّهَا مُؤَنَّثَة:

Er schrieb die Sechs auf dem Blatt.	كَتَبَ العَدَدَ سِتَّةَ عَلى الوَرَقَة
Die Fünfundvierzig ist das Passwort.	الرَّقَمُ 45 هُوَ كَلِمَةُ السِّرّ
Ich bin an der Reihe, ich habe die Nummer Vier.	الدَّورُ عِندِي، أَنَا صَاحِبُ الرَّقَمِ أَربَعَة.

31.1.1 Die Flexion der Kardinalzahladjektive
إِعرَابُ الأَعدَادِ الأَسَاسِيَّةِ كَصِفات

بِشَكلٍ عَام لَا يَتِمُّ إِعرَابُ الأَعدَادِ الأَسَاسِيَّةِ كَمَا ذَكَرنَا فِي بَحثِ الصِّفَات. إِلَا أَنَّ بَعضَ الحَالَاتِ تَقتَضِي إِعرَاباً خَاصّاً وَلَيس بِالضَّرُورَةِ مِن خِلَالِ الإِضَافَات.

⇦ 1- تُستَخدَمُ الكَلِمَتَانِ العَدَدِيَّتَان tausend, hundert كَصِفَاتٍ وَأَسمَاء:

- إِذَا كَانَ الحَدِيثُ عَن أَعدَادٍ مَحدُودَةٍ فَتُستَخدَمَانِ كَصِفَات:

An der Demonstration nahmen **tausend** Demonstranten teil.	شَارَكَ فِي المُظَاهَرَةِ أَلفُ مُتَظَاهِرٍ
Ein Teil von **hundert**.	جُزءٌ مِنَ المِئَة.
Ich bin **hundert** Jahre alt.	عُمرِي مِئَةُ عَام
Ich widmete ihm **tausend** Kamele.	أَهدَيتُهُ أَلفَ نَاقَة

- أَمَّا إِذَا كَانَ الحَدِيثُ عَن كَمِّيَّاتٍ وَأَجزَاءٍ غَيرُ قَابِلَةٍ لِلْعَدِّ فَتُستَخدَمَانِ كَأَسمَاء، وَيَكُونُ المَقصُودُ بِهَا جَمعاً وَلَيسَ مُفرَداً عَلَى الرُّغمِ أَنَّهَا مَكتُوبَةٌ مُفرَداً:

Tausend Meilen Staub.	الكَثِيرُ مِنَ الغُبَار
Hundert Punkte.	الكَثِيرُ مِنَ النُّقَاط
Mehrere **Hundert** solcher Voraussetzungen.	الكَثِيرُ مِنَ الشُّرُوطِ كَهَذِهِ الشُّرُوط.

لَاحِظ أَنَّ الكَلِمَتَين العَدَدِيَّتِين "Hundert, Tausend" عِندَ استِخدَامِهِمَا كَأَسمَاءٍ لَم تُتَرجَمَا حَرفِيّاً بَل دَلَّتَا عَلَى كَمِّيَّاتٍ كَبِيرَة، وَغَيرَ مَحدُودَة.

- يُعرَبَانِ أَحيَانَاً إِعرَابَ الصِّفَات، وَيُستَخدَمَانِ كَأَسمَاءٍ، كَالتَّالِي:

Ich sah Tausende.	رَأيتُ أُلوفَاً مُؤَلَّفَةً
Ich sah die Tausenden.	رَأيتُ الآلَاف

⇦ 2- عِندَ الحَدِيثِ عَنِ التَّارِيخِ تُقرَأُ الكَلِمَاتُ العَدَدِيَّةُ بِطَرِيقَةٍ خَاصَّة، فَمَثَلاً:

يُقرَأُ الرَّقمُ 1995 كَأَعدَادٍ بِجَانِبِ بَعضِهَا البَعضُ عَلَى الشَّكل:
"tausendneunhundertfünfundneunzig"
أَمَّا إِذَا كَانَ المَقصُودُ بِهِ الدَّلَالَةُ عَلَى التَّارِيخِ فَيُقرَأُ عَلَى الشَّكل:
"neunzehnhundertfünfundneunzig"

- تَرِدُ السَّنَةُ التَّارِيخِيَّةُ بِحَالَاتٍ مُختَلِفَةٍ، فَمَثَلاً "1995" تُكتَب:

[Das Jahr] 1995.	العَام 1995
Das ist **[in]** 1995 passiert.	حَدَثَ هَذَا فِي عَام 1995
Das ist **[im Jahre]** 1995 passiert.	حَدَثَ هَذَا فِي عَام 1995

⇦ 3- إِذَا كَانَ الحَدِيثُ عَنِ العَدَد "1":

- يُحذَفُ الحَرفُ "s" عِندَ الإِضَافَة:

21 → einundzwanzig.	وَاحِدٌ وَعُشرُون

- لَا يُحذَفُ حَرفُ الـ "s" إِذَا وَرَدَ فِي آخِرِ الكَلِمَةِ العَدَدِيَّة:

701 → siebenhunderteins.	سَبعُمِئَةٍ وَوَاحِد

- يُعرَبُ كَأَدَاةِ التَّنكِيرِ تَمَاماً إِذَا رَافَقَ الإِسم، وَلَا يُمكِنُ مَعرِفَتُهُ فِيمَا إِذَا كَانَ المَقصُودُ هُوَ أَدَاةُ تَنكِيرٍ أَو رَقَماً إِلَّا مِن خِلَالِ سِيَاقِ الحَدِيث:

Wir lasen aus **einem** Buch.	قَرَأنَا كُلُّنَا مِن كِتَابٍ وَاحِد
Kredit für **einen** Monat.	قَرضٌ لِمُدَّةِ شَهرٍ وَاحِد

▪ يُكتَبُ مُنفَصِلاً إِذَا أَتَى مَعَ المِئَاتِ وَالآلَاف، وَيُضَافُ الحَرفُ "und"، كَالتَّالِي:

Die Fahrt dauerte hundert **und** eine Stunde. استَغرَقَتِ السَّفرَةُ مِئَةَ سَاعَةٍ وَسَاعَة.
Die Fahrt dauerte tausend **und** eine Stunde. استَغرَقَتِ السَّفرَةُ الف سَاعَةٍ وَسَاعَة.

⇦ 4- لَا تُقرَأُ أَرقَامُ الهَوَاتِفِ كَأَعدَادٍ بَل كَأَرقَامٍ، وَيُقرَأُ كُلُّ رَقَمٍ عَلى حِدَة:

فَمَثَلاً الرَّقَمُ "...0160812" يُقرَأُ عَلى الشَّكل: null eins sechs null acht eins zwei…

الأَعدَادُ العِشرِيَّة (الأَعدَادُ ذَوَاتُ الفَوَاصِل)

الفَاصِلَةُ "Das Komma" تُقرَأُ مَعَ الأَعدَادِ كَالتَّالِي:

6,1	- sechs Komma eins. سِتَّةٌ فَاصِلَة وَاحِد.
9,6	- neun Komma sechs. تِسعَةٌ فَاصِلَة ثَلَاثَة.
12,56	- zwölf Komma sechsundfünfzig. اِثنَا عَشَرَ فَاصِلَة سِتَّةٌ وَخَمسُون.
14,2	- vierzehn Komma zwei. أَربَعَةَ عَشَرَ فَاصِلَة اثنَان.

31.2.0 Ordinalzahlen الأَعدَادُ التَّرتِيبِيَّة

تَدُلُّ الأَعدَادُ التَّرتِيبِيَّةُ عَلَى دَرَجَةِ الإِسمِ أَو مَكَانَتِه. وَتُعرَبُ كَإِعرَابِ الصِّفَاتِ تَمَاماً.

الأَعدَادُ التَّرتِيبِيَّةِ (مِن 1 حَتَّى 19)

تُشَكَّلُ مِنَ الأَعدَادِ الأَسَاسِيَّة (مِن 1 حَتَّى 19) بِإِضَافَةِ الحَرفِ (t-) لِنِهَايَتِهَا.

- إِلَّا أَنَّ الأَرقَامَ الشَّاذَّةَ هِيَ: (eins, drei, sieben, acht).

- تَتَغَيَّرُ نِهَايَتُهَا الإِعرَابِيَّة بِتَغَيُّرِ إِعرَابِهَا (كَونُهَا صِفَات) وَتُعرَبُ إِعرَابَ الصِّفَات.

وَتُتَرجَمُ (الثَّالِثْ Der Dritte، السَّابِعْ Der Siebte، التَاسِعُ عَشَر Der neunzehnte)

عَدَدٌ أَسَاسِيّ	عَدَدٌ تَرتِيبِيّ
eins →	der erste
zwei →	der zweite
drei →	der dritte
vier →	der vierte
fünf →	der fünfte
sechs →	der sechste
sieben →	der siebte
acht →	der achte
neun →	der neunte
zehn →	der zehnte

عَدَدٌ أَسَاسِيّ	عَدَدٌ تَرتِيبِيّ
elf →	der elfte
zwölf →	der zwölfte
dreizehn →	der dreizehnte
vierzehn →	der vierzehnte
fünfzehn →	der fünfzehnte
sechzehn →	der sechzehnte
siebzehn →	der siebzehnte
achtzehn →	der achtzehnte
neunzehn →	der neunzehnte
-	-

- أَمثِلَة:

- Er ist **der Erste** seiner Klasse.	هُو الأَوّلُ عَلى صَفّه
- **Die vierte** Bedeutung des Wortes.	المَعنَى الرّابِعِ لِلكَلِمَة
- **Das vierzehnte** Zimmer.	الغُرفَةُ الرَّابِعَةِ عَشَر (رَقم 14)
- **Am ersten** Mai.	فِي أَوَّلِ يَومٍ مِن شَهرِ أَيَّار
- Ich traf ihn **zum ersten** Mal seit Jahren. قَابَلتُهُ لِأَوَّلِ مَرَّةٍ مُنذُ أَعوَام.	

الأَعدَادُ التَّرتِيبِيَّةُ (بِدءاً مِن 20)

تُشَكَّلُ مِنَ الأَعدَادِ الأَسَاسِيَّةِ (مِن 20 فَمَا فَوق) بِإِضَافَةِ الحَرفَين (st-) لِنِهَايَتِها.

عدد أساسي	عدد ترتيبي
zwanzig →	der/die/das zwanzigste
einundzwanzig →	der/die/das einundzwanzigste
dreiundzwanzig →	der/die/das dreiundzwanzigste
vierundzwanzig →	der/die/das vierundzwanzigste
fünfundzwanzig →	der/die/das fünfundzwanzigste
sechsundzwanzig →	der/die/das sechsundzwanzigste
dreißig→	der/die/das dreißigste
vierzig →	der/die/das vierzigste
fünfzig →	der/die/das fünfzigste
sechzig →	der/die/das sechzigste
hundert →	der/die/das hundertste

- أَمثِلَة:

Das fünfzigste Zimmer.	الغُرفَةُ الخَمسُونَ (ذَاتُ الرّقَمِ خَمسِين)
Am einundzwanzigsten Mai.	فِي الوَاحِدِ وَالعِشرِينَ مِن شَهرِ أَيَّارٍ
Die vierzigste Bedeutung des Wortes.	مَعنَى الكَلِمَةِ رَقَمُ أَربَعِين

- شُهُورُ السَّنَة:

1- der Januar كانون الثاني	7- der Juli تموز
2- der Februar شباط	8- der August آب
3- der März آذار	9- der September أيلول
4- der April نيسان	10- der Oktober تشرين الأول
4- der Mai أيار	11- der November تِشرين الثاني
6- der Juni حزيران	12- der Dezember كانون الأول

- يُقرَأُ التَّارِيخُ عَلَى الشَّكل:

- **Der zwanzigste** Januar	العُشرُونَ مِن شَهر كَانُون الثاني
- **Am achtundzwanzigsten** April.	الثَّامِنُ وَالعِشرونَ مِن شَهرِ نيسان
- **Am dritten** Oktober.	فِي الثَّالِثِ مِن شَهرِ تِشرِينَ الأَوَّل

- يُمكِنُ أَن تُكتَبَ الأَعدَادُ التَّرتِيبِيَّةُ كَأَعدَادٍ بَعدَهَا نُقطَةٌ عَلَى الشَّكل:

- Der 20. Januar = Der zwanzigste Januar.
- Der 28. April = Der achtundzwanzigste April.
- Der 4. Schüler = Der vierte Schüler.
- Des 8. Schülers = des achten Schülers.
- Am 8. Oktober = Am achten Oktober.
- Am 3. Juni = Am dritten Juni.
- Im 2. Weltkrieg = Im zweiten Weltkrieg.

- يُرمَزُ إِلَى القَادَةِ ذَوِي نَفسِ الِاسمِ كَالتَّالِي:

Pharao Ramses I. / II. / III.	فِرعَونُ الأَوَّل / الثّانِي / الثّالِث
Willhelm II.	فِيلمْهِيلم الثّاني

31.3.0 Bruchzahlen الأعدَادُ الكَسرِيَّة

تَدُلُّ هَذِهِ الكَلِمَاتُ العَدَدِيَّةُ عَلَى جُزءٍ مِن كُلّ، وَتُشَكَّلُ بِإِضَافَةِ الحَرفَينِ (-el) لِلأَعدَادِ التَّرتِيبِيَّة، وَتُكتَبُ كَصِفَاتٍ وَأَسمَاء، فَإِن أَتَت كَاسمٍ يَكُونُ جِنسُهَا مُحَايِدَاً، وَإِن أَتَت كَصِفَةٍ فَلَا تُعرَبُ.

وَتُكتَبُ عَلَى الشَّكلِ ($\frac{5}{9}$) أَو عَلَى الشَّكل(5/9) وَيُسَمَّى المَقَامُ (Der Nenner) وَيُسَمَّى البَسطُ (Der Zähler).

عَدَدٌ تَرتِيبِيّ	عَدَدٌ كَسرِيٌّ كَاسم	عَدَدٌ كَسرِيٌّ كَصِفَة
dritt →	das Drittel ثُلث	drittel ثُلث
viert →	das Viertel رُبع	viertel رُبع
fünft →	das Fünftel خُمس	fünftel خُمُس
sechst →	das Sechstel سُدس	sechstel سُدُس
siebt →	das Siebtel سُبع	siebtel سُبع
acht →	das Achtel ثُمن	achtel ثُمن
neunt →	das Neuntel تُسع	neuntel تُسع
zehnt →	das Zehntel عُشر	zehntel عُشر

- أَمَّا الصِّفَتَين(كَامِل ganz، نِصف halb) فَتُعرَبَانِ كَصِفَات، وَالأَسمَاءُ مِنهُمَا:

:(Die Hälfte نِصفٌ، die Ganze كَامِلٌ)

Ein [**halbes**] Jahrtausend (500 Jahre).	خَمسُمَائَةِ سَنَةٍ
Weniger als die [**Hälfte**] des Betrags.	أَقَلُّ مِن نِصفِ المَبلَغِ
Auf der [**ganzen**] Erde.	فِي أَصقَاعِ الأَرضِ
Wie lange dauert das [**Ganze**]?	كَمْ يَستَغرِقُ الكُلُّ إِجمَالاً؟

- أَمثِلَة عَلَى الأَعدَادِ الكَسرِيَّةِ كَصِفات:

Ein viertel Kilogramm.	رُبعُ كِيلُو غرَام
In weniger als einer sechstel Sekunde.	أَقَلُّ مِن سُدسِ الثَّانِيَة

- أَمثِلَة عَلَى الأَعدَادِ الكَسرِيَّةِ كَأَسمَاء:

Drei Viertel der Bürger.	ثَلاثَةُ أَربَاعِ الشَّعب
Zwei Drittel des Vorrates.	ثُلثَيّ المَخزُون
Drei Viertelmillionen Bücher.	ثَلاثَةُ أَربَاع مِليُونِ كِتَاب (750 000)

- تَتَّصِلُ الصِّفَةُ "halb" بِتَرَاكِيبٍ أُخرَى لِتُعطِي تَرَاكِيبَ جَدِيدَة:

eineinhalb = einundeinhalb = anderthalb.	وَاحِدٌ وَنِصف
zweieinhalb = zweiundeinhalb.	اثنَانِ وَنِصف
fünfeinhalb = fünfundeinhalb.	خَمسَةٌ وَنِصف

31.4.0 Vervielfältigungszahlwörter أعدادُ المُضاعَفة

تَرمُزُ إِلَى عَدَدِ الأَضعَافِ الَّتِي تَحمِلُهَا الكَلِمَةُ العَدَدِيَّة، وَتُشَكَّلُ بِإِضَافَةِ اللَّاحِقَةِ (-fach) لِلأَعدَادِ الأَسَاسِيَّة.

- وَيُحذَفُ الحَرفُ "s" مِنَ العَدَدِ "eins" عِندَ إِضَافَتِهَا.

عَدَدٌ أَسَاسِيّ	العَدَدُ المُضَاعَف
eins →	einfach ضِعفٌ وَاحِد
zwei →	zweifach ضِعفَان
drei →	dreifach ثَلاثَةُ أَضعَاف
vier →	vierfach أَربَعَةُ أَضعَاف
fünf →	fünffach خَمسَةُ أَضعَاف
sechs →	sechsfach سِتَّةُ أَضعَاف
zwanzig →	zwanzigfach عِشرُونَ ضِعفاً
dreiundvierzig →	dreiundvierzigfach ثَلاثَةٌ وَأَربَعُونَ ضِعفاً
sechsundzwanzig →	sechsundzwanzigfach سِتَّةٌ وَعِشرُونَ ضِعفاً
neunundneunzig →	neunundneunzigfach تِسعَةٌ وَتِسعُونَ ضِعفاً
hundert →	hundertfach مِئَةُ ضِعف
tausend →	tausendfach أَلفُ ضِعف

مُلَاحَظَة: تَرِدُ الكَلِمَةُ "einfach" كَصِفَةٍ أَيضاً بِمَعنَى "بَسِيط".

- بِالإِضَافَةِ إِلَى الكَلِمَاتِ العَدَدِيَّةِ الدَّالَّةِ عَلَى غَيرِ مَعدُود:

vielfach = vielfältig الكَثِيرُ مِن...	mehrfach العَدِيدُ مِن...

- أَمثِلَة:

Das ist **ein fünffach** erhöhtes Risiko. هَذِهِ مُغَامَرَةٌ بِخَمسَةِ أَضعَافٍ.	
Etwas um **das Dreifache** reduzieren. خَفَّضَ شَيئاً ثَلَاثَةَ أَضعَافٍ	

31.5.0 Wiederholungszahlwörter أَعدَادُ التّكرَار

تَدُلُّ هَذِهِ الأَعدَادُ عَلَى عَدَدِ المَرّاتِ الّتِي تَحمِلُهَا الكَلِمَةُ العَدَدِيَّة، وَتُشَكَّلُ بِإِضَافَةِ اللّاحِقَة (-mal) إِلَى الأَعدَادِ الأَسَاسِيَّة.

- وَيُحذَفُ الحَرفُ "s" مِنَ العَدَد "eins".

عَدَدٌ أَسَاسِيّ	العَدَدُ المُضَاعَف
eins →	einmal مَرّةٌ وَاحِدَة
zwei →	zweimal مَرّتَان
drei →	dreimal ثَلَاثُ مَرّات
vier →	viermal أَربَعُ مَرّات
fünf →	fünfmal خَمسُ مَرّات
sechs →	sechsmal سِتُّ مَرّات
zwanzig →	zwanzigmal عِشرُونَ مَرّة
dreiundvierzig →	dreiundvierzigmal ثَلَاثَةٌ وَأَربَعُونَ مَرّة
neunundneunzig →	neunundneunzigmal تِسعٌ وَتِسعُونَ مَرّة
hundert →	hundertmal مِئَةُ مَرّة
tausend →	tausendmal أَلفُ مَرّة

- بِالإِضَافَةِ إِلَى بَعضِ الظُّرُوفِ كَالظَّرفَين (مَرّاتٌ كَثِيرَة vielmals, mehrmals).

أَمثِلَة:

Er klopfte **viermal** / **mehrmals** auf dem Tisch. دَقّ عَلَى الطّاوِلَةِ أَربَعَ دَقّاتٍ / مَرّاتٍ عَدِيدَةً؟
Die Schüler gehen **fünfmal** wöchentlich in die Schule. يَذهَبُ الطّلّابُ إِلى المَدرَسَةِ خَمسَ مَرّاتٍ كُلّ أُسبُوع.
Er radierte auf dem Blatt **neunmal**. مَحَا عَلى هَذِهِ الورَقَةِ تَسعُ مَرّات.
Ich bin in diesem Jahr **zwölfmal** nach Bacharach gefahren. سَافرتُ إِلى قَريَةِ Bacharach 12 مَرّةً فِي هَذَا العَام.

- وَيُمكِنُ أَن يُضَافَ المقطَعُ (-ig) لهذِهِ الكَلِمَاتِ العَدَدِيَّةِ لِتَقوِيَتِهَا:

عدد المضاعف		العدد المضاعف بإضافة (-ig)	
einmal	مَرَّةٌ وَاحِدَة	einmalig	مَرّةٌ وَاحِدَة
zweimal	مَرّتَان	zweimalig	مَرّتَان
dreimal	ثَلَاثُ مَرّات	dreimalig	ثَلاثُ مَرّات
viermal	أَربَعُ مَرّات	viermalig	أَربَعُ مَرّات
fünfmal	خَمسُ مَرّات	fünfmalig	خَمسُ مَرّات
sechsmal	سِتّ مَرّات	sechsmalig	سِتُّ مَرّات
neunmal	تِسعُ مَرّات	neunmalig	تِسعُ مَرّات

- بِالإِضَافَةِ إِلَى (mehrmals → mehrmalig, vielmals → vielmalig).

أَمثِلَة:

Eine **einmalige** Gelegenheit / Chance.	فُرصَةٌ وَحيدَةٌ
Zweimalige Zahlung.	الدّفعُ مرَّتَين
Viermaliger Besuch.	زِيَارَةٌ لِلمَرَّةِ الرَّابِعَةِ

31.5.1 Unbestimmte Zahladjektive الصّفاتُ العَدديّةُ الغَيرُ قَابِلَةٍ لِلعَدّ

تُعرَبُ الصِّفَاتُ العَدَدِيَّةُ هَذِهِ إِعرَابَ الصِّفَات تَمَاماً، وَقَد تَأتِي كَظُرُوف:

viel كَثِير	**Viele** Leute denken so. كَثِيرٌ مِنَ النَّاس يُفَكِّرُونَ هَكَذَا.
wenig قَلِيل	Er gab mir **wenige** Hinweise. أَعطَانِي قَلِيلاً مِنَ التَّلمِيحَاتِ.
einige بَعض، بِضع	In **einigen** Wochen komme ich zurück. سَأَعُودُ بَعدَ بِضعِ أَسَابِيع.
vereinzelt عَلى حدَة	**Vereinzelte** Gewitter. عَوَاصِفٌ كُلٌّ عَلَى حِدَة.
einzeln مُنفَرِد	Er behob jeden **einzelnen** Fehler. تَجَاوَزَ الأَخطَاءَ كُلّاً عَلَى حِدَة.
zahllos غَيرُ مَعدُود	**Zahllose** Bücher. كُتُبٌ غَيرُ قَابِلَةٍ لِلعَدّ.

31.6.0 Die Gattungszahlwörter كَلمَاتُ الصّنفِ العَدَدِيَّة

تُشتَقُّ مِنَ الأَعدَادِ الأَسَاسِيَّةِ بِإِضَافةِ النِّهَايَةِ (erlei-)، وَتَدُلُّ عَلَى الصُّنفِ وَالنَّوع، وَتُعَدُّ غَيرَ قَابلَةٍ لِلإِعرَاب.

einerlei صُنفٌ وَاحِدٌ مِن...	- Das ist mir einerlei. هَذَا هُو الوَحِيدُ بِالنّسبَةِ لِي.
zweierlei صُنفَانِ مِن...	- Auf zweierlei Art und Weise. بِطَرِيقَةٍ ثَانِيَةٍ أخرَى.
dreierlei ثَلَاثَةُ أَصنَافٍ مِن...	- Auf dreierlei Art und Weise. بِطَرِيقَةٍ ثَالِثَةٍ أخرَى.
hunderterlei مِئَةُ صُنفٍ مِن...	- Auf hunderterlei Art / Weise. بِالكَثِيرِ مِنَ الطُّرُق.

- وَيُمكِنُ أَن تُشَكَّلَ الكَلِمَاتُ العَدَدِيَّةُ هَذِهِ مِنَ الضَّمَائِرِ بِإِضَافةِ (erlei-) لِنِهَايَتِهَا:

zweierlei بِشَكلَينِ مُختَلِفَينِ...	- Der Bäcker backt nur **zweierlei** Sorten Brot. لَا يَخبِزُ الخَبَّازُ إِلَّا نَوعَينِ مُختَلِفَينِ مِنَ الخُبزِ
allerlei بِأَشكَالٍ عَدِيدَةٍ وَمُختَلِفَةٍ...	- Auf dem Dachboden gibt es **allerlei** Gerümpel und Ramsch. يُوجَدُ فِي السَّقِيفَةِ الكَثِيرُ مِنَ الخُردَةِ القَدِيمَةِ.
keinerlei وَلَا بِأيّ شَكل...	- Es bestehen **keinerlei** Beschränkungen. لا يُوجَدُ أَي تَحجِيمَاتٌ بِأيّ شَكلٍ مِن الأشكَال.
mancherlei البَعضُ مِن...	- Es wurden **mancherlei** Veränderungen vorgenommen. اِتُّخِذَتْ بَعضُ التَّغيِيرَات.
mehrerlei العَدِيدُ مِن...	- Er betrachtete die Sache in **mehrerlei** Hinsicht. شَاهَدَ الأَمرَ مِن نَوَاحٍ عَدِيدَةٍ مُختَلِفَةٍ.
vielerlei الكَثِيرُ مِن..	- Ich habe **vielerlei** Gründe für meine Begeisterungsstürme. لَدَيَّ الكَثِيرُ مِنَ الأَسبَابِ الَّتِي تُؤَيِّدُ عَوَاصِفَ حَمَاسِي.

31.7.0 Die Mathematik الرِّيَاضِيَّات

الرِّيَاضِيَّاتُ هِيَ عِلمٌ يُمَثِّلُ بِمَفَاهِيمٍ مُجَرَّدَةٍ وَاصطِلَاحَاتٍ رِيَاضِيَّةٍ تَدُلُّ عَلى الكَمِّ، وَالعَدَد يَدُلُّ عَلى كَمِّيَّةِ المعدُودِ، وَالمِقدَارُ فِيهَا قَابِل لِلزِيَادَةِ أَوِ النُّقصَان، وَعِندَمَا نَستَطِيعُ قِيَاسَ المِقدَارِ نَطلِقُ عَلَيهِ اسمَ الكَمّ. لِذَلِكَ عَرَّفَهَا بَعضُ العُلَماءِ بِأَنَّهَا عِلمُ القِيَاس. وَتُعتَبَرُ الرِّيَاضِيَّاتُ لُغَةَ العُلُوم. وَسَنَتَنَاوَلُ لَمحَةً فِي أَسَاسِيَّاتِهَا.

العَمَلِيَّةُ الحِسَابِيَّة		الاِسم	
addieren	جَمَعَ	Die Addition	جَمعٌ
subtrahieren	طَرَحَ	Die Subtraktion	طَرحٌ
multiplizieren	ضَرَبَ	Die Multiplikation	ضَربٌ
dividieren	قَسَّمَ	Die Division	قِسمَةٌ

- أَمثِلَة:

كِتابة ←	10	+	5	=	15
لَفظاً ←	zehn	plus	fünf	gibt/ist gleich	fünfzehn
كِتَابَةً ←	10	-	5	=	5
لَفظاً ←	zehn	minus	fünf	gibt/ist gleich	fünf
كِتَابَةً ←	10	×	5	=	50
لَفظاً ←	zehn	mal	fünf	gibt/ist gleich	fünfzig
كِتَابَةً ←	10	÷	5	=	2
لَفظاً ←	zehn	durch	fünf	gibt/ist gleich	zwei

أَمثِلَة:

sechs zu drei addieren.	أَضَافَ سِتَّةً إِلَى ثَلَاثَةٍ.
drei von sechs subtrahieren.	طَرَحَ ثَلَاثَةً مِن سِتَّة.
drei mit sechs multiplizieren.	ضَرَبَ ثَلَاثَةً بِسِتَّة.
sechs durch drei dividieren.	قَسَّمَ ستةً عَلى ثَلَاثَة.

31.8.0 Die Uhrzeit الوَقت

يُسأَلُ عَنِ الوَقتِ بِالطَّرِيقَتَينِ التَّالِيَتَين:

Wie viel Uhr ist es?	كَمِ الوَقتُ مِن فَضلِك؟
Wie spät ist es?	كَمِ الوَقتُ مِن فَضلِك ؟

❖ يَتِمُّ الدَّلَالَةُ عَلَى الوَقتِ بِالطَّرِيقَتَينِ التَّالِيَتَين:

➢ 1- الطَّرِيقَةُ الرَّسمِيَّة (die offizielle Ausdrucksweise):

حَيثُ يُعتَبَرُ اليَومُ 24 سَاعَة، وَتُذكَرُ السَّاعَاتُ أَوَّلاً وَمِن ثُمَّ الدَّقَائِق:

رَقَماً	كِتَابَةً
07:00	sieben Uhr.
12:15	zwölf Uhr fünfzehn.
14:45	vierzehn Uhr fünfundvierzig.
18:25	achtzehn Uhr fünfundzwanzig.
20:30	zwanzig Uhr dreißig.
00:00	(um) null Uhr / Mitternacht.
00:09	null Uhr neun.

➢ 2- الطَّرِيقَةُ العَامِّيَّة (die umgangssprachliche Ausdrucksweise):

حَيثُ يُعتَبَرُ اليَومُ 12 سَاعَة، وَتُذكَرُ الدَّقَائِقُ وَمِن ثُمَّ السَّاعَات، وَتُستَخدَمُ بَعضُ الكَلِمَاتِ مِثل:(ein Viertel, halb) وَالظَّرفَان (vor, nach):

رَقَماً	كِتَابَةً
07:00	- sieben Uhr.
12:15	- viertel nach zwölf / fünfzehn nach zwölf.
02:45	- viertel vor drei / fünfzehn Minuten vor drei.
06:25	- fünfundzwanzig nach sechs.
12:00	- (um) null Uhr.
20:30	- halb neun.

✓ إِذَا كَانَتِ الدَّقَائِقُ بَينَ "45" وَ "59" فَتُنسَبُ غَالِباً لِلسَاعَةِ التَّالِيَة: فَمَثَلاً:

08:46	- vierzehn vor neun. وَلَا تُقَالُ: - sechsundvierzig Minuten nach acht.
12:54	- sechs vor eins / vor ein Uhr. وَلَا تُقَالُ: - vierundfünfzig Minuten nach zwölf

- وَكَذَلِكَ:

08:30	- halb neun. السَّاعَةَ الثَّامِنَة وَنِصف

- وَيُمكِنُ أَن يُدَلَّ عَنِ التَّوقِيتِ أَيضَاً عَلَى الشَّكل:

08:20	- zwanzig nach sieben. - zehn vor halb neun.
08:22	- zweiundzwanzig nach acht. - acht vor halb neun.
04:40	- vierzig nach vier. - zwanzig vor fünf. - zehn nach halb fünf.
03:35	- fünfunddreißig nach drei. - fünfundzwanzig vor vier. - fünf nach halb vier.

أَمَّا إِذَا كَانَت 08:15 فَلَا يَقُولُهَا الأَلمَانُ "Viertel vor halb neun"، بَل يَقُولُوهَا "Viertel nach acht". وَيَجُوزُ وَضعُ حَرفِ الجَرّ "um" قَبلَ السَّاعَةِ بِمَعنَى "تَمَام":

um 06:00	- (um) sechs.
um 06:15	- (um) Vierten / fünfzehn nach sechs.
um 06:30	- (um) halb sieben. - (um) dreißig nach sechs / sechs Uhr dreißig.
um 06:45	- (um) fünfundvierzig nach sechs. - (um) Viertel nach halb sieben. - (um) Viertel vor sieben.

وَيُمكِنُ الدِّلَالَةُ أيضاً:

Es ist ein Uhr = Es ist eins.	السَّاعَةُ 01:00
Es ist zwei Uhr = Es ist zwei.	السَّاعَةُ 02:00
Es ist acht Uhr = Es ist acht.	السَّاعَةُ 08:00

- لَاحِظ أَنَّ الكَلِمَةَ العَدَدِيَّة "eins" تُعرَبُ قَبلَ كَلِمَةِ "Uhr" فَيُحذَفُ مِنهَا حَرفُ الـ "s".

09:00	- um neun (Uhr).
09:05	- fünf nach neun. - kurz nach neun.
09:10	- zehn nach neun. - kurz nach neun.
09:15	- fünfzehn / Viertel nach neun.
09:20	- zwanzig nach neun. - zehn vor halb zehn.
09:25	- fünfundzwanzig nach neun. - fünf vor halb zehn.
09:30	- halb zehn. - Neun Uhr dreißig.
09:35	- Neun Uhr fünfunddreißig. - fünf nach halb zehn.
09:40	- Neun Uhr vierzig. - zehn nach halb zehn. - zwanzig vor zehn.
09:45	- Neun Uhr fünfundvierzig. - Viertel vor zehn.
09:50	- zehn vor zehn. - kurz vor zehn
09:55	- fünf vor zehn. - kurz vor zehn.
09:59	- eins vor zehn / eine Minute vor zehn. - kurz vor zehn.
10:00	- zehn (Uhr).

32.0.0 Die Zeichensetzung وَضعُ عَلامَاتِ التّرقِيم

تُقسَمُ هَذِهِ العَلَامَاتُ إِلَى:

أَوَّلاً: عَلَامَاتُ التَّرقِيمِ الرَّئِيسِيَّةِ لِلجُملَة (Satzzeichen)، وَتُقسَمُ إِلَى ثَلَاثَةِ أَقسَام:

⇦ 1- فِي نِهَايَةِ الجُملَة ، وَهِيَ:

العَلَامَة	وَظِيفَتُهَا مَعَ مِثَال
- der Punkt نُقطَة "."	- تُعَبّرُ عَن نِهايَةِ جُملَة: Die Araber sind großzügig. العَرَبُ كُرَمَاءٌ.
- das Fragezeichen عَلَامَةُ الِاستِفهَام "?"	- تَدلُّ على أنَّ الجّملةَ تَحمِلُ صِيغَةَ السُّؤَال: Wann kommst du an? مَتَى سَتَصِل؟
- das Ausrufezeichen عَلَامَةُ التَّعَجُّب "!"	1- تُوضَعُ فِي نِهَايَةِ جُملَةِ التَّعَجُّب. Welch ein Glück! يَا لَهُ مِن حَظّ! 2- تُوضَعُ بَعدَ جُمَلِ النّدَاءِ وَالطّلَب: Komm her! تَعَالَ إِلى هُنَا! Mach das nicht! لَا تَفعَل هَذَا! 2- تُعَبّرُ عَنِ السُّؤَالِ بِطَرِيقَةِ التَّعَجُّب: Was gefällt dir! مَاذَا يُعجِبك!

⇦ 2- فِي وَسَطِ الجُملَة، وَهِي:

العَلَامَة	وَظِيفَتُهَا مَعَ مِثَال
das Komma فَاصِلَة ","	1- تَفصِلُ بَينَ كَلِمَاتٍ مُتَتَالِيَة. Er schreibt, liest und isst zugleich. يَكتُبُ وَيَقرَأُ وَيَأكُلُ فِي نَفسِ الوَقت. Physik, Chemie, Geschichte und Sport. الفِيزيَاءُ وَالكِيمِيَاءُ وَالتَّارِيخُ وَالرّيَاضَة. 2- تُوضَعُ اختِيَارَاً وَلَيسَ اجبَارَاً قَبلَ حَرفَيّ العَطفِ (und, oder). Nimm das Buch[,] **und** lege es auf den Tisch! خُذِ الكِتَابَ وَضَعهُ عَلَى الطَّاوِلَة. Isst du etwas[,] **oder** gehst du aus.

	هَل سَتَأكُلُ شَيئاً أَم سَتَخرُج. **3- تَفصِلُ جُملَةً جَانِبِيَّةً عَن جُملَةٍ رَئِيسِيَّة.** Ich liebe heiße Getränke, vor allem Tee. أحِبُّ المَشرُوبَات السَّاخِنَة، وَ الشَّاي بِشَكلٍ خَاص. Gewünscht, aber nicht zwingend. مُرتَجَى وَلكِنَّهُ لَيسَ إجبَارِيّاً. **4- تَأتِي فِي الجُمَلِ الجَّانِبِيَّة.** Er kommt bei mir vorbei, sobald er Zeit hat. **وَتُصَاغُ عَلَى الشَّكل:** Er kommt, sobald er Zeit hat, bei mir vorbei. سيَمُرُّ عَلَيَّ حَالَمَا يَكُونُ لَدَيهِ مُتَّسَعٌ مِنَ الوَقت. **5- تَأتِي مَعَ جُمَلِ الوَصل.** Deinen Bruder, den ich kenne, traf ich. قَابَلتُ أَخُوكَ الّذِي أَعرِفُه.
das Semikolon فَاصِلَةٌ مَنقُوطَة ";"	- تَفصِلُ بَينَ جُملَتَينِ فَصلاً كَامِلاً (أقوَى مِنَ الفَاصِلَة)، وَأحيَاناً يُمكِنُ استِبدَالهَا بِفَاصِلَةٍ أو نُقطَة. Man muss keine informative Zeitung kaufen; oft reicht das Internet. لَيسَ ضَرُورِيّاً شِرَاءُ جَرَائِدِ الأخبَارِ؛ فَغَالِباً ما يَكفِي الإنتَرنِت.
der Doppelpunkt نُقطَتَان فَوقَ بَعضِهِمَا ":"	- يُكتَبُ بَعدَهَا تَوضِيحاً اقتِبَاساً أو استِنتَاجاً. Sie sagte: „Ich komme" قَالَت أَنَّهَا سَتَأتِي Familienstand: ledig الحَالَةُ العَائِلِيَّة: أعزَب
der Gedankenstrich شَرطَة "-"	- تُفِيدُ فِي إمكَانِيَّةِ كِتَابَةِ شَرح تَوضِيحِيّ بَعدَهَا. Plötzlich – ein starker Wind. فَجأَةً هَبَّت رِيحٌ قَوِيَّة.
die Klammern قَوسَان "() [] <>"	- يُوضَعُ الكلام بَينَ قَوسَينِ لِاحتِوَاءِ جُملَةٍ جَانِبِيَّةٍ أُخرَى Das Wort Kamel (aus dem Arabischen) bezeichnet ein Tier. تَدُلُّ كَلِمَةُ Kamel (المُشتَقَّةُ مِنَ العَرَبِيَّةِ) عَلَى حَيَوان.

⇦ 3- عَلَامَاتُ التَّنصِيصِ أَوِ الاقتِبَاس، وَهِيَ:

العَلَامَة	وَظِيفَتُهَا مَعَ مِثَال
	- يُقتَبَسُ مِن خِلَالِهَا نَصٌّ أَو قَولٌ أَو حَتَّى كَلِمَةٌ وَاحِدَةٌ حَرفِيّاً، دُونَ أيّ تَغيِيرٍ فِيهَا.

1- Der Pharao sagte: "Ich bin euer höchster Herr (24)". قَالَ فِرعَونُ: "أَنَا رَبُّكُمُ الأَعلَى". سُورَةُ النَّازِعَات، آيَة 24 **2**- Im Koran steht: "Ich bin euer höchster Herr (24) Da ergriff Allah ihn als warnendes Beispiel für das Jenseits und das Diesseits (25)" وَرَدَ فِي القُرآنْ: "فَقَالَ أَنَا رَبُّكُمُ الْأَعْلَىٰ (24) فَأَخَذَهُ اللَّهُ نَكَالَ الْآخِرَةِ وَالْأُولَىٰ (25)" سُورَةُ النَّازِعَات آيَة 24، 25	- das Anführungszeichen " " عَلَامَاتُ الإقتِبَاس

ثَانِياً: عَلَامَاتُ التَّرقِيمِ الجَّانِبِيَّة (Nebenzeichen)، وَتُقسَمُ إِلَى قِسمَين:

⇦ 1- عَلَامَاتُ الإِهمَال:

وَظِيفَتُهَا مَعَ مِثَال	العَلَامَة
- تَدُلُّ عَلى اختِصَارِ الكَلِمَةِ بِطَرِيقَةٍ مُعَيَّنَة. Dass es ein Jenseits gibt, daran zweifl' ich nicht. لَا أَشُكُّ أَبَدَاً أَنَّهُ لَا يُوجَدُ حَيَاةٌ آخِرَة (أَنَا مُتَأَكِّد). - 's ist spät. الوَقتُ مُتَأَخِّر	der Apostroph عَلَامَةُ حَذفٍ عُلوِيَّة (')
1- تُغنِي عَن أَنَّ يُقَالَ مَقطَعٌ مِن كَلِمَةٍ مَرَّةً أخرَى وَيُرفَقُ مَعهَا حَرفُ العَطف "und". An- und Verkaufen. Ankauf und Verkauf الشّرَاءُ وَالبَيع. Bunt- und Gelbsperling. = Bundsperling und Gelbsperling. العُصفُورُ المُلَوَّنُ وَالعُصفُورُ الأَصفَر. 2- تُلحَقُ بِنِهَايَةِ كَلِمَةٍ فِي نِهَايَةِ السَّطرِ وَيُستَأنَفُ جُزؤُهَا الثَّانِي فِي السَّطرِ التَّالِي. Ich war heute bei der Versicherungs-agentur. كُنتُ اليَومَ لَدَى وَكَالَةِ التَّأمِين.	der Ergänzungsstrich عَلَامَةُ استِئنَاف "-"
- تَدُلُّ عَلى تَكمِلَةٍ لَا يُرغَبُ بِقَولِهَا. Am Wochenende gehe ich nach… سَأَذهَبُ فِي عُطلَةِ نِهَايَةَ الأُسبُوعِ إِلَى...	die Auslassungspunkte ثَلَاثُ نُقَاط "..."

Ich will dir mitteilen, dass… أرِيدُ أن أخبِرَكَ بِأنَّ...	

⇦ 2- عَلَامَاتٌ أُخرَى:

العَلَامَة	وَظِيفَتُهَا مَعَ مِثَال
- der Punkt nach Abkürzungen bzw. Ordinalzahlen نقطة بعد الاختصارات أو بالأخرى بعد الأعداد الترتيبية	1- تُوضَعُ بَعدَ حُرُوفٍ مُعيَّنَةٍ لِتَدُلَّ عَلى اختِصَارٍ لِكلمَةٍ مَا. - Dr. (für: Doktor). طَبِيب - d. h. (für: das heißt). هَذَا يَعنِي - usw. (für: und so weiter). وَ هَكَذَا - bzw. (für: beziehungsweise). أَو - ca. (für: circa). حَوَالِي، تَقرِيبَاً 2- تُوضَعُ بَعدَ الأعدَادِ التَّرتِيبِيَّةِ إذَا كُتِبَت كَأَرقَام. - Der 8. Juni. الثَّامِنُ مِن شَهرِ حزيرَان - Der 12. Mai. الثَّانِي عَشرَ مِن شَهرِ أيّار
- der Schrägstrich عَلَامَةٌ مَائِلَة "/"	- تُمَثِّلُ احتِمالِيَّةً أُخرَى عَلَى الشّكل: - Die Schülerinnen / Schüler hier. الطّلابُ / الطّالِبَاتُ هُنا. - Die Schülerinnen / Schüler hier. الطّلابُ / الطّالِبَاتُ هُنا. - Die Schüler / -innen. الطّلابُ وَالطّالِبَات - Anfang Juni / Ende Juli. بِدَايَةُ شَهرِ حَزِيرَان / نِهَايَةُ شَهرِ تَمُّوز.

- مُلَاحَظَة: تَرِدُ بَعضُ الإختِصَارَاتِ دُونَ نُقطَة، وَهِيَ:

➢ 1- الإختِصَارَاتُ المشهُورَة:

s (für: Sekunde) ثانية	m (für: Meter) متر	g (für: Gramm) غرام

➢ 2- الإختِصَارَاتُ العَالَمِيّةُ كَأَسمَاءِ الشَّرِكَات:

GmbH (für: Gesellschaft mit beschränkter Haftung) شَرَاكَةٌ ذاتُ صَلاحِيَّاتٍ مَحدُودَة.
Kfz (für: Kraftfahrzeug) سَيَّارَةٌ تَسِيرُ بِقُوَّةِ المُحَرّك.

33.0.0 Zusammensetzung der Präfixe und ihre Funktionen
تَركِيبُ السَّوَابِقِ وَوَظَائِفُهَا (وَظَائِفُ السَّوَابِق)

تَتّصِلُ هَذِهِ البَادِئَاتُ بِالفِعلِ لِيأْخُذَ مَنحاً جَدِيداً فِي المَعَنَى، أَو أَن يَكُونَ المَعنى قَرِيباً مِنَ المَعنَى الأَسَاسِي لِلفِعلِ (مَعنَى الفِعلِ دُونَ بَادِئَة)، وَلَكِنْ:

➢ 1- قَد تَنفَصِلُ البَادِئَةُ عَنِ الفِعلِ عِندَ تَصرِيفِهَا مَعَ الفَاعِلِ إِلَى آخِرِ الجُملَةِ، سَواءً كَانَ الفِعلُ مُصرّفاً بِالحَاضِرِ البَسِيطِ أَوِ المَاضِي البَسِيطِ، وهَذِهِ البَادِئَاتُ كَثِيرَة، مِنهَا:

abreisen اِنطَلَقَ	Ich **reise** um zwei Uhr nach Arabien **ab**. سَأُسَافِرُ إِلى بِلَادِ العَرَب فِي تَمَامِ السَّاعَةِ الثَّانِيَةِ.
ankommen وَصَلَ	Wir **kommen** beim Morgenanbruch **an**. سَنَصِلُ مَعَ بُلُوجِ الفَجرِ.
vorbereiten حَضَّرَ	Ich **bereitete** mich auf die Prüfung **vor**. حَضَّرتُ نَفسِي لِلامتِحَان.

- أَمَّا إِذَا كَانَ فِي الجُملَةِ فِعلاً آخرَ مُصرَّفاً مَعَ الفَاعِلِ كَالأَفعَالِ المُسَاعِدَة فَلَا تَنفَصِلُ البَادِئَةُ عَنِ الفِعل:

Er **wird** nach Arabien **abreisen**.	سَيُسافِرُ إِلى بِلَادِ العَرَب
Wir **bin** heute **angekommen.**	سَنَصِلُ اليَوم
Ich **habe** mich auf die Prüfung **vorbereitet.**	تَحضَّرتُ لِلامتِحَان

➢ 2- وقَد تَبقَى البَادِئَةُ مُتَّصِلَةً مَع الفِعلِ عِندَ تَصرِيفِهَا مَعَ الفَاعِلِ، سَواءً كَانَ الفِعلُ مُصرّفاً بِالحَاضِرِ البَسِيطِ أَوِ المَاضِي البَسِيطِ:

besuchen زَار	Sara **besucht** ihre Freundin. سَتَزُورُ سَارَة صَدِيقَتَهَا.
überweisen حَوَّلَ	Ich **überweise** der Firma den Betrag. سَأُحوّلُ المَبلَغ لِلشَرِكَة.
untersuchen فَحَصَ	Der Arzt **untersuchte** den Patienten. فَحَصَ الطَّبِيبُ المَرِيض.

33.1.0 Trennbare Präfixe — البَادِئَاتُ القَابِلَةُ لِلانفِصَال

تَنفَصِلُ هَذِهِ البَادِئَاتُ عَنِ الفِعلِ إِذَا صُرِفَتْ مَعَ الفَاعِلِ، وَأَكثَرُهَا استِخدَاماً:

ab-, an-, auf-, aus-, auseinander-, bei-, ein-, empor-, entlang, entgegen-, entzwei-, fehl-, fern-, fest-, fort-, gegenüber-, heim-, hinterher-, hoch-, los-, mit-, nach-, neben-, nieder-, vor-, weg-, weiter-, zu, zurecht-, zurück-, zusammen-, da-, hin-, her

- مِنَ المُمكِنِ أَن يَتَّصِلَ بِالفِعلِ بَادِئَاتٌ مُختَلِفَة:

abnehmen تَنَاقَصَ	**zu**lassen سَمَحَ	**zu**nehmen زَادَ، اِزدَادَ
entgegennehmen قَبِلَ	**weiter**machen تَابَعَ	**hin**gehen ذَهَبَ
fernsehen شَاهَدَ التِّلفَاز	**bei**stehen عَاضَدَ، سَانَدَ	**aus**steigen خَرَجَ
einweisen أَحَالَ	**an**nehmen قَبِلَ	**nach**laufen لَحِقَ، تَبِعَ
losgehen اِنطَلَقَ	**ab**schreiben غَشَّ	**auf**weisen أَظهَرَ

- وَمِنَ المُمكِنِ أَن يَتَّصِلَ بِالفِعلِ أَكثَرُ مِن بَادِئَةٍ فِي نَفسِ الوَقتِ:

hereinkommen دَخَلَ	**hinauf**gehen صَعَدَ	**vorher**sagen تَكَهَّنَ

مِنَ المُمكِنِ أَن يَتَّصِلَ بِنَفسِ الفِعلِ أَكثَرُ مِن بَادِئَةٍ، لِتَتَبَايَنَ المَعَانِي مَعَ كُلِّ بَادِئَةٍ:

davongehen تَنَصَّلَ مِن	**heraus**gehen خَرَجَ	**hinein**gehen دَخَلَ
vorübergehen مَرَّ عَلَى	**vorher**gehen سَبَقَ، تَقَدَّمَ	**vorwärts**gehen تَقَدَّمَ

33.1.1 Die Funktionen der trennbaren Präfixe
وَظَائِفُ البَادِئَاتِ القَابِلَةِ لِلاِنفِصَال

- البَادِئَةُ (ab-) وَتَدُلُّ عَلَى:

1- الإنطِلَاقِ مِن مَكَانٍ مُعيَّن، "weg≈"، (**ab**fahren, **ab**reisen):

- Wir **fahren** morgen von Ägypten **ab**. سَنَنطَلِقُ مِن مِصر غَداً
- Die Touristen **reisen** heute **ab**. سَيشرَعُ السّيّاحُ اليَومَ بِالسَّفر

- أَفعَالٌ أُخرَى:

abschicken أَرسَلَ	**ab**senden أَرسَلَ	**ab**transportieren نَقَل بِالشّحن

2- الفَصلُ بَينَ شَيئَينِ مُترابِطَين، "los≈"، (**ab**binden, **ab**brechen):

- Er **bindet** das Pferd vom Zaun **ab**. فَكّ رِباطَ الحِصانِ مِنَ السُّور
- Er **brach** einen Ast vom Baum **ab**. قَطَعَ غِصنَاً مِن الشّجَرَة

- أَفعَالٌ أُخرَى:

abbeißen قَضَمَ	**ab**hacken قَطَعَ	**ab**schnippeln قَطَعَ
abtrennen قَطَعَ	**ab**schlagen قَطَعَ	**ab**schneiden قَطَعَ
aberkennen جَرَّدَ	**ab**ziehen خَصَمَ	**ab**treiben أَجهَضَتْ (جَنِيناً)

3- إنهَاءٌ مؤقتٌ أو كَاملٌ لِعمَلٍ مَا، "aus≈"، (**ab**schalten, **ab**sagen):

- Er **schaltet**e die Maschine / das Gerät **ab**. أطفَأَ الآلَةَ / الجِّهَازَ
- Der Termin muss **abgesagt** werden. يَجِبُ أَن يُلغَى المَوعِدُ

- أَفعَالٌ أُخرَى:

absperren حَجَزَ، مَنَعَ	**ab**drehen أَقفَلَ، أَطفَأَ	**ab**stellen أَغلَقَ

4- تَقلِيدُ شَيءٍ عن شَيءٍ آخرَ أَساسِي (**ab**zeichnen, **ab**schreiben):

- Sie **zeichnet** mein Gemälde **ab**. قَلَّدَتْ رَسمَ لَوحَتِي
- Die Schüler **schreiben** voneinander **ab**. يَغُشُّ الطّلّابُ مِن بَعضِهِم

- أَفعَالٌ أُخرَى:

abformen قَلّدَ في الشّكل	**ab**lesen قَلّدَ فِي القِرَاءَة	**ab**malen قَلّدَ فِي الرَّسم

5- عَكسُ مَعنَى الفِعل (**ab**gewöhnen, **ab**bestellen):

- Er **gewöhnte** sich seine Unart **ab**. تَرَكَ عَادَتَهُ السَّيِّئَة
- Ich **bestellte** das Buch **ab**. (تَراجَعتُ عن طَلَبِه) الغَيتُ طَلَبَ الكِتَاب

- أَفعَالٌ أُخرَى:

abberufen أَقَالَ	**ab**melden أَلغَى التَّسجِيل	**ab**raten نَصَحَ بِعَدَم...

6- الحَرَكَةُ نَحوَ الأَسفَلِ (**ab**stürzen, **ab**steigen, **ab**tauchen):

- Die Rakete **stürzte** hier **ab**. سَقطَ الصَّارُوخُ هُنا
- Die Mannschaft **stieg ab**. نَزَلَت مَكَانَةُ الفَرِيق
- Das U-Boot **tauchte** ins Wasser **ab**. غَاصَتِ الغَوّاصَةُ فِي المَاء

7- تَقوِيَةُ مَعنَى الفِعلِ (**ab**rasieren, **ab**schleifen):

- Ich **rasierte** mir den Bart **ab**. **حَلَقتُ** ذَقنِي (بِالشَّفرَة)
- Er **schleift** den Kristall **ab**. **يَصقُلُ** قِطعَةَ الكرِيستَال

- أَفعَالٌ أُخرَى:

absaugen نَظَّفَ	**ab**kratzen قَشَطَ	**ab**holen أَحضَرَ

- البَادِئَةُ (-an) وَتَدُلُّ عَلَى:

1- الدَّلَالَةِ عَلَى الارتِبَاطِ القَوِيُّ بَينَ شَيئَين (-ab ≠) (**an**binden, **an**hängen)

- Er **bindet** das Pferd am Zaun **an**. يُعَلِّقُ الحِصَانَ بِالسُّور
- Er **hängte** den Anhänger ans Auto **an**. عَلَّقَ المَقطُورَةَ بِالسَّيَّارَة

- أَفعَالٌ أُخرَى:

anheften شَبَكَ	**an**lehnen أَسنَدَ	**an**knoten رَبَطَ
anknüpfen عَقَدَ	**an**kleben لَصَقَ	**an**schrauben دَقَّ مِسمَاراً

2- الحَرَكَةُ بِاتِّجَاهِ المَفعُولِ بِه (**an**gucken, **an**schreien)

- Er **schreit** seine Schwester **an**. يَصرُخُ فِي وَجهِ أُختِه
- Er **guckt** ihn böse **an**. يَنظُرُ إِلَيهِ بِعَينِ الشَّرّ

- أَفعَالٌ أُخرَى:

anstarren حَدَّقَ فِيه	**an**sehen نَظَرَ إِلَيه
angrinsen ابتَسَمَ مِلئَ شَدقَيه	**an**brüllen زَمجَرَ فِي وَجهِه
anlügen كَذَبَ عَلَيه	**an**lächeln ابتَسَمَ فِي وَجهِه

3- الحَرَكَةُ نَحوَ هَدَفٍ مُعَيَّن (<u>an</u>rücken, <u>an</u>kommen)

- Er **kam** am Südpol **<u>an</u>**. وَصَلَ إِلَى القُطبِ الجَّنُوبِيّ
- Alle meine Freunde **rückten <u>an</u>**. قَدِمَ كُلُّ أَصدِقَائِي إِلَيّ

4- الحَرَكَةُ نَحوَ الأَعلَى أَوِ التَّزَايُد (<u>an</u>wachsen, <u>an</u>steigen)

- Die Preisen **stiegen** um 10% **<u>an</u>**. ارتَفَعَتِ الأَسعَارُ 10 بِالمِئَة
- Der Busch **wächst** ständig **<u>an</u>**. تَنمُو الأَدغَالُ بِشَكلٍ مُستَمِر

- البَادِئَة (<u>auf</u>-) وَتَدُلُّ عَلَى:

1- فَتحِ شَيءٍ مُغلَق (≠ zu-) (<u>auf</u>machen, <u>auf</u>stoßen)

- Er **stößt** die Tür mit seinem Fuß **<u>auf</u>**. يَفتَحُ البَابَ بِرِجلِه
- Er **machte** das Fass / das Fenster **<u>auf</u>**. فَتَحَ البِرمِيلَ / البَاب

2- البِدَايَةِ المُفَاجِئَة (<u>auf</u>leuchten, <u>auf</u>schreien)

- Plötzlich **leuchtete** der Scheinwerfer **<u>auf</u>**. أَضَاءَتِ الكشاف فَجأَة
- Plötzlich **schrie** sie **<u>auf</u>**. صَرَخَت بِشَكلٍ مُفَاجِئ

- أَفعَالٌ أُخرَى:

aufglühen لَمَعَ	**auf**lachen ضَحِكَ	**auf**flammen لَمَعَ

3- يَأخُذُ الفِعلُ مَعنَى الصِّفَةِ المُشتَقِ مِنهَا (<u>auf</u>klären, <u>auf</u>frischen)

- Sie **klärte** mich darüber **<u>auf</u>**. أَوضَحَت لِي ذَلِك
- Sie **frischten** die alte Möbel **<u>auf</u>**. جَدَّدُوا الأَثَاثَ القَدِيم

- أَفعَالٌ أُخرَى:

aufhellen أَبَانَ	**auf**weichen خَفَّفَ	**auf**muntern أَبهَجَ، أَفرَحَ

4- الحَرَكَةُ نَحوَ الأَعلَى (<u>auf</u>steigen, <u>auf</u>tauchen)

- Er **stieg** auf das Pferd **<u>auf</u>**. امتَطَى الجَّوَاد
- Plötzlich **tauchte** vor mir ein Hund **<u>auf</u>**. ظَهَرَ أَمَامِي كَلبٌ فَجأَة

5- إِنهَاءُ أَمرٍ مَا (**<u>auf</u>**essen, **<u>auf</u>**brauchen)
- Er **aß** die Speise **<u>auf</u>**. أَكَلَ الوَجبَةَ بِشَكلٍ كَامِل
- Sie **brauchte** viel Geduld **<u>auf</u>**. اِستَنفَذَت صَبرَهَا

- البَادِئَة (<u>aus</u>-) وَتَدُلُّ عَلَى:

1- الحَرَكَةُ مِنَ الدَّاخِلِ إِلَى الخَارِج (≈ hiaus-) (**<u>aus</u>**pressen, **<u>aus</u>**gehen)
- Er **presste** den Rest der Silbe **<u>aus</u>**. أَخرَجَ بَاقِي مُحتَوَى المَرهَم
- Er **ging** mit seiner Frau **<u>aus</u>**. خَرَجَ مَعَ زَوجَتِهِ

- أَفعَالٌ أُخرَى:

<u>aus</u>gießen سَكَبَ	**<u>aus</u>**graben نَبَشَ	**<u>aus</u>**atmen زَفَرَ
<u>aus</u>laden فَرَّغَ	**<u>aus</u>**leeren فَرَّغَ	**<u>aus</u>**schütteln فَرَّغَ

2- التَّوَقُّفُ أَوِ الإِنطِفَاء (**<u>aus</u>**schalten, **<u>aus</u>**machen)
- Er **schaltete** die Maschine **<u>aus</u>**. أَطفَأَ الآلَة
- Sie **machte** das Licht **<u>aus</u>**. أَطفَأَتِ الضَّوء

- أَفعَالٌ أُخرَى:

<u>aus</u>blasen أَطفَأَ نَفخَاً	**<u>aus</u>**drehen أَطفَأَ	**<u>aus</u>**löschen أَخمَدَ

3- الدِّقَّةُ فِي العَمَلِ حَتَّى نِهَايَةِ الأَمر (**<u>aus</u>**diskutieren, **<u>aus</u>**formulieren)
- Sie **diskutierten** das Problem **<u>aus</u>**. نَاقَشُوا المُشكِلَةَ بِدِقَّة
- Sie **formulierte** den Text **<u>aus</u>**. صَاغَتِ النَّصَّ بِدِقَّة

- أَفعَالٌ أُخرَى:

<u>aus</u>schlafen شَبِعَ نَوماً	**<u>aus</u>**heilen أَتَمَّ العِلَاج	**<u>aus</u>**reden أَتَمَّ القِرَاءَة

4- تَوزِيعُ الشَّيءِ فِي أَكثَرِ مِن اتِّجَاه (**<u>aus</u>**fahren, **<u>aus</u>**tragen)
- Er **fährt** die Milch **<u>aus</u>**. يُوصِلُ الحَلِيبَ لِلنَّاس
- Er **trägt** die Zeitung **<u>aus</u>**. يُوَزِّعُ الجَّرَائِدَ

- البَادِئَة (<u>bei</u>-) وَتَدُلُّ عَلَى:

1- إِضَافَةُ شَيءٍ إِلَى شَيءٍ آخَر (≈ hinzu-) (**<u>bei</u>**legen, **<u>bei</u>**fügen)
- Er **legte** dem Brief einen Zettel **<u>bei</u>**. أَرفَقَ مُذَكَّرَةً بِالخِطَاب
- Er **fügte** den Waren eine Rechnung **<u>bei</u>**. أَرفَقَ فَاتُورَةً بِالبِضَاعَة

2- الإشتِرَاكُ وَالمُسَاعَدَة (**bei**tragen, **bei**stehen)

- Ich **trug** meinen Teil dazu **bei**. سَاعَدتُ بِذَلِك
- Sie **stand** mir in der Not **bei**. عَاضَدَتنِي وَقتَ الحَاجَة

- البَادِئَة (**ein**-) وَتَدُلُّ:

1- الحَرَكَةُ مِنَ الخَارِجِ لِلدَاخِل (≈ hinein-) (**ein**marschieren, **ein**treten)

- Er **tritt** in das Zimmer **ein**. يَدخُلُ الغُرفَة
- Die Truppen **marschierten** ins Konfliktgebiet **ein**.
تَوَغَّلَتِ القُوَّاتُ دَاخِلَ مَنطِقَةِ النِّزَاعِ.

- أَفعَالٌ أُخرَى:

eingehen دَخَل	**ein**kommen دَخَلَ	**ein**reisen دَخَلَ مُسَافِراً
einlegen أَدخَلَ	**ein**tragen أَدخَلَ	**ein**laufen دَخَلَ

2- تَركِيبُ شَيءٍ دَاخِلَ شَيءٍ آخَر (**ein**montieren, **ein**bauen)

- Er **baute** die Klimaanlage im Auto **ein**.
رَكَّبَ المُكَيِّفَ فِي السَّيَّارَة.
- Er **montierte** das Regal im Schrank **ein**.
رَكَّبَ الرَفَّ فِي الخِزَانَة.

3- نَقشُ أَو حَفرِ شَيءٍ دَاخِلَ شَيءٍ آخَر (**ein**gravieren, **ein**ritzen)

- Er **ritzte** ihren Namen ins Glas **ein**. حَفَرَ اسمَهَا عَلَى الزُّجَاج
- Er **gravierte** ihren Namen in die Rinde des Baums **ein**.
حَفَرَ اسمَهَا عَلَى الوَرَقَةِ الخَارِجِيَّةِ لِلشَجَرَة.

4- إِحَاطَةُ شَيءٍ بِشَيءٍ آخَر (**ein**rahmen, **ein**schließen, **ein**beziehen)

- Sie **rahmte** das Gemälde **ein**. وَضَعَت إِطَاراً لِلصُورَة
- Die Polizei **schloss** alle Ein- und Ausgänge des Gebäudes **ein**.
أَحَاطَتِ الشُّرطَةُ بِجَمِيعِ مَدَاخِلِ وَمَخَارِجِ البِنَايَة.
- Die Lehrerin **bezog** alle Schüler in ihre Rede **ein**.
شَمَلَتِ المُعَلِّمَةُ كُلَّ الطُّلَّابِ فِي خِطَابِهَا.

<u>5</u>- إدخَالُ شَيءٍ إلَى شَيءٍ آخَر (<u>ein</u>packen, <u>ein</u>wickeln, <u>ein</u>deutschen)

- Sie **wickelte** das Buch **<u>ein</u>**. غَلَّفَتِ الكِتَاب
- Sie **packte** das Geschenk **<u>ein</u>**. غَلَّفَتِ الهَدِيَّة
- Das arabische Wort "جَمَلْ" ist zum Wort "Kamel" eingedeutscht.

أَصبَحَت كَلِمَةُ "جَمَل" العَرَبِيّةُ الأَصلِ إلى اللُّغَةِ الأَلمَانِيّة "Kamel".

- البَادِئَة (<u>mit</u>-) وَتَدُلُّ:

- تَشَارُكُ أَكثَرِ مِن شَخصٍ بِنَفسِ الفِعل (<u>mit</u>fahren, <u>mit</u>spielen)

- Unser Kind **fährt** immer **<u>mit</u>**. يُسافِرُ طِفلُنَا مَعَنَا دَائِمَاً
- Die Kinder **lassen** in Arabien ihre Freunde **<u>mit</u>spielen**.

يَسمَحُ الأَطفَالُ فِي بِلَادِ العَرَبِ بِأَن يَلعَبَ أَصدِقَاؤُهم مَعَهُم.

- Er bezweifelt, dass ich mit ihnen beim Laufen **mithalten** kann.

يَشُكُّ فِيمَا إِذَا كُنتُ قَادِراً عَلَى المُوَاكَبَةِ مَعَهُم فِي الجَرِي.

- أَفعَالٌ أُخرَى:

<u>mit</u>reisen سَافَرَ مَع	**<u>mit</u>**kommen أَتَى مَع	**<u>mit</u>**gehen ذَهَبَ مَع
<u>mit</u>laufen جَرَى مَع	**<u>mit</u>**essen أَكَلَ مَع	**<u>mit</u>**lesen قَرَأَ مَع

- البَادِئَة (<u>nach</u>-) وَتَدُلُّ عَلَى:

<u>1</u>- التَّتَبُّعُ الزَّمَنِيُّ أَوِ المَكَانِيّ (<u>nach</u>werfen, <u>nach</u>gehen)

- Das Kind **ging** seiner Mutter **<u>nach</u>**. سَارَ الوَلَدُ خلفَ أمّه
- Die Demonstranten **werfen** den Soldaten Steine **<u>nach</u>**.

يَرمِي الثَّائِرُونَ العَسكَرَ بِالحِجَارَة.

- أَفعَالٌ أُخرَى:

<u>nach</u>reisen سَافَرَ خَلفَ..	**<u>nach</u>**kommen أَتَى خَلفَ..	**<u>nach</u>**bilden شَكَّلَ خَلفَ.. (قَلَّدَ)
<u>nach</u>laufen جَرَى خَلفَ..	**<u>nach</u>**essen أَكَلَ بَعدَ..	**<u>nach</u>**lesen قرأ بَعدَ..

2- إعَادَةُ العَملِ مَرّةً أخرَى (**nach**rechnen, **nach**spülen)

- Sie **spülte** das Geschirr **nach**. غَسَلَتِ الصُّحُونَ مَرَّةً أُخرَى

- Bevor er die Rechnung abschickte, **rechnete** er die Zahlen **nach**.

قَبلَ أَن يُرسِلَ الفَاتُورَةَ قَامَ بِإعَادَةِ حِسَابِ الأَرقَامِ مَرَّةً أُخرَى.

- أَفعَالٌ أُخرَى:

jdn. **nach**untersuchen فَحصَهُ مَرَّةً أخرَى	jdn. **nach**behandeln عَالَجَهُ مَرَّةً أخرَى

3- التَّقلِيد (**nach**bilden, **nach**sprechen)

- Er **bildet** die arabische Bauweise **nach**.يُقَلِّدُ طَرِيقَةَ البِنَاءِ العَرَبِيَّة.

- Er **erzählte** uns die Geschichte **nach**. قَلَّدَ لَنَا رِوَايَةَ القِصَّة

- أَفعَالٌ أُخرَى:

nachmalen قلدَ في الرّسم	**nach**singen قَلّدَ في الغِنَاء	**nach**bauen قَلّدَ في البِنَاء	**nach**formen قَلّدَ في التّشكِيل

4- القِيَامُ بِالعَمَلِ بَعدَ أَوَانِهِ (**nach**untersuchen)

- Der Facharzt **untersuchte** den Patienten **nach**.

تَأَخَّرَ الطَّبِيبُ المُختَصُّ فِي فَحصِ المَرِيضِ.

5- القِيَامُ بِالعَمَلِ بِدِقَّةٍ كَبِيرَة (**nach**suchen, **nach**forschen)

- Er **suchte** nach, den Schlüssel zu finden. بَحَثَ بِدِقَّةٍ عَنِ المِفتَاحِ

- Sie **forschen** intensiv **nach**, um die Sache gründlich zu erklären.

يَبحَثُونَ بِدِقَّةٍ لِيُوَضّحُوا حَيثِيَّاتِ القَضِيَّة.

- البَادِئة (-vor) وَتَدُلُّ عَلى:

1- أَنَّ شَيئاً أَو شَخصاً تَقَدَّمَ شَيئاً أَو شَخصاً آخَرَ (**vor**laufen, **vor**treten)

- Das Kind **trat vor**, und sang. تَقَدَّمَ الطِّفلُ وَغَنَّى

- Die Kinder **laufen vor**. يَسِيرُ الأَطفَالُ فِي المُقَدّمَة

- Sie **kochte** für morgen **vor**. طَبَخَت بِشَكلٍ مُسبَقٍ لِأَجلِ الغَد

- أَفعَالٌ أُخرَى:

vorgehen ذَهَبَ قَبلَ	**vor**kommen جَاءَ قَبلَ	**vor**fahren سَافَرَ قَبلَ
vorheizen دَفأ مُسبَقاً	**vor**arbeiten حَضَّرَ	**vor**verlegen قَدَّمَ

2- القِيَامُ بِالفِعلِ عَلى المَلأ (**vor**lesen, **vor**singen, **vor**machen)

- Die Schülerin **liest** **vor**. تَقرَأُ الطَّالِبَةُ عَلى العَلَن
- Sie **singt** **vor**. تُغَنِّي عَلى العَلَن
- Sie **macht** ihren Kindern **vor**, wie ein Knoten gebunden wird.

تُرِي أطفَالَهَا كَيفَ لِلمَرءِ أن يَقُومَ بِعَقدِ عُقدَة.

- البَادِئة (-zu) وَتَدُلُّ عَلى:

1- الحَرَكَةُ نَحوَ شَيءٍ أو شَخصٍ (**zu**bewegen, **zu**kommen)

- Das Kind **kommt** auf seine Mutter **zu**. يَأتِي الطِّفلُ إلَى أُمِّهِ
- Die Polizei **bewegten sich** auf den Tatort **zu**.

تَحَرَّكَتِ الشُّرطَةُ إلَى مَسرَحِ الجَّرِيمَةِ.

- أَفعَالٌ أُخرَى:

zufliegen طَارَ إلَى..	**zu**fahren سَافَرَ إلَى..	**zu**marschieren سَارَ إلَى..
zuspringen قَفَزَ إلَى..	**zu**stürmen اقتَحَمَ نَحو..	**zu**schreiten خَطَا إلى..

2- إغلَاقُ الشَّيء (**zu**schrauben, **zu**machen)

- Er **schraubte** die Flasche **zu**. أَغلَقَ القِنِّيَّة
- Er **machte** das Fenster **zu**. أَغلَقَ النَّافِذَة

- أَفعَالٌ أُخرَى:

zukleben لَزَّقَ	**zu**klappen أَغلَقَ	**zu**decken غَطَّى

3- الإضَافَةِ وَالتَّصنِيف (**zu**rechnen, **zu**fügen)

- Er **rechnet** ihn den Pionieren **zu**. يَعُدُّهُ مِنَ الرُّوَّاد (يَعتَبِرُهُ مِنهُم)
- Er **fügt** ein bisschen Butter **zu**. أَضَافَ قَلِيلاً مِنَ الزُّبدَة

أَمَّا بَاقِي البَادِئَات فَنَشمَلُهَا في الجَّدوَلِ التَّالِي:

البَادِئَة	مِثَال	عَمَلُهَا
auseinander-	auseinanderfliegen تَطَايَرَ	الحَركَة بِاتّجَاهَاتٍ مُتَعَاكِسة
	auseinanderbrechen حَطَّمَ، قَطَّعَ	التَّقسِيمُ إِلى أَكثَرِ مِن قِطعَة وَالتَّحطِيم
empor-	emporsteigen صَعَدَ، اِرتَفَعَ	الارتِفَاعُ نَحوَ الأَعلَى
	emporflammen أَجَّجَ لَهبَاً	الزّيَادَة
entlang-	entlangwandern تَمَشَّى على طُول...	المُحَاذَاة
entgegen-	entgegenlaufen سَارَ عَكس	المُعَاكَسَة
	entgegenhandeln ضَادَدَ، تَصرَّفَ ضِد..	المُضَادَدَة
fest-	festbinden رَبَطَ بِقُوَّة	الإِرتِبَاطُ بِقُوّة
fort-	fortfahren تَابَعَ السَّفَر	المُتَابَعَة
gegenüber-	gegenübersitzen جَلسَ مُقَابِل..	التَّقَابُل
hoch-	hochheben رَفَعَ	الإِرتِفَاعُ نَحوَ الأَعلَى
los-	loslcgen بَدَأَ	البِدء
	losgehen انطَلَقَ	الإِنطِلَاقُ والمُغادَرة

nieder-	niedersinken انخَفَضَ لِلأَسفَل	الاتّجَاهُ نحوَ الأَسفل
weg-	weggehen ذَهَبَ بَعِيداً	الابتِعَاد
weiter-	weitermachen تَابَعَ	المُتابَعَة
zurück-	zurückkommen رَجَعَ	العَودَةُ أَو
	zurückschicken أَعَادَ الإرسَال	الإعَادَة والتَّرجِيع
zusammen-	zusammenarbeiten عَمِلَ سَوِيَّةً (مَعَ فُلَان)	التّشَارُكُ فِي العَمل
da-	dableiben بِقِي هُناك	الدَّلَالَةُ عَلَى المَكَانِ المَقصُود
	da sein كَانَ حَاضِراً	
hin-	hinfahren سافَرَ إلى هُناك	الإشَارَةُ إلى الهَدَفِ المَنشُود
her-	herkommen أَتَى إلى هُنا	الإشارَةُ إلى مَوضِع المتَكلّم

33.2.0 Untrennbare Präfixe البَادِئَاتُ الغير القَابِلَة لِلانفِصَال

لا تَنفَصِلُ هَذِهِ البَادِئَات عَنِ الفِعلِ عِندَ تَصرِيفِهِ مَعَ الفَاعِل، وَهِي:

be-, emp-, ent-, er-, ge-, hinter-, miss-, ver-, zer-

- البَادِئَة (be-) وَتَدُلُّ عَلى:

1- تَحوِيلُ الفِعلِ اللّازِمِ إِلى فِعلٍ مُتَعَدٍّ (**be**gehen, **be**antworten)

- Der Lehrer **beantwortete** die Frage. أَجَابَ المُعَلِّمُ عَلى السُّؤَال
- Er **beging** eine Sünde. اِقتَرَفَ ذَنباً

- أَفعَالٌ أُخرَى:

bezweifeln شَكَّ	**be**schreiben وَصَفَ	**be**urteilen حَكَمَ
besiegen انتَصَر	**be**schießen قَذَفَ	**be**leuchten أضَاءَ

2- التَّغييرُ البَسِيطُ فِي مَعنَى الفِعل، بِالإضَافَةِ لِتَعَدّيهِ (**be**decken, **be**erben)

- Er **bedeckte** den Tisch mit Blumen. غَطّى الطَّاوِلَةَ بِالوُرُود
- Er **beerbte** seinen Vater. وَرِثَ أَبَاه

- أَفعَالٌ أُخرَى:

beschenken أَهدَى	**be**schmieren لَطَخَ	**be**liefern أوصَلَ
begießen صَبَّ	**be**kleben لَصَقَ	**be**rauben سَلَبَ

3- تَقوِيَةُ مَعنَى الفِعل، بِالإضَافَةِ لِتَعَدّيه (**be**tonen, **be**grenzen)

- Sie **betonte** den Satz. رَكَّزَت عَلَى لَفظِ الجُملَة
- Er **begrenzte** den Preis. حَدَّدَ السّعر

- أَفعَالٌ أُخرَى:

beherbergen بَيَّتَ	**be**gutachten قَدَّرَ	**be**mitleiden عَطَفَ
beschatten ظَلَّلَ	**be**waffnen سَلَّحَ	**be**urlauben أَجَازَ

4- تَحوِيلُ الصّفَةِ لِفِعلٍ مُتَعَدٍّ (**be**freien, **be**ruhigen)

- Der Arzt **beruhigte** den Patienten. هَدَّأَ الطَّبِيبُ المَرِيض
- Sie **befreite** den Hasen aus dem Käfig. حَرَّرَتِ الأَرنَبَ مِنَ القَفَص

- البَادِئة (-ent) وَتَدُلُّ عَلى:

1- فَصلُ شيءٍ عَن شَيءٍ آخر وَعَكسُ مَعنَى الفِعل (**ent**giften, **ent**nehmen)

- Der Forscher **entnahm** ein Muster. أَخَذَ البَاحِثُ عَيِّنَة
- Die Pflanzen **entgiften** den Boden. تُزِيلُ النَّبَاتَاتُ السُّمَّ مِنَ الأَرض

- أَفعَالٌ أُخرَى:

entkorken فتح الزُّجَاجَة	**ent**waffnen نَزَعَ السّلَاح	**ent**kernen أَزَالَ النَّوَاة

2- يَأخُذُ الفِعلُ المَعنَى الأَسَاسِيّ (**ent**eilen, **ent**hüllen)

- Der Demonstrant **enteilte** der Polizei. فَرَّ المُتَظَاهِرُ مِنَ الشُّرطَة
- Er **enthüllte** die Wahrheit. كَشَفَ الحَقِيقَة

- البَادِئة (-er) وَتَدُلُّ عَلى:

1- تَقوِيَةُ مَعنَى الفِعلِ الأَسَاسِيّ (**er**lernen, **er**rechnen)

- Er **erlernte** Arabisch. تَعَلَّمَ اللّغَةَ العَرَبِيَّة
- Er **errechnete** den Gesamtbetrag. حَسَبَ المَبلَغَ الإجمَالِيّ

- أَفعَالٌ أُخرَى:

ermahnen ذَكَّرَ	**er**beben تَزَلزَلَ

2- بِدَايَةُ حَدَثٍ مَا (**er**beben, **er**glühen)

- Der Boden **erbebte**. تَزَلزَلَتِ الأَرضُ
- Ihr Gesicht **erglühte** vor Freude. أَشعَّ وَجهُهَا سُرُوراً

- البَادِئة (-miss) وَتَدُلُّ عَلى:

1- عَكسُ مَعنَى الفِعل (**miss**trauen, **miss**achten, **miss**billigen)

- Sie **misstraute** solchen freundlichen Worten.
لَا تَأمَنُ لِكَلَامٍ طَيِّبٍ كَهَذَا الكَلَام.
- Der Schüler **missachtet** die Vorschriften nicht.
لَا يَتَجَاهَلُ الطالب الأَحكَام.
- Die Lehrerin **missbilligte** das Verhalten des Schülers.
استَهجَنَتِ المُعَلّمَةُ سُلُوكَ الطَّالِب.

2- الخَطَأُ في استِخدَامِ الفِعلِ (**miss**verstehen, **miss**brauchen)

- Er **missbrauchte** seine Fähigkeiten. أَسَاءَ استِخدَامَ قُدرَاتِه
- Sie **missverstanden** einander. أَخطَأُوا فِهمَ بَعضِهِمُ البَعض

- أفعَالٌ أُخرَى:

misshandeln أَسَاءَ المُعَامَلَة	**miss**verbrauchen أَسَاءَ الإستِهلَاك	**miss**deuten أَخطَأَ التَّفسِير

- البَادِئَة (ver-) وَتَدُلُّ عَلَى:

1- تَحويلُ الصّفَةِ لِفعل، وَيَحمِلُ الفِعلُ مَعنَى الصّفَة (**ver**bessern, **ver**größern)

- Der Staat **verbesserte** die Gesetze. حسَّنَتِ الدَّولَةُ القَوانِين
- Er **vergrößerte** sein Geschäft durch einen kleinen Anbau.

كَبَّرَ مَتجَرَهُ بِبِنَاءٍ مُلحَقٍ صَغِير.

- أفعَالٌ أُخرَى:

verdeutlichen	وَضَّحَ	**ver**dummen	استَغبَى
verschönern	جَمَّلَ، زَيَّنَ	**ver**billigen	رَخَّصَ
vereinsamen	انعَزَلَ	**ver**kleinern	صَغَّرَ

2- تَحويلُ الاسم لِفعل، وَيَحمِلُ الفِعلُ مَعنَى الإسم (**ver**sklaven, **ver**filmen)

- Die Menschen zu **versklaven** ist im Islam verboten.

استِعبَادُ البَشرِ مُحرَّمٌ في الإسلَام.

- Der Regisseur **verfilmt** die Geschichte von Alrasi.

يُصَوّرُ المُخرِجُ قِصَّةَ الرَّازِيّ كَفِلم.

- أفعَالٌ أُخرَى:

verdunsten	تَبَخَّر	**ver**bluten	مَاتَ نَزفاً
verhungern	مَاتَ جُوعاً	**ver**dursten	مَاتَ عَطَشاً

3- تَحويلُ الفِعلِ اللّازِمِ إِلَى فِعلٍ مُتَعَدِّي (**ver**schweigen, **ver**spotten)

- Er **verspottet** seine Schwester. يَستَهزِأُ بِأُختِهِ (يَسخَرُ مِنهَا)
- Er **verschwieg** die Wahrheit. كَتَمَ الحَقِيقَة

4- النَّتِيجَةُ الغَيرِ سَوِيَّة لِفِعلٍ مَا (**ver**schlafen, **ver**rutschen)
- Er **verschlief** den ganzen Tag. نَامَ كُلَّ اليَوم
- Die Ladung **verrutschte** auf der Kannte.
تَزحلَقَت الحُمُولَةُ على الحَافَّة.

- أَفعَالٌ أُخرَى:

verfaulen تَعَفَّنَ	**ver**kochen طَبَخَ الطَّعَامَ حَتَّى احتَرَق

5- القِيَامُ بِالفِعلِ بِشَكلٍ خَاطِئ (**ver**fehlen, sich **ver**hören)
- Ich **verhörte mich**. أخطَأتُ في السَّمع
- Er **verfehlte** das Thema. ضَيَّعَ المَوضُوع

- أَفعَالٌ أُخرَى:

sich **ver**irren أخطَأَ	sich **ver**tippen أَخطَأَ الكِتَابَة
sich **ver**fahren أخطَأَ الطَّرِيق	sich **ver**laufen أَخطَأَ الطَّرِيق

6- إزَاحَةُ شَيءٍ مِن مَكَانِهِ الأَسَاسِيّ (**ver**schieben, **ver**treiben)
Der Diktator **vertrieb** viele Demonstranten aus ihrer Heimat.
هَجَّرَ الدّكتَاتُورُ الكَثِيرَ من المُتظاهِرينَ مِن وطَنِهِم.
Der Lehrer **verschob** die Prüfung.
أجّلَ المُعلّمُ الإمتِحَان.

- أَفعَالٌ أُخرَى:

sich **ver**kriechen اختَبَأَ	**ver**setzen أَزَاحَ
verjagen طَرَدَ، شَرَّدَ	**ver**reisen ارتَحَلَ، هَاجَرَ

7- انهَاءُ الفِعلِ وَخِتَامِه (**ver**riegeln, **ver**siegeln)
- Er **versiegelte** den Brief. خَتَمَ الخِطَاب
- Sie **verriegelte** das Fenster. أَغلَقَتِ النّافِذَة

بِسْمِ اللَّهِ الرَّحمَنِ الرَّحِيْم

يَا أَيُّهَا النَّاسُ إِنَّا خَلَقْنَاكُم مِّن ذَكَرٍ وَأُنثَىٰ وَجَعَلْنَاكُمْ شُعُوبًا وَقَبَائِلَ
لِتَعَارَفُوا... (13) **صدق اللهُ العظيم**

"السُّورَةُ 49، سُورَةُ الحُجُرَات"

Die Übersetzung:

Im Namen Allahs, des Gnädigen, des Barmherzigen

O ihr Menschen, Wir haben euch ja von einem männlichen und einem weiblichen Wesen erschaffen, und Wir haben euch zu Völkern und Stämmen gemacht, damit ihr einander kennenlernt... (13)

Die große Wahrheit Gottes

"Sure 49, Al-Hugurat"

34.0.0 Alphabetisch zugeordnete deutsche Verben
أَفعَالُ أَلْـمَـانِيَّةٌ مُرَتَّبَةٌ تَرتِيباً هِجَائِيّاً

abhängen von	تَعلَّقَ بِـ	anfassen	لَمَسَ، مَسَّ
abfahren	اِنطَلَقَ	angeben	أَدخَلَ، تَبَاهَى
abfertigen	صَرَفَ	angeln	صَادَ
abholen von	أَحضَرَ مِن	angreifen	إِعتَدَى
ablegen	أَدلَى، أَرسَى	angrenzen	تَاخَمَ
ablehnen	رَفَضَ	anhaben	اِرتَدَى
abmelden	أَلغَى التَّسجِيلَ	anhalten	تَوَقَّفَ، أَوقَفَ، أَمسَكَ
abnehmen	قَلَّ، نَقُصَ	anhängen	عَلَّقَ
abonnieren	اِشتَرَكَ فِي	ankleben	لَزَقَ، لَزَّقَ
absagen	رَفَضَ	ankleiden	لَبَّسَ
abschließen	عَقَدَ، أَغلَقَ	ankommen in	وَصَلَ إِلَى
absperren	أَغلَقَ، سَدَّ	ankreuzen	عَلَّمَ (وَضَعَ عَلامَة)
abstimmen	صَوَّتَ (إِنتِخَابَات)	ankündigen	أَعلَنَ
abstürzen	سَقَطَ، اِنهَارَ	anmachen	شَغَّلَ
abtrocknen	جَفَّفَ	anmerken	لَاحَظَ
achten auf	اِنتَبَهَ عَلَى	annehmen	قَبِلَ، اِفتَرَضَ
adoptieren	تَبَنَّى (طِفلاً مَثَلاً)	anordnen	رَتَّبَ
akzeptieren	وَافَقَ	anpassen zu	نَاسَبَ
alarmieren	أَنذَرَ	anprobieren	جَرَّبَ
alliieren	تَحَالَفَ	anreden	خَاطَبَ
amüsieren	سَلَّى	anregen	نَشَّطَ، هَيَّجَ، أَثَارَ
anbieten	خَدَمَ، قَدَّمَ	anreizen	جَذَبَ
andauern	دَامَ، اِستَمَرَّ	anrufen	اِتَّصَلَ هَاتِفِيّاً
ändern	غَيَّرَ	ansagen	أَذَاعَ
anerkennen	اِعتَرَفَ، أَقَرَّ	anschalten	أَدَارَ، شَغَّلَ
anfallen	اِعتَدَى، نَشَأَ	anschauen	شَاهَدَ
anfangen mit	اِبتَدَأَ بِـ	anschnallen	حَزَّمَ

sich anschnallen	تَحَزَّمَ (بِحِزَامِ الأَمَانِ)
ansprechen	خَاطَبَ
ansteigen	اِزْدَادَ
anstellen	وَظَّفَ
antworten	أَجَابَ
anvertrauen	اِئْتَمَنَ
sich anziehen	لَبِسَ
arbeiten	عَمِلَ
ärgern	أَغضَبَ
sich ärgern	غَضِبَ
arrangieren	رَتَّبَ، نَسَّقَ
atmen	تَنَفَّسَ
aufbessern	زَادَ، عَزَّزَ
aufbewahren	اِحتَفَظَ
aufbrechen	اِنبَلَجَ، شَقَّ
auferlegen	فَرَضَ
auffallen	أَثَارَ الإِنتِبَاه
auffordern	طَلَب
aufführen	عَرَضَ، اِقتَبَسَ
aufgeben mit	كَفَّ عَنّ
aufheben	رَفَعَ
aufhören mit	كَفَّ عَنّ
aufklären	شَرَحَ، وَضَّحَ
aufpassen auf	اِنتَبَهَ عَلَى
aufregen	أَثَارَ
aufrufen	نَادَى
aufschieben	أَجَّل (مَوعِداً مَثَلَا)
aufschreiben	دَوَّنَ
aufstehen	نَهَضَ، اِستَيقَظَ
auftauchen	ظَهَرَ

auftreten	ظَهَرَ، حَدَثَ
aufwachsen	صَحَا
aufwärmen	سَخَّنَ
aufwecken	أَيقَظَ
aus sein	كَانَ مُطفَأً
ausatmen	زَفَرَ
ausbessern	رَقَّعَ
ausbilden	عَلَّمَ
ausbrennen	اِحترَقَ كَامِلاً
sich ausdehnen	اِنتَشَرَ
ausdrücken	عَبَّرَ
ausfallen	سَقَطَ
ausfertigen	أَصدَرَ، حَرَّرَ
ausgeben	أَنفَقَ المال
ausgehen	خَرَجَ
aushalten	تَحَمَّلَ
sich auskennen mit	عَلِمَ بِـ
auskleiden	خَلَعَ مَلَابِسَهُ
auskommen	خَرَجَ
ausladen	فَرَّغَ
ausleihen	اِستَعَارَ
auslesen	اِختَارَ
auslöschen	خَمَّدَ
ausmachen	أَطفَأَ
ausmessen	قَاسَ
ausnehmen	اِستَثنَى
ausnutzen	اِستَغَلَّ
auspacken	فَكَّ التَّغلِيف
ausprobieren	جَرَّبَ (لِأَوَّلِ مَرَّةٍ)
ausradieren	مَحَا

ausreden	أنهى كَلَامَهُ
ausreichen	كَفَى
sich ausruhen	إِستَرَاحَ
ausrüsten mit	زَوَّدَ، جهَّزَ بِ
ausrutschen	تزَحلَقَ
ausschalten	أطفَأَ
aussehen	بَدَا
äußern	عَبَّرَ
ausstatten mit	زَوَّدَ، جهَّزَ بِ
aussteigen	خَرَجَ مِن (بَاصٍ..)
ausstellen	حَرَّرَ، عَرَضَ
ausstrecken	مَدَّ، نَشَرَ
sich ausstrecken	تَمَدَّدَ
aussuchen	إِنتَقَى، إِختَارَ
ausüben	مَارَسَ، زَاوَلَ
auswählen	إِختَارَ، إِنتَقَى
auswandern	سَافَرَ خَارِجاً (إِرتَحَلَ)
sich ausziehen	خَلَعَ مَلَابِسَهُ
backen	خَبَزَ
baden	تَحَمَّمَ
basteln	صَنَعَ مَشغُولَات فَنِيَّة
bauen	بَنَى
beängstigen	أَقلَقَ
beanspruchen	طَالَبَ
beantragen	قَدَّمَ طَلَبَاً
beantworten	أَجَابَ
bearbeiten	عَدَّلَ
bebauen	زَرَعَ
beben	زَلزَلَ
sich bedanken für	شَكَرَ

bedauern	تَأَسَّفَ
bedecken	غَطَّى، كَسَا
bedeuten	عَنَى، دَلَّ عَلَى..
bedienen	خَدَمَ
bedingen	إِستَلزَمَ
bedrohen	هَدَّدَ
bedürfen	تَطَلَّبَ، إِقتَضَى
sich beeilen	أَسرَعَ
beeindrucken	تَرَكَ اِنطِبَاعَاً
beeinflussen	أَثَّرَ
beenden	أَكمَلَ، أَنجَزَ، أَنهَى
beendigen	أَكمَلَ، أَنجَزَ، أَنهَى
beerdigen	دَفَنَ
befallen	أَصَابَ، طَرَأَ
befehlen	أَمَرَ
befestigen	ثَبَّتَ
befeuchten	رَطَّبَ، بَلَّلَ
sich befinden	تَوَاجَدَ
befördern	تَطَلَّبَ، اِقتَضَى
befreien	أَعتَقَ
befürworten	أَيَّدَ
sich begeben	إِبتَدَأَ
begegnen	قَابَلَ، صَادَفَ، لَقِيَ
begehen	اِرتَكَبَ
begehren	رَغِبَ، أَرَادَ
begeistern	حَفَّزَ، شَجَّعَ
beginnen	بَدَأَ
begleiten	رَافَقَ
beglücken	أَسعَدَ، أَبهَجَ
beglückwünschen	هَنَّأَ

begraben	دَفَنَ	beobachten	رَاقَبَ، شَاهَدَ
begreifen	فَهِمَ، أدرَكَ	beraten	نَصَحَ
begrenzen	حَدَّدَ، حَصَرَ	bereiten	جَهَّزَ، سَبَّبَ
begründen	أَسَّسَ	bereuen	نَدِمَ، تَحَسَّرَ
begrüßen	رَحَّبَ، حَيَّا	bergen	أنقَذَ
behalten	إحتَفَظَ بِ	berichten	كَتَبَ تَقرِيرَاً
behandeln	طَبَّبَ	bersten	تَصَدَّعَ
behaupten	إدَّعَى	beruhigen	سَكَّن (هَدَّأَ)، طَمأَنَ
beherrschen	سَيطَرَ عَلَى	berühren	لَمَسَ
beherzigen	إتَّبَعَ	beschäftigen	وَظَّفَ، شَغَّلَ
beibringen	عَلَّمَ	beschießen	أطلَقَ النَّار
beißen	عَضَّ، لَسَعَ	beschimpfen	شَتَمَ، أهَانَ
beistehen	عَاضَدَ، سَاعَدَ	beschlagnahmen	حَجَزَ (صَادَرَ)
beitragen zu	شَارَكَ بِ	beschränken	حَصَرَ، حَدَّدَ
bejahen	قَبِلَ، وَافَقَ	beschreiben	وَصَفَ
beklagen	رَثَى	beschuldigen	إتَّهَمَ
bekommen	حَصَلَ عَلَى	beschützen vor	حَمَى، حَرَسَ مِن
bekräftigen	عَزَّزَ، قَوَّى	beschweren	أثقَلَ
belästigen	ضَايَقَ، تَحَرَّشَ (بِفَتَاة..)	besichtigen	شَاهَدَ
beleben	أنعَشَ	besiegen	إنتَصَرَ
beleidigen	أهَانَ، سَبَّ	sich besinnen	إستَذكَرَ
bellen	نَبَحَ	besitzen	إمتَلَكَ
belohnen	كَافَأَ	besorgen	قَلِقَ عَلَى
bemerken	لَاحَظَ	bestätigen	إعتَمَدَ، صَادَقَ
sich bemühen	بَذَلَ جُهدَاً	bestehen auf	أصَرَّ عَلَى
benachrichtigen	أخبَرَ، أعلَمَ، نَبَّهَ	bestehen aus	تَكَوَّنَ مِن
sich benehmen	سَلَكَ سُلُوكَاً (تَعَرَّفَ)	bestellen	طَلَبَ
beneiden	حَسَدَ	besuchen	زَارَ
benötigen	تَطَلَّبَ، إقتَضَى	sich beteiligen an	شَارَكَ، سَاهَمَ
benutzen	إستَخدَمَ	beten für	صَلَّى لِ، دَعَا لِ

betonen	شَدَّدَ، أَكَّدَ
betrachten	شاهَدَ، رَاقَبَ
betragen	بَلَغَ (مَبلَغٌ مَثَلاً)
sich betragen	سَلَكَ سُلُوكًا (تصَرَّفَ)
betreffen	خَصَّ، أَصَابَ
betrügen	إحتَالَ، خَدَعَ
betteln	إستَجدَى الأَكُفَّ
beurteilen	حكم، قدر
bevorstehen	إقتَرَبَ، بَاتَ قَرِيبًا
bevorzugen	فَضَّلَ
bewegen	حَرَّكَ، زَحزَحَ
beweisen	أَظهَرَ، أَثبَتَ
bewerben um, für	تَقَدَّمَ لِ، رَشَّحَ نَفسَهُ لِ
bewerten	قَيَّمَ
bewundern	إستَكبَرَ، أَجَلَّ
bezahlen	دَفَعَ، حَاسَبَ
bezeichnen als	كَنَّى، وَصَفَ
beziehen	حَصَرَ، غَطَّى
sich beziehen auf	إعتَمَدَ عَلَى، إستَشهَدَ
bezweifeln	شَكَّ، إرتَابَ
biegen	حَنَى
bieten	قَدَّمَ، نَاوَلَ
binden	وَصَلَ
bitten um	طَلَبَ
blasen	نَفَخَ
bleiben	بَقِيَ
blenden	أَعمَى، أَوهَمَ
blicken nach	نَظَرَ
blitzen	بَرَقَ، وَمَضَ
blühen	أَزهَرَ (زُهُورٌ مَثَلاً)

bluten	نَزَفَ دَمًا
borgen	أَعَارَ، أَسلَفَ
braten	حَمَّرَ، قَلَى
brauchen	إحتَاجَ
brauen	خَمَّرَ
brechen	حَطَّمَ، تَقَيَّأَ، كَسَرَ
bremsen	فَرمَلَ
brennen	حَرَقَ، إحترَقَ
brennen	حَرَقَ
bringen	أَحضَرَ
brüllen	زَمجَرَ
buchstabieren	هَجَّأَ
sich bücken	إنحَنَى
bügeln	كَوَى (ثَوبًا مَثَلاً)
bummeln	تَنَزَّهَ
bürsten	مَشَّطَ
checken	تَفَقَّدَ
dämmen	سَدَّ
dämmern	بَزَغَ الفَجر
dämpfen/dampfen	تبخر
danken für	شَكَرَ
darbieten	عَرَضَ عَلَى المَلأ
darstellen	صَوَّرَ
datieren	أَرَّخَ (حَادِثَةً مَثَلاً)
dauern	إستَمَرَّ
decken	غَطَّى
dehnen	إنتَشَرَ
demonstrieren	عَرَضَ، تَظَاهَرَ
demütigen	أَهَانَ، أَخضَعَ
denken an, über	فَكَّرَ بِ

desinfizieren	طَهَّرَ	einbauen	رَكَّبَ
deuten	فَسَّرَ، أَوَّلَ	einbilden (sich)	تَصَوَّرَ
dienen	خَدَمَ	eindeutschen	أَدخَلَ كَلِمَةً لِلأَلمَانِيَّة
diktieren	أَملَى، فَرَضَ	eindringen	اِختَرَقَ، اِقتَحَمَ
dirigieren	قَادَ، وَجَّهَ	einfallen	خَطَرَ بِبَالِهِ
diskriminieren	مَيَّزَ	einigen	تَوَحَّدَ
diskutieren über	نَاقَشَ حَوَّلَ	sich einigen auf	اِتَّفَقَ عَلَى، تَفَاهَمَ
dolmetschen	تَرجَمَ	einkaufen	تَسَوَّقَ
donnern	رَعَدَ	einladen zu	دَعَا إِلَى
dringen	اِقتَحَمَ، أَلَحَّ	sich einmischen in	حَشَرَ نَفسَهُ فِي
drucken	طَبَعَ	einnehmen	تَنَاوَلَ (دَوَاءً مثلاً)
drücken	ضَغَطَ	einpacken	غَلَّفَ
ducken	أَذَلَّ، أَخضَعَ	einschalten	شَغَّلَ
dulden	صَبَرَ	einsetzen	اِستَخدَمَ
durchblättern	قَلَّبَ فِي الصَّفَحَات	einsteigen in	صَعَدَ (فِي بَاصٍ مَثَلاً)
durchbohren	حَفَرَ، اِختَرَقَ	einstellen	ضَبَطَ
durchbrechen	شَقَّ، اِختَرَقَ	eintragen	سَجَّلَ، دَوَّنَ
durchfahren	سَافَرَ عَبرَ	eintreten	دَخَلَ، اِنضَمَّ
durchführen	أَجرَى، أَدَّى	einwandern	نَزَحَ
durchsetzen	فَرَضَ	einwerfen	رَمَى
sich durchsetzen	فَرَضَ نَفسَهُ	emigrieren	هَاجَرَ، نَزَحَ
durchstreichen	سَحَبَ خَطّاً فوق شَيء	empfangen	اِستَقبَلَ، تَلَقَّى
dürfen	سُمِحَ لَهُ بِأَنَّ	empfehlen	اِستَحسَنَ
dürsten	عَطِشَ، اِشتَاقَ	empfinden	شَعَرَ، أَحَسَّ
duschen	أَخَذَ دُوشاً	empören	أغضب
duzen	رَفَعَ الكِلفَة	sich empören über	اِشمَأَزَّ مِن
ehren	اِحتَرَمَ، بَجَّلَ	engagieren sich	شَارَكَ، سَاهَمَ
eifersüchtig sein	غَارَ مِن	entbehren	اِستَغنَى
sich eignen für	صَلُحَ لِ، نَاسَبَ لِ	entdecken	اِكتَشَفَ
einatmen	أَخَذَ شهيقاً	entfernen	أزال، أبعد

entfliehen	هَرَبَ، فَرَّ
entfremden	عَزَلَ، نَفَى
sich entfremden	أبعَدَ نفسَهُ
entführen	اِختَطَفَ
entgegnen	رَدَّ
entgiften	أزَالَ السُّمَّ
enthalten	اِحتَوَى، تَضَمَّنَ
entkommen	فَرَّ هَارِباً
entmutigen	أحبَطَ، ثَبَّطَ
entscheiden für	قَرَّرَ
entschuldigen für	اِعتَذَرَ
entspannen	أرخَى، خَفَّضَ الوَتِيرَة
entsprechen	نَاسَبَ، وَافَقَ
entwaffnen	نَزَعَ السِّلَاح
entwerfen	صَمَّمَ
entwerten	أبطَلَ
entwickeln	طَوَّرَ، نَمَّى
entzünden	أَلهَبَ، أَضرَمَ
erarbeiten	عَالَجَ، تَنَاوَلَ
erben	وَرِثَ
erbitten	طَلَبَ
erblicken	نَظَرَ، رَأَى
sich ereignen	حَدَثَ
erfahren	عَلِمَ
erfinden	اِختَرَعَ، اِختَلَقَ، اِبتَكَرَ
erfrischen	أنعَشَ
erfüllen	مَلَأَ
ergänzen	أكمَلَ
ergeben	أعطَى، كَوَّنَ
sich ergeben	اِستَسلَمَ، تَبَيَّنَ

ergreifen	قَبِضَ، أدرَكَ
erhalten	تَلَقَّى
erheben	أدلَى، أَظهَرَ
sich erholen	اِستَعَادَ عَافِيَتَهُ
sich erinnern an	تَذَكَّرَ
sich erkälten	أُصِيبَ بِالزُّكَام
erkennen	عَرِفَ، أدرَكَ
erklären	شَرَحَ
erlauben	أَذِنَ، وَافَقَ
erlöschen	اِنطَفَأَ، خَمَّدَ
ermächtigen	فَوَّضَ، خَوَّلَ
ermorden	اِغتَالَ
ernähren	غَذَّى
erneuern	جَدَّدَ
ernten	حَصَدَ
eröffnen	اِفتَتَحَ (مَتجَراً مَثَلاً)
erregen	أَثَارَ، هَيَّجَ
errichten	شَيَّدَ، أنشَأَ
erschöpfen	أجهَدَ
erschrecken	أرعَبَ، خَوَّفَ
ersetzen durch	اِستَبدَلَ بِ
ersparen	وَفَّرَ
erstaunen	أدهَشَ
ertragen	اِحتَمَلَ
erwägen	تَفَكَّرَ، تَدَبَّرَ
erwähnen	ذَكَرَ، أَورَدَ
erwidern	رَدَّ قَائِلاً
erzählen	قَصَّ
erzeugen	أنتَجَ
erziehen	أَدَّبَ (طِفلاً مَثَلاً)

erzielen	بَلَغ (هَدَفاً..)، حَقَّقَ
essen	أَكَلَ
evakuieren	أخلَى (مَبنَى مَثَلاً)
existieren	تَوَاجَدَ
experimentieren	جَرَّبَ
explodieren	تَفَجَّرَ، تَفرقَعَ
exportieren	صَدَّرَ
fabrizieren	صَنَّعَ
fahren	سَافَرَ
fallen	سَقَطَ
fallen lassen	أَسقَطَ
fangen	أَمسَكَ
färben	لَوَّنَ
fassen	أدرَكَ، أَمسَكَ
fasten	صَامَ (رَمَضَانَ مَثَلاً)
faulenzen	تَكَاسَلَ
fechten	قَاتَلَ، بَارَزَ
fegen	كَنَّسَ
fehlen	نَقُصَ
feiern	اِحتَفَلَ
fernsehen	شَاهَدَ التّلفَاز
fertig sein mit	اِنتَهَى مِن شَيء
festhalten	تَشَبَّثَ، سَجَّلَ
feststellen	أَثبَتَ، حَدَّدَ
feuern auf	أَطلَقَ النَّارَ عَلَى
finanzieren	مَوَّلَ
finden	وَجَدَ
fischen	اِصطَادَ السَّمَك
fixieren	أَرسَلَ فَاكساً
flicken	أَصلَحَ، رَقَّعَ

fliegen	طَارَ
fliehen	هَرَبَ
fließen	تَدَفَّقَ
flimmern	وَمَضَ، تَلَألَأَ
fluchen	شَتَمَ
flüchten	لَجَأَ
flüstern	هَمَسَ
folgen	اِستَنتَجَ، تَبِعَ
foltern	عَذَّبَ
fordern	تَطَلَّبَ
fördern	دَعَمَ، رَقَّى
forschen	قَامَ بِبَحث
sich fortbewegen	تَابَعَ تَقَدُّمَهُ
fortbilden	تَابَعَ تَعَلُّمَهُ
fortfahren	أَكمَلَ
fortführen	اِستَأنَفَ
fortgehen	اِستَأنَفَ المَسِير
fortlaufen	اِستَأنَفَ
fortreisen	تَابَعَ سَفَرَهُ
fortschreiten	تَابَعَ، اِستَأنَفَ
fortsetzen	تَابَعَ، اِستَأنَفَ
fragen	سَأَلَ
freihaben	لَدَيهِ وَقتُ فَرَاغٍ
fressen	اِلتَهَمَ
sich freuen	فَرِحَ
frieren	تَجَمَّدَ
frühstücken	أَفطَرَ
fühlen	شَعَرَ، أَحَسَّ
führen zu	قَادَ، أَدَّى إِلَى
füllen	مَلأَ

funktionieren	اِشتَغَلَ، عَمِلَ
fürchten	خَافَ، خَشِيَ
füttern	أَطعَمَ
gähnen	تَثَاءَبَ
garnieren	طَرَّزَ، زَيَّنَ
gebären	وَلَدَ
geben	أَعطَى
gebieten	حَكَمَ
gebrauchen	اِستَعمَلَ
gedeihen	اِزدَهَرَ، نَمَا
gedenken	تَفَكَّرَ
gefährden	عَرَّضَ لِلخَطَرِ
gefallen	أَعجَبَ
gehen	ذَهَبَ
gehören zu	انتمى إلى
gehorchen	أَطَاعَ
gelangen	تَوَصَّلَ إِلَى
gelingen	أَفلَحَ، نَجَحَ
gelten	سَرَى مَفعُولُهُ
genehmigen	وَافَقَ
genesen	تَعَافَى
sich genieren	ضَايَقَ
genießen	اِستَمتَعَ
genügen	كَفَى
geraten in	وَقَعَ فِي
geschehen	حَدَثَ، حَصَلَ
gestalten	شَكَّلَ، صَاغَ
gestatten	أَذِنَ، سَمَحَ
gestehen	اِعتَرَفَ، أَقَرَّ
gewinnen	رَبِحَ

gewöhnen an	عَوَّدَ عَلَى
sich gewöhnen an	عَوَّدَ نَفسَهُ عَلَى
gießen	سَقَى، صَبَّ
glänzen	لَمَعَ، سَطَعَ
glauben an	آمَنَ، اِعتَقَدَ بِ
gleichen	شَابَهَ
gleiten	تَزَحلَقَ
glotzen	بَحلَقَ
glühen	تَوَهَّجَ، وَمَضَ
gönnen	مَنَحَ
graben	حَفَرَ
gratulieren zu	هَنَّأَ لِ
greifen	أَمسَكَ
grenzen	تَاخَمَ، لَاصَقَ
grillen	شَوَا
gründen	أَسَّسَ، أَنشَأَ
gruppieren	جَمَّعَ فِي مَجمُوعَة
grüßen	حَيَّا، سَلَّمَ
gucken	نَظَرَ
gutmachen	فَعَلَ حَسَنًا
haben	مَلَكَ
halten	أَمسَكَ
hämmern	طَرَقَ (بِالمِطرَقَةِ مَثَلًا)
handeln	تَاجَرَ، تَصَرَّفَ، تَنَاوَلَ
handeln	تَاجَرَ، تَصَرَّفَ، تَنَاوَلَ
hängen	عَلَّقَ
hassen	كَرِهَ
hauen	قَطَعَ
heben	رَفَعَ، اِرتَفَعَ، اِرتَقَى
heilen	عَالَجَ

heimfahren	عَادَ دِيَارَهُ	hinlegen	وَضَعَ
heimgehen	عَادَ مَنزِلَهُ	hinzufügen zu	أَضَافَ إِلَى
heimkehren	عَادَ مَنزِلَهُ	hocken	قَعَدَ
heiraten	تَزَوَّجَ	hoffen auf	أَمَلَ فِي
heißen	سُمِّيَ بِ	höhnen	سَخِرَ، هَزأَ
heizen	سَخَّنَ، دَفَّأَ	holen	أَحضَرَ
helfen	سَاعَدَ	horchen	أَصغَى
hemmen	أَعَاقَ	hören	سَمِعَ
heraufkommen	صَعَدَ لِلأَعلَى	hüpfen	قَفَزَ
heraufsteigen	صَعَدَ لِلأَعلَى	husten	سَعَلَ
herausbekommen	أَخرَجَ	hüten	حَرَسَ
herausbringen	اِستَخرَجَ	identifizieren	أَثبَتَ الهَوِيَّة
herausfinden	أَدرَكَ، اِكتَشَفَ	illustrieren	أَوضَحَ
herausfordern	اِستَفزَّ، تَحَدَّى	imitieren	قَلَّدَ
herausgeben	أَصدَرَ	immatrikulieren	سَجَّلَ
herauskommen	صَدَرَ	impfen	لَقَّحَ، طَعَّمَ
herausstellen	أَظهَرَ	imponieren	أَبهَرَ
hereinfallen	وَقَعَ فِي	importieren	اِستَورَدَ
hereinlassen	سَمَحَ بِالدُّخُول	industrialisieren	صَنَّعَ
herrschen	سَيطَرَ، سَادَ	informieren über	نَبَّأَ
herstellen	صَنَّعَ	installieren	رَكَّبَ، ثَبَّتَ (كُمبيُوتر)
herumdrehen	أَدَارَ، قَلَبَ	integrieren	دَمَجَ
herumkommen	تَنَصَّلَ (مِن مَوضُوع..)	sich interpretieren	فَسَّرَ، أَوَّلَ
herunterkommen	هَبَطَ، تَدَنَّى	interviewen	قَابَلَ
herunterschlucken	بَلَعَ	sich irren	أَخطَأَ
heulen	بَكَى بِصَوتٍ عَالٍ	irritieren	خَطَّأَ
hinausgehen	خَرَجَ	isolieren	عَزَلَ
hindern	مَنَعَ، أَعَاقَ	jagen	اِصطَادَ
hindeuten auf	أَشَارَ إِلَى	jammern	شَكَا، تَأَلَّمَ
hinfallen	سَقَطَ	jobben	عَمِلَ عَمَلاً مُؤَقَّتاً

joggen	رَكَضَ
jucken	حَكَّ (الجِلدَ مَثَلاً)
justieren	ضَبَطَ
kämmen	مَشَّطَ
kämpfen für	كَافَحَ مِن أَجل
kaputt gehen	فَنِيَ
kaputt machen	أَفنَى
kassieren	حَاسَبَ عَلَى الصُّندُوق
kauen	عَضَّ
kaufen	اِشتَرَى
kehren	قَلَبَ، كَنَّسَ
kennen	عَرَفَ
kennenlernen	تَعَرَّفَ
ketten	كَبَّلَ
keuchen	لَهَثَ
kichern	قَهقَهَ
kippen	سَقَطَ
kitzeln	دَغدَغَ
klagen	شَكَا، نَدَبَ
klappen	نَجَحَ
klatschen	صَفَّقَ
klauen	نَشَلَ
kleben	لَزَّقَ، أَلصَقَ
kleiden	أَلبَسَ
klemmen	شَدَّ، رَبَطَ
klettern	تَسَلَّقَ
klingeln	دَقَّ الجَرَسَ
klingen	رَنَّ
klopfen	خَفَقَ، نَبَضَ
knacken	طَقَّ، كَسَرَ

knallen	فَرقَعَ
kneifen	قَرَصَ
kneten	عَجَنَ
knüpfen	رَبَطَ
kochen	طَبَخَ
kombinieren	دَمَجَ
kommandieren	أَمَرَ، قَادَ
kommen	جَاءَ
komponieren	لَحَّنَ
können	اِستَطَاعَ
kontrollieren	رَاقَبَ
konzentrieren auf	رَكَّزَ عَلَى
kopieren	نَسَخَ
koppeln mit / an	وَصَلَ بَينَ، رَبَطَ بَينَ
korrigieren	صَحَّحَ
kosten	كَلَّفَ
kotzen	تَقَيَّأَ
krachen	فَرقَعَ، طَقطَقَ
kränken	أَهَانَ، جَرَّحَ
kratzen	خَدَشَ
kreisen	دَارَ
sich kreuzen	تَقَاطَعَ
kreuzigen	صَلَبَ
kriechen	تَسَلَّلَ
kriegen	حَصَلَ عَلَى
kritisieren	اِنتَقَدَ
krönen	تَوَّجَ
krümeln	فَتَّتَ
krümmen	ثَنَى، قَوَّسَ
kühlen	رَطَّبَ

kultivieren	إِستَصلَحَ
sich kümmern um	إعتَنَى بِ
kündigen	فَصَلَ
kuppeln	رَبَطَ، وَصَلَ
kürzen	قَصَّرَ
kuscheln	دَاعَبَ
küssen	قَبَّلَ (بَاسَ)
lächeln	إبتَسَمَ
lachen über	ضَحِكَ
lackieren	لَمَّعَ، دَهَنَ
laden	شَحَنَ، عَبَّأَ
lähmen	شَلَّ، عَطَّلَ
landen	هَبَطَ (طَائِرَةٌ مَثَلاً)
lärmen	أَثَارَ ضَجَّة
lassen	تَرَكَ
lauern	كَمُنَ
laufen	جَرَى
lauschen	تَنَصَّتَ
leben	عَاشَ
lecken	لَعَقَ (لَحَسَ)
leeren	أَفرَغَ
legen	وَضَعَ
lehnen an	أَسنَدَ عَلَى
lehren	عَلَّمَ
leiden an	عَانَى من
leihen	أَعَارَ، أَقرَضَ
leisten	وَجَّهَ، قَادَ
leiten	قَادَ
lernen	تَعَلَّمَ
lesen	قَرَأَ

leuchten	أَضَاءَ
leugnen	أَنكَرَ
liberalisieren	حَرَّرَ
lieben	أَحَبَّ
liefern	أَوصَلَ
liegen	تَوَاجَدَ
loben	أَثنَى، حَمَدَ
locken	أَغرَى، جَذَبَ
lohnen	كَافَأَ
lohnen (sich)	إِستَحَقَّ
losarbeiten	شَرَعَ فِي العَمَل
losbrechen	إِنطَلَقَ، تَفَجَّرَ، قُصِمَ
löschen	حَذَفَ
lösen	حَلَّ
losfahren	إِنطَلَقَ
losgehen	إِنطَلَقَ
loslassen	أَخلَى سَبِيلَ فُلَان
loslegen	بَدَأَ
lügen	كَذَبَ
lutschen	مَصَّ، رَضَعَ
machen	فَعَلَ، قَامَ بِ
magnetisieren	مَغنَطَ
mahlen	طَحَنَ
mahnen	ذَكَّرَ
mäkeln	إِنتَقَدَ
malen	رَسَمَ
managen	أَدَارَ
mangeln an	نَقُصَ فِي
manipulieren	زَوَّرَ
manövrieren	نَاوَرَ

markieren	عَلَّمَ
marschieren	سَارَ (جَيشٌ مَثَلاً)
massieren	دَلَّكَ
meckern	تَذَمَّرَ
mehren	زَوَّدَ
meiden	تَفَادَى، تَحَاشَى
meinen	عَنَى
melden	أَخبَرَ، أَعلَمَ
merken	لَاحَظَ
messen	قَاسَ
mieten	اِستَأجَرَ
mischen	خَلَطَ
missachten	اِحتَقَرَ
misshandeln	أَسَاءَ المُعَامَلَة
missverstehen	أَسَاءَ الفِهم
mitbringen	أَحضَرَ مَعَهُ
miterleben	عَاصَرَ مَع فُلَان
mitgehen	ذَهَبَ مَع فُلَان
mitkommen	جَاءَ مَع فُلَان
mitnehmen	أَخَذَ مَعَهُ
mitreisen	سَافَرَ مَع فُلَان
mitspielen	لَعِبَ مَعَ فُلَان
mitteilen	أَخبَرَ، أَعلَمَ
mobilisieren	حَشَدَ (جَيشاً مَثَلاً)
möblieren	فَرَشَ (بَيتاً مَثَلاً)
modernisieren	جَدَّدَ
mögen	حَبَّذَ
murmeln	تَمتَمَ (كَلَامٌ غَيرُ جَلِيّ)
müssen	تَوَجَّبَ
nachahmen	قَلَّدَ
nachbilden	قَلَّدَ
nachdenken	فَكَّرَ بِعُمقٍ
nachfolgen	تَتَبَّعَ
nachforschen	تَحَرَّى
nachgehen	ذَهَبَ وَرَاءَ
nachprüfen	فَحَصَ وَرَاءَ
nachschauen	بَحَثَ عَن شَيء
nachsehen	نَظَرَ وَرَاءَ، تَسَامَحَ مَعَهُ
nähen	خَيَّطَ
sich nähern	اِقتَرَبَ
nehmen	أَخَذَ
neiden	حَسَدَ
neigen zu	مَالَ بِرَغبَتِهِ إِلَى
nennen	سَمَّى
nicken	أَومَأَ
niederfallen	سَقَطَ، هَوَى
niederschlagen	ضَرَبَ
niedersinken	سَقَطَ
sich niederwerfen	سَجَدَ
notieren	دَوَّنَ
nötigen	تَطَلَّبَ، اِقتَضَى
nummerieren	رَقَّمَ
nützen	اِستَفَادَ
öffnen	فَتَحَ
operieren	قَامَ بِعَمَلِيَّةٍ جِرَاحِيَّة
opfern	ضَحَّى
ordnen	رَتَّبَ
organisieren	نَظَّمَ
packen	حَزَّمَ
parken	رَكَنَ السَّيَّارَة

passen zu	نَاسَبَ
passieren	حَدَثَ
pendeln	تَأَرجَحَ
pfeifen	صَفَّرَ
pflanzen	زَرَعَ
pflegen	اِعتَنَى
fotografieren	اِلتَقطَ صُوَراً
plagen	أَتعَبَ، أَجهَدَ
planen	خَطَّطَ
platschen	رَشَّ رَذَاذاً
platzen	اِنفَجَرَ
präsentieren	قَدَّمَ
predigen	وَعَظَ، خَطَبَ
preisen	مَدَحَ
produzieren	أَنتَجَ
programmieren	بَرمَجَ
protestieren gegen	اِحتَجَّ ضِدَّ
prüfen	فَحَصَ
putzen	نَظَّفَ
quälen	عَذَّبَ، أَوجَعَ
qualmen	دَخَّنَ
quellen	فَاضَ، طَفَحَ
rächen	ثَأَرَ، اِنتَقَمَ
rad fahren	رَكِبَ الدَّرَّاجَةَ
rasen	أَسرَعَ
rasieren	حَلَقَ
raten	نَصَحَ، خَمَّنَ
rauben	نَهَبَ، سَلَبَ
rauchen	دَخَّنَ
räumen	أَخلَى، رَتَّبَ

reagieren	تَفَاعَلَ (قَامَ بِرَدِّ فِعلٍ)
realisieren	حَقَّقَ
rechnen	حَسَبَ
reden	تَحَدَّثَ، تَكَلَّمَ
reduzieren	خَفَّضَ، قَلَّلَ
regeln	نَظَّمَ
regen	نَشَّطَ، نَبَّهَ
regieren	حَكَمَ، قَادَ
es regnet	تُمطِرُ السَّمَاء
reiben	حَكَّ، بَشَرَ
reichen	سَلَّمَ، نَاوَلَ
reinigen	نَظَّفَ، طَهَّرَ
reisen	سَافَرَ
reißen	قَطَعَ، مَزَّقَ
reiten	اِمتَطَى، رَكِبَ
reizen	أَثَارَ
rennen	رَكَضَ
renovieren	جَدَّدَ، أَصلَحَ
reparieren	صَلَّحَ
reservieren	حَجَزَ
restaurieren	رَمَّمَ، أَصلَحَ
retten vor	أَنقَذَ مِن
richten	جَهَّزَ، نَصَبَ
sich richten gegen	ضَادَدَ
sich richten nach	اِهتَدَى نَحوَ
riskieren	خَاطَرَ
rollen	أَدَارَ
röntgen	كَشَفَ بِالأَشِعَّةِ
rösten	حَمَّرَ، حَمَّصَ
rücken	أَزَاحَ

rufen	طَلَب، دَعَا
ruhen	إضطَجَعَ، رَقَدَ
rühren	مَسَّ
ruinieren	خَرَّبَ
rüsten	جَهَّزَ، هَيَّأَ
rutschen	إنطَلَقَ
säen	بَذَرَ
sagen	قَالَ
sägen	نَشَرَ
sammeln	جَمَعَ
sauber machen	نَظَّفَ
säubern	نَظَّفَ
saufen	شَرِبَ
saugen	إمتَصَّ
schaden	سَبَّبَ ضَرَراً
schaffen	إجتَازَ، أنشأَ
schälen	قَشَّرَ
schalten	شَغَّلَ، وَصَلَ
sich schämen vor	خَجِلَ مِن
schärfen	سَنَّ، سَنَّنَ
schätzen	قَدَّرَ، قَيَّمَ
schauen auf	نَظَرَ إِلَى، رَأَى إِلَى
schaukeln	تَأَرجَحَ
scheiden	طَلَّقَ، فَصَلَ
scheinen	ظَهَرَ
scheitern	أخفَقَ، بَاءَ بِالفَشَل
schenken	أهدَى
scheren	قَصَّ
scherzen	نَكَّتَ
schichten	كَوَّمَ
schicken	أرسَلَ
schieben	زَحزَحَ، دَفَعَ
schießen	أطلَقَ النَّار
schildern	وَصَفَ، صَوَّرَ
schimmern	لَمَعَ، تَأَلَّقَ
schimpfen	بَهدَلَ، هَزَّأَ
schinden	أثقَلَ
schlachten	ذَبَحَ
schlafen	نَامَ
schlagen	ضَرَبَ
schleichen	تَسَلَّلَ
schleifen	سَنَّ، صَقَلَ
schleppen	جَرَّ، سَحَب
schließen	أغلَقَ
schlucken	بَلَعَ
schmecken	تَذَوَّقَ
schmecken nach	أعطَى طَعماً كَ
schmeicheln	تَمَلَّقَ
schmeißen	قَذَفَ، رَمَى
schmelzen	صَهَرَ
schmerzen	آلَمَ
schmieren	زَيَّتَ، شَحَّمَ
schminken	تَزَيَّنَتْ (تَمَكيَجَتْ)
schmuggeln	هَرَبَ
schnallen	رَبَطَ حِزَامَ الأَمَان
schnarchen	شَخَرَ
schneiden	قَطَعَ
es schneit	أثلَجَتِ السَّمَاء
schnüren	رَبَطَ
schockieren	صَدَمَ

schonen	رَحِمَ، رَاعَى
schöpfen aus	إِستَمَدَّ، إِستَقَى
schrauben	رَكَّبَ البِرغِيَّ
schrecken	فَزَّعَ، أَرعَبَ
schreiben	كَتَبَ
schreien	صَرَخَ
schreiten	تَقَدَّمَ، خَطَا
schulden	دَانَ
schütteln	هَزَّ، رَجَّ
schützen vor	حَمَى مِن
schwächen	أَضعَفَ
schwarzfahren	سَافَرَ بِالأَسوَد
schwatzen	ثَرثَرَ
schweben	طَارَ، حَلَّقَ
schweigen	صَمَتَ
schwellen	إِنتَفَخَ، تَوَرَّمَ
schwimmen	سَبَحَ
schwindeln	خَدَعَ
schwingen	تَأَرجَحَ، تَمَايَلَ
schwitzen	تَعَرَّقَ
schwören	أَقسَمَ، حَلَفَ
segeln	أَبحَرَ
segnen	بَارَكَ
sehen nach	نَظَرَ إِلَى
sehnen nach	تَاقَ إِلَى
sein	كَانَ
senden	أَرسلَ
servieren	خَدَمَ
setzen	أَجلَسَ
sich setzen	جَلَسَ

seufzen	زَفَرَ
siedeln	إِستَوطَنَ
siegen	إِنتَصَرَ
siezen	خَاطَبَ مُخَاطَبَةَ التَّكَلُّفَة
singen	غَنَّى
sinken	إِنخَفَضَ
sitzen	جَلَسَ
sitzen bleiben	بَقِيَ جَالِساً
sollen	إِنبَغَى
sich sonnen	تَشَمَّسَ
sorgen um	قَلِقَ عَلَى
spalten	شَقَّ، فَلَقَ
sparen	وَفَّرَ، إِدَّخَرَ
spazieren gehen	ذَهَبَ لِلتَنَزُّه
speichern	حَفِظَ
speisen	تَنَاوَلَ الطَّعَام
spekulieren	تَكَهَّنَ
spenden	تَبَرَّعَ
sperren	أَغلَقَ
spiegeln	عَكَسَ
spielen mit	لَعِبَ
spinnen	نَسَجَ، حَاكَ
sprechen mit, über	تَكَلَّمَ مَعَ، عَن
sprengen	فَجَّرَ
springen	قَفَزَ
spritzen	حَقَنَ، رَشَّ
sprühen	تَطَايَرَ
spucken	بَصَقَ
spülen	غَسَلَ
spüren	شَعَرَ، لَمَسَ

stammen von	اِنتَمى إلَى
starten	بَدَأَ
stattfinden	تَوَاجَدَ
staubsaugen	نَظَّفَ الغُبَار
staunen	تَعَجَّبَ، اِندَهَشَ
stechen	طَعَنَ، وَخَزَ، غَرَزَ
stecken in	أدخَلَ، أولَجَ
stehen	وَقَفَ
stehen bleiben	بَقِيَ وَاقِفاً
stehen lassen	تَرَكَهُ وَاقِفاً
stehlen	سَرَقَ
steigen	صَعَدَ، اِرتَفَعَ
steigern	زَوَّدَ، عَزَّزَ
stellen	وَضَعَ
stempeln	خَتَمَ
sterben an	مَاتَ بِسَبَب
steuern	قَادَ
stöhnen	تَوَجَّعَ
stolpern	تَعَثَّرَ
stopfen	حَشَا
stoppen	أوقَفَ
stören	أزعَجَ
stoßen an, auf	اِصطَدَمَ، وَاجَهَ
strahlen	أضَاءَ، أشَعَّ
streben nach	طَمَحَ نَحو
strecken	مَطَّى، مَدَّ
streicheln	دَاعَبَ
streichen	شَطَبَ
streiken	أَضرَبَ
streiten mit	تَخَاصَمَ، تقاتل
streuen	نَثَرَ، رَشَّ
stricken	حَاكَ، حَبَكَ
strömen	تدفق
studieren	درس (في الجامعة)
stürmen	هَبَّ، دَهَمَ
stürzen	سَقَطَ
stutzen	قَلَّمَ (شَذَّبَ)
sich stützen auf	اِستَشهَدَ (اِستَنَدَ إلَى)
suchen nach	بَحَثَ
tanken	عَبَّأَ وَقُوداً
tanzen	رَقَصَ
tauchen	غَطَسَ، غَاصَ
taufen	عَمَّدَ
taugen für	صَلُحَ لِ
tauschen	بَادَلَ
täuschen	خَدَعَ، أوهَمَ
teilen	قَسَّمَ، جَزَّأَ
teilnehmen an	شَارَكَ بِ
telefonieren	اِتَّصَلَ هَاتِفِيّاً
telegrafieren	أرسَلَ بَرقِيَّة
tilgen	أزَالَ
tippen	لَمَسَ، أدخَلَ كِتَابِيّاً
toben	زَمجَرَ، ثَارَ
töten	قَتَلَ
tragen	حَمَلَ
trainieren	تَدَرَّبَ
transportieren	نَقَلَ (حُمُولَةً مَثَلاً)
trauen	اِطمَأَنَّ لِ، وَثِقَ بِ
träumen von	حَلُمَ بِ
treffen	قَابَلَ

treiben	مَارَسَ، طَارَدَ، بَرعَمَ
trennen	فَصَلَ
treten	رَكَلَ، دَاسَ
trinken	شَرِبَ
trocknen	جَفَّفَ
tropfen	نَقَّطَ
trösten	وَاسَى (عَزَّى)
trügen	خَدَعَ
tun	فَعَلَ
üben	دَرَّبَ
überfordern	كَلَّفَهُ فوقَ طَاقَتِهِ
überholen	لَحِقَ بِ
überleben	نَجَا (بَقِيَ حَيّاً)
überlegen	فَكَّرَ مَلِيّاً
übernachten	بَاتَ
übernehmen	تَحَمَّلَ (مَصارِيفاً مَثَلاً)
überqueren	اِجتَازَ، عَبَرَ
überraschen	فَاجَأَ، أَدهَشَ
überreden	أَقنَعَ، تَكَلَّمَ كَثِيراً
überreichen	سَلَّمَ، نَاوَلَ
überschätzen	بَالَغَ فِي التَّقدِيرِ
übersetzen	تَرجَمَ، نَقَلَ
übertragen	نَقَلَ، وَكَّلَ
überweisen	حَوَّلَ (مَبلَغاً مَالِيّاً مَثَلاً)
überwinden	اِجتَازَ، عَبَرَ
überzeugen	أَقنَعَ
umarmen	عَانَقَ
umdrehen	لَفَّ، أَدَارَ
umfahren	غَيَّرَ طَرِيقَ السَّيرِ
umstellen	غَيَّرَ، بَدَّلَ

sich umstellen auf	تَأَقلَمَ مَعَ
umziehen	غَيَّرَ مَكَانَ سَكَنِهِ
sich umziehen	بَدَّلَ مَلَابِسَهُ
unterbrechen	قَاطَعَ (حَدِيثاً مَثَلاً)
unterbringen	بَيَّتَ
unterdrücken	قَمَعَ، حَبَسَ (البَول..)
sich unterhalten	تَحَدَّثَ
unternehmen	قَامَ بِ، أَدَّى
unterordnen	صَنَّفَ فِي الأَسفَلِ
unterstützen	دَعَمَ، سَانَدَ
untersuchen	فَحَصَ
urteilen	حَكَمَ، قَضَى
sich verabreden mit	اِتَّفَقَ عَلَى مَوعِدٍ مَعَ
sich verabschieden	وَدَّعَ، اِستَأذَنَ
verachten	اِزدَرَى، اِحتَقَرَ
verändern	غَيَّرَ، بَدَّلَ
verankern	أَرسَى (سَفِينَةً مَثَلاً)
veranlassen	سَبَّبَ، أَدَّى
veranlassen zu	حَثَّ، حَضَّ عَلَى
veranstalten	نَظَّمَ (فَعَالِيَّةً..)
verantworten	تَحَمَّلَ مَسؤُولِيَّة
verarbeiten	عَالَجَ مَوضُوعاً، شَيئاً
verbessern	حَسَّنَ، أَصلَحَ
verbieten	مَنَعَ، حَظَرَ
verbinden	رَبَطَ
verblüffen	أَذهَلَ، أَدهَشَ
verblühen	ذَبُلَ
verbrauchen	اِستَهلَكَ
verbrechen	اِرتَكَبَ حَمَاقَةً
verbrennen	حَرَقَ

sich verbrennen	اِحترَقَ
verbringen	أمضَى (وَقتاً، عُطلَةً..)
verdächtigen	اتَّهَمَ، اِرتَابَ
verdecken	غطَّى
verderben	أفسَدَ
verdeutschen	أدخَلَ كَلِمَةً لِلألمانِيَّة
verdichten	كَثَّفَ، وَسَّعَ
verdienen	كَسَبَ، اِستَحَقّ
verdunkeln	عَتَّمَ
verdünnen	شَذَّبَ، رَقَّقَ
verehren	اِحترَمَ، بَجَّلَ، وَقَّرَ
vereidigen	أقسَمَ، حَلَفَ
vereinbaren	اِتَّفَقَ، تَفَاهَمَ
vereinfachen	بَسَّطَ، هَوَّنَ
vereinheitlichen	وَحَّدَ (جَعَلَهُ مُتَشَابِهَاً)
vereinigen	وَحَّدَ، جَمَعَ
sich vereinigen	اِتَّحَدَ، تَحَالَفَ
vereinsamen	نَأَى بِنَفسِه
vererben	وَرَّثَ
verewigen	ذَكَّرَ
verfassen	أَلَّفَ (كتاباً، رِوَايَة..)
verfaulen	عَفَّنَ، تَعَفَّنَ
verfluchten	لَعَنَ
verfolgen	تَعَقَّبَ، سَلَكَ
verfügen	أَمَرَ
verfügen über	مَلَكَ، تَضَمَّنَ عَلَى
verführen	جَذَبَ، أغوَى
vergeben	سَامَحَ، غَفَرَ، مَنَحَ
vergessen	نَسِيَ
vergewaltigen	اِغتَصَبَ

vergiften	سَمَّمَ
vergleichen mit	قَارَنَ بِـ
vergnügen	سَلَّى، رَفَّهَ
sich vergnügen	تَسَلَّى، رَفَّهَ عَن نَفسِه
vergraben	دَفَنَ
vergrößern	كَبَّرَ
sich verhalten	تَصَرَّفَ (سَلَكَ سُلُوكَاً)
verhandeln	حَاكَمَ، فَاوَضَ
verheimlichen	أخفَى، حَجَبَ
verheiraten	تَزَوَّجَ
verherrlichen	مَجَّدَ، أعظَمَ، اِستَكبَرَ
verhindern	مَنَعَ، حَالَ دُونَ أنْ..
verhören	اِستَجوَبَ، أخطَأَ السَّمع
verhüllen	حَجَبَ، أَخفَى
verhungern	مَاتَ جُوعَاً
verkaufen	بَاعَ
verkehren	تَحَرَّكَ ذَهَاباً وَإِيَاباً
verkehren mit	خَالَطَ، جَامَعَ
verklagen	رَفَعَ دَعوَة
verkommen	اِنحَطَّ (تَدَهوَرَ)
verkörpern	جَسَّدَ
verkünden	أَذَاعَ
verkürzen	قَصَّرَ، قَلَّصَ
verlängern	مَدَّ (إقَامَةً مَثَلَاً)
verlassen	غَادَرَ، تَرَكَ
verlaufen	جَرَى، سَارَتِ (الأُمُور)
sich verlaufen	تَاهَ فِي الطَّرِيق
verlesen	تَلَا
verletzen	جَرَحَ
sich verletzen an	اِنجَرَحَ

verlegen	نَشَرَ (كِتَاباً)، أرجأَ	verschweigen	كَتَمَ، تَكَتَّمَ
sich verlieben in	أَحَبَّ	verschwenden	بَذَّرَ، أَسرَفَ
verlieren an	فَقَدَ	verschwinden	اِختَفَى، تَلَاشَى
vermehren	أَكثَرَ، زَوَّدَ	versetzen	نَقَلَ، وَضَعَ
vermeiden	تَجَنَّبَ، تَفَادَى	versetzen in Angst	خَوَّفَ، أَذعَرَ
vermieten	أَجَّرَ	versichern	أَمِنَ
vermischen	خَلَطَ، مَزَجَ	versorgen	زَوَّدَ، أَعَالَ
sich vermischen in	حَشَرَ نَفسَهُ فِي	sich versorgen mit	تَزَوَّدَ بِـ
vermissen	تَاقَ، اِشتَاقَ	verspäten	تَأَخَّرَ
vermitteln	وَفَّرَ، هَيَّأَ	versprechen	وَعَدَ
verneinen	نَفَى	verständigen	أَخبَرَ، أَبلَغَ
vernichten	أَفنَى	sich verständigen über	اِتَّفَقَ عَلَى
veröffentlichen	نَشَرَ (كِتَاباً، قِصَّة..)	verstecken	أَخفَى، حَجَبَ
verpacken	غَلَّفَ	verstehen	فَهِمَ
verpassen	فَوَّتَ	versuchen	حَاوَلَ
verpflegen	مَوَّنَ	verteidigen	دَافَعَ
verpflichten	أَجبَرَ	sich verteidigen	دَافَعَ عَن نَفسِهِ
verprügeln	ضَرَبَ	verteilen	قَسَّمَ، وَزَّعَ
verraten	أَفشَى، أَبَاحَ	vertragen	تَحَمَّلَ
verrichten	عَمِلَ، أَدَّى	vertrauen	أَمَّنَ، وَثِقَ
verringern	نَقَّصَ، قَلَّ	vertreten	نَابَ عَن فُلَان
versagen	فَشِلَ، أَخفَقَ	verunglücken	نَزَلَتْ بِهِ قَارِعَة
versammeln	جَمَّعَ	verursachen	تَسَبَّبَ
verschärfen	زَوَّدَ، فَاقَمَ	verwalten	أَدَارَ
sich verschärfen	اِزدَادَ، تَفَاقَمَ	verwandeln in	حَوَّلَ، قَلَبَ
verschieben	زَحزَحَ، حَرَّكَ	verwechseln mit	خَربَطَ بَينَ شَيئَين
verschieben auf	أَجَّلَ، أَرجَأَ	verweigern	اِمتَنَعَ عَن شَيء
verschlafen	أَمضَى الوَقتَ نَائِماً	verweilen	مَكَثَ، بَقِيَ
verschlechtern	أَفسَدَ	verweisen	أَحَالَ، أَبعَدَ
verschonen	رَحِمَ، رَاعَى	verwirklichen	حَقَّقَ عَلَى أَرضِ الوَاقِع

verwirren	حيَّرَ، أربَكَ
verzeihen	سَامَحَ
verzichten auf	تَخَلَّى عَن
vollbringen	أَتَمَّ، نَفَّذَ
vollenden	أَنْهَى بِشَكلٍ كَامِلٍ
vollziehen	أَدَّى، أَتَمَّ
vorangehen	تَقَدَّمَ، سَارَ أَمَامَ
vorankommen	تَقَدَّمَ، جَاءَ أَمَامَ
vorarbeiten	عَمِلَ عَمَلاً مُسبَقاً
voraussagen	تَنَبَّأَ، تَكَهَّنَ
vorausschicken	أَرسَلَ بِشَكلٍ مُسبَقٍ
voraussehen	تَنَبَّأَ، تَكَهَّنَ
vorbehalten	تَحَفَّظَ (بِحَقِّهِ مَثَلاً)
vorbeifahren an	مَرَّ
vorbeikommen an	مَرَّ عَلَى
vorbereiten	حَضَّرَ
vorbeugen	مَنَعَ، حَنَى
vorenthalten	مَنَعَ، حَالَ دُونَ
vorführen	عَرَضَ، قَدَّمَ
vorgehen	تَصَرَّفَ إِجرَائِيّاً، تَقَدَّمَ
vorhaben	قَصَدَ، نَوَى
vorhalten	لَامَ
vorkommen	حَدَثَ، تَوَاجَدَ، سَبَقَ
vorlegen	أَدلَى (بِمُستَنَدٍ مَثَلاً)
vorlesen	قَرَأَ عَلَى المَلَأ
vorschlagen	اِقتَرَحَ
vorschreiten	تَقَدَّمَ
vorstellen	عَرَضَ عَلَى المَلَأ
sich vorstellen	عَرَّفَ عَن نَفسِه
sich vorstellen	تَصَوَّرَ فِي خَاطِرِه

vorweisen	أَظهَرَ، أَبرَزَ
vorwerfen	لَامَ (وَبَّخَ)، رَمَى
wachen	حَرَسَ
wachsen	نَمَى
wagen	تَجَرَّأَ
wägen	زَانَ (وَزَنَ)
wählen	اِختَارَ، اِنتَخَبَ
währen	حَفِظَ
wahrnehmen	أَدرَكَ، وَافَى
wandeln	حَوَّلَ، قَلَبَ
wandern	جَالَ، جَابَ
warnen vor	حَذَّرَ مِن
warten auf	اِنتَظَرَ
waschen	غَسَلَ
weben	نَسَجَ، حَاكَ
wechseln zwischen	غَيَّرَ، بَدَّلَ
wecken	أَيقَظَ
wegbleiben	بَقِيَ بَعِيداً
wegfahren	سَافَرَ بَعِيداً
weggehen	ذَهَبَ بَعِيداً
wegwerfen	رَمَى، كَبَّ
wehren	قَاوَمَ
sich wehren	دَافَعَ عَن نَفسِهِ
weichen	لَانَ
sich weigern	اِمتَنَعَ عَن
weinen	بَكَى
weiterfahren	تَابَعَ سَفَرَهُ
weiterführen	اِستَأنَفَ
weitergehen	تَابَعَ مَسِيرَهُ
wenden	قَلَبَ، أَدَارَ، لَفَّ

sich wenden an	توجه إلى
werben	أَعلَنَ، كَسَبَ
werden	أَصبَحَ
werfen	رَمَى
wetten auf	رَاهَنَ عَلَى
wickeln	لَفَّ، غَلَّفَ
widersprechen	عَارَضَ (بِالكَلَام)
widerstehen	عَرَضَ
widmen	أَهدَى
wiederholen	أَعَادَ
wiegen	وَزَنَ
wirken auf	أَثَّرَ عَلَى
wissen	عَرِفَ، عَلِمَ
wohnen	سَكَنَ
wollen	أَرَادَ
wundern	أَدهَشَ، أَذهَلَ
sich wundern über	اِندَهَشَ مِن
wünschen	تَمَنَّى
würzen	تَبَّلَ
zahlen	دَفَعَ (مَبلَغاً مَثَلاً)
zählen	عَدَّ، أَحصَى
zähmen	رَوَّضَ، كَبَحَ
zaubern	سَحَرَ، فَتَنَ
zeichnen	رَسَمَ
zeigen	أَظهَرَ
zerbrechen	كَسَرَ، حَطَّمَ
zerlegen	فَكَّكَ، جَزَّأَ
zerstören	دَمَّرَ، حَطَّمَ
zeugen	أَنجَبَ
zeugen für / gegen	شَهِدَ لِ / ضِدَّ

ziehen	سَحَبَ
zielen	قَصَدَ، نَشَّنَ
zitieren	اِقتَبَسَ
zittern	اِرتَعَشَ
zögern	تَأَخَّرَ، تَبَاطَأَ
zubereiten	جَهَّزَ، أَعَدَّ
züchten	رَبَّى
zudecken	غَطَّى
zuerkennen	اِعتَرَفَ بِ، أَقَرَّ بِ
zuhören	أَنصَتَ، أَصغَى
zulassen	أَذِنَ، سَمَحَ
zumachen	أَغلَقَ
zunehmen	اِزدَادَ
zurückblicken	نَظَرَ لِلخَلفِ/لِلمَاضِي
zurückfahren	عَادَ
zurückgeben	أَرجَعَ، رَجَّعَ
zurückkehren	عاد (رجع)
zurückkommen	عَادَ، رَجِعَ
zurücknehmen	سَحَبَ، أَرجَعَ
zurückrufen	أَعَادَ الاتِّصَال
zurückschicken	أَعَادَ الإِرسَال
zurückschlagen	اِنتَقَمَ
zurückziehen	أَلغَى، أَرجَعَ
zusammenarbeiten	عَمِلَ مَع
zusammenleben	عَاشَ مَع
zusammenpassen	تَوَافَقَ
zuschauen	شَاهَدَ، رَاقَبَ
zustimmen	وَافَقَ
zweifeln an	شَكَّ بِ
zwingen für	أَجبَرَ عَلَى

Wenn alles gegen dich zu laufen scheint, erinnere dich daran, dass das Flugzeug gegen den Wind abhebt, nicht mit ihm. Henry Ford

إِذَا تَرَاءَى لَكَ أَنَّ كُلَّ شَيْءٍ ضِدَّكَ، فَتَذَكَّر عِندَئِذٍ أَنَّ الرِّيَاحَ تُعَاكِسُ اِتِّجَاهَ الطَّائِرَة.

Ein freundliches Wort ist weit mehr wert als es kostet. Ernst Ferstl

كَلِمَةٌ حَسَنَةٌ تَعدِلُ أَكثَرَ بِكَثِيرٍ فِي قِيمَتِهَا مِمَّا كَلَّفَت.

Man will nicht nur glücklich sein, sondern glücklicher als die anderen. Und das ist deshalb so schwer, weil wir die anderen für glücklicher halten, als sie sind. Charles-Louis de Montesquieu

لَا يَرُومُ المَرءُ أَن يَكُونَ سَعِيدَاً فَقَط، بَل أَن يَكُونَ أَسعَدَ مِنَ الآخَرِين، وَهَذَا مَا نَجِدُهُ صَعبَ المَنَالِ كَونَنَا دَائِمَاً مَا نَنظُرُ إِلَى الآخَرِينَ عَلَى أَنَّهُم أَسعَدَ مِمَّا هُم عَلَيهِ بِالوَاقِع.

Willst du den Charakter eines Menschen erkennen, so gib ihm Macht. Abraham Lincoln

إِذَا أَرَدتَ أَن تَعرِفَ طَبِيعَةَ شَخصٍ فَضَع سُلطَةً فِي قَبضَتِه.

Es ist besser, ein Licht zu entzünden, als auf die Dunkelheit zu schimpfen. Konfuzius

مِنَ الأَفضَلِ أَن تُوقِدَ شُعلَةً بَدَلَ أَن تَشتِمَ الظَّلَام.

Sei realistisch! Plane für ein Wunder. Osho

كُن وَاقِعِيَّاً وَابحَث عَن أُعجُوبَةٍ تَفعَلُهَا!

Glück ist das einzige, was wir anderen geben können, ohne es selbst zu haben. Carmen Sylva

السَّعَادَةُ هِيَ أَن نَهَبَ الآخَرِينَ مَا نَستَطِيعُ، لَا أَن نَتَمَلَّكَهُ لِوَحدِنَا.

Es ist nicht alles Gold, was glänzt.

لَيسَ كُلُّ مَا يَلمَعُ ذَهَبَاً.

Jeder Topf findet seinen Deckel.

لِكُلِّ قِدرٍ غِطَاءٌ يُنَاسِبُهُ.

Ich fühle mich krank. Ich glaube ich habe Montag.

أَنَا مَرِيضٌ، إِذَنْ أَظُنُّ أَنَّ اليَومَ هُوَ يَومُ الِاثنَين.

Wir streben mehr danach, Schmerz zu vermeiden als Freude zu gewinnen. Sigmund Freud

نَحنُ نَسعَى لِلتَخَلُّصِ مِن آلَامِنَا أَكثَرَ مِمَّا نَسعَى لِكَسبِ المَزِيدِ مِنَ الأَصدِقَاء.

Nichts, was sich wirklich lohnt, ist einfach. Brian Tracy

مَا يَستَحِقُّ العَنَاءَ صَعبُ المَنَال.

Alles nimmt ein gutes Ende für den, der warten kann. Leo N. Tolstoi

مَن صَبَرَ ظَفِر.

Lügen haben kurze Beine.

حَبلُ الكَذِبِ قَصِير.

Die Erinnerung ist das einzige Paradies, aus dem man uns nicht vertreiben kann. Jean Paul

الذِّكرَيَاتُ هِيَ الجَنَّةُ الوَحِيدَةُ الَّتِي لَا يَستَطِيعُ أَحَدٌ إِبعَادَنَا مِنهَا.

Wer den Acker pflegt, den pflegt der Acker. Willy Meurer

مَن اِعتَنَى بِمَزرَعَتِهِ، فَسَوفَ تُغدِقُ عَلَيهِ بِقَدرِ مَا اعتَنَى بِهَا.

In der Wut verliert der Mensch seine Intelligenz. Dalai Lama

يَفقِدُ المَرءُ عَقلَهُ عِندَ الغَضَب.

Es ist besser, sich mit zuverlässigen Feinden zu umgeben, als mit unzuverlässigen Freunden. John Steinbeck

أَن تَتَعَامَلَ مَعَ أَعدَاءٍ أَوفِيَاءٍ خَيرٌ لَكَ مِن أَن تَتَعَامَلَ مَعَ أَصدِقَاءٍ مَاكِثِي العَهد.

Was dein Feind nicht wissen soll, das sage deinem Freunde nicht. Arthur Schopenhauer

مَا لَا تُرِيدُ أَن يَعرِفَهُ عَدُوُّك، لَا تُبح بِهِ لِصَدِيقِك.

Den größten Fehler, den man im Leben machen kann, ist, immer Angst zu haben, einen Fehler zu machen. Dietrich Bonhoeffer

الخَطَأُ الأَكبَرُ الَّذِي يَرتَكِبُهُ الإِنسَانُ هُوَ خَطَأُ الخَوفِ مِن ارتِكَابِ الخَطَأِ نَفسِه.

Für verlorene Gelegenheiten gibt es kein Fundbüro.
Paul-Henri Spaak

لَا يُوجَدُ مُستَودَعُ مَفقُودَاتٍ لِلفُرَصِ الضَّائِعَة.

Was wäre das Leben, wenn wir nicht den Mut hätten, etwas zu riskieren? Vincent van Gogh

كَيفَ سَتَتَصَوَّرُ حَيَاتَكَ لَو لَم يَكُن لَدَيكَ الجُرأَةُ لِلمُغَامَرَةِ فِيهَا؟

Man kann dir alles wegnehmen außer deinen Erkenntnissen im Leben. Önder Demir

يُمكِنُ لِأَحَدٍ أَن يَنتَزِعَ مِنكَ كُلَّ شَيءٍ، إِلَّا قَنَاعَتَكَ الشَّخصِيَّةَ فَهِيَ رَهنُكْ.

Die Freiheit braucht Menschen, die sich für sie einsetzen.
Önder Demir

تَحتَاجُ الحُرِّيَّةُ أُنَاساً يَعمَلُونَ مِن أَجلِهَا.

Alle Schwierigkeiten und Hindernisse sind Stufen, auf denen wir in die Höhe steigen. Friedrich Nietzsche

تَتَمَثَّلُ الصُّعُوبَاتُ بِتِلكَ الدَّرَجَاتِ الَّتِي تَزِيدُنَا مَجداً عِندَ ارتِقَائِهَا.

Nicht am Ziel wird der Mensch groß, sondern auf dem Weg dorthin. Ralph Waldo Emerson

لَا يَعظُمُ المَرءُ بِهَدَفِهِ الَّذِي وَصَلَ إِلَيه، بَل بِبُلُوغِهِ الطَّرِيقَ المُؤَدِّي إِلَى ذَلِكَ الهَدَف.

Je weiter wir in die Vergangenheit schauen können, desto weiter können wir wahrscheinlich in die Zukunft schauen.
Winston Churchill

كُلَّمَا نَظَرنَا إِلَى المَاضِي أَكثَرَ كُلَّمَا استَطَعنَا أَن نَنظُرَ إِلَى المُستَقبَلِ أَكثَرَ وَبِشَكلٍ أَفضَل.

Ein Mensch ohne Phantasie ist wie ein Vogel ohne Flügel.
Wilhelm Raabe

الإِنسَانُ فَقِيدُ الخَيَالِ كَالطَّيرِ المَهِيضِ الجَنَاح.

Man braucht zwei Jahre, um sprechen zu lernen, fünfzig, um schweigen zu lernen. Ernest Hemingway

يَتحَاجُ الإِنسَانُ سَنَتَينِ لِيَتَعَلَّمَ الكَلَامَ، وَخَمسِينَ سَنَةٍ لِيَتَعَلَّمَ أَنَّ الصَّمتَ أَجَلّ.

Ein Tag ohne Lächeln ist ein verlorener Tag. Charlie Chaplin

اليَومُ الَّذِي لَا تَبتَسِمُ فِيهِ يُعَدُّ يَوماً ضَائِعاً.

Einen Menschen lieben, heißt einwilligen, mit ihm alt zu werden. Albert Camus أَن تُحِبَّ إِنسَاناً يَعنِي أَنَّكَ مُوَافِقٌ عَلَى أَن تُـمضِيَ حَيَاتَكَ مَعَهُ.
Erfolg hat drei Buchstaben: TUN! Johann Wolfgang von Goethe لِلنَجَاحِ ثَلاثَةُ حُرُوفٍ "TUN".
Wer die Freiheit aufgibt, um Sicherheit zu gewinnen, wird am Ende beides verlieren. Benjamin Franklin مَن يَستَغنِي عَنِ الحُرِّيَّةِ مُقَابِلَ الأَمَانِ سَوفَ يَخسَرُ الاِثنَتَينِ مَعاً فِي النِّهَايَةِ.
Die Menschen bauen zu viele Mauern und zu wenig Brücken. Isaac Newton يَبنِي بَنُو البَشَرِ كَثِيراً مِنَ الأَسوَارِ، وَلَكِن قَلِيلاً مِنَ الجُسُورِ.
Wir können nicht alles tun, aber wir müssen tun, was wir können. Bill Clinton لَا نَستَطِيعُ القِيَامَ بِكُلِّ شَيءٍ، وَلَكِن يَجِبُ عَلَينَا أَن نَقُومَ بِمَا نَستَطِيع.
Man darf die Mehrheit nicht mit der Wahrheit verwechseln. Jean Cocteau لَا يَجِبُ عَلَى الإِنسَانِ أَن يَخلِطَ بَينَ الأَغلَبِيَّةِ والحَقِيقَة (فَهُمَا لَا يَجتَمِعَان).
Nur wer erwachsen wird und ein Kind bleibt, ist ein Mensch. Erich Kästner فَقَطِ الإِنسَانُ مَن يَبلُغُ وَيَبقَى طِفلاً.
Ein einziges Blättchen Erfahrung ist mehr wert als ein ganzer Baum voll guter Ratschläge. Litauen خِبرَةٌ بِحَجمِ وَرَقَةِ شَجَرَةٍ صَغِيرَةٍ خَيرٌ مِن نَصَائِحِ مُثمِرَةٍ بِحَجمِ شَجَرَةٍ كَامِلَةٍ.
Denken macht intelligent, Leben klug. Peter Tille التَّفكِيرُ يَجعَلُ الإِنسَانَ ذَكِيّاً، أَمَّا الحَيَاةُ فَتَجعَلُهُ رَشِيداً حَكِيماً.
Man weiß selten, was Glück ist, aber man weiß meistens, was Glück war. Francoise Sagan نَادِراً مَا يَعرِفِ الإِنسَانُ مَا يُسعِدُهُ فِي حَاضِرِهِ، وَلَكِنَّهُ يَعرِفُ مَا كَانَ يُسعِدُهُ فِي مَاضِيهِ.
Wer nichts weiß, muss alles glauben. Marie von Ebner-Eschenbach مَن لَا يَعلَمْ شَيئاً، فَعَلَيهِ أَن يُصَدِّقَ كُلَّ مَا يُقَالُ.

Man soll das Eisen schmieden, solange es heiß ist. يَجِبُ أَن يُعَالَجَ الحَدِيدُ وَهُوَ سَاخِنٌ.
Eine Lüge ist bereits dreimal um die Erde gelaufen, bevor sich die Wahrheit die Schuhe anzieht. Mark Twain تَدُورُ الكِذبَةُ حَولَ الكُرَةِ الأَرضِيَّةِ ثَلَاثَ مَرَّاتٍ، بَينَمَا لَا تَزَالُ الحَقِيقَةُ تَنتَعِلُ.
Wenn wir bedenken, dass wir alle verrückt sind, ist das Leben erklärt. Mark Twain عِندَمَا نُؤمِنُ بِأَنَّنَا حَمقَى، نَكُونُ قَد فَهِمنَا الحَيَاة.
{Wenn Charlie Chaplin Albert Einstein trifft} Albert Einstein sagt zu Charlie Chaplin: „Was ich am meisten an Deiner Kunst bewundere, ist Deine Universalität. Du sagst kein Wort, und doch… die Welt versteht Dich!“ Daraufhin sagt Charlie Chaplin zu Albert Einstein: „Es ist wahr, aber Dein Ruhm ist noch größer! Die Welt bewundert Dich, auch wenn niemand Dich versteht.“ **{عِندَمَا تَقَابَلَ "آينشتاين" مَعَ "تشارلي تشابلن"}** قَالَ "آينشتاين" لِـ "تشارلي تشابلن": "أَكثَرُ مَا يُعجِبُنِي فِي فَنِّكَ أَنَّهُ عَالَمِيّ، عَلَى الرُّغمِ مِن أَنَّكَ لَا تَتَكَلَّمُ كَلِمَةً وَاحِدَة، وَالعَالَمُ كُلُّهُ يَفهَمُكَ". فَأَجَابَهُ "تشارلي تشابلن": هَذَا صَحِيحْ، وَلَكِن شُهرَتُكَ أَكبَرُ مِن شُهرَتِي، فَالعَالَمُ كُلُّهُ مُعجَبٌ بِكَ، رُغمَ أَنَّهُ لَا أَحَدَ يَفهَمُكْ.

أَلاَ أَبْلِغ الأَحْلاَفَ عَنِّي رِسَالَةً ... وَذُبْيَانَ هَلْ أَقْسَمْتُمُ كُلَّ مُقسَمِ
فَلاَ تَكْتُمُنَّ اللّهَ مَا فِي نُفُوسِكُمْ ... لِيَخْفَى وَمَهمَا يُكْتَمِ اللّهُ يَعلَمِ
يُؤَخَّرْ فَيُوضَعْ فِي كِتَابٍ فَيُدَّخَرْ ... لِيَوْمِ الحِسَابِ أَوْ يُعَجَّلْ فَيُنْقَمِ

من معلّقةِ زُهيرٍ بنِ أبي سُلمَى

عُدَّتْ هَذِهِ المُعَلَّقَةُ أَعظَمَ مُعَلَّقَةٍ عُلِّقَتْ عَلَى جِدَارِ الكَعبَة، فَقَالَتِ العَرَبُ فِيهَا أَنَّهَا أَشبَهُ فِي مَنطِقِهَا بِكَلَامِ الأَنبِيَاء. دَفَعَنِي أَن أُورِدَ بَعضَهَا مَا فِيهَا مِن حِكمَةٍ عَظِيمَةٍ وَرَشَادٍ مُبِين.

سَئِمْتُ تَكَالِيفَ الحَيَاةِ وَمَنْ يَعِشْ ... ثَمَانِينَ حَوْلاً لَا أَبَاً لَكَ يَسْأَمِ
وَأَعْلَمُ مَا فِي الْيَوْمِ وَالأَمْسِ قَبْلَهُ ... وَلَكِنَّنِي عَنْ عِلْمِ مَا فِي غَدٍ عَمِ
وَمَنْ لَمْ يُصَانِعْ فِي أُمُورٍ كَثِيرَةٍ ... يُضَرَّسْ بِأَنْيَابٍ وَيُوطَأْ بِمَنْسِمِ
وَمَنْ يَجْعَلِ المَعْرُوفَ مِنْ دُونِ عِرْضِهِ ... يَفِرْهُ وَمَنْ لا يَتَّقِ الشَّتْمَ يُشْتَمِ
وَمَنْ يَكُ ذَا فَضْلٍ فَيَبْخَلْ بِفَضْلِهِ ... عَلَى قَوْمِهِ يُسْتَغْنَ عَنْهُ وَيُذْمَمِ
وَمَنْ يُوفِ لا يُذْمَمْ وَمَنْ يُهْدَ قَلْبُهُ ... إِلَى مُطْمَئِنِّ البِرِّ لا يَتَجَمْجَمِ
وَمَنْ هَابَ أَسْبَابَ المَنَايَا يَنَلْنَهُ ... وَإِنْ يَرقَ أَسْبَابَ السَّمَاءِ بِسُلَّمِ
وَمَنْ يَجْعَلِ المَعْرُوفَ فِي غَيْرِ أَهْلِهِ ... يَكُنْ حَمْدُهُ ذَمّاً عَلَيهِ وَيَنْدَمِ
وَمَنْ يَعْصِ أَطْرَافَ الزُّجَاجِ فَإِنَّهُ ... يُطِيعُ العَوَالِي رُكِّبَتْ كُلَّ لَهْذَمِ
وَمَنْ لَمْ يَذُدْ عَنْ حَوْضِهِ بِسلاحِهِ ... يُهَدَّمْ وَمَنْ لَا يَظْلِمِ النَّاسَ يُظْلَمِ
وَمَنْ يَغْتَرِبْ يَحْسَبْ عَدُوّاً صَدِيقَهُ ... وَمَنْ لَم يُكَرِّمْ نَفْسَهُ لَم يُكَرَّمِ
رَأَيْتُ المَنَايَا خَبْطَ عَشْوَاءَ مَنْ تُصِبْ ... تُمِتْهُ وَمَنْ تُخْطِئْ يُعَمَّرْ فَيَهْرَمِ
وَكَاءٍ تَرَى مِنْ صَامِتٍ لَكَ مُعْجِبٍ ... زِيَادَتُهُ أَو نَقْصُهُ فِي التَّكَلُّمِ
لِسَانُ الفَتَى نِصْفٌ وَنِصْفٌ فُؤَادُهُ ... فَلَمْ يَبقَ إِلَّا صُورَةُ اللَّحْمِ وَالدَّمِ
وَإِنَّ سَفَاهَ الشَّيْخِ لَا حِلْمَ بَعْدَهُ ... وَإِنَّ الفَتَى بَعْدَ السَّفَاهَةِ يَحْلُمِ

تُذَكِّرُنِيْ الأَحْلَامُ لَيْلَى وَمَنْ تُطِفْ

عَلَيْهِ خَيَالَاتُ الأَحِبَّةِ يَحْلُمِ